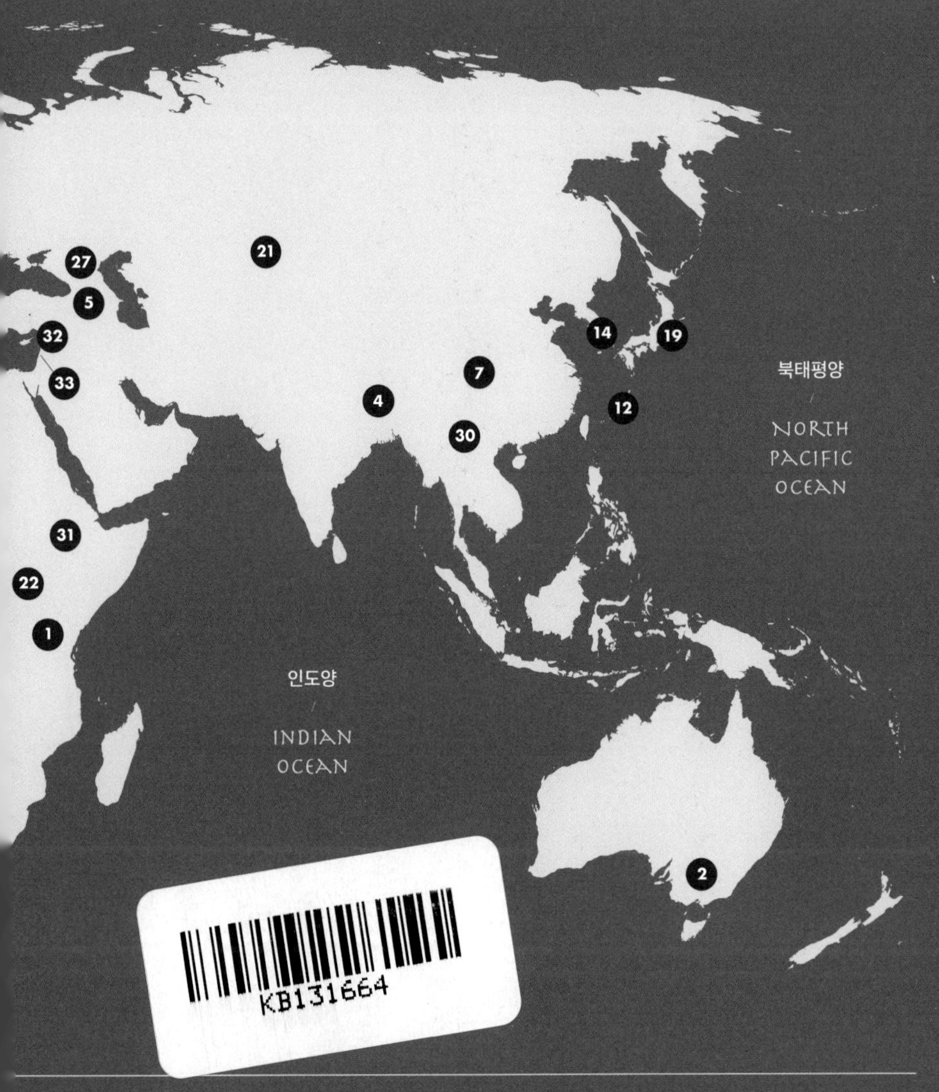

KB131664

19 시오카쓰오 일본 남부, 니시이즈
20 납작 굴 덴마크, 림피오렌
21 시베르스 사과 카자흐스탄, 톈산
22 카인자 바나나 우간다
23 바닐라 오렌지 시칠리아, 리베라
24 살레 프랑스 중부, 오베르뉴
25 스티첼턴 영국, 노팅엄셔
26 미샤비너 알바니아, 저주받은 산맥
27 크베브리 와인 조지아
28 람빅 맥주 벨기에, 파요턴란드
29 페리 영국, 스리 카운티
30 고대 삼림 푸얼차 중국, 시솽반나
31 야생 삼림 커피 에티오피아, 하레나
32 할라웻 엘 지븐 시리아, 홈스
33 키자 케이크 서안지구, 나블루스
34 크리오요 카카오 베네수엘라, 쿠마나코아

사라져 가는 음식들

Eating to Extinction: The World's Rarest Foods and Why We Need to Save Them
by Dan Saladino
Copyright © 2021 by Dan Saladino
All rights reserved including the rights of reproduction in whole or in part in any form.
Korean translation copyright © 2023 by Gimm-Young Publishers, Inc.
Korean translation rights arranged with Dan Saladino c/o Janklow & Nesbit (UK) Ltd through IMPRIMA KOREA AGENCY.

이 책의 한국어판 저작권은 임프리마 코리아 에이전시를 통한 저작권사와의 독점 계약으로 김영사에 있습니다. 저작권법에 의해 한국 내에서 보호를 받는 저작물이므로 무단전재와 무단복제를 금합니다.

사라져 가는 음식들

: 우리가 잃어버린 음식과
자연에 관한 이야기

Eating to Extinction

댄 살라디노 김병화 옮김

Dan Saladino

김영사

사라져 가는 음식들

1판 1쇄 인쇄 2023. 6. 1.
1판 1쇄 발행 2023. 6. 21.

지은이 댄 살라디노
옮긴이 김병화

발행인 고세규
편집 박보람 디자인 박주희 마케팅 고은미 홍보 이한솔
일러스트 이정호
발행처 김영사
등록 1979년 5월 17일(제406-2003-036호)
주소 경기도 파주시 문발로 197(문발동) 우편번호 10881
전화 마케팅부 031) 955-3100, 편집부 031) 955-3200 | 팩스 031) 955-3111

값은 뒤표지에 있습니다.
ISBN 978-89-349-7542-7 03900

좋은 독자가 좋은 책을 만듭니다.
김영사는 독자 여러분의 의견에 항상 귀 기울이고 있습니다.

홈페이지 www.gimmyoung.com 블로그 blog.naver.com/gybook
인스타그램 instagram.com/gimmyoung 이메일 bestbookgimmyoung.com

맛의 방주의 동승자인
애너벨, 해리, 찰리에게 바친다.

"자연은 지형에 크나큰 다양성을 부여했지만
인간은 그것을 단순화시키는 데 열성을 쏟았다."
– 레이철 카슨[1]

"전통은 재에 대한 숭배가 아니라 불을 지키는 것이다."
– 구스타프 말러의 말이라 전해짐

Contents

Hadza Honey

& Honeyguide

① 하드자 꿀

탄자니아,
에야시 호수
Lake Eyasi,
Tanzania

1 야생 WILD

꼬리에 한 줄기 흰색 깃털이 있는 그 새는 평범하고 소박한 모습이었지만, 사냥꾼이 휘파람을 몇 구절 더 불자 대단히 특별한 존재임이 드러났다. 시그와지의 휘파람에 "아크-에크-에크-에크"라고 응답한 것이다. 거래가 성사되었다는 신호였다. 새는 사냥꾼을 거대한 바오바브나무 가지 사이에 숨겨져 있는 꿀로 인도해 주기로 합의했다. 수렵채집인이 바오바브의 높은 가지에 숨겨진 벌집을 찾으려면 나무 하나하나를 수색해야 해서 오랜 시간이 걸린다. 하지만 벌꿀길잡이새의 도움을 받으면 그 몇 분의 1의 시간 안에 성공할 수 있다. 새는 벌집을 찾을 순 있지만, 밀랍을 얻으려다가 벌에 쏘여 죽는다. 인간은 둥지를 찾아내지 못해 애를 먹지만, 연기를 피워 벌을 완전히 진압할 수 있다. 이 둘의 거래는 인간과 야생동물 사이에 맺어진 가장 복잡하고 생산적인 파트너십이다.

Wild Atlantic Salmon

⑰ 야생 대서양 연어

아일랜드
스코틀랜드
Ireland
Scotland

이 수수께끼 같은 물고기의 생애 주기는 기적처럼 보인다. 고향인 개울의 자갈밭에서 암컷이 8000개가량의 구름 같은 알을 낳는다. 수컷이 정액(정자)을 뿜어 수정되면, 8주 뒤 아주 작은 치어가 커다란 금빛 알을 깨고 나오며, 여기서 연어는 길면 3년까지 살아남으면서 먹이를 충분히 먹고 몸길이가 15센티미터까지 자란 '스몰트'가 되어 장대한 바다 여행을 해낼 수 있을 만한 근육을 길러야 한다. 그 여정에서 연어들은 대서양을 가로질러 먹이가 풍부한 지역 북쪽 바다로 가기 위해 수천 킬로미터를 헤엄쳐야 한다. 2~3년 뒤 연어는 강물을 거슬러 헤엄쳐 올라가 도중에 있는 장애물을 모조리 넘어 자신이 알을 깨고 나온 바로 그 자갈밭의 정확한 지점으로 돌아간다. 여기서, 즉 여정의 출발점이자 최종 목표인 장소에서 연어는 알을 낳는다.

Wild Forest Coffee

㉛ 야생 삼림 커피

에티오피아,
하레나
Harenna,
Ethiopia

커피의 생물학적 중심지인 에티오피아의 수렵채집인이 처음 야생 아라비카 식물을 접한 것은 그 열매의 달콤한 과육을 먹기 위해서였다. 씨앗을 뱉어내기도 했고, 또 생원두를 씹어 먹기도 했다. 가장 야생성이 강한 커피는 키가 크고 꼬챙이 같은 나무의 단단한 가지에서 열린다.

야생 커피나무의 집단마다 수십만 년 동안 자체의 환경에 적응하면서 진화했다. 이 다양성이 아가로 지역 서쪽이나 짐마리무 구역에서는 커피가 달고 섬세해지며 감귤류와 열대 꽃과 석과류(배 같은)의 느낌을 풍기는데, 베일산맥의 커피는 대개 과일과 꽃향기를 함유하면서도 바닐라와 향신료 느낌을 풍기는 까닭을 설명해준다.

Criollo Cacao

㉞ 크리오요 카카오

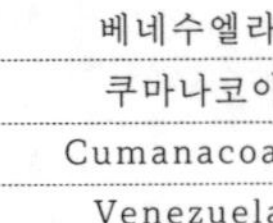
베네수엘라,
쿠마나코아
Cumanacoa,
Venezuela

우리는 카카오나무 사이로 걸어갔다. 농장이라기보다는 정글에 들어간 듯했다. 생명으로 터져나갈 듯 아름다운, 새의 노래와 곤충의 붕붕대는 소리로 가득한 야생의 세계. 대기는 따뜻하고 습하며, 발밑에는 썩어가는 암갈색 잎사귀가 두꺼운 카펫처럼 깔려 있었다. 머리 위에는 가죽 같은 넓은 바나나 잎사귀가 지붕을 이루고 있었다. 그 아래에서 어둑어둑한 빛 속에 카카오나무가 서 있는 것을 간신히 알아볼 수 있었다. 그 나무들은 비현실적이고 마법 같아 보였다. 못생겼지만 아름다운 자주, 빨강, 노랑 씨주머니(열매)는 작은 럭비공 모양이었다. 그것들은 가지가 아니라 나무 둥치에서 곧바로 자라고 있었고, 각 씨주머니는 두 손을 웅크려 쥘 수 있을 만큼 작았다. 세로로 홈이 파여 있었다. 이런 씨주머니는 끝부분이 말려 올라간 형태였는데, 그것이 크리오요의 특징이다.

서문

튀르키예 동부, 회색으로 보이는 산맥의 그림자가 드리워진 황금빛 들판에서 나는 팔을 뻗어 사라질 위기에 몰린 한 종種, species을 건드렸다. 그 종의 선조는 수백만 년 동안 진화하면서 오래전에 이곳으로 이주했다. 이 평원 전역에서 마을 사람들의 삶에 필수 불가결한 존재이던 그 종의 시간은 이제 끝나가고 있었다. 농부가 말했다. "밭뙈기 몇 군데만 남았어요. 언제라도 사라질 수 있어요." 이 위기의 종은 희귀 조류도, 붙잡기 힘든 야생동물도 아니다. 그것은 음식, 밀의 한 종류다. 세계 전역에서 벌어지는 소멸 사태에 그리 자주 등장하지 않는 대상이지만, 우리가 알아야 할 존재다.

묵직하게 알갱이가 달린 키 큰 곡물은 이제 수확할 때가 되었다. 소곤대는 미풍이 밀밭 위로 불어 바다의 파도처럼 표면이 일렁거렸다. 대부분 사람의 눈에는 밀밭이면 어떤 밀이든 대체로 비슷해 보인다. 그러나 이 작물은 특별하다. 카발자kavilca(정확한 발음은 카브kav-알all-자jah이다)는 동부 아나톨리아의 지형을 400세대에 걸쳐(약 1만 년 동안) 꿀 빛깔로 물들여왔다. 그것은 세계에서 가장 오래전에 경작된 식품 가운데 하나이며, 지금은 가장 희귀한 종 가운데 하나다.

어떻게 이런 일이 일어날 수 있을까? 밀은 다른 어떤 곡물보다 더 넓은 면적의 농토를 뒤덮고 있는 단일한 초본식물이며, 남극대륙을 제외한 모든 대륙에서 자란다. 어찌하여 한 식품이 소멸 위기에 처해 있으면서도 또 모든 곳에 나타날 수 있을까? 한 품종의 밀은 다른 품종의 밀과 다르기 때문이다. 각각의 품종은 고유한 사연이 있고, 많은 품종이 위기에 처해 있다. 그중에는 곡물의 질병이나 기후 변화와 맞서려면 알아두어야 하는 중요한 특성이 있는 것도 있다. 카발자 밀의 희귀성은 우리 음식에서 소멸이 대량으로 벌어지고 있다는 상징이다. 세계를 먹여 살리는 모든 곡물에서 다양성이 사라지고 있다. 하지만 다양성은 수천 년간 변함없이 유지되어 왔다. 수천 가지 다른 품종의 밀이 등록되었고, 각 품종은 형태와 성장 과정과 맛이 제각기 다르다. 이들 품종 가운데 21세기까지 살아남은 것은 몇 없다. 그 대신 인도 펀자브에서 미국 아이오와, 남아프리카 웨스턴케이프에서 영국 이스트앵글리아에 이르기까지 밀밭은 획일성uniformity에 지배되고 있고, 같은 일이 우리의 모든 음식에 점점 더 빠르게 일어난다.

우리 삶의 여러 면모가 더 균질적으로 변하고 있다. 우리는 세계 어디서든 똑같은 아웃렛에서 쇼핑하고, 똑같은 브랜드를 보고, 똑같은 방식으로 구매한다. 식단에서도 상황은 같다. 별로 길지 않은 시간 만에 사람들은 어디에 있든 같은 종류의 식품을 먹고, 먹는 형태도 동일해졌다. 당신은 이렇게 말할지도 모른다. "그런데 잠깐만, 난 부모님이나 조부모님과는 비교도 안 되게 다양한 음식을 먹고 있는데." 그리고 어떤 관점에서는 그 말이 옳다. 런던에 있든, 로스앤젤레스나 리마에 있든 스시나 카레나 맥도널드 햄버거를 먹을 수 있다. 아보카도나 바나나나 망고를 한 입 깨물 수 있다. 코카콜라, 버드와이저, 아니면 유명 상표의 생수를 마실 수도 있다. 그것도 하루 안에 가능하다. 처음에는 우리에게 제공되는 것이 다양해 보인다. 그러다가 그것이 전 세계에 동일한 방식으로 확산되는 똑같은 종류

의 '다양성'임을 깨닫는다. 온 세계가 사서 먹는 것이 갈수록 더 똑같아진다.[1]

다음의 사실을 고려해보라. 전 세계 음식 대부분의 근원, 즉 씨앗이 고작 네 기업의 손에 장악되어 있고,[2] 세계 치즈 생산의 절반이 회사 한 곳에서 제조한 박테리아와 효소로 생산되고 있으며, 세계에서 마시는 맥주의 4분의 1이 양조장 한 곳에서 생산된다는 것을. 미국에서 중국에 이르는 전 세계의 돼지고기 생산은 단 한 품종breed의 돼지 유전자를 근거로 이루어진다. 가장 유명한 사실을 보자. 바나나에는 1500가지 이상의 품종이 있지만 전 세계의 거래는 단 하나, 캐번디시Cavendish 품종이 지배하고 있다는 사실 말이다. 이는 비행기나 위성이 아니면 그 규모를 파악할 수 없을 정도로 넓은 단일경작 농장에서 기르는 복제된 과일이다.

세계에서 가장 널리 소비되는 곡물인 밀과 쌀, 옥수수의 유전자부터 그것을 재료로 만든 음식에 이르기까지 이런 수준의 획일성은 전례 없이 심해졌다. 인간의 식단은 지난 150년 동안(대략 6세대)에 그 이전의 100만 년 동안(대략 4만 세대) 일어난 것보다 더 많은 변화를 겪었다.[3] 그리고 지난 반세기 동안 무역, 기술, 기업의 권력층은 이런 식단의 변화를 세계 전역으로 확산시켰다. 우리는 전례 없이 큰 실험 과정 속에서 먹고 살아간다.

수렵채집인이었다가 농부로 변신한 우리가 하나의 종으로서 진화해온 대부분의 시간 동안 인간의 식단은 엄청나게 다양해졌다. 음식은 한 장소의 산물이었고, 곡물은 특정한 환경에 적응했으며, 기후와 토양, 물, 고도 외에 그곳에 사는 사람의 지식과 선호성에 따라 형성되었다. 이런 다양성은 농부들이 지켜낸 씨앗 속에, 사람들이 재배한 과일과 채소의 맛 속에, 그들이 기르는 동물의 품종 속에, 그들이 구워낸 빵 속에, 그들이 생산한 치즈와 음료 속에 저장되고 전달되었다.

카발자 밀은 사라지는 다양성 속에서도 살아남았지만, 간신히 살아남은 사례다. 이 책에 실린 소멸 위기의 음식이 모두 그렇듯이, 그것은 특별한 역사가 있고 세계의 특정한 지역 그리고 그곳 사람들과 연결되어 있다. 내가 그 밀을 만난 것은 1만 2000년 전 최초의 농부들이 밀을 재배하기 시작한 장소인 튀르키예 북부의 뷰육차트마Büyük çatma라는 마을이었다. 선사시대 부족이 이 땅을 경작하고 로마, 오스만제국, 소련, 나중에는 튀르키예의 지배를 거치는 동안 카발자는 이곳에서 가장 중요하게 여기는 식품 재료였다. 환경에 완벽하게 적응하고, 다른 어떤 것과도 다른 맛을 지닌 이 단일한 곡식이 위기에 처하고 소멸 직전으로 내몰린 것은 우리가 태어난 이후의 일이다. 수천 가지 다른 곡물과 식품의 상황도 마찬가지다. 우리는 그것들의 사연과 몰락하게 된 원인을 알아야 한다. 이는 앞으로 보게 되겠지만, 음식 역사의 공부나 요리법에 대한 호기심을 충족하기 위해서뿐 아니라 우리 생존이 여기에 걸려 있기 때문이다.

아나톨리아 동부의 넓게 펼쳐진 하늘 아래에서 나는 해 질 때까지 일하고 자신의 밭에서 마지막 카발자 밀을 수확하는 농부들의 모습을 지켜보았다. 농부가 말했다. "내년에도 카발자를 심고 싶어요. 하지만 내 이웃은 어떨지 자신할 수 없군요." 나는 수천 년 전에 시작된 어떤 이야기의 마지막 장을 목격하고 있었다. 그것은 특권을 누리는 기분이 드는 동시에 한 편의 비극을 보는 것 같았다.

나는 BBC 라디오에서 음식에 관한 이야기를 십 년간 취재하다가 소멸이 얼마나 광범위하게 일어나는지 깨달았다.[4] 내가 음식 저널리즘 분야를 다루게 된 것은 우연이었지만, 얼마 지나지 않아 음식은 세계의 내적 작동 방식을 이해하게 해주는 완벽한 렌즈가 되었다. 음식은 진정한 권력이 어디 있는지 보여준다. 그것은 분쟁과 전쟁을 설명할 수 있고, 인간의 창조성과 독창성의 시범을 보여준다. 제국의 흥망성쇠를 설명해주며, 재난의 원인과 결과를 밝혀줄 수 있다. 음식에 담긴 사연은 무엇보다도 더 본질을 건드리는 이야기일 것이다.

내가 음식 저널리즘 분야에 들어간 것은 어떤 위기 때였다. 2008년, 금융시스템을 박살 내던 금융계의 격동에 전 세계의 관심이 집중되고 있을 때 음식 분야에서도 거대한 사건이 전개되고 있었다. 밀과 쌀, 옥수수maize[5] 가격이 기록적으로 상승해 세계 시장 가격이 최고 세 배까지 치솟았다. 이로 인해 지구상의 가장 가난한 수천만 명이 기아 상태에 빠졌고, 나중에 아랍의 봄으로 폭발하게 되는 긴장에 기름을 부었다.[6] 시위와 항의가 벌어져 튀니지와 이집트 정부가 전복되었고, 시리아 분쟁이 터졌다. 수십 년 만에 처음으로 사람들은 음식의 미래에 심각한 의문을 품기 시작했다. 이 글을 쓰는 현재 지구상의 인구 75억 명, 그리고 2050년경이면 그 인구가 100억 명으로 불어나리라고 예상한[7] 곡물학자들은 전 세계 수확량이 70퍼센트는 늘어야 한다고 말하기 시작했다. 이런 예상 앞에서 카발자 같은 종류의 밀이 사라지는 현상은 별로 중요하지 않은 것처럼 보일지도 모른다. 확실히 이 행성에 필요한 것은 더 많은 식품이겠지? 더 큰 다양성을 요구하는 것은 사치라는 말을 들었다. 그러나 이제는 다양성이 우리 미래에 필수적임을 깨닫기 시작했다.

이러한 사고 변화의 증거가 나타난 것은 2019년 9월 뉴욕 유엔 본부에서 열린 기후행동 정상회의Climate Action Summit 자리였다. 낙농업계 거물인 다농Danone의 당시 CEO이던 에마뉘엘 파베르Emmanuel Faber는 회의에 참석한 기업체 지도자와 정치가들에게 지난 세기 동안 세계가 만들어낸 음식 시스템이 벽에 부닥쳤다고 주장했다. 그는 "과학을 통해 생명 주기와 그 원칙들을 바꿀 수 있다고 생각했습니다"라고 말했다. 우리가 단일경작으로 인간을 먹여 살릴 수 있고, 몇 안 되는 식물종으로 세계의 식품 공급 대부분을 충당할 수 있으리라고 말이다. 이런 접근법은 이제 파탄이 났다. 파베르는 이렇게 설명했다. "우리는 생명을 죽이고 있었던 겁니다. 이제 그것을 복원해야 합니다."[8]

파베르는 다양성을 지키겠다고 맹세했고, 세계 식품 기업 20곳이 그를 지지했다. 모두 합쳐 100개국에서 5000억 달러 규모의 음식 판매량을 올리고 있던 유니레버, 네슬레, 마스, 켈로그도 참여했다. 세계는 '죽어가는 전통적 종자'와 곡물을 긴급히 지켜내야 하며, 농업적 생물다양성biodiversity을 복원해야 한다고 파베르는 말했다. 그는 낙농업에서 암소의 99퍼센트가 단일품종인 홀스타인이라는 사실에 우려를 표했다.[9] "우리는 다양성을 완전히 상실했습니다."

음식에서 균질성을 창출하고 전파하는 데 기여한 기업이 이제는 상실된 다양성을 걱정할 정도라면, 우리 모두 관심을 보여야 한다. 우리가 잃은 게 얼마나 엄청난 것인지 우리는 이제야 서서히 깨닫기 시작하고 있다. 그러나 지금이라도 행동한다면 구해낼 수 있다.

이 책에서 다루는 소멸 위기의 음식은 지구 전체에서 전개되는 더 큰 위기, 즉 모든 종류의 생물다양성의 상실이라는 위기의 일부에 불과하다. 정글과 우림에서, 밭과 농장에서 다양성이 상실되고 있다. 그런데 식품에서 '생물다양성'이란 정확하게 무엇을 뜻하는가? 먼 북극해 스발바르섬의 어느 산에서 135미터 깊이의 터널을 뚫고 들어간 지점에 그 대답의 실마리가 있다. 이곳은 세계 최대의 종자 저장고를 짓기 위해 과학자들이 찾아낸 가장 안전한 장소로서, 100만 종 이상의 종자 컬렉션이 있는 수천 년 농경 역사의 살아 있는 기록이다. 이 종자들을 스발바르에 보낸 것은 대개 각국 정부지만, 때로는 가장 귀중하고 위기에 처한 전통 식품을 보존할 방법을 찾으려는 토착민들이 보내기도 했다. 그 컬렉션은 우리 음식에서 상실되고 있는 다양성의 한 형태를 나타낸다. 그것은 유전적 다양성 또는 전 세계 농부들이 농경의 새벽을 일깨운 이후 창출된 다양성이다. 저장고 안에는 1000가지 곡물의 다양한 품종이 보관되어 있다. 17만 종의 벼 샘플을 비롯해 옥수수 3만 9000종, 감자 2만 1000종, 귀리 3만 5000종의 샘플이 있다(이 모든 작물의 야생 친척도 있다). 또한 카발자 밀 한 줌이 들어 있는 종자 상자(모두 섭씨 영하 18도로 유지되는)도 하나 있다. 그것은 21만 3000종류의 상이한 밀 종자 샘플 가운데 하나일 뿐이다.[10] 저장고에 보관된 다양성은 농부들이 길러낸 식용 가능한 곡물의 다양성과는 다르지만, 다양성의 중요성에 대한 인정이자 우리 선택지를 계속 열어두는 한 가지 방법이다.

스발바르에 있는 종자 외에도 세계 여러 곳에 대학교나 다른 기관들이 관리하는 살아 있는 다양성의 컬렉션이 있다. 가령 영국 국립과일컬렉션National Fruit Collection의 본산인 켄트의 브로그데일에는 2000종의 다양한 사과가 있고, 캘리포니아 리버사이드 대학에는 1000종이 넘는 다양한 감귤류citrus 품종이 보관되어 있다. 지구 상에 8000종가량의 가축 품종(소, 양, 돼지 등)이 주로 소규모 농장에 살아남아 있지만, 그 대다수는 멸종 위기에 처해 있다. 우리가 먹는 식품의 대부분은 이런 다양한 동식물의 넓은 범위 가운데 아주 작은 한 부위로 좁혀졌고, 때로 우리는 고작 하나 또는 몇 안 되는 품종에만 의지하곤 한다.

자연이 제공하고 인간의 손이 인도한 넘치도록 풍부한 다양성은 그저 음식과 농경의 역사가 지닌 가장 아름다운 특징 가운데 하나라는 데 그치지 않는다. 우리가 다양성을 육성한 이유는 그것이 필요했으며, 또 요리법의 창조와 문화의 진화 과정을 거치면서 다양성을 찬양해왔기 때문이다. 튀르키예 동부 뷰육차트마 마을의 농부들은 수천 년 동안 카발자 밀을 심어왔는데, 이는 어느 곳에서도 찾아보기 어려울 정도로 거칠고 습하고 추운 그곳 기후에서 다른 작물은 그만큼 많은 소출을 내지 못했기 때문이다. 뿐만 아니라 수많은 요리사가 그 곡물로 실험해보고, 특별한 질감과 맛을 이용해 요리법을 만들어내어 오늘날 음식 문화라 부르는 것을 창조해냈다. 인류 역사의 어느 부분을 들춰보든 간에 모든 지역사회는 자신들만의 카발자를 갖고 있다. 그것은 중앙아메리카에서 신으로 믿는 옥수수나 남아시아에서 악령을 쫓는다고 믿는 오렌지처럼, 한 집단의 정체성을 형성하거나 제의와 종교에 영감을 준 생명을 주는 음식이다. 식물이든 동물이든 이런 것은 고유한 유전적 연원에서 나온 것이며, 모두 세계 내 자신들의 장소에 적응했다. 카발자의 사연을

100만 배 복제하면 스발바르에 보관된 모든 종자에, 지금도 존재하는 농가 가축의 모든 오래된 품종에, 전 세계에서 만들어지는 모든 전통적 스타일의 치즈와 빵에 해당될 것이다. 이런 음식 모두가 인간 역사의 한 조각이다.

음식의 다양성이 쇠퇴하고 그토록 많은 음식이 사라질 위기에 처했다는 사실은 우연이 아니라 전적으로 인간이 만들어낸 과정이다. 작물 다양성은 제2차 세계대전 이후 몇십 년 동안 가장 큰 타격을 입었다. 그 시기에 작물 과학자들은 인류를 기아에서 구원하기 위해 벼와 밀 같은 곡물을 경이적인 규모로 생산할 방법을 찾아냈다. 세계가 절박하게 필요로 하는 작물을 넉넉하게 길러내려고 다양성을 희생한 것이다. 수천 가지 전통적 품종을 생산량이 극대화된 소수의 신품종으로 대체했다. 이들 식물은 빨리 자라고 더 많은 곡물을 생산하기 위해 설계되었다. 목표를 확실하게 달성하기 위한 전략, 즉 더 많은 농화학물과 더 많은 관개 그리고 새로운 유전학은 '녹색혁명Green Revolution'이라 알려졌다. 그 전략은 엄청나게 성공했다. 최소한 처음 시작할 때는 그랬다.

이로 말미암아 곡물 생산량은 세 배로 뛰었고, 1970년에서 2020년 사이에 인구는 두 배 이상 증가했다. 이러한 전략이 낳은 환경과 음식 그리고 사회적인 유산을 잠시 제쳐둔다면(나중에 다룰 예정이다) 획일적인 작물을 만들어내는 데는 주식투자를 소수 종목으로만 제한하는 것처럼 재난이 닥칠 때 취약해진다는 위험이 있다. 좁은 범위의 식물 종목과 이런 극소수 품종에만 의존하는 세계 식량 시스템은 질병, 해충, 극단적인 기후에 굴복할 위험이 매우 크다.

현재의 식량 시스템이 얼마나 취약한지를 알고 싶으면 카발자 밀밭을 보면 된다. 고대의 밀 품종인 카발자 밀은 오늘날 우리가 보는 현대판 품종보다 키가 크다. 여기에는 훌륭한 진화론적 이유가 있다. 밀이 자라면서 키가 큰 줄기는 밀 이삭과 식물 질병의 대부분이 서식하는 흙 사이의 거리를 늘린다. 이런 질병 가운데 하나는 붉은곰팡이Fusarium graminearum라는 파괴적인(그리고 믿을 수 없이 교활한) 곰팡이다. 이것은 유럽 전역과 아시아, 아메리카에 퍼지고 있다. 밀에 슬그머니 스며들어 간 뒤 인간과 동물에게 해롭고 쓸데없는 작물과 곡식을 수없이 남긴다. 곰팡이가 한번 밭에 들어오면 없애는 것은 불가능하다.

곰팡이가 유발하는 질병(맥류붉은곰팡이병)은 한 해에 수십억 달러의 손해를 끼치며 미래의 식품 안전에 심각한 위협을 제기한다.[11] 현대 밀의 유전자는 다른 고대 품종보다 맥류붉은곰팡이병에 더 취약하다. 전 세계에 퍼지는 거의 모든 곡물 질병이 그렇듯 문제는 점점 더 심각해진다. 기후변화, 특히 더 온난하고 습해지는 기후는 곰팡이의 전파를 가속한다. 녹색혁명은 잘 고안된 과학을 근거로 하지만, 자연을 지나치게 단순하게 보았고 그 역풍이 이제 우리에게 불어오기 시작했다. 우리는 고도의 적응력과 회복력이 있는 수천 가지 품종을 포기했다. 그것들이 지닌 귀중한 특성이 영구히 사라진 경우가 너무 많다. 우리가 저지른 실수가 이제 보이기 시작한다. 예전에 행해지던 것에는 지혜가 있었다.

카발자는 소멸 위기에 처한 한 가지 식품일 뿐이지만 이 책에 실린 모든 식품이 그렇듯이 농경, 식품, 환경, 식단, 건강 사이의 상호관련성을 잘 보여주는 사례다. 물리학자인 얼베르트라슬로 버러바시Albert-László Barabási는 인공적 네트워크와 자연적 네트워크의 복잡성을 해명하는 분야의 전문가로서, 20세기 과학의 추진력은 무자비한 환원주의였다고 주장한다.[12] 스스로 영리하다고 자신한 우리는 자연의 모든 복잡성을 해독할 수 있고, 그런 다음 그것을 무시할 수 있다고 믿었다. 그 결과 우리는 구성 부분을 파악하는 데는 탁월했지만, 전체로서의 자연을 이해하는 데는 너무 자주 실패했다. 버러바시의 말처럼 우리는 가장 좋아하는 장난감을 해체하는 아이처럼 그것을 어떻게 다시 조립할지는 전혀 모른다. 환원주의의 등에 올라탄 "우리는 복잡성의 단단한 벽에 부딪쳤다."

이 책에 실린 위기에 처한 음식들은 과학적 환원주의가 주도권을 쥐기 전의 시대를 나타낸다. 이들 음식은 더 많은 분량의 열량원을 공급하는 것 훨씬 이상을 제공했다. 그것들은 우리가 자연과 더 조화롭게 일하도록 도와주었다. 가령 슈바벤렌틸Swabian lentil이라는 소박한 콩과식물을 예로 들어보자. 과거에 그것은 남부 독일 알프스 산지에서 널리 자라던 알브린제Alb-linse라는 품종이었다. 그 콩은 맛으로 사랑받았으며 이 산악 지대의 사람들을 먹여 살렸다. 그곳의 척박한 토양에서는 다른 영양원이 자라지 못하기 때문이다. 아니면 멕시코 오악사카의 어느 고지대 마을에서 발견된 보기 드문 옥수수 품종 하나를 보자. 그것은 자체적으로 영양을 공급하는 진액을 분비하는데, 과학자들은 이것이 화석연료에 대한 의존도를 낮추는 데 이바지할 것이라고 믿는다. 세계의 위기에 처한 음식 중에는 복잡한 게 너무 많아서, 과학자들은 그 비밀을 풀어내기 위한 첫발을 간신히 내디뎠을 뿐이다.

세월이 흐르는 동안 인간이 먹어온 식물 6000종 가운데 지금 세계의 대부분이 먹는 것은 고작 9종뿐이며, 그중에서도 밀과 벼, 옥수수 이 3종이 전체 칼로리의 50퍼센트를 제공한다. 여기에 감자, 보리, 야자유, 콩, 설탕(사탕무와 사탕수수)을 더한 것이 인류가 쓰는 칼로리 전체의 75퍼센트를 담당한다. 녹색혁명 이후 인류는 정제된 곡물, 식물성 기름, 설탕, 육류를 더 많이 먹고,[13] 우리가 먹는 식량의 생산지와 거주지 사이 거리는 점점 더 멀어졌다. 수천 가지 음식이 위기에 처하고 소멸하면서, 몇 가지 안 되는 음식이 지배하게 되었다. 이런 일은 흔히 우리가 미처 알아차리지 못하는 사이에 벌어진다. 수천 년 전부터 중국에서 재배되었고, 1970년대 이전에는 아시아가 아닌 지역에는 비교적 알려지지 않았던 콩의 한 품종인 대두soy를 예로 들어보자. 이것은 지금 세계에서 가장 많이 거래되는 농업 상품 가운데 하나다. 돼지나 닭, 소, 양어장 어류의 먹이로 사용되며, 그런 동물들이 또 우리의 먹이가 됨으로써 대두는 수십억 인구의 점점 더 균질해지는 식단에서 대표 주자 역할을 맡고 있다. 200만 년간 이어진 인류 진화 역사의 맥락에서 볼 때, 전 세계에서 일어나고 있으며 모두가 균일성을 지향하는 이런 식단의 변화는 전례 없는 사건이다. 다양성이 우리 건강에 미치는 영향을 우리가 이제 막 이해하기 시작한 시점에서 이런 일이 벌어지고 있다. 장내미생물(우리 몸에는 수조 개체의 박테리아, 균류 및 다른 미생물이 산다)이 풍부한 것이 우리에게는 더 좋다. 그리고 식단이 다양할수록 장내미생물은 더 풍부해진다.

고작 몇천 년 전으로만 거슬러 올라가도 고고학적 기록을 근거로 인간 개개인이 먹은 식단이 어떤 형태였는지 알아내기는 쉽지 않다. 진화 역사를 더 멀리 거슬러 올라가면 더욱 어려워진다. 하지만 우리는 과거 식단이 지금 대부분 사람이 먹고 있는 식단보다 훨씬 더 다양했다는 사실은 안다. 1950년대에 서부 덴마크의 유틀란트 반도에서 땅을 파던 사람들이 2500년 전에 처형된 사람(아니면 공양 제물이었을 수도 있다)의 손상되지 않은 신체를 발견했다. 축축한 늪지대에 묻혀 있던 시신은 매우 잘 보존되어 있어서 처음에는 최근 살인 사건의 희생자로 오인되었다. 그 남자의 위장 속에는 보리와 아마, 그 밖에 40가지 다른 식물의 씨앗으로 만든 죽이 들어 있었는데, 그중 몇 가지는 야생 씨앗이었다.[14] 현대의 동부아프리카에서 세계 최후의 수렵채집민인 하드자족Hadza이 먹는 야생의 식단은 800가지 이상의 식물과 동물로 구성되며, 수많은 종류의 덩이줄기와 나무 열매berry, 잎사귀, 소형 포유류, 대형 초식동물, 새, 꿀 등이 포함된다. 하드자족은 고대의 인류 식단과 연결되는 살아 있는 고리다. 산업화한 세계에서 그들의 식단을 그대로 따라 할 순 없지만, 그래도 그들에게서 배울 수는 있다.

영양과 유전학적 측면 외에 문화적 측면에서도 잃은 것이 있다. 수천 년 동안 인류는 먹을 것과 마실 것을 요리하고 가공하고 굽고 발효시키고 훈연하고 건조하고 증류하는 방법을 수없이 찾아냈다. 치즈 제조법부터 육류 보존 기술에 이르기까지 세계의 많은 전통적인 식품 기술과 오래된 지식을 보유한 사람의 수가 점점 줄어들고 있다. 사람들은 인간의 창조성과 통찰의 위대한 사례를 발견하기 위해 그림과 조각, 성당과 사원을 찾아가지만, 이 책에 실린 위기에 처한 음식도 찾아봐야 한다. 남서부 중국에서 재배된 붉은 쌀이든, 알바니아의 저주받은 산맥에서 제조되던 희귀한 치즈이든, 또는 서부 시리아에서 구워진 케이크든 간에 말이다. 이런 음식은 각기 독창성과 상상력 그리고 여러 세대에 걸친 이름 없는 요리사와 농부들의 지혜의 산물이다.

이 책은 결코 환상 속의 과거 같은 시대로 돌아가자는 외침이 아니다. 그보다는 현재와 미래 세계에서 살아갈 방법에 대해 과거가 우리에게 무엇을 가르쳐줄 수 있는지 생각해보자는 간청이다. 현재의 음식 시스템은 지구 파괴에 기여하고 있다. 식물과 동물 100만 종이 멸종 위기에 몰려 있다. 인류는 어마어마한 단일경작 품종을 심기 위해 넓은 삼림을 밀어버리고, 그 땅에 뿌릴 비료를 만들려고 하루에 수억 리터의 기름을 태운다. 바다를 보자. 우리는 대양의 90퍼센트를 대폭 변모시켰다. 해양의 야생성은 사라지고 있다. 우리는 생물다양성을 파괴하는 한편 강과 저수지에서 엄청난 분량의 물을 끌어다 녹색혁명에 물을 대는데, 그것은 갚을 수 없는 빚이다. 우리 음식은 이 모든 해로움의 원인이자 제물이다. 지구 표면의 4분의 1에서 생산성이 심각하게 저하되어 음식을 기를 인간의 능력을 해친다. 우리는 빌려온 시간으로 농사를 짓고 있다.

이 책에 실린 음식들이 이런 문제 전부에 답을 준다고 주장할 순 없지만, 나는 그것들이 해답의 일부라고 믿는다. 가령 베어 보리Bere barley는 오크니 지방의 혹독한 환경에 완벽하게 적응했기 때문에 다른 어떤 화학비료도 필요하지 않다. 페로제도에서 만들어지는 발효한 양고기인 스케르피키외트Skerpikjøt는 동물과 우리의 관계가 얼마나 많이 변했는지, 그리고 또다시 변할 필요가 있음을 보여준다. 즙이 많고 양분이 많으며 한때는 오스트레일리아 남부에서 풍부하게 생산되던 머농murnong은 자연과 더 조화를 이루며 먹는 일에 대해 토착민에게서 배울 점이 많다는 증거다.

우리의 음식 문제에 대해 진지하게 내놓을 수 있는 대답은 더 다양한 음식 시스템으로 돌아가는 게 아니라 오로지 유전자변이와 유전자편집gene-editing 같은 생명공학을 토대로 하는 제2차 녹색혁명에 착수하는 것뿐이라고 주장하는 사람이 많다.[15] 하지만 그런 방법조차 소멸 위기의 식품을 지켜야만 가능할 것이다. 작물 육종가와 그 밖의 음식 과학자들은 사라지는 다양성을 지키기 위한 경주에 참가했다. 위기의 식물과 동물들(그중 많은 것이 이 책에 실려 있다)이 기근과 질병을 상대하고, 기후변화에 맞서며, 우리 식단의 품질을 개선하는 데 필요한 유전자 도구 상자를 갖고 있기 때문이다. 어떤 길을 선택하든 이런 식품이 사라지게 내버려 둘 여유는 없다.

"위기에 처하다, 그리고 멸종 위험이 있다"라는 개념은 대개 야생생물에 해당하는 말로 여겨져 왔다. 1960년대 이후 국제자연보호연맹International Union for Conversation of Nature이 작성한 적색 목록Red List에는 취약한 식물종과 동물종이(이 글을 쓸 때 대략 10만 5000종이었다) 수록되어, 멸종 위기에 처한 종들(약 3만 종)을 집중조명한다.[16] 뭔가가 막 사라지려 한다는 것이 인식되어야만 그것을 지켜내기 위한 행동이 활성화된다는 게 그들의 생각이다.

오로지 음식에만 할애된 적색 목록의 한 버전이 1990년대 중반에 북부 이탈리아 피에몬테주의 소도시인 브라에서 만들어졌다. 한 무리의 친구들이 작물과 동물 품종, 전통적 요리가 그 지역에서 사라지고 있음을 알아차린 것이다. 그들은 위기에 처한 음식에 관한 온라인 카탈로그를 만들고 '맛의 방주the Ark of Taste'라는 이름을 붙였다. 기자인 카를로 페트리니Carlo Petrini가 주도하는 그 그룹은 진작부터 슬로푸드라는 단체를 세워 사람들에게 "'패스트 라이프'의 보편적 광기로부터 스스로를 방어하고… '패스트푸드'의 지루함에서 벗어나 지역 요리의 풍부한 다양성과 풍미를 재발견하라"[17]라고 호소했다. 그들은 음식이나 지역 생산물, 작물이 위기에 내몰릴 때는 삶의 방식, 지식과 기량, 지역경제와 생태계 또한 위기에 처하게 된다고 보았다. 다양성을 존중하라는 그들의 요구는 전 세계의 농부, 요리사, 운동가 들의 상상력을 사로잡았고 그들은 자신들이 아는 위기에 처한 음식을 방주에 추가하기 시작했다.

맛의 방주 프로젝트가 이 책을 쓸 영감을 주었다. 책을 쓰는 동안 맛의 방주에는 130개국에서 온 5312가지 음식이 실렸고, 평가받기 위한 대기 목록에 762가지 산물이 올라 있었다. 여기서 우리는 위기에 처한 식품을 지키려는 사람들을 만날 것이다. 희귀한 카발자 밀밭을 내게 보여준 농부나 그와 비슷한 사람들이 그중에 포함된다. 당신이 사는 지역에도 또 다른 구조자가 있을 것이다. 이런 음식은 생존을 훨씬 뛰어넘는 어떤 것, 다시 말해 역사, 정체성, 즐거움, 문화, 지리, 유전학, 과학, 창조성 그리고 기예를 나타낸다. 또한 우리의 미래이기도 하다.

음식: 아주 짧은 역사

"[생물다양성은] 10억 년에 걸쳐 진화해온 생명의 조합이다. 그것은 폭풍을 잡아먹었고, 그것들을 가지런히 접어 유전자를 형성했으며, 우리를 창조한 세계를 창조했다. 그것은 세계를 안정적으로 유지한다."[1]

E. O. 윌슨E. O. Wilson,
《생명의 다양성The Diversity of Life》

세계 음식의 다양성이 쇠퇴하는 현상이 어느 정도 규모인지 파악하려면 생물다양성이 진화하는 데 불가사의할 정도로 긴 시간이 걸렸음을 이해해야 한다. 여기에 관련된 시간표는 너무나 거대하다. 도움이 될 요점을 제공하기 위해 카발자 밀을 다시 한번 불러오겠다.

카발자 씨앗을 농부가 파종하기 45억 년 전, 메뉴에는 아무것도 없었다. 화산에서는 뜨거운 용암이 분출되어 지형은 불타올랐고, 지표면에는 폭격하듯 운석이 쏟아졌다. 지질학자들은 이 지옥 같은 시기를 그리스신화의 지하세계 왕 이름을 따서 하데스대Hades• 라고 부른다. 10억 년 뒤 최초의 미생물 유기체가 등장했고, 또 10억 년이 지나자 태양과 물 에너지를 이용해 영양분을 만들 능력을 갖춘 박테리아 형태가 나타났다.[2] 이런 최초의 광합성 행위에서 산소가 만들어졌고, 더 복잡한 생명 형체가 진화할 수 있었다. 시계를 빨리 돌려 15억 년이 지나면 다세포 생명체가 지구상에 등장하는데, 그로부터 고작 1억 년 만에 해면과 미세한 접시 같은 플라코조아Placozoa라는 생물체가 진화한다. 이는 아마 모든 동물의 공동 선조로서 마지막 형태일 것이다. 하지만 당신과 내가 음식이라 인정할 만한 것은 아직 지구상에 나타나지 않았다.

• 명왕누대冥王累代 -옮긴이

5억 3000만 년 뒤 사태가 좀 더 흥미로워졌다(적어도 우리 관점에서는). 진화의 '빅뱅'이라 할 캄브리아기 대폭발 이후 대륙이 분리되고 바다에선 이제와는 다른 생명 형태가 번성했다. 이것이 우리가 알고 있는 생물다양성의 시초다. 대합이나 달팽이 같은 껍데기에 싸인 생물이 바다에 나타났고, 굴 같은 쌍각류와 뱀장어 같은 코노돈트conodont류• , 그리고 오징어와 문어, 갑오징어의 선조로 연

• 고생대에 살았던 아주 작은 이빨처럼 생긴 정체불명의 미화석微化石류 -옮긴이

처럼 생긴 동체에 눈자루가 달려 있고 육식성인 넥토카리스 프테릭스Nectocaris pteryx도 등장했다. 지구가 그다음 지질학적 단계인 오르도비스기에 들어갈 무렵, 즉 5억 년 전쯤 오늘날 우리 세계에 거주하는 모든 주요 생명 형태의 선조들이 대부분 등장했다. 식물은 바다에서 육지로 올라와 또 다른 생명 형태인 곤충들과 함께하는 긴 공동 진화의 여정을 시작했다.

육지에 등장한 최초의 식물은 이끼와 양치류였는데, 포자를 공중에 퍼뜨려 번식했다. 그리고 지구의 암석 표면을 깨뜨려 기반층을 형성하고, 나아가서 서서히 토양으로 발전하는 데도 관여했다.[3] 4억 년 전 습한 열대성 기후이던 지구 환경은 건조해지고 (대부분의 식물에는) 더 적대적인 쪽으로 변했다. 이에 대응해 식물은 배아를 보호하고 먹이를 저장할 수 있는 보존 장치를 개발했다. 그것이 씨앗이다. 2억 5000만 년쯤 전 등장한 일부 식물은 진화적 장점을 추가로 들고 나왔다. 보기에 근사한 꽃과 유혹적인 열매를 길러 최대한의 곤충과 포유류를 끌어들여 꽃가루와 씨앗 알갱이를 퍼뜨리는 방식이 그것이다. 풀이 진화한 것은 6000만 년 전의 일이었는데, 음식 역사의 기준에서는 중요한 순간이다. 공룡이 600만 년쯤 더 살아남았더라면 이 음식 재료를 이용할 수 있었을 텐데 그 이득을 얻은 것은 주변적 존재이던 인간을 포함한 포유류였다. 이런 풀에서 벼, 옥수수, 보리, 밀이 나타났다(마침내 카발자가 등장한다!).

600만 년 전에 유인원이 나타났고, 그중에 사헬인(사헬란트로푸스 차덴시스Sahelanthropus tchadensis)이 있었다. 그들은 대부분의 시간 동안 울창한 수풀 바닥을 뒤지고 다니며 잎사귀, 견과류, 씨앗,

뿌리, 열매, 곤충을 채집해 먹었다. 400만 년 전 에티오피아에서 아르디피테쿠스 라미두스Ardipithecus ramidus라는 인류 선조(아르디Ardi라는 별명으로 불리는)는 나무를 타고 다니기도 했지만, 두 발로 걸어 다니면서 먹을 것을 찾는 데 더 오랜 시간을 썼다. 그러다 200만 년 전 지구 기후가 변했고, 인간은 나무에서 내려가 땅 위에 섰다. 동부 아프리카의 습지대가 사바나로 변했고, 살아남기 위해 우리 선조들은 고기 찌꺼기를 찾아다니고 동물을 사냥했다. 탄자니아 북부의 올두바이 협곡에서 고대 인간들은 동물 사체에서 살코기를 긁어내거나 뼈를 깨뜨려 영양분 많은 골수를 얻어내는 데(아마 가장 중요한 일일 것이다) 사용한 석제 도구를 남겼다. 인간의 신체는 이 시기에 다시 변했다. 발가락과 팔뚝이 더 짧아지고 다리는 길어져 동물 왕국에서 장거리를 달리며 더 큰 생물을 추적하여 죽일 수 있게 되었다. 육류를 먹게 되자 인간의 치아는 작아지고 두뇌는 더 커졌다(유인원 두뇌보다 세 배의 크기). 내장도 짧아졌지만, 그 속에 거주하는 수조 개에 달하는 미생물이 이루는 복잡한 생태계가 진화해 인간이 더 다양한 식단에 적응할 수 있게 해주었다.

80만 년에서 30만 년 전 사이에 인간이 불을 사용하고 요리를 하게 되면서 식단이 확장되자[4] 먹지 못하던 식물을 음식으로 먹고 육류를 더 잘 소화했다. 복잡한 무기를 쓰게 되자 인간 사냥꾼들은 더 치명적인 위력을 갖게 되었다. 50만 년 전, 육상 동물을 죽이는 데 창이 사용되었다. 나중에 뼈를 세공한 예리한 가시는 우리 선조들이 호수에서 거대한 메기를 낚아 올리는 데 도움이 되었다. 7만 년 전 우리가 속한 종인 호모사피엔스Homo sapiens가 동부 아프리카에서 퍼져나가, 지구 위에 그 지배력을 공고히 하기 시작했다. 6만

5000년 전 수렵채집인 한 무리가 오스트레일리아에 당도했고, 그곳의 강변에 물고기 잡는 덫을 설치했다(그리고 호수를 이용해 수산양식을 시작했다).[5]

3만 년 전쯤 사람들은 동물 가죽으로 담을 것을 만들어 식품을 운반하는 데 사용했다. 그리고 나중에는 식물섬유로 짠 광주리도 사용했다. 농경이 탄생하기 한참 전인 2만 년쯤 전 중국에서는 새로운 요리 기술이 등장했다. 항아리를 사용해 야생의 쌀을 끓이고 찐 것이다. 그 무렵 인간 무리는 이런 기술 대부분을 지니고 아시아 북동부에서 아메리카로 긴 여정을 떠났다.

그러다가 호모사피엔스의 역사상 가장 중대한 사건이 당도했다. 바로 농경의 탄생이다. 현대의 요르단인 검은 사막에서 나투프 수렵채집인이 야생 풀 씨앗을 갈아 거친 가루로 만들고 야생식물의 뿌리를 간 것과 섞어 반죽한 다음 불에 구웠다.[6] 이 납작 빵• 의 초기 형태를 재현한 21세기 과학자들은 그 맛을 "풍미가 있고 약간 쌉쌀하다"라고 묘사했다. 여러 다른 성분의 이 혼합물이 요리법cuisine의 최초 증거다. 1만 3000년 전에 그 빵을 만든 나투프인은 수백만 년 전의 수렵채집인과 농부를 연결하는 고리다. 이라크, 남동부 튀르키예, 시리아, 레바논, 이스라엘, 요르단을 포괄하는 휘어진 형태의 땅을 가리키는 비옥한 초승달 지역에서 필수 야생식물, 기후와 상상력이 합쳐져 인류를 정착 농경의 방향으로 이끌었다. 그 뒤 몇천 년 동안 무의식적인 결정과 우연한 발견 그리고 행운이 겹쳐 일부 인간은 자신이 주변에서 발견한 식물을 변형시켜 가장 크고 수확하기 편한 씨앗과 곡물을 선별해 길들이고 재배했다. 이 시기에 농경이 생산한

• 효모 없는 빵 -옮긴이

엄청난 분량의 전분을 처리할 수 있도록 우리 입맛과 장내미생물이 진화하는 동안 인체생물학은 다시 변했다.[7] 채집에서 농경으로 넘어가는 이 이행기 초기에 고대 이집트인은 한 가지 유형의 밀을 가장 높이 평가했다. 그리고 지금까지 살아남은 이 초기 밀의 몇 안 되는 품종 가운데 하나가 카발자다.

물론 밀 하나만 길들인 것은 아니다. 신석기시대에 비옥한 초승달 지역민이 먹던 음식 중에는 병아리콩과 렌틸콩이 있었고, 무화과와 대추야자가 그 뒤를 이었다. 세계의 다른 지역 내 수렵채집인은 각자의 생태계에서 자라는 야생식물을 길들였다. 중국의 양쯔강과 황하 유역의 대지에서는 쌀과 기장을 길렀고, 남동부 멕시코에서는 옥수수와 호박과 콩, 안데스 산지의 티티카카호수 주변에서는 감자와 퀴노아●, 인도에서는 녹두와 기장, 아프리카의 사하라 이남 지역에서는 수수와 동부콩cowpea, 파푸아뉴기니에서는 바나나와 사탕수수를 길렀다. 야생의 식물이 재배작물로 변신하는 데는 수천 년이 걸렸고, 150세대 이상의 농부가 활약했다. 이 고대 농부들은 식물 외에 오늘날 가축으로 길러지는 소, 양, 돼지, 염소, 낙타, 라마, 야크 등 모든 동물종도 길들였다. 이는 또 다른 생물학적 변화를 낳아 세계 일부 지역에 사는 성인 인간은 우유를 더 잘 소화할 수 있게 되었다.

● 안데스산맥 토산의 명아주과 식물 -옮긴이

3500년쯤 전, 야생 식품에 대한 인간의 의존이 재배된 식품에 대한 의존으로 옮겨가는 놀라운 변화가 거의 완결되었다. 그 이후로는 인간의 식사에서 중요시되는 식물이나 동물이 새로 길드는 일은 더 이상 없었다. 왜 그런가? 그 무렵이면 농경에 가장 적합한 식물을 인간이 이미 만났기 때문이라는 것이 이유 중 하나다. 길들임은 느리고 지루한 일이다. 상업과 이주로 다른 문명이 변형시킨 새로운 식물을 접할 길이 열렸는데, 왜 굳이 그 느리고 지루한 일을 하겠는가?[8] 고의 세계화는 길들임의 노력을 종결하는 데 기여했다.[9]

이 지역에서 저 지역으로 농부들의 이동과 함께 길든 식물과 동물의 조합이 전 세계로 퍼져나감에 따라 그것들은 진화하고 새로운 환경에 적응했다. 생물학자 에드워드 윌슨의 말을 다르게 표현하자면, 그것들은 "폭풍을 잡아먹었고", 토양과 기후와 고도(그리고 인간들의 성향)에 적응했으며, "그런 것들을 가지런히 접어 유전자를 형성했다."[10] 그토록 많은 옥수수와 벼, 밀, 또 다른 모든 식용 곡물의 품종이 생긴 것은 이렇게 해서다.

인간은 혁신과 실험을 거쳐 음식을 더 복잡미묘한 방식으로 변형했다. 중부 유럽 사람들은 수분을 줄이고 지방과 단백질을 응고시키는 방법으로 우유를 보존하기 시작했고, 그렇게 하여 치즈를 만들었다. 코카서스에서는 포도를 으깨어 포도주로 만들었다. 중국에서 요리사들은 경이적인 처리법을 써서 먹지 못하는 대두를 희고 부드러운 두부로 만들었다. 아마존 수림에 사는 사람들은 독이 있는 덩이뿌리인 카사바를 박테리아와 이스트로 발효해 안전하고 맛있는 음식으로 변신시켰다.[11] 또 남부 멕시코 농부들은 옥수수에 유독성 광물질인 석회를 넣어 곡물에서 더 많은 영양분을 뽑아내고 부드러운 토르티야 반죽을 만들어냈다.

수천 년 동안 음식과 요리, 먹기는 인간 상상력의 가장 강력한 표현이 되었다. 그러니 음식이 위기에 처하고, 또 하나의 씨앗이 사라지며, 또 하나의 기술이 잊히는 시기에 그것들이 모두 이 자리까지 어떻게 오게 되었는지 그 장대한 사연을 기억해둘 가치가 있다.

야생

1

"그 질문이 제기되어야 한다.
왜 농사를 짓는가?
수렵채집인은
그림을 그리고, 시를 읊고, 악기를 연주한다.
… 그들도 농부가 하는 모든 일을 한다.
… 하지만 그들은 농부만큼
힘들게 일하지 않는다."[1]

잭 할란 Jack Harlan,
《작물과 인간 Crops and Man》

우리는 야생의 것을 먹는 존재로 태어났다. 우리 역사의 거의 모든 기간에 인간의 생존은 곧 식물을 채집하고, 견과류와 씨앗을 모으고, 동물을 쫓아가서 죽이는 것을 의미했다. 어떤 기준에서 보더라도 수렵과 채집은 지금까지 인간의 가장 성공적인 생활 스타일이었다. 1960년대 후반에 인류학자 리처드 리Richard Lee와 어빈 드보어Irven DeVore가 추정한 바로는 지금껏 살아온 850억 명 가운데 90퍼센트가 수렵채집인이었고, 농부는 6퍼센트에 불과했다. 그 외에 있으나 마나 한 숫자가 산업화 세계에서 삶을 실험하고 있었다.[2] 우리의 생리, 심리, 공포, 희망 그리고 식단 선호성은 사냥꾼과 채집인으로 살아온 인간의 진화에 따라 형성되었다. 인간의 신체는 별로 바뀌지 않았지만, 삶과 식사 방식은 크고 빠르게 변했다.

오늘날 지구 위에 있는 78억 명 가운데 섭취 칼로리의 대부분을 야생에서 계속 얻는 이는 고작 2000~3000명에 불과하다.[3] 그 숫자가 이처럼 줄어들게 된 데는 식민주의가 역사적으로 큰 역할을 했으며, 오늘날에는 다른 힘도 작용한다. 인간 대부분을 먹여 살리는 농장, 대농장, 산업체가 여러 전통사회의 거주지를 파괴하고 있다. 산업화 세계의 공장에서 생산되고 상표가 붙은 제품이 음식을 통한 신제국주의의 형태로 아마존 삼림과 아프리카의 가장 멀리 떨어진 사바나 오지까지 진출한다. 최후의 수렵채집인이 소멸한다면(우리 생전에 일어날 수 있는 일이다) 세계는 수없이 많은 세대 동안 축적된 귀중한 지식과 우리를 형성해온 삶의 방식에 대한 연결고리를 상실할 것이다. 이는 200만 년 동안 이어진 사연의 비극적인 종말일 터이다.

그러나 더 가까이 들여다보면 '야생' 음식은 단지 얼마 안 되는 수렵채집인의 보존 음식만은 아님이 분명해진다. 전 세계에 널려 있는 토착 농경사회는 아직도 야생 식품에 크게 의존한다. 콩고의 음부티족Mbuti은 자신들이 기르는 카사바와 플랜틴plantain• 외에 300종 이상의 다양한 동물과 식물을 먹는다.[4] 인도 전역에서 시골의 식단에 오르는 야생식물종은 1400가지에 달하는데, 온갖 다양한 과일 650종도 포함된다.[5] 수많은 토착민이 소모 칼로리의 많은 부분을 밀과 옥수수, 벼, 기장에서 얻지만 미세 영양소(비타민과 미네랄 성분)는 여전히 거의 다 야생 식품에서 나온다. 가령 북동부 타이에서 벼농사를 짓는 농부들은 논 가장자리에 자라는 야생 시금치를 뜯어 먹는다. 그것은 그들이 기르는 전분질 곡물을 보완해주는 식품이다. 재배된 것과 재배되지 않은 것 사이의 선택지는 이분법적으로 나뉘지 않는다. 이는 차등제 평가 방식sliding scale에 더 가깝다. 항상 그런 식이었다. 씨앗을 파종한 최초의 농부는 농사짓는 동안에도 계속 야생 식량을 사냥하고 채집하지 않았더라면 굶어 죽었을 것이다. 그 이후 수백 세대의 농부도 그렇게 했다. 현대에 더 가까워지면서 궁핍을 겪어본 인간 사회는 다들 먹고 살기 위해 야생으로 향했다. 20세기 초반에 흉작으로 배를 곯게 된 시칠리아인은 달팽이를 잡아먹었다. 대공황 시기의 미국인은 야생 블랙베리와 민들레를 땄다. 전쟁 동안 영국인은 네틀콩nettle을 따먹었다. 그리고 1950년대에 중국에서 대기근이 발생하자 사람들은 쓰디쓴 풀을 캐어 먹고 목숨

• 바나나와 비슷한 파초과의 열대식물 -옮긴이

을 부지했다.

오늘날 10억 명의 인구가 생존을 위해서든, 재미를 위해서든 식사 재료의 적어도 일부분을 야생에서(물고기를 포함한다면 이 숫자는 33억 명으로 늘어난다) 가져온다. 남부 멕시코의 오악사카에서 도시 주민은 튀긴 날개미를 먹고 싶어 시장에서 줄을 선다. 모잠비크의 마푸토에서 부유한 사람은 야생 '수풀' 고기bush meat를 사려고 많은 돈을 지불한다.[6] 또한 모스크바, 뉴욕, 도쿄, 런던의 외곽에서 도시 채집가들은 제철 맞은 나무 열매와 버섯을 따려고 숲속을 돌아다닌다. 그러나 야생이 부르는 소리는 강렬하지만, 야생의 식량을 찾아내고 먹는 관행과 지식은 사라지고 있다. 물론 야생의 식물과 동물, 그들의 서식지도 사라지고 있다. 당신이 다음번 마침표를 찍을 때쯤이면 축구장만 한 넓이의 원시림이 사라졌을 것이다. 대두, 야자유의 단일경작과 가축을 키울 장소를 마련하기 위한 삼림 파괴는 세계의 야생 음식 수천 종이 위기에 처하거나 소멸 위협을 받는 사태에 일조했다.[7] 한 가지 희망의 끈은 전체 세계 인구의 5퍼센트도 채 안 되지만 세계 지표 면적의 25퍼센트를 차지하는 지역에 거주하는 토착민이다.[8] 21세기에 그들은 자연 세계의 가장 중요한 관리인이며, 생물다양성의 수호자다.[9] 토착민들이 지켜내는 야생 식품은 우리 미래의 식품 안전을 위해 결정적으로 중요하다. 가뭄이나 질병에 대한 저항력 같은 문제에 대처할 유전적 열쇠를 쥐고 있을지 모를 '곡물의 야생 친척'도 그중에 포함된다.

왜 우리 식단이 똑같아 보이는지 이해하려고 애쓰는 이 순간에도 야생의 식품은 위협받는다. 우리는 이미 배운 교훈은 무시하고 완전하지 못한 과학에서 그 답을 구하려 한다. 야생의 식품이 제공하는 칼로리는 오늘날 전 세계에서 소모되는 전체 칼로리의 1퍼센트에도 못 미치지만, 그것들이 제공하는 영양소의 비율은 훨씬 높다.[10] 하드자족 같은 수렵채집인에게서 비만, 제2형 당뇨병, 심장병, 암의 발생비율은 워낙 낮아서 그런 질병이 실제로 발생하는 일이 거의 없을 정도다.[11] 그 부분적인 이유는 그들이 먹는 식품이 매우 다양하며, 섬유소 섭취 비율이 높기(산업사회의 사람들이 먹는 것보다 다섯 배는 더 많다) 때문이다. 야생 식품의 특징이라 할 쓴맛과 신맛은 흔히 건강식품임을 알려주는 신호이기도 하다. 페루 아마존 지역 사람들이 채집하는 카무카무학명 Mycriaria dubia는 체리와 비슷하게 생겼지만 오렌지보다 20배는 더 많은 비타민 C를 함유한다.

1부에서 만날 식품들은 모두 야생 식품이 왜 중요한지 설명하는데 도움을 준다. 우리가 환경적으로, 또 물리적으로 처한 이 혼란에 대한 답이 물론 야생으로 돌아가자는 것은 아니지만, 인류를 수천 년에 걸쳐 이 지점까지 이끌어온 지식은 그에 대한 정보를 제공할 수 있다. 지금 살아남은 수렵채집인을 모방할 순 없겠지만, 우리는 야생으로의 모험을 계속하는 사람에게서 영감을 얻을 수 있고 또 그래야 한다.

탄자니아,
에야시 호수

Lake Eyasi,
Tanzania

하드자 꿀

Hadza Honey

1

때는 4월이었고, 우기였다. 잠깐 비가 쏟아져 작고 섬세한 꽃들이 만발하자 녹색과 갈색이던 동부아프리카 사바나 지역에 군데군데 색채 무더기가 생겼다. 넥타르• 와 꿀도 풍성해졌다. 나는 한 무리의 하드자족 사냥꾼과 함께 있었다. 하드자족은 인구가 고작 1000여 명에 불과하며 흩어져 사는 종족이다. 이 부족은 몇만 년 전부터 수도 북부 탄자니아의 에야시호수 가까이 건조한 수풀에서 살았다. 몇십만 년 전부터였는지도 모른다. 현재 오로지 수렵채집으로만 살아가는 하드자족은 200명이 채 안 되며, 농경을 전혀 하지 않는 아프리카 최후의 종족이다. 내가 함께 있었던 집단은 시그와지Sigwazi라는 젊은 남자의 인도로 숙영지에서 멀리 떨어진 수풀 속으로 깊숙이 들어갔다. 그는 걸으면서 휘파람을 불었다.

• 꽃에서 분비되는 달달한 액체로 꿀벌이 넥타르를 마신 후 꿀을 생성해낸다-옮긴이

그것은 듣기 좋은 곡조라기보다는 날카롭게 치솟았다가 내려가

는 음이 연속적으로 이어지는 휘파람이었다. 소용돌이치는 고음정으로 끝나는 구절이 계속 이어졌다. 내가 듣기에는 두드러진 음악적 패턴이 없는 듯했지만, 수풀 속의 뭔가가 이 휘파람에 면밀히 주의하고 있었다. 나무 위에서 움직임을 감지한 시그와지는 갑자기 질주하기 시작해 덤불을 누비고 바오바브나무를 돌아 달려가면서 계속 휘파람을 불었다. 말 없는 대화, 인간과 새 사이의 교류가 진행되었다. 시그와지는 수풀 위쪽에서 벌어지는 펄떡이는 동작을 쳐다보았는데, 나뭇가지 위에 찌르레기 크기만 한 녹회색 새가 한 마리 앉아 있었다.

꼬리에 한 줄기 흰색 깃털이 있는 그 새는 평범하고 소박한 모습이었지만, 사냥꾼이 휘파람을 몇 구절 더 불자 대단히 특별한 존재임이 드러났다. 시그와지의 휘파람에 "아크-에크-에크-에크ach-ech-ech-ech"라고 응답한 것이다. 거래가 성사되었다는 신호였다. 새는 사냥꾼을 거대한 바오바브나무 가지 사이에 숨겨져 있는 꿀로 인도해주기로 합의했다. 이 나무는 둥치 너비가 키만큼이나 넓고, 수명이 1000년에 달하며, 뿌리를 아주 깊이 내리고 있어 지독한 가뭄이 오더라도 물을 빨아올릴 수 있다. 수렵채집인이 바오바브의 높은 가지에 숨겨진 벌집을 찾으려면 나무 하나하나를 수색해야 해서 오랜 시간이 걸린다. 하지만 벌꿀길잡이새honeyguide의 도움을 받으면 그 몇 분의 1의 시간 안에 성공할 수 있다.[1] '신호자Indicator indicator'라는 이 새의 학명은 그 재능을 완벽하게 표현한다.

어쨌든 수십만 년 동안 인간과 벌꿀길잡이새라는 두 종족은 각자의 서로 다른 기량을 공유하는 방법을 찾아냈다. 새는 벌집을 찾을 순 있지만, 밀랍을 얻으려다가 벌에 쏘여 죽는다. 인간은 둥지를 찾아내지 못해 애를 먹지만, 연기를 피워 벌을 완전히 진압할 수 있다. 이 둘의 거래는 인간과 야생동물 사이에 맺어진 가장 복잡하고 생산적인 파트너십이다.

탄자니아에서 가장 큰 도시인 다르에스살람에서 외딴 하드자족 숙영지에 가려면 지프차로 18시간 운전해야 한다. 그들의 집은 덤불과 바위, 나무와 먼지의 조합 속에 자리 잡고 있다. 인류는 이런 지형에서 적어도 200만 년 이상 살아왔다. 하드자족이 돌아다니는 지역의 지평선을 바라보면 인류 역사의 소우주를 볼 수 있다. 몇 킬로미터만 북쪽으로 가면 라에톨리가 있는데, 그곳에 우리의 먼 선조 집단이 축축한 화산재 위를 걸어간 인류 최초의 발자국이 남아 있다. 더 가까운 곳에는 올두바이 협곡이 있다. 가장 오래된 석기와 돌도끼가 그곳에서 발견되었다. 걸어갈 수 있는 거리에 있는 염수호 에야시호수에서는 13만 년 전의 인골이 발굴됐다.

하드자족은 우리 석기시대 친척의 대리인이 아니다. 그들은 철저하게 현대 인간이다. 그러나 그들의 채집 생활 방식은 고대 호모 사피엔스의 생활 방식과 가장 가까우며, 하드자족의 식단은 인간의 진화에 연료가 되어준 음식에 대한 최고의 통찰을 제공한다. 나는 하드자족이 내 눈에는 아무리 해도 보이지 않는 흔적을 따라가고 아주 좋아하는 책을 읽듯이 흙을 읽어내어 잘 익은 금빛 콘골로브 베리Congolobe berry가 어디에 있는지, 또 알이 제일 굵은 판주아코 Panjuako 덩이뿌리가 어디 있는지, 긴 코 덤불돼지가 어디서 먹이를 먹는지, 다람쥐같이 생긴 바위너구리가 어디 모이는지 정확하게 알아내는 것을 보았다. 그들은 내가 듣지 못하는 소리를 듣고, 아주 미세한 바람만 불어도 걸음을 멈추고 변화를 감지해 눈치 채이지 않게 동물에 접근할 수 있었다. 건기가 되려면 아직 한 달이 더 있어야 했다. 건기에는 대형 초식동물이 물가에 모여들기 때문에 찾기가 쉬워진다. 그러나 지금은 육류를 얻으려면 땅을 파는 것이 가장 쉬운 방법이다. 그래서 예전에 시그와지도 바오바브나무 아래에 있는 굴에서 고슴도치를 꾀어냈다. 내장(심장, 간, 콩팥)은 그 자리에서 불을 피우고 구워 재빨리 먹어치우지만, 나머지는 숙영지로 가져가 다른 부족원과 나눠 먹는다.[2] 하지만 육류는 하드자족이 제일 좋아하는 식품이 아니다.[3] 그들은 꿀을 제일 좋아한다. 그래서 벌꿀길잡이새와의 대화가 그토록 귀중한 것이다.

인간과 새의 협업은 1500년대에 포르투갈 선교사들이 기록한 바 있지만, 외부인이 그 대화를 더 충실하게 이해한 것은 2016년이 되어서였다. 한 과학자팀이 사바나 지역을 걸어가면서 다양한 음향의 녹음을 틀었는데, 벌꿀길잡이새가 인간의 어떤 소리에도 관심을 보이지 않는다는 것을 발견했다. 새들은 특정한 구절에 귀를 기울이고 있었다. 모잠비크의 야오족 사람들의 경우엔 "브르르-음brrr-hm"이라는 형태였고, 탄자니아 북부에서는 비틀리고 빙빙 도는 하드자족 휘파람 소리에 새들이 반응했다. 이런 호출 방식은 사냥꾼들의 한 세대에서 다음 세대로 전승되는데, 연구자들은 세대가 바뀔 때마다 전승된 구절을 반복하면 새의 안내를 받을 기회가 두 배로 늘어날 뿐 아니라 벌집과 꿀을 발견할 기회도 세 배로 늘어난다는 사실을 발견했다.

여기서 더 놀라운 사실은 벌꿀길잡이새가 기생 조류라는 점이다. 이 새는 다른 새들의 둥지에 알을 낳는다. 그 새끼 새는 다른 경쟁자가 알을 깨고 나오면 빼꾸기보다 더 잔인하게 날카로운 갈고리 모양의 부리로 쪼아 쫓아낸다. 이 새가 하드자족과 대화하는 기술을 어떻게 배우는지 우리는 아직 모른다. 한 가지 가설은 사냥꾼들과 똑같이 그들도 사회적 학습을 한다는 것이다. 그들은 더 경험 많은 동년배들을 지켜보고 소리를 듣는다. 서로 다른 종 사이의 이런 대화는 호모사피엔스가 도래하기 이전, 아마 우리 선조가 불과 연기를 처음 사용한 것보다 100만 년도 더 전에 발생했을 수 있다. 이 견해는 인간의 두뇌가 더 커지고 다른 종들을 모두 능가하는 데 육류 못지않게 꿀과 벌 유충이 이바지했다는 유력한 주장의 일부분이다.[4] 이 주장에 따르면 육류가 식단에서 더 높은 지위를 차지한 것은, 사냥할 때 쓴 석기는 고고학적 기록에 나타나지만 꿀을 먹은 증거는 남아 있지 않기 때문이다. 그러나 꿀의 역할을 시사하는 다른 힌트는 충분히 있다. 동물 왕국에서 우리와 가장 가까운 친척, 즉 침팬지와 보노보, 고릴라, 오랑우탄은 모두 자연에서 에너지가 가장 농축된 식품인 꿀과 벌 유충을 열심히 찾아 먹는다. 그리고 스페인, 인도, 오스트레일리아, 남아프리카 등지의 동굴에서 발견된 가장 오래된 암벽화에는 꿀을 채취하는 그림이 있는데, 적어도 4만 년 전으로 거슬러 올라가는 것이다.

그러나 꿀이 인간의 진화에서 중요하다는 가장 설득력 있는 증거는 세계에 남은 몇 안 되는 수렵채집인의 식단이다. 하드자족도 그중 하나다. 그들은 전체 칼로리의 5분의 1을 꿀에서 얻는데, 그중 절반이 벌꿀길잡이새의 도움을 받은 결과다. 다른 절반은 땅 가까이에 벌집을 짓는 다양한 벌의 꿀이기 때문에 하드자족이 자체적으로 발견할 수 있다. 어떤 벌은 크기가 아주 작고 모기처럼 생겼으며, 벌침이 없고, 향내가 짙으며 미묘하게 짜릿한 종류의 꿀을 만들어낸다. 하드자족은 나무를 살펴보고 그런 벌들이 나무 둥치 안에 들어가는 데 쓰는 바늘 크기의 구멍이 있는지 조사해 벌집을 찾아낸다. 이 꿀은 하드자족 언어로 카노와kanowa 또는 물란게코mulangeko라 부르는데, 벌이 집을 지은 나무 부위를 찍어 내려 꺼내며 분량이 많지 않아 간식에나 충당할 정도다. 하지만 이번에 시그와지와 벌꿀길잡이새는 더 많은 것을 원했다. 그들은 힘을 합쳐 크기가 더 큰(그리고 더 공격적인) 아프리카꿀벌인 아피스멜리퍼Apis mellifer의 꿀과 밀랍을 찾으려 했다.

시그와지는 휘파람으로 불러들인 새가 바오바브나무 위를 맴도는 것을 지켜보았다. 이것은 거기에 꿀이 있다는 신호였다. 이제는 시그와지가 나무를 타고 오를 단계였다. 그는 키가 작으며(기껏해야 150센티미터다) 마르고 호리호리하지만 강인했다. 나는 그가 나무에 오르는 사람들 가운데 하나로 뽑힌 이유가 체격 덕분이라고 생각했지만, 그보다는 용기의 문제임을 깨달았다. 시그와지는 벌집을 건드려 쏘이거나 10미터 아래로 추락할 위험에 대해 조금도 걱정하지 않았다. 그는 자신의 활과 화살을 동료 사냥꾼에게 넘겨주고, 넝마 같은 티셔츠와 반바지를 벗어 던지더니 목에 건 빨갛고 노란 구슬 목걸이도 뺐다. 이제 거의 벌거벗은 그는 땅에 떨어진 나뭇가지를 도끼로 쪼개어 가느다란 막대기로 다듬었다. 바오바브나무는 재질이 워낙 부드럽고 푹신푹신해서, 사냥꾼은 이런 쐐기를 둥치에 손쉽게 박아 임시 사다리 같이 만들어 나무 꼭대기까지 올라갈 수 있다. 시그와지는 앞뒤로 몸을 흔들거리며 바오바브나무를 타고 올라갔다. 올라가는 동안 머리 위에 새로 쐐기를 박고, 거기에 매달려 균형을 잡고 망치로 때리는 일을 거의 동시에 해냈다. 나무 꼭대기에 거의 도달할 무렵, 다른 사냥꾼이 뒤를 따라 올라가서는 그에게 연기 나는 잎사귀 한 뭉치를 건네주었다. 시그와지는 이것을 들고 벌집에 접근한 다음, 공중에서 춤을 추듯 몸을 놀리면서 간간이 고음정의 외침을 내뱉었다. 벌들이 꿀 도둑 주위로 몰려들어 침을 쏘아대는 동안 그는 둥지 안에 손을 집어넣어 벌집 덩이를 꺼냈다. 시그와지가 벌집을 아래로 내던지자, 하드자 사냥꾼들의 머리 위로 쏟아졌다. 그들은 손을 입에 대고 잔치를 벌이기 시작했다. 먹으면서 밀랍 조각을 뱉어내고, 달콤새콤하며 따뜻하게 녹아내리는 감귤류처럼 밝은색의 신 액체를 입안에 남겼다. 나도 한몫 거들자 유충이 내 입안에서 꿈틀대고, 죽은 벌이 와사삭 부서지는 것이 느껴졌다. 벌꿀길잡이새는 가까운 곳에 조용히 앉아서 사냥꾼 무리가 물러가고 나면 자기 몫을 차지하려고 기다렸다.[5]

나머지 꿀이 숙영지로 운반되자 여자들은 바오바브 열매 꼬투리를 한 아름 모아왔다. 각 꼬투리는 양손을 모은 정도의 크기였다. 그들은 맨발 발꿈치로 열매를 짓밟아 터뜨렸다. 그 속에는 푸슬푸슬한 흰색 과육에 감싸인 채 콩팥처럼 생긴, 발포성 비타민 C 비슷한 맛이 나는 씨앗 무더기가 들어 있었다. 씨앗, 과육, 물 그리고 약간의 꿀을 양동이에 넣고 막대기로 휘휘 저었다. 모든 절차가 완료되자 결과물은 크림 같은 빽빽한 죽처럼 보였다. 한 모금 먹을 때마다 입에서 거품이 났다. 하드자족 아이들은 젖을 뗄 때 이것을 먹는다고 했다.

나보다 한참 오래전에 바로 이 장면을 지켜본 사람이 있었다. 그는 스물세 살의 케임브리지 대학생 제임스 우드번James Woodburn

이었다. 우드번은 1957년에 박사과정을 마치기 위해 아프리카 최후의 수렵채집인을 찾아 탄자니아로 갔다. 그는 코끼리 무리를 추적하는 이탈리아 상아 사냥꾼 두 명을 따라갔다. 에야시호수 근처에서 코끼리가 죽고 엄니가 제거된 후, 우드번은 관목숲에서 하드자족 사냥꾼들이 나타나 산더미 같은 고기를 가져가려고 공터로 나오는 것을 보았다(코끼리는 하드자족이 사냥하지 않는 유일한 대형 초식동물이다. 그들의 말에 따르면 그들이 쓰는 독은 코끼리를 죽일 만큼 강하지 않다). 우드번은 하드자족 사냥꾼들을 따라 그들의 숙영지로 가서 2년 동안 함께 살았다. 하드자족이 가진 기술이 없는 그는 하드자족 땅에서 살아남으려고 쌀과 렌틸콩을 가져가 스스로 채집한 얼마 안 되는 야생 식품과 함께 먹었다.

우드번은 하드자족 언어를 익혔고(그의 언어 기술은 군대 통역관으로 있는 동안 다듬어졌다), 새로운 관점을 제시하여 하드자족이 1960년대에 더 폭넓은 관심을 받게 했다. 소아과 의사들과의 공동 연구도 그런 관심의 하나였는데, 그 연구에서 하드자족 아이들이 근처의 농촌 마을 아이들과 비교해 영양 상태가 얼마나 비상할 정도로 좋은지가 밝혀졌다. 이후 60년 동안 우드번은 정기적으로 하드자족 지역에 돌아가 부족과 함께 지내면서 삶의 방식을 연구했고, 시간이 흐르면서 어떻게 변하는지 기록했다. 다행스럽게도 내가 하드자족을 찾아갔을 때 그도 마침 그곳에 머물고 있었다.

“그들이 수렵채집인으로 계속 살아간 것은 스스로 납득할 수 있는 삶이었기 때문입니다. 그들은 그것이 훌륭한 삶이라고 여깁니다.” 시그와지의 마지막 고슴도치 고기가 타닥거리며 구워지는 동안 우드번은 나와 함께 모닥불가에 앉아 있다가 말했다. 그는 그런 방식이 존속된 주된 이유는 그것이 자율성을 가져다주기 때문이라고 믿는다. 하드자족은 아무도 타인을 지배하지 않는데, 이는 그들 주위의 야생 식량이 풍부해서 가능한 일이었다. 아주 어린 아이와 아주 늙은 사람을 제외하고 숙영지의 모두가 자급하며 스스로 먹고 살 만큼의 기술이 있다. 여섯 살짜리 아이도 그렇다. "이런 삶의 방식이 그들에게 더 이상 타당하게 여겨지지 않으면 그것은 결국 끝이 나겠지요." 우드번이 말했다.

우드번이 처음 갔을 때, 하드자족과 외부 세계 사이에는 거리가 있었다. 채집인은 자신들이 어떤 지역에 사는지 몰랐고, 하드자족 지역 너머에 대한 그들의 지식은 대체로 이라쿼Iraqw, 다토가Datoga, 이산주Isanzu 등 이웃 부족과의 만남에서 얻어졌다. 이러한 목축민과 농부와의 사이에서 하드자족은 고기, 가죽, 꿀을 기장, 옥수수, 마리화나, 금속(도끼와 화살촉을 만들 재료)과 바꾸었다. 외부 세계에 대해 그들이 아는 다른 지식은 여러 세대 동안 구전 전승되었다. 선조들의 납치 사건도 그런 식으로 전해졌다. 탄자니아는 19세기 중반까지 동부아프리카 노예무역의 중심지였는데, 하드자족이 최근까지도 덤불에 나타나는 낯선 사람을 보면 항상 달아난 것은 그 때문이었다. 그러나 1960년대 중반쯤 외부 세계를 더는 피할 수 없게 되었다. 영국에서 독립한 뒤 탄자니아 정부는 미국 선교사들의 부추김에 따라 하드자족을 강제로 마을에 정착시키려고 했다. 멀리 떨어진 덤불 속 숙영지에 살던 수렵채집인이 무장한 수비대의 감시를 받으며 강제로 트럭에 실려 목적에 따라 지어진 마을로 보내졌다. 많은 사람이 감염병으로 사망했으며, 채 2년도 못 되어 살아남은 이들은 거의 모두가 원래 숙영지로 돌아가서 채집 생활로 복귀했다. 하드자족을 정착시키고 기독교와 농경으로 개종하려는 시도는 계속 이어졌다. 온갖 방해 속에서도 그들의 수렵채집 생활 방식, 즉 그들이 납득할 수 있는 삶은 계속 살아남았다. 그렇지만 지금은 새로운 강제력이 하드자족을 짓누르고 있다. 농업이 그들의 땅으로 쏟아져 들어오며, 세계적 식품 회사의 제품이 숙영지에 당도한 것이다. 우드번은 하드자족에게 가해지는 이런 압박은 전에는 본 적이 없다고 말했다. 사실 누구도 본 적이 없었다. 지표면 3분의 1이 이제는 식량 생산에 바쳐지는데 그중 4분의 1이 곡물 생산에, 4분의 3이 풀 뜯는 동물에 할애된다.[6] 그리고 농경은 야생 세계로 계속 확장된다(매년 거의 400만 헥타르의 열대우림이 사라진다). 농업은 예전에는 농사지을 수 없으리라 생각하던 지역까지 닿는다. 하드자족 지역도 그런 곳에 속한다. 21세기 초반, 하드자족이 사용하던 땅은 외부인들에 의해 매년 수만 헥타르씩 가축용 목초지나 작물을 기르는 농지로 바뀌었다.[7] 자라려면 몇백 년이 걸려야 하는 거대한 바오바브나무 같은 야생 식량을 하드자족이 구할 길도 사라졌다. 영양분 많은 바오바브 씨앗 주머니 공급원이 고갈되었고, 꿀의 공급원도 마찬가지다. 기나긴 싸움 끝에 2012년에 하드자족은 15만 헥타르의 면적에 대한 점유권을 얻었지만, 그것으로는 문제가 해결되지 않았다. 이웃 부족들은 농장의 관개 때문에 물이 부족해졌고, 기후변화 탓에 소떼는 하드자족 숙영지와 수원지에 더 가까이 이동했다.[8] 소들은 초식동물을 끌어들이는 식물군을 먹어치우고 이동 경로를 훼손했는데, 이는 하드자족의 사냥감이 줄어들었음을 뜻한다. 아프리카 전역에서 대륙의 생산성 있는 땅의 3분의 2가 이제 메마를 위기에 처해 있으며,[9] 그중 절반은 너무 심하게 척박해져서 사막화가 진행될 정도다. 가장 큰 원인은 가축이 풀을 과도하게 뜯어 먹기 때문이다.

하드자족은 이런 침탈을 멈출 수단이 없다. 그들에게는 소유물도, 돈도, 지도자도 없다. 그들은 숙련된 사냥꾼이지만 갈등을 꺼린다. 자신들의 땅에 당도하는 부족과 맞서기보다 수풀 더 깊은 곳으로 이동한다. 그러나 농부들은 계속 더 가까이 와서 초지나 수수와 옥수수 심는 밭을 확장한다. 하지만 작물에 줄 물은 충분하지 않다. 하드자족은 기후변화의 영향도 감내해야 한다. 그 영향은 물 부족, 식용식물의 소멸, 넥타르의 감소, 그리고 그에 따른 그들이 찾을 꿀의 감소라는 결과로 나타난다. 살아남기 위해 많은 부족민은 NGO와 선교사들이 주는 식품에 의존해야 한다. 아프리카 최후의 수렵채집인은 사면초가의 상태에 놓여 있다.

시그와지의 꿀 사냥터에서 차로 30분 달려가서 어느 교차로에 닿았다. 여러 부족이 그곳에 새로 설치된 펌프에 모여 물을 받아 간다. 또한 그들은 한 흙벽돌 오두막을 찾아가는데, 거기에는 함석지붕에 매달린 알전구 하나가 불을 밝히고 있다. 그 안에는 바닥에서 천장까지 층층이 설치된 선반에 가당 소다수 깡통과 비스킷 봉지가 쌓여 있다. 제일 가까운 도시까지는 차로 몇 시간 달려야 하며, 제일 가까운 도로로 가는 길도 어마어마하게 넓은 황무지에 가로막혀 있다. 그런데도 세계 최대의 식품과 음료 회사의 손은 이 먼 곳까지 닿아 있다.

우리 선조들이 처음 진화한 장소에서 플라스틱병에 든 설탕물이 우리가 인간이 되는 데 도움을 준 달콤한 음식, 꿀을 대체하고 있다.

사바나에서 조류의 생활을 모니터하는 과학자들은 새와 인간의 교류가 드물어지는 상황에서 응답을 고대하면서 "아크-에크-에크-에크"라고 부르며 내려앉는 새들의 서글픈 장면을 묘사한다.[10] 수천 년, 아마 수백만 년 동안 이어진 두 생물종 사이의 대화는 얼마 지나지 않아 침묵할지도 모른다.

흙벽돌 오두막 주위는 새로 심어진 옥수수밭이 둘러싸고 있다. 야생에서 농경으로, 채집된 것에서 가공되고 병에 담기고 상표가 붙은 것으로 바뀌는 수십만 년의 인류 역사가 마치 빨리 감겨 돌아가는 영상을 보는 듯한 기분이었다.

남오스트레일리아

Southern Australia

머농

Murnong

2

인간의 기억 속에서 채집인이 머농을 찾을 수 있는 곳은 단 두 군데뿐이었다. 머농은 불그스레한 뿌리인데, 식감은 바삭바삭하고 맛은 코코넛처럼 달콤하다. 한 곳은 오스트레일리아 빅토리아주의 소도시 베언즈데일에 있는 포지크릭로드의 한 묘지다.[1] 묘비 주위에 밝은 노란색 꽃이 뭉쳐 핀 식물을 볼 수 있다. 또 한 곳은 근처의 철로 변으로, 총알만 한 뿌리와 새순을 동물이 뜯어 먹지 못하도록 높은 울타리가 철길을 따라 쳐져 있다. 18세기 유럽 침략자들이 도착하기 전에는 이 식물이 빅토리아주의 초원과 바위투성이 언덕마다 무성하게 자라서, 멀리서 보면 노란색 담요가 덮인 것처럼 보였다.

최초의 인간이 아프리카-아시아 대륙에서 오스트레일리아로 내려온 것은 6만 년도 더 전의 일이었다. 그들이 당도해 만난 식물과 동물은 처음 보는 것이었다. 하지만 오늘날 하드자족이 하는 것처럼 이 수렵채집인은 뒤지개digging stick• 를 도구로 쓰면 땅속에서 먹을 것을 얻을 수 있음을 알았다. 씨앗과 열매, 꿀은 계절에 따라 달라지지만 뿌리와 덩이뿌리는 일년 내내 얻을 수 있었고, 식물의 저장 기관이므로 에너지도 풍부했다. 남동부 오스트레일리아에서 가장 중요한 땅속 식품은 머농이었다. 우룬제리Wurundjeri, 워소롱Wathaurong, 군디츠마라Gunditjmara, 야라Jaara 등 그 지역에서 수만 년 동안 살아온 부족들에게 이 뿌리의 중요성은 이루 말할 수 없이 크다. 머농이 없었더라면 남동부 오스트레일리아에서의 삶은 위태롭거나 불가능했을 것이다. 하지만 1860년대쯤 그 식품은 거의 소멸한 상태가 되어, 죽은 이가 쉬는 묘지나 사람이 접근하지 않는 철로 변 같은 곳이 아니면 볼 수 없게 되었다. 그 식물에 대한 지식은 애버리진• 세대에게 더는 전해지지 않았다.

• 땅속을 뒤져 식물의 뿌리나 열매를 캐는 데 쓰던 나무나 뼈로 만든 연장 -옮긴이

1985년, 육십 대의 식물학자인 베스 곳Beth Gott은 멜버른 모나시 대학 내의 땅 한 필지를 구획해 애버리진의 야생식물을 기르는 정원을 만들 계획을 세웠다. 곳은 미국과 아시아에서 현장 연구를 하는 동안 토착 음식과 약물에 흥미를 느꼈고, 오스트레일리아로 돌아오자 애버리진의 식물 지식을 그때껏 누구보다 더 철저하게 연구하기 시작했다. 모나시 대학을 기지로 삼은 그녀는 1000가지 이상의 다양한 표본 목록을 작성했다. 그중에는 수면을 유도하는 모래언덕 엉겅퀴와 달콤한 맛이 나는 음료를 만드는 데 사용하는 우리크나무에서 딴 은빛 솔방울도 있었다. 오랜 연구 끝에 그녀는 식민지 이전의 오스트레일리아에서 한 가지 토착 식량이 특히 중요했다

• aboriginal people, 오스트레일리아 원주민을 일컫는 말 -옮긴이

는 결론을 내렸다. 일부 애버리진은 그것을 '얌 데이지'라 부르기도 하지만, 대부분은 '머농'이라 부른다. 곳은 머농을 야생에서 찾아내어 자신의 정원에서 기르려고 했지만, 이를 찾기가 쉽지 않았고 그 역사를 발굴하기도 어려웠다. 너무 많은 지식이 상실되었고, 대부분이 폭력으로 사라졌다.

1953년에서 1957년 사이에 영국 정부는 남부 오스트레일리아의 사막에서 원자탄 폭발 실험을 했다. 이는 1960년대에도 한참 동안 계속된 일련의 미사일 실험의 일부였다. 폭발 실험을 위해 그 지역을 정리하면서 그때까지도 서부 사막을 떠돌아다니며 살던 애버리진 수렵채집인 1만 명가량을 몰아내야 했다.[2] 그 결과 오스트레일리아 최후의 자족적 채집인이 자신들의 땅에서 쫓겨나서 산업사회로 끌려들어 갔다. 다른 지역의 애버리진은 이미 오래전에 자신들의 땅에서 쫓겨나 보호구역에 갇혀 살고 있었다. 이 최후의 청소탓에 6만 년 동안 축적되고 실행되면서 남아 있던 살아 있는 지식이 거의 전부 파괴되었다. 1980년대에 곳은 이런 지식 가운데 조금이라도 살아남은 것이 있을지 찾아 나서고 기록했다. 만약 야생 식량과 약용식물을 몇 가지라도 찾을 수 있다면 그런 것도 살려내려고 노력했을 것이다.

곳의 자료 가운데는 좀 아이러니하지만 초기 식민주의자들의 기록journal도 있었다. 제임스 쿡James Cook 선장과 식물학자 조지프 뱅크스Joseph Banks가 1770년에 영국으로 보낸 최초의 보고서에는 애버리진이 먹는 음식이나 음식 문화에 대한 정보는 전혀 없었다. 단지 "작은 불을 피우고 신선한 홍합을 끓인다"라거나 "내가 이제껏 본 것 중에서 제일 큰, 거대한 굴 껍데기 무더기"라는 구절은 있었다. 쿡과 뱅크스는 '토착민'이 인구가 그리 많지 않고, 유목 생활을 하며, 기본적으로 미개하다는 인상을 전했다. 그러나 20~30년 뒤 또 다른 영국인은 다른 이야기를 전했다. 윌리엄 버클리William Buckley는 유형수로 오스트레일리아에 이송되었지만, 빅토리아주 설리번베이에서 탈출해 워소롱 부족민과 함께 30년간 살았다. 말하자면 이 '야생의 백인'은 야생 육류와 머농을 먹고 살고 "어떻게 몇 주일씩 뿌리로 목숨을 부지하는지" 이야기했다. 1837년에 또 다른 정착민은 "그 지역에 사는 동물을 잡게 되면 고기를 먹지만 주로 뿌리"로 이루어진 그 부족의 식단을 설명했다.[3]

자료를 더 찾아낸 베스 곳은 남부 오스트레일리아의 야외와 삼림 지역에 머농이 자라는 그림을 그렸다. 그곳에서 머농은 '수백만 개씩' 자라곤 했다. 1841년에 조지 오거스터스 로빈슨George Augustus Robinson은 이렇게 기록했다. "내 눈이 닿는 평원 전체에 여자들이 퍼져 머농을 캐어 … 각자 들고 갈 수 있는 한도껏 짊어졌다." 요크셔 출신으로 1820년대에 오스트레일리아에 정착한 에드워드 커Edward Curr는 "얌이 어찌나 풍부하고 캐내기 쉬운지, 뾰족한 막대기를 써서 한 시간 만에 일가족이 하루에 먹을 분량을 모았다"라고 묘사했다.

그림도 있다. 빅토리아 주립도서관은 1843년에 오스트레일리아에 도착한 열아홉 살의 정착민 헨리 고드프리Henry Godfrey가 그린 스케치를 수백 장 소장하고 있다. 스케치 〈머농을 캐는 여인들Women gathering murnong〉은 울창한 숲을 배경으로 중심인물 두 명을 보여준다. 여인들은 긴 외투를 입고 작은 배낭을 어깨에 걸쳤다.

한 사람은 땅을 파려고 손도끼를 쥐고 막 땅에 꽂으려 한다. 다른 한 사람은 손에 막대기를 쥐고 땅을 팔 자세를 취하고 있다. 즐거운 장면이다. 아이들은 개와 놀고, 다른 사람들도 나무 사이에 앉거나 팔을 쳐들고 쉰다. 모두가 활기차게 이야기하고 식량을 모은다.

머농은 다 자라면 높이가 40센티미터 정도다. 잎사귀 없는 줄기의 끝부분에는 묵직한 열매가 달려 있어 양치기의 갈고리처럼 구부러져 있다. 봄이 되면 이것이 활짝 펼쳐져 꽃잎이 되며, 아이들이 태양을 그릴 때처럼 밝은색으로 칠해진 커다란 민들레와 비슷해 보인다. 지표 아래에서는 부풀어 오른 덩이뿌리가 무처럼 둥글게 자라기도 하고 당근처럼 가늘어지기도 한다. 그것을 쪼개보면 식물의 어느 부분에서든 뿌연 액체가 나와서 손가락을 물들인다. 덩이뿌리는 단단하게 뭉쳐져 있지만, 파내면서 건드리면 쉽게 갈라지고 흩어진다. 곳은 이 식물이 그처럼 풍부해진 것이 이런 방식을 통해서임을 깨달았다. 애버리진 채집인이 수천 년 동안 해온 행동이 머농을 널리 퍼뜨린 것이다. 일기와 기록에서 얻은 정보로 보건대, 애버리진은 이 사실을 알고 있었다. 그들을 세계 최초의 농부로 봐야 한다는 주장이 나오는 것은 이 때문이다.

불이 맡은 역할도 있었다. 식물은 직사광선이 필요하다. 그래서 애버리진은 건기가 되면 숲에 불을 놓는다. 그들은 이를 매우 엄격하게 시행한다. 정확하게 언제 어디서 불을 시작하고, 어디에서 불을 꺼야 하는지 알고 있다. 이것은 죽은 식물을 치워버리지만 머농은 덩이뿌리가 지표 아래에 있어서 피해를 보지 않기 때문에 살아남는다. 개활지에서는 수확하기도 더 쉽다. 또 불이 남긴 재는 토양을 비옥하게 한다. 이 기술로 머농 밭이 남동부 오스트레일리아에 만들어졌다. 1980년대에 사람들은 애버리진의 불 기술을 연구하는 곳을 조롱했지만, 2020년 1월에 세계는 그녀에게 동의하게 되었다. 전례 없는 최악의 산불이 일어나 오스트레일리아의 거대한 지역이 소실되었다. 1100만 헥타르가 불에 탔고, 가옥 수천 채가 파괴되었으며, 수십 명이 사망했다. 그러나 불을 질러 불에 맞서는 법을 알고 있던 애버리진 공동체의 피해는 적었다. 그들은 한 해 동안 작은 맞불을 수백 건 놓아 지표 아래를 길들였고, 더 큰 불이 일어나지 않게 예방했다.

머농은 날로도 먹을 수 있지만, 애버리진은 땅을 파서 달구어진 돌을 넣어 흙 오븐을 만들고 여러 겹의 풀로 덩이를 감싸서 구워 먹는다. 곳은 90센티미터 높이의 갈대 광주리에 머농을 가득 담아 불에 굽는 마을 잔치에 대한 묘사를 기록에서 찾아냈다. 이 달콤하고 영양분 많은 덩이뿌리를 씨앗, 조개, 주머니쥐 고기와 함께 먹었다는 것이다. 이런 행사가 없는 계절은 겨울뿐이다. 겨울에는 덩이뿌리의 즙이 메말라 쓴맛이 날 때가 많기 때문이다. 하지만 곳이 계산한 바에 따르면 애버리진은 일 년 내내 1인당 평균 2킬로그램의 머농을 매일 먹었다. 이 식품이 아마도 무한히 공급될 것 같았던 모양이다.

1788년에 첫 식민주의자들이 당도해 가축을 배에서 내린 뒤, 양이 이 나라의 식물을 먹어치우기 시작했다. 1850년대의 골드러시가 일어나기 전에 남부 오스트레일리아 전역에서 '풀의 러시'가 발생했다. 그 지역은 세계 최대 초지 가운데 하나였지만, 세렝게티와

아메리카 대평원처럼 자유롭게 떠돌아다니며 머농을 마구 파먹을 동물이나 야생 생물이 그때까지는 없었다. 유럽 정착민이 오기 시작한 지 첫 몇십 년 동안 농부들은 수백만 마리의 양을 데려왔고, 2~3년마다 그 수는 두 배씩 불어났다. 양 앞에 펼쳐진 것은 수천 제곱킬로미터의 손닿지 않은 풀과 식물대였고, 동물들은 머농을 아주 좋아했다. 토양은 가볍고 부드러웠으므로, 흙에 주둥이를 박아 뿌리를 파낼 수 있었다. 소와 양은 이빨로 식물을 뜯어 먹었고, 단단한 발굽으로 흙을 단단하게 다졌다.

1839년, 멜버른이 세워진 지 꼭 5년 뒤 통게워롱Tongeworong 부족의 나무껍질 오두막에서 일 년 동안 함께 생활한 감리교회 목사 제임스 드레지James Dredge는 무닌Moonin이라는 애버리진과 나눈 대화를 일기에 기록했다. "무닌이 말했다. '양과 소가 너무 많다. 머농을 많이 먹는다. 머농이 모두 없어졌다.'" 한 해 뒤엔 에드워드 커가 이렇게 기록했다. "수천 마리의 양은 주둥이로 이런 채소를 파먹을 줄 알게 되었을 뿐 아니라 거의 모두가 첫해에 그것으로만 먹고 살았다." 그 뒤에 머농은 드물어졌다.

국가가 임명한 '애버리진 수석보호관Chief Protectors of the Aborigines'은 그 지역의 식민주의자이며 애버리진 구역에서 사태가 얼마나 빠르게 변하는지 지켜보는 위치에 있는 직책으로, 머농의 상황이 어떤지 알고 있었다. 한 보호관은 상급자에게 기근이 발생했다고 경고했다. 그러나 유럽인이 보기에 머농은 기껏해야 잡초에 불과했으므로, 더 많은 가축이 당도해 땅을 휩쓸고 토착민이 먹을 식량 자원을 먹어치우도록 방치했다. 선교사인 프랜시스 턱필드Francis Tuckfield는 "애버리진의 … 머농이나 다른 귀중한 뿌리채소가 백인의 양 떼에 먹혀버리고, 그들의 결핍과 학대와 비참함은 나날이 심해진다"라고 썼다. 식민주의자들은 머농을 압살하는 풀 등 다른 침입 종들을 도입하고, 양과 소들이 더 많이 풀을 뜯고 짓밟도록 권장해 사태를 악화시켰다. 그러다가 1859년에는 오스트레일리아에 토끼가 들어왔다. 그때까지도 살아남은 야생 머농을 이 초식동물이 끝장내버렸다.

이 무렵 애버리진 역시 조직적 학살과 강제 이주의 대상이 되었다. 1838년에 미얄크리크에서 소의 방목을(머농이 줄어든 이유) 방해한 데 대한 보복으로 무장하지 않은 남녀와 아이 28명이 끌려가서 살해되었다.[4] 다른 정착민은 "원주민을 쏘아 죽이는 건 개를 쏴 죽이는 거나 마찬가지로 나쁜 일이 아니다"라고 말했다. 토착인구가 감소한 데는 질병 탓도 있지만, 주원인은 폭력이었다. 가장 심한 곳은 빅토리아주였다. 영국인은 산맥을 넘은 뒤로 계속 수로를 따라 나아갔는데, 애버리진 마을은 대개 그런 경로에 자리잡고 있었다. 그리하여 오스트레일리아 역사에서 가장 잔혹한 토지 강탈이 가장 빠르게 진행되었다. 베스 곳의 연구 덕분에 우리는 애버리진이 죽은 원인이 공격뿐 아니라 식품 공급원이 파괴되었기 때문임을 알게 되었다. 최초의 접촉 이전에 토착민 인구는 75만에서 150만 명 정도로 추산되었다.[5] 1901년의 인구는 10만 명 정도였다. 1800년대 초반 애버리진 부족의 수는 700개 정도였는데, 19세기가 끝날 무렵에는 고작 17개만이 남았다. 머농과 다른 식품들이 사라진 대신에 애버리진은 식민지 당국으로부터 밀가루와 설탕(그리고 담요)을 공급받았다. 이것이 1960년대까지 이어진 애버리진 공동체에 대한 식량 배급 정책의 시초였다. 침입자들이 당도했을 때

애버리진은 대부분의 유럽인보다 더 건장하고 건강했다. 오늘날 애버리진의 평균수명은 오스트레일리아의 비토착민 인구의 평균수명보다 십 년 정도 짧다. 건강식품을 구할 여유가 없다는 것이 이 수명 단축의 이유 가운데 하나다.

베스 곳이 1980년대에 모나시 대학의 정원에서 애버리진 식물을 기르기 시작했을 무렵, 서부 오스트레일리아에 연구 기지를 둔 공중보건 전문가 케린 오디Kerin O'Dea는 토착 종을 야생으로 돌려보내기 시작했다. 오디는 애버리진에게서 발생하는 비만과 제2형 당뇨병의 원인이 서구식 음식임을 본능적으로 깨달았다. 그녀는 단순하지만 급진적인 실험을 시행했다. 도시에 사는 중년의 애버리진 가운데 체중 과다이거나, 당뇨병이 있거나 없는 열 명을 수풀 오지에 데려다 놓고 수렵채집으로 덩이뿌리를 캐내면서 7주간 살아보게 했다. 길지 않은 실험 기간이었는데도 그 뒤 전원이 체중이 줄고 당뇨병 증세가 나아졌다.[6] 오디는 당뇨병을 치료하기 위해 전통적인 생활 방식으로 돌아가야 하는 건 아니지만, 식단 등 그들의 생활 방식을 수용하는 것은 매우 장점이 많다고 결론지었다. 하지만 그때쯤 머농 같은 여러 토착 음식 재료는 소멸 위기에 처해 있었다.

그러나 상황이 바뀌기 시작했다. 머농이 오스트레일리아의 의식과 요리에 서서히 복귀하고 있었다.[7] 애버리진 공동체는 텃밭에 머농을 심었고, 추수 축제에서는 뒤지개와 제의적 춤이 200년의 공백을 넘어 되살아났다. 애버리진 작가이자 농부인 브루스 패스코Bruce Pascoe에게서 머농에 대해 배운 오스트레일리아의 가장 유명한 요리사인 벤 슈리Ben Shewry는 씨앗을 마련해 자신의 정원에서 그것을 키우기 시작했다. "그건 내가 쓰는 재료 가운데 가장 중요합니다." 그는 고객이 그 식물이 얼마나 맛있는지 놀라고, 또 그 식물의 사연에 감동한다고 말한다. 현재 머농 재배에 사용되는 씨앗 가운데 일부는 예전에 야생에서 싹을 틔우던 곳에서 가져왔는데, 베언즈데일 철로 변과 묘지도 그런 장소다. 다른 것들은 베스 곳의 애버리진 텃밭에서 배양되었다. 따라서 머농의 미래는 이제 다른 곳에 달려 있다. 빅토리아 전역에 퍼진 재배자와 정원사들의 손에, 그리고 그들의 부엌에.

미국,
콜로라도

Colorado,
USA

베어 루트

Bear Root

3

멀리서 보면 슬리핑우테산Sleeping Ute Mountain이 어떻게 그런 이름을 얻었는지 알 수 있다. 남서부 콜로라도의 토착민은 그 길쭉한 형태가 전투에서 부상당한 후 드러누워 깊은 잠에 빠진 전사 신의 모습이라 말한다. 그 이후 신은 내내 그 자리에 있었다. 가슴 위로 포갠 팔이 봉우리 하나가 되고 머리와 무릎, 발가락은 다른 봉우리가 되었다. 그 이름을 얻은 산은 신성시되어 오늘날까지도 계속 이어진다. 초여름, 우테마운틴 부족의 선댄스 춤꾼들이 호스마운틴이라 부르는 봉우리(전사 신의 갈비뼈에 해당하는 곳)에 모인다. 산 아래에는 토와오크 마을이 있다. 그곳 주민 1000여 명의 대부분은 토착민이다. 나는 그곳의 마을회관에서 어떤 음식이 조리되는 광경을 지켜보았다.[1] 전직 요리사이자 지금은 교사인 카를로스 바카Karlos Baca가 조리 진행을 감독했다. 그의 학생들은 텍사스와 뉴멕시코, 콜로라도의 보호구역에서 그곳까지 왔다(아파치, 나바호, 푸에블로 부족).[2] 바카가 말했다. "거의 모든 보호구역에 식품점보다 주유소가 더 많아요. 여기서 가르치는 건 미국의 음식 시스템에서 살아남을 방법입니다." 바카는 토착민들을 상대로 벌어지는 음식 전쟁의 최전선에 서 있다. 그는 그 전쟁의 첫 번째 피해자가 그들의 건강이라고 본다. "우리 식단을 식민지 상태에서 벗어나게 해야 하는 건 그 때문입니다."

스테인리스스틸로 꾸며진 부엌 작업대에는 근처 숲에서 사냥해 온 엘크 고기, 그리고 바카가 몇 주일간 물에 담가 타닌의 떫은맛을 빼낸 도토리 가루 항아리가 놓여 있었다. "밀, 돼지고기, 닭고기는 없습니다." 바카가 주위에 모여든 남녀 열 명에게 말했다. 몇몇은 이십 대였고, 나머지는 육십 대였다. "이건 식민지 이전 시대의 음식이에요."

나는 그들이 아마란스 씨앗으로 쿠키를 굽고, 옥수수로 납작한 빵을 만들고, 슬로쿡 기법으로 엘크 고기 스튜를 끓이는 모습을 지켜보았다. 조리기구가 부딪치는 소리 속에서 바카는 학생을 지도했다. 키가 크고 육중한 체격에 검은 머리칼을 땋았고, 팔에는 비비 꼬인 문신이 뒤덮여 있었다. 그는 조용히, 확고한 목적의식이 느껴지는 목소리로 이야기했다. "해봐요, 계속해요." 그는 요리팀을 격려했다. "이것이 지금의 우리를 만들었고 우리 조상을 지탱해준 음식입니다." 그는 우리 모두에게는 일종의 생물학적 기억 같은 것이 있다고 믿는다고 나중에 말했다. 그것은 세포 차원에서 존재하는 음식과의 관련성이다. 자신이 하는 일은 오로지 사람들에게 그 기억의 물꼬를 터서 요리로 흘러들어 가도록 가르치는 것일 뿐이라고 말했다. "생각해보세요. 이런 재료는 몇천 년 동안 우리가 먹는 음식의 일부였습니다. 그것이 어떤 방식으로든 신체적으로 전해지지 않을 수 있겠어요?"

수업하는 동안 그는 푸른 옥수숫가루 한 줌을 담아 물과 섞어서, 희뿌연 가루를 진한 자주색 죽으로 변신시켰다. 여기에 그는 나무 태운 재를 손가락으로 살짝 집어넣고 옥수수 색을 더 진하게 만들었다. 또 검게 옹이 진 나뭇조각처럼 생긴 것을 작은 칼로 아주 조금 깎아냈다. 그가 말했다. "이걸 먹으면서 내 인생 이야기를 해줄 수 있어요. 그리고 이 음식은 내 종족에게 어떤 일이 벌어졌는지도 보여줄 수 있습니다."

사십 대 중반인 바카는 고급 레스토랑의 요리사이던 경력을 등지고 자신의 조상인 테와, 디네, 우테 부족의 음식 지식과 기술을 지키는 데 에너지를 집중하기로 했다. 과거 광산촌이던 남서부 콜로라도의 두랑고에서 태어난 그는 세 살 때 부모가 이혼한 뒤 어머니와 함께 토와오크 북쪽의 소도시인 코르테스로 이사했다. 우테산 보호구역에 가까운 곳이었다. 그는 그곳에서 미국 농무성이 보호구역에 보낸 상자를 열었던 일을 기억한다. 미국 토착민 가족에게 나눠진 식량 배급이었다. 상자 안에는 가공된 돼지고기 통조림, 정제 밀가루 봉지, 농축 주스가 들어 있었다. "이런 음식은 모두 건강식품이 아닙니다. 그저 신체를 속여 배부르다고 느끼게 할 뿐인 쓰레기예요." 그가 말했다. 여름은 달랐다. 서던우테 보호구역에 사는 조부모 패니와 마누엘 바카Fanny & Manuel Baca와 함께 지냈기 때문이다. 그의 할아버지는 제2차 세계대전의 가장 잔혹한 전투 가운데 하나인 오키나와의 류큐 전투에서 살아남았다. 귀환한 그는 크든 작든 도시를 떠나 사는 쪽을 택해 사냥하고 낚시하고 채집하고 살면서 옛적의 음식 방식을 일부 지켜냈다. 여름이면 손자를 이런 탐험에 데려갔다. 바카는 엘크를 쫓아 달리고 야생 옻나무를 채취하곤 했다.

요리사였을 때 바카는 온갖 종류의 레스토랑에서 일했다. 크리올creole, 바비큐, 이탈리아, 심지어 일본 스시 식당에서도 일했다. 그러나 그가 어디에 가고 어떤 부엌에서 일하든 한 번도 요리하지 않은 음식이 하나 있었다. 그것은 '자신의 종족의 음식'이었다. 그가 자신의 토착민 뿌리에 대해 더 많이 알게 될수록 미국 최초의 음식 문화가 요리책에 기록되어 있지 않을뿐더러 역사책에서도 삭제되었음을 깨달았다.

콜로라도 마운틴스의 한적한 휴가지에서 수석 요리사 자리를 얻어 10만 달러가 넘는 연봉을 받으면서 부유한 관광객에게 음식을 대접하던 그는 일에 대한 열정을 잃었다. 그러던 어느 날 그 모든 것을 등지고 떠났다. 자동차를 팔고 소지품을 전부 창고에 집어넣은 뒤, 2년 동안 미국 전역을 히치하이킹하며 돌아다니면서 보호구역에 사는 원로들과 이야기하고 토착 음식에 관해 구할 수 있는 책을 모조리 읽었다. "난 그 음식이 어떤 것이었는지, 우리가 잃어버린 지식을 조금이라도 돌려받을 수 있는지 알고 싶었습니다."

어린 시절에 겪은 소소한 일이 새로운 의미를 띠고 기억에 되살아났다. "할아버지는 항상 똑같은 차림이었어요. 묵직한 부츠를 신고, 블루진 바지에 체크무늬 셔츠를 입고, 갬블러 스타일의 모자를 썼어요. 그리고 셔츠 포켓에는 항상 칠테핀칠리페퍼chiltepin chilli pepper와 비틀린 뿌리 하나를 넣고 다녔습니다." 감기 증세를 보이면 바카의 할아버지는 포켓을 뒤져 이 두 가지 재료를 꺼내 물약을 만들었다. "할아버지는 걸어 다니는 약품 서랍 같았어요." 부엌에서는 할머니가 푸른색 옥수숫가루로 죽을 끓였다. 보호구역에 사는 모든 사람이 먹던, 속이 편안해지는 따뜻한 죽이었다. "그건 아기 때 처음 먹는 음식이자 죽기 전에 먹는 마지막 음식이었습니다." 바카가 말한다. 푸른색 옥수숫가루 죽 한 대접과 비틀린 검은 뿌리는 그에게 큰 영향을 남겼다. 토착민은 이 뿌리를 '오샤osha' 또는 '추추파테chuchupate'라고 불렀다. 우테 부족의 언어로는 '크위야가투 투카피kwiyag'atu tukapi'라 부른다.

마을회관에서 우리는 자동차에 올라 로키산맥 남쪽 끝에 있는 라플라타산의 숲으로 갔다. 가을의 주황색과 붉은색으로 물들어가는 잎이 무성한 키 큰 참나무와 은빛 둥치의 사시나무를 지나 산을 올랐다. 삼림선 위쪽에는 수 킬로미터 길이의 골짜기와 산봉우리가 멀리까지 뻗었고, 고도 4000미터에 달하는 능선이 오르락내리락 이어졌다. 산길을 벗어나 깊은 숲속으로 들어간 바카는 우리를 녹색의 두툼한 식물 쪽으로 데려갔다. 파슬리 같은 잎사귀와 눈송이처럼 생긴 작은 꽃이 달린 식물이었다. 그는 손으로 땅을 파내고 부드럽게 흙을 떨어내어 초콜릿색의 뒤엉킨 뿌리를 드러냈다. "이건 어려요, 아마 3년쯤 묵었겠네요. 아직은 너무 어려서 건드리지 못합니다." 그러고는 그것을 다시 제자리에 심은 뒤 잎사귀 하나를 내게 주고 먹어보라고 했다. 바삭한 셀러리와 신선한 당근에 매운 후추를 뿌린 맛이 났고, 얼얼하게 마비되는 느낌이 있었다. 이 오샤 풀은 다 자라기까지 십 년이 걸리는데, 그때쯤 토착민은 뿌리 일부만 거둬가서 식물이 탈 없이 계속 자라게 한다. 잎사귀도 수프에 넣거나 육류와 함께 요리하는 데 쓰이지만, 그것의 실제 가치는 머농처럼 땅속에 들어 있다. 수천 년 동안 그 암갈색 식물의 비틀린 뿌리는 음식에 향취를 더해주는 양념으로만이 아니라 효력이 센 약품으로도 쓰였다. 인간보다 훨씬 큰 동물들이 땅을 파서 이 식물을 찾아내 뿌리를 씹어 죽처럼 만든 다음, 앞발로 털가죽에 문질러 바른다는 이야기가 전해진다. 그래서 '베어 루트bear root'라는 별명이 붙은 것이다.

아메리카 토착민에게서 공통으로 내려오는 전설 가운데 그 뿌리와 곰의 관계 이야기가 처음으로 시험된 것은 1970년대 후반이었다. 젊은 하버드 대학생 숀 시그스테트Shawn Sigstedt(현재 콜로라도 대학 생물학 교수)는 애리조나의 나바호족 공동체에 들어가 살면서 전통 의학을 연구했다. 그곳에서 그는 베어 루트 또는 그들의 호칭으로는 오샤를 알게 되었다. 나바호족 치유사들은 그에게 먼 옛날 사냥꾼들은 동면에서 깨어난 곰이 그 식물을 찾아다니고 뿌리를 파내 씹어서 죽처럼 만든 다음, 앞발로 온몸에 비비는 것을 보고 그 힘을 알게 되었다고 말했다.

그 이야기에 흥미를 느낀 시그스테트는 콜로라도 스프링스에 있는 한 동물원에 가서 포획된 검은 곰 두 마리한테 오샤 조각을 먹이기 시작했다. 그 뿌리에 보인 곰의 반응은 놀라웠다. 이들은 나바호족이 묘사한 것과 똑같이 행동했다. 다만 식물을 씹어서 곤죽이 된 뿌리를 앞발로 비비는 것 외에도 머리를 흔들어 입에 머금은 오샤를 사방에 뿌려, 시그스테트의 표현에 따르면 에어로졸을 뿌린 것 같은 효과를 냈다. 시그스테트는 곰의 행동을 오랫동안 연구해 그 뿌리의 항균·항바이러스·항진균 성질을 분석했다. 거기에는 진통

성분의 화학물질과 강력한 살충 성분도 들어 있었다. 시그스테트가 1970년대에 나바호족에게서 들은 이야기는 전설이 아니라 과학적으로 정확한 관찰이었다. 아주 작은 베어 루트 조각의 냄새만 맡아도 확연히 의약품 같은 냄새가 난다. 멘톨 효과가 강해서 얼얼하고 소독하는 느낌을 준다.

오샤는 효능이 강한 식물이지만, 지역을 심하게 따져서 대부분 남서부 콜로라도 삼림의 로키산맥 남쪽 끝 근처에서만 난다(콜로라도 기침 뿌리로 부르기도 한다). 이에 대한 한 가지 가설은 그 식물이 로키산맥과 멕시코의 시에라네바다산맥의 고지대에서만 발견되는 미생물과 공생관계여서 지금까지 재배하려는 시도가 모두 실패했다는 것이다.[3] 또한 이 뿌리를 구할 수 있는 토착민은 멀리까지 광범위하게 거래했는데, 그것을 구한 부족들은 모두 약간씩 다른 방식으로 사용했다. 나바호족, 주니족, 서던우테족, 라코타족은 오샤를 복통과 치통 치료에 사용했고, 라코타족은 뿌리를 훈제해 두통을 치료하기도 했다. 북동부 멕시코의 타라우마라족은 전설적인 장거리 달리기 선수들인데, 베어 루트를 먹어 기력을 올리고 관절통을 낫게 했다. 더 남쪽으로 가면 푸에블로족은 그것을 찧어 옥수수밭에 뿌려 병균을 물리쳤다. 오클라호마의 코만치족 원로들은 뿌리 조각을 발목에 묶어 뱀을 쫓았다. 또한 뱀에 물리면 그 뿌리를 씹어 죽처럼 만들어 상처를 치료했다. 한편 치리카후아 그리고 메스첼레로 아파치족은 육류를 요리할 때 그 뿌리를 양념으로 썼다.

몇몇 토착민에게 베어 루트는 신성한 식물이었고, 자라는 장소는 흔히 비밀로 지켜졌다. 심지어 외부인이 있을 때는 그 이름을 입에 올리는 것도 금지했다. 그러나 비밀을 영원히 지킬 순 없었다. 그것의 학명은 선교사였던 19세기 어느 식물학자의 이름을 따서 '리구스티쿰 포르테리Ligusticum porteri'라 불렀다. 그 식물학자인 토머스 콘래드 포터Thomas Conrad Porter는 그 식물의 의학적 효력을 알아차린 최초의 서구인이었다. 식민주의자들은 베어 루트와 함께 에키네이셔echinacea, 골든실goldenseal, 아메리칸 진생American ginseng 등 토착민이 사용하던 식물을 상업화했다. 수십억 달러 규모의 허브 약물 교역 무대에서 베어 루트가 흉부 감염과 인후염, 관절염 치료제로 알려져 큰 수요를 유발한 것도 포터가 남긴 유산에 속한다.[4] 그런데 베어 루트는 수익성 높은 야생 약용식물로 지목되자 멸종 위기에 내몰렸다.

"그 식물은 산에서 엄청나게 대량으로 채집됩니다. 삼림관리처는 그 뿌리 수백 킬로그램을 자동차 트렁크에 실어가는 한 남자를 잡았어요"라고 바카가 말했다.

바카가 토착민 동료에게 가르치는 내용은 베어 루트 같은 야생식물에 대한 토착민의 지식이다. 이런 식재료를 안다면 전통적인 요리법과 훨씬 건강한 식단을 접할 길이 열린다. 또한 잘못된 통념을 물리칠 수도 있다. 미국인이 전통적인 단골 토착 식단으로 여기는 식품이 몇 가지 있는데, 가장 유명한 것이 프라이브레드frybread다. 이것은 뜨거운 철판 위에서 옥수수기름으로 부풀어 오르게 구운 팬케이크다. 나바호 문화와 관련이 깊은 애리조나와 뉴멕시코주 보호구역의 가정에서는 지금도 그것을 요리해 먹으며, 흔히 '미국 인디언 푸드'라 불리면서 토착민의 길거리 음식으로 팔린다. 그러나 '나바호 프라이브레드'는 결코 전통 음식이 아니다. 이는 150년 전 절망적인 상황에서 탄생했다. 1864년 한겨울, 미국 군대가 8500명의 나바호족 남성과 여성, 아이를 애리조나 북동부에 있던 그들의 땅에서 쫓아내 보스크리돈도Bosque Redondo 보호구역으로 밀어냈다. 그곳은 480킬로미터가량 떨어진 뉴멕시코의 수용소였다. 그곳으로 가는 길은 현재 '머나먼 여정Long Walk'이라 알려져 있다. 가는 도중에 나바호족 수백 명이 혹독한 날씨와 굶주림으로 사망했다. 그들은 집을 잃었을 뿐 아니라 작물과 종자와 식품 저장고도 포기해야 했다. 아사자를 줄이기 위해 정부는 식품 배급 꾸러미를 보냈는데, 거기에는 흰 밀가루와 설탕, 라드가 들어 있었다. 프라이브레드는 이렇게 탄생했다. "지금도 이웃집에 가면 사람들이 프라이브레드를 구워 먹고 있어요. 난 그들을 민망하게 하고 싶지는 않지만, 그래도 그 식품의 역사를 분명히 알도록 합니다."

토착 식단에서 식민주의의 흔적을 씻어내려는 임무를 수행하는 사람이 바카뿐만은 아니다. 21세기에 미국의 토착민 활동가와 요리사들의 운동이 일어났다. 그들은 음식으로 자신의 정체성을 되찾고자 한다. 캘리포니아 대학 버클리 캠퍼스의 조교수인 엘리자베스 후버Elizabeth Hoover가 이들의 노력을 일부분 기록했다. 후버의 선조 중에는 모호크, 미크마크, 프랑스계 캐나다인, 아일랜드인이 섞여 있다. 3만 2000킬로미터가 넘는 거리를 여행하면서 그녀는 40곳의 토착민 공동체를 방문하고, 텃밭 프로젝트로 전통 식량을 길러내는 방법을 배웠다. 바카처럼 그녀도 현대의 식량 시스템이 토착민을 죽이고 있음을 깨달았다. 미국 내 제2형 당뇨병 발병률이 가장 높은 곳이 인디언 보호구역 중에 있다.[5] 토착 아메리카인에게서 그 질병의 발병률은 백인보다 두 배 높다. 전형적으로 이런 공동체들은 식품의 사막에, 다시 말하자면 건강식품을 얻을 길이 가장 심하게 제한된 곳에 있다. 아이러니하지만, 100년 전 그들의 선조는 진짜 사막에 가더라도 좋은 식량을 찾아낼 방법을 알고 있었을 것이다. 그러나 후버는 많은 곳에서 이 비참한 상황이 바뀌는 것을 보았다.

애리조나주에서 그녀는 선인장 열매를 수확하는 전통을 되살리기 위해 사막으로 돌아가는 사람들과 함께 지냈다. 로드아일랜드주에서는 내러갠싯족Narragansett 사람을 만났는데, 그들은 고조부의 고조부들이 예전에 길렀던 희귀한 흰 옥수수를 찾아 종자은행을 샅샅이 뒤지고 있었다. 남서부에서는 주니족 일원이 1세기 전에 마지막으로 수확된 호박색 콩을 다시 찾아냈다. 이런 것들은 19세기까지 거의 살아남지 못한 고대 음식 시스템의 파편이다. 유럽의 1세대 식민주의자들과 함께 소아마비와 다른 질병들이 들어와 토착민 수백만 명의 목숨을 앗아갔다. 그러다가 1800년대에 정착민이 점점 더 서쪽으로 진출하면서 더 많은 토착민 부족이 가진 것을 빼앗기고 쫓겨났다. 그 부족들은 각각 그 자체로 주권국가였고, 고유한 음식과 농경문화를 지니고 있었다.[6]

1830년에 제정된 '인디언축출법Indian Removal Act'은 미국 남부에서 토착민을 몰아내도록 허가했다. 오클라호마 곳곳에 있는 보호구역으로 간 많은 토착민이 종자를 가져갔는데, 그런 곳은 토양층이 깊지 않고 물이 부족해 전통 작물이 자라지 못했다. 1세기 뒤, 수많은 토착민 후손이 사는 곳은 더스트볼dust bowl• 로 변했다. 그곳에는 아무것도 자라

• 대략 미국의 콜로라도 남동부, 캔자스 남서부, 텍사스와 오클라호마주 그리고 뉴멕시코주의 북동부로 이루어져 있다. 1930년대 초 이 지역을 강타했던 심한 가뭄 탓에 붙은 이름으로, 황진지대라고도 한다–옮긴이

지 못했다. 이런 강제 이주를 지켜본 사람들은 뭔가 중요한 것을 놓치고 있음을 깨달았다. 그중 하나인 종묘상 오스카 윌스Oscar Wills는 다코타 전역의 보호구역을 돌아다니면서 그곳의 부족들에게서 위기에 처한 다양한 종류의 옥수수, 감자, 콩, 호박 씨앗을 수집했다. 윌스가 수집한 씨앗 덕분에 몇몇 토착 식물이 호기심 많은 사람들의 텃밭에서 살아남았고, 그것이 엘리자베스 후버와 다른 연구자들이 따라갈 씨앗의 궤적을 남겼다.

최근 들어 토착민들은 사라진 야생 음식을 복원할 또 다른 동기가 생겼다. 실업 문제 때문이다. 북서부 미네소타에 있는 화이트어스 인디언 보호구역을 거점으로 하는 오지브웨족Ojibwe 공동체는 대부분 그들이 수천 킬로미터 떨어진 곳에서 들여오는 식품 구입비로 매년 700만 달러를 써야 했다. 대안을 찾기 위해 그들은 선조들이 과거에 먹었던 것에 눈을 돌렸고, 그 지역 호수에서 자라던 고유한 야생 벼 품종을 찾아냈다. 이 녹색과 황색과 갈색의 곡식은 아시아에서 자라는 품종과는 무관하게 그 지역의 호수 40곳에서 자라며, 1000년 동안 오지브웨족의 가장 중요한 식품 자원 역할을 해왔다. 그 곡물은 진한 흙맛이 난다. "야생의 맛, 호수의 맛입니다."[7] 환경학자 위노나 라듀크Winona LaDuke가 말한다. 그녀는 오지브웨 혼혈로, 벼 수확 기술을 복원하려는 노력을 이끌었다.

여름이 끝날 무렵 벼 수확자들은 '야생 벼의 달Wild Rice Moon(마누미니케기지스Manoominike-Giizis라 부르는)'을 주의 깊게 지켜본다. 이 때의 달은 벼가 익어서 오지브웨족이 카누에 올라 호수로 향할 때가 되었다는 신호다. 수확자 한 사람이 카누 뒤쪽에서 긴 장대를 들고 배의 방향을 잡으며, 앞에 있는 다른 사람들은 북채 비슷하게 생긴 나뭇조각 두 개를 쥐고 있다. 북채 하나로는 키 큰 벼를 카누 위로 구부리고, 다른 하나로는 벼 줄기를 꺾는다. 이런 동작에서 휙휙 소리가 리드미컬하게 나고, 그다음에는 벼 낟알이 카누 바닥에 떨어지는 소리가 시끄럽게 난다. 보호구역에 돌아오면 불 위에서 벼를 그을린 다음 땅바닥에 널어둔다. "우리 부족 사람들은 껍질을 벗기려고 밤새 벼를 밟으며 춤을 추곤 했어요. 요즘은 기계를 쓰지만 그래도 춤추는 건 좋아합니다." 라듀크가 말한다.

베어 루트처럼 벼는 신성한 음식이고 약품이지만, 공동체의 생명선이기도 했다. 화이트어스 보호구역에서 장기간의 실직은 흔한 일이었고, 가난이 여러 세대 이어질 수도 있다. 벼를 기르는 사람 중에는 젊은이가 많은데, 평균연령은 스물다섯 살가량이다. "벼 수확은 죽어가는 일이 아니에요. 그건 살아 있는 전통입니다. 진정한 수입원이고, 우리가 누구인지를 세상에 알리는 방식입니다." 라듀크가 말한다. 보호구역 내의 최소한 1만 2000가구 가운데 3분의 1 정도가 야생 벼 수확에서 소득의 일부를 얻는다. "그리고 음식 시스템이 안정적으로 작동하지 않던 팬데믹 기간에 벼는 우리가 의지할 수 있는 토대였어요."

바카는 두랑고에 있는 집에서 침실 하나를 식료품 저장실로 개조해 그가 숲속을 뒤지고 미국 전역을 여행하면서 채집해온 재료를 저장한다. 그곳은 위기에 처한 지식, 희귀 식물과 종자의 저장고다. 콩이 담긴 항아리, 옥수수 자루, 테이블 위에는 호박이 놓여 있고 비닐봉지에는 말린 고추가 담겨 있다. 재료가 흘러넘치는 2미터 길이의 푸른색 상자에는 야생 양파 뿌리, 옻나무, 흰 솔잎, 분홍바늘 꽃fireweed, 네틀, 파슬리 꽃, 야생 민트, 쇠비름, 포르치니 버섯가루, 주니퍼베리, 훈제 송어 알, 아마란스 씨앗, 나바호 찻잎 등이 있다. 모두 직접 채집한 것이며, 모두 최고 품질의 것이다. 바카는 더 깊숙이 뒤져 작은 봉지를 꺼냈는데, 거기에는 비틀린 암갈색 베어 루트 하나가 들어 있었다. 다 자란 야생식물에서 조심스럽게 떼어낸 제일 작은 조각이었다. 그가 말했다. “우리는 낭떠러지 끝에 서 있어요. 이런 지식과 모든 재료가 상실되고 있습니다.”

바카는 푸른색 옥수수와 베어 루트를 요리했다. 한 입 먹자 숲속으로 되돌아간 듯했다. 죽을 먹으니 처음에는 따뜻하고 아늑한 느낌이었지만 그다음에는 톡 쏘는 듯한 뿌리 맛이 났다. 그는 한 숟가락 떠서 맛을 보았다. “할아버지께서 되살아나셨어요. 부츠를 신고, 블루진을 입고, 크고 넓은 모자를 쓰고 계신 게 보이는군요. 기억과 역사가 이 한 대접에 담겨 있습니다.”

인도,
가로 힐스

Garo Hills,
India

메망나랑

Memang Narang

4

특정한 장소에서만 자라는 베어 루트와 달리 우리가 먹는 많은 식물은 멀리 넓게 퍼졌으며, 지금은 전 세계에서 재배된다. 이들 작물의 첫 발생지가 어딘지 아는 것은 우리 식품의 미래에 점점 더 중요해지고 있다. 예를 들어 인도의 가로 힐스에 자라는 야생 감귤류를 지켜내는 일은 장소를 불문하고 모든 감귤류의 미래에 결정적인 일이 될 수 있다.

지구 전역에서 재배되는 감귤류 나무는 10억 그루쯤 된다.[1] 이탈리아, 아이티, 베트남, 세네갈 등 수많은 나라에서 자란다. 세계에서 가장 인기 있는 이 과일에 속하는 것으로는 오렌지, 레몬, 라임, 자몽이 있다. 그에 비해 그것들의 생식 생활이 지극히 복잡하며, 계보가 복잡하고 헷갈린다는 사실은 덜 알려져 있다. 사실 이런 과일은 유전적 혼란의 산물이라 할 수도 있다. 단순하게 말하자면 다음과 같다. 세계에서 상업적으로 팔리는 감귤류 과일의 조상은 대체로 세 종류, 그러니까 만다린학명 Citrus reticulata과 포멜로학명 Citrus grandis, 시트론학명 Citrus medica으로 귀결된다. 이 감귤류 선조들은 모두 다른 품종의 꽃가루로 얼마든지 수정될 수 있다. 감귤류의 진화 과정에서 이들 식물이 유전자를 서로 맞바꾸면서 오렌지(만다린과 포멜로의 교잡종hybrid), 레몬(시트론과 신Bitter 오렌지의 교잡종), 라임(시트론과 만다린의 이종교배종cross), 그리고 가장 최근에는 자몽이 만들어졌다. 자몽은 바베이도스에서 대략 300년 전에 일어난 교잡의 결과물이다. 이 경우는 스위트 오렌지와 포멜로가 부모였다.

감귤류는 또 쉽게 변이한다. 이 가계도의 방계 몇 군데를 조사해보면 단 한 번의 우연한 파종만으로도 새로운 과일이 만들어진다는 것을 알게 된다. 가령 19세기에 알제리의 한 농부가 만다린나무의 가지에 조금 다른 것이 자라고 있음을 발견했는데, 유전자변이의 결과물이었다. 이렇게 만들어진 과일이 클레멘타인clementine이다. 여러 세대의 농부들이 이런 미묘한 변화를 알아차리고 바람직한 변형을 선택하는 것이 과일 교잡의 역사다.

2018년에 과학자들이 그 과일의 수수께끼를 좀 더 풀어내 감귤류의 기원을 한층 명료하게 밝혔다. 그들은 감귤류의 게놈을 순차적으로 정리하고, DNA에 대한 탐정 작업을 거친 끝에 수백만 년간의 진화 역사를 짜 맞추었다. 이 연구에서 더 오래전의 선조 열 가지, 그리고 그보다 더 전인 800만 년쯤 전에 전 세계 모든 감귤류의 진정한 고대 선조인 야생 과일 하나가 있음이 밝혀졌다.[2] 이 이야기에도 아직 메꾸어야 할 공백이 있지만, 연구자들이 확신하는 한 가지는 최초의 선조를 포함한 고대의 모든 감귤류종이 북동부 인도와 남서부 중국, 미얀마의 경계 지역에서 진화했다는 사실이었다.

이 지역은 생물다양성의 열점hot spot이다. 원시적 과일 DNA의 파편들이 그곳의 고고학적 기록에 등장하며, 800만 년 전의 감귤류 잎사귀가 발굴된 곳도 중국 남서부의 윈난이었다.[3] 당시는 기후가 급격히 변하던 시기였다. 격렬하던 몬순기후가 완화되어 지형이 건조해졌고, 식물이 살기에 더 좋은 여건으로 바뀌었다. 이런 여건 덕분에 감귤류의 선조들이 아시아 전역으로 퍼졌고, 새로운 환경에 적응하면서 다양해지기 시작했다. 그러자 서로 다른 종들이 뒤섞이고 교잡되었으며, 자발적인 변이 과정에서 저마다 다른 형태와 크기, 색깔, 향취, 맛이 만들어졌다. 수백만 년 뒤 인간은 이런 과일을 야생에서 골라내 길들였고, 그 결과가 지금 우리가 먹는 감귤류다.

감귤류가 특별해지는 것은 상이한 감귤류 과일들 사이의 생식적 공존 가능성과 변이 능력 그리고 무한한 다양성 창출 성향 때문이다. 그렇지만 생길 수 있는 수천 가지 변형 가운데 결국 우리는 단 몇 가지만 재배하고, 이런 것들을 복제해 오늘날의 전 세계적 작물을 만들었다. 발렌시아와 네이블 오렌지, 리스본 레몬, 페르시아 라임이 전 세계의 감귤류 숲과 우리가 먹는 과일 그릇을 지배한다. 그러나 아직도 고대 감귤류의 야생 친척과 함께 살아가는 토착민이 있다. 혹시 그것이 가장 오래전의 선조일지도 모른다. 그렇기에 그들이 보호하고 있는 것은 귀중하다.

북동부 인도, 히말라야와 미얀마, 방글라데시와 중국의 국경 가까운 곳에 메갈라야Meghalaya주가 있다. 그곳은 모계사회인 카시족the Khasi의 본향이다. 그 사회에서 재산과 성姓은 어머니에게서 딸에게로 이어진다. 이런 지역에 오렌지 향기가 풍기는 마을과 특별한 생물다양성이 있는 야생 감귤류 숲이 있다. 그 숲은 몇십 년 전만 해도 외부 세계와 단절되어 있었다. 메갈라야 토착 문화의 유명한 전문가이자 카시 부족원인 프랑 로이Phrang Roy는 이렇게 말한다. "이 지역에선 다양성의 게임이 벌어집니다. 이곳 사람들이 쓰는 언어는 200가지가 넘고, 자연은 흔히 그보다 더 다양해요. 인도 생물다양성의 3분의 2가 이 한 지역에 등장합니다." 수천 년 동안 아시아 전역의 사람들이 메갈라야로 들어와 정착했고, 비상할 정도로 풍부한 문화적 다양성을 창출했다. 토착 부족의 음식 가운데는 수수와 고구마 같은 재배작물도 있지만, 식용 곤충이나 꿀 같은 채집된 재료도 있다. 그러나 야생 감귤류는 좀 특별한 지위의 식물이다. 그것은 약품이며, 요리하고 저장하는 과일이고, 신성한 식물이다. 어느 카시 공동체에서는 아기가 태어나면 탯줄을 자르고 대나무로 짠 광주리에 담은 다음 오렌지 나뭇가지에 매달아둔다. "그들의 마음속에서 그 나무는 아이의 대부모 같은 존재가 됩니다. 아이의 생명과 식물의 생명이 서로 뒤얽히며 영구히 연결됩니다."

메갈라야의 울창한 삼림인 가로 힐스에는 다른 부족들도 산다. 가로 부족들을 에워싼 것은 그들이 메망나랑(학명으로는 시트러스 인디카Citrus indica)이라 부르는 야생 감귤류 숲이다. 그것은 '유령의 과일'이라는 뜻이다.[4] 이 이름은 그 과일이 장례식에 쓰이는 데서 유래했다. 죽어가는 친척의 몸 위에 갓 딴 오렌지를 올려둔다. 이는 죽어가는 이를 떠나 다음 세계로 넘어가는 혼령을 흡수해 유령의 방해를 피하게 하는 방법으로 보인다. 대개 의사이면서 사제이자 식물학자이기도 한 오자ojha가 수행한다. 이 제의는 과학적으로 설명할 수 있는데, 야생 과일에 살충제로 쓰이는 고수위 항생물질이 포함돼 있기 때문이다. 덥고 습한 여건에서 이런 화학물질은 죽은 이의 신체에 벌레가 꾀지 않게 하는 데 도움이 된다.[5]

약품으로서 메망나랑은 감기와 복통, 심지어는 소아마비 같은 병의 치료제로 쓰인다(오자는 이렇게 믿는다). 감귤류로 만든 약물은 아시아 전역에서 볼 수 있으며, 이 과일이 지금도 야생으로 길러질 정도로 긴 역사를 가진 지역(미얀마와 북동부 인도, 남서부 중국)에서는 특히 그렇다. 이 과일의 의학적 힘에 대한 믿음이 과일 자체와 함께 전 세계로 퍼졌다. 감귤류는 고대 그리스 의학 교과서에도 등장하며, 19세기에 영국 해군의 괴혈병을 물리치는 데 쓰인 것으로 널리 알려졌다. 오늘날 전 세계에서 사람들은 날씨 때문에 몸이 찌뿌듯하면 시트러스 맛이 나는 비타민 C 알약을 먹고 건강에 좋도록 오렌지 주스를 마신다.

카시 부족과 가로 부족은 메망나랑을 음식으로도 즐긴다. 직경이 5센티미터가량인 그 과일은 다 익으면 선홍색이 되고, 껍질은 얇고 부드럽다. 모양은 만다린과 비슷하지만 시트론처럼 넓은 잎사귀가 달리고, 맛은 대부분 지독하게 시다. "이들 지역사회에는 나머지 세계가 잃어버린 신맛과 쓴맛의 감각이 살아 있습니다"라고 로이가 말한다. 사실 우리는 신맛과 쓴맛의 감각을 단순히 잃어버린 것이 아니다. 그것은 우리 음식에서 체계적으로 제거되었다. 20세기의 식물육종가들은 특히 1950년대에 주스 산업이 성장한 뒤로는 전 세계에 운반될 수 있는 더 크고 달콤한 오렌지를 만드는 데 집중했다. 그들이 선택한 오렌지 품종은 쓴맛을 내는(건강하게 해주기도 하는) 복합물인 페놀 도수가 낮다. 이는 그런 품종이 점점 더 달콤해지는 세계적 입맛에는 맞았지만, 세계의 작물을 질병과 해충에 더 취약하도록 방치했음을 의미한다. 메망나랑 같은 야생 감귤류에 존재하는 쓴맛의 화학물질은 그 식물의 자연 방어력에서 큰 비중을 차지한다. 우리가 더 달콤한 것을 찾아서 이 복합물의 비중을 줄이면 농부들은 그 약점을 보상하고 과일을 보호하기 위해 더 많은 화학약품을 뿌려야 한다.

우리가 메망나랑의 쓴맛을 맛볼 기회가 끝내 오지 못하더라도 언어적 유산은 활용할 수 있다. 산스크리트어와 고대 힌디어 문헌에는 그 과일에 대한 언급이 있다. 1000년 전의 것으로 여겨지는 의학서 《차라카 삼히타Charaka Samhita》가 그런 자료 중 하나다. 나랑narang 또는 나랑가naranga라는 단어가 처음 나오는 것은 이 책인데, 그 이름이 실크로드를 따라 페르시아에 전해져 네란지neranji가 되고, 나중에 스페인어에서는 나랑하naranja, 포르투갈어에서는 라란자laranja, 이탈리아어에서는 아란치아arancia, 프랑스어에서는 오랑주orange가 되었다. 이 과일이 영국 땅에 당도한 직후인 1590년대에 셰익스피어는 '오렌지색 턱수염'에 대한 언급을 《한여름 밤의 꿈》에 집어넣었다.

가로 힐스의 대부분 지역은 아직 식물학자와 종자 수집가들이 탐험하지 못했다. 그곳에는 외부인들이 목록에 수록할 만한 감귤류 품종이 더 있을 수 있다. 1930년대에 이곳에, 그리고 더 북쪽의 아삼 지역에 당도한 식물 탐구자들은 인간의 손이 닿지 않은 야생 감귤류 나무가 자라는 방대한 지형을 보았다고 기록했다. 1950년대에 또 다른 세대의 식물학자들이 이 외경심을 유발하는 다양성의 목록을 작성하기 시작했다. 하지만 21세기에 현지 조사를 떠난 연구자들은 그 정도 수준의 다양성을 더는 볼 수 없었다. 불법적 벌채, 도로 건설, 농업 때문에 야생 감귤류가 자라던 넓은 지역이 대폭 줄어들었다.[6]

이것은 카시와 가로 부족의 문제지만, 우리 모두에게도 걱정거리다(적어도 감귤류를 좋아하는 사람에게는 그렇다). 감귤류의 기원과 진화를 연구하는 팀은 시트러스 인디카의 게놈 연구를 아직 완성하지 못했다.[7] 감귤류에 관한 세계적 권위자이며 게놈 연구팀 멤버인 플로리다 대학의 교수 프레드 그미터Fred Gmitter는 이렇게 말한다. "그것이 고대의 것이며, 감귤류의 역사에서 결정적인 고리가 될 수 있다는 건 압니다. 모든 감귤류의 원래 조상일 수도 있어요." 그는 확신하지는 못한다. 야생 과일에 관한 연구가 너무 적기 때문이다. 현장 과학자들은 그곳의 여건이 수십 년 계속 작업할 만큼 안전하지 못했다고 말했다. 1990년대와 2000년대 초반, 메갈라야의 분리주의자들이 가로 힐스를 은신처로 삼았기 때문에 수풀의 여러 구역에 출입이 금지되었다. 이로 인해 야생 감귤류 연구가 어려움에 부닥쳤다. 프랑 로이가 말한다. "반군이 언덕에 은신하는 바람에 모든 것이 부족해졌어요. 야생동물이 잡아먹히고, 나무가 잘려 장작으로 쓰입니다."

전 세계의 감귤류 나무가 10억 그루에 달하는데, 인도의 야생 수풀이 사라지는 것이 문제가 되는가? 그미터는 문제가 된다고 말한다. "이 수풀 속엔 질병에 저항력이 있는 고유한 유전자나 기후변화에 대한 적응력을 갖춘 상업적 감귤류의 선조가 있을 수 있습니다. 그런 유전자는 우리가 세계적 작물에서 삭제해버렸기 때문에 잃어버린 것입니다." 문제가 더 급박해지는 것은 황롱빙huanglong-bing(HLB, 대개 감귤그린병으로 부른다)인데, 이는 전 세계로 퍼지고 있는 박테리아 감염병이다. "그건 과일 재배자들이 이제껏 상대한 것 중에서 가장 치명적인 병일 수 있습니다." 그 병은 이미 65억 달러에 달하는 플로리다의 감귤류 산업을 폭격했으며, 일부 재배자들을 파산시켰다. 세계 다른 지역의 농부들은 질병의 확산을 불안한 눈으로 지켜보았다. 2020년 여름에 플로리다 대학이 돌파구를 발표했는데, 알고 보니 그것은 고대 야생 감귤류의 또 다른 품종인 메망나랑의 어떤 친척으로부터 이미 발견된 것이었다. "이 야생 과일을 보호하는 토착민은 10억 그루의 나무를 구할 수 있는 유전자를 보호하는 겁니다"라고 그미터가 말한다.

야생의 지도 그리기

프레드 그미터와 그의 팀이 감귤류 게놈의 배열을 정리하기 한 세기 전(실제로는 우리가 유전자가 무엇인지 제대로 이해하기도 전에), 한 러시아 식물학자가 우리 식품의 미래를 보호하기 위해 생물다양성을 구조할 필요가 있다는 주장을 전개하고 있었다. 니콜라이 바빌로프Nikolai Vavilov는 모험가이자 탐험가였으며, 식물 다양성의 중요성과 식량안보food security● 사이의 연관성을 깨달은 최초의 과학자였다. 오늘날 그의 사상은 그 어느 때보다 중요하다.

● 유사시에도 항상 국민이 일정한 수준의 식량을 소비할 수 있도록 적정 식량을 유지하는 것 -옮긴이

바빌로프는 '기원의 중심centres of origin'이라는 용어를 만들어낸 사람으로 가장 잘 알려져 있다. 이는 오늘날 우리를 먹여 살리는 작물이 세계 어딘가에서 야생식물로서 처음 삶을 시작했으며, 그 뒤 1만 2000년 동안 인간에게 선택되고 길들었다는 견해다. 음식마다 이런 일이 언제,

어디서, 어떻게 발생했는가 하는 것이 바빌로프가 평생 이해하려고 애쓴 주제였다. 인류의 미래가 이 질문의 답을 찾는 데 달려 있다고 확신했기 때문이다. 그는 한 식물의 기원은 그 다양성이 가장 큰 지역에서 찾을 수 있다고 주장했다. 그런 지역에서는 가장 귀중한 유전적 특성, 즉 가뭄이나 질병에 대한 내성이 있고, 기생충에 저항하거나 척박한 토양에서 자랄 능력이 있는 품종들이 발견될 수 있다.

바빌로프는 '기원의 중심'을 여덟 군데 확인했다. '동아시아 중심'도 그중 하나인데, 그의 계산에 따르면 전 세계 길이 든 식물의 20퍼센트(북중국의 대두와 수수도 포함해)가 진화한 곳이다. 또 다른 중심은 이란과 시리아에서 동쪽으로 가서 북서부 인디아에 닿는 '아시아 사이Inter-Asiatic'인데, 밀과 호밀 그리고 과일 대부분이 유래한 곳이다. '중앙아메리카 중심The Central American centre'은 미국 최남부와 멕시코를 포함하는 지역으로, 옥수수와 강낭콩, 호박, 코코아, 무화과의 고향이다. 나중에 식물학자들은 그의 생각을 더 다듬어 '다양성의 중심'으로 발전시켰다.[1] 이는 한 종의 유전적 다양성이 가장 많이 발견될 수 있는 곳을 말한다.

1887년에 모스크바의 상인 가정에서 태어난 바빌로프는 모스크바 농업학교에서 공부하고, 나중에는 세계가 얼마나 좁은 범위의 식물에 식량을 의존하게 되었는지 강조했다. 그는 25년 동안 180차례 답사를 다녔고, 1920~1930년대의 대부분 시간을 세계 먼 오지에서 말을 타고 탐색하는 데 보냈다. 그가 조사한 곳은 소련과 아프가니스탄, 이란, 중국, 한국, 스페인, 알제리, 에리트레아, 더 나아가서 아르헨티나, 볼리비아, 페루, 브라질, 멕시코의 오지였다. 그는 우리 음식이 어디에서 오는지를 그 이전이나 이후의 어떤 과학자보다 더 잘 설명했다. 가차 없는 그의 작업 윤리와 적게 자고도 버티는 능력을 발휘해 바빌로프와 동료들은 15만 가지 이상의 씨앗 샘플을 수집했는데, 현재 그의 이름을 딴 상트페테르부르크의 연구소에 소장되어 있다. 이는 세계 최초의 종자은행이다.

바빌로프는 여행하면서 이런 기원 중심의 생태 환경 가운데 많은 곳이 변하고 있음을 깨달았다. 산업, 도시화, 농경이 귀중한 유전적 자원을 잠식하는 것이다. 다양성이 사라지고 그와 함께 위험이 따라왔다. 러시아에서 흉작이 오면 기근이 따랐다. 고작 반세기 전에 아일랜드에서는 대기근이 있었다. 똑같은 유전자를 가진 감자 럼퍼lumper가 똑같은 토양에 매년 계속 심어졌고, 곰팡이 질병이 이 단일 경작 품종을 공격해 100만 명이 굶어 죽고 대량의 이민이 발생했다.

세계를 먹여 살리는 데 이바지하기 위해 수십 년간 연구하고 여행한 바빌로프는 1930년대 후반에 그 고된 투쟁에서 패배하고 있음을 깨달았다. 지금은 틀렸음이 입증된, 소련 생물학자 트로핌 리센코Trofim Lysenko의 이론이 당시에는 승기를 잡고 있었다. 멘델 유전학보다 마르크스주의 이데올로기에 더 큰 영향을 받은 그 이론은 식물이 '교육'될 수 있고, 작물을 극한의 여건에 노출해 개선할 수 있다는 생각을 담고 있었다. 바빌로프는 스탈린의 지지를 잃고 수용소로 끌려갔다. 제2차 세계대전 중에 독일군이 28개월간 레닌그라드를 포위하고 있을 때 그의 종자 컬렉션은 거의 사라질 뻔했다. 소련은 그 도시의 미술관에서 미술품을 구해낼 계획은 세웠지만, 종자은행을 보호하려는 노력은 거의 하지 않았다.[2] 그러나 나치는 미래의 식품 자원으로서 잠재력을 알아보고, 그 연구소를 자신들이 목표로 삼을 자산으로 여겼다. 다행히 동료 과학자들은 바빌로프에게 워낙 깊은 영향을 받은 이들이어서 수백 상자의 종자를 지하실로 옮기고, 어두운 건물 안 영하의 기온 속에서 순번제로 지키며 컬렉션을 보호했다. 그다음에 무슨 일이 일어났는지는 식물학자들에겐 잘 알려졌지만, 우리도 모두 알아두어야 할 이야기이다.

먹을 수 있는 종자가 사방에 저장되어 있었지만, 컬렉션 보호자들은 유전자 자원을 위험에 빠뜨리느니 굶주림을 감내했다. 900일간의 포위가 끝날 무렵인 1944년 봄, 그들 가운데 아홉 명이 굶어 죽었다. 그중에는 벼 컬렉션 큐레이터도 있었다. 그는 볍씨 봉지로 에워싸인 책상 앞에서 죽어 있었다. "우리는 바빌로프의 제자들입니다."[3] 생존자 한 사람은 종자를 보호하기 위한 영웅적 노력에 대해 이렇게 설명했다. 그때쯤 니콜라이 바빌로프는 이미 세상을 떠난 뒤였다. 쉰다섯 살이 된 1943년에 그는 자신이 평생을 바쳐 막으려고 애써온 바로 그 현상의 제물이 되었다. 그는 굶어 죽었다. 그는 소련의 어느 감옥에서 세상을 떠났고, 표식도 없는 무덤에 묻혔다.

이 책에는 소멸했다고 여겨졌지만 '되살아났고' 농토로 다시 돌아간 음식들이 실려 있다. 바빌로프와 동료들이 그 종자를 수집해 연구소 안에서 보호한 덕분이었다. 바빌로프가 세상을 떠난 지 거의 한 세기 뒤에 새로운 세대가 그의 발자국을 뒤따라가고 있다.

서식스에 있는 밀레니엄 종자은행의 과학자들은 바빌로프의 현대판 제자이다. 그들은 세계를 돌아다니며 멸종 위기의 종자를 수집한 다음 안전하게 저장한다. 냉저장고 1호실은 항상 영하 20도를 유지하며, 마루에서 천장까지 설치된 선반에는 상상할 수 있는 모든 색의 씨앗을 담은 항아리가 얹혀 있다. 검은색의 호박 비슷한 식물의 씨앗, 그리고 자주색의 비행접시 모양의 콩과식물의 씨앗도 있다. 이 저장고 한 곳에만도 100만 종 이상의 야생 씨앗이 있는데, 외부 세계에서는 이제 멸종해버린 식물의 씨앗도 많다. “당신은 지구상에서 가장 큰 생물다양성 속에 서 있습니다.” 저장고 밖 간판에는 이렇게 적혀 있다.

종자은행은 제임스 본드 시리즈에 나오는 악당 소굴처럼 생겼다. 건물 벽은 0.5미터 두께의 강화 콘크리트로 만들어졌는데, 비행기가 충돌해도 버텨낼 수 있는 강도다(개트윅 공항이 근처에 있다). 핵폭발로 방사능이 감지되면 은행의 모니터는 저장고의 공기 공급을 끊는다. 건물은 적어도 500년간 버틸 수 있게 설계되었다.

“우리는 바빌로프가 귀중히 여겨온 식물, 즉 작물의 야생 친척을 너무 오랫동안 무시해왔습니다.” 이 컬렉션을 감독하는 영국 왕립식물원 큐가든의 크리스 코켈Chris Cockel이 말한다. 수십 년 동안 이런 야생식물은 대부분 잡초로 취급받았다. 이제 우리는 미래의 작물을 번식시키려면 그것이 필요함을 깨달았다. 오늘날 큐가든의 탐험가와 종자 샘플 상자를 보내온 100개국이 넘는 국가의 과학자들이 야생식물을 찾아다닌다. 밀레니엄 종자은행의 냉저장고는 전 세계적 백업 계획의 일부다.

내가 그곳을 방문하기 몇 달 전에 그 팀은 논둑에서 자라는 야생 식물의 씨앗을 수집하러 라오스로 갔다. 그러나 그들이 도착했을 때 그 식물은 모두 사라졌다. “그것을 없애라는 지시가 농부들에게 내려졌습니다”라고 코켈이 말한다. 그 식물은 아마 수천 년 동안 거기서 자랐을 테지만, 순식간에 사라지고 말았다. 생태 시계에서 지금은 자정까지 한 시간밖에 남지 않았다. 더 많은 다양성을 잃을수록 우리는 더 큰 위험에 직면하게 된다. 이는 바빌로프가 익히 알고 있던 사실이다. 이 책의 다음 부에서 보게 되겠지만 세계 대부분을 먹여 살리는 곡물, 즉 밀과 보리, 벼, 옥수수의 경우 우리는 큰 모험을 하고 있다. 더 많은 분량을 생산하려다 보니 다양성은 과거에 존재하던 것의 한 조각에 불과할 정도로 줄어들었다. 이제부터 벌어지는 경주는 다양성을 돌려놓기 위한 것이다.

곡물

"옥수수가 없으면 나라도 없다."

Sin maíz no hay país

2007년에 멕시코에서 벌어진
식품 저항 운동에서 사용된 구호

CEREAL

Eating to Extinction

내가 들고 있는 것은 삐죽삐죽하고 방어막이 있으며 묵직하기까지 하니 무기가 될 수도 있겠지만, 사실은 야생 밀 이삭 하나다. 그 식물의 미래인 씨앗을 보호하기에 충분할 만큼 진화한 형태다. 이 금빛 곡물의 낟알 뭉치는 비옥한 초승달 지역에 속하는 남부 튀르키예의 어느 산기슭에서 수집되어서 이제 런던 대학 고고학연구소 실험실에 안전하게 저장되어 있다.[1]

농부들이 400세대 동안 개조하고 목표를 재설정하기 전의 밀이 바로 이런 모습이었다. 그것은 야생에서 인간의 도움을 전혀 받지 않고도 번식해가며 행복하게 진화해왔다. 햇볕을 받고 익은 뒤 그 바삭한 알곡은 '부서져서' 미풍만 불어도, 혹은 동물이 스쳐 지나가기만 해도 식물에서 떨어져 날아가 땅바닥에 흩어진다. 씨앗 하나마다 강모awn라 부르는 길고 뻣뻣한 털 두 가닥이 붙어 있다. 낮의 건조한 열기 속에서 이 털은 바깥으로 휘어지지만, 밤에 이슬이 내리면 축축해져 곧게 펴진다. 세월이 흐르면서 이 움직임(수영하는 사람이 평영으로 헤엄치는 것과 비슷한)은 알곡을 흙으로 밀어내며,[2] 뻣뻣한 털은 엔진 역할도 하고 조종사 노릇도 한다. 알곡이 흙으로 떨어지면 털 두 가닥은 드릴처럼 작용해서 언제라도 발아할 수 있는 알곡을 공기의 힘을 받아 땅에 안전하게 내려보낸다. 농경이 시작되기 전 우리 선조는 두드림 막대기와 광주리를 써서 바로 이것과 같은 야생 알곡을 모으고, 돌로 빻아 죽과 납작 빵을 만들었다.

밀을 기르기 시작한 뒤 의식적으로든 무의식적으로든 농부들은 유전적변이를 한 식물을 골랐다. 즉, 그 씨앗이 땅에 쉽게 떨어지지 않는 식물이 선호된다는 뜻이다. 알곡이 한데 뭉쳐 있어 흩어지지 않으면 수확이 더 쉽기 때문에 인간은 그런 식물에 더 끌린다. 이런 현상은 인간 역사의 과정을 바꾸었다. 어디서나 이 변이 밀을 파종했고, 그 유전자는 멀리 또 광범위하게 이동했다. 인간은 더 많은 식량을 수확하게 되었고, 식물은 그 씨앗을 널리 퍼뜨리게 되니 서로 이익이었다. 역사가 제이컵 브로노스키Jacob Bronowski가 "빵과 인간은 각각의 삶에서 서로에게 의존한다 … 진정으로 동화 같은 유전학이다"라고 말한 것처럼 말이다.[3] 밀알이 흩어지지 않아 채집인이 모으는 것보다 더 많은 식량을 생산할 수 있었기에 인구가 늘었고, 정착지가 넓어졌으며, 도시가 만들어졌고, 무역의 토대가 놓였으며, 문명이 번성했다. 그 모든 것이 벼과Poaceae family의 풀을 선별한 데서 시작되었다.

벼 속屬에 속하는 식물 종류는 1만 1000여 가지에 달하는데, 인류는 세계 여러 다른 지역에서 대략 같은 시기에 그중 몇 안 되는 종류의 씨앗에 집중하기 시작했다. 비옥한 초승달 지역에서는 그것이 밀과 보리였고, 아시아에서는 벼와 기장이었다. 중앙아메리카에서는 옥수수였다. 어떤 곳에서든 농부들이 주도한 변형은 같은 유형으로 진행되었다. 혼자서도 잘 자라던 야생 씨앗이 더 크고 흩어지지 않고 훨씬 더 빽빽하게 자랄 수 있는 종류로 변이하는 것이다. 모두 번식하는 데 인간의 손이 필요하다. 이런 식으로 농부는 세상 어느 구석에서든 에너지가 농축된 곡물을 꾸준히 공급받아 먹을 수 있었을 뿐 아니라 저장하고 다시 심을 수도 있었다. 이런 곡물은 수천 년 동안 인간의 식단에서 가장 중요한 식품이었고, 세계가 소모하는 칼로리의 절반을 공급한다.

런던 대학에 있는 성냥갑 크기의 보관 용기 수천 개 가운데 아주 작은 고대 옥수수 이삭을 보관해둔 것이 있다. 이삭 길이는 5센티미터를 넘지 않는데, 4000년 전 멕시코의 동굴 안에서 발견한 것이다. 또한 기원전 5세기에 폐기된 화덕에서 발굴한 탄화미 알갱이도 있다. 씨앗 하나하나는 1만 2000년 동안 우리가 야생식물을 어떻게 바꿔왔는지, 또 그런 식물이 우리를 어떻게 바꿔왔는지 알려주는 힌트가 된다.

그러나 내가 탐구하고 싶은 곡물의 또 다른 특징이 있다. 바로 그들의 다양성이다. 이런 식물이 그토록 귀중한 이유 가운데 하나는 적응력이다. 농부가 이주하고 교역할 때 작물도 함께 이동하며, 새로운 장소의 요구에 부응하기 위해 진화하고, 그럼으로써 바빌로프 연구소나 스발바르 종자은행, 런던 대학 고고학 실험실 안에 남아 있는 엄청난 변형들을 창조한다.

전 세계 곡물의 다양성은 그 형태로 드러난다. 어떤 옥수수 이삭은 길고 가늘지만 다른 것들은 통통하고 둥글다. 밀 이삭은 뻣뻣한 강모가 있는 것도 있지만 '벌거벗은' 듯 보이는 것도 있다. 벼 품종 가운데는 붉은색 벼, 자주색 벼, 검은색 벼도 있다. 눈에 보이지 않는 유전적 다양성 중에는 그 식물의 생리학도 있고, 우리가 지금 헤아릴 수 없이 귀중함을 알고 있는 특징도 있다. 즉 질병에 저항하고, 추운 기후에서 살아남고, 사막에서 자라고, 고도에서도 잘 자라고, 태양광이 약해져도 꽃을 피울 수 있고, 염분이 있는 토양에서도 견디는 능력 말이다. 물론 고유한 맛과 질감도 있다. 왜 어떤 지역사회가 한 가지 곡물 품종을 지켜내고 다른 지역사회는 또 다른 품종을 보존하는지는 이 모든 요소로 결정된다. 특정한 지역에서 성장하며 그 씨앗이 해를 거듭해 보관되고 파종되며 여러 세대 동안 전해지는, 유전적으로 다양한 작물이 '재래 품종 landrace'[4]이라 불린다.

밀과 벼, 옥수수, 그 밖의 재배 곡물의 재래 품종은 수백 년 또는 수천 년 동안 지역 환경에 맞춰 계속 진화하고 적응해왔으며, 하나의 생태계 그리고 그곳의 인구와 그들의 문화에 밀접하게 연결되어 있다. 식물과 장소 사이의 이런 연결은 요리 스타일과 조리법에도 표현된다. 그것은 들판에 있는 농부와 부엌에 있는 요리사 사이에서 일어나는 피드백 고리다. 별로 기대할 것 없어 보이는 풀의 종족으로부터 인간은 헤아릴 수 없이 많은 상이한 식품을 가공해냈다. 빵, 만두, 죽, 필라프, 파스타, 푸딩, 국수, 타말레, 토르티야, 난, 차파티 등등.

이런 다양성이 어떻게 존재하게 되었는지, 그것이 어떻게 상실되고 우리가 왜 그것을 지켜야 하는지 알아보기 위해 세계에서 가장 심각한 위기에 처해 있으면서 또 가장 매력적인 것, 즉 알곡 몇 가지를 찾아보기로 하자.

아나톨리아,
뷰육차트마

Büyük Çatma,
Anatolia

카발자 밀

Kavilca Wheat

5

아나톨리아에 있는 작은 마을 뷰육차트마에서 가족들은 해 뜰 무렵 일어나 기도문을 읊으며 양을 잡았다. 이드 Eid 축제[•]가 8월 하순에 있으니, 부부는 함께 일하며 탁자 위로 몸을 수그리고 갓 잡은 양의 살을 발라낸다. 여기서 아직 온기가 식지 않은 심장, 콩팥, 간을 불 위에서 바로 굽고 주사위처럼 썬 지방층과 얇고 섬세하게 자른 살코기를 곁들여 아침을 차린다. 근처의 모스크에서 들려오는 기도 시간 알림 방송이 바깥 마을에 내려앉은 침묵을 깨뜨린다.

• 이슬람 최대 명절 중 하나—옮긴이

뷰육차트마는 튀르키예 동쪽 국경에 자리 잡고 있다. 북쪽으로 가면 조지아로 넘어가게 되고, 동쪽에는 아르메니아와 이란이 있다. 남쪽으로 계속 가면 이라크에 닿는다. 수천 년 동안 다양한 문화와 제국이 이 땅을 차지하려고 다투었다. 그러나 선사시대 부족, 그리스 전사, 로마인, 비잔틴인, 오스만인, 소련인, 그중 누구도 500년 이상 차지하지 못했다. 그 모든 기간 동안 이곳에 연속성을 부여해 준 흔치 않은 존재가 카발자라는 곡물이다. 에머 밀emmer wheat에 속하는 품종인 카발자는 신석기시대 농부들이 처음 길들인 식물 가운데 하나로 지금도 마을 주위 밭에서 자란다.

흰 거위가 가옥들 사이로 뒤뚱거리며 돌아다니다 검은색 기와를 갈지자 형태로 쌓아 만든 벽 같은 것을 쪼아댄다. 농부인 네제트 다스데미르Nejdet Dasdemir가 "연료"라고 설명한다. 가축 배설물을 뭉쳐 겨울 동안 쌓아두었다가, 집을 데우거나 부엌에 있는 진흙 오븐에 불을 피우는 데 쓰는 것이다. 이곳 사람들은 거의 모두 자급자족한다. 소와 양을 조금씩 키우고, 치즈와 버터를 직접 만들어 먹으며, 채소를 심고, 벌집을 관리한다.

수확기에 마지막까지 베지 않은 금빛 카발자 밭이 녹회색 산을 배경으로 오아시스처럼 남아 있다. 다 익은 밀 이삭은 이제 너무 묵직해서 아래로 휘어져 있고, 방어도구인 긴 수염이 바람에 흔들린다. 다스데미르는 가슴께까지 오는 밀 줄기 사이로 걸어가면서 이삭 하나를 꺾어 부서뜨린다. 알곡은 꽉 끼는 보호 장비인, 겉껍질glume 속에 담겨 있다. 그는 손가락으로 그것을 비비면서 말했다. "대부분 밀은 알곡이 쉽게 털어져요. 카발자는 고집이 셉니다." 카발자는 현대의 품종보다 소출량도 적다. 나는 카발자가 오래전에 멸종하지 않은 이유가 무엇인지 궁금해지기 시작했다.

회복탄력성이 그 대답 가운데 하나다. 뷰육차트마 주위의 땅은 고도가 높고 척박하며, 인간이든 식물이든 살기 어려운 장소다. 고도 1500미터 위치에서는 겨울에 기온이 섭씨 영하 30도까지 내려가고, 폭설이 내려 몇 주일씩 마을이 고립될 수도 있다. 봄에는 비가 오고 공기가 습해지는데, 이는 온갖 질병이 작물을 공격하라는 초청이나 마찬가지다. 여기서 잘 자라는 작물은 거의 없다. 카발자는 예외였다. 이런 환경에서도 수천 년 동안 진화하고 적응하고 살아남고 번성했다. 다스데미르와 다른 농부들은 카발자를 선조가 물려준 유산으로 여겼다. 그가 말했다. "우리는 이 음식에 감정적 연대감을 느껴요. 그 밀이 밭에서 자라는 모습을 좋아하고, 알곡을 요리했을 때 나는 냄새와 맛을 사랑합니다."

우리는 밭을 떠나 그 지역에 아직 고집스럽게 남아서 그 고집스러운 밀을 정제하는 유일한 지역 방앗간을 찾아갔다. 마을 외곽에 있는 방앗간에 갔을 때 방앗간 주인 에르뎀 카야Erdem Kaya는 피곤해 보였다. 수확기에 그가 일을 마치는 시간은 새벽 한 시이고, 여섯 시가 되면 다시 일을 시작한다. 지주대처럼 껑충한 키에 녹색 통짜 작업복을 입은 그는 수염도 깎지 않은 채 우울한 표정을 짓고 있다. 그는 혼자 살고 혼자 일한다. 아버지가 방앗간 주인이었고, 그도 방앗간에서 태어났으며, 그곳이 그가 아는 전부였다. 회색 돌로 지어진 방앗간은 카르스차이강 옆에 있다. 그 강물이 방앗간 안에 있는 커다란 원형 맷돌 두 개를 돌리는 동력이다. 달콤한 냄새가 갓 구운 케이크처럼 공기 중에 감돌았다. 카야는 사다리를 타고 올라가더니 긴 나무 지렛대를 끌어당겨 물을 다시 흐르게 했다. 기계가 터덜거리며 작동하기 시작하자 방 전체가 삐걱거리다가 한숨을 내쉬는 듯했다. 일련의 벨트가 행동을 시작하고 거대한 돌덩이가 돌아가기 시작했다.

현대의 제빵용 밀은 저절로 탈각된다. 즉, 곡식 낟알이 이삭에서 쉽게 떨어져나와서 제분될 준비가 된다는 뜻이다. 하지만 카발자 곡물은 껍질이 단단해 두 번 제분해야 한다. 첫 단계에서는 겉껍질이 제거된다. 겉껍질을 (키질해) 떨어낸 뒤 두 번째 연마를 거쳐 알곡이 미세한 조각으로 부서지고, 해변의 고운 모래처럼 된다.[1] 카야가 작업하는 재료는 가장 다루기 까다로운 품종이지만, 일을 해낸 뒤 만족감도 가장 크다. 그가 말했다. "마을에서 그걸로 요리하면 방앗간에서도 냄새를 맡을 수 있어요. 다른 곡물로는 그렇게 안 됩니다." 카야는 우리에게 카발자 밀 한 자루를 건네주었고, 우리는 그가 일하도록 남겨두고 떠났다.

카야가 묘사한 향취가 아나톨리아의 다양한 전통 음식에서 풍겨 나온다. 그중 하나가 우리가 방앗간에서 받아온 알곡인 카발자로 요리한 것이다. 역시 마을의 농부인 에르달 괴크수Erdal Göksu와 그의 아내 필리즈Filiz는 껍질을 벗긴 밀 위에 거위를 올려놓고 구워, 흘러내린 기름기로 알곡을 익혔다.[2] 필리즈는 수놓은 수건을 머리에 쓰고 부엌에서 이리저리 움직이며, 탁자 위에 계속 음식을 내놓았다. 크림과 부드러운 치즈, 양배추 절임, 양념한 양고기로 속을 채운 피망, 그 한복판에는 카발자를 고리 모양으로 쌓아 올린 커다란 접시가 놓였다. 갈색 알곡은 거위에서 흘러내린 기름기와 육즙으로 반질거렸다. 그 중심부에 부드럽고 버터 향이 진한 찢은 고기가 쌓였다. 알곡은 진하고, 속이 충실하며 만족스러웠다. 필리즈가 말했다. "이것은 우리 마음속 깊은 곳에서 알아보는 맛입니다. 우리는 몸속에서 그걸 느껴요."

카발자는 이제 멸종 위기에 처했다. 하지만 에머 밀의 한 품종으로서 따져보면 그 역사는 농경의 시초까지 거슬러 올라간다. 에머 밀은 신석기시대의 농부에게 길든 최초의 야생 식물 중 하나다. 또한 고대 이집트, 메소포타미아, 그리스에서 먹던 곡물이기도 했다. 스톤헨지를 지은 사람들, 페니키아의 해양 네트워크를 형성한 선원들도 이것을 먹었다. 그처럼 중요하고 세계를 바꾼 식품이 어쩌다가 멸종 위기에 내몰리게 되었을까?

다스데미르는 바싹 마른 카발자 씨앗 한 줌을 내게 주었다. 영국으로 가져갈 기념물, 뷰육차트마의 추억이었다. 나는 이것을 옥스퍼드에 사는 농부이며 고대 곡물 전문가인 존 리츠John Letts에게 보여주었다. 1990년대에 리츠는 런던 대학에서 고식물학을 공부했다. 이를 계기로 그는 밀의 역사를 찾아 튀르키예로 갔다. 그곳 농촌 마을에 머물면서 여자들이 거대한 절구에 절굿공이를 쿵쿵 내리찧어 에머 밀알의 겉껍질을 벗기고 알곡을 부수는 소리에 잠을 깨던 것을 리츠는 기억한다. 영국의 밀 역사가 궁금해진 그는 귀국한 뒤 고대 곡물을 조사하기 시작했다.

쉬운 일이 아니었지만, 1993년에 돌파구가 생겼다. 버킹엄셔의 어느 중세 가옥의 초가지붕을 고치던 작업자들이 600년 동안 누구의 손도 닿지 않은 바닥에서 연기에 검게 그을린 짚과 잡초 뭉치를 발견했다. 이 오래된 짚 더미는 벗겨져 이제 곧 버려질 처지였지만, 역사적 건물에 대한 작업을 감독하던 감독관이 그 중요성을 알아보고 그중 일부를 구두 상자에 보관했다. 이 상자는 옥스퍼드 자연사 박물관에 보관되다가, 리츠의 연구와 관련성을 인지한 누군가가 중세 초가의 잔재를 그에게 보냈다. 그 상자를 연 리츠는 금덩이를 손에 쥔 것 같았다. “상자 안에는 여러 세기 동안 영국에서 자라지 않았던 재래 품종 밀이 들어 있었어요. 그건 보물입니다, 생물학적 보물. 영국이 완전히 잃어버렸던 유전적 다양성의 유형이에요." 리츠가 말한다. 이 발견 덕분에 중세 밀밭을 재창조할 수 있었고, 리츠는 수년 만에 그 밀을 컬렉션에 추가할 수 있었다. 오늘날 그는 농장 주변의 들판에서 세계에서 가장 희귀하고 오래된 밀 품종 몇 가지를 기르고 있는데, 에머 밀도 그중 하나다. 그는 이것을 제빵사에게 주어 더 오래되고 덜 친숙한 맛을 찾아내려 한다.

건조된 카발자 밀 이삭을 집게로 골라내 확대경으로 조사하던 리츠는 당혹스러운 표정을 짓다가 흥분했다. "이건 다른 것 같아요. 내가 아는 어떤 에머 밀보다 더 작고 어두운색입니다. 오래전에 그 구두 상자를 열었을 때처럼 오싹한 기분이 들어요."[3] 그는 손가락으로 가시 하나를 집어 들어 불빛에 비쳐 보았다. "세상에서 제일 오래된 밀 중 하나를 내가 들고 있어요."

비옥한 초승달 지역의 심장부는 뷰육차트마 남쪽, 튀르키예의 남동부 가장자리다. 생태학적으로 이곳은 놀라운 장소다. 한쪽으로는 강우량이 적은 사막이 있고, 다른 쪽에는 비옥한 산악 초원과 참나무 삼림지대가 있는 초원지대 사이의 점이지대transition zone가 있다. 여기서 흩어져 자라는 나무 사이에서 우리의 수렵채집 선조는 밀과 보리의 야생종이 섞여 자라는 키 큰 풀밭을 훑어 식량을 채집했다. 그들은 뼈와 나무로 손잡이를 단 수석(차돌 flint) 낫을 써서 곡식을 수확했다. 그리고 단단한 현무암 바위를 맷돌처럼 사용했다.[4] 고고학자들은 선사시대의 화덕에서 야생 풀 씨앗으로 만든 납작 빵의 탄화 흔적을 발견했다.[5] 우리 선조들은 농사를 짓기 훨씬 전부터 빵을 구웠다.

1960년대 후반에 미국 식물학자 잭 할란은 잃어버린 음식의 역사를 약간이라도 체험해보기로 했다. 재배의 위험지구 가운데 한 곳인 남동부 튀르키예의 카라카닥산맥에서 그는 수렵채집인이 되어보았다.[6] 먼저 아무 도구도 쓰지 않고 산기슭에서 자라는 야생 밀 이삭을 손으로 훑어낸 다음, 수석 칼날을 써서 알곡을 수확해보았다. 할란은 한 가족이 카라카닥 지역에서 3주간 수확하면 "너무 많이 일하지 않고도 한 해에 소비하는 것 이상으로 많은 알곡을 얻을 수 있었다"라고 결론지었다.

1만 2000년 전쯤, 비옥한 초승달 지역의 일부 수렵채집인이 야생 풀을 재배하기 시작했다. 기후변화로 환경이 더 건조해졌고, 육류 등의 다른 식품을 구하기가 더욱 힘들어졌다. 따라서 곡물의 매력이 더 커졌다. 고대의 농부들은 두 종류의 야생 밀에 집중했다. 작고 단단하고 검박한 아인콘einkorn, 학명 Triticum monococcum(아인콘은 독일어로 '알갱이 하나'라는 뜻이다)과 에머 밀학명 Triticum diococcon이 그것이다. 에머 밀은 수염 하나에 달린 알곡의 수가 두 배다. 아인콘과 에머 밀은 길든 시기는 다르지만, 결국은 둘 다 비옥한 초승달 전역에 보급되었다. 우리는 수렵채집인이 도구 제작에 쓸 흑요석 같은 재료를 교역했다는 것을 알고 있는데, 씨앗도 교역했을 가능성이 크다. 이삭이 쉽게 부서지지 않는 성질의 유전적변이 역시 확산되었다. 다만 그 성질이 안정되어 이런 밀에 '고착되기'까지는 적어도 2000년이 더 지나야 했지만 말이다.

비옥한 초승달의 동쪽 지역, 지금의 파키스탄인 곳에서 기원전 6000년쯤에 에머 밀과 아인콘이 자랐다. 그것은 기원전 3000년쯤에는 북서부 인도의 라자스탄과 하리아나에 당도했다. 남쪽으로는 팔레스타인과 이스라엘을 거쳐 확산되었으며, 이집트에는 기원전 4500년쯤에 당도했다. 서쪽으로는 그리스와 발칸반도를 거쳐 다뉴브강 유역을 따라 남부 유럽으로 이동했다. 그리고 기원전 3000년쯤에는 아인콘과 에머 밀이 오만과 예멘에서도 자라고 있었고, 홍해를 건너 에티오피아와 거래되었다. 이 두 가지 곡물의 성공은 부분적으로는 뷰육차트마의 방앗간 주인이 흡족해했던 단단한 겉껍질(또는 깍지husk) 덕분이기도 하다. 이 보호 표피는 진균류 감염을 막고 미생물에 저항할 뿐 아니라 춥고 습한 여건과 벌레나 새로부터 알곡을 보호하는 물질적 방어막이 되어줘 더 오래 저장할 수 있게 했다. 아인콘이 더 튼튼했지만 알곡 수가 두 배인 에머 밀이 우세했으며, 세계에서 가장 널리 재배되는 밀이 되었다.[7] 수천 년 동안 이런 상황이 유지되었다.[8]

한편 그 뒤에서 진화하고 있던 것은 에머 밀 주변에 등장한 잡초였다. 이 잡초는 재배된 에머 밀과 '염소 얼굴을 가진' 야생 풀의 우연한 교잡종이었다. 이 교잡종이 기원전 7000년쯤에 아인콘, 에머 밀과 함께 자랐으며 신석기시대 농부들에게 선택되기 시작했음을 우리는 알고 있다. 오늘날 이 '잡초'는 빵 밀bread wheat이라 불리며 학명은 트리티쿰 아이스티붐Triticum aestivum이다. 이 품종이 전 세계 밀 작물의 95퍼센트 이상을 차지해 지구상 대부분 사람의 식량이 되어준다. 고대 세계에서는 이 식물의 전망이 그리 밝지 않았다. 알곡이 작고, 단단한 보호 껍질도 없었다. 빵 밀이 결국 에머 밀을 밀어내고 그 자리를 차지하게 되는 것은[9] 인간이 보호해줄 수 있는 더 발전한 곡창지대가 형성된 뒤의 일이었다. 이 품종의 장점은 알곡이 왕겨에서 더 쉽게 떨어져나오고, 표피가 종이처럼 얇아서 제분하기 전에 겉껍질을 제거할 필요가 없다는 데 있었다. 이 '벌거벗은' 밀은 화학적으로도 달랐다.[10] 글루텐 단백질은 끈기가 강해서 반죽하면 탄력성이 더 커졌고, 더욱 가벼운 빵을 만들 수 있었다. 기능도 더 다양했다.

빵 밀이 전 세계 대부분 지역을 지배하는 동안 에머 밀과 아인콘도 오지와 산악지대에서 계속 자랐다. 스위스와 독일의 알프스 산악지대, 이탈리아의 아펜니네산맥, 스페인의 바스크 지역, 또 인도의 히말라야와 닐기리산맥(비록 19세기에 영국이 들어온 뒤 인도 농부들은 제국이 공급한 종자를 써서 고대 밀을 빵 밀로 바꾸라는 명령을 받았지만) 등지였다. 1920년대에 에머 밀이 스페인 북부의 아스투리아스와 서부 조지아 산악지대에서 위기에 내몰리고 있을 바로 그 무렵 니콜라이 바빌로프는 다양한 품종의 행적을 추적했다. 당시에 주변 작물이던 에머 밀은 주로 빈민이 끓여 먹거나 동물 사료로 쓰였다. 모로코 서부의 리프 지방은 산악지대인 자발라 지역에서 아인콘이 최후까지 남아 있던 장소였는데, 겨울에 그것으로 납작 빵을 만들었다. 에티오피아에서는 에머 밀의 특정한 품종을 맥주 발효에 사용했다. 그리고 물론 그 곡물이 성쇠를 겪는 동안 뷰육차트마에서는 카발자라 부르는 에머 밀이 계속 재배되었다.

모든 밀, 즉 아인콘과 에머 밀 그리고 빵 밀의 지속적인 특징 한 가지는 1만 2000년간의 역사 동안 다양성을 보였다는 점이다. 규모라는 기준에서 말하자면, 전 세계에서 종자 컬렉션에 보관된 다양한 밀 샘플은 56만 가지가 넘는다.[11] 또한 그것도 작물 전문가들이 수집할 수 있었던 품종일 뿐이다. 이미 소멸해버린 게 많았을 것이다. 가장 큰 손실은 20세기에 일련의 과학적 돌파구가 만들어진 이후에 일어났다.

찰스 다윈의 《종의 기원》(1859)과 그레고어 멘델의 유명한 완두콩 실험을 통해 수합된 유전법칙(1866)은 식물육종가들에게 농업혁명의 토대를 마련해주었다. 19세기 후반에 영국과 미국 농무부USDA 그리고 러시아 과학자들은 실험적 연구 프로그램에 착수했다. 작물유전학crop genetics이라는 신생 학문은 그때나 지금이나 세계에서 가장 널리 재배되는 작물인 밀을 대상으로 빠르게 실행되었다.[12] 케임브리지 대학에서는 1900년대 초반에 농업식물학의 1대 교수인 롤런드 비핀Rowland Biffen이 멘델 유전학을 적용해 높은 수확량을 내는 품종을 만들어냈다. 그는 대영제국 전역에서 발견되는 밀의 매력적인 특성을 확인하고 그것을 다른 품종과 교배hybridise(또는 이종교배cross)했다.

대략 같은 시기에 베를린 소재의 어느 실험실에서 화학자 프리츠 하버Fritz Haber는 질소를 '고정'하여 액체 암모니아를 만드는 데 성공해 화학비료의 기초를 마련했다. 그때까지 토양 내 질소 부족은 작물 생산의 산업화를 방해하는 가장 큰 요소였다. 그러나 실험실에서 극한적 기온과 압력을 써서 하버와 조수인 카를 보슈Carl Bosch는 질소의 대량 합성에 성공했다. 그것은 현대 역사에서 가장 중요한 발견 가운데 하나였다. 과학 저자 찰스 C. 만Charles C. Mann의 표현을 빌리자면, "30억 명이 넘는 남녀와 아동(구름처럼 셀 수 없이 많은 꿈과 공포와 탐험)은 자신들의 생존을 20세기 초반의 두 독일 화학자에게 빚지고 있다."[13] 그러나 극복해야 할 후유증이 있었다. 농부들이 새 화학비료를 밭에 뿌리자 작물의 키가 너무 커지고 알곡도 무거워져서 넘어지는(또는 쓰러지는) 바람에 추수가 힘들어지거나 밭에서 곡식이 썩는데도 내버려 두는 일이 발생했다. 이 문제를 해결하기까지 몇십 년이 걸렸는데, 창의적인 방식으로 해결책이 얻어졌다.

1946년에 미군 점령하의 일본에서 미국인 식물학자 세실 새먼Cecil Salmon은 이상하게 생긴 밀을 보았다. 그것은 키가 보통 밀처럼 1.2~1.5미터가 아니라 고작 60센티미터에 불과했다. '노린 10Norin 10'이라는 이름이 붙은 그 '난쟁이 밀'은 처음에는 미국 농무부로 보내졌다가 더 뒤인 1952년에는 멕시코 오지의 어느 연구센터에서 작업하던 식물육종가의 관심을 끌었다. 원래 아이오와 출신인 노먼 볼로그Norman Borlaug는 농부들을 돕기 위해 질병 저항력이 큰 밀 품종을 개발하는 연구를 진행하고 있었다. 그는 노린 10을 연구 재료로 삼아 그것을 멕시코의 전통 품종과 교배했다.[14] 밀의 키를 줄이면 줄기를 강화하고 새 비료의 힘을 마음껏 풀어놓을 수 있지 않을까 계산한 것이다. 그는 개량된 밀을 얻으려고 몇 달씩 혼자 연구하면서 식물 수천 포기를 직접 손으로 수정했다. 그는 창문도 깨지고 수돗물도 없으며 쥐가 들끓는 연구소에서 숙식을 해결해야 했다. 트랙터나 말도 없었기 때문에 가슴에 고삐를 묶고 직접 밭에서 쟁기를 끌기도 했다.

오랫동안 고생스럽게 실험하던 볼로그는 질병 저항력이 크고 수확량이 많은 새 품종을 만드는 데 성공했다. 1963년에 멕시코에서 생산되는 밀의 95퍼센트가 볼로그의 품종인 레르마 로호 64Lerma Rojo 64와 소노라 64Sonora 64였다. 그럼으로써 멕시코의 밀 수확량은 세 배로 늘었다. 그것은 곧 인도, 파키스탄, 아프가니스탄에서도 채택됐고 십 년이 채 안 되어 전 세계의 밀 재배지로 퍼졌다.[15] 예견되던 기근이 예방되었고, 냉전 치하에서 녹색혁명은 저개발국가에서 공산주의의 확산을 막아주는 강력한 도구가 되었다. 볼로그는 10억 명의 생명을 구한 사람으로 알려졌고, 1970년에는 노벨평화상을 수상했다.

그러나 녹색혁명은 다른 결과도 낳았다. 볼로그의 난쟁이 밀에는 다른 특성도 있었다. 이 품종을 기르려면 많은 물을 대주어야 했고, 에너지 소모적인 하버·보슈법으로 생산된 비료를 엄청나게 많이 뿌려야 했다. 이 음식 혁명은 화석연료를 먹이로 삼았다. 오늘날 인간이 소모하는 작물 전체의 거의 절반은 합성비료로 도출된 질소에 의존한다.[16] 그리고 녹색혁명에 동반되는 또 다른 본질적 특성도 있다. 획일화가 그것이다.

카발자가 자라는 1헥타르의 밭에는 최대한 300만 가지의 개별 식물이 살고 상당한 유전적 다양성이 있을 수 있다. 나는 뷰육차트마에서 이런 사실을 보았다. 어떤 것은 다른 것보다 키가 더 컸으며, 어떤 것은 암갈색이었고 다른 것은 호박색이었다. 재래종 밀은 혼합종으로 진화하여 충분한 진화적 이유로 작물의 품종은 회복탄력성이 커진다. 햇볕이 너무 뜨거운 해에 일부 식물이 흉작이 되더라도 다른 유전자 특성이 있는 또 다른 품종은 작황이 유지된다. 유전자풀gene pool이 더 크고 다양하면 재래종 밀밭은 환경이 어떤 운명을 던지든 상대할 수 있는 생물학적 도구 상자를 갖게 된다. 시간이 흐르면서 이 다양성은 재래 품종이 더 장기적인 기후변화와 변하는 여건에 적응할 수 있게 해준다. 동물은 위험 앞에서 달아날 수 있지만, 식물은 각자의 적응력에 따라 살아남거나 아니면 죽는다.

녹색혁명은 유전적으로 단일한 식물의 단식單式 농업을 만들어냈다. 신흥 학문인 육종학breeding은 다양성을 포용하는 쪽이 아니라 그와 반대되는 방향을 선택할 수 있게 했다. 식물마다 동시에 똑같은 키와 성숙도로 자라서 더 효율적인 수확이 가능해지도록 보장될 수 있었다. 또한 곡물의 화학적 구성도 더 확대되는 전 세계 식품산업이 요구하는 단백질과 전분의 균형을 맞추도록 통제할 수 있었다.

작물 육종가들은 현대의 밀이 지극히 다양하다고 주장할지도 모른다. 유럽에서만도 농부는 매년 유럽연합의 '승인 목록'에 오른 수백 가지 허가받은 품종 가운데서 고를 수 있는 것이 사실이다. 이 목록은 종자 회사와 작물 과학자들의 위원회에서 결정된다. 새로운 품종이 추가되기 때문에 그 목록의 5분의 1가량이 매년 갱신된다. 그러나 그것이 정말로 얼마나 다양한가? 이 소위 '엘리트 품종들'은 같은 주제의 살짝 다른 버전이며, 모두 동일한 좁은 유전자풀에서 나온다. 어떤 품종이든 육종되는 목적은 모두(법적으로) 소출량과 균질성이다.[17] 밀의 영양 가치(아연, 철, 섬유소 수준 등등)나 맛은 고려 대상이 되지 못한다. 그리고 대부분 농부는 자신이 기를 품종을 직접 고르지 못한다. 대개 슈퍼마켓에 빵을 공급하는 제빵 회사 등의 식품 산업체와 장기 계약을 맺고 있기 때문이다. 그해에 어떤 품종의 밀을 기를지 결정하는 것은 보통 이런 회사들이다. 이런 식으로 파종부터 완성된 빵에 이르는 과정 전체를 일관되고 균일하게 유지할 수 있다. 밀 육종 프로그램과 승인 목록, 전체 시스템 또한 한 가지 생산 제품을 중심으로 설계된다. 곡물의 영양소 대부분이 제분 과정에서 없어진 정제된 밀가루로 만든 흰 빵이라는 제품 말이다. 이런 사라진 영양소는 역시 법률에 따라 '강화fortification' 과정에서 도로 추가된다. 이는 식물육종가의 잘못이 아니다. 그들은 현재의 식품 시스템이 요구하는 것을 만들어내도록 돈을 받는다. 전 세계 시장에서 수익을 낼 수 있는 값싼 곡물이자 상품을 만드는 것이 그들의 역할이다. 1만 2000년 동안 그토록 다양한 종류의 밀 농사를 지어왔으면서 우리는 참으로 이상한 상황에 처해 있다.

거의 모든 혁명과 달리 녹색혁명은 그것이 달성하려 했던 목표, 즉 세계를 위해 칼로리 공급을 늘리려는 목표를 정확하게 달성했다. 그러나 지구는 이제 그것에 무거운 대가를 치르고 있다. 볼로그는 녹색혁명이 우리에게 시간을 벌어줄 뿐이며, 그 여유는 기껏해야 20~30년에 불과할 것이라고 말했다. 그가 발명한 것은 세계를 먹여 살리기 위한 장기적인 해결책으로서가 아니었지만, 세계는 이 강화된 시스템에 갇혀 버렸다. 청소된 땅, 사용된 화석연료, 뽑아 올린 물, 이 모든 것은 식품 다양성의 위기뿐 아니라 잠재적으로는 지구상의 생명이 위험에 처하는 데 기여했다. 게다가 원래의 전망은 정체하고 있고, 세계 각지에서 밀 생산량은 정체 상태에 머물렀다. 환원주의에 편승하려다가 우리는 복잡성의 단단한 벽을 제대로 들이받았다.

2020년에 닥친 코로나바이러스 팬데믹은 미생물 바이러스가 인간의 삶을 어떻게 위협하고, 경제 안정을 깨뜨리며, 사회적 규범을 파열시키는지 보여주었다. 미생물 질병은 식품 안전성에도 혼란을 일으킬 수 있다. 이 책의 첫 부분에서 나는 작물 질병의 참혹한 사례 하나를 언급했다. 맥류붉은곰팡이병 말이다. 또한 그것이 교활하다고도 묘사했다. 그것은 기만적인(그러면서도 기묘하게 인상적인)

작업 수법을 갖고 있다. 그 곰팡이는 들판에 있을 때는 잠복하고 있다가 비가 오면 빗방울이 포자를 위로, 밀 이삭으로 쏘아 올린다. 그러면 포자가 식물 내부로 깊이 뚫고 들어가 축적해둔 온갖 단백질을 분비함으로써 곰팡이 스스로에게 투명 망토를 입힌다. 이로써 그것은 식물의 방어벽을 우회해 세포 사이에 숨어 여행하고, 확산할 수 있다. 그 곰팡이는 최후의 일격을 가하는데, 화학적 신호를 보내 식물이 효율적으로 자살을 감행하게 유도한다.[18] 그러면 그것은 임무를 완수하게 된다. 즉, 밀이 번식을 위해 씨앗 속에 저장해둔 온갖 영양소를 포식하는 것이다.

맥류붉은곰팡이병이 최근 들어 더 번성해 경악스러운 속도로 작물을 대량 살상하게 된 것은 세계 밀의 키를 줄이는 임무를 맡은 유전자가 히치하이커, 즉 밀을 이 질병에 더욱 취약하게 만드는 DNA 부분이기 때문이다. 밀이 균일해질수록 그 유전자는 더 널리 퍼지며 맥류붉은곰팡이병이 식량으로 가득한 들판을 공격하기가 더 쉬워진다. 그것은 수백만 톤의 밀을 바싹 마르고 거무스레한 분필 같은 쭉정이로 바꾸어, 세계적으로 수십억 달러를 허비하게 했다.[19] 지금까지 이런 위협에 가장 가능성이 큰 해법은 이 곰팡이에 대한 저항력이 더 큰 고대 밀인 아인콘과 에머 밀에 있다.[20]

더 참혹한 것은 밀 도열병wheat blast이라 부르는 비교적 새로운 질병이다. 마그나포르테 오라이제Magnaporthe oryzae라는 곰팡이가 유발하는 이 병은 브라질과 볼리비아 일부 지역에서 수확량의 3분의 2에 피해를 주고, 곡물 선박에 실려 대서양을 건너 남부 아시아로 갔다. 2016년에 방글라데시에서 그 병이 발견되자 정부는 농부 수천 명에게 아직 수확하지 않은 밀밭에 불을 놓으라고 명령했다. 작물을 태우고 그 전해에 남겨둔 씨앗을 전부 없애라는 것이다. 이 곰팡이는 밀의 가시에 감염되어 식물을 분홍색으로 물들이고, 곡물 전체를 검은 반점으로 뒤덮는다. 곧 곡물은 말라비틀어지고, 마침내 폐사한다. 밀 도열병에서 놀라운 점은 원래 그것이 벼 경작지에만 돌던 질병으로 발생했다는 사실이다. 그러나 수확량이 많은 밀의 새 품종이 특별한 방어 유전자 없이 육종되었던 탓에 이 곰팡이는 종의 장벽을 넘어 밀을 공격하도록 변이할 수 있었다. 맥류붉은곰팡이병의 경우처럼 과학자들은 이제 옛날의 재래 품종 밀에서 저항력의 원천을 찾으려 한다.

이 역사는 계속 되풀이된다. 1940년대 후반에 잭 할란은 동부 튀르키예의 먼 오지에서 "키 크고 줄기가 가늘어 불쌍해 보이는 밀"을 만났다. 그는 씨앗 샘플을 소량 채취해 미국으로 돌아갔는데, 그 씨앗은 그곳의 종자은행에 거의 20년간 남아 있었다. 1960년대에 '황녹병stripe rust'이라는 병이 미국 북서부의 밀밭 전역에 퍼졌을 때 식물육종가들은 할란의 튀르키예 밀로 실험해보았다. 그 밀은 황녹병뿐 아니라 14개의 다른 질병에도 저항력이 있었다. 할란의 우연한 발견 덕분에 어마어마한 식량과 수백만 달러가 살아남은 것이다.

오늘날 녹색혁명 이전의 밀이 가진 미래 잠재력은 세계적으로 유명한 영국 식물과학센터인 존이네스센터John Innes Centre에서 연구 중이다. 이스트앵글리아에 있는 이 센터는 한 세기 전에 케임브리지 대학의 식물학자 아서 왓킨스Arthur Watkins가 모은 밀 컬렉션을 소장하고 있다.[21] 제1차 세계대전 때 프랑스에서 장교로 복무하던 왓킨스는 작물에 매료되었다. 그는 프랑스 여러 마을에서 저마다 다른 모양의 밀을 심은 밭이 있는 것을 알아차렸다. 전쟁이 끝난 뒤 케임브리지 농업대학에 있던 그는 니콜라이 바빌로프와 서신을 교환하면서 자신이 프랑스에서 본 유전적 다양성의 중요성을 깨달았다. 그래서 자신의 컬렉션을 구축할 독창적인 방법을 고안해냈다. 그는 행정부 네트워크로 중동, 아시아, 유럽, 아메리카에 있는 영국 영사관에 근무하는 직원에게 연락해 "전 세계에서 최대한 많은 밀 품종을 수집"하는 일을 도와달라고 요청했다. 그는 그들에게 이 일은 자신의 과학적 호기심을 위한 것인 동시에 "개선된 밀 품종을 육종하기" 위한 것이기도 하다고 말했다. 그는 그들에게 되도록 오래된 재래 품종을 찾아달라고 부탁했다. 왜냐하면 "이런 것들은 항상 아주 거리가 먼 유형들의 혼합물이기" 때문이었다. 영사관 직원 수백 명은 왓킨스를 위해 지역 시장과 농장을 찾아다니면서 분주하게 씨앗을 사들여 케임브리지에 있는 그에게 우송했다.

1930년대 말 왓킨스가 수집한 밀 샘플은 7400종에 달했다. 아인콘, 에머 밀, 빵 밀, 그 밖에 수많은 희귀종이 있었다. 그는 이것을 바탕으로 당시 그 분야의 세계 최대 교육기관이던 농업대학의 살아 있는 컬렉션을 구축했다. 왓킨스는 무명인 채로 세상을 떠났지만, 그가 남긴 컬렉션은 세상에 둘도 없는 것으로서 녹색혁명에 휩쓸리기 전의 세계 밀 다양성을 포착한, 값을 따질 수 없이 귀중한 스냅사진이다. 존이네스센터 연구자들은 이제 왓킨스의 컬렉션을 조사하고 현대 품종에 이식해 수확량과 강건함이나 질병 저항력을 개선할 수 있는 유전자를 찾아내려 노력하고 있다.

이 이야기에서 카발자는 어떻게 되었는가? 볼로그의 녹색혁명으로 생산된 밀은 1960년대에 튀르키예에 당도했다. 록펠러재단의 기금으로 농부들에게는 씨앗과 비료, 살충제가 무료로 주어졌다. 튀르키예의 농업은 그 이전의 500년 동안 일어난 것보다 더 심한 변화를 단 한 세대에 겪었다. 십 년이 지날 무렵 농지 규모는 커졌고, 농부 수는 줄었으며, 튀르키예 시골의 인구는 전국 인구의 4분의 3에서 4분의 1도 채 못 되는 수준으로 줄어들었다(멕시코에서 인도에 이르기까지 녹색혁명이 실행된 모든 곳에서 나타나는 현상이다). 시골에 남은 사람들은 전통적 씨앗을 더 이상 보관하지 않았다. 재래 품종 밀은 무지와 빈곤의 상징이 되었다.

튀르키예가 잃은 다양성의 범위를 지금 우리가 알고 있는 것은 오로지 젊은 식물학자인 미르자 곡골Mirza Gökgöl의 연구 덕분이다.[22] 1929년에 바빌로프에게서 영감을 얻은 그는 말에 올라 이 마을 저 마을로 돌아다니면서 눈에 보이는 온갖 종류의 야생과 재배 밀 씨앗을 수집해 1만 8000종의 컬렉션을 구축했다. 그는 이 작업을 25년 이상 계속했다. 튀르키예의 밀 다양성에 관한 대표적 전문가인 알프테킨 카라고즈Alptekin Karagoz 박사는 이렇게 말한다. “그는 1인 군단이었습니다. 그가 발견한 것은 값을 따질 수 없이 귀중해요.”

곡골이 수집한 씨앗 중에는 카발자, 또는 그가 고대 아나톨리아 튀르키예어로 설명한 바에 따르면 게르닉gernik이 있었다. 그는 1930년대에 이렇게 썼다. “바빌로니아와 이집트의 발굴 현장에서 재배된 밀 가운데 가장 역사가 오랜 종류의 하나인 이 에머 밀이 발굴되었다. 빈민은 보리를 먹고 살았지만, 상류층은 에머 밀을 먹었다.” 동부 튀르키예에서 곡골은 아나톨리아고원의 표층이 얇고 춥고 습한 기후에서도 자랄 수 있는 에머 밀의 특성을 귀중하게 여기는 농부들을 만났다. 그는 마을 주민이 한데 모여 밀을 탈곡하고 겨를 옮기는 것을 지켜보았으며, 밀을 빻아 맛있는 필라프와 납작 빵 요리를 만드는 과정을 연구했다. 그는 카발자가 단순히 작물만이 아님을 보았다. 그것은 삶의 방식 전체를 지탱했다.

그러나 곡골은 나중의 여행에서 아주 먼 오지 마을에서도 카발자가 사라지고, 그 대신 그의 묘사에 따르면 "부드럽고 일상적인 열등한 밀"이 그 자리를 차지했으며 "카발자는 소멸할 운명"임을 보았다. 1960년대 말, 카발자는 아주 고령의 농부들과 요리사의 기억에만 남은 품종이었다. 십 년 뒤 그 기억은 거의 전설이 되었다.

곡골에게서 바통을 이어받은 카라고즈 또한 앙카라의 유전자은행을 위해 튀르키예 전역으로 종자 사냥을 다녔다. 2004년에 그는 곡골의 방대한 밀 백과사전을 여행길에 가져갔는데, 곡골이 기록한 것이 거의 대부분 사라졌음을 발견했다. 그 무렵 튀르키예에서 재배되는 재래 품종 밀은 전체의 5퍼센트도 채 안 되었다. 2016년에 그 비율은 1퍼센트 정도로 낮아졌다.[23] 심지어 곡골이 심은 살아 있는 밀 컬렉션도 사라졌다. 튀르키예의 가장 오래된 밀 품종들을 보유한 그의 텃밭은 그가 1980년대에 세상을 떠난 뒤로 방치되었다.

그 1퍼센트 안에 뷰육차트마의 작은 가족 텃밭에서 자라는 카발자가 포함된다. 먼 오지 마을로 뚫린 길이 없다는 것은 '혁명적' 씨앗과 비료가 이곳까지 닿지 못했다는 뜻이다. 설사 당도했다 할지라도 해발고도가 높아 볼로그의 빵 밀이 자라기는 힘들고, 비와 습기를 좋아하는 곰팡이균에 압도당했을 것이다.

뷰육차트마의 튀르키예 농부들은 그들의 귀중한 재래종 밀을 지켜냈지만, 영국은 자신들의 품종을 잃었다. 2020년 늦여름, 나는 옥스퍼드에 있는 존 리츠의 농장 주위에서 자라는 밀밭 사이로 걸어다녔다. 그것은 그가 1990년대 초반에 얻은 중세의 짚과 잡초가 담긴 구두 상자의 유산이었다. 리츠는 영국이 잃은 것을 복원하는 임무를 수행했다. 그는 출입 허가를 받은 모든 종자은행과 식물 컬렉션의 소장품을 뒤져보고, 찾아낼 수 있는 모든 녹색혁명 이전의 밀을 파종했다. 그런 품종의 이름을 들으면 카발자처럼 풍부하고 다채로운 성격이 연상된다. 붉은 라마스, 데번 오렌지, 블루 러프 채프, 블루 콘 리벳, 덕빌, 골든 드롭 등등.

그 밀은 현대 밀의 두 배만큼 키가 컸고, 내 어깨보다 한참 높이 자랐다. 들판에는 다른 종류도 많았다. 식물마다 옆에 있는 것들과 미묘하게 모양이 달랐다. 색깔, 형태, 알곡 크기가 미세하게 달라졌다. 네제트 다스데미르와 함께 갔던 카발자 밭에서도 그랬다. 리츠가 심은 재래 품종 밀들은 그 자체의 장단점을 발견하고 앞으로 진화할 것이다. 그 유전자풀은 적응할 여유를 줄 수 있을 만큼 넓다.

카발자와의 또 한 가지 유사성은 리츠의 밀이 현대 품종보다 훨씬 더 깊이 내려가는 복잡한 뿌리 체계를 갖고 있다는 점이다. 현대 품종은 비료를 준 토양에서 고작 5~8센티미터까지만 들어간다. 재래 품종은 그런 사치를 누리지 못한 채 진화했으므로 먹이를 찾아 더 멀리까지 뿌리를 뻗어야 했다. 뿌리가 깊다는 것은 광물질과 영양분을 접할 통로가 더 넓다는 뜻이다. “우리 발밑에서 이런 뿌리가 영양분을 찾아 얼마나 멀리까지 가는지 상상해보세요.” 리츠가 말했다. 어느 밀이 더 풍부한 영양소가 있는 식량을 생산하는지 파악하기는 쉽지 않다. 토양 유형, 농경 방식, 알곡이 제분되고 구워지고 요리되는 방식 등 관련된 변수가 많다. 하지만 우리는 아연과 철분 같은 광물질의 수준이 현대 품종보다 옛날 밀에서 더 높다는 것은 확실하게 안다.[24]

수확이 끝난 뒤 우리는 알곡을 여러 종류의 제분 기계가 설치된 큰 나무 헛간에 가져갔다. 그중 하나는 세탁기 정도 크기인데, 카발자의 겉껍질을 순식간에 벗길 수 있다고 리츠가 알려주었다. 나는 방앗간 주인 에르뎀 카야가 이걸 보았더라면 싶었다. 리츠가 말했다. "옛날 품종을 기르는 건 그저 시간을 거슬러 올라가는 것뿐만은 아닙니다. 새로운 기술을 이용하면 그것들의 잠재력을 전부 실현할 수 있어요."

내 손 안에는 말린 카발자 씨앗이 있었다. 그 밀이 견뎌온 수천 년에 대해 나는 생각했다. 생겼다 사라진 수많은 제국, 살고 사랑하고 죽어간 무수히 많은 인간, 수천 번의 수확. 그 식물은 모든 일을 강인하게 겪어냈다. 시험을 거치고 시련을 겪으면서 진화하고 적응했다. "수천 년 전에 이 밀을 고른 사람들은 어리석지 않았어요. 또 그것을 지켜낸 튀르키예 농부들도 마찬가지입니다." 리츠가 말했다.

스코틀랜드,
오크니

Orkney,
Scotland

베어 보리

Bere Barley

6

존 리츠가 입증하려고 나선 것처럼 어디에나 각자 버전의 카발자, 즉 생태적으로, 문화적으로 그리고 조리법으로 특정한 장소에 연결된 식량이 있다. 혹은 과거에는 있었다. 스코틀랜드 본토에서 32킬로미터 북쪽에 있는 오크니제도에서는 그것이 보리였다. 고대의 정착민은 5000년 전에 이곳에 당도했으며, 신석기시대 패키지인 비옥한 초승달 지역에서 길든 작물들이 근동 지방에서 서쪽으로 향하는 바람에 편승해 이 제도에 상륙한 것은 4000년쯤 전의 일이었다. 7세기경 켈트족 선교사들이 제도에 도착했고, 그 뒤 8세기에는 바이킹족이 왔다. 그동안 '오크니제도인 Orcadians'으로 알려진 사람들은 내내 보리를 먹고 살았다. 밀보다 더 억세고 추운 기후를 잘 견디는 이 곡물은 자연에 노출되고 사나운 기후에 시달리는 이곳에서 생명이 살아갈 수 있게 해주었다. 그리고 오크니에서 가장 잘 자라고, 힘든 여건에도 적응한 이 품종은 베어

bere(앵글로색슨어로 '보리'라는 뜻)라는 이름을 얻었다.[1]

베어의 한 가지 장점은 빨리 자란다는 것이다. 어찌나 빨리 자라는지, 가장 늦게 파종해도 북반구의 길어진 여름날 햇볕을 빨아들여 제일 먼저 수확한다. 오크니 바로니 제분소의 레이 필립스Rae Phillips가 "한 줄기에서 제일 늦게 돋는 잎인 표적 잎사귀flag leaf가 돋은 뒤 90일 만에 수확합니다"[2]라고 내게 말했다. 심한 흉년이나 겨울바람과 더 찬 기온이 때 이르게 들이닥쳐도 베어는 빨리 자라므로, 다른 작물이 실패해도 알곡을 생산할 수 있다. 풍년이 들면 현대식 보리나 비료와 항진균제를 투입한 밀이 베어보다 수확량이 많지만, 흉년이면 그런 작물은 소출이 거의 없을 수도 있다.

날씨가 거칠어질 때(오크니에서는 매우 거칠 수 있다)는 베어의 회복탄력성이 활성화되는 것을 지켜볼 수 있다. 현대의 난쟁이 곡물들보다 더 높이 1.5미터까지 키가 자라지만, 바람이 그 위로 불어오면 마치 알곡을 방어하듯이 줄기를 굽히고 사태가 진정될 때까지 웅크리고 있다가 수확할 시기가 되면 다시 몸을 세운다. 수천 년간의 적응을 거쳐 베어는 오크니를 잘 견디는 존재가 되었다.

레이 필립스에게는 제분업의 혈통이 흐른다. 그의 할아버지와 아버지는 1600년대까지 거슬러 올라가는 제분소인 바로니에서 일했다. 아인콘이나 에머 밀과 똑같이 베어는 딱딱한 겉껍질과 꽉 끼는 표피가 있어, 제분하려면 기술과 인내와 3중의 맷돌(카발자보다 한 겹 더 많은 것)이 필요하다. 바로니 제분소에서 이 과정은 전부 근처의 보드하우스호수에서 끌어오는 수력으로 움직인다. 첫 단계인 껍질 맷돌shelling stones에서는 겉껍질이 부서진다. 그다음에 진동 맷돌burr stones을 돌리면 거친 가루가 만들어진다. 마지막으로 오크니 맷돌Orkney stones을 지나면서 거친 가루가 땅콩처럼 맛있는 냄새를 풍기는 옅은 갈색의 고운 가루로 변신한다. 이것을 가마에 여섯 시간 넣어 습기를 날린다. 전체 과정은 사흘가량 걸린다. “그리고 더 빨리 처리할 수도 없어요.” 필립스가 말했다. 오크니 전역에서 베어를 다루는 제분소가 바로니뿐인 데는 이런 이유도 있다. 또 다른 이유는 보리가 더 이상 인간 식단의 주요 재료가 아니라는 것이다.

신석기시대에 비옥한 초승달 지역 사람들은 밀과 보리를 거의 같은 시기에 길들였다. 보리는 밀의 더 튼튼한 사촌이었다. 더 춥고 습한 기후와 척박한 토양에서 자랄 수 있었다. 두 곡물 모두 고대의 농부들에게 더 많은 회복탄력성을 안겨주었다. 아인콘도 에머 밀도 소출을 내지 못할 때 보리는 소출이 있을 가능성이 컸다. 보리와 밀은 후대의 귀리와 호밀처럼 대개 함께 길러지는 작물이었다. 농부들은 밀에서 선호되던 것과 동일한 변이 성질을 무의식적으로 야생 보리에서도 선택했다. 잘 흩어지지 않는 이삭처럼 수확하기에 더 편리한 성질 말이다. 그리고 밀 재배가 비옥한 초승달 지역에서 퍼져나갈 때 보리 또한 그렇게 되었다. 기원전 3000년쯤 고대 영국의 농부들이 장기간의 기후변화와 춥고 습한 날씨로 타격을 입었을 때 밀은 살아남기 어려웠지만 보리는 그렇지 않았다. 이 강인한 곡물은 농경의 주인공이 되었다. 특히 스코틀랜드 북부 제도에서는 그랬다.

서북부 유럽 전역에서 전통적인 제빵 문화를 살펴본다면, 기후가 음식을 어떻게 형성했는지 볼(그리고 맛볼) 수 있다. 유럽에서 북쪽으로 갈수록 빵이 더 납작해진다는 것이 한 가지 일반적인 공통점이다. 햇볕이 충분하고 여름이 덥고 긴 곳에서는 단백질 글루텐 함량이 높은 빵 밀 같은 곡물을 기를 수 있다. 이런 화학적 특성은 반죽에 탄력성을 더해주므로 빵을 구우면 반죽 속에 공기 거품이 갇혀 푹신푹신한 덩어리로 부풀어 오른다. 그러나 더 추운 북쪽 기후에서는 태양광이 적으므로 보리와 호밀, 귀리가 선호된다. 이들 곡물은 화학적 구조가 다르고 글루텐 함량이 낮다. 따라서 그런 곡물이 전통적으로 길러지는 곳에서는 부풀어 오른 빵 덩이가 아니라 납작한 빵이 만들어진다. 예를 들어 남부 스웨덴에는 밀 문화와 푹신푹신한 빵이 더 많지만, 보리가 재배되는 북부 스웨덴의 제빵사는 납작 빵과 크네케브뢰드knäckebröd(구운 크래커)를 만든다.[3] 오크니에서는 베어 보리의 질감과 맛이 전통적 요리와 조리법을 결정했다. 여기서 중요한 음식은 배넉bannock이다. 이것은 불 위에서 구운 부드럽고 둥근 비스킷 같은 납작 빵이다.

유럽 전역에서 나타나는 이런 제빵의 풍부한 다양성은 19세기 말 쇠퇴하기 시작했다. 그때까지 거의 모든 곡물은 여전히 맷돌로 제분되었는데, 그 과정에서 밀의 배아와 지방분이 밀가루에 남는다(그 부분이 알곡에서 영양분이 가장 많으며, 단백질과 비타민, 광물 성분을 함유한다). 오늘날 우리가 구입하는 밀가루와 달리 이것은 신선 식품에 더 가깝다. 제분된 지 두어 주일 이내, 즉 기름 성분이 산패해 가루가 덩어리지기 전에 먹는 것이 가장 좋다. 이런 상황은 롤러 제분기가 도입됨으로써 변했다. 그 기계는 강철 실린더를 사용해 알곡을 으깨고, 배아를 제거할 수 있게 했다. 이 과정에서 알곡의 가장 영양분 많은 부분이 제거되지만, 그렇게 얻은 정제된 흰 밀가루는 훨씬 더 오래 저장하고 더 먼 거리까지 운반할 수 있다. 나중에 녹색혁명이 일어나고 비료와 화학약품을 먹고 자란 현대 밀이 도입된 뒤에는 전통적으로 보리만 자라던 곳에서도 밀을 재배할 수 있게 되었다. 이런 작물 재배 및 제분 기술의 변화와 함께 유럽에 남아 있던 납작 빵 문화는 거의 사라졌고, 여러 재래 품종 보리도 사라졌다.

오늘날 전 세계에서 길러지는 보리 가운데 인간이 먹는 것은 고작 2퍼센트뿐이다. 그 대부분인 60퍼센트가량은 동물 먹이로, 나머지는 몰트(맥주를 만들고 위스키를 증류하는 재료)를 만드는 데 쓰고, 극히 일부분은 발효시켜 간장과 된장을 만든다. 에머 밀과 아인콘처럼 보리를 음식으로 먹는 곳은 대개 먼 오지이거나 살기 어려운 지역이다. 에티오피아의 고원지대에서는 볶은 보리로 만든 보리차가 전통 음료로 남아 있고, 티베트인은 여전히 고지대의 에너지원으로서 보릿가루를 차로 반죽한 참파tsampa를 주식으로 삼는다.[4]

1960년대 유럽에선 베어가 그 이전 수천 년 동안 재배되던 스코틀랜드 각지에서 빠르게 사라져갔다. 아우터헤브리디스제도에서 이 곡물을 기르는 농부는 고작 소농 여섯 가구뿐이며, 들판에서 귀리나 호밀과 뒤섞여 자라 주로 가축 먹이로 쓰인다. 셰틀랜드섬에서는 목양 농가가 곡물 생산을 밀어냈고, 베어 보리 농사는 고작 두 농가의 손에만 남아 있었다. 베어 보리가 인간이 먹는 작물로 살아남은 곳은 오크니뿐이다. 하지만 그 섬에 가공식품이 더 많이 수입되기 시작하자 베어 보리도 오크니 들판에서 사라지기 시작했으며, 토스트용 흰 식빵이 배넉을 밀어내고 가정집 화덕을 차지했다. 1990년대에 바로니 제분소가 문을 닫았고 레이 필립스는 은퇴했다. 세계는 계속 움직였고, 그의 기술은 시대착오적인 것이 되었다.

2006년에 오크니에서 일하던 농경제학자 피터 마틴Peter Martin은 사라지는 재래종 품종을 보호하기 위해 스코틀랜드 정부가 시작한 프로젝트의 일환으로 베어 보리를 연구하기 시작했다.[5] 베어는 오크니의 극단적인 바람과 추위뿐 아니라 그곳의 알칼리성 사질 토양 그리고 낮은 구리와 마그네슘, 아연 함유량도 견뎌야 했다. 현대의 작물은 질소를 잔뜩 더해주더라도 이런 토양에서 버티기 어렵다. 그런데도 베어 보리는 어떤 식으로든 수천 년 동안 이 섬에서 잘 살아왔다.

마틴에게는 다행스럽게도 오크니에 작은 베어 보리밭이 남아 있었고, 옛날 방앗간 옆에도 좀 자라고 있었다. 그는 그것으로 실험을 시작해 오크니 농경제연구소Agronomy Institute의 작은 밭에 베어 보리를 심었다. 비료를 쓰지 않아도 베어는 자랐지만, 비교하기 위해 그 옆에 함께 심은 현대 보리는 완전히 실패했다. 마틴은 베어 보리에 함유된 엽산, 철분, 요오드, 마그네슘 농도가 높음을 발견했는데, 이들 성분은 모두 인간의 식단에 중요한 것이다.[6] 베어가 잃어버리기에는 매우 중요한 작물임을 깨달은 그는 그것을 되살려내기 위해 더 많은 씨앗을 생산하려고 나섰다. 재래 품종 보리의 복귀에 고취된 신세대 오크니 농부와 제빵사, 맥주 생산자 들도 참여해 베어를 심고 그것으로 배넉을 굽고 맥주를 생산했다. 하일랜드의 증류소들도 베어를 사용해 위스키를 만들었다.

레이 필립스는 은퇴를 철회하고 바로니 제분소를 다시 열었다. 그의 기술(그리고 인내심)이 없었다면 베어를 지켜내는 일은 불가능했을 것이다. 우리가 2018년에 마지막으로 대화했을 때 그는 칠십 대 중반이었는데, 다시 일하게 되어 신이 나 있었다. 그의 음성은 느리고 한결같고 거의 음악처럼 들렸다. "이제 우리는 1950년대보다 베어를 더 많이 제분하고 있어요." 두어 달 뒤 그가 세상을 떠났다는 소식이 내게 전해졌다. 필립스에게 훈련받은 새로운 제분 기술자 알리 하커스Ali Harcus가 횃불을 이어받아 베어를 살려 나갔다. 하커스는 말했다. "제분소는 훌륭하게 작동하고 있어요." 그리고 가루는 맛있었다. 또 하나의 귀중한 곡물이 몇 뙈기의 땅, 그리고 한 제분 기술자로부터 다른 제분 기술자로 전해진 희귀한 지식으로 지켜진 것이다.

중국,
쓰촨

Sichuan,
China

홍쥐누오미

Red Mouth Glutinous Rice

7

쑨웬시앙은 중국 남서부의 쓰촨성 남쪽 끝에 있는 자신의 논에서 쌀을 재배한다. 그는 전설 속의 용에 올라탄 인간 모양의 산봉우리 근처에서 아내와 함께 산다. 내가 그곳에 갔을 때 쑨은 집에서 특별히 배양한 비료를 관리하느라 바빴다. 그는 이 비료를 밭에 뿌리지만, 돼지 먹이에도 넣고 집을 청소하거나 양치질과 머리를 감는 데도 쓴다. 묘약을 휘젓고 있는 사십 대 후반의 쑨은 가까운 우리에서 돼지가 꿀꿀대는 농장 마당과 어울리지 않아 보였다. 그는 흙이 묻고 낡은 검은색 더블버튼 상의를 입고 있었다. 그의 말에 따르면 그 옷은 마을 밖에서 오는 방문객을 만날 때 입는 양복의 상의였다. 그는 통에 담긴 액체와 그것의 다양한 용도가 모두 자급자족하기 위한 방책의 일부라고 설명했다.

우리는 좁고 질퍽거리는 길을 따라갔다. 길 양쪽에는 대두와 고추, 밀 밭이 약간씩 있었다. 오리와 닭이 논둑에서 바쁘게 돌아다니며 곤충을 쪼아 먹고 풀을 잡아당겼다. 쑨은 지나가는 동안 각기 다른 쌀의 품종을 알려주었다. 어떤 것은 검은 알곡이 열리고, 어떤 것은 걸쭉한 죽을 만드는 데 적합하고, 또 어떤 것은 술을 담그는 데 좋다는 것이다. 그가 재배하는 재래 품종 가운데 어떤 것도 인공 비료나 살충제가 필요 없었다. 그는 이렇게 말했다. "쌀은 스스로를 보살핍니다." 그가 발효시킨 배양액과 오리와 닭이 곤충을 적절한 수준 이하로 통제하므로 흙에 비료를 넣어주는 것 외에 다른 어떤 도움도 필요없었다. 그는 골짜기 건너 줄지어 늘어선 이웃들 소유의 논과 밭을 가리켜 보였다. 그의 말에 따르면 이웃들은 1970년대에 그때까지 심었던 오래된 품종을 정부가 나눠준 소출이 더 많은 품종으로 바꾸었다. 그들은 이제 해충과 질병을 상대로 끝없는 전쟁을 벌이고 있는 듯했다. 쑨의 가족은 정부 지시를 따르지 않고 재래 품종을 고수했다. 이로 인해 그에게는 무거운 책임이 지워졌다. "내가 포기하면 그 품종은 멸종해버릴 겁니다." 그가 말했다. 우리 발밑에서 자라는 식물들은 중국 자연보호구역 안의 판다보다 더 심각한 위기에 처해 있다.

1970년대 이후 중국에서 벼의 다양성이 얼마나 사라졌는지에 대한 기록은 거의 없지만, 그것이 대폭 줄어들었다는 증거는 있다. 1950년대에 쓰촨성 동쪽에 있는 후난성의 농부들이 심는 벼 품종은 1300종이 넘었다.[1] 2014년에는 그 수가 84종으로 줄어들었는데, 쇠퇴 추세는 아마 계속될 것이다. 쑨의 농장은 위기에 처한 식량의 귀중한 살아 있는 컬렉션이다.

"이 품종을 우리는 훙쥐누오미(붉은 입 찹쌀미紅口糯米)라 부릅니다." 쑨이 무릎을 꿇고 한 줄로 나란히 달린 씨앗을 쓰다듬으면서 말했다. 마치 풀잎 끝에 매달린 섬세한 이슬방울처럼 보였다. 9월이었고, 봄에 파종된 벼는 거의 수확할 때가 다 되었다. 겉껍질 속에는 끝부분이 적색인 '붉은 입紅口'을 가진 알곡이 들어 있다. 이 벼는 자라는 데 시간이 걸리지만 맛은 잊을 수 없을 정도로 훌륭하다. 그리고 점성이 강하고 찰진 식감이다. 이런 특징은 그 벼의 과거 비밀을 담고 있다.

수천 년 동안 중국 고대의 벼 농사꾼은(비옥한 초승달 지역의 밀 농부처럼) 알곡이 흩어지지 않는 식물을 선택해왔다. 또한 알곡의 색깔도 바꾸었다. 야생의 벼 알곡은 붉은색이었지만 길든 뒤에는 과피pericarp(또는 겉껍질)가 점점 희게 변하면서 그 색을 잃었다. 이런 색을 눈여겨본 것은 농부들이 아니라(알곡 색은 들판에 아직 서 있을 때는 알아보기 어렵다) 요리사들이었다. 더 하얀 알곡이 물과 노동력을 덜 소모하며, 준비하고 요리하기에 쉬워서 인기가 많았다. 그 결과 수천 년이 지나면서 대부분 붉은색이던 이 곡물은 거의 흰색으로 변했다.[2]

붉은색 벼는 지금도 세계 각지에서 길러진다. 가령 다른 경로를 따라 길들임 과정이 진행된 아프리카나 아시아 전역의 고립된 농토에서 재래 품종이 지켜지고 벼의 오랜 과거의 흔적이 살아남았다. 이제는 붉은 쌀이 흰쌀보다 더 많은 영양분을 함유하고 있으며, 더 건강한 식품임을 과학이 밝혀냈다. 30억 인구가 쌀을 주식으로 삼는 만큼 이는 중요한 사실이다.[3]

그러나 전 세계의 벼 작물은 핵심 영양분 이상의 것을 잃어버렸다. 밀처럼 소출량이 계속 높아질수록 다양성은 줄어들었다. 세계는 여러 놀라운 식물을 잃었고, 계속 잃어간다.

홍수를 잘 견뎌내고 몇 주일씩 물에 잠겼다가도 살아남을 수 있는(마치 식물이 숨을 참을 수 있는 것처럼) 희귀한 벼 품종이 발견되었다. 또 염분 토양에서 자랄 수 있는 품종도 있다(염분은 대개 벼에 치명적으로 해롭다). 어떤 품종은 심지어 토양에서 은의 나노 입자를 흡수해 알곡에 축적할 수도 있다. 은을 흡수한 벼는 인도에서 복통을 치료하는 데 쓰인다(서구 의학에서 항생제가 나오기 전에 은이 감염과 화상을 치료하는 데 사용되었으며, 다시 의학 연구의 주제로 대두했다). 또한 각 껍질 속에 알곡을 하나가 아니라 두세 개 담은 벼도 있다(생산성이 극도로 높아진다). 이런 특이한 품종 대부분은 아시아의 가장 빈곤한 지역에서 극소수 농부의 손에 길러지고 있다. 그중 몇 가지는 단 한 명의 농부의 손에 살아남는다. 이런 벼의 다양성을 우리 생전에는 회복할 수 없다는 것이 비극이다. 이 유전적 풍요가 생성되기까지는 수천 년이 걸린다.

벼의 길들임은 밀만큼이나 경이적이다. 남중국의 수렵채집인이 양쯔강 유역에서 벼 씨앗과 완두콩, 강낭콩, 나무 열매, 땅콩, 도토리 등의 야생종 씨앗도 채집했다. 그러다가 기원전 1만 3000년쯤, 기후가 온난해지기 시작해 빙하가 녹았다. 물이 흥건한 지역에서 야생벼가 자라면서 이 식물은 번성하여 더 습한 기후에서 양쯔강 계곡 전역으로 광범위하게 퍼졌다. 야생 곡물의 공급이 늘어나자 수렵채집인의 인구도 늘었다. 7000년쯤 전 그들은 자연에만 의존하지 않고 습지를 개간했다.[4] 타원형으로 구덩이를 파고(고고학적 자료에 따르면 작은 식탁 넓이) 그 안에 물을 채워 벼를 키웠다. 그렇게 하여 논이 탄생했다.[5]

원시 농부들은 습지의 가장자리, 계절이 바뀌면서 물기가 마르곤 하는 땅에서 자라는 식물이 가장 생산성이 높고 씨앗을 많이 달고 있음을 알아차렸다. 그들은 가끔 논에서 물을 빼는 방법으로 이 패턴을 모방했다. 특정 시기에 식물에서 물을 빼앗으면 식물은 스트레스를 받고 생존 모드로 변한다. 그리고 번식 기회를 늘리기 위해 최대한 많은 씨앗을 생산하기 시작한다. 논은 이런 꼼꼼한 관찰에서 탄생한 것으로, 이제껏 고안된 것 중 가장 생산성 높은 식량 시스템이다.

이 모든 것은 오로지 벼 그 자체가 매우 특별하기 때문에 가능했다. 벼는 잎을 통해 산소를 받아들이고 그것을 수면 아래로 끌어내려 물에 잠긴 뿌리에 전달한다. 다른 식물들은 수면 아래의 혐기성 여건에서는 살아남지 못하므로 논은 일종의 잡초 통제 역할도 한다. 그리고 산성이나 알칼리성이 너무 강해 다른 작물을 기르지 못하는 토양에서도 논 안에서는 모든 것의 균형이 잡힌다. 괴어 있는 물이 pH 7 정도를 꾸준히 유지하기 때문이다. 논은 자체적으로 비료도 만들어낸다. 시들어가는 식물과 동물 배설물이 물에서 분해되어 작물에 양분이 되는 질소를 생산하는 것이다. 논이라는 시스템은 생산성이 워낙 높아, 인간 역사 전체로 볼 때 세계에서 인구밀도가 가장 높은 지역은 벼 재배 문화권이었다.[6] 그렇게 발생한 잉여 식품 덕분에 사람들은 미래를 구상할 수 있었다. 앞서서 계획하고 노동을 분화해 일부 사람들은 기예를 다듬고, 예술을 창조하고, 각자의 소유물을 만들고, 특권을 획득할 자유를 누렸다. 농부들은 벼를 길들이면서 문명을 형성했다.

우리가 오늘날 잘 알고 있는 벼는 세 차례에 걸친 각기 다른 길들임의 물결의 산물이다. 먼저 양쯔강 분지에서 짧고 둥근 알곡을 맺는 자포니카japonica종(초밥에 사용하는 품종)이 나왔다. 그 이후 자포니카종은 북중국과 한국, 일본으로 퍼졌고 그곳에서 더 다양해졌다. 두 번째 물결은 더 남쪽인 인도 북동부, 라오스, 베트남, 타이에서 발생했다. 이곳에서 진화한 쌀은 인디카indica종으로, 길고 가느다란 알곡을 맺는다(오늘날 세계에서 가장 널리 기르는 벼가 이 품종이다). 한편 방글라데시 삼각주에서는 아우스aus라는 세 번째 야생 품종을 길들였는데, 그 품종은 더 작고 가느다란 알곡을 맺는다. 사람들이 돌아다니고 교역하는 과정에서 이 서로 다른 품종의 유전자들이 뒤섞이기 시작했다. 2000년쯤 전, 히말라야 산기슭 어딘가에서 아우스와 자포니카종이 교잡되어 오늘날 우리가 가장 높이 평가하는 품종 몇 가지가 만들어졌다. 그것이 향내 나는 품종인 바스마티basmati와 재스민jasmine이다.

이런 주요 벼 무리 외에도 다양한 조리법이 다른 차원에서 진화했다. 벼가 길들기 오래전에 수렵채집인은 몇몇 식물이 맺은 알곡을 조리했을 때 다른 알곡보다 더 찰지다는 사실을 발견했다(중국에서 최초로 발견된 조리용 솥은 1만 8000년 전의 것이다). 이 '찰짐'은 유전적변이의 결과물이며, 이 변이를 함유한 곡물이 식단에 포함되었고 사람들이 즐겨 먹었기 때문에 나중에 찰진 쌀이 길들일 품종으로 선택되었다. 오늘날 찰진 쌀에 대한 강한 문화적 선호성은 아시아의 특정 지역에만 존재한다. 예를 들어 중국 남서부의 윈난 지방에서는 찰진 쌀을 온갖 요리에 주재료로 쓴다. 그러나 이 지역 밖에서는 이 품종을 대개 딤섬과 달콤한 요리용으로 쓴다.

아시아 전역의 농부와 요리사들이 수행한, 이처럼 길들임과 선택의 긴 과정이 남긴 유산은 더 풍부한 다양성이다. 마닐라 남동쪽에 있는 필리핀 최대의 호수인 라구나드베이 주변에는 내진설계가 된 지하 금고에 13만 6000종의 종자 샘플이 보관되어 있는데, 이는 세계 최대의 벼 컬렉션이다.[7] 무지개처럼 다양한 색과 강렬한 향취를 내는 성질을 가진 이런 알곡은 각기 다른 생태계에 고유하게 적응할 수 있지만, 이제 대부분 농부의 들판이 아닌 이 종자은행의 냉저장고 안에만 존재한다.

전 세계의 녹색혁명이 대체로 미국의 과학과 자본으로 주도되는 반면 더 많은 식량 생산을 원하는 중국의 추진 방식은 더 자급자족형이다. 두 시도는 대체로 병행하여 발생했다. 급속한 산업화를 향한 마오쩌둥의 시도인 1950년대의 '대약진운동'은 농부들을 땅에서 강제로 떼어놓고 기아로 내몰아 수백만 명의 목숨을 앗아갔다. 그 이후 농학자 위안룽핑袁隆平은 쌀 공급량을 늘려 중국을 회복시키는 데 이바지하라는 과제를 받았다. 후난에 있는 실험실을 거점으로 삼은 위안룽핑은 멕시코의 볼로그처럼 오랫동안 재래 품종을 소재로 연구하고 여러 품종을 넘나드는 꼼꼼한 실험을 수행했다. 1970년대 초반 그는 난유南優 2호를 개발했다. 이 잡종 벼는 생산성이 워낙 높아서 식량 공급을 3분의 1 가까이 증가시킬 수 있었다. 농부들은 옛날 품종을 신품종으로 바꾸라는 지시를 받았고, 1980년대 초반에는 중국에서 길러지는 벼의 50퍼센트 이상이 이 단일품종이었다. 그러나 볼로그의 밀이 그랬듯이, 위안룽핑의 벼는 엄청난 양의 비료와 살충제와 물이 필요했다.[8]

1960년대에 아시아의 또 다른 지역에서도 한 과학자팀이 신품종 벼를 육종하고 있었다. 국제벼연구소International Rice Research Institute(IRRI)라 알려진 필리핀의 이 연구소는 미국의 록펠러재단과 포드재단의 재정 지원을 받았다. IRRI의 식물육종가들도 난쟁이 식물의 유전자를 이용해 돌파구를 뚫었다. 해충에 저항성이 있고 수확량이 많은 이 IR 8호라는 새로운 벼는 1966년에 인도, 파키스탄, 방글라데시에 배포되었다. 관개와 비료와 살충제라는 녹색혁명 패키지를 활용해 IR 8호는 소출량을 세 배로 늘렸고, '기적의 쌀'로 알려졌다. 그것이 아시아 전역으로 급속히 퍼졌고(서구의 재단과 정부가 재정지원을 한 필수 농화학물과 함께) 농부들은 재래 품종을 포기하고 새 종자를 이웃과 다른 마을에 사는 친척과 공유하라고 권유받았다. 서구의 전략가들은 결혼식 같은 사회적 행사를 IR 8호를 퍼뜨릴 기회로 여겼다. 십 년 뒤 벼 과학자이며 인도에서 벼농사를 짓는 집안의 아들인 거뎁 쿠시Gurdev Khush는 기적의 쌀을 개량했다(IR 8호는 맛이 별로 좋지 않고 질감이 푸석푸석했다).[9] 나중에 그것을 복제한 IR 64호는 생산성이 매우 높아 세계에서 가장 널리 재배되는 쌀 품종이 되었다.[10] 하지만 세계 대부분이 신품종 쌀이 창출한 칼로리의 증가에 갈채를 보내는 동안, 일부에서는 무엇이 상실되고 있는지에 더 주의를 기울여야 한다는 목소리가 나왔다.

1972년 7월, 녹색혁명이 한창 절정에 달해 있을 때 식물학자 잭 할란은 〈재앙의 유전학The Genetics of Disaster〉이라는 글을 발표했다.[11] 그는 세계 인구가 역사상 그 어느 때보다 더 빠르게 증가하는 상황에서 작물 다양성은 똑같이 전례 없는 비율로 잠식되고 있다고 말했다. 그는 이렇게 주장했다. “이런 자원은 우리와 우리가 상상도 못 할 규모의 파국적인 기근의 중간에 서 있다. 아주 현실적인 의미로 인류의 미래는 이러한 물질에 달려 있다.” 할란은 아일랜드의 감자 기근을 예로 들며, 자연의 손에서 나쁜 일이 발생할 수 있다고 독자들을 일깨웠다. “숲 하나 또는 그늘을 드리우던 나무가 없어져도 우리는 살아남을 수 있다. 하지만 밀과 쌀, 옥수수가 없어진다면 누가 살아남을까? 우리는 짊어져야 할 필요도 없고 그래서도 안 될 위험을 무릅쓰고 있다.” 녹색혁명에서 개발되고 있는 해결책은 실패할 수 있고 영구적인 것이 아니다. 그것이 실패하면 인류는 재앙에 직면하게 될 것이라고 그는 경고했다. “볼로그 박사가 일을 지나치게 잘했다고 비난하는 사람은 거의 없다. 수확량의 … 엄청난 증가는 환영할 만한 구원이며 그의 업적은 마땅히 인정받아야 한다. 그러나 아시아의 재래 품종 식물이 전부 사라지기 전에 그중 남은 것들을 지키지 못한다면, 우리는 미래 세대에게 우리와 그들이 받을 유산을 다 없애버렸다는, 마땅한 비난을 받을 수 있다.” 우리는 유전적 잠식에서 유전적 말소의 단계로 이동하고 있다고 그는 말했다. “잉여와 재앙 사이의 경계선은 점점 더 희미해지고 있는데, 대중은 그에 대해 알지도 못하고 관심도 없다. 재앙이 터지기를 예상하지 못하고 있다가 그냥 손 놓고 당해야 할까? 사람들은 사태가 벌어진 뒤에야 들을 것인가?” 이미 너무 늦었을지도 모르지만, 50년이 지난 지금 사람들은 할란의 말을 듣고 있다.

그런 사람 중 하나가 코넬 대학의 식물육종학과 유전학 담당 교수이며 벼 전문가인 수전 매쿠치Susan McCouch다. 그녀의 연구 가운데는 방글라데시 삼각주에서 재배되는, 우리가 잘 모르는 아우스 쌀에 대한 것이 있다. 매쿠치가 말한다. “그것은 우리가 아는 모든 벼 품종 가운데 스트레스 내성이 제일 강한 유전자를 갖고 있어요. 척박한 토양에서도 자라고, 가뭄을 잘 견디고, 종자에서 알곡이 여물기까지 가장 빨리 자라는 품종입니다.” 그런데도 아우스는 위기에 처했다. 방글라데시의 거의 모든 농부가 그것을 포기하고 더 상업적인 품종으로 바꾸었기 때문이다. 최하의 빈민층, 즉 비료를 사고 관개 공사를 할 돈이 없는 농부들만이 그 벼를 그대로 살려두었다. 그 유전자는 아주 희귀하다. 멀리 광범위하게 전파된 자포니카나 인디카종과 달리 아우스는 그 자리에 머물렀기 때문이다. “그것을 길들인 건 강 삼각주를 한 번도 떠난 적이 없는 사람입니다. 그들은 제국을 건설하지도, 군대를 창건하지도 않았고 사람을 노예로 부리지도 않았어요.” 하지만 세계에 아우스를 물려줌으로써 자신들의 표식을 남겼다.

2018년에 매쿠치는 미국 농무부 연구원들과 함께 스칼릿Scarlett이라는 신품종 벼를 출시했다. 그 팀의 말에 따르면 그것은 충실하고 진한 맛을 지닌 동시에 “항산화 성분과 플라보노이드 성분, 비타민 E의 함량이 높다.” 그 품종을 만들기 위해 매쿠치는 미국의 긴 알곡 벼와 말레이시아에서 발견된 벼 품종인 제퍼슨을 이종교배 했다. 신품종 벼가 영양분을 많이 함유하고 있고 스칼릿이라 불리는 이유는 말레이시아 벼가 붉은색을 띤 야생 품종이기 때문이다. 이런 유색 곡물의 특별한 품질에 놀라지 않는 사람 중 하나가 쓰촨성에서 내가 만난 농부인 쑨웬시앙이다.

자신의 농장에 있는 방 하나에서 쑨은 베이징, 상하이, 청두, 항저

우의 고객에게 보내려고 자신이 기른 특별한 붉은 쌀을 포장했다. 사람들은 중국의 소셜미디어 앱인 위챗WeChat으로 이 붉은 쌀을 주문했다. 위챗은 아시아 전역에서 10억 명 이상이 사용하는 앱으로, 트위터와 비슷하고 페이팔 역할도 한다(그 외에 여러 기능이 많다). 어떤 고객은 그에게 맛이나 신기한 색깔 때문에 산다고 하기도 했지만, 대부분 건강식품이기 때문에 구입한다.

중국에서 위기에 처한 식량을 지키기 위해 노력하는 쑨과 같은 농부들은 농촌재건센터의 도움을 받을 수 있다. 이곳은 한 세기 전에 농민을 강화하고 마을을 재활성화하기 위해 만들어졌던 운동의 현대판 복제물이다. 1920년대에 일군의 지식인과 소규모 지주들은 농장을 개발하고, 작물을 개량하고, 협동조합을 세우고, 더 많은 수확물을 중국의 마을과 도시에서 팔기 위해 최초의 농촌재건운동을 일으켰다. 혁명이 일어난 뒤, 그리고 마오쩌둥의 통치 기간에 그 운동은 사라졌지만 1990년대에 부활했다. 정부에서 일한 바 있는 경제학자인 원톄쥔溫鐵軍 교수는 제조업이 흥성하고 수백만 명이 수천 곳의 마을을 떠나는 상황에서 중국 전역의 농촌 공동체가 심각한 쇠퇴를 겪고 있다고 믿었다. 2010년경 중국에선 인간 역사상 가장 크고 급속한, 농촌에서 도시로의 이주 사태가 일어났다. 원 교수는 이것이 중국의 영세 자작농과 그들이 생산하는 식량의 미래에 대해 무엇을 의미하는지 묻기 시작했고, 그 결과 신新농촌재건운동을 시작했다.

베이징에서 북쪽으로 80여 킬로미터 떨어진 지점에 있는 2층짜리 훈련센터 건물을 둘러싼 텃밭은 원 교수의 의도를 표현한 것이다. 두둑하게 돋워진 밭에 분뇨가 뿌려지는데, 그것은 일렬로 세워진 생태 화장실에서 처리한 것이다(중국 농부들은 수천 년 전부터 인간과 동물의 배설물로 밭을 비옥하게 했다). 그 아이디어는 한 세기 전에 중국의 농업 전문가가 아니라 미국인 전문가가 쓴 책에서 나왔다. 프랭클린 하이럼 킹Franklin Hiram King이 쓴 《40세기 동안의 농부들Farmers of Forty Centuries》은 중국 농촌재건센터에 있는 학생들의 필독서가 되었다.

위스콘신 출신의 농경제학자인 킹은 1900년대 초반에 미국 농무부에서 일했지만, 그 부서를 설치한 목적인 농업의 팽창보다는 독창적인 농업 시스템에 더 큰 관심을 보여 괴짜 취급을 받았다.[12] 워싱턴에 있는 과학자보다 농부에게서 배울 것이 더 많다고 확신한 킹은 1909년에 미국을 떠나 8개월 동안 아시아 전역을 돌아다녔다. 그는 그 책의 서문에서 이렇게 썼다. "나는 중국과 일본의 농부들과 직접 만나기를 오랫동안 갈망해왔다. 그들의 밭을 걸어 다녀보고, 그들의 방법을 직접 보고 배우며, 세계에서 가장 오래된 이 농부들이 수백 년 동안의 중압감과 경험을 통해 쌓고 응용해온 적용법과 실천법을 배우기를 원했다." 킹은 책을 완성하기 전인 1911년에 세상을 떠났고, 그의 연구는 거의 잊혔다. 그러다가 1927년에 런던의 출판업자 조너선 케이프Jonathan Cape가 원고를 찾아내 출판했고, 그 뒤 20년 동안 쇄를 거듭하게 되었다. 이 책은 영국 유기농 운동의 창립자인 앨버트 하워드Albert Howard와 이브 밸푸어Eve Balfour에게 영향을 주었다. 농촌재건센터를 찾아왔다가 킹의 책을 만난 농부들은 1세기 전 중국의 마을이 식량을 어떻게 생산했는지에 대한 설명을 읽게 된다. 그때는 재배되었지만 지금은 위기에 처한 작물들 또한 다시 살아나게 되었다.

나는 현재 중국에서 가장 희귀한 음식들이 보관된 은행인 농촌재건센터 안의 저장고에서 신농촌재건운동이 지원하는 마을들의 농업 프로젝트로 생산된 종자와 식재료가 담긴 자루와 항아리를 보았다. 그것은 모두 농부들의 소득 증가에 기여하는 특별한 산물이었다. 남쪽의 윈난에서 나는 암녹색 대두가 있고, 북쪽에서 자라는 붉은색 밀 이삭이 있었다. 오래된 삼림에서 수확한 야생 차와 꿀 빛깔의 쌀로 빚은 술이 담긴 병들도 있었다. 여러 재래 품종 벼 중에 쑨웬시앙의 붉은 쌀도 있었다.

원 교수가 내게 말했다. "전통적인 식품 하나, 벼나 과일 품종 하나를 잃으면 미래에 닥칠 문제 하나가 더 쌓이는 겁니다. 중국에 대규모 농장이 필요하다는 것은 두말할 필요도 없지요. 하지만 다양성도 필요합니다."

세계 인구의 20퍼센트를 보유한 중국은 우리 시대에서 가장 큰 식량의 딜레마를 압축하고 있다. 더 많은 칼로리를 생산할 농사를 강화해야 하는가, 아니면 지구를 지키는 데 이바지하도록 다양성을 강화해야 하는가? 장기적으로는 시스템을 바꾸는 것 외에 선택의 여지가 없다. 중국은 광범위한 토양 손상과 건강을 해칠 정도로 심한 오염 그리고 물 부족 사태를 겪고 있다. 그 결과 육지는 오염되었고, 해안선을 따라 조류가 왕성하게 발생하며, 온실가스 배출 정도가 높다.

변화의 신호는 있다. 2016년 9월에 중국은 파리기후변화협약을 승인했다. 협약이 겨냥하는 특별한 과녁 가운데 비료와 살충제 사용량을 늘리지 말자는 것이 있다.[13] 더 많은 유전적 연원과 작물의 다양성을 보존하기 위해 중국은 위기에 처한 품종을 보호하고 연구하려고 새로운 식물원에 크게 투자하는 몇 안 되는 나라 중 하나다. 중국의 농학 아카데미는 미래의 사용을 위해 연구되고 있는 품종인 50만 종의 재래 품종 샘플을 보관하는 컬렉션을 구축했다. 이는 잭 할란이 '구원의 유전학'이라 불렀을 법한 것이다. 킹의 《40세기 동안의 농부들》에 나오는 수준까지 가려면 아직 멀었지만, 중국의 현재 식량 시스템이 과거처럼 계속될 수 없다는 인식은 분명하다.

원톄쥔은 말한다. "우리는 현대화하고 발전해야 하지만, 그렇다고 해서 과거를 저버린다는 뜻은 아닙니다. 전 세계가 한 가지 생활 방식만 추구해선 안 됩니다. 우리 모두가 똑같은 종류의 음식을 먹을 순 없지요. 그건 미친 이데올로기예요." 그러고선 나폴레옹Napoleon Bonaparte이 했다고 전해지는 유명한 말을 인용했다.

중국을 계속 잠들어 있게 하라. 중국이 깨어나면 세계를 뒤흔들 테니까.

"우리는 깨어났고, 다른 세계와 비슷하게 먹기 시작했습니다. 더 나은 삶과 농사 방식을 찾아낼 필요가 있어요. 우리 전통 속에서 뭔가 대답을 찾아낼 수 있을지도 모르지요."

올로톤 옥수수

Olotón Maize

8

1980년대 초반, 미국의 식물학자 하워드야나 셔피로Howard-Yana Shapiro는 수천 미터 고지를 기어올라 멕시코 오악사카주 동쪽 고원지대의 오지 마을을 찾아갔다.[1] 그 지역은 믹세족Mixe의 본거지였다. 믹세족이 어떻게 그 험준한 산지에 정착했는지는 아무도 몰랐고, 그들의 역사를 설명해줄 고고학적 자료도 거의 없었다. 군인이자 탐험가로서 아즈텍인을 정복했던 에르난 코르테스Hernán Cortés는 믹세족에게 가로막혔다. 그는 1525년에 이렇게 썼다. "그들의 땅은 바위가 너무 많아 걸어서도 넘어갈 수 없다. 나는 그들을 정복하려고 부하들을 두 번이나 파견했지만, 지형이 너무 험한 데다가 아주 맹렬하고 잘 무장된 전사들이 있어서 임무를 달성할 수 없었다."[2] 1980년대쯤에는 고립되어 살아가는 믹세족 마을이 고작 두어 군데 남아 있었다. 고원을 기어오른 끝에 그런 마을 한 곳에 걸어 들어간 셔피로는 이제껏 본 식물 중에서 가장 이상한 것을 만났다.

올로톤Olotón이라 알려진 옥수수의 한 종류였는데, 키가 6미터 넘게 자라고 뿌리는 괴상하고 복잡하게 뻗었다. 거의 모든 식물은 뿌리를 지하에 두고 자라지만, 이 식물은 굵은 줄기의 높은 부분에서 뿌리가 돋아 나와 공기 중으로 뻗는다. 밝은 주황색의 공기 뿌리는 손가락처럼 생겼고, 거기서 반짝이는 젤이 흘러내린다. 옥수수에서는 점액이 배어 나온다. 놀라운 사실은 옥수수가 그처럼 높은 산지에서, 또한 그처럼 척박한 토양에서 자랄 수 있다는 것이었다. 믹세족 마을은 너무 먼 오지여서 화학비료가 도저히 들어갈 수 없는 곳이었다. 그 지역 농부들은 심지어 옥수수를 밀파milpa(아즈텍어로 '옥수수밭')에 심지도 않았다. 이 전통적 밭에서는 곡물 곁에 강낭콩을 함께 심어 질소를 토양 속에 고정한다. 외계인같이 생긴 이 식물은 어떻게든 자급자족한다.

적어도 그것이 셔피로가 느낀 육감이었다. 즉, 땅 위에서 자라는 뿌리에서 흘러내리는 이상한 점액이 그 식물에 필요한 모든 질소를 제공한다고 말이다. 그 이론이 입증될 가능성은 작아 보였다. 모든 법칙에 어긋났다. 만약 사실이라면 그것은 법칙을 바꾸는 존재일 수 있다. 전 세계 농부들은 비료 때문에 해마다 수십억 달러를 쓰며, 제조에 필요한 에너지부터 그 과정에서 발산하는 온실가스와 그것이 오염시키는 강과 해양에 이르기까지 엄청난 환경비용이 든다. 문제는 40년 전에는 셔피로가 자신의 육감을 시험해볼 수단이 전혀 없었다는 것이다.

다른 과학자들 역시 그 '햇볕에 그을린 언덕scorched hill'을 기어올랐지만, 반짝이는 점액이 무엇인지 알아낸 사람은 없었다. 한편 그 옥수수를 본 적도 없고 믹세 마을을 알지도 못한 에릭 트리플릿Eric Triplett이라는 위스콘신 대학의 미생물학자가 1996년에 논문 한 편을 발표해 급진적인 가설을 제기했다. '곡식의 성배the holy grail of cereals', 즉 대기 중에서 질소를 가져와서 자급자족하는 옥수수가 생물학적으로 존재할 수 있고 진화할 수도 있다는 가설이었다. 그런 것을 발견한다면 "엄청나게 귀중한 발견일 테고, 물과 식량 속의 질소 분량을 줄이게 되어 인간의 건강을 개선할 것"이라고[3] 그는 덧붙였다. 오랫동안 트리플릿의 이론은 그저 이론으로만 남았다. 그러나 그는 이 성배를 찾아 나서는 식물 탐험가에게 몇 가지 조언을 해줄 수 있었다. 한 세기 전 바빌로프의 의견을 되풀이하면서, 그는 만약 이 특별한 식물이 존재한다면 그것은 옥수수의 원산지 가까운 곳, 그 유전자풀이 가장 넓은 다양성 중심지에서 발견될 것이라고 말했다. 남부 멕시코가 그런 곳이었다.

야생 밀이나 야생 보리를 다른 길든 품종과 비교해본다면 그것들이 친척임을 알 수 있을 것이다. 옥수수는 다르다. 테오신테teosinte(야생 옥수수)는 옥수수 속대에 붙어 있는 옥수수 알과는 전혀 다르게 생겼다. 이 얇고 비쩍 마른 야생 풀은 5센티미터 길이의 이삭이 달려 있고, 고작 열두어 개 정도의 씨앗만 붙어 있다. 씨앗 하나하나는 아주 작은 호두 껍데기처럼 단단한 껍질 안에 잠겨 있다. 이 보호층의 재료는 실리카와 리그나이트로, 유리와 나무의 구성 요소다. 씹으려다가는 치아가 부러진다.[4] 그러나 우리 눈에는 테오신테가 전혀 쓸모없어 보일지 몰라도 9000년 전 남서부 멕시코의 수렵채집인은 이 식물을 상대하면서 길고 느린 길들임 과정을 시작했다.

중앙 발사스강 계곡(오늘날 게레로주)의 수렵채집인은 작은 집단(대개 20명에서 50명 사이)을 이루어 살았고,[5] 다양한 야생 식량이 피고 지는 계절에 따라 이동했다. 그런 식량 가운데 테오신테 씨앗이 있었는데, 수렵채집인은 이것을 갈아서 가루로 만들어 먹었다. 이 유랑 수렵채집인이 가장 애호하던 테오신테 식물의 씨앗은 수확할 때 흩어졌고, 몇 달 뒤 같은 장소로 돌아올 무렵에는 무의식적 선택 과정이 진행되고 있었다. 마침내 그들은 정착해 농부가 되었다. 테오신테가 수천 년을 지나면서 현대의 옥수수로 바뀌는 변형 과정은 이제껏 인간이 이룬 업적 가운데 가장 놀라운 것의 하나다. 300세대를 내려오는 동안 농부들이 해온 선택으로 알곡이 돌처럼 딱딱한 껍데기에서 해방되었는데도 식물에 계속 붙어 있어 수확이 용이해지는 결과가 발생했다. 털이 수북한 식물로, 각각 담배 꽁초만 한 크기의 아주 작은 이삭이 수십 개 달려 있던 테오신테는 30센티미터 길이의 통통한 이삭 한두 개만 달린 단일하고 곧은 줄기의 식물로 변했다. 화학적 수준을 보면 알곡의 단백질 함량은 줄었지만 탄수화물 함량은 늘어, 옥수수는 저장할 수 있고 빠른 에너지원으로 변신했다. 이런 변신은 아주 오랜 세월 동안 진행되었을 뿐 아니라 방대한 지역에서 일어났다. 멕시코에서 시작되었지만 남쪽의 아마존강 유역 농부들도 끌어들였고, 북쪽으로는 북아메리카까지 도달했다. 9000년 동안 계속 발전해온 뒤 옥수수 씨앗의 크기는 80퍼센트 커졌으며, 알곡 수는 300퍼센트 늘었다. 속대는 60배나 커졌다. 이처럼 저마다 고립된 길들임의 외딴 지역들은 따로 또 나란히 존재하여, 옥수수 종류는 믿을 수 없이 다양해졌다. 그런 과정을 거쳐 그 식물은 번식하기 위해 전적으로 농부들에게 의존하

고, 농부들은 또 그 곡물에 완전히 의존하게 되었다.[6]

중남미 문화에 나오는 거의 모든 종교 제의와 탄생 설화는 옥수수를 중심으로 돌아간다. 마야 신화집 《포폴 부Popol Vuh》에 따르면 최초의 인간은 어느 산속 움직일 수 없는 바위 밑에 숨겨진 흰 옥수수에서 창조되었다. 비의 혼령이 벼락을 쳐서 그 바위를 쪼개 열고 옥수수를 조금 태워 노랑, 검정, 빨강의 세 가지 색 알곡을 만들었다. 창조자는 이 알곡을 가져다가 갈아서 반죽을 만들고 그것으로 인간을 만들었다. 뉴멕시코의 호피족the Hopi은 태양열로 건조해진 토양에서 옥수수를 키우는 전문가인데, 그들의 창조 설화는 조금 다르다. 최초의 인간은 파랑, 빨강, 노랑 옥수수 중에서 선택권을 얻었다. 어떤 것은 이삭이 컸고 다른 것은 작았다. 가장 크고 통통한 옥수수가 제일 먼저 선택되었지만, 호피족은 꾸물거리다가 늦어서 파란색의 작은 이삭을 갖게 되었다. 이와 함께 세 가지 선물이 왔다. 씨앗 한 자루, 심는 막대기 그리고 물이 담긴 조롱박. 혼령이 그들에게 말했다. "너희는 현명하게 선택했다.[7] 너희의 삶은 힘들겠지만 너희 종족은 이 옥수수와 함께 영원히 지상에서 살아갈 것이다." 올멕족the Olmec은 아이가 태어나면 머리통을 묶어서 길쭉하게 만든다.[8] 일부 고고학자에 따르면 이런 현상은 이들 중남미 문명이 옥수수를 너무 존중한 나머지 머리 형태를 옥수수 이삭과 비슷하게 만들려는 시도에서 나왔다고 한다.

1492년에 옥수수의 재배 범위는 남쪽으론 칠레에 이르렀고, 북쪽으론 캐나다까지 닿았다. 옥수수는 대단히 쓸모 있는 유전자를 갖고 있었다. 애리조나의 사막 지형에도 적응할 수 있고, 안데스 산지의 추위와 과테말라의 구름 낀 삼림의 습기에도 적응할 수 있었다. 과테말라에서 자라는 어떤 품종의 옥수수는 줄기가 7미터에 달하고 어찌나 굵은지 울타리 기둥으로 쓰일 정도였다. 다른 어떤 작물도 옥수수만큼 많은 스트레스와 상이한 환경에 적응하도록 재배열된 게놈을 갖고 있지 못하다.

이런 생물학적 다양성은 요리의 다양성으로도 응용할 수 있다. 일부 알맹이는 색깔 때문에(흰색, 파란색, 자주색 그리고 구리색까지) 선택되었고, 다른 것들은 특이한 질감 때문에 선택되었다. 어떤 마을에서 알곡이 통통해 구워 먹기 좋기 때문에 그 품종을 선택했다면, 다른 마을은 겉껍질이 억세기 때문에 열을 가하면 속에 있는 전분이 폭발한다는 이유로(즉 팝콘처럼[9]) 그 품종을 선택했다. 남부 브라질의 여러 농촌 마을에선 재래 품종 옥수수 1500가지가(오로지 팝콘 만드는 데 쓰이는 재래 품종 1078가지도 포함해[10]) 확인되었다. 또 다른 종류의 옥수수는 맥주를 양조하거나, 갈아서 발효시킨 옥수수와 사탕수수를 섞은 알코올성 음료 '폭스pox'를 만드는 데 더 적합하다. 하지만 옥수수 다양성의 진정한 요리법적 표현은 가루로 만들었을 때의 수천 가지 다양성에 있다. 옥수숫가루를 반죽한 것으로 마사masa라고 부르는데, 그것으로 타말레와 토르티야를 만들 수 있다. 어떤 옥수수로는 두껍고 폭신폭신한 토르티야를 만들지만, 또 다른 옥수수로는 강한 탄력성을 이용해 50센티미터 직경으로 늘린 원반 모양을 만들 수 있다. 국제옥수수와밀개선센터International Maize and Wheat Improvement Center(CIMMYT)가 멕시코시티의 엘 바탄에 세운 세계 최대의 옥수수 종자은행 안에는 2만 4000가지의 옥수수 샘플을 보관한 지하 벙커가 있다.[11]

모든 곡물이 그렇듯이, 옥수수는 그냥 적응력만 있는 것은 아니다. 알곡도 저장되고 수송될 수 있으므로 결국은 다른 대륙으로 건너갔다. 콜럼버스 이후 교류를 통해 밀과 쌀이 구세계에서 신세계로 넘어갔으며, 옥수수는 그 반대 방향으로 움직여 1493년에 스페인에 당도했다. 16세기가 끝날 무렵 중국과 아프리카에서 옥수수를 심었고, 오스만제국과 인도 왕조도 옥수수를 심었다. 그러나 옥수수 농사법과 처리 기술은 곡물과 함께 옮겨가지 않았으므로 북아메리카와 구세계의 많은 사람, 특히 유럽인은 옥수수 농사에서 무수한 실패를 기록했다.

옥수수 연구자 개리슨 윌크스Garrison Wilkes는 밀파 시스템을 "인간이 이제껏 만들어낸 것 중 가장 성공적인 발명품의 하나"라고 설명했다.[12] 외부인이 보면 밀파는 그저 서로 경쟁하는 식물들이 아무렇게나 번잡스럽게 심어진 밭이다. 그러나 이 다양성의 잡탕은 사실 식물학뿐 아니라 영양학적으로도 균형을 창출하는 복잡한 시스템이다. 밀파 시스템에서 옥수수는 동반자인 강낭콩, 호박과 나란히 심어져 강낭콩이 옥수수 줄기를 지주대 삼아 타고 올라가며, 호박의 넓은 잎은 땅바닥을 뒤덮어 토양 속 습기를 보존하고 잡초를 억제한다. 그러나 밀파 시스템의 가장 중요한 부분은 지하에서 벌어지는 일이다. 강낭콩의 콩 뿌리는 질소를 토양에 고정해주고 다른 작물을 비옥하게 해주는 미생물의 숙주다. 또한 함께 요리하면 이런 식물은 영양학적으로 완전한 음식을 만든다. 옥수수는 탄수화물을, 강낭콩은 라이신과 트립토판 같은 필수 아미노산을(이것이 없으면 우리는 단백질합성을 하지 못한다) 제공하며, 호박에는 비타민이 풍부하다.

수확이 끝나면 토착민 농부들은 닉스타말화nixtamalization라는 독창적인 처리법으로 옥수수를 가공한다. 그 용어 자체는 나와틀

Nahuatl어(고대 아즈텍어)의 두 단어에서 유래한다. 재를 뜻하는 넥스틀리nextli와 옥수수 반죽을 뜻하는 타말리tamalli를 합친 것이다. 닉스타말화를 하려면 먼저 옥수수 알맹이를 잿물이나 석회 광물(수산화칼슘)로 만든 화학 용제에 푹 담가서 둘러싸고 있는 단단한 겉층을 깨부순다. 이렇게 하면 알곡이 부드러워져서 마사 반죽으로 토르티야를 만들 수 있을 뿐 아니라 알맹이 속에 갇혀 있던 영양분이 풀려나올 수 있다. 닉스타말화가 행해진 증거는 3500년 전부터 발견된다. 옥수수를 처음 가져간 북아메리카인과 유럽인은 옥수수와 함께 진화해온 식량과 농사 지식을 무시했다. 밀파 시스템으로 옥수수를 키우거나 닉스타말화 처리법을 채택하지 않은 탓에(원시적이라고 무시했음) 그들은 막중한 대가를 치렀다. 그들이 새로 고안한 옥수수투성이의 식단에는 필수 영양분이 빠져 있었고, 많은 사람이 비타민 니아신의 결핍으로 초래되는, 몹시 쇠약해지고 고통스러운 질병인 펠라그라에 걸려 목숨을 잃었다.[13]

그럼에도 힘들게 배운 교훈과 함께 옥수수는 결국 전 세계의 주식이 되었다. 전 세계에 워낙 널리 퍼져서 옥수수를 소재로 세계지도를 그릴 수도 있을 정도다. 스페인 북부의 산악지대에서 바스크 농부들이 기르는 아르토 고리아Arto Gorria라는 재래 품종 옥수수는 잉걸불 위에서 굽는 납작 빵을 만드는 데 사용된다. 이탈리아 피드몬트의 리멜라에서는 데르스 말프Ders Malp라는 재래 품종 옥수수의 알곡을 볶아 버터 맛이 나는 마그루màgru라는 폴렌타polenta• 를 만든다. 필리핀에서는 옥수숫가루를 볶아(시누녹 버가스 마이스sinunog bugas mais) 커피와 비슷한 음료를 만든다. 그리고 미국 사우스캐롤라이나주의 찰스턴에서는

• 옥수수 죽-옮긴이

피처럼 붉고 돌처럼 단단한 알곡인 지미 레드콘Jimmy Red corn을 길렀는데, 그것으로 최고의 위스키를 만들 수 있어서 과거에 밀주업자들이 좋아했다. 전 세계적으로 옥수수가 보여주는 이런 다양성은 한때 오악사카에 존재하던 다양성과는 비교할 수도 없다. 오악사카는 세계 생물다양성의 열점 가운데 하나이며, 자포텍과 차티노, 아무즈고, 또 당연히 믹세를 포함한 16개 민족 집단의 고향이다. 집단마다 각자 고유의 언어와 종교 신념 그리고 옥수수가 있다.

이런 다양성을 이해하려 해도 문제가 복잡하다. 1940년대에 개발되어 오늘날도 통용되는 접근법은 멕시코의 수천 가지 옥수수 품종을 이삭 형태, 알맹이 색깔, 식물 구조에 의거하는 '종족races'으로 체계화하는 것이다. 60여 종의 종족 가운데 주로 오악사카에서 발견되는 볼리타Bolita가 있다. '작은 공'이라는 뜻인데, 이삭이 아주 작고 둥글어 붙은 이름이다. 몇 가지 볼리타 품종은 알곡을 갈아서 끓여 찰지고 점성이 강한 니쿠아톨레nicuatole라는 디저트를 만든다. 더 오래되었다고 여겨지는 것으로 페피틸라Pepitilla가 있는데, 알곡이 호박씨처럼 길고 좁으며 달콤한 맛이 나기 때문에 그런 이름이 붙었다. 또한 오악사카뿐 아니라 치아파스에서도 발견되는 품종 하나가 올리틸로Olitillo이다. 올리틸로로 만든 토르티야는 향기롭고 베개처럼 부드럽다.[14] 고대 자포텍 동굴 매장지에서 올리틸로의 길고 날씬하고 원통형인 이삭 그림이 그려진 뼈 단지가 발견되었다. 그리고 더 높은 해발 2000미터 이상의 고지대에서 자라는데 적합한 옥수수인 올로톤이 있다. 이 '종족'에 속한 것이 시에라 믹세의 먼 오지 마을에서 자라는, 이상한 점액을 분비하는 식물인데, 지금은 아주 희귀해져 대부분 외딴 마을에서 기르는 것밖에 없다.

이 모든 다양성이 어찌하여 위기에 처하게 되었는지 이해하려면 우리는 국경을 건너 미국으로 넘어가야 한다.

녹색혁명이 밀을 변형시키기 오래전에 식물육종가들은 이미 연이어 옥수수를 혁명화했다. 첫 단계는 요행의 산물이었다. 우연히 두 가지 다른 유형의 옥수수가 만난 것이다.[15] 1800년대에 미국 북동부에서 토착민이 재래종 옥수수를 길렀는데, 매우 깨지기 쉬우면서도 단단해 '경립종硬粒種 옥수수 flint corn'로 알려졌다. 한편 두 번째 유형의 옥수수가 스페인인을 통해 멕시코 북쪽 국경에 당도했다. 이것에는 '마치종馬齒種 옥수수 dent corn'라는 이름이 붙었는데, 알맹이마다 맨 위에 아주 작은 이빨 자국 같은 것이 있었기 때문이다. 여러 세기가 흐르는 동안 두 유형의 옥수수는 서로 다른 경로를 따라 나란히 이동해 농부들의 세대를 거쳐 전해졌고, 이웃 읍내에 심어지곤 했다. 그들의 경로는 결국 버지니아 등 대서양 해안 중부 주에서 만났다. 그곳에서 경립종과 마치종이 교잡되어 새로운 유형의 옥수수가 만들어졌다. 새로운 옥수수는 소출량이 많았기에 인디애나와 오하이오, 일리노이 등지의 개척지 농민에게 높은 인기를 얻으며 '중서부 마치종'으로 알려지게 되었다. 1890년대쯤에는 리드의 노란 마치종Yellow Dent 같은 품종이 거대한 규모로 심어져 미국 중서부 지형을 '옥수수 벨트Corn Belt'로 바꿔놓았다.[16] 미국은 곧 유럽에 대한 주요 옥수수 수출국이 되었다.

옥수수의 변형에서 그다음 단계는 1908년에 일어났다. 하나는 프리츠 하버의 획기적인 질소 합성이었는데, 이는 산업적 비료 생산으로 나아가는 입구라 할 수 있다. 다른 것은 뉴욕 콜드스프링하버에 있는 카네기재단 연구소에서 일어난 일이다. 식물육종가 조지 해리슨 셜George Harrison Shull은 두 계보의 옥수수를 계속 교배하고, 또 이런 계보를 교차수분 하면서 생산량이 많고 알맹이가 넘치도록 많이 만들어지는(잡종강세hybrid vigour라 부르는 현상) 식물을 발견했다. 이런 폭발적 소출은 단 한 번 발생하기 때문에 그다음 세대의 옥수수는 퇴화해 별로 바람직하지 못한 수준으로 내려간다. 그 식물의 '조부모'에게서 물려받은 덜 생산적인 형질이 나타나는 것이다. 그것이 가진 매력은 분명했다. 'F1 잡종'이라 알려진 1대 자식 세대는 석 달만 자라면 수확할 단계가 된다(일부 재래 품종 옥수수는 여섯 달 걸린다). 그것은 더 크고 조밀한 단일경작 방식으로 심을 수 있다. 그리고 약 4000제곱미터당 소출은 25퍼센트에서 50퍼센트까지 늘어난다. 농부에게 F1 옥수수는 더 많은 이득을 가져다준다. 부정적 측면은 자신의 옥수수 알을 다시 심지 못한다는 것이다. 그래서 그들은 신흥 성장 산업인 종자 회사의 제품에 의존하게 되었다.

옥수수에 대한 셜의 연구는 미국을 바꿔놓았다. 20세기가 시작될 무렵, 농부들이 키우는 품종은 자연수분 되는 1000여 가지 품종이었다. 제2차 세계대전이 끝난 뒤에는 잡종들이 지배했다. 폭발물의 수요가 줄어들어 질산암모늄(비료 성분)이 공급 과잉 상태가 되자 다른 용도로 전용할 수 있게 되었고, 프리츠 하버의 발명품이 식량 생산에서 결정적 역할을 하기 시작했다. 거대한 규모의 F1 옥수수 단일경작에 응용된 새로운 비료 공급은 세계 곡물 수출의 최대 강자라는 지위를 굳건히 했다. 20세기가 끝날 무렵, 미국에서 자란 F1 교잡종은 전 세계에서 거래되는 옥수수의 50퍼센트가량을 차지했다.[17] 수만 가지 재래종 품종 가운데 이제 상품작물로 취급되는 것은 기껏해야 몇 안 되는 품종뿐이었다. 개리슨 윌크스는 잭 할란의 경고를 되풀이하면서 이런 사태를 "주춧돌 뽑아 지붕 고치는 격"이라고 비유했다.[18]

옥수수 붐은 더 많은 칼로리를 생산했지만, 세계 식량 시스템을 더 획일적이고 덜 다양하고 점점 더 깨지기 쉽게 만드는 데 일조했다. 이런 상황의 증거는 1970년대 초반에 극적인 방식으로 드러났다. 당시에 옥수수 벨트 지역에서 자라는 작물의 85퍼센트가 곰팡이병에 취약한 단 하나의 유전적 특성이 있었다. 그럼으로써 10억 부셸bushel• 의 옥수수가 피해를 보고 농부들은 60억 달러의 손해를 입었다. 미국 농무부의 식물과학자 아널드 얼스트럽Arnold Ullstrup은 당시에 이렇게 말했다. "다시는 중요한 경작 작물이 그같이 균일한 특성을 갖게 해서는 안 된다. 모든 것이 그처럼 보편적으로 하나의 병원균이나 곤충이나 환경적 스트레스에 공격받는다니."[19] 모든 주요 작물의 품종을 위해 다양성을 유지할 필요가 있다는 것이다.

• 곡물 등의 무게 단위로 옥수수 1부셸은 약 25.4킬로그램에 해당한다-옮긴이

종자 회사들이 새로운 세대의 잡종을 개발하자 소출량은 다시 늘었다. 옥수수 잉여분이 쓰일 곳이 필요했다. 이때부터 전혀 예상하지 못한 장소에 옥수수가 등장하기 시작했다. 콜라에 들어간 가당제, 그 달콤한 음료가 담긴 플라스틱병의 재료 그리고 치약, 비누, 페인트, 구두약에도 옥수수가 들어갔다. 또한 가축 생산의 혁명에 연료를 제공하기도 했다. 사람이 우유나 달걀, 닭고기, 소고기를 먹을 때 동물은 아마 옥수수를 사료로 먹었을 것이다. 중남미 문명은 자신들이 옥수수로 만들어진 인간이라고 믿었지만, 이제는 우리 모두

가 그렇다. 2008년에 미국에서 연구자들은 각기 다른 패스트푸드 체인이 만드는 500가지의 햄버거와 프라이, 치킨샌드위치를 먹어 보았다. 닭고기 전부와 소고기의 93퍼센트는 옥수수 사료를 먹은 동물로 만들어졌고, 프라이는 옥수수 식용유로 튀겨졌다. 심지어 이런 음식을 사기 위해 타고 가는 자동차 가운데 일부는 옥수수기름을 연료로 썼다(현재 미국에서 생산되는 작물의 약 3분의 1이 에탄올로 전환된다). 결국 미국의 옥수수 혁명은 옥수수의 탄생지, 그곳에 도달하기 위해 국경을 넘었다.[20]

미국의 옥수수가 멕시코에 미친 영향을 추적해나간 사람으로 뉴욕 주립대학 교수이며 인류학자인 알리시아 갈베스Alyshia Gálvez가 있다. 갈베스는 여러 해 동안 멕시코시티에서 시장을 돌아다니고, 푸에블로의 농부와 대화를 나누고, 오악사카에서 그곳 사람들과 식사를 함께하면서 옥수수의 정치학을 이해하려고 노력했다. 그녀의 연구 초점은 나프타NAFTA였다. 북미자유무역협정North American Free Trade Agreement은 클린턴 정부 때인 1994년에 발현되었다. 이는 미국과 멕시코, 캐나다 사이에서 상품의 흐름을 용이하게 하기 위해 무역장벽을 제거했다. 또한 멕시코의 식품과 농업에 500년 이래 최대의 변화를 낳았다. 나프타가 원래 기대하던 결과는 멕시코 경제의 더 큰 산업화였다. 예측에 따르면 50만 명이 농사를 그만두고 멕시코의 농촌 지역을 떠나 공장에 취직할 것이라고 했다. 그러나 실제로는 시골을 떠난 인구가 1000만 명에 가깝다고 갈베스는 말한다.[21] 생계만 간신히 이어가는 수준의 농부가 대부분이던 그들은 멕시코 도시뿐 아니라 북쪽으로 국경을 넘어 미국으로 향했다.

재래 품종이 쇠퇴하자 수천 년 동안 농사를 지어온 땅, 종자를 지키고 전통을 유지해오던 땅도 포기하게 되었다. 나프타는 미국 정부의 보조금 수십억 달러를 받아 미국 중서부에서 증산된 마치종 옥수수 수출을 위해 멕시코의 문호를 열어젖혔다.[22] 밀파에서 길러지고 영양가 높은 옥수수 품종을 토대로 하던 멕시코 식단이 중서부 마치종 옥수수, 갈베스의 말을 빌리자면 "주로 동물 사료와 탄산수 가당용으로 길러진 고전분 상품"으로 만든 가공식품으로 대체되었다. 나프타 도입 이후 멕시코의 국민 건강 지표는 전체적으로 악화했다. 2000년대 초반, 멕시코는 세계 최고의 비만도를 기록했고, 고농도 프룩토오스 옥수수 시럽으로 달콤해진 음료인 탄산음료의 최대 소비국이 되었다. 나프타는 너무 많은 것을 무시했다. 음식이 문화이기도 하다는 점, 옥수수가 어떤 식으로 길러지는지도 중요하다는 점, 전통적인 것이 더 건강할 수 있다는 점이 모두 무시되었다. 나프타의 관점에서 옥수수는 그저 옥수수에 불과하며 거래될 상품일 뿐이다. 건강, 유산, 정체성은 거래의 각주에도 포함되어 있지 않았다. 갈베스가 말한다. "농업의 진보가 이런 것인가? 하늘까지 치솟는 당뇨병 환자 비율에 매년 8만 명의 멕시코인이 사망하고, 비만 때문에 수만 명을 잃고 있다."

최근에 멕시코에서 옥수수 다양성이 어느 정도로 많이 상실되었는지는 정확히 알려지지 않았다. 1960년대 중반, 오악사카 북쪽의 모렐로스주에서 농부들로부터 재래 품종 샘플을 수집해 상실된 정도를 측정하려는 흔치 않은 조사가 시행된 적이 있었다. 멕시코시티 근처의 국제밀·옥수수연구소CIMMYT 유전자은행에 씨앗 샘플

93종이 저장되어 있다. 2017년에 이 연구소의 연구자들이 농부들 또는 대개 그들의 후손을 찾아가서 재래 품종 가운데 몇 가지가 아직 재배되고 있는지 알아보았다. 그랬더니 씨앗을 보관해온 농부는 전체의 5분의 1에 불과했고, 농부 가족 가운데 4분의 1은 더 이상 농사를 짓지 않았다.[23] 농부들의 설명에 따르면 재래 품종을 포기한 주된 이유는 생산성이 높고 수익을 더 많이 내는 교잡종인 신품종이 들어왔기 때문이다. 그러나 농부들은 신품종을 심으려면 비싼 씨앗을 매년 구입해야 하는 부정적 측면이 있다고 연구자들에게 말했다.

멕시코엔 장기적으로는 쇠퇴했지만 엄청나게 많은 옥수수 다양성이 아직 남아 있다. 250만 호의 소규모 농부가 재래 품종을 심고 있는데, 대개는 3헥타르 정도의 밭에 심어 대부분 자기 집에서 토르티야와 타말레, 아톨레를 만드는 데 소모한다. 하지만 이 옥수수의 미래는 위태롭다. 단순하게 말해, 다양성을 지켜내어도 재정적인 보상이 거의 없기 때문이다.

슬로푸드 멕시코Slow Food Mexico의 멤버인 알폰소 로차 로블레스Alfonso Rocha Robles는 나프타가 미친 영향과 농가소득의 하락이 자신의 고향 도시인 푸에블라 거리에서 실현되는 것을 지켜보았다. 이곳, 나라의 중심부에서 그는 매일같이 남쪽에서 당도하는 토착민의 파도를 보았다. 그들은 교통신호대에 서서 오가는 자동차를 닦아주겠다고 하면서 돈을 구걸하고 있었다. 걸음을 멈추고 말을 걸어보면 그들은 대개 더는 농사로 살아갈 수 없어 고향 마을을 떠났다고 대답했다. "열다섯 시간 버스를 타고 왔지만 여기 와서는 다른 사람 열 명과 방 하나에 몰려 살아야 하고, 음식을 살 돈을 벌려고 온

종일 죽도록 애를 써야 합니다. 다양성에 관해 이야기하면 사람들은 '그건 옥수수일 뿐입니다'라고 말하지만, 나는 이 농부들에 대해 말해줍니다."

풀뿌리 운동인 '옥수수가 없으면 나라도 없다'는 2007년에 설립되었는데, 멕시코의 옥수수 문화를 지키고 전통적 농업의 쇠퇴와 맞서 싸우는 것도 목표 중 하나였다. 이 운동은 지역의 재래 품종을 잃고 전 세계 시장에 노출됨으로써 농촌 공동체가 수입과 자율성을 상실했다고 주장하며, 나프타의 재협상과 국내에서 생산되는 옥수수의 홍보를 요구했다.

한편 멕시코에서 가장 영향력이 큰 요리사 몇몇은 옥수수 다양성의 가치를 널리 알리려고 노력한다. 그중 한 사람이 엔리케 올베라Enrique Olvera로, 현재 토착민 농부 60명과 협동한다. 그들은 제각기 다른 재래종 품종을 기르고 있다. 올베라가 말한다. "재래종 옥수수는 와인과 똑같은 방식으로 생각할 수 있어요. 그것은 다른 토양과 다른 고도에서 자라면 다른 맛이 납니다." 올베라는 농부들에게 중서부에서 나는 마치종 옥수수의 열 배 가격을 지불한다. "우리는 마치종 옥수수로는 요리하지 않아요. 그건 콘칩 만드는 재료지요."[24] 올베라는 옥수수에 마땅한 지위를 부여하고 농부들에게 필요한 돈을 지불함으로써 멕시코의 위기에 처한 재래종 옥수수 다양성에 생명줄을 드리운다. 이는 단지 멕시코의 농부뿐 아니라 우리 모두에게 중요하다.

하워드야나 셔피로가 믹세족의 옥수수를 만난 지 거의 40년이 지난 뒤, 캘리포니아 대학 데이비스 캠퍼스의 한 연구팀이 오악사카의 먼 오지 마을을 찾아가서 그 수수께끼를 풀었다. 연구를 이끄는 데이비스 캠퍼스의 식물과학 교수인 앨런 베넷Alan Bennett이 말한다. "그 식물들을 보니 우리가 아이오와에 있지 않다는 것을 확실히 알 수 있었어요. 그것들은 우리 키보다 훨씬 컸고, 땅에서 90센티미터 높이에 괴상한 뿌리가 나 있었습니다."

DNA 배열을 조절하는 신기술과 화학분석의 발전 덕분에 베넷은 그 옥수수에서 떨어지는 풀 같은 물질mucilage을 분석할 수 있었다. 그는 거기서 수천 가지의 박테리아와 수백 가지의 다당류 군집을 보았다.[25] 그것은 모두 진화적 교류의 일부분이었다. 박테리아는 식물을 먹여 살리는 데 도움을 주고, 식물은 당류를 생산해 박테리아를 먹여 살린다. 서로 다른 미생물 그룹들은 모두 각자의 특정한 역할을 수행한다. 어떤 것은 당류를 쪼개어 다른 박테리아에 에너지를 주고, 그러면 박테리아는 대기 중에서 분주하게 질소를 가져와 식물 친화적인 암모니아로 전환한다. 그동안 또 다른 박테리아 그룹은 니트로게나제nitrogenase라는 (지구상의 모든 생명체에 필수적인) 효소를 만든다. 니트로게나제는 민감한 복합물이기 때문에(산소와 접하면 죽는다) 그 식물은 빽빽한 풀 같은 물질을 분비해 장벽 같은 것을 만들어 산소가 침투하지 못하게 해준다.

옥수수 식물과 박테리아 외에도 이 과정에는 제3의 세력이 개입되어 있다. 인간들 말이다. 믹세족은 그 옥수수를 수천 년 동안 심고 가꾸었으며, 주위의 세계(와 옥수수)가 변하는 동안 소멸하지 않게 지켜냈다. 옥수수가 발견된 마을을 둘러싼 수많은 지역사회는 자신들의 재래 품종을 포기하고 F1 잡종을 선택했다. 새 도로가 건설되어 오악사카 농부들도 종자와 비료를 구할 수 있게 되었다. "우리는 그곳에 아슬아슬하게 도착했어요. 우리가 너무 늦었더라면 세계 전체의 손실이 되었을 겁니다." 베넷이 말한다. 그는 현재 자체 비료 공급 옥수수에 관한 연구를 더 하고 있다.

공기 뿌리와 풀 같은 점액과 미생물을 가진 이 옥수수의 비상한 잠재력을 보면 점점 더 희귀해지는 유전자 자원에 대한 좀 더 근본적인 질문이 떠오른다. 누가 그것으로 이익을 얻을까? 믹세족이 기르는 옥수수는 세기적인 농업적 발견이 될 만하다. 마스사Mars Inc.(개인이 소유한 식품 기업)와 함께 일하는 연구자들은 옥수수가 끝내 상업화될 경우 모든 금전적 이익을 그 마을과 공유한다는 협정을 맺었다. "50대 50 합의였어요."[26] 베넷이 말한다. 그 식물의 특성이 세상을 바꾸는 것임이 밝혀진다면 우리는 시에라 믹세의 여러 세대 농부들에게 두고두고 감사해야 할 것이다.[27]

다양성 지키기

서식스에 있는 밀레니엄 종자은행은 지구의 야생식물 다양성을 위한 예비 시설이다. 한편, 1만 2000년 농업 역사의 유산인 세계 재래종 품종의 씨앗은 북극해 스발바르섬에 보관되어 있다. 그곳은 대략 상업 항공사가 닿는 최북단이다.

2008년 1월, 스발바르로 날아간 첫 종자 상자들은 산 아래 135미터에 달하는 암반을 뚫고 건설된 터널로 운반되었다. 거대한 강철문 너머에서 종자는 복도를 지나 온도가 항상 섭씨 영하 18도로 유지되는 밀폐실로 들어갔다. 이것이 길이 30미터에 폭 10미터 그리고 높이 5미터의 흰 벽으로 둘러싸인 저장실의 환경이다. 사방 벽의 수많은 선반에는 100만 종류의 종자가 담긴 상자들이 얹혀 있다.

그 저장고는 미국 식물학자 케리 파울러Cary Fowler의 아이디어에서 나온 것이다.[1] 40년 전에 그는 우리의 들판에서 대량 멸종이 일어나고 있다는 잭 할란의 예언을 읽었다. "그 예언이 제 머릿속에 계속 남았어요. 우리가 귀중한 유전적 다양성을 잃고 있다는 것 말이지요." 파울러는 할란의 말을 단어 하나하나까지 잊지 않았다.

이런 자원은 우리가 상상도 못 할 규모의 참혹한 기아 사태로부터 우리를 막아준다.

이를 계기로 그는 작물의 다양성에 매혹되었고, 평생의 임무를 만났다. 즉, 이제껏 알려진 모든 식물의 종자를 보관할 안전 저장소를 만든다는 임무 말이다.

파울러는 정부와 단체들을 설득해 지원을 얻었다. 스발바르는 그가 찾아낼 수 있는 가장 춥고, 가장 안전하고, 가장 먼 장소였다. "유일한 위협은 밖에 돌아다니는 북극곰이었어요."

이곳에 있는 종자는 작물과 기후, 환경 그리고 수천 년간 수백 세대에 달하는 농부들의 작업이 함께 이룬 진화의 표현이다. 식용작물이 경험해오고 적응한 모든 기록이 거기에 담겨 있다. 파울러는 이렇게 말한다. "또한 종자들은 우리의 농경 시스템이 미래에 어떤 모습이 될 수 있을지를 모두 나타냅니다. 특성과 다양성의 저장고이죠. 그 저장고의 내용은 우리에게 선택지를 줍니다."

스발바르의 저장고 안에는 지구상 거의 모든 나라에서 온, 지금은 더 이상 재배되지 않는 밀과 보리, 쌀, 옥수수 종자가 있다. 파울러는 첫 번째 상자가 저장고 안으로 운반되어 들어갈 때 그 모습을 지켜보았다. 그가 내게 말했다. "그건 거의 종교적 경험 같은 것이었어요. 내 선조들은 그런 씨앗을 지켜내어 물려주는 역할을 맡았고, 당신의 선조들도 마찬가지였습니다." 그 발상이 이룬 엄청난 규모는 금고에 들어오는 방문객을 압도한다. “그들이 떠날 때 눈물을 흘리는 건 그 때문입니다.”

채소

3

"식물은 대개 고생을 좀 해야 할 때 맛이 더 좋아진다."[1]

다이애나 케네디Diana Kennedy

VEGE-TABLE

최초의 농부들은 곡물만 먹고 살지 않았다. 농경의 탄생은 패키지 계약이었다. 밀, 벼, 옥수수 같은 곡물이 길들 때 다른 야생식물도 길들었다. 콩과식물(강낭콩과 완두)은 처음부터 농업에서 중요한 역할을 했다. 수렵채집인은 아마 풀과 콩 비슷한 식물들이 자연 상태에서 함께 보이는 경우가 많음을 관찰했을 것이다. 야생 식물대 안에서 열대 삼림이나 유럽의 목장을 걸어 다녀보면 생태계의 일부로서 자라는 야생완두vetch와 토끼풀을 볼 수 있다. 이것들과 또 다른 콩과식물은 라이조비움rhizobium이라는 박테리아와 특별한 관계를 맺는데, 그것은 당류에 이끌려 뿌리에 달라붙는다. 그 과정에서 이 박테리아는 대기 중의 질소를 흙 속에 더하거나 '고정한다.' 그리하여 다른 식물들이 콩과식물만큼 잘 자라게 도와준다. 신석기시대 농부는 자신들이 길들인 곡물이 콩과식물과 함께 자랄 때 더 많은 알곡을 생산한다는 것을 알아차렸을지도 모른다. 비옥한 초승달 지역에서는 병아리콩, 렌틸콩, 파바콩이 밀, 보리와 같은 시기에 길들었다. 하버와 보슈가 산업적 식물 식량을 발명하기 오래전에 미생물과 콩과식물은 지구를 비옥하게 만들고 있었다.

전통적 농경 시스템에서 이와 같은 패턴, 즉 곡물과 콩과식물을 함께 심는 것은 전 세계에서 되풀이되었다. 앞에서도 보았듯이, 중남미의 밀파 시스템은 옥수수를 리마와 핀토콩과 함께 심는다. 중국에서는 기장을 대두와 함께 심고, 인도에서는 기장을 녹두와 함께 심는다. 아프리카에서는 수수를 동부콩과 함께 기른다. 이 같은 콩과식물과 곡물의 복합은 토양의 생산성을 높일 뿐 아니라 영양학적으로 더 풍부한 식사를 구성하며, 곡물만으로는 부족한 단백질과 미세 영양소를 더 많이 제공한다.

이런 농업적·영양학적 조화가 전 세계의 요리 전통을 만들었다.[2] 위대한 요리 문화에서는 모두 곡물과 콩류가 복합적으로 쓰인다. 인도의 달밧* 은 수수와 렌틸콩을 함께 쓴다. 일본의 미소는 대두와 보리를 합한 것이다. 토스카나의 스튜인 미네스트라 디파로는 밀(에머 밀)과 카넬리니콩cannellini beans이 어우러진다. 팔레스타인의 마프톨은 불거밀bulgur wheat과 병아리콩을 섞는다. 멕시코에는 콩과 함께 먹는 프리홀레스 콘 토르티야가 있으며, 서아프리카의 와키는 쌀과 콩을 섞은 음식이다. 현대 영국식 버전도 있다. 베이크드빈을 얹은 토스트다.

* 콩으로 만든 수프인 달dal과 밥을 함께 내는 인도아대륙의 요리 -옮긴이

앨버트 하워드 경은 재배와 식사가 연결되는 이런 자연스러운 시스템에서 영감을 얻어 유기농 운동을 창립했다. 1940년대에 인도에서 영국 정부의 수석 식물학자로 근무하던 그는 현장 조사를 실시했다. 그는 이렇게 썼다. "일단 작물을 섞어야 한다.[3] 이 기준에서 볼 때 동양의 재배자들은 원시림에서 보이는 자연의 방법을 따랐다." 다른 곳에서는 작물을 섞지 않고 교대로 재배했다. 즉 곡물을 한 해 심고, 콩을 다음 해에 심는 식이다. 그런 '윤작 방식'은 수확하기에 편리하면서 토양의 비옥성도 높였다.

곡물과 콩을 심은 밭의 가장자리에서 자라던 다른 야생식물도 길들었다. 그중에는 우리가 오늘날 먹는 채소가 많다. 비옥한 초승달 지역에선 아티초크와 아스파라거스, 당근, 양파, 양상추, 비트가 그

런 채소였다. 아메리카 대륙의 경우 호박과 스쿼시squash, 감자, 후추, 토마토 등이다. 인도에서는 가지, 오이가 그렇다. 아프리카에서는 오크라okra가 있다. 이들 작물은 식단에 질감과 맛, 색채와 영양소를 더해주었다.

곡물처럼 채소도(여기서 나는 이 단어를 식물학적인 기준보다는 최대한으로 넓은 요리적 의미에서 쓰고 있다. 따라서 덩이뿌리와 콩도 여기에 속한다) 다른 지역으로 전파되어 다른 환경에 적응하며 다른 문화에서 선택되는 과정에서 다양해졌다. 이런 방식으로 그것들은 '재래 품종', 세월에 따라 특정한 장소에서 번성할 능력 때문에 선택된 특정한 작물의 지역적 존재가 되었다. 이런 재래 품종은 모두 개방수분(곤충, 새, 동물, 바람 또는 인간의 손에 따른 교차수분) 되며, 그 후손은 부모와 거의 같다. 교잡으로 얻어진 특성이 고정적으로 유전되는 것이다.[4] '거의'라는 부분이 중요하다. 적응 과정에서 식물은 계속 진화하며 유전적변이로 추가적 다양성이 생성될 여지가 있기 때문이다.

당신과 내가 똑같은 씨앗을 얻은 농부라고 상상해보자. 당신이 보존한 재래 품종은 당신의 지역 여건에 더욱 잘 적응할 터이고, 그래서 그것은 특정한 재배 경로를 따라 길러져 마침내 내 것과 상당히 다르게 보일 것이다. 밭에 더 많은 다양성을 더하기 위해 서로의 고유한 재래 품종 씨앗을 바꿔볼 수도 있다. 수천 년 동안 이런 일은 흔하게 이루어졌을 것이다. 농부이자 시인인 토머스 터서Thomas Tusser가 16세기 서퍽의 전통을 묘사한 글에 따르면 다음과 같다.

다른 사람과 교환할 씨앗 하나

동료 이웃들과 함께하면 이상해 보이지 않지.[5]

그러나 터서의 글이 나온 지 한 세기 뒤에 런던 스트랜드의 거리 시장은 지역 텃밭(그중 하나는 로열앨버트 홀이 있는 장소)이 공급하는 채소 씨앗을 거래하며 번성하는 시장 본거지가 되었다. 1820년대 종묘상인 서턴앤선스 회사는 100페이지에 달하는 씨앗 카탈로그를 발행했는데, 거기에는 양배추(145품종), 콩(170품종), 양파(74품종) 등의 가격과 묘사가 담겨 있었다. 1830년대에 농부와 국유지 이주민에게 다양한 '최고 품종the choicest varieties'의 씨앗을 무료 우편으로 나눠주는 일이 미국 정부의 공식 업무 가운데 하나였다. 20년 동안 연방정부는 미국 농부들에게 양상추 497종, 스쿼시 341종, 비트 288종, 토마토 408종 등의 씨앗을 100만 봉지 넘게 우편으로 발송했다. 20세기가 끝날 무렵 그 다양성 중 10분의 1만 살아남았다.[6]

조지 해리슨 셜의 옥수수 작업 이후 1920년대에는 작물들의 'F1 잡종'이 개발되고 있었다. 농부들은 더 높은 소출을 기대하며 종자 관리권을 포기했고, 그와 함께 밭에서의 다양성도 희생했다. 여기서 만들어진 식량 작물에 대한 상업 권력은 종자산업을 변형시켰다. 1950년대에 유럽과 미국의 종자 공급은 대부분 소규모 기업 수천 곳이 관장했는데, 그런 기업은 대개 가족 소유였고 모두 작물의 개선에 이바지하는 연구에 대한 공적자금 지원을 받았다. 오늘날에는 세계 종자의 절반 이상이 단 네 군데 회사의 손에 들어가 있다.[7]

이 중 하나가 코르테바Corteva인데, 2017년에 미국의 두 거대 기업 다우Dow와 듀퐁DuPont의 합병으로 탄생한 기업이다. 또 다른 회사는 베이징에 본부를 둔 중국의 국영 기업체 켐차이나ChemChina인데, 2017년에 스위스의 거대 기업인 신젠타Syngenta를 430억 달러에 사들였다. 그리고 독일 회사인 바이엘Bayer은 2018년에 미국 기업체인 몬산토Monsanto를 630억 달러에 구입했다. 마지막으로 바스프BASF 역시 독일에 본부를 두고 있다. 이들 회사는 처음엔 화학제품 제조회사로 시작해 녹색혁명이 출발시킨 파도를 타고 왔지만, 1980년대 이후로는 종자산업으로 관심을 돌려 소규모 종자 회사를 사들이면서 빠르게 확장했다.[8] 그들은 '농사 패키지' 완성품을 판매한다. 종자뿐 아니라 농부가 종자를 키우는 데 필요한 살충제와 제초제까지 포함하는 것이다.

이런 종자의 대다수가 특허품이다. 그러니까 이 회사들이 전 세계의 종자 판매와 사용에 법적 통제권을 쥐고 있다는 뜻이다. 유전학적 변형(유전자 재결합법transgenics과 유전자편집)도 종자에 대한 기업의 통제력을 더 키우는 결과를 낳았다. 농부들은 수천 년 동안 하나의 작물을 길러왔을 테지만, 한 가지 유전적 특성을 추가하거나 바꾸면 그렇게 만들어진 버전은 사유재산이 된다. 세계의 종자들, 즉 식량 시스템의 토대 가운데 더 많은 부분이 지적 자산이자 수익성 높은 상품으로 변하고 있다.

이런 추세를 거스르고 개방수분 한 씨앗을 보존하려는 움직임이 전 세계에 존재한다. 1970년대 초반 잭 할란이 '재앙의 유전학'을 경고할 때, 영국의 작가이자 정원사인 로런스 힐스Lawrence Hills 또한 여러 세기 동안 길러온 수많은 재래 품종 채소가 빠르게 사라지고 있음을 알아차렸다. 유럽 전역에 모든 종자 품종을 등록해야 하는 새 법안이 도입되자 상황은 악화되었다. 등록 절차는 더 큰 종자 회사들에 유리한, 비용이 많이 드는 절차였다. 이로 인해 전통적 재래 품종의 매매가 불법화되었다.

힐스는 전국 규모의 신문에 편지를 보내 엄청난 유전학적·문화적 손실로 판단되는 상황을 예방하는 데 힘을 보태라고 설득했다. 수백 명의 독자가 이에 호응해 지지를 보냈고, 많은 사람이 자신이 좋아하는 채소의 씨앗을 보냈다. 이 컬렉션이 발전해 헤리티지 종자 도서관the Heritage Seed Library이 되었다. 이는 정원사와 밭 주인 2만 명을 회원으로 하는 자선단체로, 모두 멸종 위기에 처한 채소 수천 종을 보존하고 나누는 데 힘을 보탠다(이런 씨앗을 매매하는 것은 불법이지만 나누는 건 불법이 아니니까). 회원의 이 같은 행동은 다양성을 보존하기 위해서지만, 맛 때문에 그렇게 하는 사람도 많다. 이 씨앗들이 애초에 보존되었던 것이 바로 그 맛 때문이었다. 또한 그 씨앗에 담겨 있는 사연 때문이기도 하다. 우리가 다음에 만날 위기에 처한 채소는 모두 잃어버렸다가 되찾은 씨앗으로 자란 것들이다.

미국,
조지아 사펠로섬

Sapelo Island,
Georgia, USA

기치 붉은콩

Geechee Red Pea

9

미국 남부에서 사우스캐롤라이나주와 조지아주 해안을 따라 320킬로미터 정도 내려가면 지표면에 커다란 흉터가 하나 나 있다. 어찌나 큰지 우주에서도 보일 정도다. 17세기 이후 이곳에서 1만 6000헥타르가 넘는 면적이 벌채되고 총길이 1250킬로미터가 넘는 운하가 건설되었다. 모두 식량 생산을 위해서였다. 이것은 여러 세기에 걸쳐 노예들에게 노동을 강요해온, 심적 충격을 주는 유산 가운데 하나에 불과하다. 남부의 이 부분을 따라 운전하는 거의 모든 운전자는 자신이 지나다니는 곳이 미국에서 중국의 만리장성이나 기자의 대피라미드와도 어깨를 겨눌 만한 지형이라는 사실을 아마 모르고 있을 것이다.[1]

이렇게 정리된 땅은 벼를 심는 데 쓰였다. 벼는 18세기와 19세기에 넘치도록 많이 재배되었고, 주로 그곳과 가까운, 당시 미국에서 가장 부유한 농부들의 거점이던 찰스턴시를 통해 거래되었다. 캐롤라이나의 황금인 벼는 세계 전역으로 운송되었다. 영국 수입업자들의 묘사에 따르면 그것은 인간이 거주 가능한 세계에서 나는 가장 크고 무거운 흰쌀이며, 헤이즐넛 맛이 나고 고급스럽게 녹아내리는 듯한 건강한 맛이 느껴졌다. 그 쌀은 파리의 시장에서 특별한 가격으로 팔렸다. 남부의 태양으로 숙성해 수확을 기다리는 쌀은 앤티크 결혼반지 같은 광택을 띤다는 평을 얻었다.[2] 이 찬란한 쌀에는 동반자가 있었다. 그것은 훨씬 더 소박한 식품인 아주 작은 콩이었다. 이 콩과식물은 벼가 자라는 토양에 영양을 공급하는 데 기여할 뿐 아니라 논에서 노동하는 노예들을 먹여 살리기도 했다. 사람과 벼, 콩 이 세 가지 모두 아프리카에서 왔다.

1619년에서 1860년 사이에 아프리카인 1250만 명이 노예로 잡혀 대서양 중부 항로를 거쳐 카리브해와 아메리카 대륙에 왔다. 6400킬로미터에 달하는 여정에서 1050만 명이 살아남았고, 대평원과 대농장의 노동에 투입되어 담배와 옥수수, 사탕수수, 면화, 벼를 길렀다. 그들 대부분은 서부 아프리카의 세네갈에서 코트디부아르에 이르는 지역에서 잡혀 왔다. 그들과 함께 씨앗이 따라왔다. 전해지는 말로는 몸에 숨겨질 정도로 작지만 숨겨올 위험을 무릅쓸 만큼 중요한 씨앗을 아프리카인들이 머리카락 속에 숨겨 들여왔다고 한다. 씨앗 하나가 미지의 세계로 가는 여정에서 생명을 구해줄 자원이 될 수 있다는 것이 그 가설의 주장이다. 또 다른 이야기는 씨앗이 노예선에 올라탈 수 있었다면, 그것은 식물학자들이 신세계에 심어볼 만하고 노예들의 식량자원도 될 수 있겠다고 판단해 수집한 전리품 패키지에 들어갔기 때문이라고 주장한다.

“좋은 노동은 좋은 건강에 달려 있다는 사실을 노예 무역상들은 알고 있었습니다"라고 음식 역사가 제시카 해리스Jessica Harris가 말한다. 그래서 무역상들은 서아프리카의 항구에서 동부콩cowpea과 쌀을 배에 실었다. 노예들이 다른 음식보다 그것을 더 잘 받아들이리라는 것을 알았기 때문이다. 해리스는 "단식투쟁은 아프리카인에게 남은 유일한 통제권이었어요"라고 말한다. "일반적으로 노예들은 모국의 음식을 먹을 때 제일 일을 잘한다는 평가가 있었습니다." 이는 노예무역을 가까이에서 지켜본 식물학자 앤서니 판탈리오Anthony Pantaleo가 했던 말이다. 그는 1780년대에 영국 정부를 위해 유용한 작물을 확인하러 가나에 간 적이 있었다. 노예선 항해에 네 차례 동승한 외과 의사 알렉산더 팰컨브리지는 1785년에 한 하원의원에게 이렇게 말해주었다. "모든 노예선은 노예들의 식량으로 콩을 잔뜩 실었습니다.[3] 흑인들은 콩과 쌀을 먹었습니다. 그들은 간신히 굶어 죽지 않을 정도의 식량만 받았어요."

노예선이 아프리카인을 미국으로 운반한 것은 그들의 노동력뿐 아니라 농사 기술을 얻기 위해서이기도 했다. 노예들의 농사 지식 그리고 벼와 사탕수수 등 신세계에서 그들이 생산하는 식량은 세계의 산업화를 실현하는 데 일조했다. 요리 역사가 마이클 트위티Michael Twitty는 백인 노예주들이 벼와 콩을 기르는 서아프리카 지역 출신의 남녀 노예들은 더 높은 몸값을 지불했다고 주장했다.[4] 화학비료가 발명되기 전에는 완두콩이나 강낭콩을 언제, 어디에 심을지 아는 것이 농사의 성패를 좌우하는 요건이었다. 서아프리카에서 데려온 사람들은 이 점을 알고 있었다.

4000년 된 그을린 야생 동부콩Vigna unguiculata의 흔적이 발견된 곳은 가나의 동굴 주거지였다. 주변에는 흰색 기장pearl millet과 기름야자oil palm 조각이 널려 있었다. 그 동부콩은 사바나 지역의 식량으로, 다른 식물은 거의 살아남지 못한 극한에 가까운 건조하고 뜨거운 지역의 삶에 적응한 식물이었다. 그것의 가치는 단지 고단백 씨앗뿐 아니라 비타민과 베타카로틴이 풍부하고 무성하게 자라는 식용 잎사귀에도 있다. 오늘날도 동굴을 둘러싼 사방에서 서아프리카인 수백만 명은 이 깨알만 한 콩을 먹고 살고 또 토양에도 양분을 공급한다. 전통적으로 농부들은 이 콩을 곡물과 섞어 심는데, 그중에 재래종 벼가 있다. 그래서 유럽과 아메리카의 농부들에게 이런 콩은 '들판콩field peas'으로 알려졌다. 영어로 'cowpea'라는 이름이 붙은 것은 소의 먹이로도 쓰였기 때문이다.

노예가 된 아프리카인이 실려 간 신세계의 몇몇 지역에서는 동부콩을 쌀과 함께 요리하는 것을 볼 수 있다. 브라질에서는 바이앙 데 도이스, 푸에르토리코에서는 아로스 콘 간둘레스, 카리브해 지역에서는 모로 데구안둘레스, 미국 남부에서는 호핀 존이 그런 음식이다. 콩을 심는 모든 공동체는 저마다 가장 귀중하게 여기는 재래 품종이 있다(전 세계의 종자은행에 있는 동부콩의 종류는 3만 종에 달한다. 대부분 길이는 5밀리미터 정도이며, 흙색에서 선명한 자줏빛까지 무지개처럼 다양한 색을 띤다).

동부콩이 미국 남부에 당도해 식물육종가들에게 선택된 이후, 이 콩과식물은 농사와 식량에 필수 요소가 되었다. 그 콩에 붙은 여러 이름은 곧 그것이 여러 쓰임새가 있음을 암시한다. 쇠콩iron pea과 점토콩clay pea이라는 사무적인 이름은 토양 성질을 개선하는 능력을 가리키며, 더 세련된 레이디콩lady pea이라는 이름은 19세기의 식물육종가인 J. V. 존스Jones의 설명에 따르면 맛있는 식탁 콩으로 쓰일 때 붙는다. 검은눈콩black eyed pea이라고도 부르는 동부콩은 심하게 푸석거려 가축용으로 쓰기에 더 적합하다고 존스는 주장했다. 이런 남부지방의 콩 목록은 계속 이어진다. 사람들은 레이트 로커스트와 플린트 크라우더를, 그리고 릴리프와 샤이니를(존스의 말에 따르면 콩 중의 왕자) 구분하게 되었다.•

• 레이트 로커스트, 플린트 크라우더, 릴리프, 샤이니 모두 존스의 목록에 나오는 콩 이름이다-옮긴이

1830년대쯤 미국 남부에서 벼와 옥수수, 면화의 재배량이 너무 많아져서 토양이 피폐해졌다. 농업이 위기에 몰렸고, 전문가들은 토양이 심하게 고갈되었기 때문에 경제적 몰락을 피하려면 이를 재생하기 위한 협력이 필요하다고 요구했다. 동부콩을 더 많이 심고 윤작을 하는 것이 해법으로 제시되었다. 질소 고정 능력이 있는 콩과식물은 집중적인 농사로 손실된 토양의 비옥성을 회복시킨다. 그렇게 하여 캐롤라이나주에서 재배되는 쌀과 아프리카의 콩이 남부 요리의 초석이 되었고, 현재까지도 이어진다. 쌀과 콩은 사회적·경제적·인종적 모든 장벽을 뛰어넘는다. "가난한 사람이라면 쌀과 콩으로 아침 식사를 합니다. 그런 다음 밭에서 일하고 집에 오면 새로 식사를 하지요, 쌀과 콩으로." 남부에서 자라던 어린 시절에 들은 속담을 상기하면서 전통 곡물 전문가인 글렌 로버츠Glenn Roberts가 한 말이다.

벼농사가 성행하던 19세기에 아프리카인 노예들은 더 희귀한 재래 품종 콩을 비밀 텃밭에서 길렀다. 그런 밭에서 금지된 식량이 재배되었다. 가령 아프리카 붉은 쌀은 노예들에게는 사랑받았지만 노예주들은 그것이 수익성 높은 흰쌀을 오염시킬 위험이 있다고 보았

다. 이런 텃밭에서 아프리카인들은 고구마, 벤benne(깨), 케일, 오크라, 콜라드collard, 수박, 수수 등도 길렀는데, 이런 품종은 모두 어떤 식으로든 아프리카에서 미국 남부로 들여온 것이었다. 이런 비밀 텃밭에는 언제나 동부콩이 자랐다.[5] 하지만 남부 노예들이 이런 작물을 몰래 기르지 않아도 되는 지역도 있었다. 조지아주 해안에서 떨어진 외딴섬인 사펠로에서 아프리카인은 더 많은 자유를 누렸고, 각자 작물을 기를 수 있었다. 그곳에서 사탕수수와 감귤류 등 고유한 식물이 진화했는데, 가장 놀라운 것은 벽돌색을 띤 아주 작은 콩이었다.

지도에서 보면 미국의 남동부 해안은 마치 작은 조각들로 부서져 없어지는 듯하다. 전부 100개 정도의 육지 조각이 섬들의 사슬을 이룬다. 수천 년 동안 그 섬들은 저마다 다른 문화의 고향이었다. 아메리카 토착민, 프랑스 식민지인, 미국 대농장주, 아프리카인 노예 그리고 해방된 그들의 후손 등등. 300년 전 아프리카에서 오는 노예선이 시아일랜드Sea Islands 중 몇 군데에 닻을 내리고 검역을 받았다. 노예가 된 남녀 가운데 이런 섬에 계속 남은 사람들이 있었다. 그곳은 늪지대와 습지로 둘러싸인 곤충과 질병의 온상 같은 곳이었다. 그 가혹한 여건과 상대적으로 고립된 시아일랜드의 위치를 보면 왜 이곳에 남은 아프리카인이 다른 남부 지역의 노예보다 음식에 대한 자율성을 더 많이 가졌는지가 이해된다. 그들이 기르는 아주 작고 붉은 동부콩은 해가 뜰 때부터 질 때까지 강제로 노동하는 사람들을 위한 필수 음식 재료가 되었다. 콩을 주철 솥에서 약한 불로 오래 끓여 걸쭉한 수프가 되면, 그것을 그 지역에서 나는 쌀에 부어 먹는다. 이 걸쭉한 수프를 날이면 날마다 여러 해 계속하여 끓이다 보니 주철 솥 안쪽에 붉은 고리가 생겼다(지금도 오래된 대규모 농장의 요리 기구에서 볼 수 있는 표시다).[6]

사펠로(시아일랜드의 다른 지역들 그리고 남부의 여러 지역도 포함해)에 사는 아프리카인 노예의 후손은 자신들을 기치Geechee라고 부른다. 아마 서아프리카의 키시Kissi 부족(기-지-로 발음되는)에서 나온 이름일 것이다. 사펠로는 지금도 먼 오지다. 본토와 다리로 연결된 이웃 섬들과 달리 배나 비행기를 타야 갈 수 있다. 그곳 공동체가 특히 서아프리카의 뿌리와 강한 연결성을 보유한 것은 이 때문이다. 사펠로의 일부 사람들이 말하고 요리하고 춤추는 방식은 미국 본토의 아프리카계 미국인의 문화보다는 시에라리온, 가나, 세네갈 문화와 더 밀접한 관련이 있다.[7]

사펠로섬의 기치들은 토지를 구입하고 자율 공동체를 세운 최초의 해방 노예였다. 그리고 여기에 그치지 않고 아프리카의 음식 방식과 농사 관행을 살려냈다. 지금까지 계속되는 기치 붉은콩의 재배도 그런 관행에 속한다. 최근까지 그 콩이 살아남은 것은 부분적으로는 코닐리아 워커 베일리Cornelia Walker Bailey라는 한 여성 덕분이다.

그녀의 가족은 항상 붉은콩을 길렀지만, 베일리는 살아오면서 오랫동안 그것을 대단찮게 여겼다. 그녀와 남편 프랭크는 그 씨앗을 이른 봄(달이 차오를 때라고 그녀는 말했다)에 심었고 여름에 수확했다. 그녀의 생애는 콩의 리듬에 맞춰 움직이는 듯했다. 가을에 종자를 보관하고, 섬 주민이 대규모로 한데 모여 새해 첫날에 붉은콩 수프와 쌀밥을 끓여 먹는 행사에 이르기까지. 콩에는 역사와 고통이 많이 담겨 있지만, 그것은 기치의 삶에 관한 이야기이기도 하다.

지난 20~30년 동안 사펠로 주변의 상황이 빠르게 변했다. 1950년대에 원초적인 모습을 간직한 백사장과 울창한 숲에 매혹된 개발업자들이 다른 시아일랜드에서 땅을 사들이기 시작했다. 그다음에는 관심이 사펠로로 향했다. 그 섬의 토지가 계속 외부인에게 팔려나가자 마지막 남은 기치는 호그해먹으로 물러났다. 그곳은 사펠로의 한 구역으로, 일종의 은둔처 같은 곳이 되었다. 하지만 여기서도 부자에게 집이 팔려나가 부동산세가 높아졌고, 아프리카인 후손을 몰아냈다. 1910년에 호그해먹에 살던 기치는 500명이었는데, 2020년에는 기껏해야 40명뿐이었다. 그들의 수가 계속 줄어들자 베일리는 자신의 종족이 살아남지 못할까 봐 두려워했다. 그녀의 표현에 따르면 그것은 문화적 인종 말살이었다.

베일리는 붉은콩을 기치 문화를 구원하는 수단으로 보기 시작했다. 섬을 떠난 사람들은 항상 콩을 보내달라고 부탁했다. 사펠로에서는 그 콩이 워낙 잘 자라므로 수입원이 될 수도 있고, 그럼으로써 호그해먹이 기치 주민을 위한 장소로 남아 있도록 도울 수도 있다. 2012년에 베일리는 아들인 모리스와 스탠리의 도움을 받아 콩을 심기 시작했다. 아슬아슬했다. 씨앗 보급률이 너무 낮아서 어느 해 여름, 가뭄이 섬을 덮치자 그들은 집마다 돌아다니며 혹시 보관해 둔 붉은콩이 있는지 부탁해야 했다. 그래도 그 작물은 재배되기 시작했다. 이 소식은 자신들의 음식 역사에 대해 더 많이 알아내는 데 관심이 있었던 아프리카계 미국인 농부에게로 퍼졌다.

그런 농부 가운데 본토에서 농사를 짓는 매슈 레이퍼드Matthew Raiford가 있었다. 그의 12대 선조인 주피터 길리어드Jupiter Gilliard는 1812년 사우스캐롤라이나주에서 노예로 태어났는데, 1874년에 사펠로 바로 북쪽의 농토 약 2제곱킬로미터를 9달러에 구입해 지주가 되었다. 레이퍼드는 조지아주 브런즈윅에 세금을 낸다. 젊은 시절 그는 남부와 어떤 관련도 맺고 싶지 않았고, 그곳의 농토와 결단코 무관해지고 싶었다. 민권운동 이후의 시기에 메시지는 크고 명료했다. "농부가 되지 말고 의사나 변호사가 되라."[8] 농사는 힘든 일이었고, 일부의 눈에는 흙에서 일하는 건 노예제 역사와 너무 많이 얽혀 있는 것처럼 보였다. 1910년에 아프리카계 미국인은 미국 농부 전체의 14퍼센트 정도를 차지했다.[9] 지금은 그 비율이 2퍼센트도 채 못 된다.

레이퍼드는 군에 입대해 요리사로 근무했다. 하지만 1990년대에 할아버지가 그에게 가족 농장으로 돌아오라고 설득했다. 어느 날 그는 코닐리아 베일리의 이야기를 듣게 되었다. 그는 조부모가 붉은콩을 길렀던 일을 기억해내어 '미스 베일리'를 만나러 사펠로까지 갔다. 그 섬을 돌아다니고 있으니 시간을 거슬러 올라간 것 같은 느낌이었다고 그는 말한다. 사람들은 기치 방언을 썼고, 할머니가 쓰던 것 같은 표현을 썼다. 한낮의 태양이 마치 "생선 기름보다 더 뜨겁게" 느껴진다는 식의 표현법 말이다. 그가 찾아갔을 때 베일리는 4000제곱미터 정도의 콩밭을 쟁기로 매고 있었다. "난 그녀를 보면서 이렇게 생각하고 있었어요, 정말로 저렇게 쉽단 말이야?" 그녀가 그에게 말했다. "얘야, 이 콩은 손댈 필요가 없단다. 콩은 자기가 뭘 하고 싶은지 알아. 네가 해야 할 일은 그냥 흙을 갈아주고, 콩알을 떨어뜨리고, 흙으로 덮어주고, 물만 좀 주면 된단다. 그러면 자랄 거야." 그녀가 옳았다. 그 식물은 강인했고, 이제 브런즈윅 근처의 레이퍼드 농장에서 자라고 있다.

본토에서 와서 사펠로의 붉은콩을 복원하는 데 도움을 준 또 다른 사람은 닉 헤이넨Nik Heynen이었다. 조지아 대학의 지리학 교수이던 그는 "내 인생에서 가장 중요한 사람 중 하나인" 코닐리아 베일리를 만나 농부로 전업했다. 콩이 기치 문화를 구원해주리라는 희망을 여전히 잃지 않은 채 베일리가 2017년에 세상을 떠나자 헤이넨은 그녀의 자녀들과 함께 일하면서 붉은콩을 계속 길렀다. "우리가 그 콩을 잃으면 세상을 이해하도록 도와주는 다양한 것을 잃게 됩니다." 그 콩은 다른 어떤 것과도 다른 맛이 난다. 다른 것보다 천배 더 맛있다는 게 아니라 그저 다르다는 것이다. 그리고 그가 그 콩을 사펠로의 농장에서 기르도록 도와주기 때문에, 그에게 그 콩은 물리적인 지형뿐 아니라 감정적 지형의 문제이기도 하다. "그 깨알 같은 붉은콩에는 정말 많은 역사와 문화가 들어가 있습니다." 헤이넨의 말처럼 그것을 소멸하게 내버려 둔다는 것은 그로선 생각도 못 할 일이다.

독일,
슈바벤

Swabia,
Germany

알브 렌틸

Alb Lentil

10

남서부 독일 슈바벤쥐라 산지의 산과 계곡, 동굴은 인류 역사에서 특별한 자리를 차지한다. 이곳에서 전쟁 발발 직전인 1939년에 고고학자 두 명이 한 동굴의 안쪽 공동에서 매머드 어금니 파편 수백 조각을 발견했다. 1969년에 마침내 짜 맞춰진 그것은 사자 두상을 한 30센티미터 높이의 강건한 체격의 남자 조각상이었다. 최소한 4만 년 전에 만들어진 이 슈타델 동굴의 뢰벤멘슈Löwenmensch 조각상은 상상 속 존재에 대한 가장 오래된 묘사다.[1] 근처 동굴에서는 고대의 악기가 발견되었다. 백조와 맹금류의 속이 빈 날개뼈 조각 측면에 구멍이 뚫려 있었다. 이런 물건을 만든 수렵채집인은 유럽에 당도한 최초의 현대 인류에 속하며, 네안데르탈인과 공존하다가 나중에는 그들을 밀어낸다. 3만 년 뒤 비옥한 초승달 지역에서 길들인 식물의 씨앗이 발칸반도를 지나 다뉴브강을 따라 운반되었을 때, 농경이 슈바벤쥐라(슈바벤알프스라고도 알려짐)산맥에서도 실행되었다. 그들이 기른 작물 중에는 아인콘, 에머 밀, 보리(앞에서 살펴본 고대 곡물 품종), 렌틸콩이 있었다.

수천 년이 흐르는 동안 이곳의 렌틸 농사는 알브린제(알프스 렌틸)라고 알려진 재래 품종으로 진화했다. 슈바벤 농부들은 이 콩과 식물을 들판의 다른 곡물들 사이에 심었다. 키가 고작 40센티미터인 이 작고 무성한 식물은 그보다 더 키가 큰 밀과 보리 줄기에 의지했고, 그 보상으로 렌틸은 곡물이 자랄 땅을 비옥하게 해주었다. 이 깨알만 한 콩은 알프스에서 겪을 수 있는 모든 여건에 적응했다. 표토가 얕고 다른 어떤 것도 자랄 수 없는 돌투성이의 토양에서도 자랐으며, 수확할 게 거의 남지 않은 흉년에도 그것은 항상 믿을 수 있는 작물이었다. 알프스 마을들은 눈과 얼음으로 교통이 차단될 때가 잦으므로, 렌틸은 곧 생명줄이었다. 하지만 18세기와 19세기에는 살기가 너무 힘들어, 수천 명의 주민이 슈바벤알프스를 떠나 더 나은(그리고 더 쉬운) 삶을 찾아 신세계로 갔다.

슈바벤쥐라 산지는 중부 유럽에서 가장 고립된 지역 중 하나다. 독일인 사이에서 슈바벤 사람은 치열한 노동윤리와 혁신적인 사고방식(다임러와 메르세데스벤츠 회사는 원래 슈바벤에 세워졌다)으로 유명하다. 또한 그곳 사람들은 정체성 의식이 강하며, 고유 언어가 있다. 다음은 슈바벤 지방의 속담이다. "우리는 뭐든 할 수 있다. 다만 표준 독일어는 못한다.Wir können alles. Außer Hochdeutsch" 여러 세기 동안 그곳의 정체성에는 음식도 포함되어 있었다. 슈바벤 농부들이 수확하는 작물이 민족 요리인 린젠미트슈페츨러Linsen mit Spätzle의 재료였다. 그것은 암녹색의 재래 품종 렌틸을 밀국수와 함께 내는 요리다. 형편이 좋던 시절이라면, 또 부잣집이라면 소시지가 추가되었다. 고유한 슈바벤 렌틸은 진하고 부드러운 크림 같은 질감과 매우 만족스러운 미네랄 맛으로 많은 사랑을 받았다. 하지만 1960년대에 그 품종은 멸종했다.

첫 번째 이유는 경제적인 데 있었다. 1960년대에 서독에서 일어난 제조업 붐이 사람들을 농토에서 공장으로 끌어들였다. 두 번째 이유는 농업에 일어난 세계적 변화였다. 인도는 렌틸콩의 세계 최대 재배지였는데, 볼로그의 녹색혁명 밀이 들어와서 다른 작물을 대체함으로써 렌틸 재배가 쇠퇴했다. 동시에 캐나다 서스캐처원주의 농부들이 렌틸 재배를 시험하기 시작했다.[2]

애당초 렌틸은 비용이 적게 들면서 토양을 비옥하게 만드는 방법으로 여겨졌지만, 소출이 많은 렌틸 품종이 개발되자 본격적인 상업적 기회가 따라왔다. 몇 년 안 되어 대평원의 수백만 헥타르가 정리되어 녹색과 붉은색 렌틸이 단일경작 방식으로 심어졌다. 오늘날 캐나다는 인도와 미국(세계의 다른 주요 생산국)을 합친 것보다 더 많은 렌틸콩을 생산한다. 이것이 전 세계로 수출되자 지역의 재래 품종을 기르던 농부들은 경쟁력을 잃었다. 그러니 왜 귀찮게 그걸 기르겠는가? 그냥 대서양 저편에서 값싸게 수입한 렌틸로 린젠미트슈페츨러를 요리할 수 있는데 말이다. 그리하여 산악지대에서 수천 년에 걸쳐 진화했던 알브린제 품종이 갑자기 사라졌다.

슈바벤 렌틸의 멸종은 슈바벤 농부인 볼데마어 마멜Woldemar (Wolde) Mammel에게 충격을 주었다. 그가 생각할 때 알브린제 품종은 단순한 렌틸이 아니었다. 그는 그것을 훨씬 더 큰 시스템의 일부분으로 보았다.[3] 그 시스템으로 자급자족하며 고유한 생활 방식을 창출하는 데 도움이 되었다. 1990년대 초반 마멜은 그 재래 품종을 자신이 복원하겠다고 결심했다. 하지만 마지막으로 재배된 지 이미 수십 년이 지났고, 종자를 가진 사람은 아무도 없었다. 이웃들은 그것을 지켜내겠다는 임무가 이제까지 듣던 중 가장 미친 생각이라고 말했다.

마멜은 알브린제와 가장 비슷한 렌틸을 찾아보기 시작했다. 그중에는 녹색 대리석 무늬가 있는 후추 같은 렌틸의 고향으로 유명한 남중부 프랑스의 퓌 지역도 있었다. 그것들은 좋은 품종이었지만 사람들이 기억하던 맛을 내지 못했고, 고산지대에서 잘 자라지도 못했다. 십 년 동안 그는 오래된 농가의 다락방과 헛간을 수색하면서 마룻장이나 서까래 틈바구니에 혹시 씨앗 한두 알이 있지 않을까 기대했다. 독일과 콜로라도에 있는 미국 농무부 종자은행, 상트페테르부르크의 바빌로프 연구소, 시리아에 있는 세계 최대 렌틸콩 종자 컬렉션과도 연락했다. 그러나 아무도 알브린제의 샘플을 갖고 있기는커녕 들어본 사람조차 없었다.

2007년에 마멜과 슈바벤 농부들 몇몇이 러시아로 가서 바빌로프 연구소의 기록을 찾아보았다. 적어도 알프스에서 기를 수 있는 다른 재래 품종을 구할지도 모르니까. 마멜이 그곳의 큐레이터 한 명과 기록을 살펴보던 중에 색인 카드 한 장이 눈에 띄었다. 십 년 동안 알파벳 세 글자와 서류 분류상의 오류 하나가 그를 방해해온 것이다. 렌틸은 알브Alb린제가 아니라 알펜Alpen린제로 분류되어 있었다. 러시아인들은 왜 농부들이 이 렌틸 한 종류에 그토록 흥분하는지 이해하지 못했다. 수천 가지 다른 품종이 저장되어 있지 않은가? 마멜은 자신들이 관심 있는 것은 이 한 종류뿐이라고 설명했다. 자신들의 역사의 일부분이던 품종이기 때문이다. 고향에 돌아온 그는 바빌로프 컬렉션에서 가져온 씨앗을 심어 렌틸을 길렀고, 거기서 거둔 씨앗을 같은 생각을 하는 농부들과 나누었다. 마멜은 과거에 유럽 전역에서 길러졌으나 이제는 거의 사라진 수천 가지 고유한 렌틸 가운데 한 종류를 되살리는 데 성공했다.

수렵채집인은 다른 식물을 휘감고 빙빙 돌면서 자라는 실 같은 덤불에서 야생 렌틸콩을 채집했다. 야생에서 콩과식물의 씨앗 주머니는 공기 중에서 폭탄처럼 터져 씨앗을 멀리까지 날려 보낸다(몇몇 콩과나무의 더 큰 씨앗 주머니가 터질 때는 불꽃놀이 같은 소리가 난다). 렌틸 몇 종에게서 유전자변이가 일어나 씨앗이 씨앗 주머니에 박히게 되면서(알곡이 부서지지 않는 품종으로 이어지는 밀의 변이와 대등한 변이), 수확하기에 더 편리해졌다. 이 변화는 1960년대에 남부 그리스의 프랑크티 동굴에서 발굴한 내용물에서 볼 수 있다. 그 동굴 근처의 밭은 3만 년이 넘는 시간 동안 여러 집단이 오가면서 다양한 농사와 식량을 만들어냈다.[4] 바위 아래에 주거를 정한 최초의 사람들은 수렵채집인이었다. 그들이 남긴 고고학적 흔적 중에는 야생 돼지와 영양의 뼈도 있었다. 1만 3000년쯤 전에 야생 아몬드, 피스타치오와 함께 야생 렌틸이 나타나기 시작했다. 그러다가 7000년 전, 동굴 입구 가까운 곳에 만들어진 계단식 대지에 농사를 지어 귀리와 밀을 (그때쯤이면) 길든 렌틸과 섞어 심었다는 증거가 있다. 렌틸은 식재료인 동시에 토양을 비옥하게 하는 수단으로서 유럽 전역에 퍼졌다. 수천 가지 재래 품종이 진화했고, 그중에 슈바벤의 알브린제도 있었다.

우리가 이런 재래 품종에 대해, 심지어 멸종한 품종에 대해서도 알게 된 것은 1930년대에 러시아 식물학자 엘레나 바룰리나Elena Barulina가 한 연구 덕분이다. 볼가강 변의 항구도시 사라토프에서 자란 그녀는 상트페테르부르크로 가서 세계 각지에서 수집된 렌틸 씨앗 수천 가지를 선별하면서 수십 년을 보냈다. 그녀는 시간에 쫓기면서 다양성 목록을 작성했다. 화학비료가 등장하자 산업 세계 전역에서 작물이 쇠퇴하는 현상이 나타났기 때문이다. 바룰리나가 유럽의 다양한 재래 품종을 기록하는 순간에도 그것들은 사라지고 있었다. 거의 한 세기가 지난 지금, 319페이지짜리 논문으로 시작된 그녀의 연구는 현대 세계를 이룩하는 데 기여한 콩과식물에 관한 표준 연구로 남아 있다. 바룰리나의 이름은 그녀가 연구한 씨앗 가운데 많은 종류를 수집하는 데 힘을 보탠 한 남성의 이름과 함께 더 잘 알려져야 한다. 바로 그녀의 남편인 니콜라이 바빌로프였다.

1940년에 스탈린이 바빌로프를 투옥하자 바룰리나는 남편을 석방시키려고 분투했으며, 그에게 식량 꾸러미를 보냈다. 그러나 이런 꾸러미는 그에게 한 번도 전달되지 못했다. 우리가 아는 한 바빌로프는 1943년에 소련의 감옥에서 굶어 죽었고, 그의 아내와 아들은 가난하게 살았다. 1955년에 바빌로프가 복권된 뒤 바룰리나는 남편이 남긴 종자 수집 여행에 관한 방대한 미출판 원고를 정리하기 시작했다. 하지만 그 일을 마치기 전인 1957년에 세상을 떠났다.

바룰리나가 작성한 재래 품종 렌틸의 카탈로그는 슈바벤알프스에서 볼데마어 마멜이 만든 사례와 함께 유럽 전역의 다른 공동체들에 영감을 주어 자신들이 잃어버린 콩을 되살리려고 시도하게 했고, 현존하는 렌틸 운동을 일으켰다. 스웨덴의 농부인 토마스 엘란드손Tomas Erlandsson은 고틀란드섬에서 멸종했던 강낭콩과 완두콩, 렌틸을 되살려냈는데, 그중에 고틀란스린센Gotlandslinsen이 있다. 이 '금발' 렌틸은 고틀란드섬의 알칼리성 토양과 저온 기후에 적응한 품종이다. 중세 때 이 섬의 수도승들이 쓴 필사본에 고틀란스린센에 대한 언급이 있다. 그 콩은 여러 세기 동안 스튜를 끓이거나 가루를 내어 납작 빵을 굽는 데 쓰였다. 그러다가 1960년대에 사라졌다. 엘란드손의 말에 따르면 그것은 '빈민의 음식'으로 여겨졌다. 한동안 수색 작업을 펼친 끝에 그는 그 콩의 종자를 갖고 있던 섬의 두 늙은 농부를 찾아냈다. "내가 찾아낸 것은 놀라웠습니다. 그 렌틸콩은 맛이 대단했어요."

슈바벤의 알브린제에 관한 사연이 영국 동부 해안을 거점으로 한 어느 연구팀에 당도했다. 2008년에 조사이아 멜드럼Josiah Meldrum, 닉 솔트마시Nick Saltmarsh, 윌리엄 허드슨William Hudson은 도시를 위한 새로운 식품 시스템을 설계하려고 애쓰고 있었다. 기후에 대처하는 회복력이 더 크고, 환경을 덜 파괴하는 그런 종류 말이다. 그들은 새 시스템이 제대로 작용하는 데 콩과식물의 씨앗이 결정적으로 중요할 것임을 빠르게 깨달았다. 자라는 데 다른 자원이 거의 필요 없고 영양가가 높을 뿐 아니라 토양에도 아주 좋기 때문이다. 슈바벤에서의 작업에 대해 들은 그들은 영국에서 기르던 것을 살펴보고, 멀리 철기시대로 거슬러 올라가면 콩과식물이 필수적인 작물이었음을 알아냈다. 그것은 심지어 1390년에 고대 영어로 쓰인 영국 최초의 요리책인 《요리법The Forme of Cury(Method of Cooking)》에도 등장했다. "콩을 흐물흐물해질 때까지 끓인다Take benes and seeþ hem almost til þey bersten"라는 것이 베네 이프리드benes yfryed를 만드는 조리법 일부다. 1570년 이후 시인 토머스 터서가 쓴 시에서 그들은 '좋은 농부가 되는 100가지 방법A Hundreth Good Points of Husbandrie'을 찾아냈다. 그것은 농부들에게 주는 재배의 지침이었다.

2월이 되면 쉬지 말라
땅을 파서 콩과 완두콩을 심으라.

잠두fava bean와 렌틸은 적어도 3000년 동안 영국에서 중요한 주식이었지만, 사람들이 육류와 유제품을 더 많이 먹기 시작하면서 콩은 열등한 식품으로 여겨졌다. 빈곤과 콩의 단조로움을 표현한 시도 있다. "뜨거운 콩죽, 차가운 콩죽/항아리에 든 콩죽, 9일 묵었네.Pease porridge hot, pease porridge cold,/Pease porridge in the pot, nine days old" 영국에서는 잠두 같은 고대 작물을 계속 심기는 했지만, 동물 먹이로 쓰거나 해외로 수출했다. 2012년에 멜드럼과 그의 친구들은 호드메도드Hodmedod(고대 영어에서 콩과식물의 덩굴처럼 둥글거나 도르르 말려 있는 물건을 가리키는 단어)라는 사업을 시작했다. 영국에서 렌틸 등 콩과식물 재배를 되살려낸 그들은 사업을 성공시켜 상을 받기도 했다.

볼데마어 마멜은 슈바벤의 동족에게 렌틸을 먹어보라고 권한 후 "다른 어떤 것과도 다른 맛과 느낌을 준다"라고 이야기하면서 그들을 끌어들였다. 또한 농부들에게 토양을 비옥하게 해주는, 밀과 보리 사이에서 렌틸을 섞어 기르는 법을 알려주었다. 남은 것은 렌틸과 다른 곡물을 구분해 수확을 편리하게 해주는 기계의 몫인데, 이

기계는 마멜이 설계하고 제작한 것이다. 현재 슈바벤 농부 140명이 렌틸을 기르고 있으며, 알브린제의 수요가 공급을 초과한다. 이는 식품을 소멸로부터 되살려낼 수 있다는 증거다.

볼리비아,
안데스

Andes,
Bolivia

오카

Oca

11

"태아가 보입니까?" 바위 꼭대기에 난 작은 틈새를 가리키면서 나와 함께 간 로리타노Loritano가 소리쳤다. 우리는 신성한 돌을 찾아 3000미터 높이의 산에 올라와 있었다. 선인장, 안데스 민트 덤불, 키가 크고 삐죽 솟은 파인애플과의 식물 사이로 집고양이만 한 해골이 쪼개진 바위 틈새 안쪽에 웅크린 듯 놓여 있었다. 머리와 척추만 간신히 알아볼 수 있었다. 열기 속에서 서서히 말라죽은 동물 같았다. 로리타노는 이 라마 태아가 제의 때 바쳐진 공물이었다고 설명했다. 10미터 높이의 그 바위는 더 높은 곳에 있는 신전 쪽으로 인도하는 거석들의 일부였다. 새끼 라마 공물은 올해에 풍작이 되도록 도와줄 것이었다.

우리가 있는 곳은 볼리비아와 페루 사이의 국경을 가르는 코르디예라 아폴로밤바산맥이었다. 이곳의 마을들은 대부분 토착민인 아이마라족Aymara과 케추아족Quechua이 거주한다. 눈이 내리고 있었고, 주위에서 움직이는 것이라곤 진흙 도로 옆에서 풀을 뜯고 있는 알파카뿐이었다. 돌이 있는 곳 너머로는 꼭대기가 얼음으로 덮인 산들이 있었고, 그 봉우리는 6000미터에 달했다. 이 고도에서는 아무리 화창한 날이더라도 추위가 심할 수 있다.

로리타노는 칼라와야Kallawaya다. 칼라와야란 안데스 지역에서 2000년 동안 전통 의술을 시행해온 샤먼 집단으로, 수가 점점 줄어들고 있다.[1] 그들은 원래 티티카카호수 북쪽 연안을 차지하고 있던 별도의 민족 집단이었으며 고유한 언어도 있었는데(지금은 사라졌다), 오늘날에는 안데스 지역 전역의 여러 마을로 흩어졌다. 치유사로서 그들의 역할은 계속 이어졌고, 여러 세기 동안 칼라와야가 쓰던 식물은 서구 의학에 흡수되었다. 코카도 그중 하나다. 칼라와야는 이 식물 잎으로 설사와 두통을 치료했지만 19세기의 유럽 의사들은 거기서 알칼로이드, 즉 코카인을 추출해 마취제를 만들었다. 널리 활용되던 또 다른 약물은 싱코나cinchona 나무껍질을 말린 것이었다. 칼라와야는 천 년이 넘도록 그 말린 나무껍질을 말라리아 치료제로 썼으며, 대영제국 전역에서도 같은 용도로 사용했다(키니네quinine는 이 껍질에서 발견한 복합 성분이다). 1890년대에 파나마운하 공사장에서 일하던 노동자들이 말라리아와 황열병으로 죽어가고 있을 때 칼라와야가 수천 킬로미터 떨어진 그곳까지 치료제를 가져다주었다. 하지만 1930년대에 서구에서 의사들이 들어오자 칼라와야는 '주술사' 취급을 받았다.

삼십 대 초반인 로리타노는 마지막 남은 칼라와야 중 하나다. 그는 역시 칼라와야인 아버지에게서 이런 지식과 힘을 물려받았다. 그가 말한다. "내 얼굴에 난 출생 표식이 그 표시입니다. 내 형제 가운데 내가 선택받았어요." 샤먼으로서 그의 역할은 식물에 대한 지식 제공자와 살아 있는 약학서 같은 존재를 훨씬 넘어선다. 칼라와야는 가장 중요한 실체인 파차마마Pachamama 또는 어머니 대지와 소통하는 책임자다. 안데스 우주론에서 질병이나 흉작은 인간과 자연의 관계가 흐트러져서 일어날 수 있다. 농부들은 칼라와야에게 이런 사태를 피하게 해달라고 부탁한다.

로리타노는 알파카 양모로 짠 선명한 빨간색, 녹색, 노란색 줄무늬의 판초를 입고 있다. 우리가 대화하는 동안 그는 오른손을 목에 건 담배 자루chuspa 안으로 수시로 들락날락하면서 마른 코카 잎을 집어내어 입 한쪽 귀퉁이로 씹었다. 신성한 돌에 닿자 그는 코카 잎 여섯 장을 꺼내 바위 바닥에 놓고 그 위에 병에 담아온 액체를 뿌렸다. 이것은 감자로 만든 증류주인 독한 안데스 밀주다. 파차마마에게 선물이 제대로 바쳐졌으니, 로리타노는 기도할 준비가 되었다. "이런 식으로 하면 식량이 올 겁니다."

눈과 바위의 세계 속에 있는 그를 지켜보면서 나는 왜 농부들이 지금도 칼라와야에게 축복을 해달라고 하는지 깨달았다. 이곳은 지구상에서 인간이 살아가는, 가장 높고 가장 춥고 가장 험난한 장소지만 그들은 어떻게 해서든 수천 년간 살아남는 데 성공했다. 이 역사 동안 내내 칼라와야는 수백 가지 야생 약초와 여러 세대에 걸쳐 전해진 식물에 관한 지식을 이용해 생존을 가능하게 했다.

바위에서 내려온 로리타노와 나는 급류 위로 드러난 돌을 밟으며 강을 건너 고원지대에 들어갔다. 고대의 석조 테라스가 마치 거인들이 밟고 다니는 계단처럼 산기슭에 펼쳐져 있었다. 우리 발밑에는 안데스 산지의 삶에 필수적인 또 한 가지 요소가 자라고 있었다. 그것은 식물 왕국의 궁극적 생존 식량인 덩이뿌리다. 꼼꼼하게 쌓은 돌담으로 땅이 구획되어 있었는데, 이는 그런 시설이 없었더라면 농사를 짓지 못했을 이런 지형에서 살아남게 해준 독창적인 디자인이었다. 로리타노는 막대기로 작은 잎사귀가 달린 녹색 식물 밑의 땅을 파서 감자 하나를 꺼냈다.

고대 인류는 그냥 감자를 파내 음식으로 만들어 먹을 수 없었을 것이다. 먼저 이런 야생식물을 식용으로 쓰지 못하게 하는 유독성 복합물을 처리해야 했다. 감자는 치명적인 가지속 식물에 속하는데, 이런 독 성분은 곰팡이나 박테리아, 굶주린 동물 등 해로운 유기체의 공격을 방어하는 수단이었다.[2] 익힌다고 해도 이런 화학적 방어막을 와해시킬 순 없다. 고대에는 진흙과 물로 걸쭉한 용액을 만든 다음, 미세한 광물성 입자로 독성분을 흡수하는 방법으로 이 문제를 해결했다(안데스 지역 감자의 몇몇 품종은 지금도 작은 진흙 봉지와 함께 판매한다). 덩이뿌리를 길들인 이후 수천 년 동안 농부들은 독 문제를 해결했을 뿐 아니라 더 크고, 더 맛있고, 영양분도 더 많은 것을 골라냈다.

그런 다음 로리타노는 또 다른 덩이뿌리를 파냈다. 그것은 밝은 노란색이었고, 울퉁불퉁한 총알처럼 생겼다. 이것이 오카oca• 다.

• 안데스 괭이밥 또는 안데스 옥살리스 풀 -옮긴이

우리가 있던 테라스와 그곳에 가득한 온갖 다양한 덩이뿌리는 수천 년 동안 콜럼버스가 당도하기 전 치리파Chiripa 문명, 티와나쿠Tiwanaku 문명, 나중에는 13세기의 잉카제국에 이르는 문명을 부양해왔다. 세계 다른 어디에서도, 티베트나 네팔에서도 이 고도에서 안데스만큼 높은 밀도의 인구를 농업이 부양하는 데 성공한 곳은 없었다.

일반 뿌리의 기능이 식물을 흙 속에 고정하고 영양소와 물을 공급하는 것인 반면, 덩이뿌리는 지하의 에너지 저장고와 더 비슷하다. 이런 저장 기관의 내용물은 기온이 낮아지고 비가 오지 않아 스트레스가 심한 기간에 동원된다. 식물이 살아남기 위해 탄수화물과 칼슘과 비타민 C의 덩어리로 진화한 것이 거꾸로 인간의 생존 수단이 되었다. 흙 속에서 보호된 덩이뿌리는 다른 작물들이 실패했을 때 식량을 제공할 수 있다. 또 살아 있는 식품 저장고로서, 일 년 이상 지하에 그대로 방치했다가 필요할 때 캐낼 수 있다. 갈등이 생겨 지상의 곡물 저장고가 적들에게 노획될 위험이 생겨도 덩이뿌리는 안전하게 숨겨진다. 하드자족은 아프리카의 사바나에서 캐어 먹던 덩이뿌리인 에크와ekwa와 도아이코do'aiko가 없었더라면 살아남지 못했을 것이다. 식민지 이전 오스트레일리아에서 애버리진과 머농의 관계도 마찬가지다.

콜럼버스 이후 교역이 시작되자 감자는 구세계로 전해졌다. 그것은 밀이나 보리보다 약 4000제곱미터당 네 배나 많은 칼로리를 제공함으로써 수백만 명의 유럽인을 먹여 살렸다. 감자가 없었더라면 구대륙에서 산업화나 제국의 팽창이 가능했을지 의문스럽다.[3]

세계를 바꾼 이 덩이뿌리는 7000년 전에 안데스 지역에서 길들여졌다. 이곳은 감자 다양성의 중심지, 말하자면 탄생지다. 감자 외에 다른 덩이뿌리(마슈아 mashwa, 파팔리사 papalisa, 오카 등)의 탄생지이기도 하다. 안데스 지역처럼 다양한 덩이뿌리가 있는 곳은 세계 어디에도 없다. 감자만 보더라도 안데스 지역의 품종은 4000종에 이르며 강낭콩, 옥수수와 교대로 심는다. 이런 다양성은 안데스 전 지역에 있는 소규모 정착촌에서 창출되었다. 그런 마을에서 덩이뿌리는 그곳의 특정한 고도와 국지적 미세기후 microclimate• 와 토양에 적응했다. 모두가 탄수화물, 칼슘, 비타민 C와 같은 영양소를 공통으로 갖고 있다. 오늘날 살아 있는 우리는 감자의 길들임 과정을 시작한 수렵채집인에게 감사해야 한다. 밀, 벼, 옥수수를 길들인 뒤 세계에서 네 번째로 많이 소비되는 작물이 감자이기 때문이다.

• 지면에 직접 접한 대기층의 기후를 말하며, 농작물의 생장과 밀접한 관계가 있다 -옮긴이

안데스 지역민은 이중의 보험을 드는 것처럼 감자를 여러 해 저장할 수 있는 식품으로 바꾸는 특별한 기술을 개발했다. 그것이 추뇨chuño와 툰타 tunta다. 부드러운 작은 자갈처럼 생긴 이 음식은 알티플라노고원••의 추위 속에서 저장된 감자다. 이 고원지대는 서리가 내리는 밤이 한 해에 300일인데, 기온이 섭씨 영하 5도 이하로 내려갈 때 농부들은 자신이 기른 작고 둥근 감자 수천 개를 이곳으로 운반한다. 감자를 바닥에 펼쳐놓으면 마치 산악지대 한복판에 백사장이 만들어진 것처럼 보인다. 이것이 추뇨와 툰타를 만드는 첫 단계다. 해가 지고 나면 감자는 얼기 시작해 내부의 물기가 밖으로 빠져나온다. 해가 뜨면 덩이뿌리에 맺힌 얼음이 녹고 더 많은 습기가 증발한다. 농부 가족들은 넓은 감자 카펫이 매일같이 얼었다가 녹으면서 서서히 건조되는 과정을 지켜본다. 낮에는 추위를 무릅쓰고 덩이뿌리로 걸어가서 맨발로 밟아 최후의 한 방울까지 습기를 짜낸다. 완전히 건조되어 거무스레해지면 이제 여러 해 저장할 수 있다. 이것을 추뇨라고 한다. 필요하면 가루를 내거나 다시 물을 부어 스튜를 끓일 수 있다. 그렇게 요리하면 추뇨는 이탈리아의

•• 페루 남동부에서 볼리비아 서부에 걸쳐 있는 고원 지대. 면적이 17만 제곱킬로미터로, 티베트고원 다음으로 넓다 -옮긴이

감자 수제비 뇨키와 모양과 맛이 비슷해진다. 한편 흰색의 추뇨라 할 수 있는 툰타를 만들려면 더 부지런히 작업해야 한다. 땅속에 구덩이를 파고 물을 채운 뒤 그 속에 감자를 넣은 다음 돌로 누른다. 그리고 짚(파하브라바pajabrava라는 억센 풀을 말린 것)으로 위까지 채운 뒤 한 달간 삭히고, 그런 다음 추뇨와 함께 냉동건조 과정을 거친다.

이 기법은 적어도 3000년쯤 전에 시작되었는데, 오늘날의 볼리비아와 칠레, 페루 지역에서 번영했던 고대 농경 문명 가운데 하나인 티와나쿠 문명이 쓰던 방식이다. 덩이뿌리의 저장은 그들 모두에게 도움을 주었다(육포 또는 케추아어로는 차르키ch'arki라는 육포도 비슷한 방식으로 보존되었다). 추뇨를 가득 저장한 저장고 덕분에 15세기에 잉카족은 안데스의 가장 높은 고지에서도 많은 인구를(티티카카호수 주변에 살던 100만 명과 함께) 먹여 살릴 수 있었다. 하지만 색깔이 흰 툰타는 더 고급스러운 음식이었다. 다른 문화에서 흰쌀과 흰 밀가루처럼 더 정제된 이 버전은 특권층의 몫으로 할당되었다.

심지어 잉카제국이 멸망한 뒤에도 추뇨는 살아남았다. "수많은 스페인인이 … 이 추뇨를 구입해 광산에다 파는 것만으로도 … 부자가 되었다." 정복자 페드로 시에자 데레온Pedro Cieza de León은 1590년에 이렇게 쓰면서 다음과 같이 덧붙였다.[4] "오카라는 또 다른 식품도 있는데, 그것 역시 수익성이 높다." 대략 같은 시기에 예수회 신부인 호세 데아코스타José de Acosta는 광산주들이 노동자들을 먹일 추뇨 가격이 너무 높다고 항의하는 이야기를 썼다. 이런 건조된 덩이뿌리는 안데스인을 살아남게 했을 뿐 아니라 제국을 부양하고 부도 창출했다.

그러나 나의 주 관심은 로리타노가 찾아낸 두 번째 덩이뿌리인 오카에 쏠렸다. 그것은 더 북쪽에서 길들었다. 페루 중부 고원지대의 기타레로 동굴에서 1만 년 된 숯과 나무, 아주 작은 옷감 조각이 발견되었고, 그와 함께 식물과 동물의 잔재도 있었다. 1960년대에 고고학자들은 그곳의 지층을 깊이 파고 들어가서 고대의 식단을 차례로 발굴해냈다. 옥수수 이삭, 콩깍지, 고추, 토마토의 야생 친척의 씨앗 등이 모두 등장했다. 그러나 가장 오래된 지층에서 최근까지의 모든 지층에 등장한 몇 안 되는 식품 가운데 오카가 있었다.

(케추아어로는 카야khaya라 부르는) 오카는 감자처럼 전 세계로 퍼져나가진 않았지만, 안데스의 몇몇 지역에서는 그에 못지않게 귀중하게 여겼다. 오카는 튼튼하고 영하의 날씨도 견딜 수 있다. 또한 질병 저항력도 높다. 척박한 토양에서도 자랄 수 있고, 안데스 지역의 극단적인 일상 여건(낮은 여름, 밤은 겨울)과도 완벽하게 조화한다.[5] 적응 정도가 너무 완벽하다 보니 여기서 먼 곳에 가면 잘 자라지 못한다. 오카는 너무 춥지 않고 서늘한 기온에서, 그리고 낮이 짧고 밤이 길 때 식용 덩이뿌리를 만들어낸다(어둠이 덩이뿌리의 생산을 촉발한다). 대규모 경작을 위한 이런 정확한 조건에 들어맞는 장소는 뉴질랜드를 제외하면 거의 없다.[6] 적응력이 더 높은 다양한 감자 품종들이 세계가 제일 좋아하는 덩이뿌리작물이 된 것은 이 때문이다. 하지만 안데스 전역에서는 감자와 똑같이 오카도 수백 가지 또는 수천 가지의 품종이 있다(오카의 세계적 지위가 낮은 것은 그것이 깊이 연구되지 않았다는 뜻이다).

안데스 산지를 여행하면 선명한 색깔(뿌연 흰색, 노란색, 빨간색,

자주색, 검은색)을 띠고 예리하게 톡 쏘는 맛부터 중독될 정도로 달콤한 맛에 이르는 다양한 오카를 보게 된다. 오카에는 옥살산이라는 복합물이 들어 있는데, 그것은 식물이 질병과 해충을 상대로 방어할 수 있는 기재의 일부분이다. 이 산 농도가 높은 오카 품종은 너무 시어서 금방 먹을 수 없고, 일주일 동안 햇볕에 말려야 당이 농축되어 신맛을 보완해준다. 말린 오카는 끓이거나 굽거나 튀겨 먹을 수 있고, 풍미가 강한 고구마 같은 맛이 난다.

추뇨와 툰타의 경우처럼, 안데스 지역의 필수 음식이 된 것은 저장된 형태의 오카였다. 오카를 저장하는 것을 보기 위해 나는 로리타노에게 작별을 고하고 안데스 산지 더 높은 곳에 있는 잉카문명의 역사적 거점 가운데 하나로 올라갔다. 그곳은 아폴로밤바산맥 속 해발 4000미터 고도에 있는 작은 마을이었다. 아일루 아구아 블랑카라는 그 마을에는 100여 가구가 한 해 중 여러 달 동안 서리와 안개에 둘러싸여 살아간다. 오카로 만든 추뇨와 툰타라 할 수 있는 말린 카야가 이곳 사람들의 일상 주식이다.

나는 마을의 케추아족 여성 무리를 따라 산길을 올라가서 그들의 밭으로 갔다. 고도가 높아 앞서가는 그들의 걸음을 따라잡기 힘들었다. 그들은 전통 의상인 촐리타Cholita를 입고 있었다. 여러 겹의 무거운 페티코트와 푸른색 치마를 입고, 암갈색 중절모를 쓰고, 빨강과 노랑으로 아름답게 짠 숄을 두르고 있다. 산을 오르거나 덩이뿌리 농사를 지으러 가는 복장처럼 보이진 않았지만, 그들에게는 그런 일이 수월한 것 같았다. 마을 사람들은 골짜기 주위에 널려 있는 밭과 계단식 대지에 덩이뿌리를 심었다. 비실용적인 행동으로 보일지 모른다. 산을 올라야 하고, 한쪽 밭에서 다른 밭으로 계속 걸어 다녀야 하니 말이다. 하지만 이런 식으로 하면 위험을 분산할 수 있다. 서리나 질병이 밭 한 곳에 번지더라도 다른 고도와 토양을 가진 또 다른 밭에 의지할 수 있다. 또한 오카, 파팔리사 덩이뿌리, 강낭콩, 퀴노아 등 식물도 매년 다르게 심는다. 지역사회 전체로 본다면 이런 방식은 수백 가지 다양한 품종의 컬렉션을 구성한다. 한 여성이 말했다. “윤작은 중요합니다. 땅도 쉬어야 해요.”

들판에서 사람들은 오카를 수확한 다음 등에 지고 40분 동안 걸어 펠레추코강으로 가져간다. 강둑은 마치 폭탄을 맞은 듯하다. 몇 미터 너비의 구덩이가 숭숭 뚫려 있는데, 서로 바짝 붙어 있어서 굴러떨어지지 않으려면 구덩이 가장자리를 발끝으로 조심조심 디뎌야 한다. 구덩이에는 물과 짚, 무나(안데스산 민트) 한 줌이 채워져 있다. 오카 자루를 그 속에 담그고 돌로 눌러놓은 다음 적어도 한 달간 내버려 둔다. 펠레추코강 물이 시끄럽게 흘러내리는 속에서 바실리아라는 여성이 바위를 몇 개 들어내고, 구덩이의 찬물 속에 팔을 집어넣어 예전에 담가두었던 자루 하나를 끌어낸다. 껍질이 벗겨지고 있는 덩이뿌리를 꼬집어본 그녀는 머리를 흔들며 말했다. “아직 안 됐어요. 일주일은 더 있어야겠네요.” 부드럽고 스펀지 같은 촉감이 되어야 한다. 그때쯤이면 시큼한 산 맛도 다 없어졌을 것이다.

이곳에서 준비된 오카는 산의 더 높은 곳으로 운반되어 알티플라노에서 추뇨가 그랬던 것처럼 땅바닥에 펼쳐진다. 일주일가량 오카는 얼었다가 녹는 과정을 되풀이한다. “그것들이 썩은 것처럼 보이기 시작하면 꽉 눌러요.” 바실리아가 설명했다. 그렇게 하여 얼어붙을 듯 추운 산기슭에서 그들은 마지막 남은 습기를 몰아내려고 오카를 맨발로 밟는다. 다 마르고 납작해지고 검어지면 덩이뿌리를 마을로 운반한다.

작은 부엌 안에서 여성들은 불에 타서 그을린 나뭇조각처럼 보이는 마른 오카 조각을 가져다가 갈아서 반죽을 만든다. 농가 마당에서 풍길 것 같은 달콤한 냄새가 대기 중에 강하게 감도는 동안 반죽에 소금, 허브, 설탕을 더해 미니 버거 크기로 작게 다듬는다. 이 반죽을 옥수수기름으로 튀겨내면 약간은 당밀 같고 약간은 감초 맛, 또 약간은 헛간 마당의 냄새를 풍기는 단단하고 쫄깃한 원반 형태가 된다.

내가 아폴로밤바를 떠나던 날, 마을은 아타피atapi를 열었다. 이것은 주변의 모든 마을이 한데 모이는 지역사회의 잔치다. 몇 킬로미터씩 걸어온 사람도 있었다. 그렇게 하여 소식을 교환하고 음식을 함께 나눈다. 펼쳐진 담요 위에는 각 공동체가 가져온 다양한 덩이뿌리가 놓여 있었다. 50~60종류의 오카, 추뇨, 툰타 그리고 다양한 모양과 크기와 색깔의 토종 감자 등등. 각 덩이뿌리는 각 마을에 맞춰 적응한 것들이다. 어떤 것은 더 높은 산지에, 어떤 것은 더 낮은 지대에 적응해 그들의 잔치를 다양성의 잔치로 만든다.

이 다양성에 대한 이해를 평생의 직업으로 삼은 사람도 있다. 미국의 식물학자인 이브 엠슈윌러Eve Emshwiller도 그런 사람이다.[7] 그녀는 거의 30년 동안 안데스 산지를 돌아다니면서 잊히고 멸종 위기에 처한 오카 품종을 찾아내고, 페루와 볼리비아 정부가 오카의 다양성을 보존하도록 도움을 주었다. 1970년대의 학생 시절에는 케추아족의 음악과 언어에 흥미를 느꼈지만, 1990년대에는 그들의 음식으로 관심을 돌려 마침내 거의 연구되지 않았던 오카에 집중했다. 오늘날 그녀는 이 덩이뿌리에 대한 세계적 전문가로 인정받는다. 세월이 흐르는 동안 볼리비아와 페루에서 그녀가 방문한 거의 모든 마을의 농부들은 다양한 품종의 오카를 재배하고 있었다. 그중에는 다른 어디에서도 볼 수 없는 종류도 있었다. 그러나 매번 연구 여행을 갈 때마다 그녀는 동일한 현상을 알아차렸다. 오카를 기르는 사람이 점점 줄어드는 것이다. 몇몇 농부는 자신들이 기르는 오카가 해충에 피해를 보았기 때문이라고 말했다. "그들이 말하기를 기후가 변하고 있고 작물이 망쳐졌다고 합니다." 다른 곳에서는 젊은이들이 모두 도시로 일자리를 찾아 떠나버려 식량을 기를 사람이 남지 않았다는 말도 들었다. 21세기의 첫 십 년 동안에만도 볼리비아 전체 인구 가운데 3분의 1이 농촌에서 도시로 이주했다. 라파스 인근에 있는 엘알토는 고작 20여 년 만에 인구가 세 배로 늘어 주민이 90만 명에 달했다. 결과적으로 마을들은 비워지고 있다.[8]

페루 북부에 있는 어느 마을로 오카를 찾아갔을 때 엠슈윌러는 오카가 재배되는 것도, 식용되는 것도 거의 보지 못했다. 그녀와 함께 간 보존론자들은 이유를 알기 위해 이리저리 문의했지만, 오카가 희귀해진 현상은 수수께끼로 남았다. 돌아오는 길에 그들은 주유하려고 멈췄다가 근처의 도시로 감자를 수송하던 어느 트럭 운전사와 이야기를 나누었다. 운전사는 트럭의 감자를 융가이yungay라 부른다고 말했다. 그것은 크고 노란 튀김용 감자 품종으로 도시에서 인기가 매우 높았다. 도시 인구가 많아짐에 따라 도매업자들은 감자 공급을 늘릴 필요가 생겼고, 그래서 운전사는 씨앗 감자를 나눠주려고 마을을 돌아다니는 일거리를 얻은 것이다. 그가 의도하지 않은 결과였지만, 안데스 농부들은 전통적인 덩이뿌리 품종을 포기하고 그 대신 노란 감자를 기르게 되었다. 그들이 기른 것이 어떻든 운전사는 구입하겠다고 약속했다. 그래서 농부들은 용가이 재배자가 되었다.

안데스 전역에서 엠슈윌러는 다른 농부들도 윤작 시스템을 포기하고 같은 땅에 해마다 같은 작물을 심는 단일경작 방식으로 옮겨가는 것을 보았다. 이로 인해 대개 살충제를 더 많이 쓰고, 토양이 고갈되므로 비료도 쓰게 된다. 이런 식으로 그들은 고대의 다양한 오카 품종뿐 아니라 그것을 길렀던 복합적인 자급 시스템도 상실했다. 많은 사람은 그냥 포기하고 마을을 떠나 도시 외곽의 판자촌으로 갔다. 엠슈윌러는 정부의 농학자들과 함께 일하면서 가능한 한 모든 종류의 오카 품종을 수집하여, 미래 세대를 위해 안데스 지역 오카의 다양성을 보호하는 데 힘을 보탰다.

안데스 지역의 공동체는 그 어느 때보다도 식량과 농업의 회복탄력성이 필요하다. 기후 패턴이 더 불규칙적으로 변하면서 공동체는 심한 가뭄과 홍수, 서리의 피해를 보고 있으며, 기온이 올라가고 얼음이 녹아 빙하가 사라지고 있다(그와 함께 고대 이래로 계속되던 관개용수와 라파스 같은 도시에 대한 물 공급도 줄어든다).[9] 심지어 추뇨를 만들고 오카를 저장하는 일도 서리가 예전처럼 규칙적으로 내리지 않아서 불확실해졌다. 온난해진 기후 탓에 작물의 질병이 점점 더 높은 고도까지 확산해 안전하고 곰팡이가 없는 토양을 찾아 계속 더 높은 지역으로 올라가도록 농부들을 밀어붙인다. 그처럼 급속히 변하는 여건과 해충, 질병의 확산에 적응할 수 있는 작물은 많지 않지만 몇 품종은 그렇게 할 수 있다. 안데스 전역에서 다양성을 지키는 것이, 또 그곳의 농부들에 대한 지원이 중요한 것은 이 때문이다.

“안데스 지역은 기후변화를 이해하기 위한 살아 있는 실험실과도 같아요.” 국제감자센터International Potato Center(CIP)의 선임 과학자인 스테프 더한Stef de Haan이 말한다. 이 연구센터는 국경을 넘어 리마에 위치한 곳으로, 4600종의 다양한 안데스 덩이뿌리가 보존되어 있다. 이런 품종 가운데 미래에 필요한 특성을 가진 것이 있을 수도 있다. 그러나 그런 특성은 재래 품종이 지금도 자라고 있고 계속 적응해가는 오지 수천 곳의 지역사회에 존재할 가능성이 더 높다. 이런 생각이 페루와 볼리비아 국경 가까이에 있는 쿠스코의 신성한 계곡에 감자 파크를 설립하는 것으로 이어졌다. 문화적 정체성과 약용식물, 농사 지식 외에도 다양한 덩이뿌리 품종을 지켜낼 방안으로 구상된 이 광활한 보호구역에는 6000명의 토착민이 살고 있다. 2017년에 이 감자 파크에서 자라는 650가지 다양한 품종이 백업 용도로 스발바르로 보내졌다.

이런 종류의 다양성 지키기 작업의 배경이 되는 과학은 점점 더 명확한 해법에 접근하고 있다. 2011년에 과학자들은 감자와 오카의 게놈지도를 작성했는데, 그것은 왜 어떤 덩이뿌리가 다른 것들보다 더 질병에 취약한지, 또 왜 아일랜드 감자 기근을 초래한 마름병blight이 그토록 참혹했는지 설명하는 데 도움이 되었다. 이 게놈은 지금도 전 세계에서 난동을 부리며 작물을 파괴하고 전 세계의 식량 안정성을 위협하는 질병에 대한 저항력을 확인하는 데 도움이 된다. 연구 방향은 저항성 유전자의 원천으로서 덩이뿌리의 희귀한 여러 재래 품종과 오카의 야생 친척(덩이뿌리의 탄생지인 볼리비아의 운무림에서 자라는 것이 발견되었다)을 대상으로 한다. 더 많은 다양성을 보존할수록 안데스 지역의 공동체뿐 아니라 전 세계의 농부들에게 더 좋다. 더한은 “우리는 이것을 간과해 위험에 처했습니다. 안데스 농부들은 세계 유전자 자원의 수호자입니다”라고 말한다.

일본,
오키나와

Okinawa,
Japan

오히구 대두

O-Higu Soybean

12

일본 본토의 남쪽으로 1600킬로미터 떨어진 곳에 있는 태평양상의 오키나와제도 한복판에서 칠십 대 초반의 호리호리한 남자 겐이치 가리키Kenichi Kariki가 세계에서 가장 작은 대두밭일 수도 있는 곳을 돌본다. 야생의 열대 황야에 둘러싸인 이 가로 1미터, 세로 5미터의 공터에서 가리키는 일본에서도 가장 희귀한 대두 품종 하나를 되살려내려고 한다. 희귀한 대두라고? 무슨 그런 일이 있을 수 있는가? 신문의 1면 기사 제목들은 대두가 너무 많이 재배되어 발생하는 문제점을 상기시킨다. 브라질의 세하두, 아르헨티나의 융가스 '운무림', 볼리비아의 그란차코 등지에서 벌어지는 벌채의 이유는 흔히 글리신 맥스Glycine max의 생산 급증 탓으로 돌려진다. 글리신 맥스란 우리가 대두라고 부르는 작고 노란색의 타원형 콩으로, 단백질 함량이 매우 높은 콩과식물이다. 이것은 지구상의 닭과 돼지 사료에서 제일 비중이 큰 재료다. 2020년에 대두에 대한 전 세계의 수요는 그 어느 때보다도 더 빠르게 증가하고 있다.

그러나 겐이치 가리키의 콩은 희귀하다. 너무 희귀해서 그 콩을 심어온 지 3년이 된 가리키조차 아직 감히 한 알도 먹지 못할 정도다. 언젠가는 농부들과 나눌 수 있고, 그것을 영구적으로 되살릴 날이 오기를 그는 희망한다. 그 작은 콩 한 알 한 알을 마치 귀중한 보물이기나 한 것처럼 보관하는데, 그의 눈에는 실제로 보물이다.

1870년대 일본의 속주가 되기 전에 오키나와는 류큐왕국이라는 독립국가로 여러 세기 동안 존속해왔고, 자체의 왕과 왕조, 언어, 문화, 종교 그리고 대두를 갖고 있었다. 이 재래 품종 콩은 오히구라는 이름이었고, 지금 겐이치 가리키가 기르려고 노력하는 것이 바로 그 품종이다. 카발자 밀이 동부 튀르키예 사람에게, 혹은 알브린제가 슈바벤알프스 주민에게 어떤 의미였는지 생각하면 오키나와 주민에게는 오히구 대두가 그런 존재였다. 생존, 정체성, 자급자족의 상징 말이다. 14세기 이후 농부들은 이 콩을 봄에 벚꽃이 피기 시작할 때 심는다. 오히구는 다른 대두 품종보다 빨리 자라는데, 우기가 올 무렵이면 그 콩은 가장 큰 위협인 덥고 습한 날씨가 불러오는 곤충의 피해를 견뎌낼 수 있을 만큼 자라 있다.[1] 그렇게 농부들은 그 씨앗을 지키고 물려주었다.

대두의 기원은 6000년쯤 전에 농부들이 그 식물을 길들였던 중국 북부에서 시작한다.[2] 3500년 전인 상商 왕조 시대에 콩은 동물이 먹는 사료와 인간이 먹는 죽의 재료로 처음 기록에 나타났다. 콩은 여러 시간 끓여도 표층이 단단하고 쓴맛이 강하다. 처음 대두를 이용한 사람들은 박테리아가 콩을 분해하도록 발효시켜 이 문제를 해결했다.[3] 가장 먼저 등장한 것이 장醬이라는 기본 조미료로, 여기에 소금과 쌀이나 보리가 추가되어 된장으로 진화했다.[4] 그러나 대두를 수많은 아시아인의 일상 주식 같은 존재로 바꾼 계기는 두부의 발명이었다. 그 기적 같은 처리법은 쓴맛 나는 대두를 육면체의 맛있는 음식으로 변형시켰다. 중국 중앙부인 허난성에서 발견된 2000년 된 무덤 내부 벽화에는 두부 제작 과정이 그림으로 그려져 있다. 제일 먼저 대두를 삶아 '두유'를 만든다. 그다음 그 액체에 간수를 넣어 응고시킨다. 충분히 응결되고 부드러워지면 사각형 틀에 담고 누른다.[5] 불교와 채식주의 원칙이 중국을 넘어 아시아의 다른 지역으로 전파되면서 대두와 두부도 함께 전파되었다. 12세기 일본에서 신도神道의 사제들은 신사에서 두부를 공물로 바쳤다. 이 무렵 대두가 오키나와에 당도했다.

류큐왕국의 왕들은 섬 남쪽의 수도 나하에 있는 붉은색 기와를 올린 장엄한 슈리성에서 통치했는데, 중국의 사신단 책봉사冊封使가 오면 이곳으로 향했다. 바다 건너 서쪽에 있는 거대 제국인 중국은 당시 이 왕국에 가장 큰 영향력을 끼치는 나라였다. 중국은 류큐 왕들에게 권력을 승인했고, 류큐 교역에서는 대중국 교역의 비중이 컸으며, 씨앗과 요리 기법도 공유했다. 오히구 대두가 오키나와에 당도한 것은 이런 경로를 통해서였다. 그와 함께 일본 본토에서 보는 것보다 부드럽고 매끈한, 중국의 두부 전통에 더 가까운 시마 도푸(섬 두부)도 같이 전해졌다.[6] 19세기 후반, 즉 오키나와가 일본의 메이지 정권 치하에 편입되었을 때 작성한 '일본인의 식단 조사'를 보면 전형적인 오키나와 음식의 아침과 점심, 저녁 식사가 두부, 고구마, 미소 된장국과 풍성한 채소로 구성되었음을 알 수 있다. 오키나와는 주로 식물성 음식을 먹으며 대두를 많이 쓰기 때문에 나중에 다섯 군데의 블루존blue zone 가운데 하나로 꼽혔다.[7] 블루존이란 주민이 특히 장수하고 건강을 누리는 지역을 말한다. 하지만 20세기 중반에 그들의 식단은 이상하고 예상치 못한 방향으로 변했다. 1960년대에 오키나와 사람들은 여전히 두부를 먹었지만 오히구 대두는 멸종했고, 그들이 먹는 대두는 미국 중서부에서 기른 것이었다.

인간이 길들여 식량으로 재배한 모든 씨앗 가운데 대두가 그처럼 특별한 존재가 된 것은 그것이 담고 있는 영양분 함량보다는 그 분량 때문이다. 대두의 대략 20퍼센트는 기름이고 35퍼센트는 단백질이다. 콩과식물을 기준으로 보면 높은 비율이다. 18세기 이후 미국의 과학자들은 대두에 관심을 보였고, 1850년대에 미국 남부에서 윤작용 작물로 심어지는 콩과식물 중 하나가 대두였다. 하지만 대두의 단백질과 기름의 진정한 잠재력이 활용되기 시작한 것은 20세기 초반에 들어선 이후, 대부분 식물 수집가와 기업인, 종교 지도자 들의 어울리지 않는 조합이 만들어낸 결과였다.

대두가 서구에서 누리게 된 높은 인기는 1900년대 초반부터 시작되었다. 당시 미국 농무부는 식물학자들을 한국과 일본, 중국에 파견해 대두 품종의 컬렉션을 구축하기 시작했다. 그중에 전설적인 종자 수집가인 프랭크 마이어Frank Meyer가 있었다. 4500종의 대두 샘플이 보내졌고, 실험용 밭에서 시험을 거쳤다. 미국 농무부의 기준에서 40종 정도가 상업적 용도에 맞는 것으로 판명되자, 이를 농부들에게 분배해 재배하도록 했다.[8] 이처럼 콩의 공급이 증가하자 대두 산물의 수요도 증가했다. 제칠일안식일예수재림교는 대두를 신도들이 준수하도록 정해진 엄격한 채식 체제에 적합한 식재료로 인정했다. 신도 가운데 하나인 음식 흥행사 존 하비 켈로그John Harvey Kellogg(콘플레이크로 유명해진)는 콩이 인류의 건강 개선을 위한 큰 잠재력을 갖고 있다고 믿었다. 켈로그는 이미 육류와 비슷한 질감을 지닌 대두 산물, 즉 오늘날 만들어지는 수익성 높은 육류 대체품의 선구자를 개발했고, '옥수수·대두 채Corn-Soya Shreds'를 출시했다. "이런 시리얼은 어디에도 없어요!" 이것이 그 광고 문안이었다.

한편 기업가들은 분주하게 대두를 사들여 페인트, 비누, 직물, 플라스틱을 제조했다. 물리학자들이 원자를 쪼개는 동안 미국의 화학자들은 대두를 분해해 구성 부분을 추출하고, 풍부한 기름과 단백질을 활용할 용도를 찾았다. 헨리 포드Henry Ford는 일찌부터 콩과식물을 전도한 사람으로, 자동차의 몸체 전체를 대두 화합물로 만들고, 그 위에다 콩으로 만든 페인트를 칠했으며, 좌석 쿠션을 대두 섬유로 채웠다. 식품산업 또한 대두와 사랑에 빠져 그것으로 마가린과 식용유를 점점 더 많이 제조했다. 대두의 또 다른 성분인 레시틴은 가장 널리 사용되는 희석제이며, 레디밀ready meals• 과 샐러드드레싱, 초콜릿의 중요한 성분이 되었다. 1950년대에 미국은 대두를 어찌나 많이 심었는지(지방분이 더 많고 소출량이 높은 링컨콩Lincoln bean 같은 미국에서 육종된 품종도 포함해) 수출할 만큼 잉여분이 남았다. 그 가장 큰 고객 가운데 일본이 있었다.

• 군용식량처럼 조리되어 있어서 바로 먹을 수 있는 식품-옮긴이

1945년 봄, 미국 해병대와 일본군이 충돌해 오키나와 전투가 벌

어졌다. 82일에 걸친 전투는 그 섬에서 '철의 폭풍'으로 알려졌다. 폭격이 너무나 맹렬했기 때문이다. 전투원 9만 명이 목숨을 잃었고, 오키나와 인구는 절반으로 줄었다. 섬에 있던 농장 수백 곳이 처참하게 파괴되었고, 또 다른 곳들은 정리되어 나중에 5만 명 이상의 군인이 주둔하는 미국 최대의 해외 군사기지 가운데 하나가 되었다. 미국 점령하에서 환금작물로 사탕수수가 더 많이 심어져, 농부들이 섬 주민을 위해 키우던 여러 식용식물을 밀어냈다. 그 대신 캘리포니아 쌀, 캔자스 밀, 미국산 돼지고기 통조림(스팸), 아이오와에서 기른 대두가 수입되었다.[9] 미국뿐 아니라 아메리카 대륙의 다른 지역에서도 갈수록 더 엄청난 분량의 대두가 아시아로 수입되는 상황에서 오히구 콩을 지켜내어 얻을 이득은 거의 없었다.

그러나 1970년대에 대두의 붐이 본격적으로 불어닥쳤다. 이 붐은 작은 생선 한 종류와 커다란 관련이 있다. 수십 년 동안 페루 연안에서 엄청난 양의 안초비가 포획되어 가금과 소 축산업에서 주요 단백질 사료로 사용되었다. 하지만 1972년에 남획과 엘니뇨가 복합된 결과로 페루의 안초비 어획고가 거의 90퍼센트나 줄었다.[10] 단백질 패닉이 농업 세계 전역으로 확산했다. 자국의 산업을 보호하기(그리고 육류 가격 상승을 막기) 위해 닉슨 행정부는 미국에서 대두 수출을 제한했다. 이 조치는 미국의 대두 공급에 심하게 의존하고 있던 일본에 영향을 미쳤다. 자신들이 얼마나 의존적이고 취약해졌는지 깨달은 일본은 장기 계획을 짜기 시작했다. 다른 대형 공급자가 등장하지 않으니 만들어내기라도 해야 했다. 브라질은 대두 사업에서 군소 사업자였지만 일본의 투자와 세하두 등 자국 내 원시림의 정리를 통해 거물이 되었다. 1960년에 브라질의 대두 생산량은 30만 톤에 못 미쳤다. 그런데 1980년대에는 세하두 지역의 산성 토양에 맞게 새로 개발된 대두 배양액의 도움을 받아 이 수치가 2000만 톤가량으로 늘었다. 2020년의 수확량은 1억 3000만 톤으로, 기존의 생산량 기록을 깨고 미국의 작물 생산 규모를 능가해 브라질은 이제 전 세계에서 이의의 여지 없는 대두 재배의 대표 선수가 되었다.

이렇게 대두 붐이 일어나는 동안 그 배후에서는 전 세계 종자산업의 변형도 진행되고 있었다. 40억 달러 규모의 대두 종자 시장이 주요 전쟁터가 되었다. 아메리카 대륙에서 재배되는 대두는 소수의 유전적으로 단일한 품종을 토대로 하고 있고, 모두 단일경작으로 길러져 해충과 질병에 취약했다. 그 해결책은 유전자 변형genetically modified(GM) 대두였다. 1996년에 몬산토는 라운드업 레디 대두Roundup Ready soy를 출시했는데, 이것은 글리포세이트glyphosate를 기반으로 하는 같은 이름의 제초제(잡초제거제)에 저항력이 있다. 이 제품은 우연한 발견으로 개발되었다. 몬산토의 쓰레기 구덩이 한 곳에서 자라고 있는 박테리아를 발견했는데, 그것이 라운드업이라는 제초제에 저항력이 있음이 밝혀졌다. 바로 이 박테리아에서 추출한 유전자를 새로운 대두 품종에 삽입했다. 신젠타도 자체 신품종인 브이맥스VMAX를 출시했다. 그리고 바이엘도 뒤처지지 않으려고 리버티 링크Liberty Link라는 신품종을 내놓았다. 2014년이 되자 남북 아메리카 대륙에서 재배되는 모든 대두의 90퍼센트 이상이 GM품종이었다.[11]

합병은 대두 사업의 특징만이 아니었다. 콩의 세계 교역은 소수의 회사에 심하게 집중되고 있었다. 여러 해 동안 이들을 ABCD 그룹이라 불렀다. 아처대니얼스미들랜드Archer-Daniels-Midland, 번지Bunge, 카길Cargill, 루이드레퓌스컴퍼니Louis-Dreyfus Company(중간 이름에서 D를 따옴)가 그들이다. 이들 회사와 이들이 거래하는 대두는 식량 생산을 오늘날의 '복잡하고 세계화되었으며 금융화된' 사업으로 변모시키는 데 이바지했다.[12] 식량 가격, 삼림 제거, 땅과 물의 사용은 모두 그들의 활동에 영향을 받는다.[13] 2016년에 그런 상황이 (살짝) 변했다.[14] 중국 정부가 소유한 코프코COFCO를 포함한 아시아 회사들이 브라질의 대두 수출에 더 큰 권력을 행사하기 시작했고, 급속히 많아지는 돼지와 닭을 먹이기 위해 중국이 남아메리카에서의 대두 생산을 증대시키는 주된 세력이 되었다. 세하두의 미래는 중국인의 식단에 크게 의존한다.[15]

2012년에 나는 이 ABCD 그룹 중 C에 해당하는 카길을 찾아갔다. 카길은 영국 최대의 대두 처리 공장인 시포스 정제 공장을 소유하고 있다. 그 공장은 리버풀 항구에서 바다를 바라보는 쪽에 있는 크고 개성 없는 건물이다. 그곳에서 나는 작업반장의 안내로 강철 파이프들이 뱀처럼 구불구불하게 전체 건물을 휘감고 지나가면서 방대하고 짐작도 못 할 기계 덩어리들을 조합시키는 넓은 야외 공간들의 네트워크를 견학했다. 이 중 한 곳에서는 윙윙거리는 소리를 내며 둥근 콩을 얇은 플레이크로 변신시키고 있었다.

작업반장을 제외하면 이곳에서 일하는 사람은 몇 명 되지 않았다. 대부분 작업이 자동화되어 있기 때문이다. 한 해에 거의 100만 톤의 대두가 이 공장에서 처리되는데, 그것은 대두 농장 7.7제곱킬로미터에서 매일 같이 생산해야 하는 분량이다. 매달 배 한 척이 브라질에서 대두 6만 톤을 싣고 오는데, 하역하는 데만도 닷새가 걸린다. 그것을 기름과 단백질, 레시틴으로 전환하는 데는 훨씬 더 짧은 시간, 네 시간 정도가 걸린다. 주로 '솔벤트 추출de-solventiser'이라는 과정을 거쳐 처리되는데, 헥세인hexane 이 콩의 복합구조를 해체해 모든 단백질과 기름 분자를 용도에 맞게 쓰는 것이다. 생산 라인의 끝에는 노란색의 커다란 덤프트럭들이 정렬해 있고, 그 옆에는 모래언덕처럼 보이는 노란색 가루의 산이 있었다. 그것은 48퍼센트 단백질인데, 동물 사료로 전환할 재료라고 했다.

메테인계탄화수소로 기름류를 녹이는 데 사용한다 -옮긴이

대두단백질은 최근 역사상 다른 어떤 식물 재료보다 더 큰 영향을 지구에 미쳤고, 식단을 더 근본적으로 변형시켰다. 세계 대두단백질의 70퍼센트가량이 가금과 돼지 사료로 쓰이며, 나머지는 소와 양 그리고 양어장의 먹이로 쓰인다. 대두 붐이 일어난 뒤 전 세계 돼지 사육 수는 여섯 배가 넘게 증가해 220억 마리가 넘었다.[16] 물고기의 경우, 대두 사료는 새로운 종의 번성에 기여했다. 즉 양식장에서 길러진 대서양 연어 말이다. 대두가 세계에 풍부한 식량을 주었지만, 그 대신 생물다양성이 사라지고 원시림을 잃게 되었다. 2006년에 발생한 대두 모라토리엄으로 아마존 유역의 삼림 파괴 규모는 줄었지만, 2019년에 자이르 보우소나루Jair Bolsonaro가 대통령이 된 뒤 파괴의 정도는 다시 높아졌고 수천 제곱킬로미터의 삼림이 사라졌다. 대두 모라토리엄은 세하두 지역에는 한 번도 확대되지 않았다. 브라질의 열대 사바나에서 대두에 침탈되지 않은 면적은 전체의 고작 20퍼센트에 불과하다.[17] 또한 대두는 지정학적으로도 거대한 영향을 미친다. 2019년 여름, 중국과 미국 사이에 무

역분쟁이 발발했을 때 관세가 과녁으로 삼은 첫 번째 산업 중 하나가 대두였다.

오키나와에서 오히구와 그것으로 만든 두부에 대한 기억은 거의 모두 망각 속으로 사라졌고, 마지막 남은 종자는 1970년대에 세상을 떠난 농부의 것으로 알려졌다. 21세기가 시작될 무렵, 겐이치 가리키는 오키나와의 오히구 씨앗을 찾아 나서기 시작했다. 그중 일부는 바빌로프 연구소로 보내졌지만, 컬렉션 양이 너무 적어 오키나와의 실험적 농부에게 줄 씨앗은 없었다. 바빌로프 연구소에서 시작된 서류를 추적한 끝에 가리키는 오키나와 류큐 대학에 있는 종자 컬렉션을 찾아갔다. 50년 전에 그 대학의 식물학자 한 명이 씨앗을 보관해둔 곳이었다. 현재 가리키의 작은 콩밭에서 자라고 있는 것은 그 씨앗이다.

나는 2018년에 오키나와로 가리키를 찾아갔다. 그곳의 씨앗은 섬의 농부들끼리 나누어 심을 만큼만 있었다. 그가 내게 말했다. "다시 한번 오히구 대두로 만든 섬의 두부를 먹게 되는 날은 잔칫날이 될 겁니다. 반세기 넘게 아무도 맛보지 못했던 음식이에요." 제2차 세계대전 동안 류큐왕국의 물리적 상징인 슈리성은 불에 타 없어졌지만, 그것은 상대적으로 복원하기 쉬웠다. 사라진 음식 문화의 복원은 그리 단순하지 않다. 덜 구체적이고 더 복잡하지만, 그에 못지않게 중요하다. "오키나와는 자체의 작물을 되찾을 자격이 있습니다." 가리키가 말했다. 외부인이 볼 때 오히구는 별로 대단찮은 콩으로 보일지도 모른다. "하지만 식민지와 점령을 겪은 뒤 오히구가 돌아온다면 많은 오키나와 사람들에게 오히구는 저항의 행위이자 우리 자신의 정체성에 대한 기념으로 느껴질 겁니다."

종자의 힘

채소는 다른 작물과는 또 다른 감정적 반응을 우리에게 불러일으킨다. 곡물은 탄수화물의 풍부한 연원으로서, 흔히 연료로 여겨진다. 그러나 여러 형태와 색채, 질감을 가진 채소는 아름다움과 다양성의 보고라는 점이 눈에 더 잘 띈다. 거의 모든 인간을 부양해온 것은 육류보다도 맛으로 가득 찬 필수 비타민과 미네랄의 패키지인 채소다. 또한 채소는 밀이나 다른 곡물을 기를 때 필요한 넓은 공터가 아니라 작은 밭에서도 기를 수 있다. 그래서 더 높은 수준의 자급자족을 추구하는 사람들이 대개 채소를 출발점으로 삼는다. 에사이어 레비Esiah Levy가 채소를 기르기 시작한 이유 중 하나도 이런 것이었다. 하지만 이런 식용식물에 대한 그의 관심은 훨씬 더 멀리 발전했다.

런던 남부에 있는 집에서 그는 전 세계로 씨앗을 우송했다. 편지와 청구서, 광고전단을 담고 있던 봉투를 재활용해 재래 품종 씨앗

한 숟갈씩을 담았다. 그의 자메이카인 친척을 통해 발견한 재래 품종 스쿼시 씨앗, 달고 시고 붉고 '색칠된' 다양한 옥수수 이삭 그리고 비트루트와 루바브rhubarb, 후추 등의 씨앗. 그는 공간이 허락하는 한 식물을 길러 이런 씨앗을 마련했다. 텃밭에, 친구들 집의 발코니에, 이웃 정원의 울타리를 따라, 어디선가 찾아낸 낡은 구두 안에, 어머니 집 주변의 꽃밭에. "마치 비밀의 정원에 걸어 들어가는 것 같았어요." 레비의 누이 시리타가 말한다. 화분이 다 떨어지면 슈퍼마켓의 장바구니에 흙을 채우고 거기에다 씨앗을 심었다. 그는 사람들이 씨앗으로 식량을 기르지 못하는 것이 공간 부족 때문이 아니라 지식과 욕망이 부족한 탓이라고 믿었다.

이 모든 상황은 한 직장 친구가 그에게 블루발레Blue Ballet 스쿼시 씨앗 한 줌을 주었을 때 시작되었다. 레비는 그 씨앗을 심고 자라는 모습을 지켜보았다. 그는 이렇게 기억했다. "호박 과육은 근사했어요. 구워 먹는 게 제일 맛있어요. 단맛이 입안을 가득 채우지요." 그는 처음 집에서 기른 호박에서 씨앗 수백 개를 얻었는데, 내버리면 안 될 것 같았다. 그래서 그 씨앗을 사람들에게 나눠주기 시작했다. 오래지 않아 그는 씨앗에서 요리 접시로 나아가는 이 기적 같은 여정에 대한 경이감을 어린 두 자녀와 나누고 있었고, 다음에는 온라인으로 생각이 같은 사람들과 공유했다. 낮에는 런던 지하철에서 일하면서 신호기를 관리했지만, 밤에는 인스타그램에 들어가 자연 수분 된 씨앗과 수많은 정원의 보물에서 딴 재래 품종 채소의 사진을 올렸다. 그는 전 세계의 팔로어들에게 전했다. "나는 자연이 주는 것을 쓰고 싶어요. 씨앗은 충분하고, 무엇보다도 공짜입니다." 팔로어들이 그저 청하기만 하면 그는 씨앗을 보내주었다. 조지아, 독일, 자메이카, 모로코, 가나로. 그는 "세계와 그 너머로"라고 말한 적이 있는데, 아마 빈말은 아니었을 것이다. 텔레비전 뉴스에서 재앙의 사연을 보면 그는 피해를 본 공동체에 씨앗 봉지를 보냈다. "우리는 뭔가를 보살필 때 가장 창조적으로 됩니다. 우리 상상력은 무한해요."

많은 사람이 그 보답으로 그에게 씨앗을 보냈다. 폴란드의 한 정원사가 아즈텍의 브로콜리를, 캐나다의 팔로어가 붉은 스위트콘을, 네덜란드에서 강낭콩 씨앗을, 또 일본에서 미국에 이르기까지 더 많은 씨앗을 보내왔다. 사람들은 그가 올린 사진과 그것에 담긴 희망의 약속으로 고취되었다. "마법이에요, 순수한 마법입니다." 팔로어 한 명이 그에게 감사하면서 말했다. 레비 역시 그렇게 생각했다. 그가 사는 곳에서 신선한 농산물을 구하기는 쉽지 않다. 그 대신 프라이드치킨 가게와 빈곤이 곳곳에 있다. 씨앗은 더 나은 삶의 수단을 주고 권리를 강화할 원천이 된다. 그것은 당신이 보고 만지고 맛볼 수 있는 어떤 것이다.

에사이어 레비는 2019년 1월에 돌연사로 사망했다. 고작 서른두 살이었다. 하지만 전 세계로 보낸 수천 봉지의 씨앗을 통해 그는 계속 살아 있다. 예전에 그는 이렇게 말했다. "난 모두가 씨앗을 나누고 길러주기를 바랍니다. 누구나 우리 씨앗이 안전하게 살아남도록 맡아야 할 역할이 있습니다."[1]

육류

4

“인류가 숨 쉬는 모든 것을
더 넓게 감싸안을 때가 올 것이다.”

제러미 벤담 Jeremy Bentham,
《도덕과 입법의 원칙에 대한 서론 Principles of Morals and Legislation》

MEAT

Eating to Extinction

워싱턴 DC의 스미스소니언 국립자연사박물관에 아주 작은 화석 뼈 한 조각이 있다. 길이는 2센티미터도 채 되지 않는다. 그 화석 FWJJ14A-1208(라벨 번호)은 표면에 긁힌 자국 두 군데가 있다. 하나는 찌꺼기 고기를 먹는 대형동물이 만든 자국이며 다른 하나는 인간이 사용한 돌칼이 남긴 자국이다. 그 뼈(아마도 가지뿔영양 antelope에 속하는 동물 뼈일 가능성이 가장 크다)는 현대 하드자족의 수렵 터전의 북쪽인 동부아프리카 투르카나호수 근처에서 발견되었다. FWJJ14A-1208은 150만 년 전의 것으로, 지금까지 발견된 우리 선조들의 수렵 증거로서 가장 오래된 파편이다. 그것은 인류 식단에 육류가 등장하게 되었음을 알려준다.

고기를 얻기 위한 수렵은 온갖 변화를 불러온다. 우리 선조들은 더 광범위하게 돌아다니고 탐험하게 되었다. 동물을 추적하려면 한 집단의 다른 멤버들과 협동해야 하기 때문에 소통 기술이 더 정교해졌다. 머리 위를 선회하는 맹금류를 보고 죽은 동물이 있는 위치를 찾다 보면 자신들이 사는 세계의 더 복잡한 부분까지 이해하는 방향으로 나아가지 않을 수 없다. 육류 식사는 인간의 신체 생리를 바꾸었다. 두뇌가 커지고 내장은 작아졌다(식물을 대량으로 소화할 필요가 없어져서). 그러다가 1만 2000년쯤 전에 일부 인간은 동물을 사냥해 죽이지 않고 자신들의 세계에 더 가까이 데려와서 변모시키기 시작했다.

길들일 후보는 150종 정도였는데, 그중에서 14종의 포유류를 길들였다. 그 그룹 내에서 '큰 다섯 가지', 즉 양과 염소, 소, 돼지, 닭이 등장했다.[1] 동물마다 여섯 가지 주요 기준을 충족했다. 이는 너무 공격적이지 않을 것(얼룩말과 달리), 먹이가 너무 복잡하지 않을 것(개미핥기와 달리), 빠르게 자랄 것(코끼리와 달리), 사로잡힌 상태에서 쉽게 번식할 것(판다와 달리), 지도자를 따를 것(가지뿔영양과 다르게), 그리고 닫힌 공간에 들어가거나 인간 같은 포식자와 대면할 때 너무 심하게 스트레스를 받지 않을 것이다(가젤과 다르게). 농업이 비옥한 초승달 지역과 중국을 넘어서 퍼져나갈 때, 길들인 동물도 함께 갔다. 또 작물들이 상이한 환경에 적응해 다양한 재래 품종이 되는 것과 같은 식으로 동물도 적응하고 교배되어 각각의 품종이 되었다.

이런 상황은 별다른 체계나 계획 없이 수천 년 동안 이어지다가 18세기가 되어 영국의 장로교 신자이자 농부였던 로버트 베이크웰Robert Bakewell이 미들랜드에 있는 자신의 농장에서 동물 유전학을 실험하기 시작했다. 그의 획기적인 작업은 산업화한 영국에서 점점 더 많아지는 육류의 수요를 맞추기 위해 동물을 더 크고 빠르게 자라도록 육종하는 방향으로 나아갔다.[2]

베이크웰의 급진적인 진보가 이루어지기 전에는 동물은 그저 고기를 얻으려고 기르기에는 너무 가치가 큰 존재였다.[3] 양과 염소는 양모와 가죽을 얻으려고 길렀고, 소는 젖을 짜거나 짐을 싣고 일을 시키려고 길렀다. 닭은 알을 얻으려고 길렀다. 그리고 돼지는 풍요로울 때 먹이다가 겨울이 와서 다른 식량이 바닥날 때 도축하는 여분의 식량 저장고였다. 세계 여러 지역에서 특정한 품종의 동물이 길러지는 것은 신성하거나 또 다른 중요한 문화적 지위를 갖기 때문이다. 그러다가 베이크웰이 신품종 동물을 개발하여 육류 생산을 일차적 목표로 삼을 수 있었다. 그는 영국의 여러 지역에 있는 농장을 찾아가서 동물들의 다양한 종류를 알아보고, 엄청나게 넓은 유전자풀을 이용하고자 했다. 각 지역에서 자신이 본 소와 돼지와 양이 아주 조금씩 다른 점을 알아차리고 특정한 성질을 선택할 수 있었다. 그는 죽은 농장 동물의 사체를 해부하여 해부학을 연구하고, 골격을 분석했으며, 근육이 움직이는 방식을 살펴보았다. 그때까지 농장 가축 사육은 무작위적으로 이루어지는 업무였다. 베이크웰은 이것을 하나의 학문으로 전환했다.

그의 사육 시스템은 비체계적인 교배를 막기 위해 수컷과 암컷을 격리했고, 동종 교배in-and-in breeding(원하는 특성이 있는 동물끼리 교배시키고, 바람직하지 못한 성질의 동물을 추려내는 방식)를 채택했다. 이런 방식으로 고대의 소 품종을 지방분과 근육을 더 빨리 쌓는 동물로 변형시켰다.[4] 가죽을 얇게 하고, 골격 구조를 작게 만들었으며, 심지어 육류의 색과 질감도 바꾸었다. 그는 "가장 빨리 자라면서도 사료를 최소한으로 먹고 살코기는 가장 많은"[5] 양도 개발했다. 그의 품종은 가장 값비싸고 수요가 많은 품종이 되었고, 그 기술은 전 세계로 퍼졌다. 나중에 다윈은 베이크웰의 연구를 인용해 자신의 자연선택 이론의 예시로 삼았다.[6] 돌아갈 길은 없어졌다. 우리와 동물 그리고 고기와의 관계는 영원히 변했다.

지난 60년 동안 베이크웰의 원리는 과도하게 추진되었다. 그 기간에 전 세계 육류 생산은 네 배로 늘었고,[7] 매년 도축되는 동물의 수는 800억 마리에 달한다. 이 숫자를 달성하기 위해 우리는 동물의 신체 생리를 역사상 그 어느 때보다 더 근본적으로, 또 더 빠르게 바꾸었다. 녹색혁명이 너무 많은 잉여 곡물을 생산했기 때문에 인간뿐 아니라 가축까지 먹여 살렸다. 우리가 현재 기르는 곡물의 3분의 1은 동물 먹이가 되며, 그들의 성장과 생산성을 가속하는 데 일조한다. 20세기 중반 이후 닭의 평균 신체 부피는 다섯 배 늘었고, 수명은 최단 5주 정도까지 줄어들었다. 1900년에 젖소 한 마리에서 짤 수 있는 우유의 예상 분량은 한 해에 1500~3000리터였지만 이 세기가 끝날 때쯤 예상량은 8000리터 이상으로 늘었다. 이를 달성하기 위해 동물은 식용작물과 비슷한 경로에 투입되었다. 우리는 전 세계적으로 다양성을 좁혀 우리의 필요에 맞춘다. 미국 젖소 떼의 95퍼센트 이상이 '슈퍼 카우super cow' 한 품종, 즉 홀스타인Holstein 품종을 기초로 한다(그리고 이런 동물의 연원은 대부분 몇 마리 안 되는 수컷으로 거슬러 올라갈 수 있다). 영국과 독일을 포함한 유럽의 많은 곳에서 홀스타인종은 전체 젖소의 70퍼센트를 차지한다. 또한 고작 세 품종의 계보가 전 세계의 가금 생산을 지배한다. 대부분 돼지는 단일품종인 '라지화이트Large White'의 유전자를 토대로 삼는다.

베이크웰이 처음 가동시킨 것이 기술 발전으로 가속화되었다. 1950년대에 인공수정과 정자의 동결 저장법을 발명한 덕분에 좁은 유전자풀을 전 세계로 확장할 수 있었다. 위스콘신에 있는 황소 한 마리가 이제 50개국에서 후손 50만 마리의 아버지가 될 수도 있다. 전 세계의 육류 산업은 이런 획일성을 토대로 세워졌다. 패스트푸드 체인은 모든 햄버거가 완전히 똑같은 맛임을 보장할 수 있고, 슈퍼마켓 주인은 형태와 크기가 똑같은 육류 조각을 판매대에 진열할 수 있다. 자연은 다양성을 창조하지만 식량 시스템은 그것을 압살해버린다.

곡물과 채소를 다루면서 우리는 이제 단일경작이 어떻게 취약성을 키우고 위험을 창출하는지 보았다. 그것의 동물판 버전인 유전적으로 같은 동물들이 빽빽하게 갇혀 사육되는 대규모 집중 농장은 취약성(동물 질병)을 초래하고 지구에 피해를 끼쳐(흘러나오는 폐수가 강과 토양을 오염시킨다) 수백만 생명체의 삶을 비참하게 만들 수 있다. 이 책은 동물의 복지가 아니라 다양성에 집중하지만, 그 두 가지는 밀접하게 연결되어 있다.

우리가 더 많은 고기를 생산하려고 경주를 벌이느라 잃어버리는 다양성은 끔찍할 정도로 많다. 멸종해가는 수많은 가축 품종은 토착 품종이며, 수천 년에 걸쳐 그 지역의 여건에 적응해온, 복잡하고 상호 연결된 식량 시스템의 한 부분이다. 그것들은 우리가 잃어버리면 안 되는 유전적 특성을 담고 있다. 시베리아 북부의 야쿠트 소Yakutian cattle는 지구상의 가장 추운 인구 거주 지역에서 살아남기 위해 1000년 이상 선별된 결과물이다. 그곳의 기온은 섭씨 영하 50도까지도 내려간다. 지금 살아남은 소의 수는 1000마리도 안 되며, 여러 마을에 흩어져 길러진다. 그리고 폴란드의 스비니아르카 양Swiniarka sheep이 있다. 이 양은 몸이 워낙 가벼워서 더 무거운 동물이라면 쉽게 망가뜨릴 연약한 토질의 초지에서도 풀을 뜯을 수 있다. 판타네이로 소Pantaneiro cattle는 브라질, 볼리비아, 파라과이의 열대 습지에서 살면서 부족한 먹이를 견디고 질병과 해충을 이겨낼 수 있다. 만일 집중 사육 농장에 맞게 개발된 고수익 품종이라면 당장 질병과 해충에 쓰러질 것이다. 또 여름철에 섭씨 40도까지 오르는 기온을 견딜 수 있어야 한다. 스페인인들이 유럽산 소를 남아메리카에 도입한 뒤 이곳 농부들이 선별을 통해 이 품종을 만들어내기까지 500년이 걸렸다. 하지만 지금 이 소는 멸종 위기에 처해 십 년 안에 사라질 수 있다. 유엔 식량농업기구FAO에 따르면 등록된 가축 품종 7745종 가운데 4분의 1가량이 높은 멸종 위기에 처해 있다고 한다. 하지만 세계 가축 조사란 존재하지 않는 것이므로 훨씬 더 많은 수가 위기에 처해 있거나 알지도 못하는 사이에 이미 사라졌을 수 있다.[8]

가축을 길들여온 1만 2000년 동안 대부분 인간과 동물의 관계는 지금보다 훨씬 더 복잡하고 상호 의존적이었다. 고대의 벽화와 종교 아이콘화에서 우리는 선조들이 자신들을 먹여 살리는 생물에 품었던 경외심과 존중심을 본다. 지금은 그런 태도가 거의 사라졌지만, 먼 오지의 공동체나 소규모 농장에서는 여전히 찾아볼 수 있다. 하지만 주류의 관점에서 보면 동물은 상품화되었고, 눈에 보이지 않도록 창고와 도축장에 치워져 있는 이름 없는 제품 단위다. 생물다양성과 귀중한 유전학은 위기에 처했으며, 진정한 기원, 고기의 의미와 가치에 대한 우리의 감각도 마찬가지다. 이번 부에서 나는 당신을 아주 다른 장소 네 곳으로 데려가고자 한다. 그곳에서 세계 대부분에 고기를 제공하는 동물과 더 존중하고 보살피는 관계를 맺는 것이 아직 늦지 않았음을 보여줄 수 있는 사람과 동물들을 만나게 될 것이다.

스케르피키외트

Skerpikjøt

13

"안에 들어가서 기겁하지 말아요. 온 사방이 곰팡이투성이일 테니 먹고 싶은 게 아니라 달아나고 싶어질 거예요." 이 황량한 지형에 바람이 불고 있었지만 다행히(난 그렇게 생각했다) 점심을 먹기로 약속했다. 나무로 만든 창고의 삐걱거리는 입구를 걸어 들어가면서 희미한 불빛으로 내가 먹을 식사가 뭔지 흘낏 보았다. 그것은 갈고리에 꿰여 서까래에 매달려 있었다. 함께 간 군나르 나테스타드Gunnar Nattestad의 표현에 따르면 "그건 도로에서 본 동물 사체의 일부분처럼 보였다." 고깃덩어리는 두꺼운 곰팡이로 뒤덮이고 노란 크림색, 뿌연 흰색, 불길한 암갈색 부분이 섞여 있었다. "걱정하지 말아요. 먹기 전에 좀 씻어줄 테니까."

나테스타드는 농부이자 상점 주인, 목수, 도축업자였고 줄줄이 이어지는 그의 직업은 북대서양상의 18개 섬으로 이루어진 군도인 페로제도에서 살아가려면 갖추지 않을 수 없는 자급자족의 모습을 반영한다. 북쪽에는 아이슬란드가 있고, 동쪽으로 더 가면 덴마크가 있으며(페로제도는 덴마크의 외부 자치령이다) 남쪽으로 320킬로미터 내려가면 스코틀랜드 섬들이 있다. 페로제도 주민의 수 5만은 8만 마리라는 양의 수에 쉽게 압도된다. 나는 이 동물의 한 조각을 보고 있었다. 형태로 보아 그것은 양의 다릿살 같았지만, 색과 질감으로는 낡은 양피지 뭉치 또는 삭은 가죽 뭉치와 더 비슷해 보였다. 기묘한 아름다움, 마치 쓰러져 썩어가는 나무껍질에 군데군데 이끼가 낀 것 같은 분위기가 있었다. 사체에 영향력을 행사한 힘은 두 가지였다. 하나는 시간이었고 다른 하나는 발효였다. 양은 그 전해 9월에 도축된 것이다. 지금은 5월이었고, 그사이 9개월 동안 짠내 머금은 바닷바람에 흠뻑 젖은 그 고기는 농축되어, 건드리면 단단한 촉감이 느껴졌다. 이 이상한 물체는 작물이 거의 자라지 못하는 땅에 사는 세대에게는 생존을 의미했다.

그 섬의 전체 역사는 대체로 켈트족 탐험가가 6세기에 그곳에 왔고, 그 뒤인 9세기에 아일랜드인 수도사가 오고, 10세기에는 바이킹족이 왔다고 알려져 있다. 그들은 나무 없이 황량한 아름다움, 녹색과 회색으로 이루어진 지형에 군데군데 있는 피오르fjord 해안, 가파른 화산 봉우리에서 급전직하해 바위 많은 개울의 급류를 따라 차갑고 거친 바다로 나아가는 풍경을 보았다. 페로제도의 정착 과정은 장대한 인내심의 사연이다. 가혹한 여건을 견디지 못한 남녀들에 대해 전설은 "그들의 입에 해초를 물리고 무덤에 묻었다"라고 전한다. 이는 기아로 서서히 죽어가는 절망에 관한 언급이다. 바람에 찌든 페로제도에 역사적 건물은 거의 존재하지 않는다. 가장 중요한 문화유산은 살아남는 데 필요한 지식과 기술일 것이다.

내가 보고 있던 고기를 저장하는 절차의 핵심은 '차틀러chatler'라 부르는 나무 창고hjallur 그 자체였다. 이 독창적인 설계의 장방형 건물에는 긴 수평 들보가 있어 식량을 매달아둘 수 있고, 수직 나무판으로 된 외벽으로 보호된다. 벽의 나무판 사이에는 엄지만 한 간격이 있다. 페로제도의 다른 건물들과 달리 차틀러는 혹독한 대서양의 바람을 들여보내도록 설계되었다. 1840년에 페로를 방문한 어떤 사람은 이렇게 썼다. "바람은 지독하게 예측 불허이고 격렬하다.[1] 폭풍우가 … 집을 뒤집어엎고 … 바윗덩이를 움직이며, 길 가는 사람은 날려가지 않으려면 땅바닥에 엎드려야 한다." 또한 페로제도의 바람에는 좀 특이한 점이 있었다고 그 방문자는 덧붙였다. "페로제도의 해무에는 소금 알갱이가 상당히 많이 들어 있다 … 배를 타고 나갔다 오면 얼굴은 소금 부스러기로 뒤덮여 있다." 차틀러는 바다에서 오는 이런 공격을 저장 수단으로 삼도록 설계된 시설이다.

나무나 다른 어떤 식물도 페로제도의 노출된 지형에서 살아남을 가능성이 없다. 나무가 없으니 장작도 없다. 양고기를 훈제해 저장하거나 바닷물을 끓여 소금을 만드는 것은 불가능하다. 그래서 섬주민은 건조용 오두막을 짓고 바다에서 날려오는 소금의 도움을 받아 양고기를 발효시킨 것이다. "스케르피키외트는 발명된 것이 아닙니다. 그건 섬이 우리에게 준 거예요. 그게 이 고기를 만듭니다." 군나르 나테스타드가 내게 말했다.

세계의 다른 곳에서 양의 사체를 나무 창고에 넣어두면 상황이 나빠질 것이다. 나테스타드가 말했다. "거의 틀림없이 썩어서 구더기가 들끓겠지요. 하지만 여기선 시간이 지나면서 바닷바람이 살코기를 스케르피키외트로 바꿉니다." 페로에서 쓰이는 이 단어는 발효된 퀴퀴한 냄새가 특정한 수준에 도달한 고기를 가리킨다. 그것은 부패로 가는 길의 어떤 적정한 지점이다. 시간이 흐르면서 짠 공기가 매달린 고기에서 수분을 뽑아내고 미생물 군체가 단백질을 분해하는데, 여러 달, 때로는 여러 해가 걸리기도 한다. 스케르피키외트에 대한 모든 것, 그것의 모습과 냄새는 인내를 말한다. 나테스타드가 말했다. "수백 년 동안 이곳의 인구는 적게 유지되었습니다. 섬의 누군가가 떠날 길을 찾을 수만 있다면 그들은 대개 떠났어요. 그들이 남아서 살아남는다면 십중팔구는 스케르피키외트에 감사해야 할 겁니다."

이곳에서 살아간 인간은 억셌지만 그들이 기른 동물은 더 억셌다. 고대의 페로 양은 오래전부터 존재한 동물로, 민첩하고 튼튼하고 키가 작았다. 빅토리아시대 사람이라면 원시 품종이라 불렀을 법한 동물이었다. 유럽의 먼 오지에서도 이와 비슷한 고대 품종이 극소수 살아남았다. 스코틀랜드의 무인도인 소이Soay가 그런 경우인데, 그 섬의 이름이 그곳에서 자라는 양의 품종명이 되었다. 이 '원시적' 동물의 양모는 깎아내는 것이 아니라 손으로 뜯어낼 수 있는데, 이는 길들이기 전의 동물에서 흔히 발견되는 유전적 특징이다. 그것은 외피를 자연적으로 벗어버리게 해주었다. 인간은 양모를 계속 달고 있는 양을 선택했다. 양모 '수확'에는 그런 양이 더 편리하기 때문이다(이 점에서 신석기시대의 농부들이 부서지지 않는 밀을 선택한 것과 공통점이 있다). 또한 원시적 양은 다르게 행동했다. 현대 품종들처럼 떼 지어 다니지 않고 흩어져 살았으므로, 양 떼를 모으기가 더 까다로웠을 것이다(포식자가 없는 섬에서는 양이 혼자서든 작은 그룹으로든 마음대로 풀을 뜯어도 된다). 그리고 페로제도에

서 양은 밤색 양모 아래쪽 근육 내부에 두꺼운 지방층이 있어서 극한의 기후 여건을 견딜 수 있다.[2]

초기 정착민이 데려온 양은 수십 제곱킬로미터 넓이의 초지(풀 하나만은 섬에서 풍부하게 자란다)에 잠복해 있던 에너지를 전부 다 차지해 삶에 필요한 것들로 전환할 수 있었다. 옷을 만들 양모, 식량이 되어줄 젖과 버터, 열과 빛을 만들 초의 재료인 지방조직이 있었고, 배설물을 말리면 연료로 쓸 수 있었다. 동물의 중요성이 이 제도에 별명을 주었는데, 페로제도는 곧 '양의 섬'이었다. 페로제도에 관한 가장 오래된 기록은 13세기에 쓰인 〈양의 편지Sheep Letters〉다. 섬의 법, 토지 소유, 풀 뜯을 권리를 열거한 이 기록은 이곳 사람들에게 양이 갖는 가치를 알려주는 데 도움을 준다. 섬의 주민에게 양모는 화폐였다. 가장 오래된 페로제도의 속담인 "Ull er Føroya gull"은 '양모는 페로의 황금'이라는 뜻이다.

고기는 부산물이었다. 중요하기는 하지만 그래도 부산물이다. 섬에 정착하는 사람으로 살아남는 데 필요한 모든 것을 주는 동물을 죽이는 일은 끝까지 미뤄야 한다. 양이 줄 수 있는 모든 것을 줄 때까지 그렇다. 그래서 양이 도축될 때가 되고, 고기가 스케르피키외트로 변형될 때쯤이면 그 양은 네 살이나 다섯 살 또는 그보다 더 나이 들었을 수도 있다. 이 성숙한 고기는 지방이 아롱지고 냄새가 강하며 대부분 국가에서 '머튼mutton'이라 부른다. 페로제도에서는 양이 최대한 오래 살 수 있다. 이는 유럽의 대부분 지역에서 신석기시대 이후 지금으로부터 한 세기 전까지만 해도 통상적인 관행이었다. 새끼 양lamb처럼 어린 동물을 먹는 것은 현대의 현상이다.

20세기가 시작되기 전에는 머튼이 소고기만큼 인기 있었다. 머튼은 왕궁에서도 요리되어 케이퍼와 크림과 함께 제공하거나, 길거리 노점에서 노동자에게 팔리는 뜨거운 파이의 속을 채웠다. "끈적거리고 진하고 젤리 같고 기름기가 많다"라는 것이 '코에서 꼬리까지nose to tail'[3] 요리법의 대가인 요리사 퍼거스 헨더슨Fergus Henderson이 머튼에 대해 묘사한 표현이다. 머튼은 램보다 훨씬 더 매력적이고 고상하고 복합적인 고기다. 그것은 1912년에 타이태닉호에서 최후의 만찬으로 서빙되었고, 같은 해에 떠난 스콧 대장Captain Scott의 마지막 남극 원정길에서 생일 음식으로 요리되었다. 아서 코넌 도일Arthur Conan Doyle은 셜록 홈스의 모험 열여섯 편에 머튼 이야기를 추가했고, 찰스 디킨스Charles Dickens(요리를 진지하게 대했던 사람)는 등장인물이 머튼을 양껏 먹게 할 뿐 아니라 송아지 고기와 굴을 채운 양 다리 구이 요리법을 만들기까지 했다.

머튼은 산업혁명의 연료가 된 고기였지만, 그 인기는 스러지기 시작했다. 1900년까지 영국에서 먹는 양고기의 50퍼센트가량이 신세계, 특히 뉴질랜드와 오스트레일리아에서 냉장선에 실려 수입된 것이었다. 제국 전역에 이처럼 가축이 엄청나게 풍부해졌기 때문에 고기를 목적으로 양을 키우고, 더 어릴 때 도축할 수 있었다. 문자 그대로 새끼 양을 잡는 것이다.[4] 20세기 중반에 머튼은 기름기가 너무 많고, 맛이 너무 강하며, 요리하는 데 시간이 너무 오래 걸린다고 여겨졌다. 사람들의 입맛이 이제는 더 어리고, 더 부드럽고, 풍미가 강하지 않은 고기를 선호했다.

영국에서 수백 년 된 도축 기술과 처리 기술은 사라졌다. 셰틀랜드에서 만들어지던 비브다vivda(옛 노르웨이어로 '다리 살'이라는 뜻)라는 머튼 저장 방식도 사라졌다. 셰틀랜드가 페로제도와 가까우므로, 비브다의 묘사가 스케르피키외트와 비슷하다는 것은 예상할 수 있다. 셰틀랜드에는 그들 버전의 차틀러도 있었다. 그것은 사각형의 석조 건물로 헬리어helyar 또는 스케오스skeos라 부르며, 열린 통풍구로 공기가 통해 건물 안에 매달린 머튼이 가공되는 방식이었다. 영국의 다른 지역에서는 마치 머튼이 그 나라의 부엌과 문화적 기억에서 삭제된 듯했다. 1960년대에 나일론 같은 화학 직물이 등장하면서 양모 가격이 급락했고, 영국 농무부는 머튼의 시장 가격을 기록하지도 않게 되었다. 농부에게 양을 한 해 이상 살려두는 것은 재정적으로 유리하지 않았다. 양의 진정한 가치는 이제 양모가 아니라 새끼 양에 있었다. 따라서 동물 교배에도 변화가 일어났다. 1970년대쯤 한때 유럽 북부 전역에 존재했던 다목적 품종의 대부분은 멸종했거나 그럴 위기에 처했으며, 네덜란드에서 온 더 크고 근육질이고 살이 많은 품종인 텍설Texel로 대체되었다. 더 튼튼하고 원시적인 품종은 이제 유전자풀 전체의 고작 0.3퍼센트에 불과하며, 그 수치는 계속 낮아진다. 그러나 저 멀리 페로제도에서는 양과 고기를 대하는 더 고대의 태도가 살아남았다, 간신히.

뒷다리나 정강이 살이 차틀러에서 서서히 숙성되는 동안 페로 주민은 양의 사체에서 긁어모을 수 있는 온갖 고기 조각을 먹으며 살아간다. 가령 세이다회브드seyðahøvd는 양의 머리다(뇌수를 제거한). 양 머리를 절반으로 쪼개어 말린 다음 끓인다. 동물의 피로는 블랙푸딩• 을 만든

• 돼지 피에 보리나 오트밀을 넣어 만드는 영국식 소시지-옮긴이

다. 방광을 제외한 모든 부분이 활용되는데, 방광은 쓴맛이 나고 독이 있기 때문이다.

스케르피키외트 한 조각을 먹으면 썩은 맛이 조금 나기도 한다. 발효 과정에서 약간 역해진 지방분을 삼키다가 목구멍에 걸릴 수도 있다. 나테스타드가 말한다. "우리에게는 이게 근사한 감각입니다. 그건 뒤틀렸지만 좋은 맛이에요." 스케르피키외트를 잘 아는 페로 주민도 그 맛을 제대로 느끼려면 경험이 쌓여야 한다. "와인과도 같아요. 언덕에서 평생 살아온 양은 독특한 맛이 납니다. 골짜기 안에서 보호받으며 산 양은 또 맛이 달라요." 고기 맛은 건조 창고의 위치와 바람의 방향에 따라서도 달라진다.

이상한 종류의 시 한 편이 스케르피키외트 발효의 여러 단계를 묘사한다. 처음에는 비스나두르visnaður, 즉 시든 단계가 온다. 이 단계에서는 고기가 분해되어 부드러워진다. 오두막 안에서 3개월이 지난 뒤 바닷바람에 시달린 고기는 라에스트raest(반쯤 썩은 상태)가 된다. "고기의 세포들이 마치 육즙으로 채워진 것 같고 박테리아가 발효 과정을 진행하지요. 외부 사람이 보면 이건 수상한 음식이에요." 나테스타드는 잘 안다는 듯한 미소를 띠고 이 단계를 설명한다. 라에스트는 파르메산 치즈와 죽음 사이의 어디쯤 있다고 할 만큼 얼얼하게 매운맛을 낸다.[5] 그러나 겨울 동안 발효 과정이 느려지고 더 거센 바람이 짠 안개를 몰아와 고기를 흠뻑 젖게 하면서 사태는 진정되기 시작한다. 고기가 마침내 스케르피키외트가 되는 것은 이 단계에서다. 습기가 물러가고 더 건조해지고 더 단단하며 맛이 부드러워진다.

페로제도에서 동물 단백질의 또 다른 주요한 공급원은 계절적인 그라인다드랍grindadráp, 즉 매년 벌어지는 고래잡이다. 매년 여름, 이동하는 거두고래pilot whale 무리가 해안에 아주 가까이 접근하여, 어부가 배를 타고 고래를 포위해 해변 쪽으로 몰아갈 수 있을 때, 섬은 들썩인다. 하루에 고래가 1000여 마리씩 도살되어 대서양의 소용돌이치는 물을 붉게 물들인다. 17세기의 교회 기록에 따르면 돌아다니는 고래가 오지 않는 해에는 그 섬의 인구가 급락했다. 사람들이 떠났거나 굶어 죽었기 때문이다. 그런 해에 차틀러에 매달린 스케르피키외트는 구원의 동아줄이 될 수 있었을 것이다.

또 다른 전통적인 고기 공급원의 사연은 죽음에 도전하는 과감한 행동의 이야기였다. 차틀러에서 가까운 어느 해안 길에 멈춰 선 나테스타드는 높은 절벽 가장자리의 한 지점을 가리켰다. 여러 세대에 걸쳐 사냥꾼들이 목숨을 걸고 새 둥지를 찾아 나섰던 장소였다. 사람들은 새끼 가마우지나 퍼핀 새알을 찾으려고 밧줄을 타고 절벽을 기어올랐다. 식량을 찾아 나섰다가 떨어져 죽은 친척의 이야기가 집마다 있는 듯했다. 해변 길을 따라 더 가니 집 여러 채가 모여 있는 곳이 나왔다. 지붕은 단열을 위해 두꺼운 풀로 이어져 있었다. 말린 생선이 마치 풍경처럼 처마 끝에 매달려 있었는데, 래스투르피스쿠르ræstur fiskur라는 스케르피키외트의 생선 버전이다. 대구를 한 쌍씩 한데 묶어, 짠 대기 중에서 마르고 발효하게 내버려 두는 것이다. 단단한 생선을 조각내어 뼈를 추려내려면 해머를 써야 할 정도다. 살이 어찌나 건조해졌는지 씹고 또 씹어야 한다. 그렇게 하다 보면 신선한 생선 맛이 우러난다.

14세기에 덴마크가 페로제도를 통치하면서 이런 음식 전통, 특히 스케르피키외트는 수상한 물체 취급을 받았다.[6] 여러 세대에 걸쳐 스케르피키외트는 마치 수치스러운 비밀처럼 숨겨졌고, 외부인에겐 알려주지 않았다. 제2차 세계대전이 끝나고 대형 선박과 새로운 기술이 당도한 뒤 페로제도의 어업은 빠르게 발전했고, 섬 주민은 유럽에서 가장 높은 1인당 국내총생산GDP을 얻게 되었다. 이는 그들이 전 세계의 음식을 먹을 경제적 여유를 누리게 되었다는 뜻이다. 이제 매주 덴마크에서 닭고기, 돼지고기, 소고기를 실은 배가 오며 스케르피키외트는 사라질 위기에 처한 음식이 되었다.

2004년에 노르딕 지역 전역에서 요리사 12명이 '뉴 노르딕 매니페스토New Nordic Manifesto'라는 문서에 서명했다. 그것은 이 요리사들이 훈련받은 고전적인 서유럽 레스토랑 세계에서 해방되어, 집에서 더 가까운 전통과 식재료를 탐구하겠다는 선언이었다. 선언에 적힌 조항 열 개 중 다음의 것이 있다. "우리 기후와 지형과 물에서 … 나는 식재료를 우리 음식의 토대로 삼을 것." "전통적인 노르딕 식품의 새로운 적용법을 개발할 것." 서명자 가운데 레네 레제피René Redzepi가 있다. 그의 레스토랑인 노마Noma는 야생에서 채집한 재료를 쓰는 곳으로, 2010년에 세계 10대 레스토랑 중 하나로 꼽혔다. 또 다른 요리사는 페로제도 출신의 리에프 쇠렌센Lief Sørensen이다.

쇠렌센은 십 대 후반에 섬을 떠나 덴마크로 공부하러 갔다. 그곳에서 고향의 냄새가 미칠 듯이 그리워진 그는 창문 밖에 스케르피키외트 조각을 매달아 놓곤 했다. 냄새를 맡은 학생들이 불평했고 고기는 사라졌다. "그들이 그걸 어떻게 처리했는지 끝내 알아내지 못했어요." 그가 말한다. 대학을 마친 뒤 쇠렌센은 코펜하겐에서 요리사로 일하며 미슐랭 별을 딴 레스토랑에서 프랑스 음식을 요리했다. 십 년 뒤 고향에 돌아갔다가 어릴 때 먹었던 음식의 흔적이 거의 없어진 것을 알았다. 찬물에서 어찌나 느리게 자라는지 어떤 것은 300살 먹은 것도 있을 정도인 마호가니 대합은 아무도 거들떠보지 않았다. 심지어 해변 바위에 붙어 사람이 따가기만 기다리는 액즙 많은 홍합도 아무도 손대지 않았다. 성게나 랑구스틴 새우도 마찬가지였다. 아귀는 잡히면 바다로 도로 내던져졌다. 퍼핀이나 큰부리바다오리razorbill 같은 바닷새를 좋아하던 입맛도 노인 세대와 함께 사라지고 있었다. 바람으로 처리된 야생의 스케르피키외트는 이제 돈이 넘치는 이 섬에서 역겨운, 빈민이나 먹는 음식으로 여겨졌다. 쇠렌센은 그런 상황을 바꾸려고 나섰다.

그는 오로지 페로제도의 전통 음식만 취급하는 레스토랑을 열었다. 그는 그것을 '콕스Koks'라 불렀는데, 완벽함을 추구하기 위해 집착하라는 의미였다. 메뉴에는 풀머 갈매기와 큰부리바다오리 같은 바위투성이 해변에 살아 살에서 바다 맛이 나는 바닷새, 향내가 나는 연한 녹색의 아한대권 허브인 안젤리카 그리고 물론 스케르피키외트도 올려졌다. 이런 음식을 되살리는 것은 자신의 집에서도 쉽지 않았다. "아내는 스케르피키외트를 이해하지 못했어요. 그녀는 덴마크 사람이니까요." 쇠렌센이 말한다. 그의 장인은 심지어 그 고기가 있는 집에는 들어가지도 않으려 한다.

쇠렌센은 그 뒤 새로운 페로 요리사인 포울 안드리아스 시스카Poul Andrias Ziska에게 콕스를 넘기고, 매니페스토 선언에 포함된 또 다른 일을 하러 갔다. 즉, 오래된 음식 전통을 활용해 새로운 음식을 창조하는 것이다. 시스카는 콕스에서 스케르피키외트를 메뉴에 계속 올린다.

스케르피키외트 제조 과정에서 가장 강력하고 '가장 뒤틀린' 단계인 라에스트는 페로제도의 수도 토르스하운Tórshavn(토르의 항구)의 골목길에 자리 잡은 또 다른 레스토랑의 이름이기도 하다. 여기서 나는 금발 수염을 기른 젊은 요리사 카리 크리스티안센Kari Kristiansen을 만났는데, 그는 그날 저녁 메뉴를 요리하고 있었다. 그 메뉴에는 스케르피키외트 등 온전히 페로의 전통적 발효식품만 있었다. 그가 말했다. "우리는 이제 우리 음식을 부끄러워하지 않아요. '이게 우리다. 그리고 우리가 사는 곳에서 온 음식이다'라고 말할 때가 되었어요."

차틀러에서 나테스타드는 내게 점심을 차려주었다. 먼저 검은색의 익힌 고래 피가 몇 조각 나왔는데,[7] 쫄깃하고 캐러멜과 쇠 맛이 났다. 다음에는 터키시딜라이트 토막처럼 저장된 분홍빛의 고래 지방 한 토막이 나왔다. 그걸 집으니 손가락에 고운 기름기가 묻었다. 그다음에는 스케르피키외트가 나왔다. 자신이 직접 기르고 도축하고 저장한 고기의 얇은 슬라이스를 내게 건네주는 나테스타드에게서 자부심이 확연하게 보였다. 그것은 프로슈토 햄처럼 정제된 것으로, 달콤하고 짜고 텁텁한 맛이 나면서 잠깐 신맛도 느껴졌다(나테스타드가 약속했던 그 '뒤틀린' 맛).

식사가 끝날 때쯤 나테스타드가 말했다. "외부인은 우리가 고래와 야생 새를 죽인다고 비난하며, 썩은 양 같은 걸 먹는다고 비웃어요. 그렇지만 우리는 동물을 죽이고 그 고기를 먹는다는 게 어떤 의미인지 진실을 아는 사람입니다." 세계 전역에서 고래잡이와 피로 물든 바다를 찍은 사진을 보며 페로제도 사람들을 잔혹하다고 비난했다. "그러나 고래는 죽을 때까진 자유롭고, 우리 양은 늙을 때까지 살 수 있습니다. 당신들 세계에서는 동물이 건물 안에 갇혀 시야에서 숨겨지지요. 아무도 들어가서 보지 않는 산업적 도축장 안의 동물 수백만 마리의 도살보다 왜 우리 고기가 더 잔혹한 겁니까?"

우리 머리 위에는 추하면서도 아름다운 스케르피키외트의 다리가, 천년 역사의 산물이 매달려 있다. 건조 창고에는 죽음의 광경과 냄새가 가득하다. 하지만 거기에는 존중과 보살핌도 가득하다.

대한민국,
연산

Yeonsan,
South Korea

오계

烏鷄

14

내가 찾아간 영국 최대의 도축장 한 곳, 빙 둘러쳐진 안전 울타리 안에 숨겨진 건물 블록에는 생명을 존중하는 흔적이 거의 없었다. 나는 화물트럭 한 대 분량의 새 6000마리가 생산 라인을 통과하는 과정을 따라가고 있었다. 지게차 트럭이 차량에 여덟 개씩 쌓아올린 푸른색 플라스틱 상자를 컨베이어벨트로 옮겼다. 상자마다 새들로 가득 차 있는데 흰 깃털이 그물망 사이로만 간신히 보였다. 그 상자들은 줄줄이 어떤 방으로 밀어 넣어져 닭은 먼저 가스를 쐰 다음 로봇 기계로 목이 따진다. 모든 것은 자동화되고 끊임없이 움직인다. 전체 공장에서 1분당 180마리가 처리되고 한 주에 250만 마리가 처리된다. 죽은 닭은 모두 갈고리 레일에 걸려 머리 위를 지나 공장으로 옮겨진다. 그 공장은 너무 넓어서 한쪽 끝에서 반대편까지 걸어가는 데 15분이나 걸린다. 가는 길에는 터널이 있고, 증기로 가득 찬 터널 양쪽 옆에서 뜨거운 물이 뿜어져 나와 이제는 움직이지 않는 닭 몸체에서 깃털을 벗겨낸다. 닭이 움직이는 경로를 정렬하는 직원은 연단 위에 올라서 있는데, 그러면 새와 눈높이가 같아진다. 플라스틱 앞치마를 입고 웰링턴 부츠와 고무장갑을 끼고 끊이지 않는 공장의 소음을 계속 들어야 하는 그들은 가끔 닭의 사체가 지나갈 때 건드려본다. 닭이 정확한 자세를 취하게 하려는 것이다.

그날 도축장에 온 여러 트럭 중 하나인 이 화물트럭 한 대 분량은 영국에서 매년 도축되는, 거의 10억 마리에 달하는(20년 전에 도축된 수의 두 배) 닭의 아주 작은 일부다.[1] 전 세계에서 처리되는 690억 마리와 비교하면 그 수는 명함도 내밀지 못할 정도다. 실험실에서 기른 단백질과 비건 고기의 미래가 무엇이든, 또 그것이 얼마나 보기 좋고 맛이 있든 간에 이 조류의 상승하는 인기는 미래에도 한참 동안 이어질 것으로 보인다. 매 순간 살아 있는 230억 마리라는 닭의 분량은 지구 전체에서 살아 있는 다른 종류의 새의 수를 모두 합친 것보다 많다. 우리는 닭의 시대에 살고 있다. 인류세Anthropocene• 의 지질학적 표시 가운데 하나는 화석 기록상 남아 있는 풍부한 닭 뼈의 분량이다. 레스터 대학의 지리학자 케리스 베넷Carys Bennett은 이렇게 말한다. "우리 문명의 신호는 이미 기록되고 있습니다. 그리고 그 신호는 현대의 닭입니다."[2]

• 인류가 지구 환경에 큰 영향을 미치기 시작한 시기 이후를 가리키는데, 기준은 다양하지만 산업혁명 이후가 중요하게 거론된다-옮긴이

녹색혁명처럼 기억에 남을 만한 호칭을 받지는 못했지만, 그것만큼 획기적인 변화가 닭에도 일어났으며 발생 시기는 대략 같은 시기였다. 그 변화가 완료되었을 무렵에는 역사상 다른 어떤 동물도 닭만큼 근본적이고 급속한 생물학적 변화를 겪은

것은 없었다. 닭의 수명은 심하면 35일로 줄어들었으며(집파리 수명보다 며칠 더 긴) 신체 부피가 너무 빨리 증가해, 만일 인간이 같은 비율로 자란다면 두 살짜리 인간의 체중이 150킬로그램에 달할 것이다.[3] 식량 생산의 이야기로서는 놀라운 성공이다. 하지만 이런 변형에는 불길한 조짐이 따른다. 고작 20~30년 만에 세계는 거대한 규모와 더 균일한 방식으로 생산되는 균질한 조류鳥類에 점점 더 의지하게 되었다. 그러나 이 방식은 위험부담이 너무 크다.

인간이 처음에 어떻게 닭과 만나게 되었는지는 수수께끼다. 하지만 2020년에 발표된 닭 게놈의 자세한 분석에 따라 적어도 길들임 과정이 시작된 시간과 장소에 대한 정보는 알려졌다. 20년이 넘도록 진화생물학자들은 아시아와 아프리카의 특산인 1000여 종에 달하는 닭과 그들의 공통 선조인 적색야계red jungle fowl의 DNA를 수집했다. 그들은 현대 닭의 기원이 남서부 중국, 북부 타이, 동부 미얀마를 포함하는 지역에 있다고 결론지었다. 기원전 7500년 이후, 이곳 사람들은 야생 조류를 길들이기 시작했다.[4] 인간이 이런 조류를 찾아 나선 것이 아니라 새들이 인간에게 와서 발견되었다고 주장하는 이론이 설득력을 얻고 있다. 소, 돼지, 양, 염소를 길들인 지 한참 뒤에 나무 위에 사는 이 우둔한 조류가 아시아의 이 지역 농부들에게 관심을 보였다. 벼 재배가 확산했고, 논은 이런 야생조류에게 잡초와 씨앗과 곤충을 잡을 기회를 제공했기 때문이다. 벼농사에 이끌려온 이 닭의 조상은 인간과 꾸준히 접촉하게 되었고, 의존성이 커지면서 길들었다. 농부들에게도 혜택이 있었다. 새들은 해충을 통제하는 데 도움이 되었다. 또한 비료를 생산하기도 했다. 물론 먹을 수 있는 알도 낳았다. 아마 인간이 이 새를 물리치지 않은 심미적 이유도 있었을 것이다. 적색야계는 오늘날의 길들인 닭보다 몸집이 작지만 녹색과 붉은색과 금속성의 광택이 감도는 깃털은 훨씬 보기 좋다. 어떤 고대 문화에서는 깃털 모자나 케이프 같은 의상을 입는 것이 신들과 소통하는 수단으로 여겼다. 하와이에서 이런 제의적 물건은 성공적인 수확이나 전투를 앞두고 더 큰 능력이 필요할 때 족장에게 초자연적 권능을 부여한다고 믿어졌다.[5]

깃털 제공자인 조류 자체는 천상과 지구 사이를 오가는 영적인 전령, 신성한 현시로 여겨졌다. 닭은 숭배의 대상이면서 제물이었다. 메갈라야의 감귤류 지역에 사는 카시족은 닭이 모든 인간의 죄를 담고 있는 살아 있는 그릇이라고 믿었으므로, 정화의 의미로 닭을 제물로 바쳤다. 또 다른 곳에서는 전통적 치유사와 샤먼이 닭의 다양한 부위를 치료 용도로 썼다. 살, 뼈, 내장, 깃털, 볏, 알 등. 닭은 두통과 간질, 천식, 불면증 등 다양한 질병에 대한 치료 능력이 있는 걸어 다니는 약사 역할도 했다.[6] 고기와 알은 닭이 가진 여러 매력 가운데 두 가지다. 어떤 문화에서 닭은 투계鬪鷄라는 오락도 제공하는 한편 다른 곳에서는 새의 행동을 지켜보고 점을 치기도 했다. 특정 품종은 우는 재능 덕분에 귀한 대접을 받았는데, 어떤 수탉은 너무 크고 오래 울어서 인도양을 항해할 때 배에 태워 다른 배들이 다가오지 못하게 막는 수단으로 쓰이기도 했다. 기원전 1000년 에는 길들인 닭이 근동 지역에 도입되었고, 기원전 800년에는 더 서쪽으로 유럽에 전파되었다. 로마인은 제국 각지와 영국에 닭을 가져갔다. 그 새의 생물학적 미래는 이제 인간의 손에 확고히 달려 있게 되었고, 유전적으로 융통성 있는 이 동물은 선택과 교배를 거쳐 다양한 모습으로 바뀌었다.

퀘벡에서 트라피스트회 수도사인 윌프레드 섀털레인Wilfred Chatelain이 섄트클러Chantecler 닭을 개발했다. 그는 이 새를 아주 튼튼한 품종과 교배해 아무리 혹독한 기후에서도 알을 낳을 수 있게 했다. 브라질의 갈리나 카이피라galinha caipira 품종은 목에 금빛 깃털을 두른 검은색 닭이다. 이 검은색의 고기와 뼈는 코코넛으로 맛을 낸 피랑데파리다라는 스튜를 끓이는 데 쓴다. 이집트의 비가위Bigawi 닭은 크림색의 작은 알을 낳는데, 점술 능력이 있다고 여겨지며 봄철의 샴 엘 네심Sham El Nessim 축제 때 먹는다. 프랑스의 풀드바르베지외poule de Barbezieux는 닭으로서는 거대한 품종이다. 유명한 요리 연구가인 브리야사바랭Brillat-Savarin은 《맛의 생리학The Physiology of Taste》에서 트러플과 푸아그라로 속을 터질 정도로 채운 이런 새를 먹은 경험을 묘사했다.

닭의 탄생지인 아시아에는 기원이 더 오래되었으며, 몸집이 더 작고 느리게 자라는 품종이 지금도 존재한다. 지구상에서 가장 희귀한 닭 중 하나인 한국의 연산連山 오계烏鷄도 그런 품종이다. 그 새는 볏, 피부, 부리, 깃털, 눈, 발톱, 뼈에 이르기까지 몸 전체가 검은색이다.[7] 이 특이한 닭이 언급된 가장 오랜 기록은 선비인 이달충이 쓴 14세기의 시다. 17세기에 이 새는 한국의 궁중 의관 허준이 편집한 25권짜리 의학 백과사전인 《동의보감東醫寶鑑》에 실렸다. 이 서적에 따르면 오계(검은 닭이라는 의미)는 머리에서 발톱까지 모든 부위가 약재로 쓰일 수 있다. 닭 머리도 그렇다.[8]

오골계라고도 불렸지만《동의보감》에 따라 오계로 정정되었다. 발가락이 5개인 오골계와 달리 토착종인 오계는 발가락이 4개이며, 천연기념물로 지정되었다 -옮긴이 연산 오계의 몸 형태는 적색야계와 비슷하며, 그 야생 선조처럼 숙련된 비행사이기 때문에 나뭇가지로 날아올라 잎사귀를 쪼아 곤충을 잡아먹을 수 있다. 이런 행동은 야생 조류와 똑같으며, 땅을 파 엎고 흙에 몸을 문지르고 알곡보다 풀을 더 좋아하는 입맛 역시 마찬가지다. 더 빨리 자라고 생산성 높은 현대의 사촌 품종과 달리 오계는 알을 사흘이나 나흘에 하나씩 낳는다. 이 놀랄 만큼 아름답고 신비스러운 생김새의 생물은 현대의 가금 산업에서 볼 때는 시대착오적이다. 한국이 일본에 강점되어 있던 1930년대와 1940년대에 더 빨리 자라고 몸집 큰 닭이 도입되었는데, 그때부터 다른 전통적 품종과 함께 오계도 쇠퇴하기 시작했다.

이승숙은 마지막 남은 순종 연산 오계를 보호하는 사람으로, 그녀의 일가는 다섯 세대에 걸쳐 이 품종을 길러왔다. 그들의 농장은 서울에서 남서쪽으로 160킬로미터 떨어진 계룡산 기슭의 연산 마을에 있다. 그 산의 이름은 닭과 용의 산이라는 뜻이다. 이곳에서 이승숙의 고조부가 오계를 병이 든 한 왕족에게 진상했다. 그 닭죽을 먹은 조선의 25대 왕 철종은 몸을 회복한 뒤 오계를 생명을 구해주는 특별한 동물로 지정했다.

의학적이고 건강을 지켜주는 새라는 그 지위는 21세기까지도 이어진다. 이승숙이 말한다. "오계의 뼈는 단단하고 몸은 근육질입니다. 따라서 내장을 들어낸 뒤 통째로 서서히 끓여 진하고 영양가 높은 국물을 만듭니다." 그녀가 연산 오계를 멸종 위기에서 지켜내는 데 헌신한 다른 이유도 있다. "그건 살아 숨 쉬는 한국 역사의 한 부분입니다. 이 닭은 이 땅에서 우리 선조들과 적어도 700년 이상 함께 살아왔어요. 연산 오계가 사라진다면 우리는 우리 영혼의 한 부분을 잃게 됩니다. 그래서 도도새처럼 과거의 전설적인 동물이 된다면, 사진이나 박제된 표본으로만 볼 수 있는 존재가 된다면 비극일 거예요."

태평양 저편에서 아메리카 농부도 자신들이 좋아하는 새가 있었다. 유럽에서나 그곳에서나 20세기에 들어선 지 한참 뒤까지도 닭은 달걀의 원천으로 귀중히 여겨졌지만, 사람들의 식단과 국가경제에서는 주변적 존재였다. 점점 더 기계화되고 집중되는 육류 산업에서 중심 요소는 돼지와 소였다. 닭은 근근이 한 발 걸칠 수 있을 뿐이며, 오랫동안 닭고기 생산은 훨씬 더 대수롭지 않은, 개인 가정에서 기르는 수준의 일이었고, 품종도 엄청나게 다양했다. 1920년대에 발행된 〈아메리카 가금 저널American Poultry Journal〉을 보면 한 농부가 고를 수 있는 다양한 품종을 열거하는 품목별 광고가 여러 페이지에 실려 있다. 싱글콤화이트 레그혼, 안코나, 버프 오핑턴, 블랙 미노르카, 로드아일랜드 레드, 스페클드 서식스, 실버 와이언도트, 브라운 레그혼, 블랙 랑산 등등.[9]

이런 새들은 미국 전역에 퍼진 육종가 수천 명의 손으로 길러졌고, 닭을 기르고 파는 수백만 개의 가족농업 기업에 판매되었다. 이런 기업은 대부분 소규모의 혼합형 농장 기업으로 작물과 동물을 다양하게 키웠다. 농부가 그들 주위의 환경에 적합해서 다양한 재래 품종 밀을 기르는 것처럼 닭 품종의 선택도 마찬가지다. 또한 양이 일차적으로 양모 때문에 길러졌고 수명이 다할 때쯤 도축되던 것과 똑같이 닭도 알을 얻기 위해 길러졌고 알을 더 낳지 못할 때쯤 되어서야 고기용으로 팔렸다. 1940년대까지 미국의(그리고 세계 다른 곳에서도) 가금 산업은 이런 식으로 유지되었다.

그러다가 노먼 볼로그가 멕시코 들판에서 밀을 개선하려고 고생하던 것과 같은 시기에 똑같이 야심적이고 창의적인 사람이 닭에 대해서도 같은 작업을 하고 있었다. 미국 농무부는 가금 단체이자 소매업자인 그레이트애틀랜틱앤퍼시픽티컴퍼니(당시의 월마트 같은 기업)와 손잡고 이제껏 본 것 중에서 가장 생산성 높은 닭을 찾아내려는 경연을 열었다. 신문광고를 내서 한 가족이 다 같이 먹을 수 있을 정도로 덩치 큰 닭을 물색했다. 가슴살은 잘라내어 스테이크를 만들 수 있을 만큼 두툼해야 했고, 육즙 많은 짙은 색 살이 붙은 커다란 닭 다리도 모두 싼 가격으로 공급할 수 있어야 했다. 가금 산업에 도전장이 던져졌다. 달걀에 대한 관심을 줄이고 더 많은 고기를 만들고 그것으로 이익을 낼 방법을 찾아야 한다는!

'미래의 닭Chicken of Tomorrow' 경연은 전국 모든 주에서 온 과학자, 대학, 공무원, 농부 들이 거액의 상금을 놓고 경쟁하는 큰 사건이자 전국적인 행사였다. 경연은 1946년에서 1951년까지 여러 해 동안 다양한 형식으로 계속 열렸는데, 참가자들이 그 새의 진화를 단기간에 가속화시켜 이상적인 미래의 닭으로 설정된 바람직한 특질을 모두 가진 품종을 만들기에 충분한 시간이었다. 더 튼튼하고, 더 살이 많고, 더 빨리 자라는 품종을 만들어내는 것이다.

마침내 경연의 우승은 캘리포니아에서 온 참가자인 밴트레스 가금교배 농장에 돌아갔다. 순종 닭을 들고 온(그리고 그 계보에서 최고를 선별한) 다른 농부들과 달리 밴트레스는 다른 닭의 품종 둘을(캘리포니아코니시와 뉴햄프셔를) 교배했다. 2등은 코네티컷의 아버에이커스 농장이 기른 뉴햄프셔 품종이었다. 경연에 출품된 교배종들은 생산성이 워낙 높아서, 1950년대 초반에는 미국 상업적 육

계(브로일러broiler)의 거의 70퍼센트가 그들의 유전자를 지니고 있었다.[10]

이런 미래의 닭 품종들은 미국 전역에 급속히 퍼져서 농부와 육종가들이 그때까지 개발해오던 지역 적합 품종 가운데 많은 수가 위기에 처했으며, 거의 모두가 적어도 상업 세계에서는 소멸했다. 닭이 변형되었을 뿐 아니라 산업구조 전체가 변형되었다. 새로운 잡종 이면에는 복잡한 교차 교배 기술과 교묘한 가계도가 있었는데, 로버트 베이크웰이 보았더라면 경악했을 것이다. 'F1 잡종' 옥수수가 등장함으로써 농부가 식물의 씨앗을 보존했다가 심어서 그 형질이 고정적으로 유전되기를 기대할 수 없게 된 것과 마찬가지로, 양계업자들은 매년 상업적 육종가들을 찾아가서 이런 정교하게 조율된 크고 살집 많은 새를 구입해 양계장을 채울 수밖에 없었다.[11] 그리고 볼로그의 밀이 전 세계를 돌아다닌 것처럼 이런 새로운 교배종 닭의 유전자와 그들을 기르는 데 사용한 더 집중적인 시스템도 그렇게 되었다.

그 결과 미래의 닭 경연이 열린 지 70년 뒤, 우승 닭의 후손은 매년 도축되는 700억 마리 새 가운데 대부분을 차지한다. 더 오래된 품종의 닭이 지닌 수천 년에 걸친 유전자 자료는 '공개된' 것인 데 반해 가금 산업을 지배하게 된 새들은 마치 종자 회사들이 개발한 고소출 옥수수 품종처럼 지적 자산으로 보호된다.

매년 이런 품종 계보를 유지하는 데 수천만 파운드가 투자된다.[12] 2000년대 초반, 세계 가금 유전학은 코브Cobb와 아비아젠Aviagen, 허버드Hubbard 이 세 회사가 지배했다. 아비아젠이 허버드를 병합한 뒤, 2018년에는 이 숫자가 둘로 줄었다. 코브와 아비아젠은 코브

500, 로스 308, 허버드 플렉스 등 세계에서 가장 대표적인 육계 품종 배후에 있는 유전자를 소유한다. 이런 품종은 모두 35일 안에 체중 2킬로그램에 달하도록 닭을 키울 수 있다.[13] 이는 가장 빨리 최소한의 사료를 써서 최대한의 고기를 생산한다는 뜻이다. 그러나 빠른 성장률 때문에 불구가 될 위험과 치사율이 더 커질 수 있고,[14] 자연의 닭이 하는 행동(땅을 헤집고 다니거나 모래로 목욕하거나 하는)을 하지 않게 된다. 이 때문에 특히 유럽에서는 상업적 닭 가운데 더 느리게 자라는 품종이 인기를 얻었다.

가속화된 가금 산업에서 볼 수 있는 특징은 닭의 짧은 수명뿐만이 아니다. 미국에서 도축장은 빠르게는 1분당 175마리를 처리하는 속도로(EU법이 허용하는 것보다 더 빠른 속도) 작동될 수 있다. 이로써 닭의 가격은 점점 더 낮아지겠지만, 미국 내 일부 가금 공장 노동자는 생산 라인에서 압력을 너무 많이 받다 보니 화장실 갈 시간도 없어서 기저귀를 차고 일해야 한다고 항의했다.[15]

창고식 양계장에서 유전적으로 균일한 닭 수천 마리를 수용하는 대형의 집중적 시스템에서 뭔가가 잘못되어 갈 때, 그 잘못은 끔찍한 규모로 커질 수 있다. 선진국에서 오랫동안 이어진 연구와 투자는 고도로 발전한 생물 안전성 척도를 만들어냈으며, 꼼꼼한 수의학적 감독도 받게 된다. 그러나 이제는 가금 생산의 산업 모델이 그런 자원과 기술이 부족한 곳에도 적용된다. 일부 동물 질병 전문가의 주장에 따르면 동물 질병이 더 많이 배양되는 것은 이 때문이다. 더 경제 선진국인 곳에서도 상황은 잘못될 수 있다. 연산 오계의 고향인 한국에서는 2020년 10월에 조류독감이 번져 전국의 상업적 양계장을 맹렬한 속도로 휩쓸었다. 고작 두어 달 만에 농부들은

2000만 마리가 넘는 닭을 살처분해야 했다. 어떤 시스템에서든 닭은 조류독감에 취약하다. 대규모의 집중적 시스템에 침투한 바이러스는 앞의 사례가 보여주듯이 닭 무리 사이에서 매우 빠르게 확산할 수 있다.

가금의 다양성이 얼마나 중요한지 우리가 깨닫고 있는 순간에도 닭의 균질화는 진행된다. 지역에 맞게 적응한 토착 품종이 전 세계에 약 1500종 남아 있는 것으로 보인다. 이런 새들은 유전적으로 다양하며, 주위 환경에 매우 잘 적응하고, 다양한 환경에서 이것저것 주워 먹으며 살도록 진화했다. 저개발 지역에서는 이런 토착 품종의 새가 여전히 사람들이 먹는 가금 고기와 달걀 전체의 절반가량을 제공하지만, 상업적 양계업이 세계 전체에서 계속 확장함에 따라 이런 지역적 품종은 점차 사라지고 있다. 기후변화의 충격에 직면해 점점 더 예측할 수 없는 세계에서는 이런 동물의 다양성을 보존하는 게 현명할 것이다. 그들의 더 넓은 유전자풀을 언젠가는 불러와야 할지도 모른다.

닭의 경우, 밀레니엄 종자은행도 스발바르 은행도 없다. 그 대신 한국의 연산 농장에서 오계를 구원한 이승숙 같은 사람들이 있다. 소규모 농부와 열성적인 아마추어 사육자가 세계 각지에서 쏟은 노력이 없었다면 닭 품종 수백 가지는 오래전에 사라졌을 것이다. 다행히 다양성은 존재하지만 거의 모두 뒷마당에서의 가정용 사육에 한정되어 있다. 더 큰 시도로는 영국국립가금컬렉션British National Poultry Collection이 있는데, 그곳은 북부 서머싯의 비행 항로 아래 길도 없는 외딴곳에 자리 잡고 있다. 이 소박한 장소에 영국의 가장 위기에 처한 품종 일부가 보존되어 있다. 위대한 가금 전문가 앤드루 셰피Andrew Sheppy가 이곳의 컬렉션을 내게 보여주었다. 그는 당시에 인기를 누리던 닭을 손으로 짚었는데, 그중에는 낸킴밴텀과 사실상 멸종했다고 해야 할 브루스바, 한때 유명했던 익스워스도 있다. "이 중 어느 것도 집중 사육 시스템에 적응하지 못했어요." 셰피가 말했다. 그는 2017년에 세상을 떠났다. 순전히 맛만을 기준으로 할 때 무엇을 고르겠냐고 물었더니 그는 망설이지도 않고 마시 데이지를 골랐다. 그 품종은 밝은 갈색 깃털에 다리는 연녹색, 또 머리 위의 볏은 장밋빛이었다. "맛이 아주 훌륭해요." 셰피가 말했다. 그러고선 모든 새는 각자 다른 방식으로 훌륭하다고 고쳐 말했다.

다양성을 되살릴 수 없다면 우리는 어떻게 해야 할까? 시스템을 더 강화하고, 더 큰 양계장을 짓고, 새의 유전학을 계속 '개선'하고 싶은 유혹이 생길 것이다. 옥스퍼드 대학의 진화유전체학Evolutionary Genomics 교수인 그리거 라슨Greger Larson은 닭의 길들임에 관한 전문가로서 예전에 브라질의 어느 양계장 이야기를 한 적이 있다. 어마어마한 건물 안에 있는 닭의 수와 밀도가 너무 높아지자 닭들은 서로 공격하기 시작했다. 이것은 가금 산업에서 드물지 않게 발생하는 심각한 문제다. 그 결과 수많은 닭이 죽었고, 수익이 줄어들었다. 하지만 양계장 한 귀퉁이에서 한 무리의 닭은 다르게 행동하고 있었다. 그들은 더 차분하고 조용했으며, 공격적으로 쪼아대지 않았다. "알고 보니 그들은 전부 눈이 멀었습니다. 주위에서 무슨 일이 일어나고 있는지 알지 못했던 거지요." 라슨이 말했다. 눈이 먼 닭이 미래의 닭이 될 수 있을까?

그런 발상은 1980년대에 돌연변이 때문에 선천적으로 눈이 먼

한 계보의 새들을 대상으로 추진되었다. 브라질에서 있었던 일처럼 그 닭들은 깃털을 쪼거나 서로 잡아먹는 행동을 하지 않았다. "그들은 눈에 띄는 전투적 문제를 보이지 않았고, 생산성이 더 높았다." 여러 해 뒤 한 리뷰에서 이렇게 말했다. 그리고 과학자들은 "눈먼 닭이 미래에 어떤 역할을 할 수 있다는 견해를 보였다. … 이는 말하자면 서로에게 유익한 상황이 될 수 있다는 뜻이다. 농부는 돈을 더 벌고, 닭은 더 나은 삶을 누릴 수 있다"라고 덧붙였다. 더 크고, 더 빠르고, 더 많은 소득을 올려주는데, 심지어 눈까지 멀었다고?[16] 동물에 관한 윤리를 옹호하는 사람들 사이에선 이 주장을 "눈먼 닭 챌린지"라 부른다. 어떤 닭을 식재료로 고를 때 관련 정보를 모두 갖고 있지 않더라도, 혹은 수많은 선택지를 모두 시험해볼 자금 여유가 없을지라도 그래도 눈먼 닭 챌린지에 참여한 경기자인 만큼 자신들이 어디까지 가고 싶은지 자문할 필요가 있다. 이것이 우리가 닭의 역사를 알아야 할 이유다. 이런 동물이 많은 존중을 받고 있던 때에는 그들과 우리의 관계가 얼마나 달랐는지 떠올려봐야 한다.

영국,
와이 밸리

Wye Valley,
England

미들화이트 돼지
Middle White Pig

15

돼지는 길들일 동물이 될 가능성이 크지 않았다. 양, 소, 염소는 그럴 수 있었다. 인간은 풀을 소화할 수 없지만 이런 동물은 할 수 있고 젖과 고기와 그 밖의 것을 우리에게 주었으니까. 이와 달리 돼지는 인간의 경쟁자처럼 보였다. 그들의 이빨, 털, 소화기관은 반추동물보다는 우리 것과 더 비슷하고, 기회만 있으면 밭의 작물을 망치고 곡물 저장소를 집어삼킬 수 있다. 하지만 8000년쯤 전 돼지는 농부에게 꼭 있어야 하는 동물이 되었다. 농업과 정착생활에서는 잉여 식량과 쓰레기가 발생한다. 알곡 껍질이나 인간의 배설물 등 유기물 쓰레기 말이다. 돼지는 기꺼이 그런 것을 모두 먹고 지방과 근육으로 바꾸었으며, 인간을 위한 살아 있는 식품 저장고가 되어주었다. 양과 닭처럼 돼지를 고기 용도로 죽이는 것은 최대한 늦추어졌다. 살려둔 상태로 그들은 훨씬 더 가치 있는 어떤 것의 원천이 되었기 때문이다. 돼지는 작물에 뿌릴 거름을 생산했다. 길들인 돼지는 장거리 이주에도 도움이 되었다. 이런 살아 있는 지방 공급원이 있으니 사람들은 미지의 장소로 갈 수 있었고, 도착하면 번식할 수 있는 동물들과 함께 굶어 죽지 않을 수 있었다. 예를 들어 태평양상의 먼 섬에 정착한 최초의 인간이 자리 잡을 수 있었던 것은 오로지 그들이 돼지를 데려갔기 때문이다.

돼지가 인간의 정착지에 도입되기 전에 수렵채집인은 멧돼지를 쫓아가서 죽여 고기를 얻었다. 돼지를 길들이려는 최초의 조심스러운 단계는 아마도 개와 같은 방식으로 이루어졌을 것이다. 먹이를 찾아 인간이 사는 곳에 가까이 온 멧돼지 가운데 너무 공격적인 것은 죽임을 당했고, 너무 온순하고 겁이 많은 것은 먹이 가까이 접근하지 못했다. 사람들이 상대하기 시작한 멧돼지는 인간과 함께 있어도 편안해하는 수동적인 멧돼지였다. 돼지 길들임 과정이 일어난 시기와 장소는 제각기 다르다. 어디서 어떻게 이 과정이 수행되었는지는 중요하다. 돼지가 어떻게 세계에서 가장 산업화하고 많이 거래되는 동물 가운데 하나가 되었는지 설명해주기 때문이다.

중국 북부에서 1999년에 발견된 신석기시대의 대규모 발굴 현장인 타오스陶寺 유적 안에서 고고학자들은 수천 개의 무덤 속에 묻혀 있던 돼지 사육의 증거를 찾아냈다. 옥으로 만든 장신구, 정교한 도자기, 악기와 함께 온전한 돼지 골격이 발견되었다. 4500년 전의 이 사회에서 돼지는 부유함의 상징이었고, 내세에 함께 따라갈 만한 동반자였다. 2000년 된 후한後漢 왕조의 한 발굴지에서는 이 상징이 더 정교하게 나타난다. 돼지의 해골이 아니라 점토 모형이 무덤 안에 부장된 것이다. 이런 발굴지는 모두 중국의 수천 년 역사에서 돼지가 죽음에서뿐 아니라 삶에서도 가까이할 만한 동물이었음을 알려주는 실마리를 제공한다.

돼지는 중국 사회에서 매우 중요한 존재였다. 논을 사용해 벼농사를 짓게 되자 중국 인구가 대폭 증가했기 때문이다. 2세기경 이루어진 한漢 왕조의 인구조사에 따르면 비옥한 강변의 골짜기와 북중국 평원에서 농사지으며 인구밀도가 높은 마을을 이루어 사는 인구가 6000만 명이 넘었다. 이런 인구 많은 장소에서 멋대로 돌아다니며 먹이를 주워 먹고 작물을 망치게 내버려 둘 수 없었으므로, 돼지는 우리 안에 갇혀 구유에서 먹이를 먹었다.[1] 당시에 만들어진 테라코타 모형들을 보면 가옥 아래쪽에 돼지우리를 만들어 인간의 배설물이 아래로 떨어져 돼지가 받아먹게 설계되어 있다. 이런 순환의 종결점으로서 돼지 배설물은 토양을 비옥하게 하여 농부가 더 많은 식량을 생산하고 더 많은 사람을 먹여 살리게 했다. 돼지가 중국의 가정생활에서 맡은 중심(그리고 밀접한) 역할은 언어에 표현되어 있다.[2] 중국어에서 '가족', '집' 또는 '가옥'을 뜻하는 '家'라는 단어는 수천 년 전에 (지붕을 뜻하는) 하나의 상징 위에 (돼지를 가리키는) 또 다른 상징을 추가해 구상되었다. 고기를 뜻하는 '肉'이라는 단어는 오로지 돼지고기만 가리킨다. 다른 모든 동물의 고기는 종에 따라 적시되어야 한다. 가령 소고기牛肉, 양고기羊肉처럼 말이다.

돼지가 생태 시스템의 핵심 부분으로 자리 잡으면서 농부들은 특정한 환경에 적합한 품종을 만들어냈다. 대개 둥글고 창백하고 다리가 짧고 배가 나온 돼지인데, 가장 오래된 품종으로 메이샨Meishan이 있다.[3] 메이샨은 세계에서 제일 먼저 길들인 것은 아니지만 오래된 품종 중 하나다. 이 온순한 동물은 제한된 공간에서 인간과 함께 비좁게 사는 데 적응했고, 다양한 식단으로도 잘 살아갔다. 중국 전역에는 100개 이상의 돼지 품종이 있다. 마오쩌둥 치하의 공산당 시대에 이르도록 그들의 주된 역할은 네발로 걸어 다니는 비료 공장 노릇을 하는 것이었다.[4] 돼지는 위기가 닥치거나 축하할 일이 있을 때만 도축되었고 그 고기는 자주 맛보기 어려운 사치였다. 페로제도의 양처럼 동물이 결국 도축되면 모든 부위가 이용된다. 중국에서는 돼지머리를 통째로 진미로 대접하며, 요리된 돼지 뇌수는 중국 요리 전문가 푸샤 던롭Fuchsia Dunlop의 표현에 따르면 "커스터드처럼 부드럽고 위험할 정도로 진하다." 돼지 위장, 내장, 꼬리, 귀, 엉긴 피 역시 즐겨 먹는다. 돼지의 유전자와 돼지가 먹는 먹이 때문에 이런 오래된 품종의 고기에는 지방분이 많다. 그런 성질이 갓을 넣어 찐 돼지 뱃살(메이차이커우러우梅菜扣肉)이나 돼지기름으로 볶은 채소의 진한 맛 같은 중국 요리에서 볼 수 있는 특징을 형성했다.

유럽의 돼지는 완전히 다른 길로 나아갔다. 돼지 사육은 비옥한 초승달 지역에서 처음 시작된 뒤 서쪽으로 전파되어 단속적으로 드문드문 이루어졌다. 신석기시대에서 청동기시대에 이르기까지 유럽의 인구밀도는 중국보다 낮았으므로 농업이 덜 발달되었으며, 삼림 채벌도 느리게 진행되었다. 그 결과 유럽의 다양한 인구가 독자적으로 사육 시스템을 발전시켰고, 돼지는 반만 길들인(또는 반半야생) 상태로 남았다. 동물들은 숲에서 마음대로 채집하거나 마스트mast(옛 영어로는 mæst), 즉 도토리와 너도밤나무 열매beechnut를 먹고 살았다. 인간은 긴 장대로 나뭇가지에서 도토리를 더 많이 떨어뜨려 돼지가 더 많이 주워 먹고 살을 찌게 하는 정도로만 개입했다. 이런 '방목pannage' 시스템은 길들임과 길들이지 않음 사이의 중간 지대로서 유럽 전역에서 시행되었다. 이 시스템은 1000년쯤 전인 중세 후반에 쇠퇴하기 시작했다. 유럽의 인구가 두 배로 늘었고 삼림이 없어졌기 때문이다. 그러나 외딴곳에서는 16세기까지도 방목 시스템이 남아 있었다. 루마니아의 붉은 털 만갈리카 돼지Mangalica pig는 이 오래된 계절적 시스템의 유산이며, 스페인의 순종 이베리코Iberian와 이탈리아의 신타세네세Cinta Senese 품종도 그렇다. 영국의 뉴포리스트에서 돼지는 지금도 '방목철'인 9월에서 11월 사이에는 자유롭게 돌아다닌다. 방목된 돼지들은 새로운 식물이 자라고 숲의 생태계를 고양하는 데 도움을 준다.

길들임의 경로가 이처럼 다르기 때문에 유럽 돼지는 중국 품종과 모양이나 행동이 다르다. 우선 유럽 돼지는 여전히 멧돼지와 가까이 접촉하면서 야생동물의 특징을 갖고 있다. 더 공격적이고 민첩하며 다리가 길고 훨씬 더 날씬하다(그들은 먹이를 찾아 하루에 6킬로미터가 넘게 돌아다닌다). 그들의 돼지우리에 있는 새끼는 아시아 품종보다 수가 더 적다. 또 사람들은 이런 돼지를 더 경계한다. 중세 유럽에서 돼지 재판이 열려 수백 마리가 도살된 적이 있었다. 야생 멧돼지나 암퇘지가 사람을 죽이는 바람에 벌어진 사건이었는데, 이런 이유로 정착민에게는 반추동물(소, 양, 염소)이 훨씬 더 중요하고, 돼지는 부차적인 존재였다. 하지만 그다음에 벌어진 일로 돼지는 유럽뿐 아니라 세계 전체에서도 가장 집중적으로 길러지는 동물 가운데 하나가 되었다.

18세기 영국에서는 산업혁명뿐 아니라 농업혁명도 진행되고 있었다. 로버트 베이크웰의 발상에서 가축 개량 사업이 출범했고, 수많은 돼지 품종이 농가에서 기르도록 개발되었으며, 도시 생활의 일부분이 되기도 했다(양조장이나 낙농장에서 찌꺼기를 처리하기 위해). 그러나 당시 영국의 육종가들은 어떤 장벽에 부딪혔다. 유럽 돼지는 생산성이 높지도 않고 대규모 생산에 적합하지도 않았다. 아시아 돼지 품종이 도입된 것이 이때였다. 감귤류, 향신료, 차, 비단, 도자기가 17세기 초반부터 아시아에서 유럽으로 수입되고 있었으며, 18세기 초반에는 동물 품종도 수입되었다. 중국 돼지는 1760년에 쓰인 《농부의 완전한 지침Farmer's Compleat Guide》에서 언급되었다.

몸집이 작고 다리가 짧은 돼지는 더 튼튼하고 무엇이든 먹는다. 그것은 새끼를 아주 많이 낳으며 여러 면에서 다른 품종[유럽 돼지]보다 더 많이 선호된다.[5]

또 다른 농사 문헌의 설명에 따르면 중국 돼지가 찬양받은 이유는 "살이 달콤하고 구웠을 때 … 맛있기 때문"이었다. 영국 농부들은 교배시킬 때 아시아 품종을 쓰기 시작했다. 이 과정에서 새끼를 두 배는 더 얻을 수 있었고, 암퇘지의 젖꼭지 수도 늘었으며, 돼지 몸통 길이도 늘어났다(어떤 경우에는 척추 두 마디나 더 길었다). 또 기존 돼지의 기질도 바꿔, 갇혀 있는 데 더 적합하게 만들었다. 산업 시대를 위한 돼지를 만들 무대가 갖춰진 것이다.

영국의 기존 품종은 중국 돼지 유전자가 들어오자 모두 변했다.

그런 품종 가운데 뉴포리스트의 방목 시스템에서 진화해 나온 튼튼한 돼지인 웨섹스새들백Wessex Saddleback도 있다. 남서부의 낙농산업이 확장되어 돼지가 먹을 찌꺼기가 생겨나면서 그 품종의 숫자도 늘었다. 한편 글로스터올드스폿Gloucester Old Spot은 과수원 돼지였다. 그 품종은 사이더cider* 와 사과 산업이 발전하면서 함께 번성했다. 영국 동부의 곡물 벨트인 버크셔 지방에서 오랜 계보를 가진 돼지(영국 내전 기간에 크롬웰이 편지에서 그것에 대해 언급한 바 있다)도 중국 돼지와 교차 교배되었다. 1850년대쯤이면 아시아 유전자의 도움으로 영국은 가축 교배의 중심지 가운데 하나가 되었다. 이런 국가 차원의 치열한 노력 과정에서 만들어진 품종 가운데 하나가 라지화이트Large White(흰 피부색 때문에 이렇게 부른다)인데, 그것이 처음 개발된 지역의 이름을 따서 요크셔로 알려져 있기도 하다. 그러나 또 다른 품종이며 라지화이트의 크기가 좀 작은 버전인 미들화이트Middle White가 당시 영국에서 가장 인기 있던 돼지였다. 몸집이 탄탄하고 도시 대중에게 적합해 런던포커London Porker라 부르기도 했다. 이 품종은 가정에서 나오는 찌꺼기와 잔반을 먹고 살았다. 따라서 1930년대까지도 런던부터 북동부의 광산촌에 이르기까지 각 가정의 뒷마당에서 영국인이 가장 기르기 좋아하던 품종이었다. 그러나 20세기 중반쯤 되자 영국의 다른 대부분 품종처럼 이 돼지는 사실상 멸종했고, 라지화이트가 돼지 세계의 지배자로 나아가고 있었다.

* 사과즙을 발효시킨 과실주-옮긴이

라지화이트가 1868년에 공식적으로 하나의 품종으로 등록된 직후에 영국 농부들은 그것을 처음에는 유럽으로, 다음에는 오스트레일리아와 아르헨티나, 캐나다, 러시아, 아메리카 등 전 세계로 수출하기 시작했다. 이 품종의 장점은 높은 생산성이었다. 라지화이트는 몸체가 길고 체중을 빨리 불렸다. 또한 다재다능했고, 집 안에서든 밖에서든 잘 지냈으며, 훌륭한 베이컨과 고기를 생산했다. 덴마크 농부들이 결성한 협동조합은 제일 먼저 교배용 가축으로 라지화이트를 구입한 고객 중 하나였으며, 그들은 그것을 이용해 더욱 생산성 높은 돼지를 만들어냈다. 아이러니하게도 그 새 품종은 '랜드레이스Landrace'• 라고 불렀다. 그 돼지는 덴마크가 유럽에서 가장 효율적인 돼지고기 생산국이 되는 데 이바지했다. 그 발전상이 워낙 효율적이어서 1930년대에는 영국 농부들이 덴마크에서의 수입 물량과 경쟁하느라 분투할 정도였다. 전쟁이 끝난 뒤에 어려워진 영국의 돼지 산업을 부흥시키려고 필사적으로 노력하던 정부는 그 문제를 다룰 위원회를 구성했다. 그러나 1955년에 그들은 영국의 돼지 산업은 다양성 때문에 후퇴하고 있다는 결론을 내렸다. 돼지 품종이 너무 많았다. 그들은 국가가 상업적 생산을 위해 한 가지 돼지 유형에만 집중하라고 권고했다.

• 재래종이라는 뜻의 단어다-옮긴이

그리고 바로 그렇게 되었다. 농부들은 라지화이트 또는 그 변이형(덴마크의 랜드레이스 등)에 집중하기 시작했다. 정부에서 더 많은 권고가 있은 뒤, 1970년대에는 식단에서 포화지방을 줄이라는 조언에 따라 이런 품종들이 다시 수정되었다. 따라서 동물은 더 날씬해져야 했다. 오래된 품종들이 밀려났고, 생산성이 더 높은 몇 안 되는 품종만 남았다. 1973년(할란의 재앙의 유전학의 경고가 나올 무렵), 우려를 느낀 영국 농부 한 무리가 행동으로 옮겨 동물들이 멸종되지 않게 막으려고 단체를 결성했다. 새로 설립된 희귀품종생존재단Rare Breeds Survival Trust에서 제일 먼저 인정받은 품종 가운데 하나가 미들화이트였다. 그때쯤 이런 돼지의 숫자는 영국 전체에서 몇십 마리 단위로 줄어든 상태였다.

나는 미들화이트 돼지를 찾아 영국 서부에 있는 목가적인 와이 밸리로 갔다. 리처드 본Richard Vaughan은 그곳에서 헌트샴코트 농장을 경영한다. 농장의 설립 시기는 1650년대로 거슬러 올라가며 그 가문의 지역적 연원은 더 이전인 12세기로 올라간다. 이제 칠십대인 본은 다른 시대에서 온 시골 신사처럼 보이지만, 이십 대 때 이미 가족이 경영하던 농장을 영국에서 가장 현대적이고 집중적인 소고기 생산 공장으로 바꿔놓은 사람이다. 그는 미국에서 농부가 소를 사육하는 방식을 배웠고, 그들의 방법을 써서 자신의 농장에서 고기 생산을 가속했으며, 새로운 고에너지 사료를 썼다. 그가 말했다. "나는 소가 태어난 뒤 도축될 때까지의 시간을 일 년 이내로 줄였어요. 그 불쌍한 동물들은 잘 살아갈 기회도 얻지 못했지만, 소매업자들은 갈수록 더 값싼 고기를 원했습니다." 그러다가 우연히 나눈 대화를 계기로 고기 생산에 대한 그의 관점이 바뀌었다. 자신의 동물을 도축하러 보내던 도축장에 전화할 일이 있었다. 대개 소고기는 그곳에서 곧바로 마켓으로 향하곤 했다. 본은 자신이 보낸 소의 고기 샘플을 보내줄 수 있는지 물어보았다. 직접 맛을 보기 위해서였다. 그가 회상했다. "전화를 받은 쪽에서 웃음을 터뜨리더군요. 그들은 내 고기가 팔 순 있지만 먹기에는 적합하지 않다고 말했어요. 씹을 만한 가치가 없답니다." 동물들은 너무 빠르게 사육되고 너무 어렸을 때 도축되었기 때문에 삶을 빼앗겼을 뿐 아니라 그 고기에도 아무런 풍미가 없었다.

환멸감이 든 본은 정육 사업에 등을 돌리고 농장을 농장 공원으로 바꾸었다. 사람들이 동물을 먹는 데 돈 쓸 생각이 없어도 동물을 귀여워할 준비는 되었을지도 모른다고 생각한 것이다. 그는 희귀품종 몇 가지를 들여놓았는데, 그중에 희귀품종생존재단이 추천한 미들화이트 돼지도 있었다. 그 숫자가 늘자 일부를 도축해야 했는데, 거기서 그는 계시를 만났다. "그런 고기는 한 번도 먹어본 적이 없어요." 그가 말한다. 현대의 품종과 달리 미들화이트 돼지고기는 지방층이 형성되어 있어서 육즙이 많고 풍부한 맛이 느껴졌다. 오로지 그 기억에 남을 만한 맛만으로 확신이 생긴 본은 고기 소비를 통해 미들화이트 돼지를 보존하기 위해 돼지 농장을 운영하기로 결정했다.

헌트샴코트 농장에서 본은 나를 데리고 임신한 암퇘지들이 사는, 불빛이 아늑한 우리를 구경시켜 주었다. 거기서 우리에 가득한 새끼 돼지들이 두둑하게 깔린 짚 위에서 어미의 젖꼭지 주위에 모여 있는 모습을 지켜보았다. 그 어미는 우리가 동화책에서 보는 돼지의 모습이었다. 크고, 쫑긋한 귀에 주둥이를 불쑥 내밀고 있었다. "당신이 볼 수 있는 가장 친절한 돼지일 겁니다." 본이 말했다. 이런 돼지는 자라는 방식이든, 번식하는 방식이든 어느 면으로든 느리게 삶을 즐기기를 좋아한다. "돼지들은 삶을 누릴 수 있어요. 고기는 마땅히 그런 식으로 생산되어야 합니다." 전 세계에서 미들화이트 돼지라고는 헌트샴코트 농장의 돼지(암퇘지 60마리가량)가 거의 전부다. 그 품종의 보존이 가능해진 것은 본이 그 품종을 보살폈기 때문만이 아니라 그 고기에 대한 수요가 늘고 있기 때문이기도 하다. 영국의 많은 최고 요리사가 이런 돼지고기의 맛과 원산지에 매료되어 그 고기를 자신들의 메뉴에 올렸다. 현대 품종과 비교해볼 때 미들화이트 돼지 사육은 포드 T 모델 자동차와 포뮬러원 자동차 경주의 비교와도 같다고 본은 말한다. "난 경쟁할 수 없고 하고 싶지도 않아요. 그렇게 하기에는 돼지가 너무나 귀중합니다." 고소출 품종이 우선시되는 세상에서 미들화이트는 히말라야 눈표범보다 더 희귀해졌다.

라지화이트 품종의 운명은 이와 완전히 다르다. 이 품종은 현재 미국을 포함해 세계 최대의 여러 산업적 돼지 사육장에서 사육된다. 이런 사육장들은 암퇘지 3만 마리를 수용할 수 있고 한 해에 새끼 돼지 80만 마리를 번식시킨다. 이 사육장에서 돼지는 살아 있는 대부분 시간 동안 움직이지 못하는 상태로 물과 먹이를 받아먹고, 판자 마루에 서서 생활하면서 백신과 항생제를 맞는다. 이런 마루는 돼지 배설물이 빠져나가 거대한 정화조로 흘러가게 설계되어 있다. 노스캐롤라이나주에는 이런 정화조가 수천 곳 있는데, 배설물이 너무 많아 어떻게 처리할지 아무도 해결책을 내놓지 못했다. 임신한 암퇘지는 가로 2미터에 세로 60센티미터 크기의 번식용 우리에서 살아가는데,[6] 동물 행동 전문가 템플 그랜딘Temple Grandin에 따르면 인간이 비행기 이코노미 좌석에서 살아가는 것과 마찬가지다(미국의 농장 75퍼센트에서 사용하는 암퇘지 우리는 영국에서는 1999년에, 유럽에서는 2013년 이후 사용이 금지되었다). 연구자들의 말에 따르면 돼지 산업에서 1950년대 이후 성장촉진제로 쓰이는 항생제는 현재 공중보건에 심각한 위협으로 여기는 약물내성 곤충의 번성에 영향을 끼쳤다.[7] 산업체들은 그 위협이 과장되었다고 말한다.

이 같은 돼지고기 생산 모델은 전 세계에 적용되고 있는데, 이는 모두 라지화이트의 유전자가 세계로 퍼져 전통 품종을 대체했기 때문에 가능해진 현상이다. 라지화이트(또는 제일 유명한 이름으로는 아메리칸요크셔American Yorkshire 품종)는 19세기에 미국에 당도했지만, 농부들이 이 품종을 개발하기 시작한 것은 1940년대 이후였다(미래의 닭과 대략 같은 시기). 그 품종은 일리노이, 인디애나, 아이오와, 네브래스카, 오하이오 주의 돼지고기 산업 팽창에 기여했으며, 결국은 미국의 모든 주가 그 뒤를 따랐다. 20세기가 끝날 무렵에 아메리칸요크셔 품종의 유전자는 육종가들이 최대한 빨리 자라고 더 크고 날씬한 품종을 만들려고 노력함에 따라 가장 많이 연구되는 돼지 품종이 되었다. 오늘날 브라질에서 인도, 베트남에 이르기까지 그리고 중국에서도 라지화이트 품종은 전 세계 돼지 숫자의 규모와 균질성 면에서 전례 없는 수준을 창출하는 데 쓰이고 있다. 회복력이 더 강해질 필요가 있는 식량 시스템으로선 이것이 문제다.

2019년 1월에 중국에서 휴대전화로 촬영했다고 하는 몇 초짜리 동영상이 소셜미디어에 실렸다. 이 동영상에는 아직 살아 있는 돼지 수천 마리를 화물트럭의 짐칸에서 깊고 넓은 구덩이로 떨어뜨리는 광경이 찍혀 있었다. 일부는 달아나려고 헛되이 노력하면서 다른 돼지 위로 기어오르고 있었다. 원래는 이 돼지들을 죽인 다음에 매장해야 했던 것으로 알려진다. 그 동영상은 중국이 기억하는 가장 심한 동물 바이러스 질병의 발생에 필사적으로 대처하는 모습을 찍은 것으로 알려졌다. 그 질병은 아프리카돼지열병으로, 중국의 돼지를 대량으로 살상했다. 2020년 여름 무렵, 중국의 전체 돼지 숫자(전 세계 돼지의 4분의 1)의 절반에 가까운 1억 8000만 마리가 죽었다. 이런 질병의 발생에 협력하여 대응하기 위한 국가 간 기구인 세계동물보건기구에 따르면 그 발병은 우리 세대가 목격한 상업적 가축에 대한 가장 큰 위협이었다.

아프리카돼지열병에 걸린 돼지는 충격적인 증상을 보인다. 처음에는 고열로 시작했다가 다음에는 살가죽이 자주색으로 변하고, 그런 다음 피가 섞인 설사가 시작되며 눈과 코에서 피가 흐른다. 치료는 불가능하며, 며칠 내로 죽는다.[8] 그 바이러스는 수억 마리의 돼지를 고통스럽게 죽게 했으며, 이는 곧 중국 내 식품 가격의 상승을 의미했다. 중국 정부는 보관해오던 냉동육을 긴급 방출하지 않을 수 없었고, 중국이 다른 나라에서 돼지고기를 수입해오자 전 세계 고기 가격도 올라가는 도미노효과를 유발했다.

2019년 2월, 아프리카돼지열병은 세계 5위의 돼지고기 생산국인 베트남으로 건너갔다. 그곳에서 가을 무렵 바이러스는 돼지 500만 마리를 죽였다.[9] 그런 다음 라오스, 캄보디아, 북한, 몽골로 확산되었다. 2020년 여름쯤 그 병은 유럽에도 들어갔으며, 인도에도 당도했다. 지금까지 미국에서는 그 병이 한 건도 발생하지 않고 있지만, 몇몇 동물 질병 전문가는 전염이 퍼지는 것은 그저 시간문제일 뿐이라고 믿는다.

중국은 고기 부족과 높은 가격이 심각한 정치적 문제가 되기 전에 돼지 수를 급속히 늘리라는 압박을 받았다. 수를 늘리려면 오로지 서구 육종 회사들과 라지화이트·아메리칸요크셔를 중심으로 하는 돼지 유전학에 의존할 수밖에 없었다. 이런 돼지는 비행기에 태울 수 있어서, 2020년 봄에 프랑스와 네덜란드의 육종가들은 항공편을 통해 임신 가능한 암퇘지 4000마리 이상을 중국으로 수송했다.[10] 이것은 유럽과 미국에서 아시아로 향하는 돼지의 대규모 수송의 시작에 불과했다. 1700년대에 아시아의 동물이 유럽에 당도해 돼지 품종을 변모시켰던 것과 완전히 반대 상황이었다. 그러나 21세기에 벌어진 이 사건의 규모는 1700년대와 크게 달랐다. 어떤 보고에 따르면 중국이 다시 채워야 하는 어린 암퇘지의 수는 1000만 마리에 달한다. 중국 정부가 자국의 전통 품종을 보존하기 위해 유전자은행(기본적으로는 거대한 돼지 정액 냉동고)을 세우기는 했지만, 앞으로 중국 돼지 품종 가운데 많은 수가 더 사라질 테고, 요크셔를 원산지로 하며 미국에서 변형된 이 돼지는 전 세계 돼지의 균질성을 더욱 심화시키는 데 사용될 것이다.

미국,
대평원

Great Plains,
USA

바이슨

Bison

16

19세기에 미국의 대평원에서 벌어진 바이슨의 대량 학살은 현대 역사상 그 어느 것보다 더 큰 야생동물의 절멸이었다.[1] 그 일이 시작된 것은 1820년대였고, 피에 젖은 60년이 지나자 그 생물은 거의 사라졌다. 평원에는 침묵이 내려앉았다. 이는 지금까지도 한 생물종이 다른 생물종에 파괴력을 행사한 가장 섬뜩한 사례로 남았다. 바이슨은 미국 내륙의 거의 전부를 차지하는 방대한 생태계를 돌아다녔다. 그 생태계는 북쪽으로는 몬태나에서 2400킬로미터를 내려와 남쪽으로는 텍사스까지, 서쪽으로는 로키산맥에서 동쪽으로는 남부 미주리강에 이른다. 대평원은 아메리카에서 볼 수 있는 아프리카의 사바나와 가장 비슷하게 야생 생명으로 넘치는 지형이지만, 바이슨의 말살로 이런 초원은 영구히 변했다.

이에 대한 평가는 매우 다양하다. 바이슨은 대평원에만도 3000만 마리가 살았던 것으로 여겨지지만,[2] 북서부 캐나다의 초원에서 멕시코 북부에 이르는 북아메리카의 나머지 지역에 흩어져 사는 것을 더한다면 전체 개체수는 6000만 마리에 달했을 것이다. 정확한 수는 아무도 모른다. 무리 하나하나가 너무 거대해서(40킬로미터까지 이어지는 무리도 있다)[3] 말을 타고 그 곁을 지나가는 데도 며칠 걸린다. 그들의 숫자는 무한해 보이지만 실제로는 전혀 그렇지 않았다. 1883년에 한 무리의 사냥꾼이 버펄로 5만 마리가 캐나다를 향해 북쪽으로 이동하는 광경을 지켜본 서술이 있다.[4] 그들은 몇 달만 지나면 버펄로 무리가 평원으로 돌아올 것이라 예상해 조금만 기다리면 사냥을 재개하리라고 생각했다. 하지만 그 무리는 끝내 다시 나타나지 않았다. 그 사냥꾼들이 본 것이 아마 최후의 큰 무리가 아니었나 싶다. 그들 모두 몬태나주에 당도하기도 전에 도살되었다.

바이슨의 멸종이 임박했음을 의식한 워싱턴 국립박물관은 1886년에 박제사 윌리엄 T. 호너데이William T. Hornaday를 서쪽으로 보내 남아 있는 바이슨 한 마리를 사냥해 잡아 오도록 했다. 이렇게 하면 미래의 미국인이 박제되어 전시회에 서 있는 모습으로라도 그 동물을 보게 되리라고 판단한 것이다. 호너데이는 바이슨 세 마리를 찾아서 죽였다고 박물관에 보고했다.

늙은 황소, 어린 암소, 한 해가 안 된 송아지입니다. 내가 죽어서 흙으로 돌아가면, 진지하게 간청하오니, 이 종을 파괴로부터 보호해주시기를.[5]

그들은 1888년 3월에 박제된 동물을 전시했다. 몇 년 지나지 않아 바이슨의 멸종에 대한 두려움이 현실로 나타났다. 대평원에서는 대학살이 계속되었고 야생 버펄로의 개체수는 1000마리 이하로 떨어졌다고 호너데이는 추산했다.

동물 5만 마리가 땅 위를 달려가는 광경을(문자 그대로 땅이 흔들리는 경험이다) 한 번도 보지 못한 사람은 그 대신 화가 알베르트 비어슈타트Albert Bierstadt가 1889년에 완성한 3미터 폭의 그림인 〈버펄로의 최후The Last of Buffalo〉 앞에 서볼 수는 있다. 죽고 다친 버펄로가 전경을 채우고 있다. 더 이전에 죽은 소의 두개골이 땅 위에 흩어져 있다. 그러나 건조한 금빛 초원과 멀리 솟아오른 산의 광활함에 에워싸인 중심 이미지는 말을 타고 있는 남자, 달려오는 바이슨의 목에 창을 막 던지려 하는 아메리카 토착민 남자다. 그 전경은 숙련된 리얼리즘의 본보기일 수 있겠지만 배경은 순수한 허구다. 눈이 미치는 곳까지 멀리 바이슨이 풀을 뜯고 있다. 같은 해에 한 출판업자가 실상을 말해주는 제목의 책을 냈다. 《아메리카 바이슨의 몰살The Extermination of the American bison》이라고.[6]

이것은 동물의 비극이면서 인간의 비극이었다. 마지막 빙하시대 이후 토착민과 바이슨은 대평원을 공유했고, 토착민은 그 동물을 숭배하는 동시에 사냥했다. 그것이 그들의 존재의 중심이었다. 바이슨의 지방과 근육은 식량이 되었고, 가죽은 집과 의복을 주었다. 뼈는 가공해 도구가 되었고, 힘줄은 사냥용 활의 줄이 되었다. 바이슨이 사라지면서 토착민은 식량의 핵심 공급원뿐 아니라 세계 속에서 살아가는 방식도 잃었다.

그 도살이 왜, 어떻게 일어났는지에 대해서는 아직도 논란이 분분하다. 어떤 사람들은 정치적 동기 때문이었다고, 즉 미국 정부와 군대가 토착민을 대평원에서 몰아내어 서부를 획득하기 위해 세운 전략의 일부였다고 주장한다. 다른 사람들은 단순하고 명백한 탐욕이 동기였다고 지적한다. 바이슨은 죽이고 도축되어 정육업자와 가죽 상인과 뼈 가공업자에게 판매되는 상품이 되었다.

최근에 제시된 더 설득력 있는 주장은 소 사육 산업이 개입했다는 것이다. 이 주장에 따르면 미국의 현대 정육 산업의 성장은 바이슨을 몰아내고 거기서 소를 키우도록 대평원을 개조하는 데 달려 있었다.

오늘날 미국에는 1억 마리에 가까운 소가 있고, 그 대부분은 다코타와 네브래스카, 캔자스, 오클라호마, 텍사스의 평원 등 미국의 중심을 지나가는 거대한 벨트 지역에 있다. 이 관점에서 볼 때 바이슨의 멸종은 풀 뜯는 동물 한 종류가 다른 종류의 동물로 대체된 일일 뿐이다. 인간의 경우, 대평원에서 토착민이 추방되고 정착민이 들어와 살 수 있었던 것도 마찬가지다. 소와 소고기가 바이슨을 몰아냈다는 주장은 역사가 조슈아 스펙트Joshua Specht가 제기한 것으로, 그가 제시한 근거에 따르면 "정착민은 이 과정에서 단순한 수혜자가 아니라 정복의 대리인이기도 했기"[7] 때문이다. 아마 이 세 가지 원인 모두, 즉 정부가 지원한 토지 획득, 자본주의, 성장하는 정육 산업이 함께 작용했을 가능성이 크다. 그러나 어떤 이유에서든 결과는 똑같다. 토착민의 부족국가는 보호구역으로 몰아넣어졌고, 바이슨은 멸종 위기로 내몰렸으며, 대평원의 전체 생태계는 변형되었다.

대평원은 세계의 경이 가운데 하나다. 또 다른 서부의 역사가 댄 플로레스Dan Flores는 "미국의 세렝게티, 시와 스펙터클이 있는 곳, 야생마, 회색 늑대, 코요테가 있었던 곳"이라고 말한다. "소몰이, 인디언 전쟁, 버펄로 사냥 이 모든 것이 이곳 대평원에서 벌어졌고, 서부의 역사가 전개되었다." 바이슨은 그런 인간의 드라마가 펼쳐지기 오래전부터 그곳에 있었다. 13만 년 전에 그들은 시베리아 초원에서 연결된 육교를 건너와서 수백만 년 동안 대평원에서 매머드와 함께 풀을 뜯었다. 바이슨은 '핵심종keystone species'•, 그러니까 전체 생태 시스템이 유지되는 데 중요한 역할을 하는 동물이었다. 그들은 먹이를 찾아다니며, 발굽으로 흙을 파 엎어 토양을 통풍시키고, 배설물로 땅을 비옥하게 하고, 씨앗을 평원 전체에 퍼뜨리게 했다. 이로써 다른 생물종들의 서식지를 만들었다. 긴부리마도요와 카신참새 같은 새들이 모두 바이슨이 뜯은 풀과 식물군과 함께 수천 년 동안 함께 진화했다. 또한 이 생물다양성은 수백만 마리의 늑대, 들개 그리고 사슴과 비슷한 가지뿔영양을 먹여 살렸다. 바이슨의 흥망성쇠를 연구해온 진화생물학자 베스 셔피로Beth Shapiro에 따르면 북아메리카 대륙에서 그 정도로 큰 생태학적·환경적 영향을 준 것은 우리 인간종뿐이다.[8] 인간은 바이슨이 건넌 것과 같은 육교를 건너 이주해왔는데, 그 시기는 아마 2만 년 전으로 거슬러 올라갈 것이며 지난 2세기 전까지만 해도 바이슨과 인간은 성공적으로 공존했다.

• 일정 지역의 생태계에서 군집의 구성과 유지에 가장 주도적인 영향력을 발휘하는 생물종-옮긴이

스페인 정복자들은 금을 찾아 콜로라도의 산루이스 밸리에 당도한 뒤 대평원의 바이슨을 처음 본 유럽인이었다. 토착민이 도보로, 또 활로 사냥했던(바이슨 한 마리를 쓰러뜨리려면 화살 15대를 쏘아 맞혀야 했다) 반면 스페인인은 말과 라이플로 힘의 균형을 바꿔놓았다. 그러다가 19세기 초반에 미국인 정착민이 자신들의 소와

양을 평원에 돌아다니도록 풀어놓으면서 바이슨과 새로이 경쟁할 동기가 발생했다. 마음대로 쓸 수 있는 화력이 있었으므로 정착민은 바이슨의 수를 크게 줄였지만, 그 도살이 심해진 것은 1860년대의 일이었다. 그 무렵 버펄로 가죽 의복과 바이슨 고기의 거래가 증가했고, 바이슨 사냥꾼 부대가 대평원을 가로지르며 작업하고 있었다. 1865년에 남북전쟁이 끝날 때쯤 미국 내엔 200만 정의 라이플이 돌아다녔고, 그것을 사용하도록 훈련받은 100만 명 넘는 퇴역병이 있었다. 그중 일부는 전쟁 기간에 농장과 집이 소실되어 돌아갈 곳이 없었다.[9] 하지만 총과 당나귀만 있으면 그들은 바이슨 사냥꾼이 될 수 있었다. 최악의 상황이었다. 1872년 한 해에만도 캔자스주에서 실려 나간 바이슨 가죽이 100만 장이었다. 서부의 무장이 점점 더 강해지고 토지에 대한 경쟁이 심해지면서 토착민 역시 그 거래에 끌려들었고, 살아남기 위해 가죽과 고기를 팔았다.

미국인 사냥꾼과 토착민 사냥꾼이 공급한 바이슨 가죽은 새로 건설된 유니언퍼시픽철도를 따라 동부로 보내졌고, 그다음에는 세계로 팔려나갔다. 종착점에서 그 가죽은 무기와 마차의 단열재에서 공장의 드라이브 벨트, 제화 재료, 고급 가구에 이르기까지 무엇으로든 변형되었다. 소가죽보다 더 튼튼한 버펄로 가죽은 미국인과 유럽인 모두에게서 수요가 많았다. 냉장고가 새로 발명되었으니 바이슨 고기도 더 많이 수송될 수 있었고, 토착민의 전통 음식인 말려서 가루로 낸 바이슨 지방과 고기를 섞은 페미컨 역시 마찬가지였다. 이것은 산업화된 생산물로, 고기는 공장에서 처리되어 통조림으로 만들어져 신개척지로 보내졌다. 서부에서 철로를 확장하던 노동자들에게서도 바이슨 고기의 수요가 생겼으며, 그 길을 따라 설치된 새 군부대 역시 마찬가지였다. 기차가 달리기 시작하자 대평원에 새로운 사냥꾼들이 유입되어, 열차 창문 밖으로 바이슨을 쏘아 맞히는 것이 스포츠가 되었다. 콜로라도에서 캔자스로 이어지는 산타페이 철도 노선에서 일하는 한 철로 엔지니어는 궤도를 따라 오로지 바이슨 사체만 딛고서 몇 킬로미터를 건너갈 수 있었다고 말했다. 바이슨 뼈는 비료 산업과 설탕 제조업, 도자기 제작에 사용되었다. 그러나 거의 모든 도살은 그저 비극적인 낭비에 불과했다. 수많은 정육 구입 업자는 혀나 혹 같은 특정한 부위에만 관심이 있었으므로, 수많은 바이슨은 살해되고도 그 사체가 그저 땅 위에 방치되어 썩어갔다.

1860년대가 끝나갈 무렵, 대평원에서 바이슨 개체수가 급락하자 소 목장이 재빨리 그들을 대체했다. 철도를 이용해 소고기가 정육 거래의 중심지인 시카고에 쉽게 당도할 수 있었고, 미국의 소고기 사랑이 시작되었다. 평원을 정리함으로써 가능해진 고기의 추가 공급량이 어찌나 많았던지, 그 세기가 끝날 무렵에는 매년 미국 소고기 14만 톤이 대서양을 건너 영국으로 수송되었다. 한편 구세계에서 새로 미국에 당도한 이주민(고기를 자주 먹지 못했던 사람들)은 시장과 정육점에 전시된 소고기 물량에 압도당했을 것이다.

1906년에 저널리스트인 업턴 싱클레어Upton Sinclair가 《정글》을 출판했다. 이 책은 20세기의 가장 유명한 저항소설 가운데 하나다. 책에서 그는 수탈당하는 정육 노동자들의 경험을 포착해 더러운 도살장을 속이 뒤틀릴 정도로 묘사했다. 그의 책은 미국 전역에 충격파를 보냈고, 연방정육감시법안Federal Meat Inspection Act을 지원했는데, 그 법안은 그해에 통과되었다. 싱클레어는 산업자본주의를 비판할 의도로 정육 산업을 묘사했지만, 독자들은 그의 의도를 감지하지 못한 것으로 보인다. 독자들은 자신들이 먹을 식품이 생산되는 장소의 비위생적인 여건에 더 큰 우려를 표했다. 싱클레어는 나중에 이렇게 말했다. "나는 대중의 심장을 겨냥했는데, 어쩌다 보니 그들의 위장을 맞혔다."[10] 조슈아 스펙트가 깔끔하게 표현했듯이, "그는 사회주의혁명을 기대했지만 식품 라벨의 개선으로 만족해야 했다."

토착민 수백만 명이 보호구역에서 살고 있었는데, 그 안에서는 잔혹 행위, 부패, 무능으로 기근이 너무 자주 발생했다. 살아남은 사람들은 이제 평원에서 사육되는 소의 고기를 사야 했다. 더욱 모욕적인 것은 품질이 너무 나빠서 시카고 도축장에서 거부당한, 도저히 먹을 수 없는 고기였다는 사실이다.

바이슨을 지켜내려는 시도가 있었다. 아이다호, 뉴멕시코, 와이오밍, 아리조나 주는 사냥 및 고기와 의복 거래를 규제했다. 하지만 그 법안은 너무 늦게 제정되었고, 일부는 바이슨이 이미 사라진 뒤에 통과되기도 했다. 야생동물 거래는 1900년에 레이시법Lacey Act이라는 연방 법안이 제정되고 나서야 금지되었다. 바이슨이 완전히 멸종하지 않게 지켜낸 것은 대평원 전역에 흩어져 활동하던 다양한 성분의 몇 안 되는 사람 덕분이었다. 텍사스의 소규모 목장주, 캔자스 출신의 바이슨 사냥꾼, 캐나다를 본거지로 삼은 모험가, 몬태나의 보호구역에 사는 토착민, 사우스다코타에서 일하는 무역상 등등. 1870년대와 1880년대에 이런 개인들은 저마다 독자적으로 바이슨에게 무슨 일이 벌어지고 있는지 깨닫고, 몇 마리 안 되는 바이슨 송아지를 자신들의 목장에 데려다가(다 자란 바이슨은 다루기가 너무 어려우므로) 그 종을 지켜내려고 시도했다. 이런 고아 송아지들은 각기 젖소와 짝을 짓게 했다.

그런 바이슨 구원자들 가운데 일부는 오로지 보존만을 목표로 했다(텍사스의 목장주 찰스 굿나이트Charles Goodnight는 아내의 권유로 바이슨을 보존하려고 노력했다). 다른 사람들은 바이슨을 갈수록 희귀해지므로 상업적 가치가 높아질 잠재력을 지닌 동물로 보았다. 사냥꾼 찰스 제시 존스Charles Jesse Jones('버펄로 존스'라는 별명이 더 유명하다)도 이런 관점을 가졌다. 1886년에 대평원 전역에 심한 눈보라가 휩쓸었고, 소의 4분의 3이 사라졌다. 그러나 더 튼튼한 바이슨은 피해를 보지 않고 살아남았다. 존스는 자신이 지켜낸 바이슨과 소를 교차 교배해 바이슨처럼 튼튼하면서도 암소의 육질을 지닌 새로운 동물을 만들려고 시도했다(이 교잡종은 캐털로Cattalo라고 알려졌다). 이와 같이 바이슨의 보존은 저마다 의도가 다를지라도 그들의 행동이 낳은 결과는 같았다. 현재 대평원에서 살아가는 바이슨은 거의 모두 이 기초가 된 다섯 무리의 후손이다. 1888년에 그들의 개체수는 전부 합쳐도 200마리가 채 안 되었다.

1903년에 이제 확고한 보존론자가 된 윌리엄 호너데이는 살아남은 바이슨 가운데 몇 마리를 새로 지은 브롱크스 동물원(그가 원장으로 있던)으로 옮겼다. 처음에 동물원은 동물들의 안전한 피신처였지만, 시어도어 루스벨트Theodore Roosevelt 대통령(과 동료 보존론자들)의 도움으로 대평원을 복원하기 위한 과정에서 중요한 역할을 했다. 호너데이와 다섯 군데 기초 무리의 주인들은 개척자였다. 오늘날 그들은 대형 포유류가 멸종하지 않게 지키는 최초의 진지한 선구자이자,[11] 현재 전 세계에서 이루어지는 보존 작업의 모델이다.

오늘날 미국에서 가장 큰 개체수를 가진 바이슨 무리는 옐로스톤 국립공원 내에 있는 5000마리인데, 이 무리가 형성될 수 있었던 것은 브롱크스 동물원과 다른 기초 무리가 보내준 개체들 덕분이었다. 대평원 바이슨이 거의 사라진 지 한 세기도 더 넘게 지난 2016년, 국민의 정신 속에 들어 있는 바이슨의 위치를 반영해 오바마 대통령은 그 동물을 미국 '최초의 국가 포유류first national mammal'로 지정했다.

오늘날 미국 전역에는 50만 마리 정도의 바이슨이 있지만 순종 바이슨은 그중 일부에 지나지 않는다. 이는 야생동물과 소를 교배시켰던 초기 보존론자들의 행동이 낳은 결과로, 바이슨 무리를 더 빨리 재건하려는 노력 때문에 20세기 초반까지도 지속해온 관행이다. 이제는 유전자배열과 선택적 추출 기술로 소의 유전자가 서서히 배제되고 있다. 바이슨을 대평원에 다시 들여보내려는 여러 프로젝트가 토착민 보호구역에서 진행된다. 콜로라도 주립대학의 동물번식학 교수인 제니퍼 바필드Jennifer Barfield와 키오와Kiowa, 나바호Navajo 부족 사이의 파트너십도 그와 같은 프로젝트다. 바필드는 오랫동안 유전적으로 순수한 바이슨의 개체수를 늘리려고 노력했다. 대평원으로 옮기기 전에 부족민은 바이슨에게 축복을 기원한다. 바필드는 "바이슨 아기들"(그녀의 표현)을 만드는 일에 집중해왔지만 그런 축복 제례들을 보면서 자신의 작업을 재평가하지 않을 수 없었다. 제례가 진행되는 동안 그녀는 바이슨이 평원으로 풀려나기 전에 수용되어 있던 울타리 옆에 서 있었다. 그녀는 이렇게 말한다. "그 동물들은 뭔가가 일어나고 있는 줄 알았어요. 그들은 조바심하면서 발을 움직이고 있었습니다." 제례가 시작되고 부족 지도자들이 북 장단에 맞춰 버펄로 노래를 부르기 시작하자 동물들은 동작을 전부 멈추고 조용해졌다. 그녀는 그 동물들과 일 년 동안 함께 지냈으므로 그들에 대해 정말 잘 알고 있었다. 대개 바이슨이 낯선 소리를 들으면 감각이 고조되고 조바심을 내지만, 그때는 오로지 바이슨의 눈이 울타리 사이로 치열하게 쏘아보는 모습밖에 보이지 않았다. 그들은 꼼짝도 하지 않았고, 북소리에 홀려 있었다. 그 순간 그녀는 과학과 유전학과 보존을 넘어서는 뭔가에 자신이 말려들었음을 깨달았다. "그 동물과 부족 사이에 어떤 다른 종류의 연결이 맺어지고 있었습니다." 아마 손에 뚜렷하게 느껴졌을 것이다. 바이슨이 야외로 풀려나는 모습을 지켜보려고 밖에는 수백 명이 모여 있었으며, 몇 킬로미터를 걸어온 사람도 있었다. "그 동물들이 열린 공간으로 뛰쳐나와 달려가자 사람들은 눈물을 흘리기 시작했습니다."[12]

바이슨에 대해 직접 찾아보던 중에 나는 콜로라도 남서부 산루이스 밸리의 사구에 가게 되었다. 바람이 으르렁대며 불었고, 모래 알갱이가 얼굴에 따갑게 부딪혔다. 전체 면적이 77제곱킬로미터에, 그중의 어떤 사구는 높이가 230미터에 달하기도 하는 그 골짜기는 일면으로는 〈아라비아의 로렌스〉, 일면으로는 스파게티 웨스턴 영화 같았다. 먼 곳의 길이 산봉우리 사이 고개를 넘어 사라진다. 이 장면에 관한 가장 오래된 묘사는 스물일곱 살인 미국 군인 지블런 파이크Zebulon Pike가 1807년에 쓴 기록에 나온다. 동상에 걸리고 굶주린 동료 12명과 함께 그는 걸어서 그 고개를 넘어갔다. 그는 망원경으로 사구를 바라보았다. 그 사구는 "화이트산맥 기슭까지 오르락내리락하며 이어졌다. … 그 모습은 폭풍우 몰아치는 바다와 완전히 똑같았다. 단지 색깔만 다를 뿐. 그곳에는 식물의 흔적이라곤 하나도 없었다."[13] 먼 곳에는 야생 생물이 풍부하게 있었다. 짧은뿔도마뱀short-horned lizard, 캐나다두루미sandhill crane, 엄청난 수의 바이슨 무리.

이런 사구 가장자리에서 엄청난 분량의 바이슨 뼈가 발견되었다. 1만 1000년 전의 수렵채집인은 바이슨을 절벽 위로 몰아서 죽게 했는데, 이는 고기를 얻는 가장 효율적인 방법이었다. 1870년대까지도 우테 부족이 보호구역으로 쫓겨나기 전까지 토착민은 이 지역에서 바이슨과 함께 살았고, 초지를 이동하는 바이슨 무리를 따라 남서부 콜로라도 지역에서 정착지를 옮겨 다녔다. 오늘날 이 장소는 대평원으로 바이슨 돌려보내기를 목표로 하는 아주 야심적인 프로젝트의 거점이 되었다. 이곳은 400제곱킬로미터가 넘는 넓이의 보호구역인 자파타 목장인데, 1980년대에 일본계 미국인 건축가 히사 오타Hisa Ota가 구입한 땅이다. 그는 원래 그 목장을 고급 리조트로 만들 계획을 세웠지만, 그 지역 바이슨의 역사에 대해 읽고 난 뒤 바이슨의 복귀를 돕는다는 발상에 매료되었다. 오타는 개인 소유자들에게서 바이슨을 사들여 목장으로 보내기 시작했다. 1990년대 후반이 되자 자파타의 바이슨 무리는 수백 마리로 늘었다. 그가 바이슨 무리 전부를 자연보존재단Nature Conservancy Trust에 넘겨준 것이 이 시점이었다. 현재는 이 재단이 목장을 운영하면서 바이슨을 돌본다.

목장 주위의 지형은 고원 사막, 물 없는 개울의 모랫바닥, 샘물, 광대한 초지 그리고 먼지를 배경으로 그 잎사귀가 시어도어 루스

벨트의 표현을 빌리자면 "어른거리며 흔들리는shimmering, tremulous"14 미루나무로 이루어진다. 내가 처음 본 바이슨은 물이 흐르는 개울에서 물을 마시고 있는 암컷 세 마리였다. 모두 말만 한 덩치에 앞쪽으로 C자를 그리며 휘어진 뿔을 달고 있었다. 겨울을 앞둔 철이었으므로 초콜릿색의 겨울 털가죽이 부숭부숭해지고 있었다. 힘이 세 보였지만, 가끔 머리를 쳐들고 나를 잠깐씩 쏘아보면서 게으르게 물을 마시는 모습은 무심해 보였다. "저들은 우리를 주시하고 있어요." 자파타의 목장 관리자인 케이트 매서슨Kate Matheson이 말하고, 다시 확인해주었다. "걱정하지 마세요. 공격적이지는 않아요." 그들의 콧구멍은 넓게 벌어져 있고, 부스스한 털로 뒤덮인 기다란 삼각형 머리끝에는 염소 같은 수염이 나 있었다. 바이슨은 체중이 묵직하고 둔해 보이지만, 단거리라면 시속 48킬로미터 이상의 속도를 낼 수 있고 말보다 더 빠르게 달린다. 혹등처럼 솟아올랐다가 비스듬히 내려오는 등과 이어진 강력한 둔부의 추진력으로 달려나가는 바이슨은 선사시대의 동굴벽화가 그대로 살아나온 듯하다.

자파타 목장 전역으로 더 멀리 운전해 가면서 우리는 수컷 바이슨 송아지 네 마리를 지나쳤는데, 괴상하게 보이는 비틀린 뿔이 달린 청소년 또래인 송아지들은 모두 다 자란 그레이트데인만 한 크기였다. 그해 봄에 태어난 오렌지빛 털가죽은 이제 두껍고 색이 어두워지면서 겨울을 대비하고 있었다. 이곳은 겨울에는 기온이 심하면 섭씨 영하 40도까지도 내려간다. 가까운 곳에 성인 수컷 한 무리가 있었다. 그들은 곧 이동하여 총각 무리로 편입될 예정이지만, 지금은 여전히 암컷들과 어울리면서 혹시 주기에 들어 교배할 암컷이 있는지 공기 냄새를 맡으면서 점검하고 있다. 이런 탱크같이 덩치 큰 동물은 체중이 900킬로그램가량 나간다. 더 먼 곳에서 지프를 세웠더니 바이슨 1000마리가 우리를 둘러쌌다. 머리를 들고 우리를 바라보다가, 아주 느리게 풀을 뜯는 본업으로 돌아가는 바이슨의 모습을 나는 마법에 걸린 듯 지켜보았다.

자파타 목장의 계획은 리처드 본의 미들화이트 돼지 구조 임무와 같다. 즉, 소비를 통해 보존하려는 것이다. 가을이 되면 목장 주위에 울타리가 그물망처럼 세워지면서 무리 내에서 격한 움직임이 일어난다. 랭글러(현대판 카우보이와 카우걸)들이 모터바이크와 소형 비행기로 바이슨을 몰고 간다. 자파타의 통나무 캐빈 레스토랑이 비축하는 바이슨 고기는 한 해에 바이슨 일곱 마리분이다. 남은 고기는 전국의 요리사에게 판매해 보존 기획에 필요한 돈을 마련하고 바이슨에 대한 인식을 퍼뜨린다. 고기는 부드럽지만 소고기보다 약간 거칠고 냄새가 강하며 씹는 맛이 있다(좋은 쪽으로).

대평원 바이슨의 몰살은 150년 전에 있었던 일이지만, 다른 동물들의 멸종 과정은 계속된다. 우리는 대평원에서 사냥꾼들이 그랬던 것처럼 우리 앞에 나타나는 하나하나의 생물종을 과녁으로 삼는 게 아니라 생태계 전체를 파괴하고 있다. 1970년 이후 인간의 식량을 위해 수풀을 없애고 야생 서식지를 개발한 결과, 척추동물의 개체수가 평균 60퍼센트 줄어든 것으로 평가되었다. 세계자연기금WWF이 발표한 연구는 생물다양성이 전례 없는 비율로 사라지고 있다는 증거를 제시한다. 우리가 지구의 파괴자가 아니라 돌보는 이가 될 수 있는가? 바이슨의 이야기는 우리의 엄청난 파괴 능력을 보여주지만, 자파타 목장의 작업이 입증한 것처럼 생물종을 복원하고 생태계를 재건할 능력이 있다는 것도 보여준다. 우리 인간은 잘못을 저지를 수 있지만 그것을 바로잡을 수도 있다.

파급효과

코로나-19는 처음엔 고기에 관련된 사건으로 시작되었다. 첫 보도는 바이러스의 기원으로 야생동물(구체적으로 말하면 박쥐)을 가리켰다. 그런 다음 바이러스는 매개체가 되는 종(아마 천산갑)으로 건너뛰었다가 인간에게 들어갔다. 병이 발생한 초기에 바이러스의 원래 출처로 여겨진 곳인 중국 중심부 우한의 수산축산물 재래시장이 폐쇄되었다. 전 세계에서 들어오는 동물을 거래하는 공급망이 이런 종류의 시장에 모여들 수 있다. 산 동물과 죽은 동물, 야생동물과 길들인 동물, 합법적·불법적 상품, 사향고양이와 천산갑부터 늑대 새끼와 뱀(사육된 동물 고기와 해산물도)에 이르기까지 모든 종류가 모여든다. 많은 동물이 좁은 공간에서 큰 스트레스를 받으며 산 채로 갇혀 있다가 도살되는데,[1] 이는 바이러스가 번성할 수 있는 종류의 여건이다.

팬데믹이 전 세계로 확장되면서 미디어는 재래시장을 중국 음식 문화의 전통적인 특징이라고 묘사했다. 사실은 그렇지 않다. 살아 있는 큰 동물 거래 시장은 문화혁명 이전이나 그동안에는 존재하지 않았다. 그것은 1980년대에 처음 나타난 현대적인 현상이지만 크게 흥성한 것은 세기가 바뀔 무렵이었다. 중국이 새로 일군 부와 새로운 이국적 음식에 대한 욕구가 아시아, 아프리카, 아메리카에서 사냥한 동물종들을 불러들인 것이다. 그렇게 잡힌 동물은 대단히 숙련된 솜씨로 짜인 교역망을 통해 도입되지만, 그 숙련도에 못지않게 아주 끔찍한 결과를 낳는다.

인수공통전염병 전문가들 사이에서는 오래전부터 야생동물 거래가 근심의 원인으로 여겨졌지만, 이제 기존의 문제에 새롭고 위태로운 상황이 추가되었다. 인간에게서 가장 범위가 넓고 장기적으로 지속하는 질병 가운데 많은 수가 동물에서 인간으로 건너온 것이다. 천연두, 백일해, 유행성이하선염, 후천성면역결핍증, 에볼라 등이 그렇다. 홍역은 가축 사육이 이루어진 뒤 인간과 소의 긴밀한 접촉이 오래 계속되자 인간에게 들어왔다고 알려진다. 바이러스 질병에 관한 가장 오래된 서술은 실크로드에서 발견된 9세기와 10세기의 기록에 나온다. 당시에 도시 인구는 확대되고 있었고, 사람들이 가까이 모여 살기 시작해 바이러스가 번성하기에 완벽한 여건이 만들어졌다. 인수공통전염병은 인간 역사를 규정하는 주요 요소 가운데 하나가 되었다. 유럽인이 천연두와 홍역을 신세계로 가져가자 토착민 수백만 명이 목숨을 잃었다. 질병은 식민주의자들이 가진 가장 큰 무기였다.

코로나-19는 21세기에 우리 세계를 이미 재편했으며, 그 밖의 또 다른 치명적인 질병도 닥쳐올 수 있다. 농업의 발자국을 확장하고 숲과 다른 서식지를 파괴함으로써 우리는 수백만 년에 걸쳐 진화해 온 장벽을 무너뜨리고 있다. 그것은 마치 눈덩이를 굴리는 것과도 같다. 야생의 생물과 사육된 생물이 전례 없는 수준으로 파괴되고 혼합되고 있으며, 서로 다른 종들 사이의 접촉이 예전에는 불가능하다고 여겨졌던 수준의 속도와 강도로 일어난다. 새로 생겨난 질병이 지형 사용의 변화와 연결된다. 그 한 예는 1990년대에 말레이시아에서 발견되었다. 말레이시아의 돼지 산업이 더 발달하고, 새로 농장이 만들어져 더 많은 동물을 수용하게 되었다. 이런 건물들은 야생 서식지를 점점 더 침범했으며, 땅을 정리해 과수원도 만들었다. 야생 박쥐가 가까이 있는 과일에 이끌려, 또한 숲이 사라지는 바람에 다른 먹이 자원이 없어져 돼지 농장에 더 가까이 오기 시작했다. 1998년 초에 야생 박쥐의 배설물이 돼지에게 먹일 잔반을 오염시켜 니파바이러스라는 질병이 발생해 돼지가 감염되었다. 그리하여 수십억 달러에 이르는 말레이시아 돼지 산업이 거의 붕괴하고, 105명이 목숨을 잃었다.[2] 과학저술가 데이비드 쾀먼David Quammen의 표현에 따르면 우리가 생태계를 파괴할 때 바이러스의 천연 숙주로부터 바이러스가 해방된다.[3] "그런 일이 발생하면 바이러스는 새 숙주가 필요합니다. 인간이 그 숙주가 될 때가 많지요." 그리하여 야생동물로부터 흘러나온 바이러스가 인간으로 넘어오는 것이다. 코로나-19는 아마 더 큰 재앙의 경보였을 것이다. 이제 우리는 생물다양성을 지켜내야 하는 가장 이기적인 이유가 생겼다. 우리 자신의 안녕을 위해 그렇게 해야 한다.

해산물

5

“어떤 어군魚群, shoal은 작은 도시만큼이나
넓고 길고 깊게 펼쳐졌다.
그래서 몇 주일씩 엄청난 풍어가 이어졌다. …
그런 현상은 영구히 이어지고,
절대 실패하지 않을
천연의 노획물이었다.
그러나 그런 상황은 끝났다.”[1]

제인 그릭슨Jane Grigson

From the SEA

Eating to Extinction

1951년에 낸 저서 《우리를 둘러싼 바다》에서 해양생물학자 레이철 카슨은 이렇게 썼다. "우리가 가진 모든 현대적 도구를 동원하여 심해를 탐구하고 표본을 채집하더라도 언젠가는 바다의 마지막, 궁극적 신비를 풀 수 있을지 지금도 아무도 모른다." 70년이 지난 지금도 이런 '궁극적 신비' 가운데 많은 것이 아직 풀리지 않았다. 이 책의 이 부에 실린 장들 또한 바다의 신비를 탐구한다. 그중에는 여러 생물이 심각하게 쇠퇴하여 거의 멸종에 이른 상황도 포함되어 있다. 어떻게 소멸했는지 일부는 설명할 수 있지만 그렇지 못한 것이 많다. 우리는 정확하게 얼마나 많은 생명 형태가 소멸 위기에 처해 있는지조차 모르지만, 그들의 쇠퇴에 관련된 한 가지 공통 요인이 인간이라는 사실은 알고 있다.

문제를 제대로 파악하는 데 도움을 받기 위해 2007년 여름, 90개 이상의 국가에서 온 과학자 300명이 불가능하게 여겨지는 과제를 수행하러 나섰다. 바다에 산다고 알려진 전체 생물종의 목록을 작성하는 일이었다. 불가능하게 여겨진다고 한 것은 지구의 가장 깊은 해양에 대한 측량이 화성 표면의 측량보다도 적기 때문이다. 생물종의 숫자는 70만 종에서 200만 종 사이로 추산된다.

대형 기획(전 세계 해양생물종 등록World Register of Marine Species[WoRMS]이라 부르는 기획의 일부)을 시작한 지 십 년도 더 지난 뒤, 지금까지 그 숫자는 거의 24만 종에 이른다. 연체동물에서 포유류, 어류에서 갑각류에 이르는 새로운 생물종이 목록에 추가되기 때문에 그 숫자는 매일 바뀐다. "우리는 전체 상황도를 얻을 것이라곤 생각하지 않습니다. 우리가 숫자를 다 세기 전에 멸종해버리는 종이 너무 많습니다." WoRMS에서 일하는 과학자 태미 호턴Tammy Horton이 말한다(그녀는 갑각류 가운데 일부인 1만 종과 숫자 세기를 담당한다).

바다에서 생명이 진화하기까지 수십억 년이 걸렸고, 혼란스러울 정도로 많은 다양성이 창조되기까지는 그 뒤 수백만 년이 걸렸다. 하지만 그것이 해체되기까지는 고작 한 세기가 걸렸을 뿐이다. 산업적 어획이 등장한 이후 몇 가지 어류종의 쇠퇴 현상은 정말로 충격적이다.[2] 태평양 블루핀 참치는 역사상의 평균에서 97퍼센트가 줄었다. 지중해 황새치는 88퍼센트가 줄었다. 더 최근에 태평양 정어리 같은 핵심종은 최대 95퍼센트가 감소해 거의 소멸할 지경에 이르렀다.[3]

이런 감소의 대부분을 유발하는 전 세계 수산업은 매출이 한 해에 1000억 달러에 이른다.[4] 불법 어로까지 합치면 거기에 100억 달러에서 230억 달러가 추가된다. 바다에서 벌어지는 인간 활동은 범위가 너무 넓어서 모든 해양 면적의 3분의 2가 인간의 행동으로 '크게 변했다.'[5] 달리 말하자면, 해양에서 야생이란 것 자체가 사라지고 있다.

우리는 바다가 무한한 식품 공급처라고 믿었고, 지금까지 그것을 뽑아 쓰는 데 지나치게 유능했다. 1880년대에 범선 어선 외에 증기로 움직이는 트롤어선이 새로 등장했으며, 1900년대 초반에는 디젤 동력선으로 더 멀리 나가서 더 깊은 바다에서 어로 활동을 할 수 있게 되었다. 1920년대에 발명된 나일론은 우리의 옷 입는 방식에

혁명을 일으켰을 뿐 아니라 어로 활동 방식도 바꾸어놓았다. 몇 킬로미터씩 이어질 수 있는 고기잡이 그물과 낚싯줄이 생산된 것이다. 아울러 선상에서 고기를 급속 냉동할 수 있게 되어, 어선들이 바다 위에 더 오랜 기간 머무를 수 있게 되었다. 제2차 세계대전 때 잠수함 탐지를 위해 설계된 음파 탐지 기술이 어군의 탐지에 응용되자, 마치 물 밑에서 야생의 생명체를 상대로 새로운 전쟁이 벌어지는 것과도 같았다. 1954년에 세계 최초의 공장을 갖춘 트롤어선 페어트리Fairtry호가 진수되어, 하루에 600톤의 생선을 처리할 수 있게 되었다. 그것은 떠다니는 금광이 되었고, 다른 어선들도 곧 따라했다. 오늘날 세계에는 어선 460만 척이 있고, 중국만도 심해어선 1만 7000척을 포함한 80만 척의 어선을 보유하고 있다.[6] 그중 많은 수는 페어트리호가 치어로 보일 정도로 큰 어선이다. 물고기가 숨을 수 있는 장소는 점점 더 줄어들었다. 어떤 트롤어선은 대양 깊은 곳에서도 잠깐 전류 파동을 발사해 물고기 근육을 경직시켜 움직이지 못하게 하는데, 그렇게 하면 그물로 잡기가 쉽다.

순수하게 이기적인 관점에서 본다면(바다를 인간 식량의 원천으로 생각할 때) 이것은 문제다. 33억 명의 인간은 바다에 의지해 단백질을 얻는다.[7] 전 세계에서 1인당 생선 소비량은 1990년 이후 평균 두 배 늘었으며, 그 비율은 계속 늘어나는 것으로 보인다. 하지만 행성의 관점에서 본다면, 바다에서 그처럼 많은 분량의 생명을 뽑아오는 것은 재앙이다. 그토록 많은 성어를 포획 대상으로 삼음으로써 우리는 바다에서 다른 생물종들을 위한 알과 치어와 식량을 고갈시켰다. 양어장에서 기르는 연어와 농어와 잉어를 먹이려고 잡아들이는 작은 물고기도 상황은 마찬가지다. 전체 생태계는 와해하고 있으며 완결된 식량의 연속성은 철폐되었다. 해양의 삶이 이처럼 쇠락하면서 우리 존재 자체에 근본적인 어떤 것 역시 사라진다.

200만 년 전 우리 선조들이 육식하기 전, 초기의 인간은 바다에서 식량을 찾아내어 물고기를 잡고 연체동물을 채집했다. 고기잡이는 아마 우리 역사에서 가장 오래되고, 가장 널리 실행되고, 지속적인 식량 채집 형태일 것이다.[8] 호모사피엔스는 그 단계를 거쳐 해안과 강변에 공동체를 건설했고, 바다에서 얻는 식량으로 문화와 정체성을 형성했다. 이 부에서 다룰 위기에 처한 음식 네 가지는 저마다 문화적 역사의 한 부분을 반영한다. 또한 수많은 전통사회가 현재 어떻게 그들이 의존하고 살던 물고기처럼 위기에 처했는지 보여준다.

바다와 인간의 관계를 재고할 필요가 생긴 것은 이번이 처음이 아니다. 1000년 전, 북부 유럽인은 어로 위기를 겪고 있었다. 그 시기에 발굴된 물고기 뼈를 보면 고작 50년의 기간에 주민이 호수와 강에서 잡은 민물고기(농어, 잉어, 송어, 연어)를 먹다가 대구, 가자미, 청어 같은 바닷고기를 먹을 수밖에 없게 된 연유를 알게 된다. 민물고기를 남획한 결과, 사람들은 점점 더 큰 배와 그물을 만들어 새로운 종을 찾으러 바다로 나서야 했다. 이 변이를 확인한 요크 대학의 과학자팀은 그것을 '물고기의 사건의지평선fish event horizon•'[9] 또는 '오늘날 어로 위기의 궁극적 기원'이라 불렀다.

역사는 우리가 어류 자원을 대폭 줄이기만 하는 것이 아니라 보존할 수도 있다고 가르쳐준다. 13세기에 프랑스 왕 필리프 4세는 어류 자원의 감소에 분개하면서 선언했다. "우리 영토의 강과 물은 크건 작건 어부들의 악행 때문에 아무것도 내놓지 않

• 어떤 사건이 외부의 관측자에게 영향을 미치지 못하는 경계를 이르는 말로, 블랙홀 주변의 사건의지평선은 중력이 너무 강해 빛조차 빠져나가지 못한다 -옮긴이

는다. … 물고기는 이들 때문에 제대로 자라지 못하게 방해받고 있다."[10] 필리프 4세는 그물눈을 크게 만들어 어린 물고기가 달아날 수 있게 하라고 명령하고, 강과 개울을 멀리까지 보호했다. 오늘날 우리는 더 야심적이고 세계적인 방안을 채택해야 하지만, 필리프 4세가 800년 전에 이해했듯이 더 적게 잡고 더 많이 보존해야 한다. 또한 현재의 문제가 '어부들의 악행'보다 훨씬 더 복잡하다는 점도 알고 있다. 기후변화로 해양생물 수는 어떤 지역에서는 3분의 1까지도 줄어들었다. 대기 중 이산화탄소 수위가 바다를 산성화하고, 바다 생물의 복잡한 연결망을 위협하기 때문이다.[11]

다음에 나올 장들은 바다 생물의 풍부한 다양성을 감축하는 방향으로 작용하는 힘을 보여준다. 그중에는 거의 알려지지 않은 것도 있다. 질병도 있고, 쉽게 설명할 수 없이 사라지는 현상도 있다. 우리는 무슨 일이 벌어지는지 전부 다 알지는 못하지만, 그것들이 미친 영향의 증거는 볼 수 있다. 카슨이 옳았는지도 모른다. 우리는 '바다의 궁극적 신비'를 끝까지 풀지 못할지도 모른다.

야생 대서양 연어

Wild Atlantic Salmon

17

대서양 연어는 모순적인 물고기다. 한편으로 그들은 바다 동물 가운데 가장 희귀한 종의 하나다. 사람들이 그 물고기를 볼(또는 먹을) 일은 거의 없다. 그렇지만 양식업 덕분에 대서양 연어는 세계 어디나 존재하는 동물 중 하나가 되었다. 양식장이 생긴 지 몇십 년 만에 연어는 아무나 먹지 못하는 진미가 아니라 세계적 상품이자 단일 종으로서 지구상에서 가장 많이 거래되는 물고기가 되었다. 소와 돼지, 양 등 가축을 길들이기 시작한 지는 1만 년쯤 될 테지만, 지금은 물고기 한 종을 같은 경로로 길들인다. 그런 과정에서 그 동물은 야생에서는 사라지고 갇힌 상태가 되었다. 즉 바다 한쪽을 차지하고 물 밑 우리에 가두어 기르는 것이다. 지구 상태를 알려주는 천연 바로미터로 이 물고기만 한 것은 없다. 민물 생물이던 연어가 스스로 염수 생물로 변신한 다음 다시 민물로 돌아가는 능력은 곧 연어가 내륙 강물에서 출발해 바다로 갔다가 다시 고향으로 돌아가는 생애주기를 따라 움직인다는 것을 뜻한다. 연어를 통해 우리는 삼림 파괴에서 댐 건설, 오염, 남획, 기후변화의 원인 제공 등 인간의 수많은 활동이 자연 세계에 미치는 누적된 효과를 볼 수 있다. 그 세계의 쇠퇴는 땅과 바다 양쪽에서 무슨 일이 벌어지는지를 주의시키는 경보다. 연어를 지키고 싶다면 우리는 행성의 파괴 행위를 멈추어야 한다. 그렇게 단순한 문제다.[1]

이 수수께끼 같은 물고기의 생애 주기는 기적처럼 보인다. 고향인 개울의 자갈밭에서 암컷이 8000개가량의 구름 같은 알을 낳는다. 그다음 수컷이 앞다투어 달려들어 자신의 정액(정자)을 뿜어 수정하려고 애쓴다. 8주 뒤 아주 작은 치어가 커다란 금빛 알을 깨고 나오며, 그 뒤 30일 동안은 노른자의 양분을 먹고 산다. 작은 치어이던 그들은 더 큰 치어로 성장하며, 그 무렵이면 충분히 자라서 고향의 자갈 바닥 얕은 물을 떠나 더 깊고 위험한 강물로 헤엄쳐나갈 만큼 커진다. 여기서 연어는 길면 3년까지 살아남으면서 먹이를 충분히 먹고 몸길이가 15센티미터까지 자란 '스몰트smolt•'가 되어 장대한 바다 여행을 해낼 수 있을 만한 근육을 길러야 한다. 그 여정에서 연어들은 대서양을 가로질러 먹이가 풍부한 지역 북쪽 바다로 가기 위해 수천 킬로미터를 헤엄쳐야 한다. 포식자와 폭풍우를 견디고 살아남을 만큼 운이 좋다면, 2~3년 뒤 연어는 강물을 거슬러 헤엄쳐 올라가 도중에 있는 장애물을 모조리 넘어 자신이 알을 깨고 나온 바로 그 자갈밭의 정확한 지점으로 돌아간다. 여기서, 즉 여정의 출발점이자 최종 목표인 장소에서 연어는 알을 낳는다. 처음에 낳았던 알 8000개 중 연어의 생애 주기를 완결할 만큼 오래 사는 개체는 고작 둘뿐이

• 바다로 갈 준비를 마친 2년생 연어 -옮긴이

다. 그 주기는 자연에서 가장 놀라운 사실 가운데 하나다.

민물인 강에 있는 집을 떠나 바다의 짠물로 헤엄쳐가면서 연어는 아나드로미anadromy라 부르는 신체 변형을 겪는다. 이는 바다 온도가 낮아지고 바닷속 식량 자원이 더 풍요로워짐에 따라 수백만 년 전에 진화한 특징이다. 그 덕분에 연어는 '스몰트화smoltify'할 수 있다. 즉, 몸체가 더 유선형으로 변하고 피부는 반사성이 더 강해지며 은빛을 띠어 바다에서 몸을 더 잘 숨길 수 있다. 강에 사는 물고기일 때는 영역을 지키려는 성향이 매우 강하고 공격적이던 연어는 더 깊은 물로 이동해 다른 연어들과 무리를 이루어 어군을 형성하면서 기질이 온화해진다. 그리고 바다를 향해 개울을 더 내려가면서 곧 떠나게 될 물에서 최후의 화학적 '해법fix'을 얻는다. 이것이 수천 킬로미터 멀리 떨어진 바다에서 지낸 뒤 고향으로 돌아올 길을 찾는 데 도움이 되는 각인이라고 믿어진다. 민물과 짠물이 만나는 강 하구에서 연어는 아가미를 변형하고 새 환경에 맞게 호흡이 변해 바다 수면 가까이 헤엄칠 수 있다. 여기서 연어는 갑각류, 오징어, 작은 물고기 그리고 크릴 같은 대형 동물성 플랑크톤을 먹고 산다. 하지만 이 사냥꾼은 동시에 사냥감이 되기도 한다. 그들을 잡아먹는 포식자로는 가마우지, 상어, 바다사자, 물개와 물론 인간이 있다.

이 믿기 어려운 사건은 북대서양 전역에서 일어난다. 유럽과 북아메리카 전역의 강과 지류 약 2000곳에 서식하는 연어가 그 일에 참여한다. 대서양 연어는 북쪽으로는 노르웨이, 남쪽으로는 스페인과 포르투갈, 동쪽으로는 러시아, 서쪽으로는 캐나다에서 발견된다. 하지만 그들의 기원이 어디든 대서양 연어는 동일한 식사 장소, 그린란드의 서쪽 해안과 페로제도 연안으로 모여든다. 이곳에서 물고기 개체는 크기가 두 배로 커지며, 북대서양의 추위를 차단하고 귀향길에 연료로 쓸 잉여 양분을 축적한다.

이 생애 주기 대부분은 레이철 카슨이 말한 '궁극적 신비'에 포함되어야 한다. 연어가 그 강물로 가는 길을 어떻게 찾아내는지(기억, 냄새, 태양 항법, 지구 자장 등의 복합일 수 있다), 또 돌아가야 할 때를 어떻게 아는지 우리는 제대로 아는 바가 없다. 연어가 귀향하기 위해 모든 수단을 동원한다는 것은 안다. 아일랜드 도니골주의 도시인 클로언 가까이에 있는 퓐강이 흘러가는 64킬로미터에 걸쳐 연어는 도저히 넘어설 수 없을 것 같은 장애물을 넘어 올라간다. 3미터 높이의 폭포에서 물이 쏟아져 단단한 암반 위로 격렬하게 넘쳐흐른다. 바닥에 형성된 소에서 물고기는 앞으로 나아갔다가 거듭 도약을 시도한다. 어떤 연어는 수면이나 바위 표면을 꼬리로 쳐서 단계적으로 튀어 오르기도 한다. 또 다른 연어는 영웅적인 도약에 성공해 단번에 해낼 것처럼 보이기도 한다. 귀향 과정의 이 단계에서 물고기는 비축해둔 양분을 다 쓴다. 일단 강에 닿으면 며칠이든, 몇 주든, 몇 달이든 출생지로 올라가는 동안 먹이를 먹지 않는다. 그러나 바다에서 여러 해 먹이를 잡아먹었다는 것은 그 물고기가 힘의 절정에 달했다는 뜻이며, 강둑에서 기다리는 포식자(인간과 다른 동물들)에게 이런 상태로 귀향하는 연어는 더없이 좋은 먹잇감이다.

어렸을 때부터 낚시꾼인 시인 셰이머스 히니Seamus Heaney는 도니골주의 클로언 폭포 동쪽에서 연어 낚시를 했다. 그는 은빛의 강철 같은 몸체와 청록색 비늘과 어뢰 같은 머리를 가진 연어가 수면을 뚫고 튀어 올라, 그의 표현에 따르면 고향 물이 이끄는 인력에 따라 달려가는 것을 보곤 한다. 히니의 시 〈연어 낚시꾼이 연어에게 The Salmon Fisher to the Salmon〉[2]가 1969년에 발표되었을 때 야생 대서양 연어의 전체 수는 약 1000만 마리에 달했다. 오늘날 그 수는 200만이 채 안 된다. 더 넓게 말하자면, 다른 종인(2000만 년 전에 같은 진화 풀에서 유래한) 태평양 홍연어Pacific sockeye salmon는 수천만 마리씩 강물로 되돌아간다. 대서양에 사는 그 친척의 쇠락이 그처럼 무시무시한 것은 이 때문이다. 50년 전, 대서양 주위의 여러 강에서 출발한 100만 마리 가운데 고향에 돌아가서 알을 낳고 생애 주기를 완결한 연어는 절반가량이었다. 오늘날 그렇게 하는 연어는 고작 3만 마리뿐이다.[3] 무슨 일이 벌어지고 있는지 이해하려고 전 세계에서 노력하는데도 우리는 왜 그토록 엄청난 규모로 쇠퇴하는지 아직도 확실히 알지 못한다. 어떤 생물종이든 개체수가 너무 적어지면 그 미래가 위태로워지는 어떤 지점에 당도하게 된다. 그래서 대서양의 많은 지역과 연결된 강 시스템에서 야생 연어의 멸종도 실제로 일어날 수 있는 것이다.

인간과 물고기 사이의 가장 오래된 만남에 대한 설명은 복잡하다. 어류의 무른 뼈와 피부는 고고학적 기록에 흔적을 별로 남기지 않는다. 인간과 연어의 교류에 대한 가장 오래된 몇 가지 증거는 조지아에 속하는 코카서스산맥의 어느 동굴에서 나온다. 네안데르탈인은 그곳에 약 4만 5000년 전의 것으로 추정되는 커다란 연어 뼈 무더기를 남겼다. 2만 5000년쯤 전에 호모사피엔스는 연어를 잡고 먹었을 뿐 아니라 동굴 예술에서 연어를 찬양하기도 했다. 프랑스의 도르도뉴 지역 근처의 도르도뉴강 변 마을인 레제지Les Eyzies에서 한 수렵채집인이 동굴 천장의 연한 석회암에 연어 모습을 새겼다. 그처럼 정교하고 자세하게 1미터짜리 연어의 꼬리와 지느러미, 아가미에 있는 미세한 표시까지 표현하려면 상당히 오랜 시간이 걸렸을 것이다. 위로 치켜 올려진 턱과 헐떡이는 입은 물길을 거슬러 헤엄치느라 분투한 물고기가 고향에 돌아가서 알을 낳기 위한 임무를 다하느라 탈진한 모습을 보여준다. 그런데 고대의 조각 주위에는 전혀 다른 표시들이 있다. 그 곧고 깊은 선들은 확실히 선사시대의 것이 아니다. 1912년에 누군가가 바위의 물고기를 깎아내어 원래 장소에서 가져가려 했지만 실패한 것이다. 이는 인간이 수천 년 동안 이 물고기에 해온 일의 은유다.

대서양 주위의 고대 정착민에게 연어가 얼마나 중요했는지를 알려주는 증거는 예술이 아니라 토양에서 발견되었다. 고고학자들은 아일랜드에서 신석기시대의 초기 정착촌 한 군데를 발견했는데, 그 위치는 셰이머스 히니가 가장 좋아하는 반강 가까운 곳이었다. 9000년 전에 작살과 나무 덩굴, 점토로 만든 어망을 갖춘 수렵채집인은 연어로 먹고 살았다.[4] 그 물고기는 스칸디나비아 북부와 러시아 일부분에서 살던 유목민족인 새미족에게도 중요했다.

4000년 전, 새미족 어부들은 나무배를 타고 노르웨이와 핀란드를 거쳐 흐르는 타나강을 따라 여러 호수를 건너다니면서 연어를 낚았다. 웨일스에 있는 티위강, 테이피강, 타프강에서는 전통적으로 어부 한 명만 탈 수 있을 정도의 둥근 보트인 코러클coracle을 타고 노 저어 다니며 그물을 쳐서 연어를 잡았다. 컴브리아에서는 얕은 물을 헤치고 걸어 다니면서 축구 네트처럼 생긴 것으로 물고기를 잡는 하프haaf 그물질을 한다. 대서양 반대편에서는 페놉스코트족Penobscot• 의 선조가 봄이면 창을 들고 자작나무껍질 카누를 타고 뉴브런즈윅과 노바스코샤의 강을 거슬러 올라가면서 연어를 잡는다. 이런 서늘한 기후대에서는 소금을 써서 물고기를 저장할 수 없다(바닷물을 증발시킬 만큼 일조량이 많지 않으므로). 그 대신 연어를 땅속에 묻어 발효시킨다(페로제도의 스케르피키외트와 비슷하게 악취 풍기는 음식이 된다). 나중에 1세기에 플리니우스는 프랑스 남서부 아키텐강 유역에 자리 잡고 사는 갈리아인이 "바다에서 헤엄치는 모든 물고기보다" 연어를 선호한다고 언급했다. 그 물고기가 이 이름을 얻은 것도 이 무렵이었다. 라인강 계곡의 물길을 거슬러 올라가면서 급류와 폭포를 거꾸로 밀고 오르는 물고기의 모습을 놀란 눈으로 지켜보던 로마 군단이 살라르salar, 즉 '도약자leaper'라 부른 것이다. 학명인 살모 살라르salmo salar는 거기서 유래했다.

• 미국 북동부 메인주 페놉스코트강 유역에 살던 토착민 부족-옮긴이

스코틀랜드의 동쪽 해안에는 그들과 똑같이 그 물고기에 경외심을 품은 사람들이 있었다. 픽트족Picts은 자체의 문화를 지닌 부족이었지만 사라졌는데, 그 전인 7세기에 도약하는 연어의 모습을 조각한 입석을 세웠다. 입석 하나는 독사와 거울 사이를 헤치고 다니는 물고기를 보여준다. 그 상징은 고고학자들이 지금도 해결하려고 애쓰는 또 다른 연어 수수께끼다.

다른 증거는 야생 연어가 고급 음식이었음을 알려준다. 1000년 전, 즉 물고기의 사건의지평선의 절정기에 프랑스 중부 손에루아르에 있는 중세 클뤼니 사원의 수도사들은 특이한 기록을 남겼다. 그들은 삶의 대부분을 강요된 침묵 속에서 보내며, 몸짓으로 소통한다. 1090년에 쓰인 그 언어를 설명하는 안내서에 따르면 '물고기'를

가리키는 상징어는 가슴 앞에서 두 손바닥을 합쳐 흔드는 형상이다. 그러나 연어를 가리키는 상징어는 따로 있는데, 그것은 엄지를 턱 밑에 붙이는 것이다. 이는 "매우 당당하고 부유한 사람만이 그런 물고기를 얻는다"라는 걸 보여주는 것으로 이해되었다.

13세기의 아일랜드에서는 연어의 가치가 높아서 포획과 판매와 구입이 전부 엄격하게 기록되었다. 가장 큰 지주인 수도원은 거의 모든 강을 관리하고 연어 거래를 통제했다.[5] 아일랜드 연어를 염장하고 통에 포장해 프랑스와 스페인, 이탈리아 항구로 수송하는 사업은 두둑한 수익을 냈다. 기록에 따르면 17세기경 이런 화물이 너무 커서 보통 사람들은 보기만 해도 깜짝 놀랄 정도였다.

연어의 쇠퇴에 대해 가장 자세한 설명이 나온 곳도 아일랜드다. 19세기 말, 작가인 오거스터스 그림블Augustus Grimble은 전국을 돌아다니며 연어를 연구했다. 그림블의 말에 따르면 가장 큰 고통을 겪은 것은 북부의 반강에 사는 연어였다. 그는 이렇게 썼다. "불쌍한 반강![6] 이 강만큼 불운한 강은 본 적이 없다. 다른 강들은 한두 가지, 아니면 몇 가지 불행으로 고생하지만 … 불행한 반강에는 연어의 삶에 치명적이라 생각할 수 있는 모든 악의 가장 강한 형태가 존재한다." 이런 악에는 강 유역에 건설된 리넨 산업체에서 나오는 오염물질도 들어 있었다. 공장에서 나오는 석회와 표백제, 염료 등의 폐기물이 강에 쏟아져서 "물고기가 살아갈 모든 자취를 파괴"했다.[7] 법안이 도입되었지만 "벌금은 얼마 되지 않았고 평판이 나빠지는 일도 없었다." 한편 살아남은 물고기들은 그물에 넘치도록 걸렸다. 그림블의 설명에 따르면 '남획'이 흔했고 바다에 가면 "해안경비대의 눈을 피해 불법적으로 설치한 수 킬로미터의 그물이 있었다."

반강이 극단적인 경우일 수도 있지만, 육지와 바다에서 가해지는 압력은 유럽 전역의 연어 개체수에 영향을 미쳤다. 수백만 년에 걸쳐 진화해온 강을 오르내리는 길은 점점 더 커지는 댐으로 막혔다. 항상 조바심을 내는 연어는 이런 거대한 콘크리트 장애물을 상대로 헛되이 뛰고 또 뛰다가 결국 죽는다. 생애 주기를 완료하는 연어가 점점 적어지므로, 강 유역 공동체의 삶에서 그들이 맡은 역할도 쇠퇴한다. 코크주에 있는 델라나강에는 제2차 세계대전 이후 댐이 세워졌는데, 2016년에 연어 두 마리가 헤엄치는 것을 보았다고 어느 어부가 보고하자 신문의 머리기사로 실렸다.[8] 50년도 더 넘는 기간이 지나도록 연어가 목격된 것은 처음이었다.

1950년대에 환경 법안들이 더 엄격해지면서 유럽의 야생 연어가 돌아오는 강을 되살리는 데 도움이 되었지만, 쇠퇴는 돌이킬 수 없는 사실로 보였다. 그 물고기의 숫자는 끝내 완전히 회복되지 않았다. 야생 연어가 버티고 있던 아일랜드 시골에서는 1960년대에 들어선 뒤에도 한참 동안 연어라는 진미를 맛볼 수 있었다. 이 시기에 성장한 리처드 코리건Richard Corrigan은 더블린 서쪽 미스 카운티의 습지에서 살았다. 그곳에서 연어는 일 년에 한 번 나타났다. 코리건은 가족과 친한 어부가 아침 일찍 농장 문을 열고 들어와 마대 자루를 뒷문에 걸어놓고 나가는 소리를 듣곤 했다. 그의 아버지는 부엌으로 들고 온 묵직한 자루에서 은빛이 번뜩이는 연어를 꺼내 쿵 하고 식탁 위에 놓았다. 아버지는 강물이 주는 이 희귀한 선물에 쓰려고 보관해둔 오래된 카빙 나이프를 들고 물고기를 두껍게 스테이크용으로 잘라낸 다음 주철 팬에서 버터 한 토막을 녹여 굽곤 했다. "우리는 연어 기름 냄새를 간절히 고대했어요." 코리건이 말한다. 소다 브레드 조각으로 기름기를 빨아들이고 한 입 한 입 천천히, 조용하게 먹었다. "우리는 돈이 없었지만, 그런 아침에는 왕처럼 먹었습니다."

연어가 희귀해지고 위기에 처했는데도, 상황은 나아지지 않았다. 인간은 계속해서 연어 수를 줄여나갔다. 바이킹 시대 이후 아일랜드 해안의 어부들은 기슭에서 보트를 타고 작은 후릿그물을 쳤다. 낙하산처럼 생긴 이 그물은 고기를 잔뜩 담고 바다에서 끌려 나온다. 1960년대에 어린 시절을 보낸 아일랜드의 대표적 연어 과학자인 켄 웰런Ken Whelan은 어부들이 켄메어만에 한데 모여 배를 타고, 큰 무리를 가리키는 그들의 표현인 '그 물고기'가 당도하기를 기다리는 모습을 지켜보았다. 그들은 여러 주일 동안 물길을 연구하고 연어가 만에 들어온다는 신호인 V자 형태가 수면에 나타나기를 기다렸다. 그것이 보이면 흥분의 물결이 마을을 휩쓸었다. 웰런이 말한다. "어부들은 대부분 육십 대였어요. 그렇지만 그들은 번개같이 움직여 그물을 쳤습니다."

과거에는 그 무리가 어찌나 크던지 그물로 잡아 올리려고 끌어당길 때 무게 때문에 바위에 부딪혀서 연어 대부분을 잃곤 했다. 그런 일이 있고 나서 상륙하면 어부들은 낙담한 모습이지만, 웃으면서 구경꾼들에게 말했다. "어, 글쎄… 그건 강물이 가져갈 몫인 거지." 이런 어부들은 자신들이 고기 잡는 방식이 비효율적임을 알고 있었다. "그래서 성과를 거두었어요. 언제나 강물 몫을 남겨줄 만큼 충분했거든요." 웰런이 말한다.

그러나 1960년대 후반에 후릿그물은 폐기되고 흘림그물drift net이 사용되기 시작했다. 한쪽 끝을 배에 고정하고, 나머지 그물은 배에 매달려 물에 떠 있는 방식인 흘림그물은 수 킬로미터까지 펼칠 수 있으며, 그물코가 작고 나일론 실로 엮어져 물고기 눈에는 보이지 않는다. 또한 연어 위치를 탐지하려고 애스딕 소나 기술(전쟁 기간에 적군 잠수함을 탐지하려고 사용한 시스템)을 사용했다. 이런 그물 두셋만 있으면 만 전체를 차단할 수 있어, 후릿그물과 작은 배를 쓰는 늙은 어부에게 돌아갈 몫이 없어진다. 이 산업은 번창했고, 오랫동안 어로 허가증이 컨페티confetti• 처럼 분배되었다. “그물 한 채만 있어도 엄청난 부를 일굴 수 있었어요.” 웰런이 말한다. 연어 숫자가 급락하던 1970년대 후반에 불법 흘림그물과 어로 공무원 사이의 충돌이 심해져 아일랜드 서쪽 해안의 물길이 마치 전쟁구역처럼 변해버리자, 그런 장소에 제한을 부과하려는 시도가 있었다. 때로는 해양순시선과 그물업자들 사이에 총격전이 벌어지기도 했다. 하룻밤 투쟁에서 그물 13킬로미터를 압수하기도 했다. 하지만 대서양 연어에게 더 심각한 문제는 먼바다에 있었다.

• 결혼식 등의 행사 때 뿌리는 색종이 조각-옮긴이

수천 곳의 강물에서 오는 연어가 엄청난 숫자로 모여드는 그린란드 서해안에 있던 연어의 주요 먹이 마당이 이제 산업적 규모의 사냥 과녁이 되었다. 1970년대에 노르웨이에서 오는 대형 어선단이 매년 200~300만 마리의 물고기를 잡았는데, 이는 그 물고기의 현재 개체수 전체보다 더 많다. 국제협약이 제정되어 무분별한 남획을 멈추게 된 것은 1980년대에 들어서야 가능했다. 오늘날 거의 모든 상업적 연어 어획은 금지되었고, 아일랜드에서는 역사적 어로 허가증이 있는 몇 안 되는 어부만이 강 하구에서 작업할 수 있다. 스코틀랜드, 영국, 노르웨이에서도 그물질이 엄중히 감축되었다. 그런데도 연어 숫자는 계속 줄어든다. 우리의 강과 바다에서 뭔가가 심하게 잘못되었다.

켄 웰런은 해양 온도의 변화가 이유 가운데 하나라고 지적한다. 그가 말한다. "연어의 먹이 마당 일부에서 플랑크톤이 사라졌습니다." 그와 동시에 아일랜드 남부 해안 주변에서 새로운 물고기 종이 나타났다. "해양 수온의 상승으로 카리브해에서 온 쥐치와 지중해에서 온 감성돔이 먹이를 놓고 연어와 다투고 있습니다. 바다는 변하고 있고 연어는 제물이 되는 쪽입니다."

모순적 상황이다. 야생에서의 숫자는 하락하는데 대서양 연어의 전체 개체수는 붐을 맛보고 있다. 언제가 되었든 노르웨이 연안에만도 양식장 안에서 4억 마리의 연어가 헤엄치고 있다고 추산된다.[9] 이런 거대한 양식장 가운데 열 곳만으로도 대서양상의 모든 강과 개울과 바다에 있는 야생 개체수 전체보다 더 많은 연어를 담고 있다. 야생 물고기가 쇠퇴하는 동안 양식된 그 상대자는 번성을 누린다. 몇몇 사람은 이 두 요소가 서로 연결되어 있다고 본다.

양식된 연어는 대부분 몇 곳 안 되는 노르웨이 회사에서 생산한다. 레뢰위시푸드그룹Lerøy Seafood Group과 살마르SalMar도 그런 회사지만 가장 큰 회사는 모비Mowi다. 노르웨이, 스코틀랜드, 캐나다, 아일랜드, 페로제도의 물길에 거점을 둔 다양한 작전으로 그 회사는 전 세계가 먹는 연어의 거의 4분의 1을 생산한다. 전 세계에 대한 모비의 장악력은 심지어 적도 이남에서 대서양 연어가 돌아다니는 천연의 범위도 확장하게 해주었다. 그들은 칠레 해안 지역에서도 양식장을 경영하기 때문이다. 나는 모비가 스코틀랜드 서쪽 해안에서 수행하는 작업을 처음부터 끝까지 볼 기회가 있었다. 부화장에서는 부화 직전에 치어들의 깨알 같은 눈이 알주머니의 바깥쪽 피막을 밀어대는 것을 보았고, 스코틀랜드에 있는 모비 소유의 양식장 25개소 가운데 하나에서는 울타리 안에서 물고기 수십만 마리가 빙빙 선회하는 것을 보았다. 이따금 연어가 수면을 차고 도약하곤 했다. 내게 견학을 시켜주던 모비 관리자인 이언 로버츠Ian Roberts가 말했다. "나는 보존론자로서 이 사업에 들어왔습니다. 최후의 야생 연어가 바다에서 잡혀 죽지 않게 막고 싶습니다. 또한 대안을 마련하는 데 힘을 보태고 싶어요." 그의 생각 배후에는 최근 몇십 년간 이 물고기에 대한 수요 증가가 대부분 양식업으로 충족되었다는 사실이 놓여 있다. 양식업은 인간이 소비하는 모든 수산물의 절반 이상을 생산한다.

스코틀랜드 서쪽 해안에서 내륙으로 들어온 곳에 있는 로카일로트Lochailort의 한 산업단지 안에 설치된 거대한 창고형 부화장에서 모비의 연어는 생애의 첫 7개월을 산다. 그들이 존재하는 모든 세부 사항을 하루 24시간 통제하고 감독한다. 스트레스 수준을 낮추면 성장률을 높일 수 있다. 금속 계단 맨 위에서 나는 정수된 물이 담긴 큰 탱크 안에서 물고기 15만 마리가 시계 방향으로 빙빙 도는 모습을 바라보았다. 연어를 민물고기에서 바닷고기로 전환시키는 생리학적 변화를 촉발할 방아쇠는 교묘한 빛의 장난이다. 여러 주일 동안 빛을 아주 흐릿하게 유지해 물고기에게 '가짜 겨울'을 만들어준 뒤, 창고를 더 밝게 만들어 봄이 오게 한다. 그러면 물고기는 탱크 속에서 반대 방향으로 돌고, 아가미와 피부가 변하기 시작한다. 하지만 로카일로트 양식장에서는 연어가 강을 따라 내려가서 바다로 향하는 것이 아니라 커다란 파이프로 빨려들어 탱커 트럭에 실린다. 보이는 것이라곤 펌프의 인력에 저항하는 거무스레한 형체들이 펄럭대는 모습뿐이다. 아주 강한 수영 선수들은 투명한 파이프 안에 한순간 가만히 있을 때 눈길을 사로잡는다. 기슭에 다다르면 개조한 포경선이 물고기들을 그다음 한 해 반 동안 집이 될 곳으로 데려간다. 호수에 설치된 우리 안에 여러 개의 울타리가 묶여 있다. 그 기간이 지난 뒤 연어는 죽어서 가공된다. 절반은 영국 슈퍼마켓에서 팔리고, 나머지는 해외로 나간다(양식 연어는 현재 영국 최대의 식량 수출품이다).

내가 본 우리 하나는 포트윌리엄 근처의 리븐호에 있었다. 그곳은 매년 연어 1600톤을 생산하는데, 이는 그 회사가 전 세계에서 생산하는 50만 톤의 일부다. 기슭에서 보면 울타리는 호수 가운데 있는 작은 섬들의 무리처럼 보인다. 작은 보트를 타고 더 가까이 가자 울타리를 움직이지 않게 묶어두는 금속 장대가 수면 위로 삐져나와 있고, 그 위로 새들이 물고기를 먹지 않게 보호하는 그물이 쳐 있다. 울타리를 따라 설치된 목제 데크에서 보면 2~3분마다 마치 해변에서 누군가가 널빤지를 걷어차는 것처럼 부서지는 소리가 들린다. 이것은 물 위로 단백질 덩이를 던지는 자동 교반기다. 눈에 보이지 않는 아래, 7미터 깊이의 울타리 16개 안에서 물고기 50만 마리가 먹이를 먹는다.

현재 추세로 바다는 어획량이 감소하고 있으므로 세계 식량창고의 역할이 줄어들지만, 양식업은 계속 성장한다. 중국에서 시작된 고대의 관행은 확실히 성년으로 접어들었다. 논 시스템에서 물고기는 벼를 위해 해충을 잡아먹었고, 배설물은 작물의 거름이 되었다. 1970년대에 양식업은 새롭고 급격한 전환을 겪었다. 야생 연어가 줄어든다는 사실을 깨달은 노르웨이인 형제 시베르트와 오베 그뢴트베트Sivert & Ove Grøntvedt가 이런 물고기를 포획 상태에서 기르는 실험을 시작한 것이다. 그들은 야생 대서양 연어를 히트라섬에 있는 그들의 농장 근처 한 피오르에 매달아 놓은 그물 안에 집어넣었다. 이 모험은 크게 성공해 형제는 물고기를 팔기 시작했고, 수익을 올렸다. 세월이 흐르는 동안 노르웨이 양식업자들이 이들의 생각을 더 많이 받아들이고 그 시스템을 베꼈다. 하지만 그들은 뭔가가 생산성을 방해하고 있음을 깨닫기 시작했다. 연어가 그랬다. 야생 연어는 너무 천천히 자라고, 그들이 주는 먹이를 지방과 근육질로 전환하는 데서도 별로 효율적이지 못했다. 양식업자들에게 필요한 것은 '미래의 닭' 또는 라지화이트 돼지의 양식장 버전이었다. 노르웨이의 동물육종가 팀이 개입한 것이 이 시점이었다.[10]

그들은 그 문제를 해결하는 데 200년이라는 농업 역사의 도움을 받을 수 있었다. 로버트 베이크웰이 18세기에 세워둔 원칙은 여전히 유효했지만, 1940년대 미국에서 정육 산업을 변형시키는 데 도움을 준 과학자 제이 러시Jay Lush가 그것을 개량했다. 노르웨이 육종가들은 베이크웰과 러시의 생각을 적용해 몇 년 안 되는 시간에 야생 연어의 유전자를 바꾸는 데 성공했다. 세 곳의 강에서 골라온 각기 다른 특징의 물고기를 이용해 야생 연어보다 더 빨리 자라고 먹이를 더 적게 먹는 연어를 만들어낸 것이다. 그 물고기의 첫 세대는 그 이전 세대보다 15퍼센트 빨리 자랐다. 십 년 뒤에 성장률은 두 배가 되었고, 육종가들은 분명히 연어지만 유전학적으로는 새로운 품종이라 해도 좋을 물고기를 얻었다. 어떤 과학자들은 양식장의 동물과 야생 살모 살라르의 차이가 너무 커서, 새 품종을 '살모 도메스티쿠스salmo domesticus'라 부르기도 한다.[11]

이는 노르웨이 양식업자들과 세계의 중요한 돌파구가 되었다. 녹색혁명으로 길러진 밀과 쌀이 고픈 배를 채워주었고, 가축 전문가들은 더 값싸고 풍부한 고기를 공급했다. 그리고 양식 연어가 있어서 더 많은 사람이 생선을 먹을 수 있게 되었다. 그들은 새 물고기가 새로운 단백질 공급원이 되어주는 동시에 남획 문제를 해결하는 데도 도움이 된다고 믿는다. 그러나 언제나처럼 현실에서는 그런 거래관계가 훨씬 더 복잡했다.

내가 리븐호에 있는 모비의 양식장에 가기 두 주일 전인 2020년 2월, 콜론세이에 있는 양식장의 바다 쪽 울타리 하나가 찢어졌다. 폭풍우 브렌던이 너무 강하게 휘몰아쳐 그물이 견디지 못했고, 양식장 연어 7만 4000마리가 야생으로 풀려났다.[12] 더 거친 바다로 멀리 나간 곳에 양식장을 설치하면 내륙에서 겪는 문제가 해결된다. 양식 산업 전반에 걸쳐 울타리 안에서 발생하는 먹이나 배설물, 화학물질 같은 쓰레기는 그 아래의 해양 생명과 호수 생태계에 영향을 미친다. 반대로 호수의 생태계는 울타리 전체의 물고기를 죽일 수 있다. 두껍게 퍼진 조류藻類가 연어를 압도하고 아가미를 망가뜨리며 물에서 산소를 빨아들인다. 이런 단계가 되면 수천 마리의 물고기를 잃을 수 있다.

산업 전체에 해당하는 그에 못지않게 불편한 문제가 바다물이sea louse, 학명 Lepeophtheirus salmonis다. 바다물이는 아주 작은 갑각류로 몸길이가 5밀리미터다. 이런 기생충은 야생에서 연어와 함께 진화하기 때문에 바다에 있을 때 한두 마리 옮을 수도 있지만, 민물에선 살 수 없으므로 연어가 강으로 돌아갈 때 떨어져 나간다. 그러나 수만 마리 물고기가 득실거리는 울타리 안에서는 바다물이가 자연에서는 있을 수 없는 기회를 얻게 되고, 울타리 하나가 감염되면 재빨리 증식한다. 바다물이는 연어의 피부를 타고 움직여 얼굴과 아가미의 더 부드러운 세포를 찾고, 한번 자리를 잡으면 그 연어를 먹고 살아간다. 손상이 심각하면 연어는 죽는다. 이런 '양식된' 바다물이는 더 넓은 환경으로 퍼져 야생 연어에 위험을 끼칠 수 있다.[13] 야생 대서양 연어의 장기적 건강에 대한 또 다른 우려는 탈출한 양식장 물고기다.

야생에서 다른 강 출신의 연어 두 마리 사이에는 인간 둘의 경우보다 더 많은 유전적변이가 있다. 수많은 세대를 거치면서 물고기 무리는 각자의 고향에 적응하게 되었다. 강의 길이, 흐름의 강도, 먹이의 정도, 물의 온도, 맛, 냄새 등. 이런 적응은 각 강의 연어 무리에 저마다 특유한 장단점을 부여하며, 고유하고 세밀하게 조율된 생애주기를 부여한다. 이 모든 것은 야생 연어의 귀향 본능과 바로 그 물로 돌아가서 번식하려는 능력으로 유지된다.

양식장 물고기는 다르다. 그들은 고도로 선별된 유전자풀에서 두 가지 특정한 일을 하기 위해 교배되었다. 먹이를 많이 먹고 빠르게 자라는 것이다. 그들은 야생에서 살아가는 데 필요한 유전자 도구와 강에서 바다로 나갔다가 돌아오는 여행을 할 능력이 없다. 양식된 물고기 수십만 마리가 울타리에서 풀려나면 그들의 유전자가 야생 연어의 유전자와 섞일 위험이 있다. 양식된 암컷은 알을 낳을 만큼 오래 살 수 있고, 그들이 낳은 알이 강물에서 수정될 수도 있다. 따라서 야생 어류와 양식 어류 사이의 유전자 혼합인 이런 개입이 야생 연어 전체를 서서히 변화시켜 질병과 포식자에 더 취약하게 만들 수 있다고 우려한다.[14]

아일랜드에서는 야생 대서양 연어가 쇠퇴한 뒤, 생활 방식도 쇠퇴했다. 샐리 반스Sally Barnes는 아일랜드에서 오로지 야생 물고기만 다루는 유일한 훈제장을 운영한다. 그녀는 아일랜드 남서부 끄트머리, 스키베린에서 8킬로미터 떨어진 캐슬톤젠드 마을에서 살며 일한다. 이곳에서 한때는 봄철과 여름철에 물고기를 받아 작업하던 훈제장이 수백 군데 있었고, 소금과 연기를 써서 물고기 수분을 추출해 더 배고픈 시절이나 긴 항해를 위해 저장하는 기술에 숙달된 사람들로 건물이 북적였다. 현재 샐리 반스와 직원 한 명은 강하구에서 일할 허가증이 있는 어부들에게서 한 해에 연어 300마리가량을 받아서 작업하는데, 그런 어부의 수도 점점 줄어들고 있다.

반스가 직접 손으로 자르고 내장을 꺼내고 편을 뜨는 연어 한 마리 한 마리가 모두 그것이 온 강의 고유한 이야기, 그리고 수천 킬로미터 떨어진 바다로 가는 여정과 고향으로 돌아가는 투쟁의 이야기를 해줄 것이다. 그녀는 이렇게 말한다. "양식장 물고기한테선 들을 수 없는 이야기지요." 그녀는 외과 의사처럼 물고기마다 어떻게 처리할지 연구해 얼마나 많은 연기를 얼마나 뜨겁게 쐴지, 얼마나 소금을 뿌릴지, 또 얼마나 오래 걸릴지를 알아낸다. 뼈와 근육의 구조를 조사하고 지방층을 연구한다. 가끔 물고기가 여행길에 멍이 든 상태로 오기도 하지만, 근육을 부드럽게 문질러 피를 빼내면 그런

멍은 사라진다. 작은 훈제 상자 안에 물고기를 내려놓은 뒤 그녀는 송풍관을 작동하고 풀무로 바람을 넣어 너도밤나무 대팻밥을 태운 연기가 제대로 들어가게 한다. 반스가 연어를 훈제하는 데는 반나절에서 사흘 사이의 시간이 필요하다. 그녀가 말한다. "습도에 따라 달라져요. 훈제할 때마다 주위 세상을 읽습니다." 훈제된 연어는 엷은 분홍색을 띠며(절대 밝은 주황색이 아니다) 달콤하고 부드러운 훈제 향이 난다. 훈제가 끝나면 작은 집게를 들고 아주 작은 가시까지 하나하나 손으로 집어낸다. "내 일은 곧 끝날 거예요. 양식 물고기를 훈제하는 일로 넘어갈 수도 있지만 그런 타협은 하고 싶지 않아요. 나 자신이 흐름을 거슬러 헤엄치는 야생 연어가 된 것 같은 기분이에요."

모리타니,
방다르갱

Banc D'Arguin,
Mauritania

임라구엔 부타리크

Imraguen Butarikh

18

여러 세기 동안 임라구엔족Imraguen은 서아프리카의 모리타니 해안에서 유랑 생활을 하며 살아남았다. 주로 사구와 진흙 평원에서 살고, 고기를 잡아 식량과 그 밖의 생계를 이었다. 어족 자원이 계절에 따라 해안을 이동하면 그들 역시 이동했다. 이제 1300명가량 남은 임라구엔족은 서사하라 바로 아래쪽, 모리타니 해안에서도 어족 자원이 가장 풍부한 물길에 속하는 방다르갱Banc D'Arguin 국립공원 안의 마을 아홉 군데에 정착했다. 공원에는 넓은 만이 있는데, 1989년에 유네스코 세계유산으로 지정되었으며 서아프리카에서 가장 큰 해양보호구역이다. 영양분이 가득하고 플랑크톤이 풍부한 그곳은 수백 가지 어종과 철새, 몽크 물범monk seal, 바다거북이 살기에 완벽한 서식지다. 전통적으로 어군이 해안을 따라 당도하면 임라구엔족은 물을 헤치고 나가서 긴 장대로 바다 수면을 때려 물속으로 파동을 보내고 큰 원형으로 설치된 그물 쪽으로 물고기를 몰아간다. 어떤 이야기에 따르면 돌고래 떼가 어부를 도와 줄지어 헤엄치면서, 대기하고 있는 그물 쪽으로 고기를 더 많이 몰아 보내기도 한다. 좀 더 최근에 어부들은 랜치lanch라 부르는 돛배를 타고 더 깊은 바다로 나가기도 한다.

임라구엔족이 잡고 가공한 것은 아주 특별하다. 숭어학명 Mugil cephalus는 몸길이가 60센티미터에 올리브그린과 은빛이 섞인 물고기다. 11월쯤 번식할 때가 되면 물고기들은 큰 무리를 짓는다. 암컷은 커다란 구름 같은 알을 낳고, 수컷들이 이를 둘러싸서 수정한다. 알을 품은 암컷을 잡으면 이는 큰 횡재다. 물고기 배 속에는 섬세하고 종잇장처럼 얇은 막으로 감싸인 밝은 노란색 알 2만 개가 알집 가득 들어 있다. 이것은 바다에서 얻는 모든 식량 가운데서도 가장 영양분이 풍부하고 사치스러운 음식 중 하나다. 남자들이 숭어를 잡은 뒤 여자들은 해변에서 터지기 쉬운 10센티미터 길이의 알집을 꺼내는 작업을 빈틈없이 수행한다. 알집은 모두 나무 가로대에 걸어 바람에 건조한 다음, 소금에 절이고 누르고 염장해 단단하게 만든다. 그때쯤이면 알집은 구부러진 부드러운 호박 덩어리처럼 보이기 시작한다. 이 건조된 지방과 단백질 덩어리는 아랍어로 부타리크butarikh(염장한 물고기 알이라는 뜻)라 부르며, 오랫동안 저장할 수 있다. 카라반들은 과거에 서사하라를 거쳐 북아프리카까지 부타리크를 운반했다. 1930년대에 프랑스 무역상들은 압착한 알집을 임라구엔족에게서 사들여 유럽에 값비싼 진미로 판매했다.

이와 비슷한 가공 기술이 세계의 다른 지역에서도 발견된다. 지중해 지역에서는 보존된 숭어 알을 보타르가bottarga 또는 푸타르그poutargue라 부르며, 일본에서는 가라스미からすみ라 부른다. 이

런 문화에서 로roe라 알려진 건조 알집은 아주 고급 음식이다. 알집은 새끼 물고기에 필요한 모든 것을 담고 있어서 단백질, 비타민, 미네랄, 아미노산이 풍부하게 들어 있다. 얇게 저미거나 갈아서 먹으면 음식에 강한 향취를 더해주는데, 파르메산 치즈 맛에서 열대산 과일에 이르는 다양한 맛을 낸다. 임라구엔족에게 부타리크는 귀중한 교역품이며 약품이었다. "그건 최음제였어요. 우리 버전의 비아그라지요." 한 임라구엔 여성이 소곤거리더니 킬킬대고 웃었다. 하지만 최근 몇십 년 동안 임라구엔족은 방다르갱 국립공원 외부에서 광범위한 압력을 받아왔다. 그 압력으로 그들의 어로 방식이 변했고, 또 나아가서 생활 방식도 변했다. 유럽과 아시아에서 온 트롤어선 군단이 이제 서아프리카 연안을 따라 조업한다. 이런 산업적 규모의 어로 활동이 그 지역의 해양생태계를 변형시켰다. 그런 산업적 트롤어선이 서아프리카의 물길에 어떻게 나타나게 되었는지를 보면 지구 바다의 현재 상태에 대해 많은 것을 알게 된다.

인간이 처음 배를 만들어 바다로 향했을 때부터 바다는 누구나 이용할 수 있는 공동 자원이었다. 이는 20세기 후반에 와서 변했다. 어류와 바다의 다른 천연자원을 구할 길을 놓고 긴장이 고조되자 국제협약이 제정되었다. 유엔 해양법 합의안은 1982년에 인준되어, 각국은 해안선으로부터 200해리의 바다 수면에서 해저까지 적용되는 권한을 갖게 되었다. 이로써 배타적경제수역EEZ이 설정되어 그 영역 안의 어류에 대한 권한이 국제법에 따라 보호되었다. 대규모 어선 군단을 소유한 국가들은 가입 협정을 맺어 외국 배가 그 수역에서 어로 활동을 하도록 허락했다. 각자의 수산자원을 남획한 국가들은 자원이 많은 물을 이용할 권한을 구입할 수 있다. 1990년대에 모리타니와 다른 서아프리카 정부들은 이런 조처에 연루되기 시작했다. 이 전략에서 새로운 것은 전혀 없었다. 유럽의 배는 비스케이만에서 정어리가 사라진 1900년대 초반, 그리고 날개다랑어의 공급량이 줄어든 1950년대에 또다시 아프리카의 서쪽 해안에서 물고기를 잡아갔다. 그들은 배타적경제수역에서 조업할 권한을 구입해 이 전략을 공식화했고, 유럽 최대의 어선들이 세계에서 가장 다양한 어종이 있는 어장 가운데 한 곳으로 향할 길을 닦아놓았다.

이제는 주로 스페인, 프랑스, 포르투갈, 이탈리아, 그리스에서 온 200척가량의 트롤어선이 아프리카 해안을 따라 조업한다. 이런 배들은 지속 가능한 어업 파트너십 협정Sustainable Fisheries Partnership Agreements(SFPAs)에 의거해 EU 납세자들한테서 거액의 보조금을 받는다. 2020년에 체결된 이런 거래 13건 중 아홉 건이 아프리카 국가들과 있었다. EU는 모리타니 정부에 일 년에 6000만 유로를 지급하고 합의된 분량의 다랑어와 해안 더 가까운 곳의 작은 물고기들(주로 양식업에서 물고기 밥으로 쓰는 정어리)을 잡아간다.[1] 비판자들은 그들이 지급한 돈은 잡아간 고기의 실제 시장가격의 일부분(NGO인 에코트러스트캐나다Ecotrust Canada의 계산에 따르면 고작 8퍼센트)에 불과하다고 주장한다. 유럽 배들은 이 협정으로 매우 높은 소득을 올리며, 유럽 소비자들은 남획 때문에 대륙 내 어로 자원이 고갈되었음에도 물고기를 꾸준히 공급받을 수 있다. EU에서 소비되는 해산물의 거의 절반이 이제는 유럽 외부의 물에서 나오며, 그 물고기의 대부분은 더 가난한 나라들에서 잡힌다.[2]

정부 보조금을 받는 중국 어선들 역시 서아프리카 연안에서 매년

500만 톤의 물고기를 잡아가는 것으로 추정된다.[3] '추정된다'라는 단어가 중요하다. 왜냐하면 어로 작업에 관한 자료를 얻기가 어렵기 때문이다. 감시도 거의 없고, 정부와 체결한 거래는 투명성이 부족하며, 잡힌 물고기의 많은 부분이 보고되지 않고 불법 어로의 산물일 가능성이 크다. 이는 전 세계적 문제다. IUU 어로(불법적이며 illegal, 보고되지 않고unreported, 규제되지 않는unregulated)가 세계에서 잡히는 물고기 전체의 5분의 1가량, 서아프리카 연안에서 잡히는 물고기의 40퍼센트를 차지한다.

원양에서 이루어지는 거의 모든 국제 어로 작업은 각국 정부가 주는 보조금 354억 달러로 조선부터 연료, 냉동, 노동력 가격 등 모든 것을 충당하기 때문에 재정적으로 살아남을 수 있다. 중국이 지급하는 보조금은 매년 그중 가장 거액인 72억 6000만 달러에 달한다.[4] 이런 재정 지원이 없으면 그 어선 군단은 본국에서 수천 킬로미터 떨어진 페루나 아르헨티나 수역에서 조업할 수 없을 것이다. 그러므로 아프리카 어부들은 보조금을 받는 산업 함대와 모리타니 해안을 벗어난 곳에서 경쟁할 방법이 없고, 자신들의 수역도 충분히 활용하지 못한다.

서아프리카 연안에서 조업하는 대형 트롤어선들이 잡은 물고기는 대부분 전 세계로 거래되지만, 그중 일부는 모리타니에 들어가서 처리한다. 외국인 소유의 가공 공장은 더 작은 물고기를 양어장의 물고기 밥과 가축 산업의 사료로 만든다.[5] 모리타니에 있는 그런 공장은 대부분 중국인 소유이며, 거의 모든 물고기밥(그리고 어유魚油)은 중국으로 향한다.[6] 중국은 1990년대 이후 지구상에서 가장 큰 양식 어류의 생산자였다. 그 생산물은 이제 나머지 세계의 양식업이 만들어내는 분량의 총합보다 더 많다.

트롤어선들이 모두 임라구엔족의 연안 가까운 곳에서 잡히는 숭어 같은 물고기를 겨냥하고 있지는 않지만, 그래도 더 광범위한(그리고 믿을 수 없이 복잡한) 식량망에 강한 영향을 미칠 수 있다. 물고기는 보호구역 안에서 알을 낳는데, 그 구역은 탁아소 역할을 한다. 그러나 이런 보호구역을 둘러친 경계는 해양생물학자들의 표현처럼 "틈새가 많은" 상태다.[7] 계절의 변화에 따라 물고기들 그리고 알과 유충도 들고 나면서 광범위한 지역에 걸쳐 어족 자원에 영향을 미친다.

1990년대에 더 많은 트롤어선이 서아프리카 해안에 당도하자 숭어 자원은 줄어들기 시작했고, 그와 함께 임라구엔족의 식량과 소득 자원도 줄어들었다.[8] 해안을 따라 더 멀리 세네갈의 여러 지역사회 역시 자신들의 어족 자원이 줄어드는 것을 알았고, 어부들은 통나무 카누에 모터를 달고 모리타니 수역으로 향했다. 숭어에 대한 수요가 더 커지고 경쟁이 심해지면서 임라구엔족은 더 크고 강한 배를 타고[9] 더욱 먼 바다로 나가서 상어와 가자미를 노리기 시작했다. 두 종류 모두 수익성이 높은데 역시 위기에 처한 어종이다.[10] 이런 어로 작업에 불을 지피는 것이 아시아 소비자의 수요다. 그들은 이런 어종에 1킬로그램당 500달러까지 낼 용의가 있다. 방다르갱 외부에서 온 도매업자들이 거래에서 더 큰 권력을 행사하기 시작했다. 숭어 자원이 회복되었을 때 임라구엔족은 더는 전통적 어업으로 생계를 유지하지 못했다. 그들은 다른 어종에 집중된 전 세계적 공급망에 의존할 수밖에 없었다. 방다르갱 지역에서 가장 큰 피해를 본 사람은 더는 가공해서 판매할 알집이 없어진 임라구엔족 여성이었다. 그들의 대다수가 국립공원 구역을 강제로 떠나 도시에서 일자리를 찾거나, 서아프리카 어촌 출신의 수많은 사람처럼 작은 배에 타고 위태로운 항해를 떠나 유럽으로 향했다. 브리티시컬럼비아 대학 어업 전문가인 대니얼 폴리Daniel Pauly 교수는 이렇게 말한다. "유럽 어선이 행하는 기업적 어업은 아프리카인에게 이주할 수밖에 없게 하는 압력을 더 많이 만들어냅니다. 그러고 나선 그들이 유럽에 닿으면 사람들은 비난합니다."

임라구엔족 어업 공동체의 생존은 방다르갱의 미래에서 매우 중요하다. 공원은 그들의 집이고, 그들은 그곳의 생물다양성에 의지하며 생태계를 보존하는 데 가장 좋은 위치에 자리 잡고 있다. 법에 따라 공원 내부에서 살고 고기잡이할 허가를 받은 것은 오직 그들뿐이다. 하지만 외부 세계는 그들의 생활 방식을 계속 잠식해 들어가고, 지속 가능한 음식 전통을 훼손한다.

최근 들어 이런 추세를 거스르기 위해 NGO들이 개입해 소액 금융 발의안을 내어, 그런 것이 없다면 도매업자에게 팔렸을 숭어를 지역 여성이 구입하여 가공할 수 있게 했다. 다른 단체들은 협동조합을 세워 국립공원 안에 작업장을 지었다. 북부 이탈리아의 한 소도시 또한 이런 시도에 힘을 보탰다. 토스카나주의 오르베텔로는 전통적 보타르가가 만들어지는 최후의 장소 가운데 하나다. 슬로푸드 단체의 지원을 받은 어업 공동체는 임라구엔 여성이 부타리크의 품질을 개선하도록 돕고 유럽에서 고객을 찾아주었다. 그러나 그 이후 알집의 생산이 줄어들었고 방다르갱은 여전히 힘든 상태에 처해 있다. 2020년에 국제자연보호연맹IUCN은 방다르갱 국립공원 주변에 모여든 국제적 어선 군단의 존재가 "계속 이어지는 중대한" 상황이라고 서술했다.[11] 평가서는 공원 보호구역의 장래가 "심각하게 우려된다"라고도 썼다. 그 이유 중 하나가 "공원 안팎에서의 어로 활동의 지속 불가능성"이었다. 임라구엔의 부타리크를 되살리려는 노력은 곧 위기에 처한 음식이 소멸되지 않고 지켜진다는 의미지만, 그 장래는 위태롭다. 공원 자체도 마찬가지다.

일본 남부,
니시이즈

Nishiizu,
Southern Japan

시오카쓰오

Shio-Katsuo

19

야스히사 세리자와는 일종의 위기에 처한 생물종이다. 일본 남해안의 어촌인 니시이즈에 사는 그는 일본에서 가장 오래된 가공식품 생산자이며 최후의 존재다. 임라구엔족처럼 세리자와도 소금을 쓰지만, 그가 만드는 음식인 시오카쓰오鹽鰹는 가다랑어skipjack tuna라는 생선 전체를 쓴다. 페로제도의 스케르피키외트처럼 시오카쓰오도 비위가 약한 사람이 먹을 음식은 아니며, 숙련된 손으로 조심스럽게 다루어야 한다. 그것은 가죽 같고 맛이 강하며 지독하게 짜다.

나와 만났을 때 세리자와는 자신이 만든 제품 견본인 50센티미터 길이의 가다랑어를 들고 있었다. 그 은빛 껍질과 흰 눈알은 흠집이 없었지만, 몸체는 건조되어 고운 소금 알갱이로 덮여 있었다. 내가 본 것 중에서 가장 아름다운 식품이었다. 금빛 볏짚으로 꼰 새끼가 아가미와 몸체를 관통해 입 밖으로 삐죽이 나와 있다. 햇볕에 말리고 염수에 적셔 부드러워진 볏짚은 끄트머리를 크고 복잡한 매듭으로 묶을 수 있다. 짚을 동물의 건조된 몸체 안팎으로 꿰는 일은 고도의 숙련을 요구하는 작업으로, 가다랑어 몸체의 비늘 하나하나가 손상되지 않고 그대로 남아 있다. 세리자와가 시오카쓰오 한 마리를 완성하는 데는 몇 달이나 걸리며, 그는 식품 생산자라기보다는 예술가처럼 보인다.

그 물고기가 사후에 그와 같은 우아한 외형을 갖추게 된 이유는 그것이 음식인 동시에 신사의 신에게 헌정되는 공물이기 때문이다. 새해에 니시이즈 사람들은 보존된 물고기를 집 앞과 공공 사당 앞에 놓는다. 엮어 짠 볏짚은 땅에서 나오는 선물로, 바다에서 오는 물고기 공물과 짝을 이룬다. 세리자와가 말한다. "사당에서 우리는 어부를 안전하게 지켜달라고 기도를 올립니다. 그리고 새해에도 풍년이 오게 해달라고 간구하지요." 공물을 바치고 나면 시오카쓰오는 식재료로 쓰인다. 시오카쓰오를 곱게 빻아 만든 맛있는 가루는 아주 소박한 요리도 변신시킬 수 있다.

어부들은 대개 몇 달간 먹이를 먹어 지방과 근육이 잔뜩 붙고 상태가 제일 좋을 때인 9월에 잡힌 가다랑어를 세리자와에게 갖고 온다. 맛을 '손상'하지 않도록 내장과 아가미는 곧바로 제거한다. 하지만 신성한 용도로 쓰이는 물고기이므로 눈은 손대지 않고 남겨둔다. 물고기의 배를 비운 다음 대나무 꼬치로 꿰어 벌리고, 비워진 구멍에 소금을 듬뿍 집어넣고, 또 몸체 전체를 소금에 파묻는다. 그렇게 하면 물고기에서 수분이 모조리 빨려 나오게 된다. 두 주일 뒤 가다랑어는 그 전에 시오카쓰오를 가공할 때 쓰고 남겨둔 액즙으로 만든 특별한 액체에 담근다. 이 과정에서 박테리아가 추가되고 발효가 시작된다. 세리자와는 "그 과정에서 좀 퀴퀴한 맛이 나게 됩니다"라고 말한다. 소금에 잔뜩 절인 물고기 한 쌍을 한데 묶어 세리자와의 공장 건물 처마 그늘에 여러 주일 매달아둔다. 그때쯤 그는 볏짚을 묶고 땋아서 물고기 하나하나를 꿰는데, 이 작업은 여러 주일 동안 매일 되풀이되는 의례 같은 것이다.

시오카쓰오의 제의적인 겉 포장을 벗겨낸 다음, 생선살을 얇게 썰어 갈색과 노란색 그리고 은빛을 띤 박편을 만든다. 쌀과 채소 요리에 넣으면 시오카쓰오는 강한 고기 맛을 더해준다. 아주 작은 조각들을 시금치나물에 뿌리면 한 입 먹을 때마다 뭔가 예상치 못한 복합적인 맛을 낸다. "하나 더하기 하나가 셋이 됩니다." 세리자와는 그 맛의 변신을 이렇게 묘사한다. 1000년도 더 전부터 시오카쓰오를 뿌리기만 해도 '빈약한' 재료를 고급 재료로 쉽게 바꿀 수 있었다.

시오카쓰오의 변형이자 일본 요리에서 더 잘 알려지고 어디에나 쓰이는 것이 가쓰오부시鰹節다. 돌처럼 단단하게 저장된 이 물고기의 전통적 버전은 6개월이나 걸려 만들어지고 그 과정은 30단계를 거친다. 시오카쓰오처럼 가쓰오부시도 가다랑어로 만들지만 처리 과정이 더 복잡다단하다. 먼저 물고기를 훈제해 탈수하고 살을 단단하게 한 다음 아스페르질루스 글라우쿠스aspergillus glaucus라는 곰팡이 포자가 얇게 덮이게 한다. 물고기를 일주일가량 발효시킨 다음 햇볕에 말리고 곰팡이를 긁어낸다(말리고 긁어내는 단계를 여러 번 되풀이할 수 있다). 그러면 손바닥 크기의 옅은 갈색으로 휘어진 물건이 남는다. 그것은 아마 세상에서 가장 단단한 음식일 것이다. 그것을 대패로 얇게 썰어 다시마(해초)와 같이 끓여 육수를 내면, 시오카쓰오 가루를 뿌릴 때처럼 마법 같은 일이 일어난다. 맛이 폭발하고 효소, 아미노산, 젖산, 펩타이드, 뉴클레오티드와 관련된 화학적 반응으로 감칠맛이 몰려든다. 그 모두가 저장 과정에서 물고기 속에 갇혀 있다가 이제 다시 풀려난 것이다.

시오카쓰오는 훨씬 더 오래된 음식이지만, 지금은 니시이즈 주변에서 지역적 전통으로만 살아남았다. 이제 그것은 마지막 생산자인 야스히사 세리자와의 손에 달려 있다. 나는 그가 들고 있는 물고기를 바라보았다. 입과 배에서 삐져나온 짚이 물고기를 더 신비스럽게 해준다. "이걸 만드는 방법을 배우려면 얼마나 걸릴까요?" 나는 물고기를 가리키면서 그에게 물었다. "십오 년." 그가 나를 아래위로 훑어보면서 말했다. 그러고는 내 손을 더 자세히 들여다보더니 덧붙였다. "이십 년 걸릴지도 모르겠네요."

시오카쓰오가 쇠퇴하게 된 씨앗은 1853년 7월 8일에 심어졌다. 미국 해군 제독인 매슈 페리Matthew Perry가 에도(현재의 도쿄) 항구에 접근해서 220년간 지속한 일본의 자체적 고립 상태를 끝내라고 요구했다. 그때까지 일본의 해외무역은 최소한으로 유지되고, 엄격하게 통제되었다. 사람들은 해외여행 허가를 받지 못했고, 심지어 해외여행이 가능한 배를 건조하지도 못했다. 일본은 대체로 자급자족적 사회였으며, 불교와 신도神道에 따라 대부분 채식주의자였다. 위장을 채우는 것은 쌀이었고, 맛은 채소와 피클, 국물로 냈으며, 시오카쓰오 같은 요소를 추가하여 맛을 강화했다. 동물성단백질의 공급원은 주로 바다였다.

1850년대 말쯤 페리가 미국의 요구를 밝힌 뒤 변화가 진행되었다. 일본은 다시 교역을 시작했으며, 비단과 차를 수출하고 총과 면화를 수입했다. 일본 지식인들은 서구는 상승세를 타고 있지만, 아시아 국가들은 정체되어 쇠퇴의 길을 가고 있음을 알아차렸다. 또한 서구의 힘은 고기와 낙농제품의 식단이라는 연료에서 나오는데, 일본은 채식주의 문화 때문에 지체되고 있다고 짐작했다. 따라서 일본이 경쟁하려면 입맛의 변화가 필요하다고 주장했다. 1872년에 정부는 지금 보면 동물성단백질 광고처럼 들리는 말투로 새로 즉위한 황제가 육식가가 되었음을 공적으로 발표했다. 군인들의 식사 배급에 고기가 들어가기 시작했고, 요소쿠야洋食屋라는 새로운 스타일의 레스토랑이 문을 열어 소고기와 돼지고기, 맥주를 내놓았다. 영국에서 돼지를 수입해 일본 도시에 들여보냈고, 거기서 도시의 잔반을 먹고 길러져 육류 공급을 늘리는 데 기여했다. 고베 항구는 미국 소고기의 수입항이 되어 정육으로 명성을 얻었으며 그것은 지금도 이어진다.

이는 모두 일본 음식 문화에 극심한 변화를 일으켰다. 예전에는 닭고기를 먹는 것이 금기시되었다. 어느 농촌에서나 소는 한가족으로 대접받았으며, 죽으면 묻어주기까지 했다. 고기를 파는 가게는 흔히 사회적 낙오자들의 장소로 여겨졌고, "잔뜩 문신한 불한당이나 서구 영향을 받은 학생들"[1]이 자주 들르는 곳이었다. 사람들은 건강에 문제가 있거나 약용으로만 드물게 고기를 먹었다. 그러나 20세기 초반의 몇십 년 동안 고기를 꺼리는 사람은 일본의 급속한 변화에 뒤떨어진 나이 든 세대뿐이었다.

음식 문화는 제2차 세계대전에서 일본이 패배한 뒤, 미국 점령군이 식량 위기를 해결하기 위해 새로운 계획을 시행함으로써 또 다른 큰 변화를 겪었다. 점령군은 밀, 분유, 통조림 햄을 수입했다(오키나와에서도 그런 일이 있었다). 그러자 쌀 소비가 줄어들기 시작했다. 1962년에는 한 사람당 일 년에 170킬로그램이 소비되었지만, 1986년에는 절반 이하로 줄어 고작 71킬로그램만 소비되었다. 그와 반대로 일상의 고기 소비는 한 사람당 30그램이던 것이 80그램으로 늘었다. 참다랑어(지금은 멸종 위기에 처한 어종)를 먹는 것이 일본의 전통이 된 게 이때였다. 이 어종은 지금 일본인이 가장 좋아하는 음식 가운데 하나인데, 다들 그것이 분명 일본 요리의 오래된 특징일 것이라고 짐작한다. 그러나 실제로는 한 세기 전의 일본인은 참다랑어가 기름기와 피가 많고 뚱뚱하고 하급의 생선이라 여겼고,[2] 스시 재료로 가장 인기 높은 것은 가자미나 감성돔 같은 흰살생선 그리고 대합과 오징어 등의 해산물이었다. 일본 음식 역사의 전문가인 트레버 코슨Trevor Corson은 이렇게 말한다. "사람들은 참다랑어를 내놓는 요리사를 멸시했습니다. 그건 그냥 내다 버리는 생선이었어요." 그 지위를 바꾼 것은 전쟁이 끝난 뒤 붉은 살코기가 들어오게 되면서였다. 참다랑어는 가장 부드러운 소고기와 외형과 질감이 같았고, 1970년대 일본인의 입맛이 이런 색다른 맛과 질감을 찾는 쪽으로 옮겨가면서 점점 더 인기를 끌었다.

당시 일본은 기술의 붐을 누렸고 카메라, 전자기구, 광학렌즈 등의 화물이 비행기에 실려 북아메리카로 판매되던 시기였다. 일본항공의 한 물류팀은 이런 값비싼 비행기가 짐을 부린 뒤 빈 채로 귀국하는 대신에 국내로 들여와서 팔 만한 제품을 찾아보았다. 팀원이던 아키라 오카자키Akira Okazaki는 북대서양 연안의 취미 낚시꾼들이 참다랑어를 잡았다가 그냥 내버리는 것을 알게 되었다.[3] 항공사는 냉장 시스템을 갖추고 이 엄청나게 큰 물고기를 일본으로 가져갔다.

이 공급망은 참다랑어가 사람들이 최고로 원하는 음식인 동시에 바다에서 가장 위기에 처한 물고기가 되는 데 일조했다. 새롭고 맛이 더 진한 고기 음식 쪽으로 입맛이 바뀌고 있으니, 시오카쓰오와 그것으로 맛을 돋우는 소박한 나물 요리를 누가 원하겠는가?

그래도 야스히사 세리자와는 아직 포기하지 않았다. 그는 일본의 마지막 시오카쓰오 생산자로서 작업을 계속할 것이라고 맹세했다. 그와 니시이즈에 사는 친구들은 사람들에게 이 특별한 재료를 상기시키려고 매년 지역 요리 경연에 참가한다. 어느 해에 그들은 해초, 파, 다시 소스를 넣은 우동에 수란을 얹고 그 위에 맛을 더하기 위해 시오카쓰오 가루를 뿌린 요리를 냈다. "맛이 워낙 좋아서 우리가 경연에서 우승했어요." 세리자와가 말한다. 그의 큰 걱정은 자신의 길을 따르는 자녀가 없어서 시오카쓰오 제조 기술이 이어지지 못하리라는 것이다. "나는 이 작업장에서 태어났고, 이 전통이 죽게 내버려두지 않을 겁니다."

덴마크,
림피오렌

Lmfjorden,
Denmark

납작 굴

Flat Oyster

20

림피오렌은 10월 하순에 찾아가기에는 그리 좋은 장소가 아니다. 덴마크 서쪽 해안의 강 하구는 훤히 트여 있어서 춥다. 회색 하늘이 내려앉아 있고, 얕은 물 너머 (대개 비가 내려 희미하게 보이는) 수평선과 바다를 바라볼 때 여간 넉넉한 마음의 소유자가 아니라면 그 장소를 매혹적이라고 표현하지 않을 것이다. 그러나 이 수역은 유럽에서 가장 특별한 곳 중 하나다. 해저의 자갈과 모래 사이에는 세계에서 가장 심한 위기에 처한 바다 생물 가운데 하나가 살고 있다. 그것은 여러 이름으로 불린다. 토착 굴, 유럽 굴, 납작 굴, 오스트레아 에둘리스Ostrea edulis 등등.[1] 이 생물종이 과거에 살던 굴 군락지의 95퍼센트가 파괴되었다.[2] 설상가상으로 지난 2세기 동안 남획과 질병, 기생충과 포식자의 습격으로 이 종은 벼랑 위로 내몰렸다. 림피오렌은 이 동물이 바다에서 캐올 수 있을 만큼 많이 살아남은 몇 안 되는 장소 가운데 하나다. 내가 이곳에 온 것은 그 때문이다.

해안을 따라 서 있는 나무들의 그늘에서, 나는 두꺼운 고무로 된 오리발을 끼고 바다로 들어가 물이 허리 깊이 오는 곳까지 나갔다. 손에는 부엌에서 쓰는 여과기 비슷한 것이 끝에 달린 긴 나무 막대를 들고 있었다. "굴은 돌과 비슷해 보입니다. 하지만 좀 더 오래 바라보면 물속에 있는 껍데기에서 녹색이 번뜩이는 걸 볼 수 있을 거예요." 안내자인 그 지역 어부 페터가 설명했다. 나는 여과기로 바다 바닥을 긁어 퍼 올렸다. 자갈과 해초 사이에 녹회색 원반 세 개가 보였다. 그중 하나를 집어 드니 납작한 표면이 석판처럼 보였다. 아주 살짝 갈색 점이 흩어져 있고, 마치 가을 낙엽처럼 노랑과 금빛이 아롱져 있었다. 반대쪽을 보니 조개껍데기의 한쪽 끝에서 바깥쪽 가장자리로 나아가는 나선형 무늬가 부채처럼 퍼져 있었다. 고대 화석이라 해도 통할 만했다. 페터는 여과기에서 굴 하나를 집어 들어 톡톡 두들겼다. "묵직해요. 이건 살이 많네요."

이 굴이 왜 다른 곳에선 모두 사라졌는데 림피오렌에선 살아남았는지 아무도 확실하게 모른다. 강 하구의 물이 워낙 차가워 굴의 기생충과 질병은 살지 못해도 굴은 (간신히) 살아남을 수 있었기 때문이라는 추측이 있다. 또한 물이 얕아 여름의 해가 식물성 플랑크톤(현미경으로 볼 수 있는 크기의 조류)을 충분히 끌어들일 수 있다. 이런 연유로 림피오렌은 굴을 위한 지극히 드문 생태계, 굴 자체의 최적지가 되었다.

굴을 먹지 않는 사람이라도 그들의 운명에 신경을 써야 한다. 그것은 핵심종이며, 바다에 사는 다른 생명들을 지원한다. 굴 한 마리는 매일 바닷물 200리터를 여과하고 정화하며, 숫자가 늘어나면 다른 해양 동물을 위한 안전한 피신처가 되어줄 수 있다.[3] 굴밭에는 100가지 이상의 서로 다른 생물종이 살 수 있다. 굴의 수가 수백만 마리까지(심지어 수십억 마리까지) 늘어나면 굴은 완충지대를 구축하여 해안선을 침식에서 막아줄 수 있다. 굴은 행성에서 가장 맛있고 건강한 식품 가운데 하나이기도 하다. 사키Saki[•]의 단편에 나오는 한 인물이 이야기하는 "굴의 공감적 비이기성"은 전적으로 옳다.[4]

• 영국 소설가 헥터 휴 먼로Hector Hugh Munro의 필명으로, 1870년에 미얀마에서 태어나 영국에서 활동하며 주로 단편을 썼다―옮긴이

음식으로서 굴은 먹는 사람을 특정한 장소와 시간으로 데려갈 놀라운 힘을 지녔다. 굴은 산 채로 먹을 수 있는 몇 안 되는 동물 가운데 하나이며, 어느 한 부위도 버리지 않고 먹는(껍데기만 제외하고) 아주 드문 사례다. 굴의 살, 배, 소화기관, 심장, 아가미, 피까지 모두 먹는다. 그 모든 것이 한입에 들어간다. 살은 쫄깃하고 달콤하지만, 배에는 굴이 먹고 산 식물의 맛이 남아 있다. 어떤 굴은 기름진 맛이 날 수 있고, 또 어떤 굴은 올리브나 익힌 채소 맛이 날 수 있다. 굴의 '피'(또는 적어도 그 순환기를 이루는 액체)는 대부분 바닷물인데, 그것이 굴 맛에 영향을 주는 또 다른 큰 변수다. 어떤 굴은 아주 짠 해수에서 살고, 또 어떤 굴은 민물강이 바다와 만나는 심심한 물에서 살기 때문에 짠맛이 덜하다.

굴이 잡히는 시기도 중요하다. 한겨울이 되기 전, 동면 상태로 들어갈 때 굴은 먹이를 잔뜩 먹고 살을 찌운다. 굴이 가장 통통하고 단맛이 나는 때다. 봄에 바다가 되살아나고 굴이 다시 먹이를 먹기 시작하면 맛이 또 한 번 변한다. 그러나 여름은 굴의 번식기이므로, 굴에 알과 정액이 가득 차서 쓴맛이 난다. 8월이 되어 알을 낳았을 무

렵이면 굴은 축적했던 자원을 다 써서 가장 홀쭉해진다(영어로 R이 있는 달에만 굴을 먹으라는 말은 이 때문이다).[5] 굴을 먹을 때는 다른 변수도 있다. 굴이 잡혔을 때 날씨가 따뜻했는가, 추웠는가? 비 오는 날이었는가? 바다로 흘러드는 개울물에 영양분이 많은가? 굴 한 마리는 시간, 장소, 기후, 유전학의 반영이 될 수 있다. 어떤 전문 미식가는 굴 껍데기를 쳐서 열고 살을 씹어보고 짠 즙액을 마시면 그 굴이 해안 어느 지역에서 수확되었는지 맞힐 수 있다고 말한다. 이런 식으로 맛을 보면 굴은 바다가 줄 수 있는 것 중에서 와인에 가장 가깝다.

림피오렌 해안으로 돌아가 보자. 페터는 칼을 들고 굴 한 마리를 까서 열었다. 그 동물은 진줏빛 나는 안쪽 자개 껍데기를 등지고 무기력하게 앉아 있다. 그 살을 입에 흘려 넣고 그날 바다의 달콤하고 짭짤한 맛을 후루룩 삼켰다. 금속성의 자극이 입안을 채웠다. 어부인 페터는 근처 마을에서 자랐다. 그는 이십 대 때 굴을 좋아하게 되었지만, 부모와 조부모는 그렇지 않았다. 온 사방에 널린 수백만 마리의 굴과 함께 살았지만 늙은 세대는 단 하나도 먹지 않았다. "그들은 그게 역겹다고 생각해 낚시 미끼로만 썼습니다." 이제 이런 굴은 가장 심한 위기에 처한 종 가운데 하나이자 사람들이 먹고 싶어 하는 음식이 되었다. 이상한 것은 오래된 인간의 역사에서 고작 한 세기 전까지 내내 굴은 제일 흔한 음식 중 하나였다는 사실이다.

림피오렌의 눈에 띄는 특징 한 가지는 평평한 지형에 이질감을 주면서 간혹 솟아 있는 낮은 '언덕들'이다. 이는 인공적인 언덕으로, 수천 년에 걸쳐 버려진 굴 껍데기 수백만 개가 쌓인 것이다. 이 언덕은 조개무지middens(옛 덴마크어에서 쓰레기 더미를 뜻하는 뫼딩 mødding에서 온 단어) 또는 쾨켄뫼딩에르køkkenmøddinger(부엌 조개무지kitchen midden)라고 부른다. 두 단어 모두 19세기 생물학자 야페투스 스텐스트루프Japetus Steenstrup가 만든 용어로, 그는 북부 덴마크 지형의 이런 불룩한 곳들이 고대 식단의 잔재임을 알아차렸다.

조개무지는 전 세계 해안을 따라 나타난다. 길게는 1킬로미터까지 이어지며, 가장 오래된 것은 4만 년 전까지 거슬러 올라간다. 가장 큰 것은 스톤헨지도 압도할 정도다. 각 조개무지는 저마다 사연이 있다. 몇몇 오래된 조개무지는 은신처로 사용되었는데, 자연환경과 침입자로부터 막아주는 보호 장벽이었다(날카롭고 시끄러운 소리를 내는 껍데기가 장애물로 작용한다). 일본의 한 오래된 조개무지는 말굽 모양으로 형성되어, 중간에 화덕과 요리 구덩이가 만들어져 있다. 마치 사람들이 수십만 마리의 굴을 먹고 껍데기를 내버려 주위에 생활공간을 서서히 구축한 것처럼 말이다. 오스트레일리아 해안 지역에서 살던 토착민은 둔덕 안에서 제례를 올렸다. 조개껍데기를 선조들이 남긴 물질적 유산으로 여긴 것이다. 서아프리카 가봉의 이구엘라 라군 주변에서는 높이 4미터에 넓이가 약 10제곱킬로미터에 달하는 거대한 조개무지가 발견되었다. 노예가 된 아프리카인 100만 명이 대서양 횡단 선박에 오르기 전에 이곳에 붙잡혀 있었다. 그들이 구할 수 있는 유일한 음식이 굴이었으므로, 탈진하여 목숨을 잃을 정도로 힘든 대양 횡단 항해를 떠나기 전에 그들은 최후의 식사로 굴을 먹었다.

덴마크의 7000년 된 조개무지 속에서 도자기와 인골로 가득 찬 무덤이 발견되었다. 림피오렌에서 오스트레아 에둘리스의 껍데기 수백만 개로 이루어진 크라베스홀름Krabbesholm 조개무지가 해안을 따라 1킬로미터쯤 이어진다. 너비가 20미터인 이런 조개무지는 신석기시대 덴마크에 살았던 인간들의 정착을 보여주는 가장 오래된 증거에 속한다. 수렵채집인이라면 봄철에 이곳으로 모여들었을 것이다. 굴을 따먹을 칼이 없어도 불을 피워 그 열기로 껍데기를 열었다. 농사를 짓기 시작한 뒤에도 이 위치와 이런 잔치는 계속 중요했다. 겨울이 끝날 무렵, 곡물의 재고가 바닥을 보이면 농부들은 '보릿고개' 동안 해안으로 가서 굴을 먹고 살았다.[6] 공동체 전체의 거대한 굴 폭식은 여러 주일 이어졌을 터이며, 이런 계절적 이주는 수천년간 계속되었을 것이다.

굴이 없었더라면 오늘날의 인류는 아무도 살아 있지 못했을 수도 있다. 16만 년쯤 전 기후변화가 장기간 이어져서 심한 가뭄이 발생했으며, 그로 인해 사막이 확대되고 당시 인간이 존재하던 유일한 장소인 아프리카 대륙의 많은 지역이 거의 살기 힘든 곳이 되었다. 이때 인류의 인구는 1만 명에서 200~300명 정도로 대폭 줄어들었을 것이다. 거의 소멸 위기에 내몰린 우리를 구해준 것은 굴이었다. 몇 명 남지 않은 인간이 해안으로 이동했고, 그중에는 남아프리카의 케이프 해안도 있었다. 화석 기록과 조개무지의 발굴에 따르면 그곳으로 이동한 인간은 조개를 먹고 살아남았다. 이 식단 변화가 인간을 변화시켰다. 굴에는 아연, 요오드, 아미노산이 들어 있고 그 모두가 우리의 두뇌 기능을 개선했을 것이다. 인간 진화 역사에서 그 시점 이후 호모사피엔스는 계속 진화하고 굴과 함께 적응했으며, 서유럽의 대서양과 지중해 해안을 따라 정착한 현대 인간이 먹은 굴 품종도 아마 납작 굴이었을 것이다. 그 굴은 지난 세기가 되기 전에는 유럽인의 삶에서 주변부로 밀려나지 않았다.

빅토리아시대의 영국에서 굴은 어찌나 다양하게 활용되었는지 쌍패류의 요리법이 달걀 요리법보다 더 많았다. 굴은 소의 재료로 쓰이거나 스테이크, 파이, 빵으로 구워질 수도 있었다. 1850년대의 런던에는 3500명의 굴 판매상이 있었고, 노점에서 음식을 파는 하부 문화에는 고유의 언어가 있었다. 굴은 '호클리hockley'(껍데기를 깐 채로) 또는 '커들리curdley'(달걀과 함께)로 서빙되곤 했다.[7] 빅토리아시대의 양조업자들은 구리로 만든 통 안에 굴 수백 마리를 무심하게 쏟아부어 짙은 색의 달콤한 스타우트 맥주• 와 포터 맥주••에 짠맛을 더했다(그리고 보존 효과도 더했다). 20세기 초반에 남부 웨일스에서는 부자든 빈민이든 가리지 않고 펍에서 맥주와 굴을 함께 냈다. 스코틀랜드에서는 굴이 어찌나 풍부했는지, 건물의 석조 작업을 하면서 모르타르를 섞을 때 굴 껍데기를 써서 강도를 보강하기도 했다.

• 도수 높은 흑맥주의 한 종류 -옮긴이

•• 18세기 영국에서 만들던 어두운색을 띠는 전통 맥주로, 주로 짐꾼들에게 인기가 높아서 이런 이름이 붙었다 -옮긴이

1840년대에 헨리 메이휴Henry Mayhew는 런던 빌링스게이트 시장 상인들의 생활을 기록하면서 '오이스터 스트리트'를 방문했다. 그곳은 부두 옆으로 길게 대열을 맞춰 배들이 정박해 있고 뒤엉킨 밧줄과 돛대, 굴 그리고 사람들이 줄지어 늘어서 있었다. 그는 이렇게 썼다. "갑판에 남녀 군중이 잔뜩 몰려 그 작은 배들이 가라앉을 것 같았다." 모든 배에는 굴로 가득 찬 자루가 실려 있었다. "모래와 껍데기로 된 회색 물질 … (그것이) '토종natives'이다."[8] 메이휴는 온갖 혼란 속에서 메모를 끄적이면서

굴 상인과 선원들의 외침을 들었다. "살아 있는 물고기! 살아 있어요! 살아 있다고!"

메이휴가 이 장면을 기록한 지 오래지 않아 뭔가 극적인 일이 발생했다. 1850년에 빌링스게이트 시장에서는 5억 마리의 굴이 판매되었다. 1870년에는 이 숫자가 700만으로 떨어졌다. 10년 뒤에는 그 10분의 1에도 미치지 못했고, 20세기 초 이후 굴의 수량은 계속 줄어들었다. 연어의 쇠퇴가 그랬듯이, 우리는 굴이 사라지는 원인 몇 가지는 알아냈지만 아직도 알아내어야 할 것이 많다. 현재 영향을 미치는 요인 중에는 침입종(미국에서 양식 자원으로 수입된 굴과 함께 들어온 돌조개slipper limpet 같은 종)과 굴밭을 차례로 죽여나간 질병이 있다. 기후도 원인 중 하나가 되었다. 특히 혹독한 겨울은 수많은 굴을 쓸어버릴 수 있는 '열충격thermal shock'이 발생할 수 있다(1960년대에 이런 일이 발생했다). 그러나 토착 굴이 사라진 이유는 대부분 단 한 가지 요인, 즉 인간의 탐욕으로 설명된다.

2세기에 걸친 남획으로 납작 굴은 멸종 직전까지 내몰렸다. 어디서나 남획이 횡행했다. 19세기에 철도가 연장되자 수백만 마리의 굴이 해안에서 채취되어 팽창하는 도시로 실려 갔다. 굴은 북아일랜드의 스트랭퍼드호수에서 스코틀랜드의 포스만까지, 웨일스의 멈블스에서 영국 남쪽의 템스강 하구까지 영국제도 주위의 해안 어촌에서 크고 작은 도시로 흘러갔다. 하지만 20세기 중반쯤 이런 모든 장소와 유럽 다른 지역들의 굴밭은 거의 비어버렸다. 이 시점에서 굴은 유럽에서 친숙한 음식으로 복귀하기 시작했지만, 그렇게 되기까지 이상한 사건이 연속적으로 발생하고 토착종과 완전히 다른 종이 개입하게 되었다.

18세기 프랑스에서 굴 양식은 번성하는 산업이었다. 나폴레옹 보나파르트는 이 사업이 식량을 제공하고 프랑스 경제에 도움이 될 것이라고 여겨 굴 양식을 권장했다. 그래서 퇴역 군인들에게 굴밭을 선물로 주어 굴 양식업자가 무더기로 생겨났다. 토착종인 납작굴이 이미 공급 부족 상태였기에 이런 양식장에는 다른 품종의 굴이 도입되었다. 제일 먼저 들어온 것은 포르투갈 굴학명 Crassostrea angulata이었다. 1860년대에 이 굴을 잔뜩 싣고 보르도 근처의 아르카숑만으로 향하던 배 한 척이 폭풍우를 만나 가까운 강 하구에 화물을 내려야 했다. 그 굴이 살아남아서 해안을 따라 자리 잡았고, 나중에는 프랑스 현대 굴 산업의 자원이 되었다. 그러다가 1950년대에는 포르투갈 굴이 병으로 타격을 입게 되었다. 그 때문에 지금은 흔해진 태평양 굴, 크라소스트레아 기가스Crassostrea gigas('거인'이라는 의미)가 1966년에 도입되었다. 오늘날 유럽에서, 아니 세계 어디에서든 먹는 굴은 십중팔구 아마 이 종류의 굴일 것이다. 이 품종은 1900년대 초반에 상업적 용도로 일본에서 미국으로 수출되었으며, 개체수가 급속히 늘어 올림피아나 올리학명 Ostrea conchaphila 같은 토착 굴을 따라잡았다.

태평양 굴은 여러 세기 동안 아시아에서 길러졌다. 납작 굴보다 빨리 자라고, 더 크고 튼튼하며, 질병에도 덜 걸린다. 부드럽고 납작하고 자갈처럼 생긴 유럽 토착종과 달리 태평양 굴의 껍질은 날카롭고 삐죽삐죽하고 겹치는 층으로 이루어져 있다(그래서 '바위굴 rock oyster'이라고도 부른다). 20세기에 이 품종은 전 세계로 퍼졌다. 납작 굴이 빅토리아시대 노점 음식이었다면 태평양 굴은 맥도널드다. 매년 태평양 굴 500만 톤이 굴 양식장에서 길러져 남극대륙을 제외한 지구상의 모든 대륙으로 팔려간다. 이 확산은 대부분 의도적으로 이루어졌지만, 태평양 굴의 많은 수가 처음에는 굴 양식장에서 탈출한 개체였고 심지어 그들이 살기에는 물이 너무 차다고 생각되던 곳에서도 잘 번식했다.

림피오렌에서 덴마크 해안을 따라 남쪽으로 두 시간 운전해 가서 바덴해Wadden Sea의 허리 높이까지 오는 물을 헤치고 들어갔다. 이곳은 광활하게 열린 얕은 물로, 수평선에 어두운 실루엣이 줄지어 보인다. 그 실루엣은 거대한 고래의 혹등처럼 불길하게 검은 형체인데, 실제로는 태평양 굴의 둔덕mound이다. 굴 수십억 마리가 서로의 등 위에 겹쳐 앉아 있다. '둔덕'이란 약소한 표현이다. 더 가까이 다가가니 그것은 살아 있는 굴로 이루어진 섬이었다. 너무 커서 그 위로 올라가서 걸어 다닐 수도 있는 육지였다. 남쪽 멀리 프랑스 양식장에서 달아난 굴의 후손으로 믿어지는 이 침입자는 수가 너무 많아져서 그 거대한 구조물이 매년 더 커진다. 이런 바위굴 둔덕은 이제 음식 관광객이 다녀가는 곳이 되었다. 소액의 입장료를 내면 '직접 따서 먹는' 해산물 체험을 할 수 있다. "대개 굴은 진짜 고급 음식입니다. 소량만 먹을 수 있지요." 그 굴섬에 서 있을 때 바덴해 국립공원의 클라우스 멜뷔에Klaus Melbye가 말했다. 배가 부르면 집에 가져갈 수도 있다. 이것이 침입자 종을 다루는 한 가지 방식이다. 그 개체들을 먹어치우는 것이다. 굴의 수량은 압도적으로 많다. 굴은 발밑에 웅크리고 앉아, 모든 표면을 반짝이는 검은색으로 바꾸어놓았다. 양동이를 엎어놓고 그 위에 앉아 우리는 가장 크고 부드러운 굴부터 먹기 시작했다. 어찌나 통통한지 한 마리만으로도 입안이 가득 찰 지경이었다.

태평양 굴은 북쪽으로도 빠르게 번지고 있었고, 유럽의 재래종에 마지막으로 남은 피신처인 림피오렌 후미에도 나타났다. "언젠가는 그것이 토종 굴을 압도해버릴지도 모릅니다."[9] 멜뷔에가 말했다. 그렇게 되면 림피오렌의 생태계 전체가 변할 것이다. 다른 굴 품종(또 그것에 속하는 하부 품종들)이 고유한 것은 단지 크기와 형태와 색깔과 맛 때문만은 아니다. 각 굴의 품종은 해안선의 생태학적 균형을 잡는 데서 고유한 역할을 한다. 한 품종과 같은 바다에 사는 다른 수천 가지 생물종 사이엔 평형이 존재한다. 토착 굴이 결국 태평양 굴에 밀려날 때 생태계에 어떤 일이 발생할지 우리는 모른다.[10] "침입해온 종이 서식지를 지배하는 경우는 흔합니다." 덴마크 수산자원 국립연구소의 선임 과학자인 옌스 키에룰프 페테르센Jens Kjerulf Petersen 교수가 말한다. 그는 태평양 굴이 북쪽으로 움직이는 과정을 감시해왔다(스웨덴 해안에도 왔다). "그것들이 원치 않는 대상이라거나 환영받지 않는다는 말은 너무 단순한 표현입니다. 하지만 한 생물종이 어떤 환경에 새로 들어올 때 기존의 종에 항상 좋은 일만 있는 건 아닙니다." 이 상황은 굴의 두 가지 품종 사이의 먹이경쟁이 아니라 공간을 두고 벌어지는 경쟁이다. 태평양 굴은 군락지를 구축하는 능력이 뛰어나며, 이것으로 다른 품종들을 몰아낼 수 있다.

이는 인간의 활동이 창출한 환경 변화의 또 다른 사례다. 우리는 야생종 하나를 약탈하고 다른 종을 대량생산했다. 그것은 홀스타인 프리지언 암소의 경우와 같은 젖소의 균일화에서 라지화이트 돼지의 유전자를 퍼뜨리는 일에 이르기까지 우리가 땅에서 만들어온 변화와 병행하는 놀라운 뒤틀림 현상이다. 우리 인간은 태평양 굴과 아주 비슷하게 새롭고 낯선 수역에 있다. 이것이 우리를 어디로 데려갈지 우리는 모른다. 하지만 굴은 지구상에 5억 년 동안 존재해왔다. 그들은 풀보다 더 오래되었고 우리보다는 훨씬 더 오래되었다. 그것들은 우리가 사라지고 나서 한참 뒤까지도 계속해서 바다를 여과하고 있을 것이다. 토착 품종을 포함해 다양한 품종이 존재하기를 기원하자.[11]

보호구역

바다에서 생물다양성의 손실은 절망적이고 넘을 수 없는 문제로 보일지도 모른다. 전 세계 어업은 정부 보조금 수십억 달러에 의존하고 있다. 쿼터제 역시 변화를 거부하는 듯하다. 하지만 해양생물학자 캘럼 로버츠Callum Roberts에게는 해결책이 있다. 1980년대에 박사과정에 있던 로버츠는 홍해의 제다 해안에 있는 산호초 주변에서 사는 물고기 개체 수를 세는 과제를 받았다. 처음 잠수했을 때 그는 높이 솟은 산호의 성을 에워싸고 동물 세계의 불꽃놀이가 터지며, 물고기 수천 마리가 물속을 경쾌하게 날아다니는 모습을 보았다. 밝은 노란색, 녹색, 파란색, 회색이 번쩍거렸다. 그가 그때까지 본 것 중에서 가장 아름다운 광경이었다. 그는 자신의 인생 작업이 이 마법 같은 수중 세계에서 자신을 기다리고 있었음을 깨달았다.[1]

얕은 산호초 전체에서 로버츠는 산호를 배경으로 밝은 녹색의 조류밭을 보았다. 그것은 마치 당구대 표면처럼 부슬부슬했다. 30센티미터 길이의 검은 쥐치는 이 조류를 먹이로 삼는다. 그들은 밭을 돌아다니면서 경쟁자를 모조리 몰아냈는데, 유일한 예외는 자기 몸 길이의 10분의 1인 자리돔이었다. 자리돔은 검은 쥐치의 배 밑에서 따라다녔다. 이 두 상이한 물고기 종은 양쪽 모두에게 먹이가 되는 조류를 보호했다. 이는 우리가 알고 있던 것보다 바다가 훨씬 더 질서 있고 상호 연결된 장소임을 로버츠가 깨달은 계기가 된 수많은 사례 가운데 하나였다. 또 이처럼 세심하게 조율된 시스템이 파열되면 그것이 생태계 전체에 영향을 미친다는 것도 깨달았다. 무엇보다도 큰 파열 가운데 하나는 바다의 생식 엔진인 대형 물고기 종들의 남획이었다.

로버츠는 인간이 바다를 어느 정도로 심하게 변모시켰는지를 파악하러 나섰다. 문제는 살아 있는 그 누구도 자원이 더 풍부하고 낚시할 게 더 많은 바다가 어떻게 생겼는지 직접 본 적이 없다는 것이다. 그는 고전적인 유럽의 회화를 살펴서 얼마나 더 다양하고 큰 물고기가 그려졌는지 알아내고 힌트를 찾으려 애썼다. 항해자들이 쓴 일기와 신세계를 탐험하던 식민주의자들이 보낸 서신 등 역사적 자료도 우리가 무엇을 잃었는지 전모를 파악하는 데 도움이 되었다. 어족 자원에 대한 가장 상세한 설명 가운데 일부는 18세기 선박들이 잡은 물고기(항해하는 동안 목숨을 부지하게 해준)의 위치와 크기를 기록한 자료였다. 그들이 묘사한 것은 놀라웠다. 미국 동부 연안의 강에는 물보다 물고기가 더 많은 것 같았다.[2] 또 다른 기록은 바다에 나간 배 주위에 커다란 대구가 너무 많아서 배가 앞으로 나아갈 수 없었다고 전한다. 이런 이야기가 현대에는 신뢰성이 별로 없어 보인다. "하지만 그런 이야기가 여러 자료에 거듭하여, 그리고 여러 지역의 바다에서도 나옵니다." 로버츠가 말한다.

19세기에 영국 남쪽 해안의 먼바다에는 온갖 종류의 정어리 어군이 몰려왔는데, 그 무리가 너무 빽빽해 만 전체가 시커멓게 물들 지경이었다. 굴이 이룬 둔덕이 너무 커서 선장들은 조심스럽게 항해해야 했다. 가리비는 큰 접시만큼이나 컸다. 세계의 어장은 무한히 풍성해 보였다. 그러나 영국의 산업화한 신흥 어선 군단이 해저까지 내려가는 저인망을 갖추고 바다로 나간 것이 이때이기도 했다. 당시에 그들은 현대 어선단이 21세기에 가져오는 것보다 다섯 배는 더 많은 물고기를 영국에 들여왔다. 지금 우리가 바다를 상대하는 기술의 양과 어로 능력fishing power이라는 요소를 감안한다면, 어족의 쇠퇴 현상은 더욱 극명해진다. 1880년대에 인간은 어로 능력 한 단위당 오늘날에 비해 17배는 더 많은 물고기를 잡았다. 단순히 말해 바다에 물고기가 훨씬 적어졌다는 것이다.

1990년대에 로버츠는 카리브해 지역에서 일하면서 물고기 수를 세고 새로 설정된 해양보호구역Marine Protected Areas(MPAs)의 영향을 측정했다. 이는 근해 수역이나 공해상에서 정부가 보호하고, 상업적 어로가 감축되거나 금지되는 넓은 수역을 말한다. 해양보호구역이 감기에 막 걸렸을 때 먹는 고용량 비타민 C 같은 효과를 내주기 바라는 게 설정 취지였다. 즉각적인 치료는 해주지 못하더라도 반동하여 회복하는 데 보탬이 될 수 있으리라는 기대를 품은 것이다. 그러나 많은 과학자는 회의적이었고, 어업계는 의혹을 품었다. 하지만 로버츠가 벨리즈의 어느 보호수역에서 잠수했을 때, 예전에 남획되었던 곳에서 거대한 물고기의 장벽을 만났다. 그의 팔 길이만큼 긴 꼬치고기와 대형 그루퍼 등의 물고기 떼가 마치 갑옷처럼 번쩍이고 있었다. 로버츠는 자신에게 필요했던, 바다에 생명이 돌아올 수 있음을 보여줄 증거를 얻었다.

로버츠의 말에 따르면 해양보호구역은 바다 생명의 분수와도 같다. 방다르갱에서처럼 이 보호구역은 '틈새가 많다.' 그곳에서 생물다양성이 주변 수역으로 퍼져나간다. 물고기는 그저 보호구역 안에만 머무르지 않는다. 알과 치어, 성어가 이웃의 비보호구역으로 흘러간다. 어족 자원이 계속 쌓이면서 동물들은 더 오래 살고, 더 커지고, 더 수가 많아지고, 수백 배는 더 많은 자손을 생산한다. 해양보호구역이 처음 설정되었을 때 뭔가를 빼앗겼다고 생각하던 어부들은 뭔가를 돌려받고 있음을 깨닫기 시작했다. 그것은 양쪽 모두에게 이익이 되는 상황이었다. 해양보호구역이 바다를 보호한다는 증거는 전 세계에서 거듭 나타났다. 멕시코 서쪽 해안에 있는 카보풀모의 사례도 여기에 포함된다.[3] 그곳에서 1980년대에 물고기가 없어졌다가 어촌 공동체가 어로 작업을 중단하고 보호구역을 만들기로 결정한 뒤에 어족 자원이 되살아났다. 십 년이 채 못 되어 어류의 생물체 분량은 거의 500퍼센트 가까이 늘었는데, 그것은 애당초 어업이 없었더라면 존재했을 법한 수준에 가깝다. 미국에는 세계 최대의 보호구역 가운데 하나인 파파하나우모쿠아케아 해양국립기념물 Papahānaumokuākea Marine National Monument이 하와이 군도에 있다. 텍사스주 넓이의 두 배가 넘는 그곳에는 7000가지 서로 다른 생물종이 있다며 로버츠는 "놀라운 수역"이라 말한다. 그 수역에 오는 다랑어를 노렸던 산업적 어선 군단은 자신들이 파산할 거라고 확신했다. "그들은 이제 수역 밖에서 더 많은 고기를 더 쉽게 잡습니다."

지금까지 설정된 보호구역은 세계 바다의 6퍼센트에도 못 미친다. 해양보호구역으로 지정된 수역이 많지만 대다수가 강제성이 없으므로 상업적 어로가 계속되었다. 로버츠가 설명하듯이, 그것들은 무의미한 '서류상 공원들'의 네트워크이며 명목상으로만 보호되었다. 감독을 더 잘하면 이런 수역에서 해양 생명을 되살릴 수 있지만 진정한 영향을 주려면 세계 해양의 더 많은 부분, 최소한 30퍼센트는 보호되어야 한다고 로버츠가 말한다. 2021년 1월, 바이든Biden 대통령은 이 점을 미국이 2030년에 달성해야 할 목표로 설정했다. 해양보호구역은 낙관적인 이유를 제공하며, 바다에서의 생명이 육지에서의 생명보다 더 빠르게 회복할 수 있음을 보여주었다.[4] 우리가 초래한 파괴는 복구할 수 있고, 위기에 처한 생물종은 지킬 수 있으며, 생태계는 수리할 수 있다. 과학이 존재한다. 지금 필요한 것은 오직 정치적 의지다.

과일

"품종이란 어떤 과일의 역사를 통과하는
여정의 발자국이다."[1]

조앤 모건 Joan Morgan
《배의 책The Book of Pears》

FRUIT

Eating to Extinction

인간이 밀과 벼, 옥수수 같은 곡식 작물을 길들인 것은 농업 탄생의 신호였고, 그럼으로써 정착할 수 있었다. 그 뒤로 엄청나게 다양한 동물과 채소의 길들임이 이어졌다. 하지만 유실수를 심기 시작하자 농사는 성년 단계로 올라섰다. 오늘날 우리가 먹는 과일은 신석기 혁명이 일어난 지 훨씬 뒤인 기원전 6000년에서 3000년 사이에 전 세계의 서로 다른 지역들에서 길들였다. 중앙아시아와 동부 아시아에는 감귤류, 사과, 배 그리고 핵과류[*]인 살구, 체리, 복숭아, 자두 등이 있었다. 지중해성 과일로는 대추야자, 올리브, 포도, 무화과, 석류가 있었다. 오랜 뒤에 아메리카 대륙에서 딸기와 파인애플, 아보카도, 파파야 등이 심어졌다.

[*] 씨가 단단한 핵으로 싸여 있는 과실-옮긴이

하지만 왜 농부들이 곡물에 비해 그토록 오랜 시간이 지난 뒤에야 과일로 눈을 돌렸을까? 한 고대 예술 작품의 표면에 힌트 하나가 있다. 그것은 5000년 전에 만들어진 높이 1미터짜리 와르카 항아리Warka Vase인데, 바닥에서 꼭대기까지 농사에 관련된 그림으로 뒤덮여 있다. 그 항아리는 1934년에 현재의 이라크인 바스라 북쪽 유프라테스강 근처에서 발굴되었다. 고고학자들이 파편을 모두 접합해 복원한 항아리에는 보리와 깨, 양, 소 그리고 일꾼과 노예들의 행렬이 그려져 있었다. 하지만 맨 위에는 대추야자, 석류, 무화과처럼 생긴 과일을 담은 대접을 바치는 한 여성(인안나Inanna 여신)이 그려져 있었다. 이 그림은 기원전 3000년의 것으로, 지금까지 발견된 과일 문화(야생에서 채집해온 것이 아니라 과일을 재배하는 문명)에 대한 그림 가운데 가장 오래되었다.[2] 항아리와 그 제작자는 수메르문명에 속해 있다. 수메르문명은 가장 큰 도시 중심지 가운데 하나이자 글쓰기와 문자의 탄생지이며, 5만 명가량의 인구를 가진 고대 도시 우루크를 거점으로 한다. 도시 외곽의 대농장에서 생산된 식량을 운하(복잡한 관개 시스템을 통해 물이 흘러가는)를 따라 운반해 우루크로 들여왔다. 이 모두가 대규모 과일 재배의 핵심적 특징이다. 와르카 항아리에 그려진 그림은 과일 재배가 대부분 도시와 관련된 현상임을 우리에게 보여준다. 대추야자, 올리브, 무화과 나무는 여러 해 동안 먹을 만한 과일을 맺지 못하다가,[3] 한번 맺기 시작하면 여러 세기 계속해 열매를 맺는다. 과일은 특정한 장소를 장기적으로 차지하고 있어야 한다. 또한 과수원을 가꾸려면 관개도 필요하다. 관개는 사회적 조직과 장기적 기획 그리고 그것을 실행하는 중앙집권적 권력이 필요한 작업이다. 고대에 과일이 재배된 증거가 나오는 곳에서는 도시국가의 성장과 궁극적으로는 국가의 기원도 발견된다.[4]

식물의 관점에서 보자면, 달콤한 맛을 내는 과육으로 감싸인 씨앗을 만드는 것은 새와 포유류를 통해 그 유전자를 멀리까지 광범위하게 퍼뜨리기 위한 성공이 보장된 전략이다. 이 뛰어난 진화적 수완의 핵심은 과일이 익는 과정이다. 미성숙한 씨앗을 품고 있는 과일은 쓴 타닌과 유독한 알칼로이드alkaloid• 로 가득하다. 그러나 씨앗이 떠날 준비를 마치면 마법 같은 변화

• 식물체 속에 들어 있는, 질소를 포함한 염기성 유기화합물을 통틀어 이르는 말. 니코틴이나 모르핀처럼 다른 생체에 독성이나 약리학적 효과를 나타내는 것이 많다 -옮긴이

가 일어난다. 과육을 연하게 만드는 화학물질이 분비되어 신맛을 줄이고 단맛을 더한다. 강한 향기 분자는 여기에 먹을 수 있는 음식이 있음을 세상에 알리는 신호이며, 이 신호는 과일 껍질 색의 변화로 보강된다. 위장색 역할을 하던 녹색 계열을 띤 과일이 눈을 사로잡는 선명한 노란색, 빨간색, 오렌지색으로 변한다. 태곳적부터 우리 인간은 이 전략에 열성적으로 참여했다. 우리 진화 역사의 먼 옛날로 거슬러 올라가서 일종의 대사상의 착오 같은 것이 인간의 DNA에 들어가 박혔다. 다른 포유류들은 스스로 필요한 비타민 C를 만들어낼 수 있지만, 인간은 그렇게 하지 못한다. 이 문제는 과일을 먹는 것으로 해결되므로, 수백만 년 동안 인간은 야생에서 과일을 채집해 영양학적 간극을 메워왔다. 와르카 항아리가 만들어질 무렵 인간은 각자가 필요한 물량을 어떻게 대량으로 늘릴지 방법을 알아냈다.

과일 재배는 곡물이나 콩 농사를 짓는 것과는 전제가 다르다. 가지치기를 해주어야 하고, 가지와 덩굴을 다듬어 수확하기 쉽게 만들어야 하며, 특정한 품종을 유지하려면 접목과 효율적인 복제[5](한 나무에서 봉오리나 작은 가지를 잘라 다른 나무의 뿌리나 둥치에 붙이는 것이 한 가지 예이다)를 해주어야 한다. 저장 역시 곡물 저장보다 훨씬 더 까다롭다. 과일은 딴 직후부터 빠르게 시들고 썩는 과정이 시작된다. 보존 기술은 한계가 있다. 살구와 사과를 햇볕에 말리고 포도로 와인을 담그고 사과로 사이더를 만들지만, 어느 것도 밀이나 옥수수 알갱이를 저장했다가 필요할 때 쓰는 것처럼 단순하지 않다. 그리고 같은 규모로 이루어질 수도 없다. 어떤 과일 재배자들은 동굴 같은 천연의 서늘한 환경을 이용했다(중부 튀르키예의 카파도키아 같은 곳에서는 지금도 수확한 레몬을 항상 섭씨 12.8도로 보관한다).[6] 그러나 거의 모든 과일 문화에서, 또 과일을 재배해온 거의 모든 역사에서 과일은 길러낸 장소에서 소비되었다. 서로 다른 과일 품종이 수없이 만들어진 것은 이 때문이다. 다른 작물들처럼 우연한 유전적변이와 인간의 선택이 더해져 엄청난 다양성이 창출되었다. 몇몇 과일 품종은 운명 같은 우연적 발견의 산물이었다. 예를 들어 사과의 그래니 스미스와 골든 딜리셔스 품종은 우연히 씨가 뿌려졌다가 눈에 띄었다. 어느 눈썰미 좋은 재배자가 이 두 품종이 한 나무에서 자라는 것을 발견했다. 그리고 앞에서 보았듯이, 클레멘타인은 19세기 알제리에서 자라던 한 변이 만다린을 통해 세계에 왔다. 총괄적으로 볼 때 식물학자들은 배 품종variety(또는 재배품종cultivar) 3000종, 감귤류와 바나나 각 1000종 이상, 사과의 경우 7000종이라는 놀라운 숫자를 확인할 수 있었다. 그리고 이것은 기록에 남은 품종들이다. 이 정도의 다양성은 우리 중 거의 아무도 겪지 못할 테지만, 그 이유는 과일 때문이 아니라 공급 체계가 변했기 때문이다.

1870년대에 최초로 바다에 나간 냉동 선박은 과일이 대양을 건너 운반될 가능성을 열었다. 1920년대에는 과학자들이 과일이 저장되는 곳의 대기를 수정함으로써[7](산소 농도를 낮추고 이산화탄소 농도를 높임으로써) 과일의 신선도를 유지하는 기간을 연장할 수 있음을 알아냈다. 이런 '통제된 대기'는[8] 익어가는 속도를 느리게 해 사과와 배를 일 년 이상 저장할 수 있도록 했다(바나나의 경우 2개월 안쪽이다). 1940년대에는 트럭에 새로운 냉장 기술을 갖추기 시작했고, 곧이어 비행기와 기차, 선박에도 파급되었다. 이로써 '냉장 체인cold chain'(농장에서 지체되지 않고 냉장한 상태로 소비자의 냉장고로 운송되는 시스템)이[9] 완성되었다. 1960년대에 최초의 선박 컨테이너가 등장했는데, 이는 개별 화물 수천 가지를 배에 몇 주일씩 걸려 싣는 게 아니라 높이 2.4미터, 깊이 6미터의 파형 강판으로 만든 상자[10] 안에 화물이 담겨 몇 시간 이내에 실렸다가 하역될 수 있다는 의미다. 20년이 채 안 되어 컨테이너 방식을 채택한 나라들은 거래량이 거의 아홉 배나 증가했다.[11] 과일 무역의 세계화는 자유무역협정과 정치적 거래뿐 아니라 커다란 금속 상자의 발명 덕분이기도 했다.[12]

냉장 체인이 끊어지지 않고 작동할 경우, 세계 한편에서 길러진 신선한 과일이 이제 지구 반대편에서 소비될 수 있다. 과일(및 다른 음식) 소비에서 계절적 요소의 영향은 줄어들었고, 적어도 잠재적으로는 식단이 다양해졌다. 그러나 모든 과일이 새로운 전 세계 공급망의 요구에 부응할 수 있는 것은 아니기에 균일화가 비집고 들어왔다. 국제무역의 엄격성을 감당할 수 있는 과일 품종이 거대한 단일경작 체제로 재배되었다. 20세기 후반에는 소수의 과일 품종만이 세계의 대농장, 과수원, 과일 그릇을 지배하게 되었다. 사과를 예로 들면 레드 딜리셔스이고, 배라면 바틀릿이 그런 품종이다. 바나나의 경우 캐번디시였다. 감귤류는 발렌시아와 네이블 오렌지였다.

이 시기에 과일 육종을 관리하는 회사는 점점 줄어들었다. 20세기가 끝날 무렵 이 관리권은 대개 정부가 자금을 대고 대학이 지원하는 공공기업의 손에 들어갔다. 그러나 갈수록 점점 그것은 이제 민영화해 '마케팅 그룹'과 '클럽'이 주도하게 되었다.[13] 그들은 전 세계 과일 시장에서 최고위 품종들을 개발하고 소유하고 있다. 재즈 사과, 드리스컬 딸기, 슈퍼스위트 파인애플, 코튼캔디 포도가 모두 이런 사례다.

신품종의 과일을 육종하는 일은 여러 해 걸리고, 수십 억의 투자금을 쏟아부어야 슈퍼마켓에 진열된 만한 과일을 얻을 수 있다. 우연에 맡길 수 있는 일은 거의 없다. 신품종은 수익을 내려면 대규모로 재배해야 한다. 전 세계 고객에게 닿으려면 시장 판매대에 오래 올려져 있어야 하며, 냉장 체인이 제시한 조건뿐 아니라 슈퍼마켓이 내건 구체적 요구(과일 크기와 색깔에서 당도와 수분 정도까지)도 맞출 수 있어야 한다.[14] 균일성이 승자가 되고 다양성이 쇠락한 이유는 여기 있다. 하지만 다음에 나올 이야기가 보여주듯이, 이런 시스템은 변하고 있다. 그럴 필요가 생겼기 때문이다.

카자흐스탄,
텐산

Tian Shan,
Kazakhstan

시베르스 사과

Sievers Apple

21

세상 어디서든, 사과의 모양과 크기와 색깔과 맛이 어떻든 당신이 먹는 사과의 기원은 텐산天山으로 소급될 수 있다. 그곳은 중국과 중앙아시아를 갈라놓는 눈 덮인 '하늘의 산맥'이다. 그 기슭을 뒤덮은 야생 나무들은 살아 있는 유전자은행이다. 사과의 탄생지로서 텐산의 생물다양성은 가장 인기 많은 과일 하나의 과거와 현재와 미래를 쥐고 있다. 그러나 지난 세기에 텐산의 유실수 숲에 인간이 미친 영향은 너무 심각하여, 그곳의 야생생물 다양성도 위기에 처했다. 우리는 이런 숲을 지켜야 한다.

텐산을 세계에서 가장 큰 과수원으로 생각해보라. 그런데 그 과일나무들은 야생이며 눈이 어지러울 정도로 품종이 다양하다. 각각의 나무는 저마다 다르고 나무에 맺히는 과일도 그렇다. 어떤 사과는 테니스공만 한 크기이고 다른 사과는 체리만큼 작다. 어떤 사과는 눈을 찌를 듯한 형광 라임색이며, 다른 사과는 부드러운 파스텔

핑크와 자줏빛이다. 이런 야생 사과나무에서 열매를 따서 먹는 것은 마치 과일 버전의 러시안룰렛을 돌리는 것과도 같다. 달콤한 꿀맛일 수도 있고, 시큼한 아니스* 나 감초 맛이 날 수도 있다. 어떤 사과는 입안을 찌를 듯 쨍하게 신맛이 나서 금방 뱉어버리고 싶어질 수도 있다. 이런 야생 유실수 숲 전체에서 나무마다 열린 사과는 저마다 고유한 속도로 익기 때문에 익어가는 과일의 진한 향내와 떨어진 사과가 숲 바닥에서 발효해 나는 취할 듯한 에스테르ester**가 뒤섞인다.

* 지중해 지역에서 주로 나는 식물로 사탕이나 술에 넣는 향신료로 많이 쓰인다 -옮긴이

** 산과 알코올이 반응해 생긴 화합물을 통틀어 이르는 말. 꽃향기가 나서 향료로 많이 쓰인다 -옮긴이

숲의 일부 구역은 아주 울창하여 그곳에서 자라는 사과나무에는 사람 손이 닿지 않았다. 세계에서 가장 큰 사과나무로 알려진 것 중 하나가 이곳에서 자란다. 나이가 적어도 300년은 되었고 둥치 지름이 90센티미터에 달하는데, 그것 외에 아직 발견되지 않은 다른 거목들도 있다. 숲에는 다른 야생 과일도 있다. 배나무, 모과나무, 산사나무, 살구나무, 자두나무 등. 달콤한 야생 사과 말루스 시베르시Malus sieversii의 씨앗은 이 고립되고 오래된 장소를 벗어나서 진화해 재배된 사과학명 Malus domestica로 발전했다. 사과가 이곳에서 퍼져나가게 된 데는 세 가지 동물종이 관련되어 있다. 바로 곰, 말, 인간이다. 수천 년, 아마도 수백만 년 동안 곰들이 숲에서 찾아낼 수 있는 제일 크고 달콤한 과일을 골랐다는 이론이 있다. 그리고 단단한 물방울 형태의 사과 씨앗이 곰의 몸속을 손상 없이 통과했기 때문에 배설물(곰의 대변)을 비료로 삼아 톈산 지역에서 가장 널리 퍼진 게 제일 크고 달콤한 사과였다는 것이다. 그러나 이

런 사과를 더 멀리 퍼뜨리고 재배되도록 한 것은 말이었다.[1] 곰도 그랬지만, 톈산 지역의 야생마는 제일 크고 달콤한 사과를 먹고 그 씨앗을 더 멀리 가져가면서 의도치 않게 자신들의 발굽에 팬 흙 속에 뿌리게 되었다.[2] 인간은 먼저 카자흐스탄 지역의 말을 길들였고, 그런 다음에는 동물과 과일 둘 다 긴 여정을 떠났다.

사과 씨앗은 실크로드를 따라 페르시아로 들어갔고, 그다음 북쪽의 발칸반도와 그리스로 들어갔다. 그곳에서 그 과일은 신화 속에 등장하게 된다(여신 헤라는 제우스와의 결혼식에서 황금사과를 받는다). 로마인은 유실수의 수호 여신인 포모나Pomona의 주의 깊은 눈길을 받으며 제국 전역에 과수원을 건설했다. 최근 몇 세기 동안 사과는 식민지 건설의 물결을 타고 더 멀리 전파되었으며, 영국과 독일, 프랑스, 네덜란드에서 북아메리카로 이동했다. 정착민이 서쪽으로 이동하면서 그 과일은 식용의 기능만이 아니라 법적인 기능도 가졌다. 몇몇 주에서는 자영농으로 법적 승인을 받으려면 개척민은 사과나무 50그루와 복숭아나무 20그루를 심어야 했다. 19세기 초반에 존 채프먼John Chapman(조니 애플시드Johnny Appleseed라고도 알려진)이 이 기회를 잡아 과수나무를 열성적으로 심었다.[3] 그는 정착민보다 먼저 씨앗 자루를 들고 황야에 나가 사과나무를 심고, 새로 이주해온 이들에게 묘목과 씨앗을 팔았다. 채프먼이 씨앗을 심어 과수원을 조성한 것은 그가 속한 종교 단체 때문이었다. 그는 스베덴보리Swedenborg 교회의 신도였는데, 그 교회가 접목을 명백히 금지했던 것이다(그들은 봉오리와 잔가지를 자르면 식물이 고통받는다고 믿었다). 저마다 새로운 품종으로 자랄 잠재력이 있는 씨앗이었으므로, 다양한 사과가 밀려오는 새로운 물결이 바로 조니 애플시드가 남긴 진정한 유산이었다. 그 다양성의 범위가 워낙 넓어서, 몇몇 식물학자는 사과가 미국에서 제2의 길들임 과정을 겪었다고 주장하기까지 했다. 농부들은 채프먼이 심은 예측 불가능한 나무에서 먹을 수 있는 신품종 사과를 골라내야 했다.

조니 애플시드가 사과를 미국 전역으로 퍼뜨리는 데 이바지한 것과 대략 같은 시기에 네덜란드인과 영국인은 남아프리카의 웨스턴케이프와 오스트레일리아 남부, 뉴질랜드(호크스베이 부근 지역은 '애플볼Apple Bowl'이라 알려지게 된다)에 과수원을 조성해[4] 더 세계화한 오늘날 사과 산업의 씨앗을 심었다. 냉동 선박과 그 뒤를 이어 20세기에 컨테이너선이 등장하면서 이런 국가들은 국제 과일 무역의 대형 참여자가 되었다. 그런데도 이 모든 사과의 연원은 모두 톈산의 원래 과일 숲과 말루스 시베르시로 거슬러 올라갈 수 있다. 이런 야생 사과는 1793년에 카자흐스탄의 유실수 숲에 찾아간 독일의 식물수집가 요한 시베르스Johann Sievers의 이름을 따서 명명되었다. 시베르스는 톈산이 사과의 탄생지임을 육감적으로 알았지만, 그것을 이론으로 더 발전시키기 전에 세상을 떠났다. 그래도 시베르스의 관찰은 야생 사과에 그 이름이 붙을 만큼 신빙성이 충분했으므로 그것을 '시베르스 사과'로 부르기도 한다.

니콜라이 바빌로프는 이 이론을 지지했고, 1929년에 노새 카라반을 따라간 고생스러운 여행길에서 키르기스스탄을 가로질러 카자흐스탄에 들어갔다. 그는 나중에 이렇게 썼다.

길은 우리 예상보다 더 힘들었으며, 실제로 말 두 마리를 잃기도 했다. … 추위로 몸이 뻣뻣해지고 치아가 딱딱 부딪쳤다. 국경경비대는 우리

카라반이 오는 것을 보자 놀란 눈으로 바라보았다.[5]

알마아타(현재의 알마티로, 알마티는 '사과의 아버지'로 번역된다)를 본 바빌로프는 "도시 주위의 광활한 지역과 산 사면에 야생 사과 숲이 펼쳐져 있고 여기저기서 진짜 숲을 이루어 … 재배품종과 별로 다르지 않은 다양한 과일 품종"을 맺는 광경을 묘사했다. 알마티에서 바빌로프는 미래에 식물학자가 될 젊은 학생 아이막 장갈리예프Aimak Dzangaliev를 만났다. 장갈리예프는 바빌로프와 함께 시골을 찾아다니던 일을 회상하면서 그에 관해 이야기했다. "하루 만에 알마티 주위의 모든 것을 조사했다. … 그는 천재적인 능력을 발휘해 거의 모든 것을 파악해냈다."[6] 바빌로프는 톈산이 사과의 주 발원지라고 결론지었다. 장갈리예프는 사과 숲 내부의 다양성을 지도에 기록하는 데 70년을 쏟았다. 그는 시간과 경쟁하고 있었다. 소련 정부는 1950년대에 대규모 삼림 철거 프로그램을 시작했다. 사과나무 숲 수십 제곱킬로미터를 벌채해 면화를 재배할 땅을 마련했지만, 그 시도는 나중에 실패한다. 소련 시대가 끝날 무렵 장갈리예프는 알마티 주위에 있던 야생 사과 다양성의 절반 이상이 삼림 철거 과정에서 사라졌다고 추산했다. 1960년대에 그는 자신이 숲에서 지켜낸 고유한 사과 품종 몇 가지를 심어 기르고 연구할 수 있었다. 그러나 이조차 안전하지 못했다. 1977년에 소련 당국은 그 컬렉션을 없애라고 명령했다. "그날 그들은 나를 무릎 꿇렸다."[7] 장갈리예프는 세상을 떠나기 직전에 한 인터뷰에서 이렇게 말했다.

1990년대에는 숲에 더 많은 파괴가 자행되었다. 소련 체제가 붕괴하면서 카자흐스탄은 10년이 넘게 혼란에 휘말렸다. 연료 공급

체계가 와해되고 석탄 보조금이 끊겼다. 난방을 하려고 사람들은 더 많은 야생 사과나무를 베었다. 숲의 많은 부분이 소와 양을 기르기 위해 제거되기도 했고, 무분별한 주택 건설은 전염성이 강했다. 살아남은 야생 나무들도 위험에 처했다. 소련이 근처에서 사과를 재배하는 대규모 상업 과수원을 세워 야생의 유전자풀을 희석했기 때문이다.[8] 2007년에 말루스 시베르시는 국제자연보호연맹의 위험 식물 목록에 올랐다. 그 목록은 위기에 처한 생물종을 등록하는 것으로, 말루스 시베르시는 “취약하고” 개체수가 “줄어들고 있다”라고 기록되어 있다. 오늘날 그 숲의 일부분만 알마티 동쪽의 크루토에와 타우투르겐 등지에 남아 있다.

소련의 붕괴 이후 숲을 찾아간 최초의 서구 과학자들 가운데 옥스퍼드 대학의 식물학자인 배리 주니퍼Barrie Juniper가 있었다. 1990년대 초반, 그는 톈산을 여러 차례 방문했다. 무장 경비원 둘을 대동하고 양고기와 쌀, 사과로 끼니를 때우면서 숲 내부로 들어가기 위해 카자흐군 장교들에게 돈을 주어야 했다. 그는 “대대적인 환경 파괴 행위로 광대한 지역이 파괴되고 있었다”라고 말했다. 그 뒤 15년 동안 톈산과 옥스퍼드 대학을 오가면서 최대한 많은 야생 사과에 관한 자료를 남겼다. 주니퍼는 요한 시베르스와 니콜라이 바빌로프가 관찰을 통해 짐작했던 내용을 새로운 DNA 기술로 확인한 최초의 과학자였다. 즉, 재배된 사과의 발원지가 모두 톈산이라는 것이다. 다른 어떤 사과 품종도 이 과정에 영향을 주지 못했다. 그곳은 진정한 전 세계 사과의 유전자은행이었다.

주니퍼는 이 논점을 입증하기 위해 아주 오랫동안 노력했다. 그러다가 소련 붕괴 이후 빚어진 카자흐스탄의 혼란 속에서 목숨이 위험한 적도 있었지만, 옥스퍼드에서 오랫동안 과수원을 가꾸어 사과 DNA에 대한 참고 자료 컬렉션을 스스로 운영하기도 했다. 그는 세계 각 지역에서 찾을 수 있었던 오래된 사과 품종을 최대한 많이 수집해 톈산에서 가져온 야생 사과의 유전적 특징과 비교했다.

어느 화창한 가을날 오전, 나는 와이섬에 있는 주니퍼의 과수원에서 그를 만났다. 와이섬은 그림책에 나오는 것 같은 옥스퍼드셔의 마을로, 성당과 초가집 그리고 600년 된 펍이 있었다. 사과나무 100그루가 자라는 비밀 정원은 높은 담장 뒤에 완전히 숨겨져 있었다. 5미터가량 자란 나무가 몇 그루 있었고, 나머지는 다듬어지지 않은 무성한 덤불에 가까웠다. 주니퍼는 이 나무 저 나무로 걸어가 열매를 따면서 나무 하나하나를 소개했다. 먼저 뉴턴 원더는 더비셔의 어느 펍 옆에 우연히 씨가 뿌려져 자라던 것을 1870년대에 발견했는데, 사과 요리의 재료로 인기가 높아졌다. 레이디스 핑거라는 이름이 붙은 사과는 가느다란 원뿔 모양이었다. 1840년대에 심어졌으며 과일 드롭스 맛이 나는 강한 신맛의 과육이 비늘처럼 거친 껍질 아래 숨겨져 있는 브라운리스 러싯도 있었다. 주니퍼가 사과 한 알을 옷자락으로 깨끗이 닦으면서 말했다. "놀라운 사과예요. 단맛과 신맛이 완벽하게 균형을 이루고, 껍질이 두꺼워서 크리스마스 때까지도 싱싱하게 저장됩니다." 우리는 파인애플 맛이 나는 사과(아나나스 라이네트)를 먹었다. 셰익스피어의 《헨리 4세》 2부에서 언급되기도 한 작은 황갈색 품종도 먹었다. "당신이 드실 두꺼운 껍질 사과 한 접시 가져왔습니다." 주니퍼가 셰익스피어의 말을 인용하더니 사과 중에서 하나를 고르고 말했다. "못생기고 맛이 떫을

지도 모르지만 16세기에는 런던의 모든 노점에서 이 사과를 팔았답니다."

몇몇 품종은 나무 한 그루가 우연히 발견된 덕분에 인기를 누렸지만, 다른 품종들은 숙련된 관리와 교차수분 기술로 만들어졌다. 19세기 말 영국인은 4년 동안 한 번도 같은 종류를 두 번 쓰지 않고 매일 새로운 품종의 사과로 만든 디저트, 요리, 사이더를 먹을 수 있었다.[9]

주니퍼의 담장 안 과수원에서 자라는 사과는 사과라는 과일의 수많은 매력 가운데 중요한 부분을 담고 있다. 즉, 다양성과 계절성 말이다. 1920년대에 과일 전문가인 에드워드 번야드Edward Bunyard는 《디저트의 해부학The Anatomy of Dessert》을 집필했다. 그는 딸기 맛을 내는 우스터 페어메인을 비롯해 "달콤하고 육즙처럼 진하며 과즙이 풍부하고 아름다운 향기"를 풍기는 제임스 그리브 등 최고의 맛을 가진 사과를 알려주는 지침을 주었다. 그리고 블레넘 오렌지가 있다. 그것은 18세기에 옥스퍼드셔 블레넘궁의 자연석 담장 바로 옆에 버려진 사과 씨앗에서 자랐다. 다행히 양복공인 조지 켐프스터George Kempster가 그 나무와 열매를 발견했다(그래서 이 품종은 켐프스터라고도 부른다). 이 사과를 묘사한 번야드에 따르면 "풍미가 있고 따뜻한 향기를 발산하며 … 이 고귀한 과일은 최상의 포트 와인 같은 그윽한 위엄이 있다."[10]

번야드의 묘사는 지금은 존재하지 않는 풍부한 다양성을 흘낏 엿보게 해준다. 1970년대에 세계 각지의 사과 소비자는 뭔가가 부족하다는 느낌을 떨치기 어려웠다. "사과, 사과는 어디에나 있지만 먹을 만한 사과는 거의 없다." 한 신문 기사는 이렇게 단언하고, 이어간다. "시장에서 의심하지 않는 고객을 기다리는, 빨갛고 노란색의 커다란 플라스틱 같은 구체는 너무나 수상스럽고 너무나 뻔뻔하고 껍질이 두껍고 반짝이지만 그냥 넘기고 지나치기 쉽다. 우리는 어떤 것이 좋은 사과 맛이었는지 기억만 떠올리면서 살아야 한다."[11]

세계화된 냉장 체인과 선박 컨테이너는 번야드가 맛보았던 다양한 맛을 대부분 지워 없앴다. 모든 사과의 90퍼센트가 이제 슈퍼마켓에서 판매되며, 그들은 스페인과 이탈리아, 프랑스, 뉴질랜드 같은 나라에서 오는 공급 물량을 일 년 내내 보장받는다. 경쟁력을 잃은 영국 과수원의 3분의 2가 1980년대에 사라졌으며, 곡물을 더 많이 심으려고 나무들을 '뿌리째 뽑거나' 건설을 위해 땅을 내놓았다. 이런 과수원 가운데 일부는 1000년 전에 수도원들이 심은 것이다. 냉장 기술과 컨테이너화는 세계를 더 작게 만들었고, 이처럼 세계화된 시장에서는 큰 규모와 전문화가 성공의 열쇠였다. 영국의 수많은 사과 재배자는 포기하거나 파산했다. 그리고 오늘날도 영국에서 소비하는 사과는 대부분 수입된 것이다. 일 년 내내 사과를 구할 수 있는 것은 이득이지만 우리는 유산을 소홀히 했다. 과수원 하나를 파괴하면 나무뿐 아니라 삶의 방식과 생물다양성도 파괴된다. 사과와 사과 과수원은 영국의 지형과 문화에서 시칠리아 사람들에게 감귤류 숲이 주었던 의미, 혹은 프랑스 사람들에게 포도원이 주었던 것 같은 상징적 중요성이 있다. 경제와 편의의 논리에 흔들린 우리는 문화적·생태학적 영향과 장기적 관점을 간과했다.

지금 전 세계의 대부분 국가에 있는 것은 아주 특정한 성질의 사과 품종들이다. 사과는 달콤하고 아삭아삭해야 하며, 오래 저장할 수 있어야 한다. 이런 기준에 맞는 품종들이 전 세계 슈퍼마켓의 선반을 재빠르게 점령했다. 레드 딜리셔스(1870년대에 아이오와의 한 농부가 발견한 품종)는 한 세기 동안 미국 내 최고 인기 사과 품종의 지위를 누렸으며, 최근에야 그 지위를 갈라에 넘겨주었다. 미국사과조합의 마크 시틴Mark Seetin이 말한다. "사람들은 더 달콤하고 더 아삭한 사과를 원합니다. 산업계는 갈라를 아주 좋아해요. 질소 저장고에 넣어두었다가 아홉 달 뒤에 꺼내도 여전히 나무에서 갓 따온 것 같은 맛이 납니다."

갈라는 영국에서도 대표적 판매 품종이 되었고, 그 뒤를 따라오는 것이 골든 딜리셔스, 그래니 스미스, 브레번 등이다. 더 최근에는 핑크레이디, 재즈, 후지가 추가되었다. 이 세 품종 모두 20세기 육종 프로그램(오스트레일리아, 뉴질랜드, 일본)의 산물이다. 그리고 모두 소규모의 '엘리트' 품종을 부모로 한다. 육종은 길고 복잡하고 돈이 많이 드는 사업이므로, 그 산업은 가장 성공적인 사과를 접붙이기해 안전하게 진행하려는 경향을 띤다. 예를 들어 골든 딜리셔스는 교차 교배해 갈라를 만들었고, 갈라는 또 브레번과 교차 교배해 재즈 사과를 만들었다. 레드 딜리셔스는 교차 교배해 후지를 만들어냈다. 이것들은 모두 육종되어 빨리 딸 수 있고 수익성 높은 품종을 만들어냈으며, 장기간 저장되고 여러 나라에서 길러질 수 있다.[12] 슈퍼마켓에서 가장 중요하게 여기는 점은 눈에 잘 띄어야 하고 품질이 꾸준히 유지되어야 한다는 점이다. 우리는 이런 사과를 살 때 그것이 어떤 맛이 날지 정확하게 알고 있다. 어떤 계절이건, 혹은 어떤 세상에서 사과를 먹게 되건 간에 맛에서든 질감에서든 예상치 못한 놀라움이나 예외는 없다. 그런데 타닌이 풍부한 브라운

리스 러싯과 포트 와인 같은 블레넘 오렌지는 더 복잡한 맛을 낸다.

이런 상업적 신품종을 만들어내는 것은 큰 사업이며 재즈나 핑크 레이디 같은 품종은 '마케팅 클럽marketing clubs' 소속 회사들의 배타적 자산으로 라이선스를 받는 품목이다. 육종가, 과일 재배자, 수출업자 들의 공급망 전체가 클럽에 한데 묶여 있다. 이런 클럽이 어떤 특정 브랜드의 사과 품종을 세계 각지의 어디에서 기르고 분배하고 홍보할지를 결정한다. 슈퍼마켓에는 이런 시스템이 효율적이다.[13] 소수의 공급자만 상대하면 되기 때문이다.

마케팅 클럽 시스템에 최근 추가된 것이 2019년 12월에 출시한 코스믹 크리스프다. 평균보다 살짝 더 크고, 깨알만 한 점들이 빨간색 껍질 전체에 별처럼 퍼져 있어서 그런 이름이 붙었다. 깨물 때 나는 소리가 다른 경쟁 품종들보다 훨씬 더 아삭하게 들린다고 한다. 판매대에 올려진 사과를 보면서 그것이 만들어진 사연까지 깊이 생각할 필요는 없을 것이다. 하지만 이 사과는 수천만 달러의 투자, 20년간의 기획과 육종 과정, 실험용 나무 수백 그루에서 따온 과일들의 선별과 맛보기 과정이 투입된 사업의 산물이다. 사과 산업에 관한 한 필수적인 품질 하나는 냉장 저장된 상태로 일 년 이상 버텨줘야 한다는 것이다. 코스믹 크리스프의 특허권은 워싱턴주 소유이므로, 농부들은 사과나무를 사올 때 한 그루당 또는 사과를 팔 때 한 상자당 로열티를 지불하는 데 동의했다. 어마어마한 규모로 투자가 이루어졌고,[14] 5억 달러를 들여 새 나무 1300만 그루가 심어졌다. 코스믹 크리스프라는 품종은 너무 거대해져서 실패할 리가 없는 존재일 수도 있다. 이런 이유만으로도 그 품종이 사과 판매를 오랫동안, 아마도 앞으로 몇십 년간 지배할 가능성이 크다.

아시아의 토착 품종 사과가 많은데도 중국 소비자는 미국산 레드 딜리셔스 품종을 점점 더 많이 구입한다. 중국의 신흥 부자 중산층에게 이 사과는 선망의 대상인 서구 음식이다. 중국 또한 나라 동부에 갈라와 후지 품종의 나무 수백만 그루를 심었다. 후지 품종은 1930년대에 일본의 육종 프로그램이 만들어낸 사과다. 반면에 이와 완전히 다른 종류의 다양성이 미국에서 인기를 누리고 있다. 유전적으로 변형된 북극 사과가 가공되어 '갈색으로 변하지 않는' 사과가 되었다. 그래서 껍질을 깎고 잘라서 비닐로 포장해 판매하는 용도에 적합하다. 21세기의 사과 세계에는 온갖 종류의 다양성이 있다.

우간다

Uganda

카인자 바나나

Kayinja Banana

세계 최대의 다양한 바나나 품종 컬렉션은 바나나가 가장 많이 자라는 지역인 동남아시아, 아프리카 또는 라틴아메리카에 있지 않다. 그 위치는 벨기에다. 루뱅 대학은 국제무사생식세포컬렉션International Musa Germplasm Collection의 본거지다('무사'는 바나나가 속한 속屬이다). 이곳은 눈이 휘둥그레질 정도로 다양한 크기와 색깔과 맛의 바나나 1500종 이상이 모인 살아 있는 보고다. 인도네시아에서 온 블루자바는 부드럽고 기름기 있는 질감이고, 바닐라 아이스크림 같은 맛이 난다. 반면 엘레엘레는 남태평양 정착민과 함께 하와이로 도입된 식물들 가운데 하나로, 녹색일 때 따서 채소로 요리한다. 몇몇 종류의 바나나는 딸기나 사과 맛이 나기도 한다. 어떤 것은 껍질이 푸슬푸슬하다. 중국에서 나는 한 바나나는 향내가 워낙 강해 '고산흥Go San Heong'이라는 이름이 붙었다. '옆 산에서도 냄새를 맡을 수 있다'는 뜻이라고 한다. 그러나 이처럼 다양한 종류가 있는데도 바나나는 단일경작 작물(한 가지 품종만 기르는 작물)의 최고 본보기가 된 과일이다.

전 세계 바나나의 절반은 선박 컨테이너에 실려 세계로 운송한다는 목적 하나만을 위해 길러지고 거래된다. 2019년에 이런 바나나의 총량은 200억 톤 이상, 금액은 22조 원에 달했고,[1] 바나나는 세계가 가장 좋아하는 과일이다. 바나나의 국제무역은 완전히 한 품종에만 의존한다. 그것은 가격이 싸고 어디서나 자라고 고도로 전문화한 과일인 캐번디시 품종이다. 캐번디시가 전 세계 과일 무역을 지배하는 것은 맛 때문만이 아니라 생물학, 크기와 형태, 껍질 두께 그리고 익는 방식 때문이다. 이 모든 요소는 그것이 재배되어 수확된 후 세계 모든 항구로 운송되어 가장 큰 도시와 가장 작은 마을까지 전달될 수 있음을 의미한다. 운반된 거리가 얼마든 간에 그것은 슈퍼마켓 판매대에 올려졌을 때 여전히 가장 싼 가격으로 공급할 수 있는 음식 가운데 하나다.

캐번디시가 타의 추종을 불허하는 단일경작의 슈퍼스타가 된 것은 그 바나나 하나하나가 복제물이기 때문이다. 이 식물은 스스로 씨앗에서 번식하지 못한다(야생 바나나와 달리). 캐번디시는 땅속에서 자라는 흡근sucker 하나를 본 줄기에서 잘라 그것을 다시 심는다(식물학적으로 말하면 바나나는 나무가 아니라 거대한 풀이다).[2] 이 방법을 쓰면 바나나의 수익성은 높아지지만 복제 식물로서의 단점이 있다. 캐번디시는 더 이상 진화할 길이 없고 면역 시스템은 새로운 위협에 적응할 능력이 없다. 유전적으로 똑같은 바나나로 가득 찬 대농장에서 병균 하나가 한 식물에 들어가면 그 병균은 농장 전부에 들어갈 수 있다. 정확하게 이것이 현재 상황이다.

여러 대륙에서 캐번디시는 죽어가고 있다. 대농장 전체가 치유할 수 없는 질병인 트로피컬 레이스 4 tropical race 4(TR4, 파나마병 또는 시들음병Fusarium wilt이라고도 알려진)[3]로 죽어간다. 현재 전 세계의 식량 시스템이 워낙 심하게 서로 연결되어 있다 보니 그 병은 세계 반대편의 농장에도 퍼졌다. 인도, 오스트레일리아, 아프리카, 아시아 모두가 병에 걸렸고, 중국도 마찬가지다. 최근에는 바나나 재배의 최대 지역인 라틴아메리카에서도 처음으로 발견되었다. 식물이나 삽, 작업자의 옷에 묻어 운반된 포자 몇 개만으로도 대농장 전부를 오염시키며, 한번 흙을 통해 전파되기 시작하면 그 땅에선 더는 캐번디시를 기를 수 없다. 가장 많이 영향받은 것은 캐번디시 품종을 기르는 방대한 단일경작 농장이지만, 워낙 공격성이 강한 질병이어서 이런 농장에서 퍼져나가 소규모 농부들이 기르는 다른 품종에도 감염된다. TR4가 계속 퍼지면 서구에서 가장 좋아하는 음식의 공급에도 심한 타격을 받지만 아프리카, 아시아, 라틴아메리카에 사는 50억 인구가 입는 피해는 훨씬 더 심각하다. 이런 지역에서 바나나는 칼로리의 주 공급원이며, 식량안보의 중요한 부분이다. 또한 생계를 유지하는 방법이며, 엄청나게 많은 문화적 의미가 담긴 음식이다.

캐번디시가 어떻게 세계를 지배하게 되었는지는 알아둘 가치가 있다. 거대한 규모로 실행되는 음식 식민주의의 특별한 사례일 뿐 아니라 우리가 전 세계의 음식 시스템을 어떻게 바꾸었는지(그리고 한 번 할 수 있었다면 다시 할 수도 있음을) 보여주기 때문이다. 세계 속의 캐번디시 이야기는 1826년에 아일랜드 식물학자인 찰스 텔페어Charles Telfair가 중국 남부에서 한 가족이 텃밭에서 기르던 바나나나무를 보게 된 데서 시작한다. 자신이 본 광경과 맛본 열매에 감명받은 그는 모리셔스로 향하던 여행길에 그 식물을 가져갔다. 그곳에서 바나나는 영국 최고의 열대식물 수집가인 제6대 데번셔 공작 윌리엄 캐번디시William Cavendish의 관심을 끌었다. 공작은 더비셔에 있던 자신의 채츠워스 영지 온실에 그것을 심었다('캐번디시'라 알려진 그 품종은 지금도 그곳에서 자란다). "중국이 원산지인 … 이 아주 흥미롭고 지극히 귀중한 식물"[4]에 대한 소문이 빠르게 퍼졌다. 그리고 영국의 선교사 존 윌리엄스John Williams가 1830년대에 남태평양의 섬들을 여행했을 때[5] 채츠워스의 바나나 식물을 몇 그루 가져갔고, 그것의 새 이름인 캐번디시도 따라갔다. 여행길에서 살아남은 바나나는 한 그루뿐이었는데, 그 바나나의 흡근이 그 뒤 100년간 사모아와 통가, 피지, 타히티에서 자라는 모든 바나나의 모체가 되었다.

하지만 이 바나나가 곧바로 세계 제일의 과일이 된 것은 아니었다. 캐번디시가 중국에서 영국으로, 또 남태평양으로 이동한 것과 같은 시기에 또 다른 바나나 품종 하나가 전 세계에 퍼지고 있었다. 바로 '빅 마이크Big Mike'(캐번디시 바나나의 이복형제)로 알려진 그로 미셸Gros Michel이었다. 그것은 중국 남부에서 한 식물학자에게 발견되었고, 프랑스 식민지인 마르티니크의 정원으로 옮겨졌다. 그곳에서 카리브해 지역을 거쳐 중앙아메리카로 퍼졌다. 1860년대에 더 빠른 증기선이 대서양과 태평양을 건너다니기 시작하자 바나나 무역이 탄생했다. 1866년에는 최초의 바나나 운송선이 콜롬비아에서 뉴욕에 도착했다. 비교적 덜 알려졌고 이국적인 이 과일의 잠재력을 완전히 깨달은 사람은 케이프코드 출신의 선장이었던 로렌조 다우 베이커Lorenzo Dow Baker였다. 1870년에 베이커는 금광 광부들을 베네수엘라의 오리노코강으로 싣고 가는 임무를 맡았다. 귀환하는 길에 배를 수리하러 자메이카에 상륙했는데, 그곳 시장에서 그로 미셸을 맛봤다. 그 맛에 크게 감동한 그는 이 기회에 바나나 160송이를 사서 뉴저지에 가서 팔기로 했다. 그로 미셸의 껍질은 워낙 두꺼워서 두 주일간의 항해 동안에도 보존될 수 있었고, 미국에 닿았을 무렵 바나나는 완벽하게 익은 상태였다. 그 과일은 센세이션을 일으켰고, 다우 베이커는 큰 이익을 얻었다. 그로 미셸이 최고의 바나나로 등극하는 길이 닦였다.

이 시점에서 스물다섯 살인 도매업자가 무대에 들어온다. 앤드루 프레스턴Andrew Preston은 아직 존재가 희미했던 바나나를 사과보다 더 인기 있는 과일로 만들 수 있다고 다우 베이커를 설득했다.[6] 그들이 1885년에 세운 회사(나중에 유나이티드프루트컴퍼니United Fruit Company라 불렸으며, 지금은 치키타Chiquita라 부른다)는 라틴아메리카에서 땅을 구입하고 원주민 노동력을 이용해 대규모 바나나 농장을 만들었다. 냉장 체인 역시 이 무렵 형성되던 시기였으므로, 바나나는 전 세계에서 팔리기 시작했다. 1940년대쯤이면 그로 미셸이 중앙아메리카와 남아메리카의 수천만 헥타르에 달하는 농장에 심어졌다. 이 단일품종 바나나는 지형뿐 아니라 경제 전체를 바꾸어놓았다. 라틴아메리카에서 유나이티드프루트컴퍼니의 권력은 너무 강해서 엘 풀포el pulpo, 즉 낙지라 불리기도 했다. 촉수가 멀리까지 뻗쳤기 때문이다. 1930년대와 1940년대에 과테말라 대통령 호르헤 우비코Jorge Ubico의 치하에서 이 회사는 과테말라의 농경지 절반 이상을 장악했으며, 값싼 노동력의 공급도 보장받았다.[7] 그들은 그 나라의 바나나 생산을 지배하는 동시에 철도를 건설하고 전선 망을 깔고 항구를 건설했는데, 모두가 바나나 무역에 필요한 것이었다. 그 과일 회사는 사실상 국가 안의 국가였다.[8]

1950년대 초반, 하코보 아르벤스구스만Jacobo Arbenz-Guzmán이라는 개혁가가 대통령직에 올라 유나이티드프루트컴퍼니로부터 미사용 토지를 압수하고 그것을 지역의 가문들에 재분배하려고 했다. 그러나 얼마 지나지 않아 그는 미국 CIA가 계획한 쿠데타로 실각하고 강제로 망명해야 했다. 그 뒤 군부 출신들이 연이어 권력을 잡으면서 30년간 잔혹한 내전을 겪는 동안 거의 25만 명에 달하는 사람이 목숨을 잃었는데, 그중 많은 수가 소농이었다. 이는 식량 상품과 한 기업에 장악된 식량이 어떻게 한 국가의 운명을 결정하는 데 관련되는지를 보여주는 충격적인 사례 가운데 하나다. 한편 그로 미셸의 단일경작 농장이 점점 더 커지면서 그것의 몰락을 위한 여건 또한 마련되고 있었다.

바나나의 기원 중심지인 동남아시아 정글에서 야생 바나나는 (TR4의 고대 선조도 포함한) 곰팡이 질병과 같이 진화했다. 세월이 흐르면서 질병은 변하고 식물도 변했다. 숙주(바나나)와 병균(곰팡이)이 서로를 압도하려는 과정은 계속되었다. 그러나 번식력이 없고 복제된 바나나(그로 미셸과 나중의 캐번디시 같은)는 적응하고 변화할 능력을 잃었기 때문에 이 진화 과정에 참여할 수 없었다. 이는 곧 질병(진화를 계속한)이 결국은 승리한다는 의미다. 바나나가 작고 고립된 농지에서 자랄 때는 이런 문제를 쉽게 처리할 수 있지만, 19세기 말 최초의 대규모 단일경작 농장이 만들어지자 이런 곰팡이 질병에 참화를 유발할 능력이 생겼다. 수백만 그루의 식물이 감염되어 사업 전체가 소멸해버린 것이다.

초기의 대농장주들은 감염된 농장을 폐쇄하고 깨끗한(감염되지 않은) 땅에서 새로 시작하는 방식으로 대응했다. 과일 회사들이 라틴아메리카에 그토록 매력을 느낀 이유 가운데 하나가 바로 이것이었다. 전 세계에 퍼지게 된 최초의 치명적인 붉은곰팡이병은 레이스race 1호였다. 이것에 감염되면 잎사귀가 누렇게 변하고 반점이 생기며, 식물이 속에서부터 썩기 시작한다. 1950년대, 레이스 1호는 그로 미셸을 심은 수많은 대농장에 퍼졌고, 그 품종의 재배는 경제성을 잃었다. 이 질병에 저항력이 있는 대체 품종이 필요했다. 그러면서도 '빅 마이크', 즉 그로 미셸을 중심으로 구축된 세계적 공급망에 편입될 수 있는 품종이어야 했다. 여기에 캐번디시가 들어와서 그로 미셸이 떠난 빈자리를 차지했다. 그리고 20세기 후반 내내 캐번디시를 기르고 그것을 전 세계의 최고 바나나로 삼는 작전은 성공했다. 하지만 이제 역사는 되풀이되고 있다. 레이스 1호처럼 TR4가 전 세계 바나나 농장에 퍼지기 시작했는데, 캐번디시는 이 질병에 저항력이 없었다. 최초의 대규모 발병은 1990년대에 중국에서 일어났고, 그다음에 전 세계로 퍼졌다. 그것에 맞서 방어하기 위해 엄격한 생물학적 안전성 기준이 라틴아메리카에 설정되었고, 대농장에는 외부인이 출입하지 못하게 되었다. 그러나 성과는 없었다. 2019년 8월, 콜롬비아의 농업 당국인 ICA는 자국 바나나 농장에서 TR4를 발견했다고 발표했다. 우리는 이 사태가 어떤 결말을 맞을지 기다리는 중이다.

전 세계 바나나 생산의 미래를 위한 한 가지 해결책은 캐번디시 품종과 단일경작 모델을 계속 고수하면서도 유전공학을 활용하거나 그 식물의 DNA를 편집해 질병에 맞설 해법을 찾아내는 것이다. 다른 대안은 유전적 다양성을 찾아보는 길이다. 즉, 복제물로 가득 찬 광대한 농장을 벗어나 아직 남아 있을 바나나 품종 수백 가지를 활용하는 것이다. 우간다의 사례가 여기서 도움이 된다. 중앙아프리카에 있는 이 나라에선 두 가지 길이 모두 탐구되고 있기 때문이다. 우간다인에게 바나나는 그저 날것으로 먹는 달콤한 과일에 그치지 않는다. 그것은 전체 인구 3분의 2가 먹는 주식이며 탄수화물의 주 공급원이다. 수백만 명의 생계가 이 과일에 달려 있다. 농촌으로 가면 우간다 농부 전체의 4분의 3이 바나나를 기른다. 여기서는 다양성이 중요시되며, 40가지 이상의 다른 품종이 길러진다.[9]

아프리카는 바나나를 길들인 제2의 중심지로 여겨진다. 그 과일은 적어도 2000년 전에 동남아시아에서 이곳으로 왔고, 농부들은 이를 계속 적응시키고 선별하여 '동부아프리카 하일랜드 바나나'[10]라 부르는 새로운 다양한 그룹을 등장시켰다. 재배되는 각각의 품종은 그 자체의 요리법과 서로 다른 문화적 역할이 있다. 검고 붉은 색을 띤 바나나인 나키템베Nakitembe는 쪄서 으깨어 채소나 고기와 함께 낸다. 밝은 녹색의 은딥와발란기라Ndibwabalangira는 아주 강한 단맛이 나는 바나나로, 예전에는 고대에 우간다 최대 왕국이던 부간다의 지도자와 족장들만 먹던 품종이었다. 무사칼라Musakala 바나나는 상아색 과육과 미끈거리는 질감이 있고, 자르면 오이 냄새를 풍긴다. 음비데Mbidde는 과육이 회백색이고 쓴맛이 나며 흔히 주스를 만드는 데 쓰인다. 또한 약품으로 쓰이는 바나나인 남웨지Namwezi가 있다. '레이디 문 바나나'라는 뜻인데, 생리 중인 여성이 가끔 먹는다. 보고야Bogoya라는 바나나는 탄수화물이 풍부하고 강한 맛이 나며, 날것으로도 먹지만 끓여서 스튜를 만들기도 한다(이것은 그로 미셸의 우간다식 이름이다). 하지만 가장 기능이 많은 바나나는 카인자Kayinja 품종으로 우간다 중앙부에서 재배된다. 전통적인 결혼 예식에서 신랑은 신부 가족에게 카인자 주스로 양조한 맥주를 선물한다. "이 맥주를 만들려면 많은 힘과 수고를 들여야 합니다.[11] 그것을 선물하는 건 인생의 파트너에 대한 헌신의 상징이고, 장래의 가족을 잘 부양하겠다는 의지를 보여줍니다." 농업학자이자 바나나 농부이며 슬로푸드 우간다 대표인 에디 무키비Edie Mukiibi가 말한다.

우간다의 이 지역에 있는 식품 시장에는 오로지 바나나만 거래하는 구역이 있다. 어떤 것은 입구에서 팔리기도 하는데, 여러 단계의 숙성 정도와 기호에 맞춰 상상할 수 있는 온갖 농도의 노란색 바나나가 펼쳐져 있다. 시장 안으로 더 들어가면 마토케Matoke라는 품종의 더미가 보이기 시작한다. 이것은 온종일 요리해 먹는 주식이며 거의 모든 요리에 쓰이는 재료다. 더 깊숙이 들어가면 달콤한 향내가 가득한 구역이 나온다. 사람들이 모여들어 익어가는 바나나를 먹으면서 쉬고 음료를 마신다. 시간이 늦어지면 모닥불을 피우고 마토케 바나나를 굽기 시작하며, 사람들은 춤을 추고 음악을 연주하며 카인자 바나나 맥주를 마신다. 하지만 이런 전통적 바나나 문화는 변하고 있다. 2014년에 우간다 정부는 빌앤멀린다게이츠재단에서 자금을 지원받아 '바나나 개선 프로그램'을 시작했다. 고수익을 내고 질병에 대한 저항력이 더 큰 교잡종을 만드는 것이 목적이

다.[12] 우간다 또한 유전자가 변형되고 편집된 바나나를 시험하는 주 시험장 가운데 하나였다.[13]

오스트레일리아 북동부의 퀸즐랜드 공과대학에 본부를 둔 제임스 데일James Dale의 수많은 직함 가운데는 바나나바이오테크놀로지 프로그램 대표이자 분자 농부molecular farmer도 있다. 유전학자인 그는 40년간 바나나를 재설계하려고 노력했다. 지금까지 이 작업은 대부분 유전자 재결합법으로 이루어졌다. 다른 품종에서 가져온 여분의 DNA를 추가하는 것이다. 파푸아뉴기니의 정글에서 가져온 야생 바나나에서 TR4 저항성 유전자를 발견한 것도 데일이 이룬 가장 큰 돌파구 가운데 하나다. 그 정글은 이 식물의 다양성 중심지다. 오스트레일리아 북부에서 시도된 시험에서 데일은 TR4 병균으로 감염된 흙에 GM 캐번디시 바나나를 GM이 아닌 바나나들과 함께 심었다. 그 장소에 있던 보통 바나나는 감염되어 죽었지만 야생 유전자를 주입받은 바나나는 살아남았다. 우간다에서 그는 비타민 A를 보강한(영양결핍을 처리하기 위해) GM 바나나를 개발했다. 더 최근에는 게놈 편집으로 관심을 돌렸다. 바나나를 길들이는 동안 잠복 상태로 돌려져 있던 TR4 저항성 유전자를 일깨움으로써 그는 다양성을 구할 수 있다고 믿는다. "더 많은 질병이 나타나고 있어요. 회복력을 구축하려면 이 신기술이 필요합니다."[14]

몇몇 우간다 농부는 새로운 과학과 육종 프로그램이 전통적 작물을 위기로 몰아갈 것이라고 두려워한다. 에디 무키비도 그런 농부다. 그는 만병통치약 식의 접근법을 걱정한다. "결국은 특허 있는 '슈퍼바나나'가 나오겠지요. 그러고는 수천 년 역사를 이어온 우리의 풍부한 다양성을 한두 가지 품종이 대체하겠지요. 우간다의 바나나 품종 수는 이미 점점 줄어들고 있어요. 우리 농부들은 생물다양성의 수호자입니다. 그걸 보호하는 게 우리 책임이에요." 무키비가 말한다.

페르난도 가르시아바스티다스Fernando García-Bastidas 박사도 이에 동의한다. 그는 과일 세계에서 일종의 스타인데, 그의 소셜미디어 팔로어들은 그를 바나나맨이라고 부른다. 심지어 슈퍼바나나맨이라고도 한다. 네덜란드에 거점을 두고 여러 해 동안 바나나를 연구한 그는 TR4에 대한 대표적 전문가이며, 이 질병의 진행을 추적할 임무를 맡은 과학자 가운데 하나다. 가르시아는 자신의 실험실에서 내게 캐번디시 바나나가 TR4에 감염되면 어떤 모습으로 변하는지 보여주었다. 안전장치를 강화한 냉장 저장실에서 그는 병균을 접종한 식물 몇 그루를 꺼냈다. 그것은 서서히 죽어가고 있었는데, 썩은 줄기와 잎사귀가 검은 덩어리를 이루고 있었다. 잠겨 있는 냉장고 안에는 아주 작은 곰팡이 샘플이 들어 있었다. 병 하나에 든 TR4만으로도 라틴아메리카 전역의 농장을 소멸시킬 수 있다. 그는 바나나 농장을 방문할 때 거의 아무것도 지니지 않는다. 연구 때문이다. 농장이 있는 나라에 도착하면 옷과 신발을 새로 사 입는다. 그가 말한다. "내가 농장에 질병을 들여오는 사람이 되지 않도록 해야 합니다. 나는 그런 도입을 막으려고 노력하는 학자입니다."

그의 일터에는 거대한 유리온실이 있고, 온실 안에는 여러 야생 바나나가 자라는 숲이 있다. 식물의 키는 다양하며, 어떤 것은 빨간색, 또 어떤 것은 푸른색을 띠는 과일이 맺혀 있다. 이 야생식물들은 동남아시아 정글에서 채집했는데, 그곳은 바나나와 TR4 곰팡이 양쪽 모두의 원산지다. 가르시아는 그 둘이 수백만 년 동안 공진화해온 역사를 활용한다. 그의 계획은 오래되고 지금은 사라진 특징을 육종하여 새로운 캐번디시와 비슷한 식물에 집어넣는 것, 즉 과거의 최고와 현재의 최고를 혼합하는 것이다.

재건 육종reconstructive breeding이라 알려진 이 연구에는 캐번디시의 선조들을 찾아내고, 수백 가지 야생 바나나와 재배된 바나나를 평가하는 작업이 필요하다. 우간다의 품종들도 여기에 포함된다(저항력을 지닌 품종들). 그는 십 년 또는 이십 년 정도의 연구가 필요하리라고 생각한다. 그가 말한다. "미래를 위해 우리에게 필요한 특징을 가진 식물들이 정글과 소규모 농장에 숨어 있습니다. 우리는 이런 식물을 더 이상 잃을 여유가 없어요." 하지만 설사 그는 자신이 힘을 보태 캐번디시를 지켜낼지라도 농사짓는 방식을 바꿔야 한다고 믿는다. 이 문제에 대해 가르시아와 제임스 데일은 의견이 일치한다. 그들의 과학적 접근법은 다를지 모르지만 두 사람 모두 야생이든 재배된 것이든 바나나의 다양성을 지키는 게 필수적이며, 단일경작의 확대는 이제 너무 위험해 보인다고 확신한다. 캐번디시는 탄광 속 카나리아 같은 존재로 단일경작의 위험성에 대한 경고이며, 우리의 모든 작물에서 유전자 다양성의 풀을 키워야 함을 말해주는 충분한 근거가 된다. 우리 식량의 미래를 위해 단일한 품종에만 의존할 수는 없다. 그것이 낳을 결과는 캐번디시의 위기, 그리고 그 이전에 있었던 그로 미셸의 위기에서 분명히 보인다. 이런 사실을 인정하지 않는다면 역사가 또다시 되풀이되는 위험을 겪게 된다. 자연에 단일경작이 존재하지 않는 데는 이유가 있다.

바닐라 오렌지

Vanila Orange

23

내 아버지인 리보리오 '보보' 살라디노Liborio 'Bobo' Saladino는 시칠리아 남서부의 소도시 리베라에서 태어났다. 나는 어린 시절 이곳에서 여름철을 보냈다. 내가 농사와 작물과 수확에 눈뜨게 된 것이 리베라에서였고, 음식에 대한 나의 사고도 그곳에서 형성되었다. 리베라에서 멀지 않은 곳에 아그리젠토가 있다. 관광객은 고대의 폐허를 보러 그곳에 간다. 샤카에선 해변에서 일광욕을 할 수 있으며, 자갈 깔린 좁은 길이 있고, 어항에 가볼 수도 있다. 또한 형형색색의 아이스크림을 고를 수도 있다. 그러나 바다에서 더 들어간 내륙에 있는 데다 시끌벅적한 이웃 마을보다 작은 리베라에는 관광객이 잘 가지 않는다. 역사의 오랜 기간 동안 그곳은 농촌이었다. 외곽에 높이 솟아 있는 선명하게 칠해진 간판에는 이렇게 쓰여 있다. '리베라: 시타 델레 아란체Ribera: Città delle arance', 즉 오렌지의 도시라고. 이곳의 여름 태양은 그 섬의 다른 곳들처럼 강렬하지만, 시칠리아에서 가장 긴 강인 플라타니강에 가까이 있다는 이점을 누린다. 그래서 리베라에서 난 오렌지는 유명하다. 오늘날 주도인 팔레르모의 음식 시장에서 그 소도시의 이름은 여전히 그 섬 최고의 과일과 결부되어 있다.

어렸을 때 리베라에 가는 것은 내게는 〈오즈의 마법사〉에서 도로시가 자신이 캔자스가 아닌 다른 곳에 있음을 알아차린 순간과도 같았다. 흑백으로 일관된 1970년대 영국의 음식 세계에서 온 나는 총천연색 영화 세계 같은 시칠리아 음식 앞에서 황홀해졌다. 특히 그곳의 감귤류가 그랬다. 덧문 달린 집과 커피숍이 있는 콘크리트로 덮인 리베라 시내에서 자동차를 타고 조금만 가면 흙길이 나오고, 수 킬로미터에 달하는 오렌지와 레몬 숲으로 이어진다. 녹슨 금속 문과 직물로 된 검은색의 높은 방풍시설이 각 가족이 소유한 감귤류 숲의 경계를 그어준다. 차에서 내려 오븐처럼 뜨거운 열기 속으로 들어가 귀뚜라미 소리를 배경 삼아 울퉁불퉁하고 태양열에 달궈진 흙을 차며 걷는다. 이런 열기 속에서는 모든 것이 느려진다. 그해 초반, 부활절 무렵에 찾아왔을 때 나는 손을 뻗어 나뭇가지에서 오렌지 하나를 따올 수 있었다. 한 조각을 먹으니 봄의 햇볕으로 부드럽게 데워진 달콤한 과즙이 입안을 채웠다. 식사가 끝날 때는 항상 할머니 댁의 서늘한 대리석 바닥 부엌에서 오렌지를 먹었다. 과일을 팔아 먹고사는 농부인 외삼촌은 오렌지에 마법의 힘이 숨겨져 있다는 걸 내게 보여주곤 했다. 껍질 한 조각을 집어 불 켜진 성냥 위로 갖다대고 한 번 쥐어짤 때마다 아주 작은 불꽃이 터져 나오게 하는 것이다.

리베라에서의 삶은 모두 오렌지를 중심으로 돌아가는 듯했다. 농부가 아닌 친척, 즉 교사나 약사인 삼촌들 그리고 교통경찰이나 술집 주인으로 돈을 버는 사촌들도 모두 예외 없이 주말에는 각자의 감귤류 숲에서 일하곤 했다. 리베라에서는 아무도 정원을 가꾸지 않았다. 읍내 외곽에 있는 오렌지나무가 그들에게는 그들 고유의 작고 사적인 자르디니giardini, 즉 낙원의 한 조각이었다. 그들의 혈관에 과즙이 흐른다고 했어도 난 아마 믿었을 것이다.

전 세계의 감귤류 업계에서 시칠리아가 누리는 명성은 더 북쪽의 콘카도로Conca d'oro, 즉 팔레르모를 둘러싸고 있는 농토에서 온다. 오로지 수백 년 동안 이곳에서 자라는 감귤류의 품질이 골든 셸Golden Shell 또는 골든 볼Goldern Bowl이라는 명성을 주었다. 18세기에 콘카도로는 영국 해군을 위한 감귤류 공급지였다. 감귤류는 긴 항해에서 선원들을 괴롭혔을 괴혈병을 예방해준다. 비옥한 화산재 토양에서 나오는 풍부한 과일 공급과 계속 늘어나는 수요 덕분에 시칠리아는 전 세계에서 가장 중요한 과일 재배 지역이 되었다. 1850년대에 100만 상자(낱개로는 3억 개 이상)[1] 이상의 오렌지와 레몬이 매년 메시나에서 유럽으로 나가는 배에 실렸다. 19세기 말에는 대서양 건너편의 고객이 수요를 급증시켜 매년 800만 상자가 미국으로 수출되었다. 두어 세대 만에 콘카도로는 유럽 전역에서 가장 수익성 높은 농토가 되었다. 또한 감귤류는 세계에서 가장 성공한 범죄 조직을 등장시켰다. 마피아 또는 코사 노스트라Cosa Nostra다.

마피아가 시칠리아의 감귤류 산업에 어느 정도 개입해 있는지 처음 밝혀낸 것은 스물아홉 살의 토스카나 출신 기자인 레오폴도 프란케티Leopoldo Franchetti였다. 시칠리아는 1861년에 신흥 이탈리아공화국에 가입했다. 통합된 지 꼭 십 년 만에 프란케티는 이 신비스럽지만 북부인의 눈에는 말썽 많은 신입 영토를 더 잘 이해하기 위해 그 섬으로 갔다. 시칠리아는 소작농과 빈곤의 섬으로 여겨졌고, 그리스신화 덕분에 이름은 알려졌지만 대체로 미지의 섬이었다. 부분적으로는 대다수 이탈리아인이 알아듣지 못하는 아랍어가 스며든 방언 때문이기도 했다. 강도 떼를 막으려고 연발 라이플로 무장한 프란케티는 친구인 시드니 손니노Sidney Sonnino와 함께 말을 타고 섬을 여행했다. 그는 감귤류 붐이 관계자 모두에게 매우 위험한 사업임을 알게 되었다. 나무를 구입하고 관개 운하를 건설해야 하며, 젊은 나무는 부지런히 가지치기를 해주어야 하고, 비료와 물을 주어야 한다. 먼저 돈이 투자되어야 하고, 모든 일이 제대로 된다면 장래에 고수익을 낼 잠재력은 있다. 하지만 감귤류 농장에서는 나쁜 일이 일어날 수 있다. 작물이 도난당하고 관개 시스템이 파괴되며 나무가 망가지고 과일 구매자가 겁을 먹을 수 있다. 범죄자 네트워크인 마피오시mafiosi는 이런 모든 문제를 부추길 수도 있고 완화할 수도 있었다. 마피아가 보호비protection racket라는 명목의 갈취 기술을 완성한 것은 콘카도로의 비옥한 분지에서였다.

“막 도착한 사람이라면 … 시칠리아가 세상에서 가장 편안하고 즐거운 곳이라고 믿을 수도 있다. 하지만 [여행자가] 한동안 머문다면, 신문을 읽고 주위에 귀를 기울이기 시작한다면 조금씩 조금씩 그 주위에서 모든 것이 변한다.”[2] 프란케티는 이렇게 썼다. 예를 들어 치명적인 라이플 총격이 발생했다면, 어떤 농부가 ‘틀린’ 사람을 고용한 것이 마음에 들지 않는다는 경고일 수 있다. “바로 저기서 자신의 숲을 알맞은 사람에게 임대하고 싶어 한 숲 주인이 우정의 경고로 총알이 자기 머리를 스치고 지나가는 소리를 듣는다. 그러고는 그 임대를 포기한다. … 폭력과 살인이 극도로 강력한 방식으로 발생한다. … 이런 이야기를 한동안 듣고 나면 오렌지와 레몬꽃의 향기에서 시체 냄새가 풍기기 시작한다."

마피아의 신입신고에서도 감귤류가 등장한다. 신입자는 손가락을 가시로 찔러 피 한 방울을 한 성인의 그림에 떨어뜨린 다음 불에 태운다. 어떤 설명에 따르면 그 피를 낸 것은 쓴맛을 내는 오렌지나무에서 가져온 가시이다. 20세기에 마피아는 다른 사업에도 관심을 보였는데, 주로 헤로인 사업이었다(때로는 팔레르모 외곽에 있는 멀리 떨어진 감귤류 숲에서 가공되기도 했다). 하지만 감귤류는 마피오시의 정신세계에서 절대 멀어지지 않았다. '교황'으로 알려진 악명 높은 마피아 보스이자 킬러인 미켈레 그레코Michele Greco가 체포되었을 때, 그는 한 신문 기자에게 자신의 결백을 주장하며 이렇게 말했다. "봐, 이게 내 마피아야.[3] 일과 신에 대한 믿음 말이야." 그러면서 그는 자신의 시골 장원에서 기르는 만다린 오렌지를 가리켰다. 그러면 시칠리아의 감귤류가 아낌없이 베푸는 혜택이란 정확하게 무엇인가? 이런 수익 많은(때로는 위험하기도 한) 감귤류 숲을 가득 채운 것은 어떤 종류의 오렌지인가?

1920년대와 1930년대에 농업 연구자 도메니코 카셀라Domenico Casella는 섬 전역에서 길러지는 과일 목록을 작성해보았다.[4] 시칠리아 감귤류의 '니콜라이 바빌로프'라 할 카셀라의 글은 시칠리아의 각 지역에서 농부들이 어떤 식으로 저마다 다른 품종의 오렌지를 고르는지 보여준다. 어떤 것은 우연한 변이의 결과를 알아보았으며, 또 어떤 것은 특별한 과일을 맺어 여러 세대에 걸쳐 귀중히 여겨온 나무의 가지를 신중하게 접목한 결과였다. 섬의 서쪽에서 카셀라가 발견한 '금발' 품종은 16세기에 포르투갈인이 들여온 최초의 스위트 오렌지의 후손이었다. 또 묵직하고 과즙이 많은 아란치오 바릴레(배럴 오렌지)도 있었고, 씨가 많은 비온디 디스피나 오 디아리두(이 품종의 가시는 야생성이 더 강한 감귤류의 유산이다)도 있었다. 카셀라는 동쪽의 에트나산 주변에서는 과육이 금빛에서 붉은색으로, 즉 블러드 오렌지로 변하는 것을 알아차렸다. 지금 우리는 이것이 유전적변이 때문임을 알고 있다. 에트나산 주변에서 일어나는 일상적인 온도 변동, 낮이면 지독하게 뜨겁다가 밤중엔 서늘해지는 변화가 이런 오렌지가 안토시아닌(석류를 빨갛게, 블루베리를 파랗게 만드는 화학복합물)을 생성하도록 촉발한다. 그 결과가 바로 선홍빛 과육과 불그스레한 껍질을 가진 과일로, 카셀라는 그에 속하는 품종들을 열거했다. 품종마다 '핏빛'의 정도가 다르다. 상귀뇨 주케리노(설탕 같은 핏빛 오렌지), 오발레토 상귀뇨 그리고 타로코, 모로, 상귀넬로와 함께 나중에 익는 상귀뇨 도피오가 있다. 리베라에서 카셀라는 진짜 특이한 과일을 만났다. 오렌지처럼 보이면서도 맛은 그렇지 않았다. 달콤하기는 했지만 신맛은 조금도 없었다. "과즙이 많고, 달콤하고 전혀 시지 않았습니다." 그는 돌체 오 바닐리아(스위트 오렌지 또는 바닐라 오렌지)에 대해 이렇게 말했다. "시칠리아에서 아주 오랫동안 자란 품종"이며 지역 특산의 진미라고. 그 과일은 다른 스위트 오렌지나 신 오렌지의 두 배 값을 부를 수 있었다.

카셀라의 목록에 오른 오렌지 가운데 몇 가지는 지금도 시칠리아에서 자라고 있지만 대부분은 그렇지 않다. 그것들은 18세기와 19세기의 대부분 기간에 섬의 특정한 지역에서 번성했지만, 20세기 중반에 사라졌다. 현재 팔레르모 식물원의 한 구역은 그 사라진 품종들에 할애되어 있다. 그중에는 유럽에 당도한 최초의 만다린도 있다(얼마나 향기로운지 아침에 껍질을 하나 까면 잠들 때까지 손에서 향기가 감돈다고 한다). 중심부는 시트론이지만 바깥층은 신 오렌지 맛이 나는 이상한 잡종 감귤류도 있다. 또 껍질이 콜리플라워 표면처럼 생긴 과일도 있고, 배처럼 생긴 레몬도 있다. 섬 전역, 농부 수천 명이 돌보는 작은 땅에서 자연이 던져놓은 잡종과 변이종들은 문화적 지형의 일부분이 되었다. 1970년대쯤, 이 다양성은 대부분 사라졌다. 컨테이너 선박의 시대가 왔고, 시칠리아 농부는 이제 세계 반대편에 있는 대규모 재배자와 경쟁해야 한다(자신들이 기른 과일을 우선 이 섬 밖으로 내보내야 한다는 불리함도 있다). 살아남으려면 그들은 새로운 오렌지 품종을 찾아내야 했다.

이따금 식물은 기회만 생긴다면 역사의 경로를 바꿀 정도로 놀라운 과일을 만들 수 있다. 1860년대에 브라질 바이아주에서 한 농부는 오렌지나무의 가지 하나에서 자라고 있던 커다란 오렌지를 발견했다. 거기에는 배꼽처럼 생긴 것이 달려 있었는데, 마치 그 오렌지가 아래쪽에 아주 작은 제2의 오렌지를 낳은 것처럼 보였다. 이 변이 오렌지는 달콤하고 맛있었으며, 씨가 없고 과육이 쉽게 분리되었다. 그 나뭇가지를 접목해 더 많은 오렌지를 생산하게 되자 이 과일은 한 미국인 선교사의 관심을 끌었다. 선교사는 매우 큰 감명을 받았고,

1869년 미국 농무부에 그 과일에 관한 편지를 보냈다. 이 편지가 엑스페리멘털가든스앤드그라운즈Experimental Gardens and Grounds의 대표 손에 들어갔다. 그는 윌리엄 손더스William Saunders라는 스코틀랜드인으로, 그 오렌지나무의 가지를 몇 개 잘라 보내라고 지시했다. 그 품종은 이상한 배꼽 모양 때문에 '네이블Navel'• 이라 알려졌다.

• 배꼽이라는 뜻 -옮긴이

이 당시에 미국의 씨앗 수집가들은 세계를 뒤져서 기를 만한 새로운 작물과 신품종을 찾아다녔다. 서부 해안이 열리고 있었고, 정부는 미래의 세대를 먹여 살릴 수 있는 씨앗과 식물을 농부들에게 제공하려고 열성이었다. 손더스는 혹시 브라질의 그 오렌지나무가 잠재력이 있을지도 모른다고 생각했다. 식물이 도착하자 그는 가지 셋을 캘리포니아에 자리 잡은 정착민인 엘리자 티베츠Eliza Tibbets에게 보냈다. 가지 하나는 티베츠의 소가 밟아버렸지만, 남은 가지 두 개는 앞마당에 심겨 개숫물을 받아먹고 자라 열매를 맺었다. 그 오렌지는 지역에서 센세이션을 일으켰고, 티베츠는 주위의 캘리포니아 사람들에게 싹이 난 가지 수백 개를 팔아 접목하게 했다. 1890년대 캘리포니아에는 티베츠가 길러낸 나무 두 그루를 토대로 한 오렌지 산업이 생겼다. 오늘날 캘리포니아는 매년 5000만 상자를 채울 만큼의 감귤류를 생산해 그 주의 경제에 20억 달러를 벌어준다. 워싱턴 네이블(이름의 첫 부분은 손더스와 미국 농무부가 한 역할에서 따온 것)은 여전히 캘리포니아에서 가장 중요한 오렌지다. 이 열매는 10월에서 6월 사이에 수확되므로, 그 외의 시간을 위해 과일 육종가들은 6월에서 10월 사이에 익는 오렌지를 찾아야 했다. 이것이 발렌시아 품종으로 지금은 대부분 플로리다에서 길러진다. 네이블과 발렌시아는 달고 크며 씨앗이 없다는 특징으로 시칠리아인의 관심을 끌었다.

1906년에 한 이탈리아 외교관은 "팔레르모에서 보는 제일 큰 오렌지보다 더 큰 네이블"을 먹던 일을 묘사했다.[5] 과즙이 어찌나 많던지 온 사방으로 튀었다고 그는 말했다. 당시에 시칠리아에 들어온 캘리포니아 오렌지나무는 몇 그루 되지 않았다. 1970년대쯤 이탈리아가 더 많은 경쟁에 직면했을 때, 농업학자들은 네이블이 미래의 과일이라 보았고 시칠리아의 더 오래된 품종들과 재빨리 교체했다. 그렇게 세계화한 감귤류 품종을 기를 때의 문제는 세계화한 시장과 경쟁해야 한다는 것이었다. 냉장 체인이 발전하고 컨테이너화가 진전되면서 시칠리아 농부는 자신들이 스페인, 모로코, 이집트, 남아프리카, 브라질에 심어진 네이블 그리고 발렌시아 오렌지의 엄청난 단일경작과 직접 경쟁해야 한다는 사실을 알았다. 최근 들어 그 섬은 정말 힘들게 노력했다. 금세기가 시작할 무렵에는 심지어 이탈리아 본토의 슈퍼마켓도 발치에 있는 이 작은 섬보다 유럽 밖에서 더 많은 오렌지를 들여오고 있었다. 시칠리아에 있던 지역 과일 시장들은 문을 닫았고, 10헥타르 규모의 작은 감귤류 숲만 있어도 유복한 생활을 할 수 있었던 농부들은 이제 그런 생활이 불가능해졌다. 이제는 더 큰 업자들이 그 섬의 감귤류 무역을 지배한다.[6] 2000년에서 2010년 사이에 시칠리아는 전체 소농장의 4분의 1을 잃었다. 따지 않은 열매가 나무에 달린 채로 버려진 감귤류 숲이 흔하게 보였다.[7] 그 기간에 내가 만난 늙은 농부 콘체토 페레로Concetto Ferrero는 오렌지나무로 가득한 계단식 밭에서 계속 농사를 짓느라 연금을 써버렸다. 나는 그의 마지막 수확을 지켜보았고, 높은 사다리 위 작업자들이 작은 손가락 가위를 써서 나뭇가지에서 오렌지를 따 등 뒤에 매단 양동이에 던지면서 내는 부드러운 "턱턱, 우르릉, 턱턱" 하는 소음을 들었다. "농업은 이제 무릎을 꿇었어요. 땅이 버려지고 있습니다. 여러 세기 이어온 전통이 끝났어요." 페레로가 말했다. 소읍 리베라에서 자란 내 사촌 대부분은 본토에서 일자리를 찾으러 시칠리아를 떠났다. 그들은 20세대 만에 자르디니(오렌지 숲)가 자신들의 삶에서 아무런 역할도 하지 못하게 된 첫 세대다. 그들의 가족은 조각조각 부서졌고, 그들의 공동체는 세계적 공급망에 따라 영영 변해버렸다.

시칠리아의 감귤류 숲 가운데서 나는 희망을 찾았다. 예상치 못했던 출처인 마피아에서 (간접적으로) 나온 희망이었다. 팔레르모 남쪽 32킬로미터 거리에 있는 마을인 산주세페야토는 리베라테라 Libera Terra(자유로운 땅)의 본부가 있는 곳이다. 이 단체는 감옥에 간 마피오시에게서 가져온 땅으로 농장을 경영하며, 이 농장은 식품 사업의 네트워크에 편입된다. 단체 사무실은 아무 특징 없는 건물의 1층에 있다. 반마피아 수사가 여러 해 진행되었고 수천 건의 체포가 있었음에도 나는 안전상의 이유로 그날 만난 남자의 정체를 밝힐 수 없다(그것이 그 단체의 정책이라고 그는 예의 바르게 설명했다). 지난 30년 동안 리베라테라는 과거에 범죄자들이 소유했던 땅 수천 헥타르를 새 세대의 시칠리아인들에게 할당했다. 시칠리아의 여러 곳에 흩어져 있는 이런 밀밭, 올리브 숲, 포도원은 이제 파스타와 오일, 와인을 생산하며 모두 '리베라테라'라는 브랜드를 붙인다. 또한 그 프로젝트는 전통 품종의 오렌지를 길러 시칠리아의 감귤류와 생물다양성을 보호하는 데 힘을 보탠다. 이 섬의 동쪽 해안 가까이 있는 렌티니 외곽에서 젊은 시칠리아인이 모인 팀 하나가 블러드 오렌지 품종들을 오래된 계단식 밭에서 기르고 있는데, 도메니코 카셀라도 아마 1930년대의 여행길에 그곳을 방문했을 것이다. 이들이 모인 베페몬타나Beppe Montana 조합도 다른 여러 리베라테라 프로젝트처럼 어느 쓰러진 반마피아 영웅의 이름을 따왔다. 몬타나는 카타니아 근처의 마피아 가문을 수사하다가 오렌지 숲 근처에서 총격을 받고 목숨을 잃은 경찰관이었다.

마피아의 땅은 희망을 재배하는 데 사용된다. 리베라테라의 한 팀장이 내게 말했다. “렌티니의 인구는 4만 명이었어요. 지금은 2만 명도 채 안 됩니다. 젊은이들은 아무런 미래도 볼 수 없고, 감귤류 숲은 방치되었어요.” 십 년 전에 그는 법정에 서서 감귤류 숲을 소유한 그 지역의 마피아 단원이 종신형을 선고받는 것을 지켜보았다. “그는 킬러였어요.” 그 팀장이 말했다. 그 이후 주로 이십 대인 렌티니의 남녀들은 감귤류 숲을 리베라테라의 우산 속으로 가져왔고, 그곳의 오렌지를 외국에 파는 데 성공했다. 그것은 젊은 시칠리아인들과 그 나라의 감귤류 품종에 일순간 낙관을 품게 한다. 하지만 엘리자 티베츠의 유산에는 상황이 그리 희망적이지 않다.

2019년 봄 캘리포니아 리버사이드 지역의 매그놀리아와 알링턴 거리가 만나는 모퉁이에 있는 오렌지나무 한 그루를 공원관리 부서에서 파견된 노동자들이 밧줄로 격리했다. “일종의 투명 아크릴판을 나무 주위에 설치하려고 합니다. 우리 세대가 이 나무를 잃을 순 없어요.”[8] 캘리포니아 대학의 식물병리학 교수인 조지오스 비달라키스Georgios Vidalakis가 설명했다. 문제의 그 나무는 엘리자 티베츠가 심은 것 중 살아남은 마지막 워싱턴 네이블 나무였다. 감귤그린병 때문에 고사할 우려가 생긴 것이다. 그것은 세계에서 감귤류를 재배하는 거의 모든 지역을 휩쓴 치유 불가능한(단일경작지에서 번성한다) 병이다. 티베츠의 마지막 나무가 그것에 감염된다면 잎사귀에 반점이 생기고 열매 모양이 뒤틀어지고 써서 먹을 수 없으며, 마침내 죽게 된다. 감귤그린병은 2005년에 플로리다에서 감지되어 그곳 감귤류 나무의 75퍼센트를 죽였다. 제2차 세계대전 이래 생산량이 가장 낮아졌다. 감귤류 산업의 일자리가 지난 십 년간 60퍼센트 줄었으며,[9] 브라질이 오렌지 주스의 세계 최대 생산자 자리를 차지했다. 감귤그린병이 이제 캘리포니아에 당도했다. 2020년 1월에 리버사이드, 샌버너디노, 로스앤젤레스, 오렌지카운티 주변 약 2600제곱킬로미터에 달하는 격리 구역이 설정되었다. 그리고 그 구역 내에서 과일과 감귤류 식물의 이동이 금지되었다. 주민은 인근의 어떤 나무에서든 그 병의 징후를 보면 곧바로 긴급 핫라인으로 연락하도록 번호를 받았다. "우리가 빠르게 대응하지 않으면 십 년에서 십오 년 사이에 신선한 감귤류를 모두 잃을 수 있습니다.[10] 그건 사람들의 건강과 생계에 참혹한 영향을 미치겠지요." 캘리포니아 대학 데이비스 캠퍼스의 영양학 교수인 캐럴린 슬럽스키Carolyn Slupsky가 예언했다. 그리고 이것이 왜 단 한 품종의 오렌지가 유일한 과일 취급을 받으면 안 되는지를 보여주는, 정신이 번쩍 들게 하는 또 다른 본보기다.

나무요정 로랙스

1962년에 《침묵의 봄》을 출판한 레이철 카슨은 강력하지만 단순한 메시지로 세계를 일깨웠다.

인간이 자연에 해를 끼친다면 그것은 결국 우리에게 역풍으로 돌아올 것이다.

"조심성 없고 파괴적인 우리 행동은 지구의 거대한 사이클에 개입해 시간이 지나면 우리 자신에게 피해로 돌아올 것이다."[1] 그녀는 이렇게 말했다. 《침묵의 봄》에서 대중은 1940년대 이후 "곤충과 잡초와 설치류 그리고 현대적 용어로 해충이라 불리는 다른 유기체를 죽이는 용도의" 새로운 화학물질 200가지가 만들어졌음을 알게 되었다. 녹색혁명이 전성기에 달했을 때 그녀는 현대적 식품 생산의 화학적 구성 요소를 집중 조명했다. 인간이 자연을 상대로 벌이는 전쟁을 적나라하게 폭로한 것이다. 그녀는 우리가 자연을 바꾸려고 애쓰다가 살충제의 무분별한 사용으로 땅을 중독시켰고, 새들은 죽어가고 있다고 주장했다. 그 뒤에 남은 괴괴한 정적은 우리 모두에게 내려지는 경고다.

카슨은 《침묵의 봄》의 집필을 마칠 무렵 암으로 죽어가고 있었지만, 케네디 대통령이 자신의 주장에 따라 살충제 사용을 조사할 위원회를 설립하는 것을 볼 때까지는 살았다. 마침내 그녀가 야생 생명에 가장 커다란 파괴를 초래하는 것으로 지목한 화학물질인 디디티DDT는 금지되었다. 디디티는 1940년대에 사과 재배자들이 과수원에서 자라는 나방 애벌레를 죽이려고 쓴 약이었다. 카슨은 그것이 새를 죽이고 인간에게 발암제로 작용한다는 것을 알았다. 《침묵의 봄》은 세계를 바꾸었다. 그것은 카슨의 과학적 전문성뿐 아니라 탁월한 이야기 구성력 때문이기도 하다.

십 년 뒤, 또 다른 미국인 이야기꾼이 수백만 명의 사람에게 자연파괴와 생물다양성의 상실에 대해 생각하게 하는 데 성공했다. 카슨의 책처럼 시어도어 가이젤Theodor Geisel이 (닥터 수스Dr. Seuss라는 필명으로) 쓴 《나무요정 로랙스The Lorax》는 미국 한복판에다 신화적 타운을 펼쳐놓는다. 타운에는 그리클Grickle 풀이 자라고 늙은 까마귀가 있을 뿐 다른 새소리는 들리지 않는다. 이 책은 트러풀라Truffula나무로 가득하던 아름답고 환상적인 수풀이 어떻게 베어 넘겨지고 트니즈Thneeds라는 무의미한 의상을 만드는 공장에 목재를 공급하게 되는지 그 사연을 이야기한다. 나무를 사랑하는 로랙스의 노력에도 아랑곳없이 최후의 트러풀라나무가 결국은 찍어 넘겨진다. 트러풀라나무를 파괴한 탐욕스러운 사업가 원슬러는 외톨

이가 되고 사업도 망해 자신이 만들어낸 황무지에 버려진다. 닥터 수스는 주류 뉴스가 다루지 않는 곳에서 긴급한 문제를 다룬다. 오염, 탐욕, 삼림파괴 등. 《나무요정 로랙스》는 아이들을 위한 《침묵의 봄》이다.

《나무요정 로랙스》를 읽으면서 자란 사람 가운데 과학자 게일 볼크Gayle Volk가 있다.[2] 그녀는 미국 농무부의 식물연구자로, 사과에 관한 세계적 권위자다. 오늘날 《나무요정 로랙스》의 이야기를 상기할 때 그녀는 사과 탄생지인 톈산에서 수천 헥타르의 숲이 벌채된 일을 떠올린다. 볼크의 연구는 전 세계 작물이 더 흔히 겪게 되리라고 예상하는 미래의 문제에 대한 해답을 찾기 위한 작업이다. 볼크는 이렇게 말한다. “우리는 과일의 유전자 기반을 축소함으로써 커다란 위험을 초래했습니다. 그리고 사과의 미래를 위해 보호해야 할 가장 귀중한 자원 가운데 하나는 톈산 안에 있는 다양성입니다.” 미국 농무부에 있는 볼크의 동료들은 1990년대 초반, 배리 주니퍼가 처음 탐사 여행을 한 직후에 그 숲에 찾아갔다. 그들은 카자흐스탄을 거쳐 가면서 사과 씨앗과 접목 재료를 수집했다. 이따금 연료가 충분할 때는 헬리콥터로 수풀 중에서도 가장 먼 오지까지 가곤 했다.

그들이 수집해온 것은 그 뒤에 뉴욕주 제네바에 있는 미국 국립사과컬렉션에 심어졌다. 과일 산업은 30년 동안 카자흐스탄의 야생사과 씨앗에서 자란 나무들을 유전자풀로 사용했다. “그 나무들을 야생 선조 가운데 몇 가지와 교배했습니다. 그 선조에서 질병에 대한 새로운 저항력을 발견했기 때문이지요.” 컬렉션을 관리하는 볼크가 말한다. 이제 다른 모든 과일과 함께 전 세계의 사과는 더 큰 위험 앞에 놓여 있다. "겨울이 더 온난해지고 있어 해충과 질병이 죽지 않습니다." 2018년 봄에 볼크와 몇몇 다른 미국 농무부 동료는 1990년대 초반에 그들의 동료들이 탐색했던 장소를 다시 찾아가려고 톈산으로 돌아갔다. "그들이 씨앗을 수집해온 곳에서 더는 나무가 자라지 않았습니다. 25년 사이에 엄청난 숫자의 나무가 사라졌어요. 다양성을 모조리 잃고 나면 돌이킬 길이 없습니다." 이런 상황에서 볼크는 《나무요정 로랙스》를 떠올렸다. 그녀가 말한다. "사람들은 자신이 가진 보물을 알아차리지 못합니다. 그리고 뭔가를 잃기 전에는 그것이 소중한 줄 모르지요."

치즈

7

"박테리아를 좋아하지 않는다면
당신은 이 행성에 맞지 않는 사람이다."[1]

J. 크레이그 벤터Craig Venter

CHEESE

소를 길들인 지 1만 500년이 지난 지금 우리는 중요한 분수령을 맞고 있다. 곧 세계 낙농업자들이 매년 10억 톤이 넘는 우유를 생산하게 될 것이다.[2] 세계 우유 생산량의 급격한 증가는 최근에 더 놀랄 정도였지만(2009년에는 6억 9000만 톤이던 것이 2019년에는 8억 5000만 톤이 되었다),[3] 더욱 이상한 것은 나라마다 그 증가세를 더 몰아붙이고 있다는 사실이다. 전통적으로 우유와 치즈는 서구 식단의 일부였지만 산업적 규모의 낙농업이 이제 중국에서 붐을 이루고 있으며, 아시아 전역이 우유에 흠뻑 젖었다. 이런 추세는 인류 진화의 한 단계를 실시간으로 보게 해준다. 다른 동물의 젖을 소비하는 생물종은 인간뿐이다.[4] 그러나 처음에는 우리도 이렇게 시작하지 않았다. 우리 선조들은 유당불내성lactose-intolerant이었다(오늘날 아시아인 대부분을 포함하는 세계 인구의 3분의 2 역시 그렇다). 우리가 동물 젖을 마시고, 그것도 지금의 우리와 같은 규모로 마시는 것은 먼저 창의력이 필요했고 다음으로는 생물학적 변화가 있어야 했다.

영아기 동안 우리의 작은 내장에 배열된 세포들은 락타아제lactase라는 효소를 생산한다. 이것은 우유에 들어 있는 당분 분자(락토스)를 분해해 우유를 소화할 수 있도록 한다. 대부분의 인류 진화 역사에서 이 효소는 아기가 젖을 떼고 나면 분비되지 않으므로 성인이 우유를 마시면 몸이 아파진다. 그러나 소와 양과 염소를 길들인 뒤 인간 게놈에 변이가 생겨 그것이 인간에게 퍼지기 시작했다.[5]

그 변이를 가진 인간은 성인이 되어서도 락타아제를 계속 생산했다(이것을 '락타아제 지속성lactase persistence'이라 부른다). 이것이 그런 사람들에게 진화상의 이점을 주었을 가능성이 크다.[6] 우유에는 칼슘, 탄수화물, 미세 영양소가 들어 있고 일 년 내내 구할 수 있기 때문이다. 동물의 젖통 안에 저장된 우유는 운반도 가능했다. 락타아제 지속성에 장점이 이처럼 많았기 때문에 북유럽과 중부 유럽, 아프리카 일부와 근동 지방에서는 그 특성이 2000~3000년 이내에(진화적 기준에서는 눈 깜짝할 사이에) 고정되어 버렸다.[7] 그렇다고는 해도 동물 사육의 시작과 변이의 등장 사이에는 수천 년이라는 시간 차이가 있다. 유당불내성이라는 문제의 해결책 가운데 하나는 우유를 치즈로 바꾸는 것이었다.

액체 우유가 고체 치즈로 변할 때 화학구조 전체가 발효와 응결이라는 두 가지 주요 절차를 거친다. 발효는 자연적으로 우유 속에 존재하거나, 종균배양starter culture• 으로 추가된 유산균이 유당을 소화하기 시작하고 유산을 배출할 때 발생한다. 산화 과정에서 해로운 박테리아에 적대적인 환경이 생성되는데, 이것이 우유를 보존하는 데 도움이 된다. 발효가 더 오래 지속될수록 유당 농도는 더욱 낮아진다[8](파르메산처럼 숙성된 단단한 치즈에서 이 수준은 극도로 낮을 수 있다). 또 하나의 과정인 응결은 우리 선조들이 어린 반추동물을 도축해 위장을 열어 그 안에서 발효되고 응결된 우유를 발견해 알아낸 과정일 수도 있다. 이 엉긴 우유를 먹어보니 맛있고 소화도 잘되었기 때문이다. 이제 우리는 이 응결이 레닛rennet의 작용임을 알고 있다. 레닛이란 송아지나 새끼 양과 염소 등 모든 새끼 반추동물의 네 번째

• 발효 유제품의 제조용으로 종균을 키우는 작업-옮긴이

위장이 분비하는 효소 패키지다. 우유와 만나면 이들 효소는 한데 얽혀 단백질을 형성해 덩어리를 이룬다.[9] 이 치즈 덩어리는 다음 단계로 가공되어(잘리고 휘저어지고 탈수되어) 더 많은 액체(유당도 포함된)를 우유에서 분리해낼 수 있다. 신석기시대의 농부들은 이러한 과정에 작용하는 과학을 전혀 모르면서도 치즈를 만들어 유당불내성 문제를 해결했다.

이런 기술이 사용된 최초의 실제 증거는 중부 유럽에서 나온다. 1970년대에 폴란드 중부의 비스툴라강 둑을 발굴하던 고고학자들이 이상하게 생긴 점토 파편 수백 개를 발견했다.[10] 그것은 기원전 5000년의 것으로 아주 작은 구멍들이 뚫려 있었지만, 정체를 알지 못했다. 이 깨진 사기 그릇이 무엇에 쓰였는지 도무지 판별해낼 수 없었다. 십 년 뒤 한 미국인 고고학자가 그것이 유장과 치즈 덩어리를 분리하는 데 쓰인 대접의 파편일지도 모른다고 추측했다(그는 빅토리아시대의 치즈 생산자가 쓰던 고대의 체 컬렉션에서 이와 비슷하게 생긴 무늬를 본 적이 있었다).[11] 그의 추측은 2012년에 과학적 신기술로 7000년 묵은 미세한 지방질lipids이 점토 속에 흡수된 것을 발견했을 때야 사실로 확인되었다. 이 도자기는 전 세계에서 가장 오래된 치즈 제조의 증거였다(그보다 더 뒤인 기원전 5200년의 우유가 배어든 도자기가 크로아티아에서 발견되었다).[12] 그 대접으로 만들어진 치즈는 울룩불룩한 모차렐라 치즈와 비슷하게 생겼을 것이라고 과학자들은 결론지었다(그러나 실제로 선사시대의 치즈는 리코타 치즈와 더 비슷했을 것이다).[13]

수천 년 동안 우유 가공법은 갈수록 더 널리 퍼지고, 더욱 정교해졌다. 고대 도시 우르의 폐허 속 우유와 소에 봉헌된 신전에는 토기 항아리를 흔들어 버터를 만드는 사람들을 그린 프리즈frieze• 조각들이 있다.[14] 이집트 멤피스에선 5000년 묵은 치즈 항아리가 통치자 프타메스Ptahmes의 무덤 안에서 발견되었다. 양과 소, 염소의 젖을 섞어 만든 이 치즈는 내세를 위해 저장된 음식이었다. 한편 동쪽으로 수메르인은 치즈 제작 기술을 고도로 발전시켜 (색깔, 신선한 정도, 맛을 기준으로 분류한) 20가지 종류의 치즈에 대한 묘사를 남겼다. 로마제국에서는 단단한 치즈가 산업적 규모로 생산되었는데(아마도 그것이 파르미지아노레지아노 치즈의 기원이었을 것이다),[15] 이는 군대의 행군용 음식이었다. 로마인은 여러 정복민에게서 기술을 습득해 다른 정복민에게 넘겨줌으로써 치즈 제조의 지식과 기술을 널리 전파했다.

• 건축물 외면에 그림이나 조각을 띠 모양으로 장식한 부분 -옮긴이

치즈는 세계를 변화시켰고, 인간의 활동 범위를 넓혀 산악 지역이나 고원지대 같은 지구상에서 무척 살기 힘든 장소에도 정착할 수 있게 해주었다. 우유가 치즈로 전환됨으로써 생명을 주는 태양 에너지를 포착하고 저장할 수 있었다. 봄에서 여름 사이에 자라는 풀과 야생화의 자양분이 한겨울에 먹는 음식으로 변형되었다.

세계 각지의 인간들은 우유라는 재료 하나로 셀 수 없이 많은 독특한 치즈를 만들어냈다. 어디서 만들어지든 어떤 모양인지, 또 어떤 맛인지는 전적으로 그것이 만들어지는 환경에 달려 있다. 토양과 초지의 종류, 사육되는 동물의 종species과 품종breeds, 소금이나 장작 등 사용하는 자원, 결정적으로는 우유와 공기 중에 존재하는 미생물(박테리아, 곰팡이, 이스트)이 모두 영향을 미친다. 다른 어떤 음식보다 치즈는 특정한 장소와 계절에 더 밀접하게 연관된다.

역사적으로 프랑스는 온갖 종류의 다양한 치즈를 만들어냈다. 샤를 드골Charles de gaulle은 이렇게 말했다고 알려졌다. "246종류의 치즈를 만드는 나라를 어떻게 다스릴 수 있겠는가?" 그가 정말로 그렇게 말했는지는 모르지만 그의 의도는 전달된다. 프랑스 각 지역에는 우유 가공하는 법을 포함해 저마다 고유한 처리 방법이 있다. 따라서 치즈보드• 를 통해 프랑스의 역사와 지리를 항해할 수 있다.

• 후식이나 술안주로 나오는 치즈 -옮긴이

콩테, 아봉당스, 보포르 같은 단단한 치즈는 모두 고산지대의 거친 삶을 말해준다. 이런 지역에서는 농부들 사이의 협동이 필수다. 여름 동안 사람들은 동물을 끌고 마을을 떠나 최고의 초지를 찾아서 높은 산지로 올라간다. 고지에서 집단으로 일하면서 동물의 젖을 짜고, 겨울을 나기 위해 마을로 갖고 내려갈 수 있을 만큼 단단한 치즈를 수레바퀴처럼 크고 둥글게 만든다. 더 남쪽의 따뜻한 오베르뉴와 옥시타니 지역에서는 로크포르, 푸름당베르, 블뢰도베르뉴 같은 치즈가 석회석 동굴 안에 저장된다. 이런 서늘하고 습한 천연 저장고 안에서 미생물이 번식해 푸른곰팡이가 핏줄처럼 선명한 무늬를(지금은 유명한 무늬) 치즈 표면에 남긴다.

이 나라의 중앙부인 부르고뉴에서는 수도원이 여러 세기 동안 치즈 제작을 관리했다. 수도원의 어둡고 습한 지하실(곰팡이가 번성하는 장소)을 치즈 숙성에 사용할 수 있었다. 수도사들은 알코올과 소금물로 치즈를 깨끗이 씻는다. 냄새가 강하고 '외피를 세척하고washed rind'•• 고기 같은 질감을 가진 에푸아스 치즈는 이런 식으로 만들어졌다. 북부인 일드프랑스와 노르망디 사람들은 염분이 많고 모래

•• 외피는 치즈가 발효할 때 생기는 껍질로, 치즈 종류와 숙성 과정에 따라 조금씩 달라진다—옮긴이

성분으로 된 토양에서 살고 농사를 지었는데, 이곳에서 치즈를 저장하려고 지하실을 짓는 것은 실용적이지 않았다. 그 대신에 헛간에서 치즈를 숙성했다. 헛간에선 흘러드는 공기 속 미생물이 치즈를 벨벳 같은 고운 곰팡이 껍질로 둘러쌌다. 이곳의 농부들은 도시 가까이에 살았기 때문에 치즈를 단단하게 하거나 오래 저장할 필요가 없었다. 그 결과 곰팡이 껍질을 두른 부드러운 치즈가 만들어졌는데, 브리와 카망베르 등이 그런 종류다. 한편 프랑스 서부 루아르 계곡에서는 8세기의 아랍 침공이 남긴 한 가지 유산으로 염소가 사육되고 있었다. 여기서 염소젖으로 만든 샤비슈뒤푸아투와 생트모르드투렌 같은 치즈가 발달했다. 전통적인 치즈 한 조각을 먹는 것은 곧 역사와 문화와 생태계를 먹는 것과 마찬가지다.

전 세계의 치즈가 정확히 몇 가지인지는 숫자를 매길 수 없다. 생태계의 숫자만큼 많은 치즈가 있을 수 있다. 각 생태계 속에서 치즈 제조자마다 자신의 고유한 특징을 그 절차에 추가할 것이다. 19세기 영국에는 랭커셔 치즈를 만드는 수백 명의 사람이 있었는데, 모두 믿을 수 없이 다양한 질감과 맛을 한 종류의 치즈에 투여하는 데 기여했다. 20세기가 끝날 무렵 이런 전통적 농가 치즈는 단 하나만 살아남았다.[16] 이 같은 치즈 다양성의 쇠퇴는 정도 차이는 있지만, 치즈를 만드는 거의 모든 지역에서 일어난 현상이다.

도시화, 전쟁, 과학, 기술 모두가 그 쇠퇴 원인에 포함된다. 그와 함께 수많은 지역적 원인도 있지만, 세계 치즈의 많은 수가 사라지도록 몰아붙이는 공통 요소가 몇 가지 있다. 그 가운데 주된 것은 우유(모든 농산물 가운데 가장 상하기 쉬운 것)가 세계적 무역상품으로 변했다는 점이다. 현재 전 세계 우유 공급량의 3분의 1(한 해에

110조 원어치)을 고작 20개도 안 되는 다국적기업이 관장한다.[17] 이를 가능하게 하려고 전 세계 우유를 점차 표준화했는데, 이는 산업혁명으로 시작된 절차다. 1800년대 초반, 인구가 소비하는 것보다 더 많은 우유를 생산하는 나라들은 낙농제품을 세계로 내보내기 시작했다. 예를 들어, 아일랜드의 우유는 진하게 가염된 버터로 변해 거대한 회사인 코크버터익스체인지를 거쳐 멀리는 브라질, 서인도제도, 남아프리카, 인도까지도 팔려나갔다. 1860년대엔 북아메리카에서 생산되고 천으로 포장한 체더치즈가 배로 영국에 수출되었다. 1870년대에는 냉장 선박이 등장해 전 세계에서 낙농제품 무역이 성장하기 시작했다(1880년대에는 뉴질랜드 버터가 영국으로 수출되었다).

도시의 규모가 커지면서 도시 주민은 어렵지 않게 신선한 우유를 마시게 되었다. 철도망이 깔려 농촌에서 액체를 신선하게 공급할 수 있었기 때문이다. 도시 내의 낙농업 역시 번성했다. 이런 우유와 그것을 더 산업화한 제품과 대량소비는 질병, 특히 소 결핵의 증가를 촉발했다.[18]

이에 맞서기 위해 20세기 초반, 저온살균법pasteurisation(우유를 잠깐 끓어 넘칠 정도로 가열해 살균하는 방법)이 거의 모든 유럽과 북아메리카에서 법적 필수 요건으로 정해졌다. 이 방법은 우유 속 박테리아를 모두 죽여 없앨 수 있었다. 하지만 치즈를 만드는 데 필요한 미생물(유산을 만드는 박테리아)도 사라졌으므로, 이를 대체하기 위해 미세 유기물 제조를 전문으로 하는 기업이 '배양균 cultures'을 개발했다. 자연, 지리, 기후는 더 이상 치즈의 성격을 결정하지 못하고 과학이 그런 결정 요소가 되었다. 당신이 세계 어디에 있든, 어떤 계절이든 체더, 카망베르, 고르곤졸라 치즈를 만들 수 있다. 그저 카탈로그를 보고 알맞은 유산균 한 봉지를 주문하면 된다. 장소와 산물 사이의 관계는 근본적으로 깨졌고 초지와 동물, 농장에서 가져온 미생물들의 복잡한 배열(과거에는 치즈 제조의 핵심 구성 요소이던 것들)은 점점 더 수상한 취급을 받았다. 지금에서야 우리는 장내미생물의 과학을 더 잘 파악하고 있는 만큼 이런 미생물을 배제하면 흥미로운 맛이 사라질 뿐 아니라 우리 건강에도 해로울 수 있음을 깨닫고 있다.

국제적으로 거래되는 우유의 분량은 1960년에서 2010년 사이에 다섯 배로 늘었다. 같은 기간 중국의 우유 소비는 15배 늘었다고 추산된다. 유아용 조제분유, 서구 스타일의 카페, 테이크아웃 피자, 아이스크림이 중국 사회에 소개되어 낙농제품이 인기를 얻은 것도 영향을 끼쳤다. 우유가 세계화함에 따라 낙농업자들의 소득은 기복이 심해졌다. 2010년에서 2015년 사이에 영국 슈퍼마켓에서 판매되는 우유의 평균가격은 3분의 1로 내려갔다[19](생수 한 병보다 우유 1리터 가격이 더 낮아졌다). 가격 하락의 압력으로 수많은 낙농업자가 규모를 더 키우게 되었다. 가령 미국에서 1990년대까지는 거의 모든 농장이 보유한 암소가 200마리 이하였다. 오늘날 가장 큰 낙농 기업은 9000마리 이상을 수용할 수 있다.[20] 이는 산업체들이 더 큰 효율성을 좇아 점점 더 단일품종, 즉 홀스타인 품종에 집중한 결과다. 1960년대에서 2000년대 초반 사이에 이런 동물의 유전적 특징은 너무 많이 개조되어 이들이 생산하는 우유 분량이 두 배로 늘었다.[21] 오늘날 세계 어떤 지역에 있든 간에 우리가 먹는 치즈의 대부분을 가공하는 회사 수는 더 적어지고, 같은 품종의 소에서 짜낸 우유와 몇 안 되는 실험실에서 생성된 박테리아를 써서 만들어진다. 우리는 수천 년간의 치즈 제조로 창출된 다양성을 잃을 위기에 처해 있다.

대부분 치즈는 이제 한 장소의 표현이 아니라 다른 곳에서도 생산될 수 있는 식품의 복사본이다. 다양한 치즈를 보존함으로써 우리는 흙, 풀, 동물 품종, 미생물 등 살아 있는 다양성을 근본적으로 지켜낼 수 있다. 이것이 더 흥미 있는 맛을 제공할 뿐 아니라 생물다양성을 위해서도 더 나은 길이다. 낙농과 치즈 제조 기술을 잃는 것은 어리석은 일이다. 서로 다른 환경의 풍광을 식품으로 변모시키는, 때로는 수천 년에 걸쳐 구축된 지식은 우리가 미래에 가져다 써야 할 도구 상자의 일부가 될 수 있다. 당신이 대하게 될 치즈 역시 또 다른 종류의 다양성을 나타낸다. 그것은 인간 경험의 다양성의 표현이다.

프랑스 중부,
오베르뉴

Auvergne,
Central France

살레

Salers

24

다른 생물종과 우리의 모든 관계 중에서도 아마 가장 까다롭고 알기 어려운 게 미생물과의 관계일 것이다. 한편으로 우리가 좋아하는 음식과 음료가 미생물에 의존한다. 우리 자신의 신체 역시 몇조 개에 이르는 미생물의 숙주 노릇을 한다. 몸 안팎의 박테리아와 효모가 없다면 우리는 살아남지 못한다. 그런데도 과학은 미생물이 위험할 수도 있다고 가르쳤다. 몇몇 박테리아는 우리를 죽일 수도 있다고 말이다. 20세기에는 미생물이 치명적 유기체라는 관점이 우위를 점했다. 그 결과 우리는 미생물과의 전쟁을 치렀으며, 안전이라는 이름으로 집과 음식을 마구잡이로 청소하고 소독했다. 최근 들어서야 그렇게 하는 과정에서 건강의 관점에서는 뭔가를 잃었음을 알게 되었다. 최신 과학은 의견이 분명하다.

살아 있는 미생물이 풍부한 식단, 즉 크라우트 kraut• 와 김치, 전통적 방식으로 제조된 치즈 같은

• 독일식 양배추 절임 -옮긴이

발효식품은 우리에게 이롭다. 이런 살아 있는 식품은 장내미생물, 즉 우리가 숙주 노릇을 하며 우리 건강과 분리할 수 없게 연결된 몇 조 개의 박테리아와 효모를 먹여 살리는 데 도움이 된다. 하지만 이것들은 지난 세기에 세계의 대부분이 등을 돌렸고 의혹을 품었던 바로 그 식품이다. 우리는 식단에서 최대한 많은 미생물의 생명을 절멸시켰고, 산업화하고 과도하게 가공된 식품을 선택했다. 지난 50년 동안 우리는 장내미생물에 있는 다양성의 3분의 1을 잃었는데, 이는 우리 대다수가 깨닫는 것보다 더 심각한 변화다. 이 때문에 생우유 치즈를 먹는 것은 우리 삶과 위장에 미생물을 가져오는 긍정적 방식이 될 수 있다. 그리고 특히 어떤 치즈 하나는 좋은 박테리아의 활동력을 입증하는 데 힘이 되어줄지도 모른다. 그것은 살레 Salers 치즈다.

살레는 치즈 이름이면서 마을 이름이며 젖소의 품종이다. 이 세 가지 모두 프랑스 남부 오베르뉴에 있는 마시프상트랄의 고지대에 존재한다. 이곳은 유럽에서 가장 비타협적인 식품 가운데 하나가 만들어지는 곳으로, 그것은 적어도 1000년 이상 이어진 농업 전통의 일부다. 살레는 남아 있는 치즈 중 가장 오래된 종류의 하나이자 가장 만들기 어려운 것 중 하나이기도 하다. 4월이 되어 봄이 오고 산 위의 초지가 짙고 비옥해지면, 농부와 소들은 마을을 떠나 산 위로 높이 올라가는데 어떤 경우는 이동 거리가 32킬로미터에 달할 때도 있다. 6개월 동안 그들은 뷔롱burons이라는 작은 돌 오두막에 살면서[1] 거의 수도승처럼 고립된 여건에서[2] 매일 아침 젖 짜기로 시작해 젖 짜기로 하루를 끝낸다. 일과는 오전 네 시에 시작해 저녁 열

시에 끝나는데, 그동안 사람들은 그날 짜낸 우유로 커다란 수레바퀴 같은 40킬로그램짜리 치즈를 하나 만든다. 과거에는 이 치즈가 계절이 끝날 무렵 수레에 실려 마을로 운반되었을 것이다.[3] 이런 방식으로 살레 치즈를 만드는 생산자는 열 명도 채 남지 않았으며, 이 위기에 처한 기예는 역시 위기에 처한 낙농 동물의 젖에 달려 있다.[4]

길고 휘어진 뿔과 두껍고 곱슬곱슬한 마호가니 색 털가죽을 가진 살레 젖소는 고대 동물처럼 생겼다. 그리고 실제로도 그렇다. 살레 마을에서 단지 80킬로미터밖에 떨어져 있지 않은 라스코 동굴 안의 암벽화에 표현된 소의 모습을 닮았다. 이런 젖소는 험하고 바위 많은 오베르뉴 지역, 수백 개의 사화산이 형성한 산지와 고원지대의 파노라마에 완벽하게 적응했다. 이 지역에 정착한 사람들에게 밀 재배는 생각할 수도 없는 일이었다. 그들의 생존은 거의 전적으로 초지를 우유로, 우유를 치즈로 바꾸는 데 달려 있었다. 살레 젖소 덕분에 이 일이 가능해졌다. 그 젖소는 완벽한 산악의 채집가로서, 몸이 가볍고 민첩해 고지대의 초지를 뒤덮은 야생 풀과 허브와 꽃을 뜯어먹을 수 있기 때문이다. 이런 동물에서 젖을 짜는 기술 역시 오래된 것이다. 현대의 농업 시스템에서는 송아지가 태어난 지 며칠 이내에 어미 소와 격리되며, 그 시점 이후 우유는 전부 인간의 몫으로 돌아간다. 살레의 방식에 따르면 송아지는 어미 소의 젖을 먹는데, 유두 하나에서 '4분의 1'씩 먹는다. 이는 젖이 계속 흘러나오게 할 뿐 아니라 유두를 깨끗이 유지하는 데도 도움이 된다. 송아지를 젖통에서 떼어낸 다음 어미의 앞다리에 묶어주고, 그 등에 소금을 뿌려 어미가 새끼를 핥고 쓰다듬어주게 한다. 이런 동물들 사이의 밀접한 신체 접촉은 젖을 계속 나게 하는 데 중요하다고 여겨진다. 치즈 제조자는 따뜻한 동물 몸뚱이에 머리를 들이밀고 젖을 짜기 시작한다. 그가 짜는 것은 산의 야생 지형의 산물이며, 액체화한 생물다양성이다. 소는 클로버, 겐티아나, 아니스, 아르니카, 헤어벨, 회향풀 등을 뜯어먹는다. 이런 식물 다양성은 소의 젖으로 표현된다. 그 젖은 진하고 크림이 풍부하며, 복잡한 미생물들이 녹아 있는 용액이고, 치즈로 만들어지면 독특한 맛을 낸다. 이 음식을 먹으면 당신은 산을 먹고 풍광을 섭취하는 것이다.

왜 오베르뉴 같은 산악 초지에서 만들어진 치즈가 그토록 독특한지 과학적으로 설명 가능하다. 젖 짜는 동물이 먹고 사는 초지의 생물다양성 정도가 클수록 그 젖에는 테르펜terpenes(식물의 방어 시스템의 일부분)이라는 향기 복합물이 더 많이 함유된다.[5] 초지에서 풀을 뜯는 동물은 이런 복합물을 섭취하고 그것이 우유로 옮겨진다(테르펜은 상업 사료를 먹은 소에서는 나타나지 않는다). 치즈가 숙성하면서 테르펜이 진가를 발휘해 여러 층위의 맛을 창출하는 데 도움을 준다. 여름에는 대수롭지 않은 맛이던 치즈가 진정으로 기억에 남을 만한 것으로 변한다. 하지만 살레 치즈에는 눈에 보이지 않는 또 다른 일련의 특징이 드러날 기회가 있다. 젖을 짠 뒤 따뜻한 우유를 허리 높이의 제를gerles이라는 나무통에 쏟아붓는다. 우유가 나무와 접촉할 때 치즈는 이미 만들어지기 시작한다고 말하는 것이 옳다.

흰 벽으로 둘러싸인 낙농장 안에 임상 장비가 있는 것을 보는 데 익숙한 위생 조사관들에게는 이런 시설이 기겁할 만한 광경일지도 모른다. 수십 년은 묵었을 통은 화학 세제로 씻은 적이 한 번도 없었다. 다만 치즈 제조 과정에서 남은 액체로 헹굴 뿐이다. 이는 살레 치즈 제조자는 그저 우유를 가공하는 것이 아니라 미생물을 기르고 있기 때문이다. 목제 제를의 안팎에 사는 박테리아는 매우 다양하고 활력이 넘쳐서, 다른 대부분 치즈와 달리 우유를 시큼하게 하고 발효를 시작하게 만드는 종균배양액이 필요 없다. 나무통 안에서 무슨 일이 일어나는지 분석한 미생물학자들에 따르면 제를 속으로 우유가 쏟아진 뒤 몇 초 이내에 막대한 분량의 이로운 박테리아가 우유에 접종한다. 유산균 농도가 너무 높아서 이런 여건에서는 위험한 병균이 살아남을 수 없다. 살아남은 것이 있다손 치더라도 건강한(바람직한) 미생물이 그것을 압도하며, 과학에서는 이 현상을 '경쟁적 배제competitive exclusion'라 부른다. 치즈가 숙성되는 동안 유산균은 계속 원치 않는 미생물의 위협을 저지한다. 미생물의 관점에서 보자면, 좋은 박테리아에 최선의 집을 만들어주는 것이 치즈 제조자가 할 일이다.[6] 이를 입증하기 위해 과학자들은 병균 박테리아인 리스테리아 모노사이토게네스Listeria monocytogenes를 잔뜩 집어넣은 제를로 실험해보았다. 몇 주일 뒤, 이 오염된 나무통으로 만들어진 치즈를 검사했더니 병균이 사라졌다. 제를은 유해한 잠재력이 있는 해충에는 매우 적대적인 여건이었다.[7]

일 년간 숙성한 살레 치즈 원판 하나를 잘라보면 알갱이와 반점이 있는 진한 노란색 반죽이 보인다. 원판 하나마다 고유의 독특한 맛이 있다. 최고의 맛을 내는 살레는 고기 같고 육수 같고 버터 같고 풀 같은 맛이 난다. 산지 농부들의 작업을 지켜본 치즈 전문가 브론웬 퍼시벌Bronwen Percival의 표현에 따르면 최악의 경우는 "야생적이고 뻔뻔한" 맛을 낸다. 이것은 분명 다양성의 장점 가운데 하나다. 복합적인 음식, 약간은 예측 불가능하며, 분명히 지루하지는 않은 음식이다.

영국,
노팅엄셔

Nottinghamshire,
England

스티첼턴

Stichelton

25

오전 여섯 시, 나는 셔우드 숲 가장자리에 있는 따뜻하고 흰 벽으로 둘러싸인 낙농장에 발을 디뎠다. 영국 '치즈의 왕'이 만들어지는 과정을 지켜보기 위해서였다. 그것은 이름만 다를 뿐 실질적으로는 스틸턴Stilton 치즈다. 조 슈나이더Joe Schneider는 푸른색 줄무늬가 있는 치즈를 만드는 오래된 제조법을 따르지만, 저온살균 되지 않은 우유를 쓰기 때문에 그것을 스틸턴이라고 부르지 못한다. 1990년대에 통과된 법규에 따르면 그 유명한 치즈는 반드시 저온살균 된 우유로 만들어야 한다. 기소되지 않으려고 슈나이더는 자신이 만든 치즈를 '스티첼턴Stichelton'이라 불렀다. 그것은 스틸턴의 이름이 유래한 소도시의 옛 영어식 이름이다.

슈나이더는 1990년대 후반에 미국에서 영국으로 와서 치즈 제조에 흠뻑 빠졌다. 그의 표현에 따르면 그것은 "자연과학과 연금술의 혼합"이다. 20년이 지난 지금 그는 미국의 동부 해안 억양으로 자신의 임무에 대해 내게 말했다. “내가 만드는 치즈는 영국 문화의 일부분입니다. 사라지게 내버려 두면 안 돼요. 그렇게 두지 않을 겁니다. 이게 내 유산은 아니지만요.” 슈나이더에게 이 임무는 단지 이름뿐만이 아닌 많은 것이 걸려 있다. 그것을 지켜냄으로써 그는 수천 년 동안 존재한 치즈의 본질을 보호하고 있다. 그것은 한 장소와 직접 연결된 음식, 농장의 우유에 있는 미생물에서 나오는 관계성이다.

슈나이더는 1970년대의 뉴욕에서 자랐다. 당시는 가공식품이 인기를 누리던 시절이었고, 치즈라고 하면 크라프트 싱글즈, 벨비타, 그리고 깡통에서 짜내는 치즈위즈를 뜻했다. 엔지니어 수련을 받은 뒤 그는 여행에 매력을 느껴, 지금은 아내가 된 당시의 여자친구와 함께 암스테르담으로 거처를 옮겼다. 그곳에서 그는 한 파티에서 만난 튀르키예인 낙농장 주인에게 고용되어 페타 치즈를 만들었다. 하지만 그의 운명은 이제는 전설이 된 치즈 가게인 런던의 닐스야드 데어리Neal's Yard Dairy로 걸어 들어갔을 때 결정되었다. 슈나이더는 입을 딱 벌리고 상점 한복판에 서 있었다. 그는 이렇게 기억한다. “거대한 바퀴 같은 치즈가 있었어요. 어떤 건 무게가 14킬로그램 가까이 나가기도 했지요. 하나하나가 모두 아름답고 둥글며, 천으로 묶여 있고 반점이 있었어요.” 그건 평범하지 않고 현혹적인 색채와 형태, 질감, 냄새로 가득한 강렬하고 다중감각적 경험이었다. “저는 혼잣말을 했습니다. ‘이 가게가 내놓을 만한 치즈를 만들고 말겠어.’”

스틸턴 치즈의 기원은 영국 음식에서 가장 큰 수수께끼 가운데 하나다. 그 사연은 출처와 조리법의 연원에 대한 주장과 반박으로 가득하다.[1] 그러나 그 치즈 이름의 연원을 추적하기는 더 쉽다.

1722년에 골동품 상인 윌리엄 스터클리William Stukeley(스톤헨지 연구로 잘 알려진 인물)가 케임브리지셔의 그 마을에 관한 글을 썼다. "치즈로 유명하다. … 그 치즈는 우리와 그렇게 가까운 곳에서 생산된 게 아니었더라면 파르메산 치즈와 똑같다고 생각했을 것이다."[2] 2년 뒤 대니얼 디포Daniel Defoe도 《영국제도 전국 여행Tour Thro' the Whole Island of Great Britain》에서 같은 비교를 했지만, 입맛 떨어지게 하는 뒤틀린 추신을 덧붙였다.

스틸턴은 치즈로 유명한데, 그것을 우리의 영국 파르메산이라 부른다. 식탁에 오른 그 치즈 속에는 온통 진드기와 구더기가 가득하다. 그래서 숟가락으로 떠먹는다.[3]

사실 스틸턴 치즈는 전혀 스틸턴에서 만들어진 것이 아니었다. 제조지는 더 북쪽에 있는 영국의 심장부인 더비셔, 레스터셔, 노팅엄셔(슈나이더가 자신의 스티첼턴 치즈를 만든 곳) 등 3개 주였다. 스틸턴은 그 치즈를 판매한 곳이었다.

처음에는 농가의 수제치즈로 시작했지만, 스터클리와 디포가 맛본 것은 계몽주의의 음식이었다. 양모, 석탄, 철이 영국을 산업 강대국으로 바꿔놓았고, 농업혁명은 최전성기에 달했다. 이는 (스틸턴 지역에 자리 잡았던) 가축 육종가 로버트 베이크웰이 영국의 육류와 우유 공급을 늘리기 위해 고안한 새로운 방법을 적용하던 때였다. 수송망이 개량되고 있었는데, 런던과 리즈, 셰필드, 에든버러를 잇는 그레이트노스 로드도 그런 연결망 중 하나였다. 이 길의 주요 정지 지점이 스틸턴 마을로, 이곳 상인들이 파는 치즈가 그처럼 널리 알려지게 된 것은 이 때문이었다. 18세기 말 치즈는 영국 수출품 가운데 주요한 항목이었고, 매년 런던과 리버풀 항구에서 수천 톤씩 실려 나갔다. 영국의 모든 유명한 치즈처럼 스틸턴은 이런 무역과 과학적 발견과 도시화 시대의 산물이었다. 19세기 중반에 이루어진 도로망과 철로, 운하의 확대가 전형적인 영국적 치즈 스타일을 형성했다. 그것은 수분 함유도가 낮고 산도는 높으며 재질이 단단한 치즈였다. 스틸턴 외에도 체더, 케어필리, 체셔, 글로스터, 랭커셔, 레스터가 이 부류에 포함된다. 모두 수출에 적합한 품종이었다. 영국 전역에서 도시 규모가 확대되면서 치즈 생산의 규모도 커졌다.

이 무렵 스틸턴은 푸른 무늬가 있고 크림 같은 재질의 치즈로 진화했다. 손으로 휘저은 우유, 누르지 않고 소금만 친(울퉁불퉁한 질감을 갖게 된다) 응고 우유인 그것은 원통형이며 적어도 일 년 이상 숙성하는데, 그 기간에 구멍 난 금빛의 빽빽한 크러스트가 생긴다. 그것이 그토록 유명해진 것은 제조에 필요한 시간과 관심이었다. 19세기의 한 치즈 제조업자의 말에 따르면 "스틸턴은 시끄럽게 굴지 않는다는 점만 빼면 아기보다 더 말썽을 부린다."[4] 모든 치즈 덩이를 매일 뒤집어 자체 무게로 물이 빠지게 하고, 손으로 문질러 크러스트를 형성하게 한다. 아마 이 때문에 그것이 미식가의 치즈가 되고, 잔칫날과 크리스마스 등 축하를 위한 음식으로 여기게 되었을 것이다.

20세기 초반 영국 치즈의 주 공급자이던 농장은 공장에 밀려났고, 스틸턴도 예외가 아니었다. 농가 낙농장에서 만들어진 마지막 스틸턴 치즈 원판이 1935년에 판매되었다.[5] 십 년 뒤에는 스틸턴이 아예 존재하지 않았다. 제2차 세계대전으로 정부가 낙농 생산을 관리하게 되었고, 공장들은 스틸턴 생산을 멈추고 체더(우유를 더 효율적으로 사용하는 길이라고 여겨진 치즈 종류) 생산으로 전환했다. 사람들이 스틸턴을 다시 맛보게 된 것은 1950년대에 들어서서였다. 그때도 그 치즈의 전통적 특징은 여전했다. 예전처럼 세 주에서 느리고 근면하고 오래 걸리는 과정을 거쳐 만들어졌으며, 생우유(저온처리 되지 않은 우유)를 썼다. 이것이 이 사연에서 가장 중요한 점이다. 그러나 역사는 저온살균의 손을 들어주었다.

가열하여 미생물을 죽이고 부패를 줄이는 방법은 1860년대에 루이 파스퇴르가 와인 산업을 돕기 위해 실시한 실험의 일부로 개척되었다. 액체 우유를 잠깐 끓어 넘칠 듯 가열하는 기술이 1880년대에 개발되었다. 하지만 이 절차가 더 널리 퍼진 것은 제1차 세계대전 이후의 일이었다. 신선한 우유 공급 과정에 저온살균법을 적용한 것은 공공보건의 순전한 성공작이었다. 1850년대에서 1940년대 사이에 크고 작은 도시에서 사람들이 우유를 더 흔하게 마시게 되었을 때, 영국에서 결핵으로 사망한 인명이 50만이 넘었다. 저온살균은 이 대규모 사망을 종식하는 데 도움이 되었지만, 그에 대한 반대자도 있었다. 시위를 벌이는 '활력론자 vitalists'들은 가열이 우유 생명을 파괴해 국가의 건강과 활력에 영향을 미친다고 주장하면서 저온살균 하지 않은 우유를 지지했다. 그러나 가열처리법이 승리를 거두었고, 1922년에는 우유와 낙농법Milk and Dairies Act이 통과됨으로써[6] 우유의 저온살균이 법적으로 필수가 되었다. 치즈 산업의 입장에서는 우유의 저온살균이 공공보건상 필요하지 않았다. 치즈 제조 과정에서 유산균이 번식하면 병균이 침범할 위험이 줄어들기 때문이었다. 그러나 저온살균은 상업적인 이점이 있으므로 치즈 제조자들도 그 기법을 받아들이기 시작했다. 박테리아(좋은 것과 나쁜 것 모두)를 죽이고 나면 우유는 공장에서 생산된 종균배양액을 집어넣을 수 있는 빈 화폭이 되었다. 이 방법은 제조 과정에 대한 관리를 훨씬 쉽게 해주었고, 예측 불가능성을 없앴다. 이제는 한 해의 어떤 시기에 작업하든, 어떤 농장의 우유를 섞어서 작업하든 언제나 한결같은 치즈를 만들어낼 수 있었다. 스틸턴 제조자들도 이런 추세를 따라 저온살균으로 전환했다. 단 한 명만 제외하고. 1913년에 치즈를 처음 만들기 시작한 콜스턴 바싯Colston Bassett은 예외였다. 그러나 1988년 크리스마스에 식중독이 발생해 그 원인이 저온살균 하지 않은 우유에 있다고 비난받았다. 그 연관성은 끝까지 입증되지 않았지만 이 사태는 치즈 산업계를 뒤흔들었고, 얼마 지나지 않아 생우유로 만드는 콜스턴 바싯 스틸턴 치즈는 생산을 종료했다. 1996년에 그 변형된 치즈 제조법이 공식화되었을 때 스틸턴 치즈는 유럽연합의 원산지 명칭 보호Protected Designation of Origin(PDO) 음식 목록에 올랐다. 이 법적 지위(유럽 전역에서 수천 가지 음식이 포함되는)는 어떤 음식이 전통적 방식을 사용해 특정 지역에서 만들어지는 산물임을 인증하는 증서 역할을 한다. 그 적용법(스틸턴 치즈 제조업자 조합이 작성한)에 따르면 이 치즈는 저온살균 된 우유로만 만들 수 있다고 명시되어 있다. 그리하여 유럽 법규 아래에서는 가장 전통적인 스틸턴 치즈(생우유로 만든 치즈) 형태가 사라지게 되었다. 영국에서 이를 알아차린 사람은 거의 없었겠지만, 소수의 치즈 열광자에게 이런 사태는 문화적 반달리즘이자 농업문화적 비극이었다.

조 슈나이더에게 그토록 큰 감명을 준 치즈 가게인 닐스야드데어리는 1970년대 후반에 랜돌프 호지슨Randolph Hodgson이 설립했다. 이 가게는 어떤 면에서는 상업적 벤처기업이었고, 또 한편으로는 반문화적 급진주의 행동의 일환으로 펑크 시대의 정신에서 탄생한 것이다. 호지슨은 식품산업계에서 직업으로서 낙농학을 연구했지만, 균질화와 기업적 관리가 영국의 식품과 농업 전역으로 퍼짐에 따라 그것에 저항하고 싶어 했다. 그리고 소멸 위기에 처한 치즈를 지켜내는 것이 한 가지 저항 방법이었다. 수는 점점 줄어들었지만 몇 안 되는 낙농 농가가 20세기에 들어선 지 한참 뒤에도 살아남았으며, 잃어버린 전통을 되살리기를 희망하는 소수의 괴짜 신흥 치즈 제조자들이 여기에 가담했다. 호지슨과 닐스야드데어리는 이 두 부류 모두에게 중요한 존재였다. 치즈 상인으로서 호지슨은 슈퍼마켓을 통해서는 자신들의 치즈를 팔 기회를(또 그럴 관심도) 얻지 못하는 생산자들에게 출구를 제공했다. 그러면서 그는 그들이 하는 작업의 지지자이자 조언자이기도 했다. 그는 1980년대 대부분을 치즈 제조자들의 농장으로 찾아가 맛을 보고 피드백을 주며 문제를 해결하도록 도우면서 보냈다.[7] 그 결과 영국의 여러 치즈가 소멸하지 않도록 지켜냈으며, 급속히 사라지고 있던 지식과 낙농 기술을 보존하는 데 힘을 보탰다. 그가 설정한 우선순위 가운데 으뜸은 콜스턴 바싯 등 영국에 남아 있는 극소수 제조자의 생우유 치즈를 보호하고 싶은 열망이었다. 슈나이더가 말한다. "저온살균법이 시행된 이후 랜돌프는 일종의 애도 과정을 겪었습니다. 그가 정말 좋아하고 믿었던 게 사라진 거지요." 호지슨은 심지어 콜스턴 바싯에게 오로지 생산을 유지할 목적으로 생우유를 써서 스틸턴 치즈를 작게 만들어 닐스야드데어리에서 판매하자고 간청하기까지 했다. 그러나 그들은 그렇게 할 수 없다고 말했다. 그러다가 원산지 명칭 보호 규정이 발효되었다. "랜돌프가 말한 게 그때였어요, '됐어. 아무도 그 치즈를 만들지 않겠다면 내가 만들 거야.'" 그 생각이 실현되기까지는 십 년이 걸리게 된다. 그때쯤 그와 슈나이더는 친구가 되었다. 2006년 10월에 내가 나중에 방문할 노팅엄셔의 낙농장에서 그들은 스티첼턴 치즈 1차 생산분을 내놓았다.

오늘날 영국에서 숙련된 치즈 상인은 십중팔구 진정으로 위대한 농가 치즈인 몽고메리스 체더, 커컴스 랭커셔 같은 여러 세대에 걸친 역사와 경험을 배경으로 가진 치즈들만 인정한다. 슈나이더는 생산하기 시작한 지 십 년도 채 안 되는 스티첼턴을 그 목록에 추가했다. 하지만 이 치즈는 가장 전통적인 스틸턴 조리법을 토대로 하는 것으로, 전 세계에서 수요가 있지만 그래도 스틸턴이라 부를 수는 없다. 슈나이더가 말한다. "원산지 명칭 보호 규정은 저온살균된 우유로 치즈를 만들고, 거기에 크랜베리와 바나나를 집어넣고 그걸 스틸턴이라 불러도 허가해줄 겁니다. 그렇지만 내 생우유 치즈를 스틸턴이라 부르면 난 고발당하겠죠."

스티첼턴 낙농장의 커다란 창문으로 목장에 돌아가는 소를 볼 수 있었다. 오전에 짠 우유가 긴 직사각형의 스테인리스스틸 통에 담겨 안정되는 동안 그 표면 위로 노란 크림 층이 반짝이며 덮여 있다. 이것이 24시간의 '제작' 과정(수제 체더치즈는 빠르게는 여섯 시간 만에 만들어질 수도 있다)에서의 첫 단계다. 사람들은 스틸턴 조리법의 속도를 빠르게 해보려 했지만, 불가능했다. 스티첼턴의 제조는 신체적 노력을 요구하는 긴 과정이다. 극소량의(슈나이더는 이를 "동종요법"이라 부른다) 종균배양액이 추가되는데, 이는 산도가 점진적으로 발달하도록 돕고 제작의 각 단계(일종의 슬로모션으로 외줄을 타는 행동)가 최대한 온건하게 진행될 수 있도록 해준다. 이것은 한결같은 치즈가 아니다. 결과물은 대개 아주 훌륭하지만 가끔은 세계 최고의 치즈, 더할 나위 없이 훌륭한 스티첼턴도 만들어진다.

푸른 핏줄 무늬를 치즈 전체에 퍼지게 하려고 슈나이더는 페니실륨 로퀘포르티 곰팡이 포자를 제조 시작 단계에 추가한다.[8] 나중에 치즈가 숙성되는 동안 중앙에 구멍을 뚫어 공기를 들여보내고 곰팡이를 활성화한다. 이는 지방과 단백질을 계속 분해하게 만들고, 쨍하게 쏘는 맛을 더하며, 질감을 더 부드럽고 크림같이 만들고, 상앗빛 치즈의 부분 부분에 뚜렷한 청남색 핏줄이 그어지게 한다. 페니실륨 로퀘포르티의 제조가 가능해지기 전에는 스틸턴 제조자들이 낡은 가죽 조각을 낙농장 바깥에 매달아두었다가 곰팡이가 곱게 입혀지게 했다고 전해진다. 그들은 이런 곰팡이를 통에 넣어 우유에 접종했다.

그날 제조 과정이 다섯 시간 지나자 우유는 응결되었고, 유장이 빠져나갔다. 이제 슈나이더는 통에서 응결된 부분인 따뜻한 커드curd를 가져다가 긴 냉장 탁자에 옮긴다. 대부분 스틸턴 제조자가 이 작업을 기계로 처리하지만, 슈나이더는 한 번에 한 국자씩 손으로 옮겨야 한다고 주장한다. 한 번의 동작으로 그는 오른쪽에 놓아둔 통에서 한 국자를 떠서 왼쪽에 있는 냉장 탁자로 휘둘러 옮긴다. 한 시간 동안 나는 그가 몸을 굽혔다가 돌리고 비틀어 휘두르며, 한

편에 있는 커드를 다른 편으로 옮기는 것을 지켜보았다. 그 방은 촉촉한 커드가 탁자 위로 떨어지면서 내는, 황홀경에 빠진 듯한 툭 탁 하는 소리 외에는 고요했다. "다른 식으로 옮기면 커드가 망가지고 치즈 질감이 변합니다." 그가 말했다. 마치 여러 세기 전에 주조된 사슬에서 연약한 마지막 고리를 지켜보는 듯한 기분이었다. 그것은 인간과 동물과 초지와 미생물을 연결하는 고리이자, 아름답고 자연스러운 공시성synchronicity이었다. 과학이 그것을 변모시켰고, 자연을 적으로 규정하고 실험실을 구원자의 지위로 올려놓았다. 그러나 이 낙농장에서는 잃어버린 저쪽 세계에 대한 경이감을 아직도 느낄 수 있었다. "생각해보니 몇 시간 전에는 그게 우유였네요." 나는 단단한 커드가 쌓이는 것을 지켜보면서 말했다.

"그리고 이틀 전만 해도 그건 풀이었어요." 슈나이더가 말했다.

알바니아,
저주받은 산맥

Accursed Mountains,
Albania

미샤비너

Mishavinë

26

알바니아 북쪽 국경을 따라 달리는 산맥은 비에슈커트 에 나무나Bjeshkët e Namuna, 곧 '저주받은 산맥'이라고 불린다. 고도 3000미터의 봉우리들 사이에 크고 작은 마을이 들어앉아 있는데, 이곳은 며칠간 폭설이 내리면 한 번에 몇 주일씩 통행이 차단되기도 한다. 심지어 봄이 온 뒤에도 바깥세상은 여전히 한참 멀리 있다. 최근까지도 이 먼 곳까지 간선도로가 이어져 있지 않아, 이곳은 유럽에서 가장 고립되고 (금전적인 기준에서는) 가장 빈곤한 지역으로 남아 있었다. 대부분 마을은 울창한 숲을 지나가는 비포장도로를 따라 덜컹거리며 가야 닿을 수 있다. 이 산지는 알바니아 고대 부족들의 고향이었다. 스크렐리Skreli, 그루다Gruda, 켈멘디Kelmendi, 카스트라티Kastrati, 호티Hoti 같은 민족 집단들은 여러 세대에 걸쳐 피 튀기는 분쟁을 치르는 사이였다. 저주받은 산맥에서 사는 삶은 힘들고, 무자비하고, 황량할 수 있다. 하지만 치즈 제조가 아니었더라면 삶 자체가 아예 불가능했을 것이다.

그렇게 고립된 곳이기 때문에 알바니아의 북부 고지대는 1900년에 영국 여행자인 이디스 더럼Edith Durham이 이곳을 탐사하기 전에는 외부 세계의 눈에 수수께끼 같은 지역이었다. 오랫동안 병든 어머니를 간호하느라 지친 그녀는 의사의 조언을 받아들여 여행하면서 산의 맑은 공기를 쐬러 나섰다. 먼저 몬테네그로로 갔다가 국경을 넘어 알바니아와 비에슈커트 에 나무나로 들어갔다. 방수 버버리 치마를 입고 다이어리와 필기장을 손에 든 그녀는 산지의 부족 생활을 기록했다. 그 뒤 세월이 흐르는 동안 더럼은 계속 이곳에 돌아왔다. 오늘날 알바니아에서는 그녀를 음브레터레샤 에 말러소레베Mbretëresha e Malësoreve, 즉 '하일랜드인의 여왕'이라 부른다. 이곳에 대한 그녀의 설명은 어찌나 자세한지, 1998년에 국경 바로 너머에 있는 코소보에서 벌어진 전쟁을 취재하러 파견된 외국 기자들 가운데 더럼의 책인 《알바니아 고지대High Albania》를 지침으로 활용한 사람이 많았다. 그 책에서 그녀는 피에 젖은 복수가 지역 전체에 만연하는 잔혹한 세상을 묘사한다. 그녀는 이렇게 썼다. "다른 모든 것은 그것에 종속된다.[1] 피는 피로만 씻길 수 있다." 알바니아 하일랜드에서의 부족 간 동맹은 여러 세대에 걸쳐 변하지 않았으며, 음식도 마찬가지라고 믿었다. "오후 시간은 어둑한 집 안에서 흘러갔다. 라키아rakia(강한 과일 증류주)를 마시며 건강을 위해 건배하고, 양젖 치즈를 씹으며, 실내에서 라이플과 권총을 쏜다. … 낮은 원탁인 소프라가 운반돼오고, 커다란 염장 양젖 치즈가 큰 덩어리로 잘려 중간에 놓인다. 그 치즈를 먹으면 라키아를 넘기기가 쉬워진다. … 코스kos(양젖 요구르트)는 너무 시어서 입이 없어지는 것 같다.” 공동체의 큰 식사 자리에서 더럼은 명예 빈객으로 자주 초대받았기에 굉장한 요리를 잘 볼 수 있었다. 그녀는 허브로 속을 채운 양 한 마리가 통째로 커다란 모닥불 위에서 빙빙 돌려지며 구워지는 광경을 묘사했다. 양고기는 나중에 녹은 치즈를 찍은 옥수수빵과 함께 먹는다. 더럼이 그곳에 간 지 한 세기 뒤, 나는 그녀의 발자취를 따라 알바니아 알프스로 들어가서 라키아를 마시기 쉽게 해주었던 짠 치즈와 그곳의 문화가 얼마나 남아 있는지 알아보았다.

나를 안내해준 사람은 이탈리아 출신의 지원활동가인 육십 대의 피에르 파올로 암브로시Pier Paolo Ambrosi였다. 1990년대에 그는 이탈리아 동부 해안의 한 항구에 서서 여러 척의 배가 아드리아해를 건너는 알바니아인 수천 명을 계속 실어오는 광경을 놀란 눈으로 지켜보았다. 이디스 더럼이 살던 시절의 알바니아는 지리적으로 외부 세계와 단절되어 있었지만, 이제 20세기 후반에는 정치적 고립이 더 심해졌다. 인구 약 300만인 이 작은 나라는 그리스와 유고슬라비아의 잔재 사이에 끼어 극단적인 형태의 공산주의로 후퇴했다. 마르크스주의 독재자인 엔베르 호자Enver Hoxha가 40년간 군림하면서 알바니아를 은둔적이고 고립된 국가로 몰아넣었다. 어떤 사람도 들어가거나 나오지 못했다. 종교는 금지되었다. 유럽에서 크리스마스가 금지된 나라는 그곳이 유일했다. 금지되지 않았더라도 알바니아인은 너무 가난해 축하할 여유도 없었겠지만 말이다. 공포와 편집증의 감각을 주입하기 위해 기관총 포대 70만 개가 국가 전역에 설치되었다. 이는 알바니아인 네 명당 한 개에 해당한다. 호자는 적이 내부가 아니라 외부에 있다고 믿게 하려 했다. 1985년에 그가 죽은 뒤에도 공산주의 체제는 절름거리며 계속 이어졌지만, 경제는 붕괴하고 식량 공급이 위험한 수준까지 내려갔다. 1990년 겨울에는 임계점에 도달했고, 1991년 2월 20일에 마침내 수도 티라나에서 시위자들이 떨쳐 일어나 5미터가 넘는 호자의 금박 동상을 끌어내릴 힘을 얻었다. 그 시위로 스탈린 체제 국가의 종말이 확고해졌다. 혼란이 이어지고 수천 명이 목숨을 잃었다. 달아날 길을 찾은 사람은 알바니아를 떠났다. 1990년대 말, 인구 전체의 5분의 1이 이민을 떠났다. 암브로시도 이민자들을 가득 실은 배가 이탈리아에 닿는 광경을 지켜봤다. 그가 일하던 가톨릭 자선단체는 반대로 그를 그곳으로 파견했다. 암브로시가 말했다. "우리는 사람들이 어디서 오는지, 어떤 이들이 남아 있는지 알고 싶었어요. 그래서 나는 몇 주일 동안 알바니아에 가서 그곳을 연구해보려고 했습니다." 그는 결국 거의 30년간 남아 있었다.

엔베르 호자 정권은 일거리 분배와 의류, 신발 공급에 이르기까지 모든 면에서 세세하게 알바니아인의 삶을 통제했다. "경제부는 한 지역에서 1인당 양말 1.2켤레를, 또 다른 지역에서는 1.5켤레를 배급했습니다." 이와 같은 관료제의 광기가 식량에도 적용되었음을 깨닫고 암브로시가 말했다. 한 가족은 1개월당 돼지고기 1킬로그램을 배급받지만, 그 뒤 석 달 동안 육류를 전혀 받지 못하기도 했다. 사람들은 상점 밖에서 줄을 서서 우유 차가 오기를 며칠씩 기다렸다. 그 정권이 무너진 뒤 사태는 더 악화했다. 이 때문에 북부에서는 인구가 대폭 줄어들었다. 암브로시는 알바니아 산악지대의 전 지역에서 버려진 마을들을 보았다. 도시로의 탈출 물결이 일어났기 때문이다. 티라나의 인구는 네 배로 늘었다. 그러나 저주받은 산맥의 가장 먼 오지에서는 자급자족적인 공동체가 몇 군데 살아남았는데,

그런 곳은 이디스 더럼이 왔던 때와 별로 달라지지 않았다. 이곳에서는 지금도 오래된 식량을 찾아낼 수 있다. 우리가 간 곳이 바로 그런 곳이었다.

산악지대로 더 높이 갈수록 시간을 더 멀리 거슬러 올라가는 듯 느껴졌다. "이 도로는 구세계와 신세계 사이의 연결고리입니다." 그때까지도 건설 중이던, 결국은 비포장이 되어버린 도로를 가리키면서 암브로시가 말했다. 우리는 말이 끄는 수레에 건초 더미를 싣고 가던 사람들을 지나쳤고, 양치기가 몰고 가는 양 떼를 만나 길을 멈추고 기다려야 했다. 산 위 초지를 향해 가는 동안 양들 목에 매달린 종이 울렸다. "여기서는 양 떼에 우선권이 있어요." 양 떼가 지프를 둘러싸자 암브로시가 말했다. 우리 목적지인 레푸셰는 몬테네그로 국경 가까이 아름다운 고원지대 위에 돌과 나무로 지은 집들이 드문드문 흩어져 있는 곳이었다. 우리 주위에는 오래된 초지가 수 킬로미터 펼쳐졌다. 저 멀리 눈 덮인 산봉우리가 에워싸고 있는 확 트인 광대한 공간을 야생 풀과 꽃이 채우고 있었다. 암브로시가 탐사를 다니기 시작한 초반에 신석기시대 농부들도 알아보았을 법한 옛날식 치즈인 미샤비너Mishavinë를 발견한 것이 이곳이었다. 그것은 낙농 가축 사육과 치즈 제조가 처음 시작되던 때로 거슬러 올라가는 음식이다. 알바니아의 다른 곳에서는 음식 전통이 종교와 함께 말살되었다. 독재 치하에서는 오로지 국가가 인정하는 치즈 두 종류, 흰 치즈와 노란 치즈만 허용되었다. 그렇지만 산악지대에서는 미샤비너가 수천 년간 변함없이 존재했다. 이 치즈를 만드는 농부는 단 세 사람만 남아 있는데, 그중 하나인 루이지 체카이Luigj Cekaj

라는 남자가 레푸셰에 살았다. 그곳, 저주받은 산맥에서 체카이와 그의 아내 룸투미레Lumtumire가 유럽의 가장 위기에 처한 음식 전통을 살려가고 있었다.

체카이의 선조는 산지에서 살아남기 위해 봄이 끝날 무렵 자신들이 사는 알바니아 알프스의 더 높은 곳으로 동물들을 데리고 올라가서 여름 내내 머물렀다. 이곳은 유럽에 마지막으로 남은 지극히 풍요롭고, 생물다양성이 가장 크며, 훼손되지 않은 목초지다. 한 번에 몇 개월씩 동물들은 수백 가지 다른 야생화와 허브와 풀을 뜯어 먹을 수 있다.[2] 양치기들은 그런 풀 여러 가지를 약초로 쓰기도 한다. 이곳에서 풀을 뜯는 양에서 나오는 젖은 미생물이 풍부하고 양분이 가득하여(맛 복합물인 테르펜 또한 풍부하다) 아주 특별하다. 전통적으로 양치기들은 산 위의 초지에 있는 동안 치즈를 만들었다. 모닥불을 피워놓고 우유를 서서히 데운다. 살레 치즈처럼 양젖에는 살아 있는 유산균이 워낙 많아서 종균배양액을 추가할 필요가 없다. 자연적으로 젖산이 발효되어 젖을 산화해 시큼하게 만들고, 저장 능력을 부여한다. 양의 위장에서 채취한 레닛을 넣어 젖을 응결시키며, 덩어리가 충분히 식으면 소금을 넣고 콩알만 한 크기로 쪼개질 때까지 나무 막대로 젓는다. 그 덩어리를 한 움큼씩 베 보자기에 싸서 유장이 빠져나오도록 돌덩이로 눌러둔다. 치즈에 습기가 적을수록 오래 보존할 수 있다. 양치기들은 도살한 양의 가죽을 씻어 자루를 만들어 치즈를 담고, 가죽 표면에 버터를 발라 공기가 통하지 않게 한다. 이런 치즈 자루는 마을 가까운 서늘한 곳, 동굴이나 지하에 보관해 여러 달 묵힌다. 봄이 지나 여름이 되면 초지는 변하고, 젖과 치즈도 변한다. 눈이 녹은 뒤 풀과 허브가 무성해질 때면 "치즈 맛이 너무 강해져 후두를 찌르는 것 같습니다"라고 체카이가 말한다. "하지만 나중에는 맛이 부드러워지고, 숲과 꽃을 떠올리게 하는 맛이 납니다."

여전히 동물 가죽 안에서 숙성되는 치즈는 현재 세계에서 몇 종류 남지 않았다. 이런 고대의 치즈를 통칭해 툴룸Tulum(염소 가죽이 억세서 가장 흔히 사용된다)이라 부른다. 이 방법의 시원은 비옥한 초승달 지역의 문명 그리고 가축 사육과 치즈 제조의 초기까지 거슬러 올라간다. 겨울이 다가오면 양 떼는 알바니아 알프스 산지를 떠나 집으로 돌아간다. 눈과 얼음으로 뒤덮인 긴 나날을 보내게 해줄 치즈도 함께 간다. 어느 날 저녁 나는 체카이와 룸투미레, 암브로시와 함께 미샤비너를 조금 먹어보았다. 밀짚 색의 치즈 조직은 치밀하고 푸석푸석한 상태였는데, 맛이 어찌나 강하고 날카로운지(동물 가죽 냄새가 아주 희미하게 났다) 다른 음식에 자극을 더하려고 넣는 양념으로 쓸 수도 있을 듯했다. 이것이 목초지의 힘이었다. 다음 날 우리는 아침으로 이디스 더럼이 묘사한 불같은 증류주와 함께 미샤비너를 먹었다. 효과가 있었다. 짠 치즈 맛 덕분에 라키아를 넘기기가 확실히 수월했다.

암브로시가 처음 이 산촌에 왔을 때, 예전에는 100여 가구가 있던 마을에 고작 열 가구만 남아 있었다. 암브로시는 좀 더 많은 사람에게 미샤비너를 생산하도록 권장하면 마을에 꼭 필요한 소득이 생길 수 있을 것으로 생각했다. 그가 말한다. "사람들은 아주 독특한 어떤 것을 내놓을 수 있었어요. 생산이 늘어나면 그들은 마을에 남아 품위를 지키며 살 수 있습니다." 암브로시는 산악 마을에서 몇 안

남은 젊은이 가운데 드리타 타나지Drita Tanazi라는 여성에게 도움을 청했다. 당시 이십 대 중반이던 타나지는 자기 세대의 대부분이 티라나로, 그다음에는 외국으로 나가는 것을 보았다. "대부분 그들이 어찌 되었는지 우리는 모릅니다. 그리고 매년 또 다른 집이 버려지지요." 타나지가 말한다. 암브로시와 타나지는 힘을 합쳐 다른 농부들을 모집하고, 모두가 치즈를 제조할 수 있도록 훈련했다. 처음에는 세 명이던 생산자가 곧 스무 명으로 늘었다. 그다음으로, 이 치즈에 관심을 보이고 사들일 사람을 찾아야 했다. 알틴 프렌가Altin Prenga라는 요리사가 그 돌파구가 되어주었다.

알바니아 국민 절반이 그랬듯, 프렌가도 1990년대 초반에 나라를 떠났다. 동생과 함께 보트에 올라 이탈리아로 탈출해 그곳의 호텔과 레스토랑 주방에서 일자리를 얻었다. 십 년 뒤 그들은 이제 돌아갈 때라고 느꼈다. 이탈리아에서 배운 모든 것을 쥐고 그들은 자신들의 레스토랑을 열고 싶었고, 성공을 거둔다면 그것으로 알바니아를 재건하는 데 도움이 되고 싶었다. 티라나 북쪽 80킬로미터 지점에 있는 가족 농장에서 그들은 므리지 이 자나베Mrizi i Zanave(요정들의 그림자에서)라는 식당을 열었다. 멀리까지 펼쳐진 밀밭과 포도원, 채소밭 속에 자리 잡은 이곳은 식당 이상의 장소로, 알바니아에 공산주의가 들어오기 이전 시대의 음식 역사를 재건하기 위한 주방과 작업장의 집합체였다.

이곳에서 호자 정권의 기억을 떨쳐버리기는 불가능하다. 거대한 버섯처럼 생긴 콘크리트 벙커와 기관총 포대가 줄지어 서서 풍경을 해친다. 몇 개는 원래의 콘크리트 색이 남아 있지만, 대부분은 밝은 색으로 그라피티graffiti가 칠해져 야외 테이블에서 사람들이 식사하는 동안 바라볼 풍경과 충격적인 대조를 이룬다. 호자가 남긴 훨씬 더 큰 유산은 농장을 따라서 이어진 비포장도로를 더 가면 나온다. 녹슨 철조망이 쳐진 높다란 콘크리트 담장 뒤에 폐허가 된 감옥이 있다.

"여기가 시위자들이 보내진 곳인가요?" 내가 프렌가에게 물었다. 그는 머리를 저었다. 호자 치하에서는 시위자가 없었고, 적어도 살아남은 시위자는 없었다. 그는 손으로 권총 모양을 만들어 자기 머리에 대고 상상의 총알을 발사하며 그들의 운명을 설명했다. 이 감옥은 지방의 교회에서 예배를 보거나 식량을 비축하는 등의 불량 행동을 저지른 사람들을 가두던 곳이었다. 우리는 작은 벽돌 건물 옆에 있었는데, 높이가 너무 낮아 아무도 똑바로 서지 못하고 길이가 너무 짧아 누울 수도 없었다. 프렌가가 말했다. "사람들이 처벌을 받아 여기 갇혔어요. 일단 갇히면 그들은 한 번에 며칠씩 계속 웅크리고 있어야 했습니다."

프렌가는 이제는 폐기된 감옥 건물을 작은 식품 공장으로 개조했다. 농부는 작물을, 양치기는 젖을, 그리고 채집가는 숲에서 딴 야생 딸기와 버섯을 이곳에 가져온다. 이곳 농장에서는 제분업자와 제빵사, 정육업자, 요리사가 이런 재료를 써서 레스토랑을 위해 요리하거나 티라나에서 판매할 생산품을 만든다. 므리지 이 자나베의 야심은 아직 주민이 있는 마을에서 살아남은 기술과 지식을 지켜내는 것이다. 프렌가는 낡은 징벌용 건물을 훈연실로 재개장하고, 감방 몇 개는 주방으로 개조할 예정이라고 말했다. 그 주방에서 야생 베리를 달콤한 보존식품으로 만들 것이다. 재료를 공급할 사람을 구하기 위해 프렌가는 각지를 돌아다니면서 산악지대 주민 사이에 숨어 있던 사람들을 찾아냈다. 그리고 그 여정에서 미샤비너를 알게 되고, 그 치즈를 계속 살려놓으려는 타나지와 암브로시의 노력도 알게 되었다.

낡은 감옥 가까이에서 나는 길옆에 줄지어 자라는 무성한 덤불을 보았다. 알고 보니 콘크리트 터널로 이어지는 통로를 숨기려고 수십 년 전에 심은 덤불이었다. 벙커처럼 그 터널은 호자 정권이 침공에 대비해 자기방어용으로 지은 시설이었다. 이런 비밀 터널 몇천 개가 온 나라에 지어졌는데, 총을 보관하고 적군으로부터의 은신처 역할을 하기 위해서였다. "더 가까이에서 보세요." 프렌가가 말했다. 나는 철봉을 넘어 어둠 속을 들여다보았다. 므리지 이 자나베의 고객을 위해 숙성되고 있는 시큼한 치즈 냄새가 내게 확 다가왔다. 그 터널은 이제 미샤비너 저장고가 되었다. "독재자는 완벽한 치즈 동굴을 남겨주었어요." 그가 웃으면서 말했다.

1908년에 이디스 더럼은 이렇게 썼다. "다른 곳에서도 그렇듯이 발칸반도에서는 생존 투쟁의 적격자가 살아남는다. 앞으로 몇 년간이 흥미로울 것이다." 이 말은 그녀의 저서 《알바니아 고지대》를 끝맺는 말이었다. 그 뒤 전쟁과 독재정치가 이어졌지만, 그녀가 여행길에 기록한 몇 가지는 살아남았다. 오래된 목초지에서 생산된 저주받은 산맥의 음식도 그중 하나다.

스노룸

전 세계의 수많은 치즈와 요구르트에 쓰이는 종균을 배양하는 공장은 덴마크 코펜하겐의 소박한 교외에 있다. 공장이라는 단어는 잘못된 인상을 준다. 그곳은 SF영화에 나오는 거대한 화학실험실과 더 비슷하다. 내부는 밝고 긴 복도를 따라 '연구 구역'과 탈오염 구역이 연결되어 있는데, 창문을 통해 로봇 팔들이 철저하게 소독된 방 안에서 액체와 가루를 운반하는 모습을 볼 수 있다. 공장 안이 워낙 넓다 보니 근무자 4000명은 전동 스쿠터를 타고 휭휭 돌아다닌다. 크리스티안한센Chr. Hansen은 세계 최대의 유산균 생산업체다. 이곳에서 박테리아 배양액이 냉동 알갱이나 작은 병에 담긴 형태로 전 세계의 치즈 제조자에게 보내진다.

숙성한 맛을 내는 체더나 몬터레이잭을 만들고 싶은가? 크리스티안한센은 그런 유형의 치즈를 만들 수 있는 종균배양액 목록을 갖고 있다. 아니면 에멘탈처럼 구멍이 숭숭 난 알파인 치즈를 만들고 싶은가? 그걸 만들게 해주는 배양액도 주문할 수 있다. 카망베르, 모차렐라, 페코리노, 페타 스타일 등 온갖 다른 치즈도 마찬가지다. 그 회사는 낙농 세계에서 가장 넓은 범위의 배양액을 보유하고 있다. 이런 기성품 미생물이 있으면 식품 생산자는 세계 어떤 치즈든 모두 얻을 수 있다. 그저 그 회사의 카탈로그에서 치즈 유형과 맛의 특성을 선택하고 주문을 넣으면 된다. 이 인상적인 과정을 구축하는 데 한 세기가 넘는 시간이 걸렸다.

'Chr.' 표시는 크리스티안을 가리키는데, 이는 창립자 크리스티안 한센의 이름에서 따왔다. 약제사였던 한센은 1870년대에 치즈 제조를 산업화 시대로 들여오겠다는 야심을 품고 회사를 세웠다. 새로운 과학을 활용하면, 중요하지만 오래된 식품을 현대화해서 더 일관성 있고 안전하게 만들 수 있지 않을까 기대한 것이다. 한센의 첫 번째 돌파구는 레닌rennin을 추출하는 작업이었다. 레닌은 치즈 제조자들이 우유를 응고하는 데 쓰는 효소다. 지금은 낙농장들이 동물 위장 점막에 의존하지 않고 공장에서 생산된 레닛rennet을 구입할 수 있다. 그다음 단계로 그는 박테리아로 관심을 돌려 핵심적인 젖산을 만들어내는 종균배양에 몰두했다. 그전에는 거의 모든 치즈 생산자가 젖 속에서 자연적으로 발생하는 미생물(미샤비너의 경우처럼)이나 그들의 장비(살레의 제를 같은)에만 의존하거나, 신선한 우유에 그 이전 '제조' 과정에서 남겨둔 유장을 약간 넣곤 했다(아이슬란드의 전통 요구르트 스키르skyr처럼). 한센은 착오의 여지를 아예 없앨 대안을 하나 발견했다. 그는 다양한 젖산 박테리아 균주 계보를 확인해 추출하고 보존했다. 20세기에 저온살균법이 확산되고 낙농업이 커지면서 한센의 생산물은 치즈 제조자들이 반드시 갖추어야 할 필수 도구가 되었다. 배양하려면 고도의 기술적인 과정이 필요하다. 이 일을 할 수 있는 회사는 지금까지도 전 세계에서 몇 안 되는데, 그 최초가 한센이었다.

내가 2018년에 크리스티안한센을 방문했을 때 CEO는 전직 의사인 시스 디용Cees de Jong이었다. 그가 말했다. "치즈에 필요한 것은 세 가지입니다. 우유와 배양액, 응고제이지요. 여기서 우리가 만들지 않는 것은 우유뿐입니다." 미생물, 효소와 함께 한센은 치즈 생산자들에게 각자 원하는 방향의 맛에 적응하도록 도와주는 기술적 조언과 조리법을 제공한다. "우리는 그들에게 전적인 통제권을 줍니다."

한센의 주된 자산은 4만 개에 달하는 상이한 박테리아 유형 컬렉션이다. 디용은 예전에 의사로서 처음 일을 시작했을 때 좋은 박테리아는 죽은 박테리아뿐이라는 말을 주문처럼 외우고 다녔다고 말했다. "과학이 변하고 있어요. 세계는 미생물이 인류의 복지에 얼마나 중요한지 깨닫기 시작했습니다."

그리고 그 회사는 새로운 미생물을 찾아내기 위해 항상 눈을 밝히고 있다. 몇 년 전 한 과학자가 죽은 새 두 마리를 넣은 밀봉한 상자를 들고 디용의 사무실을 지나친 적이 있었다. "그는 그 새들의 위장관을 검사해 우리 컬렉션에 없는 흥미로운 미생물이 있는지 찾고 있었어요."

하지만 대부분 연구는 그보다는 덜 원시적이다. 한센은 미생물 사냥꾼을 전 세계로 파견해 독특한 박테리아 컬렉션을 구입한다. "불가리아의 치즈 생산자가 배양시킨 박테리아일 수도 있고, 그리스의 요구르트 생산자가 가진 박테리아일 수도 있어요." 디용이 말했다. 그다음 단계로 회사는 이런 전통적 박테리아 균주를 대규모로 길러서 전 세계의 낙농 회사에 판매한다.

건물 내부를 계속 돌아다니던 중에 나는 크게 확대한 사진들이 벽에 걸린 것을 보았다. 그것은 만화경 비슷한 사이키델릭 같은 구조로 포착된 그 회사의 베스트셀러 박테리아의 다색판 사진이었다. 우리는 실험실의 관리 아래 탈지분유를 사용한 발효가 진행되고 있는 밀폐된 방의 창문을 들여다보았다. 디용이 말했다. "오늘날 전 세계에서 만들어지는 치즈와 요구르트의 절반에 우리가 생산하는 재료가 들어갑니다. 단단한 치즈건, 연한 치즈건, 평범한 모양이건, 푸른 치즈건 사람들이 치즈를 한 입 먹을 때 그것이 우리 회사 재료로 만들어졌을 가능성이 50퍼센트인 거지요." 그 재료는 한센의 박테리아나 효소 중 하나일 것이다.

치즈 생산자들에게 발송하기 전에 배양균은 세계 최대의 냉동고 속에 보관된다. 그것은 항상 섭씨 영하 55도를 유지하는 거대한 저장고다. 디용이 말했다. "그 속에선 30초 이상 있을 수 없습니다. 미끄러지지 않으려면 살금살금 펭귄처럼 걸어야 해요. 이제 여러분은 다른 세상에 들어가게 됩니다."

그곳에 들어서는 순간 공기가 순간적으로 압축되었다가 코와 입 밖으로 터져나갔다. 말이 들리게 하려면 찬 공기를 불어내는 거대한 송풍기 소음보다 더 크게 소리쳐야 했다. 실내 여건은 너무 극한적이어서 그 자체의 기후 시스템을 갖추고 있었고, 천장에서 눈이 떨어져 머리와 옷에 내려앉았다. 냉동고 안에는 온갖 다양한 미생물이 잡혀 와서 길들고 냉동되어 있었다. 어떤 의미에서 그곳은 전 세계 미생물의 스발바르 같은 곳, 박테리아의 우주가 지켜지는 곳

이었다.[1]

하지만 다양성은 바깥 세계에서도 보존되어야 한다. 치즈가 처음 만들어지던 시절 이후로 인간은 자연의 숨겨진 힘에 고삐를 채워 초지에서 암소로, 젖에서 치즈로 옮겨놓았다. 치즈는 인간이 쓰는 이야기의 중요한 부분이었다. 그것은 살아남게 해줄 뿐 아니라 문화를 형성하는 데도 이바지한 음식이었다. 20세기 동안 과학은 모든 것을 더 많이 약속했다. 더 많은 음식, 더 많은 안전, 더 많은 균질성을 기약했다. 이 점에 대해서는 할 말이 아주 많지만, 그 때문에 대체할 수 없는 어떤 것이 상실되고 있다. 살레, 스티첼턴, 미샤비너 같은 치즈는 단순한 음식 이상의 존재다. 그것의 생산은 우리가 무너뜨리면 안 되는 어떤 삶의 방식, 특별한 생태 시스템, 자연과의 연결을 보전하고 유지하는 데 도움을 준다. 그것들은 우리가 알 수 없는 미래로 향할 때 선택지를 준다. 알바니아 알프스 산지와 마시프상트랄 지역의 치즈 제조자들과 홀로 작업하는 조 슈나이더 같은 사람은 희귀종이 되어간다. 그들은 단순히 맛있는 치즈를 만들 뿐 아니라 우리가 좀처럼 고려하지 않지만 그것들이 없으면 우리 모두 무너지게 되는 귀중한 생물종, 박테리아의 큐레이터다.

알코올

"모든 좋은 음식처럼
와인과 맥주, 증류주는 양분이 되고
신체를 만족시킨다.
일반 음식과 다른 점은
그것들이 아주 직접적으로
마음을 건드리는 방식이다."[1]

해럴드 맥기Harold McGee,
《음식과 요리》

AL-COHOL

미생물이 지휘하는 변형 과정인 발효는 치즈뿐 아니라 알코올을 만드는 데서도 필수다. 그러나 치즈는 유산균으로 발효되지만 알코올은 이스트로 발효된 산물이다. 진균류fungus family에 속하는 이 단세포 생물은 현미경으로만 보이므로 맨눈으론 보이지 않지만 어디에나 있다. 공기 중에 떠다니고, 식물의 표면을 덮고 있으며, 작은 흙덩이에도 있다. 자연에서 이스트는 익은 과일과 접하면 당분 분자를 분해해 에탄올이라는 알코올을 분비한다. 이 과정은 과일을 다른 박테리아로부터 보호해 부패 과정을 느리게 하고, 병균을 막아준다. 또한 곤충과 (인간을 포함한) 포유류에게 먹을 것이 여기 있으니 찾아오라는 신호로 작용하는 향기 흔적도 남긴다. 그래서 마침내 그 과일의 씨앗을 퍼뜨리게 한다. 식물, 인간, 이스트 사이의 상호 연관성은 알코올 마시기가 왜 그토록 많은 전 세계 문화의 특징이 되었는지에 대한 가장 좋은 설명이다. 이것은 '술 취한 원숭이 가설'[2]이라는 근사한 이름의 이론을 낳기도 했다. 이 이론을 들고나온 사람은 생물학자 로버트 더들리Robert Dudley인데, 그는 선조들이 자연 속에서 저농도 알코올에 노출되었기 때문에 우리도 음주에 이끌린다는 주장을 전개했다. 하나의 종으로서 우리는 그것을 먹으면서 성장했다는 것이다.

과일은 고대 인간에게 있던 중요한 영양학적 격차를 메워주었지만, 충분한 양을 소비하려면 신체가 에탄올에 적응할 수 있어야 한다. 에탄올은 독성 또는 우리가 흔히 말하는 중독성이 있으며, 모든 영장류가 그 화학물질을 처리할 능력이 있지는 않다. 과거에 일어난 어떤 유전자변이가 인간에게 우유를 소화할 능력이 생기는 방향으로 진화한 것처럼 알코올 대사 능력도 늘렸다. 이는 인간이 숲의 바닥과 사바나의 나무에서 떨어져 발효한 과일을 채집해 많은 양을 먹고도 몸이 아프지 않게 되었음을 의미했다. 과일 속 에탄올은 심지어 고대 인간의 과일 섭취량도 늘렸다. 바로 '식전주 효과'이다. 알코올은 우리 기분을 더 좋게 해줄 뿐 아니라 식욕도 자극해, 술을 마시면 더 많은 음식을 먹고 더 많은 에너지를 더욱 빨리 흡입하게 된다. 영양가 있는 익은 과일이 있는 곳으로 이끄는 향기의 흔적을 따라온 고대 인간이 다른 동물이 오기 전에 많은 양의 과일을 서둘러 먹을 수 있는 것은 큰 장점이었다.

이 이론이 옳다면 음주는 우리 DNA에 고정으로 설정된 특징이다. 알코올을 대사하기 쉽게 해주는 변이가 우리에게 남았고, 몇백만 년 뒤 우리 선조는 더 높은 도수의 알코올을 지닌 음료를 제조하는 독창적인 방법을 발견했다. 곡물과 과일을 재배하기 시작하고, 그것으로 알코올을 만들게 된 농부들은 미처 알지 못하는 사이에 이스트 균주도 길들이게 되었다. 양조의 경우, 이 길들임은 그 이전의 양조에서 남겨진 이스트가 새 양조에 쓰였기 때문에 발생했다. 진화적 기준에서 이는 인위적 선택이라 부른다. 19세기에 루이 파스퇴르가 특정한 이스트를 추출하는 방법을 발견함으로써 양조가 더 정밀한 과학으로 바뀌게 되었다. 어떤 형태를 취하든, 수천 년 세월 동안 알코올은 인간의 문화에 가장 큰 영향을 미친 존재 가운데 하나가 되었다. 우리 종의 역사는 알코올과 뒤엉켜 있다. 우리가 살고, 사랑하고, 논쟁하고, 창조하고, 사교하고, 사유하고, 농사짓는 모든 방식이 그것에 영향을 받았다.

알코올성 음료는 치즈만큼이나 지리적인 산물이다. 햇볕이 풍부하게 내리쬐는 지역에서는 발효 가능한 설탕을 가장 쉽게 얻을 수 있는 재료가 과일인데, 현대 조지아의 코카서스와 이란의 자그로스 산지에 와인 문화가 등장한 것은 그 때문이다. 이 덥고 건조한 지역에선 물이 부족할 때가 많지만, 뿌리가 깊이 뻗는 야생 포도 덩굴은 지하수에 닿을 수 있다. 포도원을 만들고 포도로 와인을 빚는 작업은 물을 뽑아내는 품위 있는 방식이며, 포도 껍질에서 이스트가 자연적으로 생기듯 알코올의 생산도 피할 수 없는 일이었다. 북유럽처럼 더 서늘한 지역에서는 밀과 보리 경작이 성행했으므로, 양조 문화가 발전했다. 양조 과정에서는 발효뿐 아니라 끓이기도 해야 하므로 물보다 더 안전하고 에너지와 미세 영양소, 이로운 미생물로 충만한 음료를 만들어냈다. 허브, 향신료, 호프가 추가되어 맛과 보존 효과를 더했다. 맥주는 '액체 빵'이었다(아마 제빵의 부산물이었을 수도 있다). 중국에서는 점성 쌀을 발효해 미지우米酒, mijiu 같은 알코올성 음료를 만들었고, 일본에서는 사케sake를 제조했다. 에티오피아의 꿀 채집자들은 테지tej(또는 꿀술mead)를 만들고, 앞서 보았듯이 중앙아프리카에서는 바나나로 맥주를 만들었다.[3] 남아메리카 여러 지역에서는 옥수수와 감자로 맥주와 증류주를 만들었고, 중앙아시아의 초원지대에서는 쿠미크족Kumyk이 발효된 마유馬乳로 알코올성 음료를 만드는 방법을 알아냈다.

알코올에는 정신을 변화시키는 성질이 있어[4] 종교와 서로 뒤얽히고 신앙 체계에 뿌리를 내리는 일을 피할 수 없었을 것이다. 기독교에서 성변화transubstantiation란 포도주가 그리스도의 피가 될 수 있다는 의미다. 일본 신사에서는 사케를 신들에게 바친다. 또한 안데스 지역에서 보았듯이, 샤먼들은 감자 증류주를 지모신인 파차마마에게 봉헌하기 위해 신성한 돌 위에 붓는다. 지난 몇천 년간 개발된 맥주 양조 기술의 대부분은 수도사들의 공적이다. 코란은 음주를 금지하지만 9세기에 증류라는 근대 과학을 익힌 것은 아랍의 화학자들이었다. 의학적으로 적용되는 과정을 넘어 그 기술은 나중에 아쿠아 비타이aqua vitae, 즉 위스키와 보드카, 버번, 브랜디 등의 원액이 되는 '생명의 물'을 생산할 수 있게 했다.

수천 년 동안 인간과 알코올의 관계는 지극히 지역 한정적이었다. 포도 품종, 지역 토산물인 보리 품종, 그리고 각자의 특정한 술을 만드는 제조자의 상상력과 독창성에 달려 있는 산물이기 때문이다. 한 장소의 문화를 제대로 알려면 관광할 게 아니라 술집에서 시간을 보내봐야 한다고 한 어니스트 헤밍웨이의 유명한 조언도 있다.

이 '지역 한정적' 성격은 산업혁명 기간에 열어지기 시작했고, 20세기에 음료 거래가 더 많이 세계화하면서 완전히 변했다. 우유가 그랬던 것처럼 주류는 세계적 상품이 되었고, 대기업이 점점 더 많이 관리하고 생산하고 분배하게 되었다. 맥주가 이런 추세의 본보기다. 전 세계에서 마시는 맥주의 4분의 1을 이제는 고작 한 회사 안호이저부시인베브Anheuser-Busch InBev(ABI)에서 양조한다. 이 회사는 버드와이저, 스텔라아르투아, 코로나를 소유하고 있으며 한 해에 500억 리터 이상을 생산한다[5](매시간 생산하는 맥주량은 올림픽 규모의 수영장을 가득 채울 정도인데, 이는 바로 다음 경쟁자 셋의 생산량을 모두 합한 것보다 더 많다). 또한 전략적으로 양조장들을 구매해 대형 브랜드와 함께 독립적인 '장인 양조장'(예를 들어 영국의 캠던타운브루어리와 미국의 구스아일랜드 같은 곳) 도 집어삼켰다. 와인의 세계는 더 세분화되어 있고 거물이 더 적지만, 2019년에는 규모를 기준으로 할 때 미국 내 모든 와인 판매자의 60퍼센트를 회사 세 곳이 차지한 것으로 추정되었다.[6] 그중 하나인 갤로는 개인이 소유한 와이너리로는 세계 최대인데, 매년 7000만 상자가량을 판매한다.[7]

한편 전 세계 포도원의 사정을 보면 균질성이 더 커지고 유전적 다양성이 사라지는 현상이 보인다. 기록에 남은 1500가지 이상의 포도 품종 가운데 많은 수가 옛날부터 자라온 토착 품종이며,[8] 재래종 곡물처럼 각 지역 환경에 매우 잘 적응되어 있었다. 그러나 이제는 모든 포도원의 80퍼센트가량이 기껏해야 열 가지 정도의 '국제적' 품종을 기른다. 샤르도네, 메를로, 시라 같은 것들 말이다. 이런 품종이 1960년대 이후 와인 제조를 지배하기 시작했다. 최근 들어 지구상 최대의 와인 제조국 가운데 하나가 된 중국(이 나라에는 세계에서 네 번째로 큰 생산자인 장위張裕가 있다) 역시 이런 국제적 품종을 재배하려고 한다. 가뭄에 잘 견디는 품종, 각지의 토양이나 짧은 성장 시즌에 적합한 품종을 선택하지 않고 그들은 세계 어디서나 재배되는 카베르네 소비뇽 포도를 광활한 포도원에 심었다.

수십 년간 음료 세계 전체에서 유산과 전통이 죽어가고, 생물다양성은 쇠퇴하고 있다. 이는 와인과 맥주뿐 아니라 다른 음료의 상황에도 해당한다. 사이더의 형제인 페리perry 역시 마찬가지다. 다행히 알코올은 대기업의 관심을 끌었을 뿐 아니라 더 많은 다양성과 더 깊은 이야기를 가진 음료를 만들기로 결심한 새 세대 생산자의 관심도 일깨웠다.

크베브리 와인

Qvevri Wine

27

이 책을 쓰려고 조사하는 동안 내가 만난 사람들 모두에게 공통되는 특징이 하나 있다면, 그것은 타협에 대한 거부다. 와인 제조자 라마즈 니콜라제Ramaz Nikoladze는 바로 이 특징의 최고 본보기다. 니콜라제를 만나러 조지아로 떠나기 전, 그를 아는 사람들이 내게 예상할 수 있는 시나리오를 세 가지 알려주었다. 첫째는 음식을 먹고 그의 와인을 실컷 마실 가능성이 크다는 것이다. 둘째는 그가 포도원에서 일하거나 지하실에서 와인을 만드느라 바쁠 수도 있는데, 그럴 때는 아마 틀림없이 기타 연주가 귀가 찢어질 듯이 울리고 있을 것이라고 했다. 셋째, 나는 이 시나리오가 제일 걱정스러웠다. 침묵, 침묵이 아주 길어질 수도 있다고 했다. 내가 받은 경고에 따르면 니콜라제는 깊이 생각하는 사람이며 진지하고 약간 소극적인 성품이고 말이 많지 않았다. 나는 그가 막중한 부담을 지고 있는 사람이니까 이 점은 이해할 만하다고 보았다. 밀과 빵의 기원은 비옥한 초승달 지역에 있고 옥수수 문화는 멕시코 남부에서 시작되었지만, 와인 제조의 탄생지는 조지아였다.[1] 그곳은 유럽과 아시아의 교차로다. 위기에 처한 와인을 만드는, 위기에 처한 제조자인 니콜라제는 이 고대 유산의 무게를 느끼고 있는 듯 보였다. 나는 나를 기다리고 있을 만한 시나리오 세 가지를 모두 겪었다.

그의 고향은 이메레티라 부르는 서부 조지아의 한 지역에 있다. 그곳은 고전 세계에서는 코치스Cochis, 즉 황금 양털의 고향이며 아르고호의 항해자가 향하던 목적지인 곳이다. 동부 조지아는 광활하게 트인 지형으로 이어지지만, 서부 조지아는 코카서스산맥의 기슭에 면하고 있어서 산이 많다. 북쪽이 더 넓고 남쪽은 좁다. 조지아는 포도 재배의 진원지였다. 1920년대에 니콜라이 바빌로프는 인간이 처음으로 야생 덩굴을 재배해 와인을 제조한 곳이 이 지역이었다고 주장했다. 이곳에서는 재배에 적합한 야생 포도가 지금도 발견되고, 그 과일의 다양성이 최고 수준으로 유지된다. 조지아의 지형은 그것을 위한 완벽한 무대가 되어주었다. 근대 토양학의 아버지인 19세기 러시아 지리학자 V. V. 도쿠차예프Dokuchaev는 조지아를 "거의 50가지 서로 다른 유형의 토양이 있는 야외 박물관"[2]이라 묘사했다(아일랜드보다도 작은 나라치고는 매우 큰 다양성이다).

오늘날도 여기저기 흩어져 있는 조각보 같은 야생 포도밭뿐 아니라 조지아와 와인의 오랜 관계를 보여주는 또 다른 증거가 있다. 그 나라 동부에 있는 신석기시대 유적에서 8000년 전 포도 품종의 화분 흔적이 발굴되었다. 그리고 2017년에는 수도 트빌리시 남쪽에서 똑같이 오래된 점토 파편이 발굴되었는데, 그것은 와인에 푹 젖었던 항아리 파편이었다. 하지만 조지아의 고대 와인 역사를 입증하는 가장 강력한 증거는 그곳 사람들이다. 와인은 그 나라의 역사에, 그곳의 미술과 종교, 전설 그리고 노래에서도 흘러내린다. 농부 둘이 만나면 첫인사는 "잘 있었나?"일 것이고, 그다음은 "자네 포도밭은 어때?"이다.[3] 그들은 기꺼이 와인이 자신들의 피라고 말할 것이다.

이것이 라마즈 니콜라제가 태어난 문화였다. 그의 배경에는 수없이 많은 와인 제조자 세대와 빈티지 와인 8000종이라는 바탕이 있다. 이제 사십 대 후반인 그가 성장한 시기는 소련이 몰락하던 때였는데, 그의 가족의 관점에서 보자면 그것은 1920년대에 증조부의 포도밭이 볼셰비키에 압수되면서 시작했다. 조지아가 1991년에 독립했을 때 그 나라는 허덕이는 상태였고, (소련을 위해 생산하던) 그곳 와인은 가장 산업화하고 또 심하게 타협한 산물 가운데 하나였다. 인구가 적은 지역과 언덕 사이의 고립된 마을, 서부 산지 아래 등지에서는 가정에서 마시려고 만들던 와인 제조의 더 오래된 형태가 살아남았고, 조지아의 다른 지역에서는 사라진 다양한 포도 품종도 있었다. 열여섯 살 난 니콜라제는 가족 농장에서 증조할아버지라면 인정해주었을 방식으로 첫 번째 와인을 만들었다. 곧 죽을 운명으로 보이던 전통에 직행한 것이었다. 그 뒤 30년 동안 니콜라제는 그 전통을 죽지 않게 하려는 운동의 전위에 서 있다.

그의 집 안으로 들어가 콘크리트 계단을 몇 개 내려가면서 와인 저장실이라는 곳으로 안내되었다. 처음에 보기엔 와인은 없고, 그저 앙상한 벽과 돌바닥만 있는 듯했다. 바닥에는 저마다 2미터 간격으로 뭔가를 덮은 원형의 큰 접시 같은 것이 일렬로 놓여 있었다.

니콜라제가 그 원형 뚜껑 하나를 열자 나는 검은 구멍 속을 들여다 보았다. 바닥에는 커다란 달걀 모양의 테라코타 항아리 네 개가 묻혀 있었는데, 항아리마다 발효 중인 포도즙이 가득 들어 있었다. 그 항아리는 나무 술통이 발명되기 수천 년 전에 사용하던 크베브리 Qvevri('크웨브-리kwev-ri'라고 발음하는)라는 고대의 와인 제조용 항아리다. 이 타원형 그릇 안에서 대류가 이루어지고, 이스트를 그 속의 액체 전부와 접하게 해줌으로써 과즙이 고르게 발효되도록 한다. 지하에서 온도가 균일하게 유지되므로, 흙으로 단단히 봉인한 항아리 속에 고립된 와인은 계절과 상관없이 천천히 만들어진다.

크베브리 바닥에는 뾰족한 원뿔 모양의 부위가 있는데, 그 부분에 평생의 일을 다한 앙금(죽은 이스트 세포)이 (쓴맛이 나는 타닌을 함유한) 포도씨와 줄기 등과 함께 가라앉고 와인은 그 위에 고인다. 8000년 동안 와인을 만들어온 조지아인은 지금껏 크베브리보다 나은 도구가 없다고 주장한다. 또한 크베브리는 예술품이기도 하다. 몇 개월에 걸쳐 점토 코일을 연이어 한 층씩 쌓아 올리며 만드는 이 항아리는 거대한 달걀 모양으로 다듬어지고 부드럽게 연마된다. 그다음 불로 소성• 되고, 안쪽에는 뜨거운 밀랍이 칠해져 점토 구멍에 있던 미생물을 소독한다(이는 와인이 시지 않게 막아주는 최종 처리법이다). 깊이가 3미터에 달해 와인 1300병 분량을 담을 수 있을 정도로 큰 크베브리도 있다. 하지만 그 안에서 만들어진 전통 와인처럼 크베브리의 제조 역시 위기에 처한 공예가 되었다. 그것을 만들 기술이(또 체력도) 있는 사람이 거의 남지 않았다.

• 물체에 힘을 가해 변형시킬 때 그 힘이 없어져도 본래 모양으로 돌아가지 않는 성질—옮긴이

크레브리 옆에 붙은 저장고에서 니콜라제는 이미 병에 담긴 와인

을 몇 병 가져왔다. "맛볼 겁니까, 마실 겁니까?" 그가 물었다. 나는 잠깐 생각한 뒤 대답했다. "마십시다." 그게 가장 경의를 담은 대답이라고 느꼈다. 지상으로 올라가서 우리는 식탁에 모여 앉았다. 니콜라제의 아내 네스탄은 양념한 양고기를 넣은 물만두인 힌칼리를 만드느라 온종일 분주했다. 또 콩을 넣은 뜨거운 빵 조각인 로비아니, 따뜻하고 쫄깃한 치즈로 속을 채운 빵인 하차푸리도 있었다. 조지아의 크베브리 와인에 몰두할 무대가 마련되었다. 니콜라제는 그 지역에서 나는 청포도인 촐리쿠리Tsolikouri 품종으로 만든 와인을 따랐다. 와인은 근사했지만(신선하고 상큼하고 묵직한 맛이 났다), 색이 약간 특이했다. 붉은색도, 흰색도 아니고 투명한 오렌지색, 호박색 와인이었다.

대체로 붉은 포도주는 붉은색 품종의 과즙과 포도 껍질(껍질에 함유된 염료는 색을 더할 뿐 아니라 타닌이 있어 맛에도 영향을 준다)을 함께 발효시켜 그 색을 얻는다. 백포도주는 일반적으로 껍질을 벗긴 청포도 과즙으로 만든다. 니콜라제가 따른 호박색 와인은 이 두 가지의 혼합종이었다. 청포도를 붉은 포도주처럼 발효시킨 것이다. 이 처리법은 '스킨 콘택트skin contact'라고 부른다. 전통적인 조지아 와인 제조자들은 크베브리 안에 포도 줄기를 넣기도 한다.[4] 이런 와인은 포도송이 전체로 맛을 내기 때문에 포도 이상의 어떤 것이 된다.

니콜라제는 다른 병의 와인도 따랐는데, 그중에는 크라쿠나Krakhuna 포도(그 지방의 이메레티 방언으로는 '상큼하다'는 뜻)로 만든 것도 있었다. 그것 역시 진한 호박색 와인이었다. 그는 수시로 저장고로 사라졌다가 병을 더 가져왔다. 그동안 내내 키 큰 스피커 두 개에서는 더 클래시The Clash의 음악이 점점 더 크게 쿵쾅거렸다. 우리는 또 다른 이메레티 품종인 치츠카Tsitska 포도로 만든 병으로 넘어갔다. 치츠카 포도의 과즙이 크베브리 안에서 8개월 동안 발효되었다. 잔에 따른 와인은 엷은 금빛을 냈다. 네스탄이 말했다. "이 와인은 내 남편과도 같아요. 매일 달라요. 그다음 날은 또 다르고요. 난 이 와인이 좋아요. 아니… 사랑해요. 그래서 이걸 라마즈라 부르는 거예요." 아홉 번째 병을 열면서 나는 라마즈 니콜라제에게 와인 제조의 비밀을 캐묻기 시작했다. 그가 목표로 하는 게 무엇인가? 나는 물었다. 그가 대답했다. "정통성입니다. 타협하지 않는 와인 말입니다." 그는 한참 침묵하다가 "타협 제로"라고 덧붙였다. 토착 포도 품종, 크베브리, 니콜라제의 와인 제조 기술, 이 모두가 우리가 마시던 와인의 중요한 재료였다. 하지만 내게는 그의 태도가 무엇보다도 우선했다.

니콜라제의 '타협 제로' 접근법은 포도원에서 시작한다. 그의 포도나무는 줄지어 정연하게 심어진 연대 사열 같은 형태가 아니라 숲처럼 자란다. 거기에는 새 둥지가 있고, 쐐기풀과 콩 덩굴이 포도나무 사이에서 자란다. 살충제는 사용하지 않는다. 자연이 주도권을 쥐고 있다. "내가 좀 게으른지도 모르지요." 니콜라제는 어느 해에 포도원을 손보지 않고 내버려 두었는데, 그해에 만들어진 와인이 그가 맛본 것 중 최고였다고 설명했다. 포도원이 너무 무성해졌을 때 와인이 변했는가? "야성적으로 되었지요. 점점 더 야성적으로 되었어요." 그가 웃으며 말했다. 니콜라제가 포도를 기르는 작업은 눈에 보이는 부분이지만, 눈에 보이지 않는 부분은 미생물 농부의 역할이다. 니콜라제는 과즙을 발효시키는 데 야생 이스트를 쓴다. 그것은 그 포도원의 생물다양성에 의존하는 균주다. 그가 쓰는 재료는 그것이 전부다. 그가 기르는 포도, 그 포도의 껍질로 기른 이스트 그리고 공기. 그 외에 더 들어가는 것은 없다. 그것이 낳은 와인을 제대로 묘사하기는 불가능하다. 한잔 한잔이 단순히 시음 기록이 아니라 새로운 경험이다. 그러나 와인에 관한 글을 쓰는 필자이자 조지아 전문가인 카를라 카팔보Carla Capalbo가 쓴 설명이 도움이 될 수도 있다. "약동하고 있어요. 내가 그 와인에서 만나기를 갈망하는 에너지와 야생성이 있습니다. 마치 훈련을 받은 일 없이 자유롭게 달리는 말 같아요. 제압되거나 무릎 꿇린 적이 없습니다. 고삐도 채워지지 않았어요." 그것이 마실 수 없을 정도로 야성sauvage이라는 의미는 아니다. 그보다는 우리가 잊어버린 어떤 언어와 더 비슷하다.

유라시아의 심장부에 자리 잡은 위치 때문에 조지아는 침공받은 역사가 길다. 이교도의 왕들은 몽골, 페르시아, 기독교 개종자에 폐위되었고, 그들은 또다시 무슬림 오스만제국에 정복되었다. 그 뒤에는 러시아의 침공을 받아 병합되었고, 집단화와 냉전이 뒤따랐다. 이 질풍노도의 시기 내내 와인은 변하지 않고 남아 있던 몇 안 되는 존재였다. 조지아 전사는 자신들의 포도원에서 잘라온 작은 가지를 갑옷 밑에 품고 전쟁터에 나갔다고 한다. 그것이 무엇을 상징하건 이런 행동에는 실질적인 동기가 있다. 이들이 집에 돌아갔을 때 자기 마을이 파괴되고 농장이 불에 타 없어지거나 점령당했다면 자신이 품고 다니던 포도 가지를 땅에 심어 다시 키우려는 것이었다. 그 가지는 이제껏 조지아에서 확인된 500종가량의 토착 품종 중 하나일 수 있다. 그 품종 컬렉션은 전 세계의 포도 다양성 전체에서 큰 비중을 차지하며, 다른 곳에선 발견되지 않는 품종도 있다. 이 야생 유전자와 재배된 유전자풀이 없다면 피노 누아르, 네비올로, 시라 같은 와인은 절대 존재하지 못했으리라고 바빌로프는 주장했을 것이다.

조지아의 음주 의례는 그 나라의 피비린내 나는 과거를 반영한다. 잔들이 쟁그랑 부딪치면 '그대의 승리에게!'라는 뜻의 "가우마르조스Gaumarjos"라는 건배사가 울려 퍼진다. 와인 제조자도 자신들의 작업에 정신적 차원을 부여한다. 그들은 와인이 액체가 된 햇빛이며, 음주는 신과 소통하는 방식이라고 여긴다. 그 나라의 농촌 지역에서 거의 모든 집은 포도밭과 지하실과 크베브리를 둘러싸고 지어지지만, 어느 것도 판매용으로 병에 담지 않는다. 동물 가죽에 담겨 운반되어 항아리에 부어진 와인은 가정의 식탁을 위해 만들어진 음료였다(라마즈 니콜라제는 삼십 대 후반까지는 와인을 병에 담지 않았다). 이 문화에서 일련의 가치가 생겨났다. 이는 와인이 무엇인가 하는 것만이 아니라 무엇이 와인이 아닌지를 말하는 가치이기도 하다. 이 세계의 에토스ethos에 따르면 당신은 아이를 기르듯 와인을 기른다. 와인 제조자라는 단어도 탐탁잖게 받아들여진다. 와인은 인간이 아니라 자연의 손으로 만들어진다고 생각하기 때문이다. 제조자는 야생 이스트를 만나서 와인으로 발효될 운명을 미리 타고난 포도를 위한 안내자일 뿐이다. 포도를 크베브리 안에 넣는 것은 와인이 발달하고 스스로의 발로 서게 해주는 낮은 정도의 개입 방식이다. 조지아인은 땅에 묻힌 크베브리 안에 있는 와인을 어머니 품속에 안긴 것으로 묘사한다.[5] 대지가 어머니다. 농부가 포도밭에서 일을 제대로 해내고 튼튼한 포도를 생산하면 크베브리 안에서 다른 것은 전혀 필요하지 않다. 존 우더먼John Wurdeman은 "나쁜 농사와 빈약한 와인 제조는 마치 거짓말을 한 아이와도 같다"라고 말했다. 동부 조지아에 터전을 잡은 미국 태생의 와인 제조자인 존의 말은 자연에 대한 이런 믿음을 설명하는 데 도움이 된다. "첫 번째 거짓말을 숨기려고 점점 더 많은 거짓말을 하게 되며, 계속 그렇게 이어진다." 그러므로 토양이 건강하면 많은 비료가 필요하지 않다. 식물이 건강하고 다양하면 살충제를 뒤집어쓰지 않아도 될 것이다. 와이너리에서도 와인을 교정하기 위해 산업적 처리가 필요하지 않을 것이다. 그러나 이 고대적 와인 제조 방식(그리고 그에 대한 생각)은 20세기에 조지아 북쪽에 있는 거인 이웃인 러시아의 지시 아래 변하게 된다.

1918년 차르의 몰락에 뒤이어 조지아는 독립을 선언했지만 이 지위는 단명했다. 적군赤軍이 1921년에 침입한 직후, 조지아를 잘 알고 있던 영국 저널리스트 헨리 네빈슨Henry Nevinson은 '러시아 지배'에 대한 설명을 남겼다. "그 나라는 차르 치하에서 스파이와 비밀경찰로 일하던 바로 그 악당들에게 점령당했다. 이제 그들은 자신들을 볼셰비키라 부른다. … 조지아의 민족성과 독립 주장은 공식적으로 조롱받으며, 러시아 군인들이 이 마을 저 마을 돌아다니면서 농민들이 생산한 것을 집어삼킨다. 조지아는 내가 본 곳 중에서 가장 아름다운 나라일 뿐 아니라 자연적으로 가장 비옥한 나라 가운데 하나다." 몇 년 전에 그는 와인 제조자들을 찾아갔다가 "포도가 원시적 압착기로 압착되고, 주목나무 가지에 걸러진 후, 땅속에 묻힌 거대한, 어른이 들어가도 될 정도로 큰 토기 항아리에서 과즙이 흘러넘치는 것"[6]을 보았다. 네빈슨의 묘사 이후 70년 동안 특히 (조지아 출신인) 스탈린 치하에서 소련의 임무는 시골에 산업적 효율성을 부여하고, 그전에 행해지던 많은 일을 삭제하는 것이었다. 그중에는 조지아의 와인 제조 방식도 포함되었다. 작은 산기슭 포도밭은 효율성이 너무 낮다는 이유로 폐기되었고, 노동자들은 동쪽에 있는 평탄한 카헤티 평원으로 이동해야 했다. 새로 심어진 포도밭에서는 여섯 가지 주요 품종, 모두 공산당의 중앙 계획자들이 선택한 것이 재배되어 토착 품종 대다수가 멸종 위기에 직면했다.[7] 공장에서는 국가가 고안한 와인이 생산되었다. 맛의 프로필, 알코올 수준, 당도, 산도를 모두 위에서 결정했다. 라벨에는 포도원 이름이 밝혀져 있지 않고 오로지 국가 독점 기업인 삼트레스트라는 휘장만 있었다.[8]

1950년대에 7세기부터 와인을 만들어온 알라베르디 수도원이 폐허가 되어 적군의 트랙터 주차장으로 변했고, 그곳의 고대 크베브리는 디젤유 저장고로 쓰였다. 이는 유산 약탈의 대표적 사건이다. 1960년대 이후 사정은 더 나빠졌다. 작황이 어떻든 상관없이 생산량이 할당되었다. 이로 인해 포도농축액과 타닌, 설탕물의 혼합액인 '가짜' 와인이 팔리게 되었다. 그러다가 1985년에 미하일 고르바초프가 일련의 극적인 반알코올 정책을 발표했는데, 그중에는 생산 감축도 포함되었다. 그리하여 수천 헥타르의 포도밭이 갈아엎어졌다. 1991년에 독립한 뒤 조지아는 혼란과 분쟁에 휩싸였다. 경제는 붕괴하고, 대형 와인 회사는 문을 닫았다. 대형 포도원은 당장 필요한 채소와 과일을 기르는 밭으로 변했다.

그러나 모든 것이 사라지지는 않았다. 그 나라의 더 먼 오지에서는 국가가 엄격하게 와인을 통제하는데도 뒷마당에서 포도를 기르고 가내에서 와인을 만드는 사람들 덕분에 많은 오래된 포도 품종이 보존되었으며, 크베브리를 사용하는 예전 방식 그대로 와인이 만들어지고 있었다. 대부분 와인 품질이 나빠지다 못해 엉망진창이 되었던 기간에도 트빌리시와 다른 도심지에는 암시장이 존재했는데, 여기서 국가의 간섭을 받지 않은 농장 건물이나 지하실에서 만들어진 전통 와인이 은밀히 거래되었다. 이런 불법 와인을 마신 사람 가운데 솔리코 차이슈빌리Soliko Tsaishvili라는 학자가 있었다. 조지아 와인과 비밀 크베브리 제조자들한테서 얻은 희귀한 샘플에서 영감을 얻은 그는 1989년에 자신만의 전통 조지아 와인을 만들기 시작했다. 그는 카헤티에 있는 여러 마을에서 르카치텔리Rkaitsiteli 포도(조지아의 오래된 고급 품종 가운데 하나)를 가져와 트빌리시의 지하실에서 와인을 만들었다. 2003년에는 동쪽의 카헤티로 가서 포도밭을 사들였다. 이곳에서 그는 크베브리를 되살려내고 더 많은 토착 포도 품종을 심는 작업을 시작했다. 예전에 그는 이런 말을 한 적이 있다. "진실은 다른 사람이 기른 포도에서 발견되지 않습니다. 그걸 당신의 와인으로 부를 순 없어요. 진실은 당신 자신의 포도를 기르는 데 있습니다."[9]

이런 작업의 소문이 다른 와인 제조자들에게도 퍼졌는데, 서쪽의 라마즈 니콜라제도 그중 하나였다. 마침내 비슷한 생각을 하는 생산자들의 네트워크가 만들어졌다. 이탈리아의 와인 수입업자이자 슬로푸드운동 멤버인 루카 가르가노Luca Gargano가 와서 크베브리

와인을 맛보고 이탈리아로 가져갔다. 조지아의 ('우리 와인'이라는 이름의) 그 작은 프로젝트가 외부 세계에서 인정받기 시작했다. 가르가노는 차이슈빌리와 니콜라제가 조지아 전통의 정수를 보호할 뿐 아니라 더 오래된, 아마도 더 순수한 와인 제조에 대한 태도를 대표한다는 것을 깨달았다. 그런 태도는 전 세계에서 사라지고 있다.

조지아의 와인 전통이 공산주의에 와해되던 시기에[10] 다른 곳에서는 자본주의가 와인 제조를 변형시키고 있었다. 1950년대까지는 유럽 포도밭 대부분이 아직 소규모였고, 수작업으로 진행했으며, 광범위한 토착 포도 품종의 고향이었다. 와인 품질은 여전히 자연에 막중한 영향을 받았다. 포도밭의 토양과 기후가 빈티지 여부를 결정하는 중심 요소였다. 1960년대에는 이 모든 것이 변하게 된다. 볼로그와 다른 과학자들이 밀과 쌀을 변형한 것과 똑같이, 그리고 식품 시스템이 더 산업화하는 것처럼 와인 제조도 그 자체의 혁명을 겪는다.

이 와인 혁명의 핵심 인물은 에밀 페이노Émile Peynaud였다. 보르도의 양조학연구소Institut d'Oenologie에 자리 잡은 이 독창적인 과학자이자 와인 제조자인 교수는 프랑스 와인의 품질을 개선하려고 나섰다. 페이노가 보기에는 너무 많은 것이 우연에 내맡겨 있었다. 너무 많은 와인이 농도가 옅고 시큼했으며 상한 과일로 오염되었다. 그는 와인 제조의 변덕스러움을 엄정한 과학으로 대체하기를 원했다. 이렇게 하면 프랑스가 더 많은 와인뿐 아니라 더 좋은 와인도 만들 수 있다고 믿었다. 그가 제안한 개선책 가운데 몇 가지는 알기 쉬웠다. 최상의 과일만 따고 나머지는 버린다. 더 잘 익은 포도를 따서 타닌 맛을 순화한다. 위생에 더 신경 쓴다. 더러운 술통을 버린다. 하지만 페이노는 실험실과 지하실 사이의 간격도 이어주었다. 와인의 pH 농도, 당도, 알코올 농도를 시험하는 방법이 도입되었다. 이는 와인 제조자들이 그때까지는 좋으면 본능적 관행이고 나쁘면 수수께끼로 치부하던 것에서 더 많은 통제력을 쥐게 해주었다. 생산자들이 페이노의 지침에 따라 목표로 삼을 더 특정한 매개변수가 생김에 따라 프랑스 와인은 일관성이 유지되었다. 더 적은 수의 이스트 균주를 선별하고 제조하는 데서도 발전이 있었다. 그렇게 하면 포도주 양조에서 발생하는 예측 불가능성을 줄이는 데 도움이 된다. 이것들이 합쳐진 효과로 1970년대 말 프랑스의 와인 수출량은 열 배로 늘었고, 생산량은 이탈리아와 스페인, 포르투갈 생산량의 총합보다 많아졌다.[11] 페이노는 이제 현대 와인 제조의 아버지로 여겨진다.[12] 그는 다양성을 귀중하게 여기고 위대한 와인을 만드는 단일한 공식이란 없다고 믿었지만, 보르도의 '페이노화Peynaudisation'가 일어난 뒤 와인 제조의 더 균질적인 접근법이 전 세계로 퍼지기 시작했다. 그와 함께 정말로 위대한 와인은 어떤 맛이 나야 하는지 더 세계적인 합의가 형성되었다.

페이노의 성공과 프랑스의 수출 증가를 토대로, (페이노에게서 배운) 한 세대의 컨설턴트들이 세계로 퍼져 보르도가 이룬 성공의 비밀을 나눠주었다. 가장 인기를 끄는 와인 컨설턴트인 미셸 롤랑Michel Rolland도 그들 가운데 하나였다.[13] 롤랑은 1970년대 초반에 페이노에게서 배웠고, 1980년대에 오대륙의 와이너리에 조언을 해주었다. 롤랑을 비롯해 컨설턴트들은 시장에서의 성공을 불러왔다. 영향력이 큰 와인 평론가들도 시장을 형성하는 데 도움이 되었는데, 그중 으뜸이 캘리포니아의 로버트 파커Robert Parker였다. 100점을 기준으로 파커가 매긴 점수는 와인 하나를 성공시킬 수도, 무너뜨릴 수도 있었다. 이 조합, 즉 와인 제조에서의 더 큰 기술적 통제와 전 세계에서 활동하는 컨설턴트 그리고 영향력 큰 평론가가 국제적으로 애호되는 스타일을 창출했다. 예를 들어 붉은 포도주를 더 대담하고, 더 농익고, 참나무 향이 강한 방향으로 유도하며 알코올 도수를 높였다. 파커는 특정한 스타일을 선호하지 않는다고 부인하며, 롤랑은 위대한 와인의 제조법이란 없다고 말했다. 그러나 수많은 와인 전문가는 이 말에 동의하지 않는다.

병에 붙이는 라벨의 변화는 주류 스타일의 등장을 지원했다. 이 시점까지 와인은 부르고뉴, 바롤로, 리오하 등 지역명으로 표기되었다. 하지만 1960년대 이후 포도 품종을 표기하는(카베르네 소비뇽, 샤르도네, 메를로 같은 것으로 시작하는) 라벨이 많아졌다. 프랭크 스쿤메이커Frank Schoonmaker라는 와인 상인이 시작한 이 추세는 신세계에서 확립되었지만, 캘리포니아의 와인 제조자 로버트 몬다비Robert Mondavi의 독창적인 마케팅에 힘입어 주류가 되었다(몬다비 와인은 가장 많이 팔리는 와인 순위 5위 내에 든다). 이 전략의 목적은 와인을 소비자가 더 접하기 쉽게 하는 데 있었는데, 결과적으로는 몇 안 되는 포도 품종을 슈퍼스타로 만들었다(카베르네 소비뇽, 샤르도네, 메를로 외에 슈냉 블랑, 피노 누아, 리슬링, 소비뇽 블랑, 세미용, 시라가 있다).

전 세계에서 이런 성공에 동참하고 싶은 와인 제조자 수천 명이 자신들의 포도원에 이런 유명한 품종을 새로 심었다. 보르도의 소비뇽과 메를로가 세계로 퍼졌다. 아르헨티나에서 오스트레일리아에 이르기까지 수백 년 된 포도밭에 심는 품종이 더 유행을 따르는 것으로 바뀌었다. 이탈리아의 토착 포도 숫자는 1970년대에 절반으로 줄어들었고, 포르투갈의 도루 지역을 보면 무엇을 잃어버리고 있는지 잘 알 수 있다. 역사적으로 그곳 포도밭에는 여러 포도가 뒤섞여 심어졌다(어떤 곳에서는 100종의 다른 품종이 자라기도 했다). 이것이 '필드 블렌드field blend'라 부르는 식재植栽 유형이었다. 다양한 재래 품종 밀밭이 농부에게 위험 부담을 줄여주는 것처럼, 이런 필드 블렌드는 재난에 대한 방어력이 있다. 몇 가지 포도가 한 시즌에 실패하더라도 다른 포도는 열매를 맺는다. 하지만 1970년대에 그 지역은 지각변동을 겪고 있던 국제시장에서 더 큰 몫을 차지하려는 전략의 하나로 다섯 가지 주력 품종에만 집중하기로 결정했다.

새로운 운송 방법 덕분에 더 많은 분량의 와인을 전 세계로 실어 나를 수 있었다. 수만 리터를 거대한 저장 용기에 담아 배에 실을 수 있었고, 플라스틱제 플렉시탱크(흔히 방광이라고 한다)가 발명되어 한 칸에 3만 병 분량의 와인을 담을 수 있게 되었다. 산업적으로 생산된 와인은 2000~3000달러를 들이면 대륙을 건너 목적지에서 병에 담기고 라벨을 붙일 수 있었다. 그것은 대부분 점점 커지는 슈퍼마켓의 와인 판매대에 내놓을 것들이었다. 대량 시장 와인 제조자들은 또 새로운 주류 스타일과 맛의 성공을 좇았다. 그리하여 파커 효과가 전 세계에 흘러넘쳤다.

포도밭에서 무슨 일이 일어나건 간에 모든 와인은 기술 덕분에 높은 점수를 받은 스타일을 복제할 수 있게 되었다. 생산자들은 착색제, 감미료, 효소, 타닌 분말을 추가해 와인의 외형과 입에서 느껴지는 감각을 쉽게 바꾸었다. 또한 나노 필터, 마이크로 필터, 울트라 필터, 역삼투압 같은 또 다른 혁신적 방법으로 와인의 미세한 입자를 제거해 맑고 반짝이게 할 수 있었다. 맛이 지나치게 도전적이면 마이크로 산화 기법을 써서 완화했다. 이런 대량 시장용 와인이 처음에는 어떤 장소에 연관된 감각을 갖고 있었다 하더라도 병에 담길 때쯤에는 그 관계성이 끊어졌다. 하지만 모든 행동에는 반작용이 있게 마련이다. 그리고 기술에 집착해 와인을 다루는 접근법은 프랑스에서 저항운동을 유발했다.

이 운동의 멤버 중에 쥘 쇼베Jules Chauvet가 있었다. 그는 주로 보졸레를 생산하며, 화학을 전공했고, 발효 전문가로 유명했다. 쇼베는 포도밭이 하나의 복합적인 생태계로서 그 안에는 와인 산업에서 심하게 과소평가된 종이 살고 있다는 생각에 매달렸다. 그가 말하는 것은 포도 위에서, 그리고 포도 주변에서 발견되는 다양한 야생 이스트다. 그는 상업용 이스트를 써야 훌륭한 와인을 만들 수 있다는 생각을 거부했다. 또한 와인 제조 과정에 아황산염을 다량 넣는 방법은 피해야 한다고 믿었다. 그 물질이 와인 제조자들이 오히려 권장해야 하는 미생물을 죽여 없애기 때문이다. 그렇다고 해서 쇼베의 접근법이 상황을 우연에 내맡기는 것은 아니었다. 전통적인 생우유 치즈 제조자들처럼 그는 자연적인 방법에는 대단한 기술과 우수한 과학이 포함되어 있다고 믿었다. 와인의 경우, 이 과학은 포도밭에서 시작한다. 그는 살충제 없이 자란 강하고 건강한 포도는 바람직한 이스트를 양성하고, 그것은 또 굉장한 와인을 만들어낼 것이라고 추론했다. 포도주의 양조 과정은 느리고 부드럽게 진행해야 하고, 오염을 피해야 할 뿐 아니라 포도밭이 주는 선물인 미생물

유산을 보호하기 위해서라도 꼼꼼해야 한다. 에밀 페이노가 현대 와인 제조의 아버지라면 쇼베는 내추럴 와인의 아버지다. 그의 생각이 세계 각지 와인 재배 지역의 생산자들을 고취했다.

2020년에 프랑스의 와인 명칭을 관장하는 유력 단체인 국립원산지품질연구소Institut National de l'Origine et de la Qualité(INAO)가 내추럴 와인의 공식적 정의를 발표했다. 가령 그 표준에 따르면 포도는 손으로 따야 하고 이스트는 포도밭이나 와이너리의 환경에서만 나오는 것이어야 한다는 식이다.[14] '내추럴 포도주Vin Méthode Nature'의 정의는 내추럴 와인 제조자가 스스로 요청한 것이었다. 자신들의 와인이 점점 크게 성공을 거두자 대형 생산자들이 따라서 이 분야에 뛰어들어 그들의 와인을 '천연'이라고 선전할까 봐 걱정한 것이다.

조지아에서는 크베브리 부활론자 라마즈 니콜라제와 솔리코 차이슈빌리를 비롯해 비슷한 생각을 하는 사람이 자신들이 세계적 운동의 한 부분임을 깨닫지 못한 채 내추럴 와인 제조의 본보기가 되어가고 있었다. 그들의 고유한 역사, 즉 고대의 유산으로부터 공산주의가 남긴 공백에 이르기까지 이들 조지아 와인 제조자는 과거에 와인이 어떤 존재였으며 지금도 어떤 존재일 수 있는지 알았다.

관행적 방식과 천연적 방식, 이 두 접근법 사이의 간격은 와인 제조 세계에서 오랫동안 큰 분열을 만들어냈다. 평론가들은 내추럴 와인을 "잘못 만들어진 사이더", "썩은 셰리주" 또는 "울고 싶어질 정도로 신랄하고 음울한 산미의 폭발"이라고 말한다. 설상가상으로 내추럴 와인 운동은 "정의되지 않은 사기"라고 일괄적으로 비난받았다. 이는 논점이 어긋난 지적이다. 그것은 와인 애호가와 다른 모든 사람에게 우리가 이 책에서 탐구하는 가장 큰 물음을 몇 개 던진다. 우리 음식과 음료는 어떤 것이 되었는가? 서로 다른 농업 시스템은 우리 행성에 어떤 영향을 미치고 있는가? 다양성은 왜 중요한가? 균일성은 어떻게 확산하는가?

조지아에서 모든 와인은 수프라supra로 향한다. 이는 음식과 음료, 음악이 한데 모이는 공동체적 행사다. 제2차 세계대전이 끝난 뒤 소련을 여행한 존 스타인벡John Steinbeck은 조지아인을 거의 초자연적 존재로 묘사했다.[15] 그들의 모든 동작은 불굴의 독립 정신이 주입된 멋진 행동으로 보였다. 그들은 마시고 먹고 춤추고 노래하는 것을 기준으로 한다면 다른 어떤 민족보다 뛰어나다고 그는 판단했다. 내가 수프라에서 겪은 경험도 그의 분석을 뒷받침한다. 엄청나게 많은 음식(힌칼리 만두와 하차푸리 빵이 계속 나온다), 곡예 같은 전통춤 그리고 다성음악• 의 노래에서 흐르는 깊은 저음은 와인 항아리가 테이블 위로 옮겨 다니는 동안 방 전체에서 박동한다. 테이블 상석에서 잔치를 지휘하는 사람이 타마다tamada(건배 제의자)로, 그의 역할은 먹고 마시기를 떠받들어 거의 신성한 행동으로까지 끌어올리는 것이다. 턱수염을 기른 거인 루아르삽 토고니제Luarsab Togonidze가 손에 큰 항아리를 들고 건배하자 방이 조용해졌다. "이것은 사랑을 위한 거요. 사랑은 절대 구식이 되지 않지, 사랑은 절대 늙지 않아. 난 우리가 모든 차원의 사랑을 위해 마시기를 원하오. 사랑이 없는 순간은 모두 버려진 순간이지. 와인과 음식, 음악이 있으니 우리는 사랑을 자유롭게 표현할 수 있어요." 호박색 액

• 독립된 선율이 있는 둘 이상의 성부로 이루어진 음악-옮긴이

체를 사람들 잔에 부어주면서 그는 다시 목청을 높였다. “사랑이여. 무한하고 무조건적인 사랑이여!” 와인을 따를 때마다, 혹은 노래 한 곡이 끝날 때마다 토고니제는 또 다른 시적 건배를 했다. 어떤 것은 2분, 다른 것은 10분 길이였는데 모두가 삶에서의 가장 큰 주제를 언급했다. 죽음과 전쟁, 사랑, 아름다움, 역사, 전통 그리고 와인에 대해.

토고니제는 아홉 살 때 첫 건배를 했다. 훌륭한 타마다의 역할 가운데 하나는 와인이 평범한 음료가 아님을 상기시키는 것이라고 그가 내게 말했다. “조지아의 과거는 비극으로 가득해요. 침략도 너무 많이 당하고, 전쟁도 너무 많았지요. 사람들은 하루하루를 마치 생애의 마지막 날인 것처럼 살았어요. 그들은 축하하고, 삶을 끌어안고, 그 아름다움을 보는 법을 배웠지요. … 그리고 가진 것을 소중히 여기는 법도. 그중에는 와인도 들어가요. 그건 신성한 것입니다.” 토고니제는 술잔 컬렉션을 갖고 있었다. 정교한 목제 컵과 귀금속으로 만든 고블릿 그리고 은으로 도금한 뿔도 있었다. 수프라의 마지막 건배를 위해 우리는 가장 평범하고 별 특징이 없는 잔으로 마셨는데, 그것은 점토로 만든 3000년 된 컵이었다. 내 입술에 그 잔이 닿았을 때 나는 나 이전에 그것을 들었던, 그리고 이들처럼 조지아 와인으로 건배했던 사람들을 상상했다. 토고니제가 말했다. “우리의 전통에 대해 건배합시다. 그것이 지금의 우리를 만들어줍니다. 가우마르조스!”

벨기에,
파요턴란드

Pajottenland,
Belgium

람빅 맥주

Lambic Beer

28

위기에 처한 음식이나 음료를 지키려는 싸움은 흔히 자신의 생애를 바쳐 그 과업에 헌신할 준비가 된 소수의 남녀 주인공으로 집약되곤 한다. 그런 주인공 중 하나가 '맥주 사냥꾼'이라 부르는 마이클 잭슨Michael Jackson이었다. 그는 세계의 다양한 맥주 문화를 기자답게 진지하고 엄격하게 다룬 최초의 인물이었다. 처음에는 신문사 기자로 시작한 잭슨은 맥주(기교가 동원되어 가공된 모든 음식이 그렇듯이)가 경의를 담아 다루어질 가치가 있다고 믿었다. 와인은 진지한 평론적 관심의 대상이다. 맥주가 그런 대접을 받지 못할 이유가 있는가? 기자로 활동하는 동안 잭슨은 맥주가 정당한 대접을 받을 수 있도록 계속 노력했다. 그는 모든 맥주에는 고유의 역사가 있고, 그 자체의 미묘한 생산 방법과 독특한 재료가 있음을 깨달았다. 술통에 따라 달라지는 영국 에일의 섬세한 맛, 블랙라거 비어, 발트 지역의 포터, 아로마를 지닌 핀란드의 사흐티 등등. 하지만 1970년대와 1980년대에 유럽을 돌아다니며 기록하고 맛을 보면서 그의 작업은 절박해졌다. 자신이 소멸 과정을 목격하고 있음을 알게 되었기 때문이다. 몇 세기 동안 내려오면서 사랑받던 양조장, 한때는 공동체의 일부분이던 양조장이 문을 닫았고 그들의 고유한 음료도 함께 사라지고 있었다.

잭슨의 책과 방송은 양조 세계의 다양성과 독특함에 환호하며 마치 베를리너 바이세와 보헤미안 필스너 같은 종류에 보내는 연애편지처럼 읽힌다. 하지만 그가 가장 깊은 열정을 보이고 가장 매력적이라고 느낀 음료는 벨기에산이다. 잭슨은 술 마시는 사람들이 가장 다양한 맥주를 만나게 되는 곳이 벨기에라고 믿었다. 어떤 것은 과일로, 어떤 것은 향신료로 맛을 냈으며 농가와 수도원에서 만들어진 맥주도 있다. 이런 맥주는 저마다 다른 형태의 맥주잔에 담겨 나온다. 많은 수가 와인처럼 선물로 주어지며, 맛도 형태도 와인과 비슷하다.[1]

단절 없는 오랜 양조 역사를 지닌 벨기에는 맥주의 '다양성 중심지'가 되었다. 그곳은 양조의 모국이었고, 눈이 어지러워질 정도로 넓은 범위의 스타일과 맛이 있었다. 그런 맥주는 워낙 오랫동안 만들어졌기 때문에 곡물 하나가 한 장소에 수백 년, 수천 년 동안 존재하는 것처럼 맥주도 벨기에에 적응하고 다양해질 수 있었다. 양조는 벨기에의 문화에 깊이 뿌리박고 있어서 1970년대까지도 알코올 도수가 낮은 '식탁용 맥주'가 학교의 아동에게도 나왔을 정도였다. 약 1000만 인구의 이 작은 나라에서 각 주는 그 자체의 지극히 국지적인 양조 하위문화를 보유했고, 작은 마을과 소도시마다 맥주란 어떤 것이어야 하는지에 대한 자신만의 해석이 있었다. 2007년에 세상을 떠난 잭슨은 책과 기사에서 거의 무정부 상태라 할 정도로 다양한 기술과 재료를 파악하고, 맥주 스타일의 지도를 작성했다. 벨기에에서 맛볼 수 있는 다양성 중에서도 그의 흥미를 가장 끌어당긴 음료는 파요턴란드의 람빅 맥주였다. 그곳은 브뤼셀 남서쪽에 있는 농촌 지역이다. 그는 이 맥주를 "곡물의 샴페인" 또는 "벨기에의 부르고뉴"라 묘사했다. 람빅을 맛보는 것은 세계에서 가장 복합적인 음료 중 하나를 만나는 것이다. "그것은 500년 전 삶의 맛을 경험하는 것이기도 하다. 상업적으로 양조한 다른 어떤 맥주의 역사도 그것만큼 멀리 올라가지 않는다. 또한 그 생산 과정은 변한 것이 거의 없다."[2] 그는 《마이클 잭슨의 맥주 동반자Michael Jackson's Beer Companion》에서 이렇게 썼다.

이런 맥주를 그토록 매력적이게 만든 것은 술통 하나하나가 오랜 세월 진행된 빈틈없는 작업의 산물이면서도 많은 부분이 자연에, 양조자의 관점에서 본다면 우연에 내맡겨져 있다는 데 있다. 람빅 양조는 맥주의 야생적 측면의 일부다. 개성적인 치즈가 대부분 그렇듯, 환경 속에 떠다니는 이스트와 박테리아가 최종 산물에 표현되어 있다. 이 맥주의 길들이지 않은 자연이 처음 시작할 때부터 명백히 드러나지는 않는다. 람빅 양조는 모든 맥주가 그렇듯이 곡식으로 죽을 끓이는 것으로 시작한다. 대개는 맥아 보리malted barley(발아하게 내버려 두었다가 발아를 멈추려고 볶은 것으로, 이 단계에서는 발효하기 쉬운 당분이 생성되어 이스트가 그것을 알코올로 전환할 수 있다)가 쓰인다. 그다음으로 알곡이 제분되어 그리스트grist라는 거친 가루로 변하고 뜨거운 물과 섞인다(매싱mashing 과정). 그 혼합물인 '매시mash'가 휘저어지는 동안 알곡은 천연 당분을 방출해 액체가 달콤해지고 '맥즙wort'으로 변형된다. 맥즙은 커다란 구리 솥(케틀kettle)에 담아 여러 시간 끓인다. 1000년쯤 전에 양조 과정의 이 단계에서 몇몇 양조자는 지금 우리가 '홉hop'(늑대 식물 Humulus lupulus)이라고 부르는, 덩굴 식물의 말린 꽃을 넣기 시작했다. 씁쓸한 복합물을 함유한 이런 꽃은 맛을 더해줄 뿐 아니라 보존제 역할도 했다. 폭넓게 말해 이는 세계 양조자들이 대부분 따르는 초기 단계다. 파요턴란드의 람빅 양조자도 이 지점까지는 같은 길을 따르는데, 여기서 두 가지 변이형이 나온다. 먼저 그들은 그리스트에 밀을 추가한다.[3] 그러면 완성된 맥주에 시큼하고 갈증을 적셔주는 맛이 더해진다. 또한 대부분 양조자가 가장 신선하고 강한 향기를 내는 홉을 원하지만(그렇게 맥즙의 단맛을 씁쓸한 맛으로 균형을 맞춰주기 때문이다), 파요턴란드의 람빅 양조자는 3년쯤 묵은 홉을 쓴다. 그것은 바싹 말라 있어서 향취와 맛이 거의 사라진 상태다. 람빅 양조자가 이 마른 꽃에서 얻고자 하는 것은 보존 능력뿐이다.

그러나 람빅 맥주로 향하는 가장 큰 전환점은 일반 양조자들이 맥즙에 이스트를 추가하게(또는 그들은 이를 "던진다pitch"라고 표현한다) 되는 결정적인 미생물 단계에 있다. 치즈 제조에서 종균배양의 경우처럼 이런 이스트는 이제 거의 실험실에 격리된 상태에서 선별된 균주들로만 이루어진다. 양조자가 특정한 맥주 스타일을 만들고 싶다면 발효과정을 관장할 특별한 미생물이 필요하다. 이 이스트가 맥즙에 있는 당분을 신나게 먹는 동안 진한 에탄올이 이산화탄소와 함께 배출된다(거품이 발생한다). 또한 선별된 이스트 균주는 어떤 맛이 지배적일지, 그리고 맥주가 에일이 될지 라거가 될지도 결정한다. 람빅 양조자는 발효를 통제할 수 있는 이 기회를 포기한다. 그 대신에 이스트의 포자 하나도 들어가지 않은 맥즙을 양조장 안에 자리 잡은 커다란 금속 용기 코엘십koelschip(쿨십coolship)에 쏟아붓는다. 이것은 마치 아주 큰 금속제 수조처럼 생겼다. 여기서 맥즙은 식어서 알 수 없는 미생물 세계와 접하도록 방치된다. 이스트는 대기 중에 떠다니고 양조장 내 모든 표면에서 눈에 보이지 않은 채 살아 있다. 특별한 덧살 창문으로 외부 공기가 들어오기에 더 야생적인 이스트와 미세유기물도 맥즙에 내려앉을 수 있다. 이것이 자발적 발효를 촉발하는데, 대부분 다른 양조자라면 끔찍하게 여길 일이다. 대개는 야생 이스트를 적으로 취급한다. 예측할 수 없는 말썽의 원인이며 혼란을 창조하고 소동을 일으키는 존재로 여기는 것이다. 하지만 람빅 양조자는 여러 세대를 내려오는 동안 이런 미생물과 조화롭게 일하면서 그것들에 (약간의) 통제력을 행사하고 (딱 필요한 만큼만) 길들이는 방법을 알아냈다.

이 양조법의 중요한 특징 하나는 계절에 대한 의존도가 매우 높다는 점이다. 이런 과정은 한 해 중 서늘한 기간에만 일어날 수 있다. 찬 기온에서는 해로운 병균이 잠들어 있는 동안 바람직한 미생물이 우세해질 수 있기 때문이다. 쿨십에서 하룻밤 지낸 뒤 맥즙은 나무통으로 옮겨진다. 영국식 캐스크 에일cask ale은 일주일가량 숙성용 탱크 안에서 발효하며, 독일식 라거는 두 달가량 탱크 안에서 발효한다. 하지만 람빅 맥주의 술통 발효는 3년이 걸릴 수 있다. 이 기간에 서로 다른 이스트와 박테리아의 파도가 양조주 속의 당분에 작업할 기회를 얻어서 더욱더 복합적인 맛으로 발전한다. 이 맥주 가운데 일부는 술통에서 곧바로 병입되지만 대부분은 혼합된다. 수많은 물감으로 작업하는 화가처럼, 람빅 양조자는 다양한 술통에서 만들어진 맥주를 선별해 조화 비슷한 것을 창출한다. 여러 시기와 성격의 람빅들을 섞고 짝을 맞춤으로써 괴즈gueuze• 가 만들어진다. 최종 결과는 온전히 블렌더의 입맛에 달려 있다. 이것은 모험심 없는 사람을 위한 맥주는 아니다. 그 방법을 완성하기까지는 여러 세대의 양조자가 관련되었고, 어떻게 섞을지 배우는 데도 오랜 경험이 필요하며, 술 마시는 사람이 그것을 어떻게 즐길지 알아내는 데도 평생이 걸릴 수 있다. 람빅의 야생적 성격은 온갖 가능한 맛의 전 범위에 걸친다. 짜릿한 레몬의 신맛에서 꽃처럼 달콤한 꿀맛에 이르기까지. 한 잔으로 향신료의 시큼함을 느낄 수도 있고 다크초콜릿의 입을 쏘는 씁쓸함도 맛볼 수 있다. 다른 어떤 맥주도 그것만큼 많은 재미나 창조적 영감을 주지는 못했다. 람빅 맥주에 대한 묘사 가운데 '고서점',[4] '말 담요', '담배 주머니' 같은 단어가 있다. 이런 맥주는 그 맛뿐 아니라 역사에 대해 말하려고 해도 수수께끼 같고 정확하게 뭐라고 설명하기 어려운 면이 있다. 람빅 맥주의 기원 중 많은 부분이 알려지지 않았으며, 확실한 것은 하나도 없다. 하지만 힌트는 있다.

• 람빅 맥주 가운데 가장 상징적이고 유명한 스타일 -옮긴이

브뤼헐Bruegel은 1565년에 걸작 〈수확하는 사람들The Harvesters〉에서 노동자들이 덥고 건조한 날 밀밭에서 일하다가 휴식을 취하는 모습을 그렸다. 그들은 나무 그늘에 드러누워 빵을 뜯어 먹고 대접의 수프를 마시며 토기 항아리에서 음료를 따라 마시고 있다. 맥주를 사랑하는 몇몇 미술사가(또는 예술을 사랑하는 맥주 음주자)는 그 항아리 속 액체가 람빅이라고 생각한다. 그들의 추론은 타당하다. 당시에 람빅 맥주 양조는 덴더강과 센강 사이 완만한 구릉

들이 펼쳐진 지역인 파요턴란드에서 농사를 짓는 계절적 리듬의 일부분이었을 것이다. 여기서 여름이 가을로 접어들고 보리밭과 밀밭이 수확되면서 발효에 완벽한 여건이 다가온다. 너무 더워서 양조가 금방 통제를 벗어나는 것도 아니고, 너무 추워서 미생물의 활동이 정지하지도 않을 정도의 기온. 이 지점에서 농부들은 한동안 양조자로 변신해, 안전하고 저장할 수 있으며(다가오는 시절에 노동자들이 나무 밑에서 쉬면서 마실 수 있는) 시원한 음료를 만들어낸다.

이처럼 농업에서 출발한, 농촌에서 수확철 후에 양조된 맥주는 가까운 브뤼셀의 늘어나는 도시인들을 위한 음료가 되었다. 16세기 말의 세금 영수증을 보면 람빅의 특징을 가진 맥주의 거래가 도시 전역에서 이루어진 사실이 서술되어 있다. 브뤼셀이 팽창하면서 파요턴란드 전역의 수백 개 농장에서 양조한 맥주를 내는 전문 카페가 생겼다. 곧 새로운 직업이 등장했다. 사람들이 가장 많이 원하는 람빅 맥주 술통을 준비할 뿐 아니라 그것들을 섞어 특별한 음료를 만드는 기술을 가진 술집 주인이라는 업종. 이런 고유한 혼합 음료를 내는 카페들은 (예나 지금이나) 술집이라기보다는 사적인 거실과 더 비슷했다.

마침내 양조업 자체가 대부분 도시로 옮겨갔고, 19세기 말이 되자 브뤼셀에는 수백 곳의 람빅 생산자가 외곽뿐 아니라 도심부에도 들어섰다. 그러나 1세기도 채 못 되어 람빅 맥주는 거의 소멸 상태에 이르렀다. 제1차와 제2차 세계대전으로 람빅 양조장 몇 군데가 문을 닫았다. 연료와 목재와 인력이 전선으로 차출되었고, 쿨십과 양조 케틀은 해체되어 전쟁 장비 재료로 쓰였다. 전후 시기에는 음식과 농사의 변화가 더 폭넓게 일어나 그때까지 남아 있던 양조장 대부분이 없어졌다. 마셜플랜이 이끈 전후의 복구 사업은 미국에서 수입한 식품을 엄청난 분량으로 들어오게 했고, 식단과 입맛을 바꾸었으며, 시큼한 람빅 맥주를 그대로 코카콜라와 맞상대하게 했다. 녹색혁명으로 몰려든 새로운 밀과 보리 품종 때문에 양조자들이 여러 세기 동안 써온 원재료가 바뀌었다. 그러다가 유럽 전역에 새로운 유행이 펼쳐지기 시작했다. 그것은 1960년대에 시작되었고, 1970년대에는 더 널리 확산한 필스너 라거가 애호되는 추세였다. 음료 세계에서 비교적 젊은 신참인 이 음료는 마이클 잭슨이 사랑했던 다양성의 많은 부분을 재빨리 주변으로 밀어냈다.[5]

맑은 금빛의 필스너 맥주는 산업화가 한창 진행될 때 유럽인의 갈증을 적셔주기 시작했다. 1840년대에 독일 국경 근처의 중요한 무역 중심지인 보헤미아의 플젠시에서 처음 완성된, 거품이 두껍게 덮이면서도 색이 옅은(그때까지 라거는 거의 모두 짙은 색이었다)[6] 이 음료는 강한 인상을 주었다. 그것은 또한 양조의 과학적 혁명기에 개발되었다는 행운도 누렸다. 이는 필스너가 세계에서 가장 지배적인 맥주 스타일로서 현재와 같은 지위를 누리게 등을 떠밀어준 행운이었다. 라거가 인기를 누리는 이유 가운데 하나가 수명이다. 라거는 다른 종류보다 더 오래 저장하는 데 이미 최적화한 맥주였고(라건lagern은 독일어로 '저장한다'는 뜻), 냉장 기술 덕분에 필스너를 더 오래 저장할 수 있게 되었다. 앞에서 보았듯이, 이후 1870년대에 루이 파스퇴르는 이스트 균주를 추출하는 데 성공했다. 덕분에 양조자들은 '맛이 가버리는 일off-flavours'을 더 잘 통제할 수 있었다. 필스너는 맛이 섬세한 맥주였으므로(에일보다 더 까다롭다) 이 신식의 깨끗한 맛이 사람들에게 인기를 끌었다. 그것은 유리그릇이 사람들의 구매력 범위에 들어오기 시작한 때에 등장했다. 유리잔에 담긴 맑은 금빛의 보기 좋은 맥주는 아마도 당시의 애주가들을 홀렸을 것이다. 새로운 철도망이 새로운 맥주 스타일을 광범위하게 전파했다. 20세기에 발전이 계속되어 라거 양조의 과정을 가속했고, 알곡에서 유리잔까지 걸리는 시간이 몇 주 이내로 짧아졌다. 오랜 양조 역사와 다양한 스타일이 있음에도 벨기에마저 유럽 전역을 지배한 이 새로운 라거 취향에 굴복했다. 1980년대쯤 벨기에에서 소비되는 모든 맥주의 4분의 3이 라거였고, 그 대부분은 하나의 회사 인터브루Interbrew에서 만들어졌다. 오늘날 필스너는 전 세계 맥주 판매량의 95퍼센트를 차지한다.[7]

라거와 계속 대형화하는 라거 양조장은 남아 있는 몇 안 되는 람빅 양조자에게 거의 재앙이라 할 타격을 입혔다. 미국을 거점으로 하는 열성적인 젊은 맥주 애호가 세 명이 작성한 람빅 인포lambic info라는 온라인 프로젝트는 20세기에 문을 닫은 람빅 양조장의 이름을 열거한다. 그중에 베카스스테페가 있다. 그곳은 1877년에 문을 열어 유명한 괴즈 양조자와 블렌더로 발전했지만, 1970년대에는 다른 사람 손에 넘어갔다가 1990년대에 인터브루에 흡수되었다. 또 다른 양조장인 드네베는 1792년에 브뤼셀 서쪽에서 개업했다가 1970년대에 경쟁 업체에 팔렸는데, 그 업체 역시 1990년대에 인터브루에 넘겼다. 그 건물은 나중에 고급 아파트로 바뀌었다. 1837년에 개업한 데지레라모트는 1885년에 열린 세계박람회에서 람빅을 선보였는데, 1991년에 문을 닫았다. 그 명단에는 이와 비슷한 사연의 양조장이 320곳 있다. 양조장들이 사라지자 대체할 수 없는 맥주와 블렌드 수백 종도 사라졌고, 다시는 맛볼 수 없게 되었다. 1990년대 중반에 파요턴란드에 남아 있는 람빅 양조장은 고작 열 곳이었다. 브뤼셀에는 단 한 곳만 버티고 있었다. 이곳이 마이클 잭슨이 1990년대 초반에 "외형은 차고와 비슷하고 내부는 양조장인지 고물상인지 모를 모습"이라고 묘사한 칸티용이다. 그 무렵 그곳은 세월에 찌든 나무 들보와 돌바닥, 구리 장비가 들어 있는 컴컴한 공간, 증기기계와 플라이휠이 놓여 있고 뒤에는 맥주가 들어찬 허름한 술통이 줄지어 있는 먼지투성이 창고였다. 30년쯤 뒤 내가 잭슨의 뒤를 따라 칸티용으로 들어갔을 때, 과거와 다른 점은 오직 소유권이 그 양조장을 200년 동안 소유해온 판로이Van Roy 일가의 4대에서 5대로 넘어갔다는 사실뿐이었다.

나를 안내한 사람은 말이 빠른 람빅 전도사이자 칸티용의 가문 역사가 알베르토 카르도소Alberto Cardoso였다. 삐걱거리는 계단을 세 층 올라가자 양조장 꼭대기에는 폐소공포증을 유발할 만한 다락방이 있었다. 천장은 낮고 바닥은 쿨십이 전부 차지했다. 장방형의 그 그릇은 테니스코트 하나의 4분의 1 정도 넓이에 무릎 높이의 난간이 둘러 있었다. 카르도소가 말했다. "이 방에 있는 모든 것은 자연의 지시에 따라 작업합니다. 자연은 매일 뭔가 다른 걸 주지요." 이곳은 건물에서 제일 추운 구역으로, 뜨거운 맥즙이 아래에 있는 케틀에서 파이프를 거쳐 쿨십으로 올라오면 증기의 벽이 생겨 방을 맥주가 내뿜는 사우나로 변모시킨다. 주위의 모든 것, 나무 패널로 마감된 벽과 들보, 천장은 되도록 방해받지 말아야 한다. 양조장에 상주하는 미생물 공동체에 손상을 입히지 않기 위해서다. 건물을 청소할 때도 화학 용제는 사용하지 않고 거미도 그대로 내버려둔다(덜 우호적인 다른 미생물을 운반하는 곤충을 쫓아내기 때문이다). 지붕을 새로 갈 때도 옛날 지붕의 먼지 낀 기와를 다시 설치했는데, 이는 모두 거기에 붙어 있는 이스트를 보존하기 위해서였다.

쿨십 아래 여러 층에는 술통 수백 개가 정렬되어 있다. 그중에는 100년 묵은 것도 있지만 모두 칸티용의 고유한 미생물의 동료 숙주들이다. 이런 술통 안에서 야생 이스트 균주가 젖산균과 만나 발효라는 마법을 지휘한다. 대표적인 이스트 균주는 브레타노미세스Brettanomyces('영국 진균'이라는 뜻)인데, 19세기 영국의 양조장에 그것이 있으면 재앙으로 여겨졌기 때문에 그런 이름이 붙었다. 그것은 괴상한 맛을 내는 원인이었다. 람빅 양조의 야생 미생물 세계에서 브레타노미세스는 날카롭고 짜릿한 구연산 맛을 내는 존재로 받아들여진다.

블렌딩 기술 역시 칸티용에서 실제로 사용되고 보호된다. 현재 수석 양조자인 장피에르 판로이Jean-Pierre Van Roy는 수백 개의 다른 통에서 발효된 맛을 가져다가 확연히 '칸티용'이라 알아볼 수 있는 음료를 만든다. "자연이 제안하는 것도 있지만 장피에르는 다른 것을 창조합니다." 카르도소가 말했다. 아직 발효가 진행되는 젊은 맥주는 더 온건한 3년 묵은 맥주에 에너지와 활기를 더해준다. 이는 숙성이 더 야성적이고 시큼한 성격에 섬세함을 가져다주는 사례이기도 하다. 그 결과, 위기에 처한 맥주뿐 아니라 위기에 처한 맛도 탄생했다. "과거에는 대하기 힘든 사치였던 설탕과 단맛이 지금은 어디에나 있습니다. 우리 맥주는 뭔가 더 복합적인 것을 떠올리게 하지요. 신맛과 쓴맛 말입니다."

브뤼셀 서쪽 파요턴란드에는 살아남은 소수의 람빅 생산자가 있다. 일가의 농장을 토대로 하는 양조장의 4세대 주인인 지라르댕Girardin도 그중 하나다. 양조장과 농장 모두 수수께끼 같은 인물 폴 지라르댕이 운영한다. 맥주 전문 작가인 팀 웹Tim Webb은 자신의 저서 《벨기에 맥주 가이드Good Beer Guide Belgium》에서 이렇게 표현했다. “지라르댕 일가는 전 세계의 전혀 낯선 이들이 자신들의 맥주를 높이 평가한다는 것을 분명히 알고 있을 텐데도 여전히 은둔자처럼 살아간다. 그리고 그들의 사업은 예전과 다름없이 이어진다. 오로지 지역민에게만 내놓는 것이다.” 일하고 있는 폴 지라르댕을 잠깐이라도 본 사람은 마법이 농장의 밀과 보리에서 시작한다고 말한다. 수확 철이 다가오면 그는 들판을 돌아다니면서 줄기에서 알곡을 딴 뒤 손가락으로 비벼본다. 꼭 적절한 맛이 난다고 생각하는 밀밭 구역을 만나면 그는 그 작물을 그해의 양조용으로 표시해두고, 나머지는 판매한다. 나는 지라르댕 부인인 하이디와 잠깐 통화한 것 외에는 그 농장에 접근하지 못했다. 호기심에 차서 나보다 먼저 문의했던 수많은 열광적 팬들처럼 나도 방문은 불가능하다는 공손한 대답을 들었다. 폴은 너무 바쁘고, 중요한 일을 하고 있고, 낯을 가린다고 말이다. 그러나 파요턴란드에 있는 아주 작은 술집에 가면 지라르댕의 람빅 맥주(또 다른 희귀 맥주들도)를 틀림없이 만날 수 있다. 아이제링엔이라는 마을의 변하지 않은 전통 카페인 ‘인 더 베르제커링 테겐 더그로트 도어스트In de Verzekering tegen de Grot Dorst’라는 곳이다.

플랑드르어로 된 이 긴 이름은 ‘큰 갈증에 대한 보장으로’라는 뜻이다. 카페의 현재 주인인 퀴르트 파닐스Kurt Paneels는 1990년대 말 예전 여주인이 은퇴하면서 폐업하려던 곳을 회생시켰다. 그는 이제 카페 위층에서 가족과 함께 살고 있고, 터널처럼 생긴 지하실에다 매우 희귀한 벨기에산 람빅 맥주 컬렉션을 모아두었다. 1층 화덕 위에 놓인 1930년대식 시계는 시간이 정지했음을 보여주는 듯하다. 여기서는 벨기에 카페의 역사를 느낄 수 있다. 많은 곳이 여성들이 자신의 집에서 운영하던 작고 친밀한 공간이었다. 이런 곳은 벨기에 사회의 교차로, 즉 부자건 가난하건 젊었건 늙었건 여러 삶을 영위하는 사람들이 어울릴 수 있었다.

파닐스는 주중에는 건축설계사로 일하지만, 일요일마다 오전 열 시에 카페를 열어 저녁 여덟 시까지 운영한다. 그가 카페를 여는 다른 시간은 마을에 장례식이 있을 때뿐이다. 그곳은 세계에서 가장 훌륭한 술집 가운데 하나다. 일본, 미국, 유럽 전역에서 사람들이 맥주를 마시러 이곳에 온다. "사람들은 처음 올 때는 서로 모르는 사이지만, 여기서는 여러 종류의 람빅을 함께 나눠 마시게 됩니다." 파닐스가 말한다.

20세기에 거의 소멸할 위기에 몰렸던 음료인 람빅은 이제 그 충실한 21세기 추종자들의 열정으로 유지되고 있다. 많은 사람이 맥주의 매혹적인 세계를 돌아다니는 이정표로 '맥주 사냥꾼' 마이클 잭슨의 책과 텔레비전 프로그램을 인용한다. 칸티용에는 자체 술집이 있는데, 수제 맥주 팬이 전 세계에서 몰려와 술집을 가득 메운다. 그들은 람빅을 마시면서 3개 국어로 된 가이드 투어를 기다린다. 아마 대부분의 다른 음료에서는 볼 수 없는 어떤 것을 이 야생적이고 활기찬 맥주에서 발견하는지도 모른다. 저항의 맛, 불순응에 대한 지지, 뭔가 다른 일을 시도해볼 기회 같은 것 말이다. 잭슨이 말했듯이, 람빅은 "500년 전 삶의 맛을 지니고 있다."

영국,
스리 카운티

Three Counties,
England

페리

Perry

29

람빅 맥주가 벨기에의 부르고뉴라면, 페리는 영국의 샴페인이다. 사이더의 사촌인 이것(사과가 아니라 배로 만들어진)은 소멸 직전까지 내몰린 또 다른 음료로서, 고작 몇 사람의 지식과 고집으로 연명하고 있다. 라마즈 니콜라제의 크베브리 와인처럼 페리의 사연도 조리법과 기술만큼이나 고대의 지형과 끈질긴 나무 그리고 희귀한 과일에 관한 이야기다. 이 음료를 잃는다면 우리는 즐거움의 연원뿐 아니라 세계의 생물다양성을 더 많이 잃을 것이다.

페리 배의 맛은 배에 비해 예측하기 어렵다. 대부분이 작고 단단하고 먹지 못하지만, 일부는 부드럽고 과즙이 많고 쉽게 분해된다. 그것도 사과처럼 카자흐스탄의 톈산 산기슭이 발원지이며, 나중에 로마인을 거쳐 영국으로 들어왔다. 이 배를 기르는 농부들은 분명 참을성 많고 앞날을 내다볼 줄 아는 사람이었을 것이다. 그 열매는 처음부터 끝까지 죽어라 속을 썩이기 때문이다. 일단 고집스럽게 느린 속도로 자란다. 17세기의 "자손을 위해 배나무를 심는다"라는 속담은 모든 배에 적용되지만, 특히 페리 배에 적절하다. 배나무가 제대로 수확할 수 있기까지 한 세대가 지나간다. 또한 한 해에 열매를 맺으면 흔히 다음 해에는 아무것도 열리지 않는다(또 그다음 해에도 열리지 않을 수 있다). 열매가 열려도 잘 익었는지 알 길이 없다. 배를 제때 따주지 않으면 안쪽에서부터 썩기 시작한다. 과즙을 압착한 뒤에도 사정은 더 쉬워지지 않는다. 보기 좋게 맑은 액체는 변덕스러워서 무슨 작은 핑계라도 생기면 상해버린다. 이에 비하면 사과로 사이더를 만드는 것은 직선적인 과정이다. 와인 제조처럼 자연적으로 과일 표면에 발생하는 이스트가 당분을 알코올로 바꿔주기 때문이다. 하지만 페리 제조에는 더 많은 주의가 필요하다. 그것이 또 다른 속담을 설명해준다. "사이더는 엄격한 주인이지만 페리는 아름답고 까다로운 여주인이다."

이런 도전에 맞설 준비가 된 용감한 소수에게는 재치가 번뜩이는 보상이 올 수 있다. 좋은 페리는 와인보다 가볍고, 사이더보다 우아하며, 가을 숲 냄새나 오래된 사탕 가게 같은 사치스러운 사향 냄새를 풍기는 꿀 빛깔 음료다. 한 모금 마시면 익어가는 과수원 열매의 달콤쌉쌀한 맛이 입안을 채운다. 레몬 드롭스 같은 신맛도 살짝 감돌고 건조한 찻잎의 떫은맛, 솜사탕의 당분 느낌도 난다. 이것이 모두 1차 발효 때 병에 넣어서 생기는 미세하게 부글거리는 거품에 따라오는 효과다. 하노버 왕조 시대의 영국에서 페리는 고급 음료였다. 영국 서부에 자리 잡은 생산자는 거품을 만드는 기술을 개척했고, 이를 샹파뉴 지방의 포도 재배자가 채택해 스파클링와인을 발명하고 그 결과물에 자신들의 지역 이름을 붙였다.

샴페인처럼 페리도 한 장소의 정수를 포착했다. 우스터셔, 글로스터셔, 헤리퍼드셔를 통칭하는 스리 카운티는 전 세계에서 가장 크고 다양한 과수원이 모여 있는 본거지였다. 이곳에서 18세기와 19세기 페리의 전성기 동안 거대한 나무에서 최고의 페리 배가 자랐고, 숙련된 페리 제조자가 마법을 실행했다. 지금은 그 전통을 극소수 생산자가 이어가고 있다. 그중 최고(아니면 분명히 가장 끈질긴) 가운데 하나가 톰 올리버Tom Oliver다.[1]

올리버는 평생 거의 모든 시간을 두 가지 열정을 좇으며 살았다. 음악 프로듀서로서 그는 밴드 프로클레이머스Proclaimers의 투어 매니저였는데, 이 직업으로 음을 조합하면서 세계를 돌아다녔다. 투어가 없을 때는 헤리퍼드셔의 농장에 살면서 사이더와 페리를 만들고 맛을 조합한다. 내가 그를 찾아갔을 때는 9월 하순이었고, 가을이 와 있었다. 올리버는 내게 하루쯤 와서 과일을 따보고 (양이 충분하다면) 페리를 만들어보자고 초대했다. 시기가 적절했다. 오랫동안 계속 기다리던 끝에 영국에서 아주 희귀한 페리 배나무인 코피Coppy나무 한 그루가 열매를 맺은 것이다. 그가 말했다. "이 나무 한 그루는 매우 희귀해요. 살아 있는 기념비 대접을 받아야 합니다. 아는 사람끼리 하는 말이지만… 그건 스톤헨지나 피라미드만큼이나 중요해요." 그것을 찾기 위해 우리는 버려진 과수원으로 자동차를 타고 갔다. 올리버는 그곳 위치를 비밀로 했다. 헤리퍼드셔의 농촌 지역에선 모든 농부가 과거에는 과수원을 소유했거나, 적어도 사과나무 숲을 가졌거나, 최소한 페리 배나무 한두 그루는 갖고 있으면서 각자의 고유한 사이더나 페리를 만들었다. 이런 과수원들은 1970년대에는 대부분 잡초로 뒤덮였다. 페리가 유행에 뒤떨어지고 사이더는 산업화했기 때문이다. 그래서 오랫동안 남는 시간에 올리버는 카운티를 조사했고, 들판을 돌아다니면서 농부들의 문을 두드리고 버려진 과수원을 점검했다. 혹시라도 뭔가 특별한 것이 남아 있을지도 모르니 말이다. 2010년에 그는 '평생 한 번 있을까 말까 한 발견'을 했다. 그것이 지금 우리가 서 있는 버려진 과수원이었다. 19세기 말, 여기에는 약 5만 제곱미터 넓이의 코피나무 과수원이 있었다. 20세기 중반에 페리에 대한 영국의 애정이 식자 이런 나무 가운데 한 그루만 남기고 모두 풍경에서 사라졌고, 다른 스리 카운티에서도 페리 배나무 수천 그루가 사라졌다. 옥수수, 감자, 딸기의 수익성이 더 높았으므로 이 거대한 나무들은 찍어 넘겨졌다. 페리 제조자 사이에서 코피는 거의 신화적인 지위를 누리고 있었다(과거에 그 열매로 만든 음료는 사람들의 입을 거칠 때마다 더 맛있는 것으로 변했다). 멀리서 괴물 같은 덩치를 자랑하는 최후의 코피나무가 보였다. 높이와 폭이 모두 20미터에 달했다. 가까이 다가가면서 나는 나무 주위의 땅바닥에 붉은색과 노란색이 뒤섞인 페리 배가 카펫처럼 깔린 것을 알아차렸다. 머리 위쪽 가지에는 작고 붉고 상수리 열매만 한 크기의 열매 수천 개가 달려 있었다. "저 모든 열매의 무게를 생각해보세요. 이 나무를 죽게 하는 건 나무 그 자체뿐입니다. 언젠가 열매를 너무 많이 맺어 쓰러질 거예요." 올리버가 250살 먹은 나무에 여전히 뭉치듯 달린 배를 올려다보면서 말했다.

우리는 땅바닥에서 열매를 줍기 시작했다. 위쪽 가지에서 열매가 떨어졌다는 사실은 과일이 페리를 만들 만큼 익었다는 충분한 증거였다. 태운 설탕과 묵직한 에탄올이 섞인 듯한 달콤하고 중독적인 향이 우거진 나뭇가지 아래에서부터 풍겨왔다. "농익었어요." 올리버가 말했다. 배 속의 당분이 이미 부패하고 있다는 것이다. "농익는 건 좋고 썩는 건 나쁩니다"라고 그는 덧붙였다. 딱 시간을 맞춰 온 것이다. 우리는 주위에서 새가 지저귀며 날아다니고 익은 배가 계속 머리 위에서 바닥으로 쿵쿵 떨어지는 소리를 들으며 광주리에 과일을 담았다. 이슬 내린 아침이었고 과일은 물기가 촉촉하게 반짝였다. 화가라면 기를 써서 그 모든 색채와 음영을 포착하려 했을 것이다. 통 다섯 개를 채우자 등이 쑤시기 시작했다. "걱정하지 말아요. 그만한 가치가 있을 테니까." 올리버가 말했다.

페리 배를 깨물어볼 만큼 멍청한 사람이라면 처음에는 잠깐 단맛이 폭발했다가 압도적으로 쓰고 신맛과 훅 증발하는 떫은맛이 몰려드는 경험을 하게 될 것이다. 마치 입안에서 습기가 빨려 나가는 듯하다. 올리버는 "티백 씹는 것과 좀 비슷해요"라고 묘사한다. 그러나 숙련된 손길 아래에서 과일은 완전히 다른 것을 안겨줄 수 있다. 코피나무가 페리 세상의 주인공일지도 모르지만, 그 밖에 조역들, 다른 매력적인 품종들(모두 멸종 위기에 처한)도 있다. 그 모두가 황홀한 이름이 있다. 알링엄 스쿼시는 물방울 모양이며 줄기 끝에 작게 불룩 튀어나온 곳이 있어서 알아볼 수 있다. 코피처럼 이 품종도 우연히 한 그루가 발견된 뒤에 지켜졌다. 또한 블레이크니 레드가 있는데, 예전엔 워낙 수가 많아서 과즙을 내 제1차 세계대전 때 카키색 군복을 염색하는 데 쓰기도 했다. 브라운 베스는 가죽처럼 거친 껍질을 가진 품종이며, 요리에 쓸 수 있을 만큼 단맛을 내는 몇 안 되는 페리 배 중 하나다. 그린롤러나무는 세븐강 둑에 줄지어 심던 것으로 작은 서양배처럼 생긴 열매를 맺는다. 몇 안 되는 이런 나무들만 살아남았다. 교회와 가까운 와이강 둑에서 처음 발견된 홈 레이시는 나무 한 그루로 한 해에 열매 5톤을 생산해 신기록을 세웠다. 그 나무는 지금은 뿌리 돋은 가지 뭉치 하나밖에 남지 않았다. 페리의 또 다른 품종들의 발효된 과즙 효과를 충분히 느낀 애주가들은 그런 품종에 각각 메리레그스Merrylegs• 와 멈블헤드Mumblehead••같은 이름을 붙여주었다.

• '휘청대는 다리' 라는 뜻 -옮긴이

•• '어지러운 머리' 라는 뜻 -옮긴이

이런 품종 가운데 몇 종류는 중세 때 그것으로 페리를 만들었을 만큼 오래되었는데, 페리 열매와 음료에 대한 문자 기록이 처음 나온 것이 그때다. 14세기의 시 〈피어스 플로먼Piers Plowmen〉에는 "피리윗piriwhit을 … 노동자와 빈민에게 따라주었다"라는 구절이 있다. 또한 17세기의 서술에는 페리 배의 의학적 성질을 암시하는 구절이 있다. 원예가 랠프 오스틴Ralph Austen은 "신장의 해독제로서 수명을 길게 해준다"라고 썼고 "그 열매로는 아주 훌륭한 와인도 만든다. 그것은 프랑스 와인에 못지않으며, 활기 넘치고 사기를 북돋운다"라고 덧붙였다. 페리는 노동자뿐 아니라 왕도 마셨다.[2] 당시에 인기 있던 배 품종인 발란드 배는 너무 떫어서 돼지도 먹지 않았지만, 그것으로 만든 페리는 "도수가 아주 높고 혈색을 돋웠다."

1630년대에 페리는 앞서 말한 스리 카운티를 넘어 더 멀리 퍼지기 시작했다. 그 무렵 화력이 강한 석탄 용광로가 발명되어 발효 과정에서 생기는 압력을 견딜 만큼 강한 유리를 만들 수 있었다.

1차 발효는 술통 안에서 일어나고, 2차 발효는 더 단단한 병 안에서 일어나 전통 방식의 전설적인 거품 발생 기법(나중에 샴페인에서 채택된)이 개발될 수 있게 했다. 페리가 번성한 또 다른 기회는 1770년대에 일어난 영국과 프랑스의 전쟁으로 대륙 와인의 수입이 갑자기 중단되면서 페리가 그 대체제 역할을 했을 때였다.

그러나 20세기 들어 세계가 변하는 속도가 빨라지자 느리게 자라고 까다로운 과일인 페리는 뒤처졌다. 사이더 제조는 더 쉽게 정량 증가할 수 있었지만, 페리 배는 공장 규모의 생산과는 도무지 맞지 않았다.[3] 제1차 세계대전, 그다음에 제2차 세계대전이 터지고 농장 노동자들이 싸우러 나가자 노동력을 집중적으로 투입해야 하는 페리 제조는 감당할 수 없는 사치였다. 1970년대에 오래된 페리 과수원은 대부분 사라졌고, 그 과일을 음료로 변화시키는 방법을 아는 대부분 사람도 사라졌다. 그즈음 자기 세대 사람들처럼 올리버는 성장하여 가족이 운영하던 농장을 떠난 상태였다. 그의 조부는 페리 배와 사이더 사과를 길렀지만, 과수 재배는 장래가 그리 밝아 보이지 않았다. 그래서 그는 런던으로 올라가서 음악 사업을 직업으로 삼았다. 음료 제조(그리고 마시기)는 취미가 되었다. 그러다가 또 다른 아마추어 음료 제조자인 케임브리지 대학 학감 로저 프렌치Roger French를 만나면서 상황이 변했다. 프렌치는 괴짜 '사이더주의자'이자 페리 제조자로, 어느 늙은 사이더 제조자의 시골집에 살고 있었다. 그는 부엌 바닥에 지하실을 파내어 자신이 만든 것들을 저장했다. 올리버는 이렇게 회상한다. "뒤죽박죽이었어요. 지하실에서는 장화를 신어야 했습니다. 대개 30센티미터 깊이로 물이 차 있었거든요." 프렌치는 라벨도 없고 녹슬어가는 뚜껑이 달린 곰팡이 슨 병을 움켜쥐고 지하실 저장고에서 올라오곤 했다. 프렌치가 뚜껑을 열면 거품이 스스스스 하는 소리를 내며 날아갔다. 올리버는 음료를 홀짝거리면서 생각했다. '이게 바로 내가 만들고 싶은 거야.' 그것은 마치 성배의 발견 같은 사건이었다고 그가 말했다. "그 음료가 내 인생을 바꿨어요. 나는 지금도 그런 맛을 찾고 있습니다." 1990년대에 올리버는 과수원에 새로 페리나무를 심기 시작했고, 헤리퍼드셔에서 잊힌 페리나무가 없는지 찾아다니고 있다.

페리를 만들려면 먼저 배를 으깨어 죽처럼 만든 다음 으깨진 과육을 24시간 내버려 두고 불려 부드러워지게 한다. 그렇게 하면 거칠기 짝이 없는 타닌 맛을 완화하는 데 도움이 된다. 이 죽을 압착해 최대한 많은 과즙을 뽑아낸 다음 술통 안에 저장한다. 가을 동안 진행되는 1차 발효는 폭발적으로 일어나지만, 그 과정은 기온이 낮아지는 겨울에는 거의 정지 상태가 된다. 그다음 봄이 되면 미생물의 삶이 다시 깨어나서 발효의 파도가 다시 한번 시작된다. 날카롭고 쏘는 듯한 사과산malic acid이 더 부드러운 맛을 내는 유산균으로 전환된다. 이 과정 내내 올리버는 (벨기에의 람빅 맥주 양조자와 똑같이) 통제권을 자연에 넘겨주고, 야생 이스트와 자발적인 발효 작업에만 의존한다. 그가 말한다. "좋은 페리 제조는 이스트와 거래한 다음 뒤로 물러서서 자연이 자기 일을 하게 내버려 두는 것입니다. 정말로 단순한 과정인데, 그게 오히려 더 소름 끼치지요. 제대로 되면 손댈 일이 없어요. 하지만 잘못되기 시작하면 팔 수 없는 물건이 되고 완전히 실패하지요."

이 과정을 조종하는 이스트 가운데 일부는 과일 자체에 있었고,

나머지는 농장에 날아다니거나 건물의 석재, 들보의 목재 또는 술통 표면에 앉아 있던 포자에 들어 있던 것이다. 이스트가 과즙 속 당분을 거의 다 먹어치웠을 때 올리버가 다시 통제권을 쥐고 블렌더로서 일을 시작한다. 이 작업에 그가 술통과의 '대화'라 부르는 과정이 포함된다. 발효는 각 술통에 고유한 개성을 부여했을 것이며, 이 개성은 올리버가 술통마다 음료 맛을 볼 때 나타난다. "어떤 페리는 내게 말합니다. '지금보다 더 나은 맛은 나오지 못할 거야. 당신은 지금 내 상태 그대로를 병에 넣고 싶을 테지.' 그러면 나는 대답하지요. '네 말이 딱 맞아, 넌 완벽해. 아주 근사해.'" 이런 페리는 그대로 놓아둔다. 하지만 또 다른 페리는 그를 비난하면서 과수원이나 압착실에서 더 신경을 써야 했다고 말한다. "그러곤 그들이 말해요. '날 해결해줄 거지?' 또 다른 페리가 말해요. '난 지루하고 세상이 그렇듯이 평범해. 원기를 좀 넣어줘. 내게 목표를 줘봐. 노래할 기회를 줘.'" 올리버는 이런 페리를 섞어서 뭔가 특별한 것을 만들어낸다. 음악가들과 음향을 다루면서 다른 쪽의 인생을 살 때 그는 베이스, 미들, 트레블의 음역을 조정해 음의 층과 화성을 만들어낸다. 그가 말한다. "페리의 경우도 마찬가지입니다. 페리로 가득 찬 술통은 믹싱 데스크와 같아요." 올리버에게 성공적인 페리는 맛이라기보다는 감각의 문제다. "그것이 술통 밖으로 나와 한 모금을 마실 때 씹어보고 싶은 마음이 들게 해주기를 바랍니다. 좋은 페리는 씹히는 듯한 chewy 질감이 있어요."

나는 오전에 주운 코피의 배와 올리버 농장에서 자라는 다른 품종들의 배 여러 자루를 으깨고 압착하는 일을 도왔다. 오후가 저물 무렵 우리는 술통 두 개를 채웠다. 내가 일 년 뒤에 돌아갔을 때 우리는 자리에 앉아서 우리가 만든 것을 조금 마셨다. "중간에 맛있는 배 조각이 있군요. 부드러운 벨벳 같은 와인이에요." 홀짝거리는 동안 올리버가 말했다. 그러고 나서 다 마실 무렵 그는 미소짓더니 입술을 툭 치면서 말했다. "바로 이거예요. 씹는 맛이 있다고요."

메이힐

얼마 전만 해도 대부분 사람은 문자 그대로 자신의 환경에 취할 수 있었다. 세계의 어느 부분에 있건 그 지리적 조건의 생물다양성을 병에 담는 양조장, 증류소, 와인 제조소 또는 과수원이 있게 마련이었다. 파요턴란드에서, 이메레티에서 그리고 영국의 스리 카운티에서 그 관계성은 지금도 (간신히) 존재한다. 하지만 거의 모든 사람은 그것을 잃었다. 찰스 마르텔Charles Martell은 장소와 산물 사이의 연결성을 지키는 것을 일생의 과업으로 삼았다.

마르텔은 톰 올리버가 있는 곳에서 행정구역상 경계 너머에 있는 글로스터셔의 다이목 마을에 산다. 1970년대 초, 그는 위기에 처한 음식을 다룬 BBC 텔레비전의 다큐 프로그램 〈영국의 맛A Taste of Britain〉에 출연한 적이 있었다. 전쟁 이후 처음으로 진짜 농가식 더블 글로스터 치즈를 만들려고 시도하는 내용이었다. 필름을 함께 보면서 그가 말했다. “젊었을 때 내 머릿속에는 꿈이 가득했지요. 그 사람들은 그 치즈가 죽어가고 있었기 때문에 나를 촬영했지만 나는 말했어요. '이게 묘비명이 되면 안 됩니다. 그런 일이 일어나게 내버려 둘 수 없습니다.'" 그런데 그 치즈를 만드는 것은 목표에 도달하기 위한 수단일 뿐이었다. 그의 진짜 동기는 올드 글로스터 품종의 소를 지키려는 것이었다. 당시 그 품종은 황소 아홉 마리와 암소 70마리만 남아 있었다. 전국 방방곡곡을 돌아다닐 때마다 마르텔이 보는 것은 항상 똑같은 희고 검은 소 홀스타인 프리지아뿐이었다. "여러 세기 동안 그토록 많은 곳에서 자신들의 고유 품종을 개발했는데, 이것들이 사라지고 있었습니다." 글로스터셔는 자신의 카운티였고, 그는 고유한 품종을 가져야 한다고 믿었다. "멍하니 앉아서 그게 사라지게 내버려 둘 수 없었습니다." 그는 치즈를 만들어냄으로써 그 품종의 소를 지켜냈다. 그 과정에서 그는 자기 세대에서 가장 유명한 농가 치즈 생산자 가운데 하나가 되었다.

그러다가 2000년에 마르텔은 '페리 크로프트'라고 이름 붙인 농장의 한 구역에 과일나무를 심었다. 어느 가을날 나무들이 마호가니빛과 금빛, 적갈색 잎사귀로 뒤덮여 있고, 가지에는 붉은색의 작고 동그란 페리 배가 무겁게 달려 있을 때 나는 그곳을 찾아갔다. 울타리 너머에는 그가 기르는 올드 글로스터 소가 있었고, 저 멀리에는 나무들이 한 무더기 보였다. 이곳이 페리 배를 기르는 사람에게는 우주의 중심이라 할 메이힐May Hill이었다. 전해지는 말로는, 페리나무들은 그 언덕이 보이는 범위 안에서만 잘 자란다고 했다. 그리고 그 중심에 마르텔이 있다. 그에겐 세계 속에서 자신이 있는 장소의 감각과 어떤 풍경에 속한다는 느낌이 있었다. 그러나 그것은 결코 쉽게 얻어지지 않았다.

1970년대 초, 힘들게 농장을 꾸려가던 마르텔은 생계를 잇기 위해 화물차 기사로 일하면서 동물들을 태워 시장에 데려가곤 했다. 그는 이런저런 농가들을 돌아다녔는데, 그 대부분이 메이힐이 보이는 범위 내에 있었고 대개는 거대하고 장엄한 페리나무가 보였다. 그가 방문한 농부들은 그것이 어떤 품종의 나무인지 설명해주었다. 하지만 세월이 흐르면서 그는 돌아다닐 때마다 나무들이 베어 넘겨지거나 방치되거나 너무 커지는 것을 보았다. 그 무렵 페리는 그저 기억 속의 음료였고, 페리나무는 남겨둘 가치가 없다고 여겼다.

현재 마르텔은 미래를 위해 나무를 심으며, 쇠퇴 추세를 되돌리려 애쓰고 있다. 바닥부터 시작한 그는 페리 배, 피라미드 형태에 진홍색 점이 있고 골프공만 한 크기인 열매를 집어 들었다. 그것이 근처의 마을 이름을 따서 명명된 다이목 레드였다. 사람들은 그 품종이 멸종했다고 믿었지만, 이런 인식에 낙담한 마르텔은 행동으로 나섰다. 아내에게 나가서 그 배를 찾아내기 전에는 돌아오지 않겠다고 말했다. 그는 그 배가 1950년대에 가장 마지막으로 발견된 농장으로 갔다가, 배나무가 있는 다른 모든 농장과 정원을 찾아 점점 커지는 원형의 궤적을 그리면서 돌아다녔다. 마침내 다이목 레드를 다시 찾아내기까지는 두 주일이 걸렸다(그동안 집에 전혀 안 간 것은 아니라고 그는 인정했다). 지금은 이 배나무 아홉 그루가 마르텔의 정원에서 자라고 있다. “이게 아마 전 세계에 남아 있는 전부일 겁니다.” 마르텔은 자신의 페리 과수원이 300년 계획이라고 말한다. “왜 300년입니까?” 내가 물었다. “그게 적절하니까요.” 그가 말한다. 100년 뒤에 사이더 사과나무는 수명이 다해 베어 넘겨질 테고, 페리나무가 그 뒤 두 세기 동안 그 빈자리를 차지할 것이다. “그것은 워낙 큰 나무이고, 페리는 정말 훌륭한 음료지요. 이 장소와의 관계성이 정말 강합니다. 그것들은 이곳에 속해 있어요."

근처에 있는 헛간에는 묵직한 병 수백 개가 보관되어 있다. 코르크 뚜껑은 닫혀 있지만 라벨은 붙어 있지 않다. 그것은 20년 전에 만들어진 페리로, 마르텔이 만드는 치즈의 한 종류인 스팅킹 비숍을 먹고 입가심을 하는 데 쓰일 때까지 대기하고 있다. 헛간 옆에는 증류소가 있는데, 이는 키가 크고 아름다운 서양배 모양의 구리 증류기가 설치된 건물이다.

마르텔은 자신의 페리 가운데 일부를 증류하여 증류주, 생명의 물로 만들고 있다. 증류기 위의 목제 들보에서 작은 종 하나가 왁스로 고정된 끈에 묶여 있다. 예전에는 노동자가 잠이 들어 증류기가 과열되면 밀랍이 녹아 끈이 풀려서 종소리가 났다. 그러면 그는 딱 알맞은 시간에 잠에서 깨어 증류기를 멈추곤 했다. "오래전에 사람들이 했던 수많은 일처럼 단순한 장치지만 그래도 효과가 있어요." 마르텔이 말했다. 우리는 술통 안에서 오래 숙성된 샤프란색을 내는 도수 높은 액체를 조금씩 마셨다. "페리 배에 잘 어울리는 헌사예요." 마시면서 마르텔이 말했다. 증류주가 효력을 발휘하기 시작했다. 우리는 페리 크로프트 농장을 바라보았다. "저 큰 나무들 사이로 걸으면 마치 대성당 안에 들어가 있는 느낌을 받을 겁니다. 당신 자신보다 더 큰 어떤 존재가 느껴질 겁니다."

차

"아주 좋은 음료가 있다. …
잉크만큼 시커멓고, 몸이 아플 때 정말 좋다. …
그들은 작은 도자기 잔에 담긴 이것을 아침 일찍 야외에서
다른 사람들 앞에서 마신다. 아무것도 겁내지 않고 상관하지도 않는다. …
최대한 뜨겁게 마신다. 입술에 자주 갖다 대면서 한 번에 조금씩 마신다."[1]

레온하르트 라우볼프Leonhard Rauwolf,
알레포, 1573

STIMU-LANTS

사람들이 프루스트의 마들렌을 먹는 순간, 즉 과자를 깨무는 순간에 기억이 순간적으로 떠오르는 경험을 이야기할 때, 그들은 대개 '특별한 일'이 일어나기 전에[2] 그 달콤한 스펀지케이크를 따듯한 액체에 적셨다는 사실을 언급하기를 잊는다. 그렇게 무시된 액체는 라임나무(틸리아Tilia의 한 종) 꽃과 보리수나무 꽃을 달인 차였다. 아마 그것이 관심을 덜 받은 것은 뜨거운 음료가 우리 삶의 어디에나 있기 때문인지도 모른다. 물을 데울 수단을 갖게 된 순간부터 인류는 우려내는 기술을 고안했다. 일부는 순수하게 의학적인 이유로, 또 일부는(프루스트의 보리수꽃차를 포함해) 진정 효과 때문이었지만 대부분은 감각을 자극하는 능력 때문이었다.

가령 카시나cassina를 예로 들어보자. 1000년 전 미국 남부의 몇몇 지역에서 카토바족과 티무쿠아족 토착민이 야우폰yaupon 나무 잎사귀와 껍질을 불에 구워 만든 이 혼합물은 '검은 음료'로도 알려졌다. 스페인 정복자들은 사람들이 그 음료를 만들어 마시고 토하는 것을 보았다고 이야기했다(그 식물의 학명은 일렉스 보미토리아Ilex vomitoria다). 그러나 카시나는 그저 몸을 정결히 하는 것만이 아니다.[3] 그 주된 효용은 고농도 카페인이었다. 그 음료는 진정한 자극성이 있어 카토바족과 티무쿠아족의 삶에서 종교 제의부터 전쟁에 이르기까지 중요한 행사 때마다 쓰였다.

카시나는 과거와 현재의 전 세계에서 음용되는 수천 가지 달임 사례 가운데 하나다. 인간이 있는 곳이면 어디든 자극성 음료가 있다. 아이슬란드처럼 거의 식물이 자라지 못하는 곳에서도 극지의 산에 피는 꽃(담자리꽃나무Dryas octopetala)으로 만든 음료가 있다. 또한 스웨덴 북부의 유목민 사미족은 버섯인 피프토포루스 베툴리누스Piptoporus betulinus를 달여 마신다. 인간은 음료에서 많은 것을 알아냈다. 신체적 정력의 고양, 정신적 민첩성의 개선, 식욕 억제, 진통 효과, 피로 감소, 황홀경의 증가 등. 그러나 그 모든 후보 가운데 지구상의 인간이 거주하는 모든 대륙에서 인간을 자극하게 된 식물은 카멜리아 시넨시스Camellia sinensis(차)와 코페아 아라비카Coffea arabica(커피)뿐이다. 이 음료에 빠진 초기의 신도들은 두 음료에 신성한 지위를 부여했다. 중국의 불교도는 명상을 더 잘하기 위해 차를 마셨고, 아라비아반도의 수피 수도사는 집중도를 높이고 더 강한 기도로 이끌도록 커피를 마셨다. 커피와 차는 모두 쓴 알칼로이드인 향정신성 약물 카페인을 함유하고 있는데, 그것은 자연의 가장 강력한 방어기제 가운데 하나다. 두 식물의 잎사귀에 주로 저장된 카페인 성분은 천연 살충제로서 곤충과 배고픈 초식동물을 물리칠 수 있다. 차나 커피 식물의 잎이 땅에 떨어지면 함유하고 있던 카페인이 토양에 흡수되어 제초제로 작용하며, 경쟁하는 다른 식물들도 막는다. 카페인을 즐기는 것은 인간만의 특징도 아니다. 카페인과 섞인 넥타르는 수분하는 곤충들을 고무해 그 식물로 돌아오게 하고, 벌은 화분을 퍼뜨리는 대가로 카페인 성분 음료를 얻기도 한다.

야생의 차와 커피가 시작된 곳(차는 중국 남서부, 커피는 동부아프리카)에서 수렵채집인은 이런 식물이 자극성이 있음을 깨닫고, 처음에는 잎사귀를 씹었다가 (커피의 경우) 씨앗을 씹어먹었다. 발효와 다른 공정 기술은 나중에 이루어졌는데, 이는 식물 재료를 보존하는 수단뿐 아니라 그 식물의 힘을 더 많이 활용하는 기술이었다. 도자기는 2만 년쯤 전에 만들어지기 시작했고, 그 뒤 언제쯤인지(정확한 시기는 알지 못한다) 건조되고 발효된 잎사귀와 씨앗을 우려내어brewed 음료로 만들었다. 차와 커피는 발원지에서 전 세계로 퍼져나갔고, 당도하는 곳마다 사람들을 사랑에 빠뜨렸다. 아니, 차라리 중독시켰을 가능성이 크다. 1610년에 네덜란드령 동인도회사는 차를 최초로 유럽에 수송했다. 1615년에 커피가 그 뒤를 따랐는데, 이때는 베네치아 상인들이 담당했다. 카페인은 전 세계가 가장 애호하는 약물이 되는 길에 올라섰다.[4] 커피 한 잔을 마시면 15분 이내에 카페인 효과가 우리의 중추신경계를 타고 달려가서 심장박동을 빠르게 하고, 신경을 활성화하고, 도파민 분비를 촉발한다. 대부분 사람은 한 잔만으로는 절대 만족하지 못한다. 우리는 이런 음료에 의존하며 그것이 우리 삶의 일부, 수많은 일상적 제의에서 타의 추종을 불허하는 요소가 되었다. 그 두 가지 식물 카멜리아 시넨시스와 코페아 아라비카는 경제 전체를 변형시켰다(커피 수출만으로도 브라질은 한 해에 거의 50억 달러를 얻으며,[5] 인도에서는 120만 명이 차 산업에 고용되어 있다). 그렇다면 그토록 널리 마시고 있는데, 왜 차와 커피가 소멸 위기의 음식 책에 올라 있을까?

그 질문에 대한 답은 두 음료의 발원지에 놓여 있다. 우리가 집중할 부분은 초점은 야생 차와 야생 커피다. 두 가지 모두 열대 삼림에서 발원한 것이며, 우리가 직면한 가장 시급한 문제의 희생자다. 즉 기후변화, 삼림파괴, 생물다양성의 상실 말이다. 차와 커피는 우리 행성에 무슨 일이 일어나는지 보여주는 렌즈가 되어준다.

중국,
시솽반나

Xishuangbanna,
China

고대 삼림 푸얼차

Ancient Forest Pu-Erh Tea

2019년 여름, 홍콩 경매장에서 이제껏 수집된 차 중에서 가장 희귀한 컬렉션 하나가 낙찰됐다. 그 품목 가운데는 누렇게 변색되고 시들어가는 댓잎으로 감싸고 노끈으로 한데 묶은 원형의 압축된 차 덩이가 있었다. 표면에는 일련의 상징이 그려진 작은 종이 표가 붙어 있었는데, 눈으로는 거의 보이지 않을 정도였다. 그 표는 차가 1920년대에 중국 남서부 지방이자 차의 발원지인 윈난성을 본거지로 하는 통싱하오라는 회사가 만든 것이라는 증표였다. 이 건조된 빈티지 잎사귀 덩이는 108만 달러에 낙찰되었다. 100년 묵은 차 덩이가 그토록 많은 사람이 원하는 귀중품이 된 것은 수천 년간 이어진 창의력과 20~30년간 중국의 경제 변화가 낳은 결과였다.

그 단단한 덩어리는 푸얼普洱이라는 차 종류다(푸얼 또는 푸아르라 발음하고, pu'er이라 표기한다). 잎차• 만드는 법을 사람들이 알아내기(14세기 명 왕조 시절) 전에는 야생 찻잎은 항상 시들게 한 후 햇볕에 말려 원형이나 벽돌 모양 덩어리로 만들어졌다. 이스트와 박테리아가 있어서 이런 찻잎 덩어리는 오랫동안(어떤 경우에는 수십 년간) 발효되면서 그 자체로 생명을 갖게 되었고, 맛도 마치 숙성된 와인처럼 계속 변하고 바뀐다. 지금은 전 세계 차의 대부분이 단일경작으로 심어진 대농장의 허리 높이로 자라는 현대 품종 덤불에서 손으로 딴 것이다picked(뜯어낸다plucked가 더 정확한 단어일 것이다). 이것이 현재 중국의 대부분 지역과 차를 재배하는 전 세계의 60개국에 존재하는 모델이다. 그러나 에티오피아 남서부 고원지대의 야생 아라비카처럼, 중국에는 야생 차나무 숲으로 뒤덮인 산도 있다. 이곳이 중국과 미얀마, 라오스와 베트남의 국경이 만나는 남부 윈난이다. 타이 북부 역시 가까이 있다. 이곳에서는 자연산 차나무 카멜리아 시넨시스가 제멋대로 퍼지면서 크고 훌쭉한 나무로 자란다.[1] 잎사귀가 넓고, 타고 오를 수 있을 만큼 커서 어떤 것은 15미터에 달한다. 다이, 부랑, 야오, 라후 같은 토착 민족이 차지하고 사는 이 지역은 예나 지금이나 중국의 다른 지역과는 다르다. 울창한 삼림으로 에워싸인 외딴 산촌에 사는 이런 소수 민족의 선조는 아마 세계 최초로 차를 마신 사람이었을 것이다.

• 찻잎으로 만든 차 제품 중 가루로 만들거나 뭉치지 않고 잎 상태로 유지한 차 -옮긴이

전 세계의 대부분 대농장에서는[2] 찻잎을 기술적으로 가공하며 오븐에서 건조하고 혼합해 특정한 맛을 내지만, 희귀한 푸얼[3](생푸얼 또는 익지 않은 푸얼이라 부르는)은 내추럴 와인에 더 가깝다. 처리 과정에 가해지는 손질은 최소한에 그치며, 이 차를 마심으로써 그 사람은 (좋은 쪽으로든 나쁜 쪽으로든) 실제 여행을 하지 않고도

여행을 갈 수 있다. 다르게 표현한다면, 한잔 마시면 당신은 윈난에서 푸얼을 생산하는 마을과 숲 세 곳으로 이동한다. 첫째로 최북단에 있는 린창인데, 그곳은 미얀마 국경과 아주 가깝다. 둘째는 린창의 동쪽인 푸얼 지역(그리고 푸얼의 도시 자체다)이다. 셋째는 시솽반나(반나)로, 라오스 국경에 면해 있다. 반나는 세계에서 생물다양성이 가장 풍부한 열점이다. 그곳의 면적은 중국 평지의 고작 0.2퍼센트에 불과하지만, 라오스에서 발견되는 포유류 전체의 4분의 1과 모든 조류의 3분의 1 그리고 모든 식물의 5분의 1이 살고 있다.[4]

사람들이 가장 오래된 나무의 잎사귀로 만든 푸얼차에 집착하는 까닭을 설명해주는 것이 바로 이 생물다양성이다. 찻잎 덩어리 하나하나마다 수풀 하나, 그곳의 토양과 나무가 빨아들인 영양소, 주변의 식물 생활에서 그 나무가 여러 세기 동안(가끔은 수천 년 동안) 살아오며 겪은 모든 것의 정수를 담고 있다. 과학자들은 이것을 '식물의 명백성plant apparency'이라 부른다.[5] 나무 한 그루가 겪은 모든 트라우마(외풍, 질병, 해충으로 인한 피해)는 그 식물의 화학적 성분에 영향을 미친다는 것이다(방어기제가 작용해 '2차적 대사'라 부르는 방어적 화합물이 생성될 수 있다. 테르펜과 페놀산이 그런 예다). 고대의 차나무는 고유한 맛을 만들어낸다고 믿어졌다. 또는 시솽반나 토착민의 말에 따르면 그 나무는 힘든 고난을 견뎌낸 인간과 같은 방식으로 더 깊이 있는 성격을 개발한다. 산촌 사람들이 찻잎을 따고, 가공하고 보관하는 방식 역시 푸얼의 고유함에 문화적 차원을 더해준다. 푸얼차 전문가 돈 메이Don Mei는 그 음료를 "영원하지 않음impermanence에 대한 찬양"이라 묘사한다. 한 층위에서 그것은 그냥 음료이고 향정신성 자극제psychoactive stimulant

이지만, "당신의 방식으로 푸얼 잎사귀를 우려내어 마시면 그 경험은 덧없이 짧다. 똑같은 차를 두 번 다시 맛볼 수 없다."

푸얼차 덩어리를 만들려면 잎을 딴 뒤 긴 목제 평상 위에서 햇볕에 말려 시들고 색이 검어지게 한다(이 과정은 맛을 개발하는 데 도움이 된다). 그다음으로 잎사귀를 고온의 불 위에서 웍에 볶아 산화를 막는다. 그러고 나선 잎사귀를 굴리고 손으로 비빈다(이렇게 해서 습기를 더 빼내고, 잎사귀의 세포막을 부숴서 맛을 더해주는 화학복합물을 활성화한다). 덩어리로 압축하고 나면 오랜 세월 동안 발효가 진행되어 차의 복합성을 강화한다. 한 덩어리는 나무나 가죽 같은 특성이 있을 수 있지만, 다른 덩어리는 말린 과일의 미묘한 맛을 낼 수 있다. 또 다른 덩어리는 흙냄새가 나고 버섯 같은 맛을 낼 수 있다.

푸얼차 덩이는 예쁘게 생겼다. 둥근 것은 대개 큰 접시보다는 작고 커피잔 받침보다는 크며, 두께는 2~3센티미터가량이다. 사각형 또는 직사각형 모양도 있는데, 페이퍼백 한 권 정도의 크기다. 질감은 어두운 가을 낙엽과 부서진 나뭇가지가 단단히 뭉쳐진 느낌, 또는 압축된 말린 꽃과 비슷하게 갈색, 노란색, 오렌지색의 식물성 재료가 뭉쳐진 느낌이다. 마치 화가가 그림에 서명을 남기듯 어떤 푸얼차 제조자는 덩어리에 자신들의 작은 명함을 붙여두지만, 또 다른 사람들은 압인하여 요철 신호를 새기기도 한다. 이런 표시는 그 차의 원산지를 알려준다. 그런 다음 덩어리는 종이로 포장된다.

푸얼차를 마시고 싶으면 덩어리의 작은 조각을 떼어내 우려낸다. 그러나 몇몇 푸얼차 덩이는(경매에서 기록을 세운 1920년 윈난산 같은 것) 값이 너무 비싸서 아마 끝내 음용되지 않을 것이다. 그것은 예술 작품처럼 수집될 뿐이다. 사람들은 그 차의 맛뿐 아니라 사연에도 이끌린다. 현재 가장 높은 가치를 지닌 빈티지 차를 만드는 곳은 멍하이, 샤관, 푸위안창, 통싱하오 같은 유명한 회사인데, 모두 중국 혁명 이전에 세워졌다. 이들 회사는 차 세계의 크룩, 테탱저, 폴로저• 같은 존재다. 오늘날 차에 집착하는 투자자와 슈퍼 갑부들은 오래된 것이건 신품이건 가리지 않고 찻잎 덩이의 국제 거래를 추진한다. 그리고 푸얼차가 직면한 문제가 거기 있다. 오래된 토착 전통이 이제 세계에서 가장 수익성 높은 음식 사업으로 변한 것이다.

• 세 가지 모두 명품 샴페인 브랜드–옮긴이

2019년의 홍콩 경매가 보여주듯이, 푸얼차의 수요는 커지고 있다. 이 수요의 대부분은 중국 내의 것이다. 1990년대에 중국이 더 부유해지면서 토착민과 농촌의 노동자가 주로 마시고 상대적으로 존재가 희미한 차 음료였던 푸얼이 지위의 상징이 되었다. 오늘날 시솽반나 같은 지역에서 만들어진 푸얼 찻잎 덩어리는 1킬로그램당 수만 달러씩에 판매된다. 그 거래는 산악 마을에 부정적으로든 긍정적으로든 영향을 미치지 않을 수 없다. 토착민은 숲과 오래된 나무와 푸얼차 제조에 대한 존경심을 그대로 품고 있지만, 외부인이 들어와서 차를 대량생산 되는 상품으로 바꾸기 시작했다. 마을 주민은 대량으로 푸얼차를 생산하는 과정에 흡수되었고, 그 결과 푸얼 특유의 자연적 맛은 사라진다. 돈 메이가 말한다. "더 일관성 있는 차가 만들어집니다. 그리고 우리는 야생의 더 작은 차밭에서 감수해야 했던 가변성을 잃고 있어요." 푸얼의 개성은 사라질 위기에 처했다.

마을 주민 역시 변하고 있다. 푸얼차 생산 지역 중에서도 가장 고급품을 만들던 라오반장 같은 지역도 그렇다. 금세기 초, 그곳은 워낙 고립되어 있고 산이 많아서 가는 데 며칠씩 걸렸다. 우기에는 가는 길이 너무 위험해져 그곳에 간다는 것 자체가 불가능했다. 그런데도 차 사냥꾼들은 바로 그 푸얼을 얻기 위해 목숨을 걸 태세가 되어 있었다. 마을의 고도(약 2000미터)와 나무의 나이 때문에 푸얼차를 마시면 술에 취한 듯한 효과가 생긴다. 차에 함유된 향정신성 화학물질 때문에 거의 압도당하는 듯한 느낌이 몰려온다. 푸얼차가 큰 인기를 얻은 이후 라오반장 안으로 새 도로가 닦이고, 관광지로 변했다. 이는 농촌 개발로서는 긍정적 효과다. 토착민이 마침내 그들의 일에 대한 보상을 받는다는 의미니까. 부정적 측면을 보면, 라오반장 등 그 현에서 가장 인기 높은 마을 사방으로 검문소가 세워졌다. 그들이 명성을 얻자 다른 곳의 차를 들여와서는 그 지역에서 생산된 푸얼이라는 라벨을 붙이고 판매했기 때문이다. 한편 시솽반나의 또 다른 푸얼차 생산지인 난누오산에서 주민은 1800살 먹은 나무 둥치 주위에 벽을 세웠다. "관광객 수가 늘어나서 나무를 그들로부터 보호하기 위해서였습니다. 하지만 그들이 보호막으로 쓴 콘크리트 때문에 나무가 죽어버렸습니다." 돈 메이가 말한다. 이것은 비극적 사연 가운데 하나에 불과하지만 그런 것이 추세임을 보여준다. 문화와 생태계가 압박받고 있는 것이다. 이 모든 것은 푸얼차의 기원에서 매우 멀어진 것처럼 느껴진다.

차 제조와 음용이 확실하게 언급된 최초의 기록은 2000년 전의 것이다. 《동약僮約》, “하인과의 계약Contract with a Servant”이라는 제목이 붙은 그 기록은 서한 시대인 기원전 59년에 중국 남부에서 왕포王褒라는 인물이 쓴 것이다(계약서에 따르면 왕포는 거의 약을 복용하는 것처럼 차 마시기를 일과로 삼았다). 이 시기에 시솽반나의 산지에서 따고 가공되어 덩어리로 만들어진 차는 멀리 북쪽에 있는 고대 중국의 수도 장안(병마용의 고향)까지 닿았다. 이곳에서 차는 한나라 왕실에 공물로 바쳐졌다. 그 증거가 기원전 2세기에 축조되어 1990년대에 발굴된 황제와 황후의 무덤인 한양릉漢陽陵에서 나왔다. 그곳에서 푸얼차 덩어리 한 조각이 발견되었다. 이 차는 아마 윈난 지방의 차 재배 산지에서 퍼져 나오는 교역로를 따라 운반되었을 것이다. 실크로드보다는 덜 유명한 이 차마고도茶馬古道는 도시 푸얼을 교역 중심지로 만들었다(차에 푸얼pu'er 또는 pu-erh이라는 이름이 붙은 것은 그 때문이다). 그 촉수는 온 사방으로 뻗었다. 관마로關馬路는 북쪽으로(장안을 포함한) 차를 가져갔으며, 서쪽으로는 실크로드와 접했다. 남쪽으로는 맹랍로勐臘路가 있었는데, 그 길을 통해 차 덩이는 라오스로, 또 그곳에서 오늘날의 베트남과 캄보디아까지 갔다. 하지만 여러 세기 동안 차마고도 가운데 가장 중요한 길은 티베트에 이르는 관장도關藏道였다.

극한의 여건에 처한 이 산악 왕국에서는 왕부터 도둑 떼에 이르기까지 모두 차 덩어리에 의존했다. 고대의 차 교역로는 아시아에서 가장 혹독한 길 중 하나로, 푸얼에서 세계에서 가장 높은 곳에 있는 수도 가운데 하나인 티베트의 라사까지 거의 2400킬로미터 이어지며, 4000미터가량 올라간다. 이 장대한 여정은 윈난의 아열대 골짜기를 뚫고 지나가서 티베트고원의 거센 바람과 눈길을 뚫고 또 얼어붙은 양쯔강, 메콩강, 살윈강을 건너 차 덩어리를 운반하는 일이다. 이 길은 640킬로미터 길이의 니엔첸탕글라산맥Nyainqêntanglha Mts.을 가로질러 4800미터 높이의 고개를 지나 마침내 신성한 티베트의 도시로 내려간다. 그 여정에서 초인적인 차 운반자들은 눈보라와 급류를 견뎌야 하며, 무너진 절벽 길을 뚫고 강도 떼도 피해야 한다. 짐꾼들은 1인당 90킬로그램에 달하는 짐을 운반하는데(운반하는 무게에 따라 임금을 받는다), 허리까지 쌓인 눈을 뚫고 머리 위 바위에서 2미터 길이의 고드름이 드리워진 아래를 지나가야 한다. 이 여정은 몇 달씩 걸리며 아마 역사상 다른 어떤 상인이나 여행자도 감당하지 못했을 가장 극심한 고난의 길일 것이다. 이는 차가 가진 힘과 특권을 잘 보여주는 사례다.

일단 티베트에 도착하면 (이제는) 발효된 잎사귀 덩어리를 우려내어 기운을 북돋워 생존을 도와줄 뜨거운 음료를 만든다(예전에 이곳에서 제공되는 음료란 오로지 눈 녹은 물과 야크 젖 또는 발효시킨 보리죽뿐이었다). 티베트 왕국에선 식물이 거의 자라지 못하기 때문에 차는 비타민과 미네랄의 중요한 공급원이며 괴혈병을 물리치게 해준다. 소금과 곡식 역시 티베트로 가는 차 길을 따라 거래되며, 버터차의 재료가 된다. 버터차는 지방이 많고 짜며 톡 쏘는 맛을 내는 음료로, 뜨겁게 데워 아침부터 저녁까지 계속 몇 대접씩, 하루에 많으면 60대접까지도 마신다. 1890년대에 영국의 모험가이자 화가인 아널드 헨리 세비지 랜더Arnold Henry Savage Landor는 버터차와 참파(볶은 보리로 만든 빽빽한 죽)를 도둑 떼와 함께 나누어 먹었다. 그는 이렇게 기록했다. "더러운 손가락을 대접에 넣고 반죽 같은 형태가 될 때까지 휘저은 다음 동그랗게 뭉쳐 먹는다."[6]

8세기경, 현대 푸얼차의 모양이나 맛과 비슷한 음료가 시솽반나에서 만들어졌다. 그 무렵 차 제조와 음용은 더욱 정교해져 육우陸羽('차의 현인'으로 여겨지는 인물)가 《다경茶經》을 쓸 정도였다. 이 책은 이 음료에 관련된 신화와 전설 그리고 차 의식을 진행하는 방법에 대한 지침까지 독자에게 알려준다. 육우는 여러 지역이 저마다 자신들만의 차 제조법을 갖고 있다고 서술했다. 양쯔강 남동쪽에서는 찻잎 덩이를 댓잎으로 묶지만[7] 강의 상류에서는 뽕나무 껍질로 만든 노끈을 썼다.

1000년 뒤, 푸얼차 덩어리 제조는 토착 공예이던 단계를 벗어나 공장 생산으로 넘어갔다. 1700년대에 시솽반나와 푸얼시에 있던 소규모 가내공장들은 각자 가문의 독특한 스타일을 개발해 명성이 중국 너머로까지 퍼졌다. 통싱하오(100만 달러짜리 푸얼차 제조자)도 그중 하나다. 야생 차 숲에 사는 소수 민족이 이런 공장에 야생 찻잎을 공급했다. 이 같은 푸얼차의 '골동품 시대'는 20세기 중반에 종말을 맞았다. 그때 위기에 처하게 된 것은 푸얼차 문화뿐 아니라 오래된 야생 차나무도 마찬가지였다. 1949년의 공산주의 혁명으로 수많은 차 공장이 문을 닫았는데, 오늘날 혁명 이전 차 덩어리의 명성이 높아진 것은 이 때문이다. 마오쩌둥 치하에서 푸얼차는 거의 보이지 않게 되었고, 농촌의 전통이라는 성격이 강해졌다. 티백 형태가 아닌 찻잎을 생산하는 대규모 차 농장이 번성했다. 1950년대의 대약진운동 기간에 윈난의 마을 주민은 철을 녹일 용광로를 짓고, 시골의 산업화를 위해 힘을 보태라는 지시를 들었다. 그 과정에서 야생 차나무들은 베어 넘겨져 장작으로 쓰였다. 1980년대에, 푸얼차 생산자들은 차 1킬로그램에 몇 페니만 받았다.

미국 태생으로 푸얼차 교역상인 폴 머리Paul Murray의 말에 따르면 "그것은 아무나 마시는 차가 되었다. 티베트 평원에서 야크 털을 깎는 사람이 마시는 차, 종일 우려내어 마시면서 일을 완수하게 해주는 기능 위주의 차가 되었다." 머리는 이 시기에 만들어진 푸얼차 덩어리를 갖고 있는데, 풀잎과 돌이 섞여 있었다. 이는 가격이 내려가면서 생산수준도 얼마나 낮아졌는지를 보여주는 증거다. 야생 차나무에 대한 위협은 1990년대에도 있었다. 중국이 더 부유해지면서 사람들은 자전거를 치워두고 자동차를 샀다. 그에 따라 고무 수요가 급격히 늘었다. 역사적으로 고무는 인도네시아 같은 적도 주변 지역에서 자랐다. 하지만 그곳 농부들은 식품산업의 식물성 팜유에 대한 수요를 맞춰주기 위해 차나무 대신 종려나무 재배 쪽으로 방향을 틀었다. 2001년에서 2010년 사이에 전 세계의 고무 가격은 세 배로 뛰었다.[8] 자급을 위해 매진하던 중국 정부는 전통 작물을 포기하고 고무나무를 키우는 농민에게 보조금을 지급했다. 그 기획이 너무나 무자비하게 추진되어 시솽반나에 있던 삼림의 거의 4분의 1이 고무나무 단일경작지로 바뀌었다. 한창 심할 때는 고무 가격이 너무 높아져서, 고원지대와 서리가 자주 내리는 (고무나무를 심기에 부적합한) 마을의 차 재배자들까지 오래된 차나무를 없애고 새 작물로 바꾸었다. 그러나 고무나무는 차 농부들이 고대하던 운세의 변화를 가져다주지 못했다. 차나무가 있던 곳에는 실패한 고무나무 농장만 남았다.

최근의 푸얼차 붐은 시솽반나의 삼림에는 무조건 좋은 뉴스여야 했겠지만, 실제로는 그렇게 되지 않았다. 2000년대 초 일부 마을은 느리게 자라는 오래된 차나무를 베어버리고, 그 자리에 고수익 차나무 관목을 바꿔 심었다. 시솽반나가 원산지라는 라벨을 붙인 찻잎으로 가공한 차 덩어리를 더 많이 생산할 수 있도록 말이다. 반면에 차나무 숲을 여러 세기 동안 돌봐온 토착민은 시솽반나에 남은 가장 오래된 나무에서 딴 푸얼차를 맛보기 어렵다. 이런 잎은 시장에 나오지도 않고, 매년 경매장에서 최고가 입찰자에게 넘어간다. 그런 나무 한 그루가 윈난의 서쪽 끝에 있는 방동이라는 마을에 살아 있다. 그토록 심한 파괴의 와중에서도 살아남은 존재다. 그 나무는 400살이 넘었고, 높이는 3층 건물만큼 높아서 위쪽 가지에서 잎을 따려면 비계를 설치해야 한다. 그 지역 푸얼차 상인의 말에 따르면 이 나무의 차를 마시는 사람은 십중팔구는 베이징에 있는 정부 관리나 기업 리더들이다. 한양릉 안에 남아 있던 찻잎 덩이처럼, 가장 오래된 나무 잎사귀로 만든 푸얼차는 다시 한번 21세기의 엘리트에게 공물로 바쳐지는 특별한 차가 되었다.

에티오피아,
하레나

Harenna,
Ethiopia

야생 삼림 커피

Wild Forest Coffee

31

내가 커피나무를 처음 본 것은 커피 발원지에서 멀리 떨어진 볼리비아의 라파스 북쪽 응달진 숲에서였다. 몇 호 안 되는 집과 농장으로 이루어진 추추카라는 작은 마을이 그 만남을 위한 무대였다. 늦은 오후, 덥고 습한 날씨였고 연이어 날아들면서 황혼 녘의 합창에 함께하는 새들이 만들어내는 음향의 벽이 세워지고 있었다. 앵무새, 큰부리새, 벌새가 분주하게 날아들어 잠자리를 준비했다. 나는 육십 대의 커피 농부인 돈 페르난도 힐라키타Don Fernando Hilaquita와 함께했다. 챙 넓은 밀짚모자를 쓴 그는 키 큰 삼나무와 우뚝 솟은 월계수 아래로 난 길로 나를 데려갔다. 힐라키타가 마른 잎을 버석버석 밟고 걸어가면서, 먹을 수 있는 야생 버섯과 나무 둥치의 구멍 안에 자리 잡은 새 둥지를 알려주었다. 우리는 반쯤 관리되고 반쯤은 야생인 숲의 지붕 아래에서 자라는 커피나무를 발견했다. 어리고 꼬챙이처럼 마른 모습이었다. 억센 가죽 같은 녹색 잎사귀와 대조되는 선홍색의 구슬 같은 열매가 두드러져 보였다. 나는 손을 뻗어 이 커피 열매를 한 줌 땄다. 입에 한 알을 넣어 달콤하고 끈적거리는 과육을 씹다가 단단한 씨앗을 이로 긁었다. 더 정확하게 말하면, 열매 속에 함께 자리 잡은 타원형 반구 모양의 씨앗 한 쌍이 있었다. 씨앗 모양과 중앙으로 나 있는 홈 때문에 씨앗이 어디 있는지 알아볼 수 있었지만, 볶아서 갈색이 나기 전에는 녹회색이다. 그 맛만 보면 이것이 신경을 곤두세우게 하는 칠흑같이 검은 에스프레소의 재료가 될 것이라는 힌트는 어디에도 없다.

내게는 그 숲이 아름답고 생명으로 가득 차 있는 것으로 보였지만 커피 세계에서 모두가 사정이 좋은 것은 아니었다. 농부들이 '라 로야la roya'(녹)라고 이름 붙인 질병이 이 지역에 심각한 손해를 끼쳤으며, 커피나무와 주민의 생계가 파괴되었다. 그 질병은 처음이 아니었지만, 피해 규모는 전례 없는 것이었다. 19세기 중반 이후 커피 재배자들은 이 진균(헤밀레이아 바스타트릭스Hemileia vastatrix)을 상대해야 했다. 빅토리아시대의 한 식물학자는 이것을 "식물 세계의 뱀파이어"라고 불렀다. 하지만 21세기에 세계화가 더 심해지고 기후가 더 더워지며 습해지자 라 로야의 파괴력은 증폭되었다.[1] 라 로야는 커피나무가 조밀하게 심어지고, 가지와 잎사귀가 땅 가까이 드리워지는 여건을 매우 좋아했다. 그런데 현대의 커피 산업이 바로 그런 식으로 재배한다. 그 진균에 감염되면 잎에 깨알 같은 점이 생긴다. 점 하나하나마다 포자 200개 정도를 담고 있는데 그것이 나중에 터져 이웃 식물도 감염시킨다.

먼저 오렌지색의 가루 같은 표면이 숙주의 잎사귀 아랫면을 덮은 뒤 누렇게 변색시킨다. 그다음 진균은 잎사귀 전체를 뒤덮어 광합성을 할 수 없게 한다. 나무는 영양분을 끌어오려고 애쓰다가 결국은 굶어 죽는다. 설사 한 그루가 살아나서 씨앗을 만들더라도 판매하지 못하는 산물이 될 것이다. 라 로야의 치료법은 아직도 발견되지 않았다. 2012년에 온난하고 습한 겨울이 계속되고 나서 라 로야가 발발해 중앙아메리카와 남아메리카를 덮쳤다. 그로 인해 콜롬비아의 커피 수확량은 30퍼센트 줄었으며,[2] 엘살바도르에서는 50퍼센트 이상 줄어들었다. 2017년에는 피해 작물의 가격과 수익 손실의 규모가 30억 달러에 달했고,[3] 200만 명에 가까운 농부가 땅을 버렸다. 그들은 그 이전에도 간신히 생계만 이으며 살아온 사람들이었다. 커피는 세계의 금융 중심지에서 거래되므로, 브라질에서 한 해 흉작이 발생하면 전 세계의 커피 가격이 와르르 무너진다. 여기에 참혹한 질병이 더해지면 인적 자원이라는 측면에서 엄청난 피해를 입게 된다. 북쪽으로 라틴아메리카를 거쳐 멕시코로, 그리고 미국 국경을 향해 이주하는 이주민의 행렬이 존재하는 이유는 몇 가지 있지만,[4] 기자들이 이들에게 왜 집을 떠났는지 물어보았을 때 그들 가운데 일부는 두 단어로 된 대답을 주었다. "라 로야"라고.

그 질병은 내게 첫 커피나무를 소개해준 농부 돈 페르난도 힐라키타의 삶에도 영향을 주었다. 2014년에 라 로야가 그의 나무 대부분을 쓸어갔다. "우리는 다시 나무를 심었어요. 포기하고 싶지 않았거든요." 그가 말했다. 하지만 대부분 재배자는 너무 힘에 겨워 땅을 버리고 다른 곳으로 일하러 떠났다. 힐라키타는 몇 안 남은 농부들 가운데 하나였지만, 그조차도 또 다른 문제가 터질까 봐 걱정했다. "기후가 계속 변하거나 질병이 돌아온다면 더 많은 나무가 죽겠지요. 그러면 우리도 나무들과 함께 죽을 거예요."

커피의 과거가 해결책을 얻을 지침을 줄지도 모르지만, 그것 또한 문제의 일부다. 커피는 남회귀선과 북회귀선 사이에서 전 세계를 감고 있는 상상 속의 커피 벨트에서 자란다. 그 벨트는 중앙아메리카의 코스타리카와 니카라과, 더 남쪽으로는 볼리비아와 브라질, 사하라사막 남쪽의 아프리카(서쪽으로 카메룬과 동쪽으로 소말리아 사이 지역), 남아시아(남부 인도), 동남아시아(베트남, 인도네시아, 파푸아뉴기니) 그리고 카리브해의 자메이카와 도미니카공화국을 포함한다. 이 벨트는 동남아시아의 각 지역과 다른 열대 지역에 대농장이 세워짐으로써 19세기가 되어서야 완성되었지만, 그 안에서 자라는 커피의 연원은 모두 남부 에티오피아 고원지대에 있는 야생 숲으로 거슬러 올라갈 수 있다. 커피가 어떻게 동아프리카 밖으로 나와서 그 벨트를 형성하게 되었는지는 왜 커피가 위협받고 있는지, 그리고 왜 그 위협이 라 로야뿐만이 아닌지를 이해하는 데 핵심인 부분이다. 이는 오늘날 전 세계에서 길러지는 거의 모든 커피가 18세기에 전 세계로 퍼진 몇 그루 안 되는 식물의 후손이기 때문이다.

길게 잡으면 100만 년 전, 남서부 에티오피아의 서늘한 고지대 숲에서 보기 드문 생물학적 사건이 하나 일어났다. 두 가지 커피 식물인 코페아 카네포라Coffea canephora와 코페아 에우게니오이데스Coffea eugenioides가 이종교배 되어 새로운 종을 하나 만들어낸 것이다. 그 이종교배는 성공적이었고, 우리에게도 다행스럽게 안정화되었다. 이것이 세계 커피 대부분의 근원인 아라비카Coffea arabica가 존재하게 된 사연이다. 커피 벨트 지역에서 자라는 다른 종은 아라비카의 부모 중 하나인 코페아 카네포라인데, 일반적으로 로부스타robusta로 알려졌다. 아라비카는 둘 중에서 더 고급이며, 세계 커피 음용 역사의 대부분을 채우는 종이다. 로부스타는 대부분 인스턴트커피에 사용되며, 19세기 말에 과학 세계에 알려졌다. 그리고 상업용 커피로 중요하게 여긴 것은 20세기에 들어와서다. 그러나 커피가 음용되기 오래전에 그것은 음식이었다.

커피의 생물학적 중심지인 에티오피아의 수렵채집인이 처음 야생 아라비카 식물을 접한 것은 그 열매의 달콤한 과육을 먹기 위해서였다. 씨앗을 뱉어내기도 했고, 또 생원두를 씹어 먹기도 했다.[5] 오늘날 남부 에티오피아의 오로모족Oromo은 익은 커피 열매를 야생 나무에서 따서 돌절구로 간 다음, 으깨진 씨앗을 버터와 섞어 작은 환으로 만들어 긴 여행길에 먹을 에너지바 같은 용도로 갖고 다닌다.[6] 어떤 시점에서 사람들이 커피 열매를 햇볕에 말리고 볶은 다음 우려내어 마시기 시작했는지 우리는 모른다.

에티오피아 고원지대 숲과 그 인근에 있는 남수단의 넓지 않은 지역에서 자라는 야생 커피나무는 아라비카의 유전학적 다양성의 주 저장고다(카자흐스탄 톈산 주변의 야생 나무가 사과의 유전자 집합소인 것과 똑같이). 가장 간단하게 말하면, 이 숲은 중심 구역 두 곳 그레이트리프트 밸리의 동쪽과 서쪽으로 쪼개진다. 서쪽에 있는 것이 웰레가, 일루바보르, 테피, 벤치 마지, 카파, 짐마리무 커피 지역이며[7] 동쪽으로 리프트를 건너 시다모, 베일, 하라르가 있다. 이런 지역에는 저마다 그리고 숲 하나하나마다 유전학적으로 서로 다른 아라비카종의 나무들이 자란다. 각 지역은 고유한 맛의 특성 하나 또는 다양한 특성 여러 개를 갖고 있다. 커피에는 '오리진origin'

이라는 것이 있는데, 이는 와인에서 각 포도원 사이의 차이를 밝히기 위해 '테루아terroir'라는 용어가 쓰이는 것과 같은 방식이다. 야생 커피나무의 집단마다 수십만 년 동안 자체의 환경에 적응하면서 진화했다. 이 다양성이 아가로 지역 서쪽이나 짐마리무 구역에서는 커피가 달고 섬세해지며[8] 감귤류와 열대 꽃과 석과류(배 같은)의 느낌을 풍기는데, 베일산맥의 커피는 대개 과일과 꽃향기를 함유하면서도 바닐라와 향신료 느낌을 풍기는 까닭을 설명해준다. 이런 커피 지역들은 각기 다른 지역사회들의 터전이기도 하다.

야생 커피 삼림 가운데 덜 유명한 곳이(그리고 가장 가기 힘든 곳 중 하나가) 아디스아바바 남동쪽 400킬로미터 지점에 있는 하레나다. 이곳은 동아프리카 최고봉 가운데 몇 개가 있는 베일산맥 속에 자리 잡고 있으며, 생물다양성의 열점이다. 수천 종의 식물을 여기서 찾아볼 수 있으며, 멸종 위기에 처한 베일 원숭이와 사자, 희귀한 에티오피아 늑대도 있다. 이곳 산의 숲은 들어갈 수 없는 곳이 많아서 이 생물다양성은 20세기가 끝날 때까지도 대체로 기록되지 않은 채 남아 있었다. 4000미터를 넘는 봉우리들이 있는 베일산맥의 산괴 앞에서 하레나는 왜소해 보인다. 커피나무가 자라는 울창한 숲에서도(해발고도 1500~1800미터) 나무들이 이루는 높은 숲의 지붕 위로 자주 구름이 덮여 있곤 하다. 하레나는 완전히 자연에 압도된 장소처럼 보이지만 커피나무 숲 안에는 마을과 작은 촌락과 작은 농지도 있다. 현재 3000명가량의 인구가 그 숲을 터전으로 삼고 있으며, 그들 대부분에게 커피는 삶이다. 그들은 완전히 야생이거나 반야생인(야생의 나무를 돌보면 수확하기가 더 쉬우므로) 나무에서 커피콩을 채집하는 것으로 생계를 잇는다. 가장 야생성이 강한 커피는 키가 크고 꼬챙이 같은 나무의 단단한 가지에서 열린다. 체리 같은 붉은색 과일을 따서 어깨 위에 걸고 다니는 긴 원통형의 밀짚 바구니에 던져넣는다. 야생 커피 가운데 일부는 상인에게 팔리지만 많은 양이 숲에 남는다. 커피는 출생, 죽음, 결혼 등 모든 사교 행사에 등장한다. 심지어 커피콩을 가공하고 우려내는 과정도 하나의 제의다. 콩을 햇볕에 말린 다음, 색이 짙어져서 빛이 나고 갈색이 될 때까지 볶는다. 콩 속에 아주 약간의 습기가 남아 있다가 콩이 부서질 때 발산되어 볶은 커피의 묵직한 향취가 공기를 채운다. 식은 씨앗은 나무 절구로 곱게 갈아서 제베나jebena라는 테라코타 주전자에 담고 물에서 부드럽게 끓여 거품을 낸다. 손님들은 이것을 하나의 행사로 여기며 음식을 나눠 먹고 이야기하고 콩이 볶아지는 향기 속에서 숨 쉰다.

이 전통이 얼마나 오래된 것인지는 모르지만, 스코틀랜드 출신의 여행 필자인 제임스 브루스James Bruce는 1760년대에 에티오피아를 방문했다가(나일강의 원천을 찾으려는 탐험에서) 야생 커피의 숲과 음료와 그에 관련된 제의에 대해 묘사했다.[9] 커피를 마시기 시작한 지 1세기가 넘은 유럽에서 브루스의 이야기는 무시되었다. 그의 주장은 사람들이 충분히 의심할 만했다. 당시에 유럽인은 아라비아반도에 있는 예멘이 커피의 발원지라고 여겼기 때문이다. 이곳은 커피나무가 자라는 것이 발견되었으며, 근대의 커피 음용이 시작되었고 그것이 교역된 곳이었다. 스웨덴의 식물학자이자 분류학의 아버지인 칼 린네우스Carl Linnaeus는 1730년대에 한 줌의 커피 씨앗을 보게 되었고, 그것에 코페아 아라비카라는 이름을 붙였다. 즉, '아라비아에서 온' 커피라는 뜻이다. 그러다가 브루스의 이야기와 비슷한 체험담이 다른 여행자들에게서도 들려온 뒤인 19세기에 들어서서야 커피와 에티오피아 사이의 관련성이 인정되었다. 커피 식물과 씨앗은 여러 세기 전에 에티오피아에서 단거리지만 위험한 해로인 홍해의 바브엘만데브Bab-el-Mandeb('눈물의 문')를 거쳐 예멘의 서쪽 해안으로 수입되었다. 한 가지 주장에 따르면 커피는 수천 명씩 무리 지어 에티오피아를 지나 메카까지 가는 순례자와 함께 홍해를 건넜다고 한다. 그러나 커피가 아랍 상인들에 의해 동부 아프리카에서 하라르를 거쳐 거래되었다는 설이 더 가능성이 크다(화산석인 흑요석이 에티오피아에 존재한 사실로 미루어[10] 그 교역로가 신석기시대에도 열려 있었음을 우리는 알고 있다).

예멘에서 그 음료는 효능 덕분에 신성한 지위를 누렸다. 그것은 카흐와qahwa라 알려졌는데,[11] 이는 원래 수피교 신비주의자들이 밤새도록 기도하면서 깨어 있기 위해, 또는 황홀경 상태로 빠져들기 위해 쓰던 자극적인 캇khat 약물을 가리키던 용어였다. 15세기에 커피는 새로운 카흐와이자 종교적 특선 음료가 되었다. 일부에서는 수피교 학자인 게말레딘 아부 무함마드 벤사이드Gemaleddin Abou Muhammad Bensaid가 그런 음료의 변화를 일으킨 주인공이라고 본다. 그는 이렇게 말하며 데르비시dervish• 에게 커피를 마셔도 좋다고 허락했다고 한다.[12] "그렇게 하여 이 열성적인 무슬림들이 더 많은 주의력과 평정심을 갖고 밤새워 기도하거나 다른 종교적 수련을 할 수 있게 하는 것이다." 또 다른 설명에서는 수피교의 무프티mufti••인 무함마드 알다바니Muhammad al-Dhabani가 커피를 마시고 병에서 회복하는 데 도움을 얻은 뒤 커피의 힘을 깨달

• 수피교의 탁발 수도승 -옮긴이

•• 법률 해석관, 법률고문 -옮긴이

았다고 한다. 어쨌든 16세기 초에는 커피농장이 예멘의 서쪽 변경에 퍼졌으며, 커피콩이 모카 항구에서 이슬람 세계 전역으로 수출되었다는 것은 분명한 사실이다.

16세기가 끝날 무렵 카이로, 알레포, 다마스쿠스 그리고 콘스탄티노플의 그랜드 바자르에는 커피점이 있었다. 커피가 베네치아에 들어온 것은 1615년이며, 1650년에는 영국 최초의 커피점이 개업했다(그 세기말까지 600개소가 생겼다). 뉴욕 사람이 커피 맛을 처음 본 것은 1696년이었다. 시기로 보건대, 알코올이나 구식의 특선 음료(진정제depressant)가 아니라 이 새로운 음료이자 자극제가 그들에게 근대 세계를 형성한 사상과 혁신을 고취하도록 도움을 주었을 것이다. 계몽시대는 카페인을 연료로 삼아 피어났다.[13]

여러 세기 동안 예멘은 커피 재배에서 독점적 지위를 누렸다. 씨앗이나 커피 식물은 절대로 아라비아반도를 떠날 수 없었다. 워낙 귀중한 물품이어서 신중하게 경호했다. 이런 상황은 1690년대에 극소수의 커피 식물이 이 나라를 떠나 지금 세계를 휘감고 있는 커피 벨트 지역에서 자라는 커피나무 대부분의 유전적 토대를 제공하게 됨으로써 바뀌었다. 밀과 바나나의 경우에서 우리도 알고 있듯이, 다양성의 부족은 장기적으로는 절대 좋지 않다. 이 식물은 예멘에서 출발해 별개의 두 궤적을 그리며 세계로 전파되었다. 첫 번째 궤적은 네덜란드 동인도회사에 의해 수천 킬로미터 떨어진 인도네시아의 자바섬(당시에는 네덜란드가 통치하던 영토)에 닿았다. 그러다가 1706년에 커피나무 한 그루가 자바에서 네덜란드로 운반되어 암스테르담 식물원에 심어졌다. 6년 뒤 태양왕 루이 14세에게 보내는 선물로서 그 식물원의 커피나무 한 그루가 프랑스로 갔고, 프랑스 최초의 온실인 파리 왕의 정원Jardin du Roi에 심어졌다. 십 년 뒤 프랑스 해군 장교인 가브리엘 마티외 드클리외Gabriel Mathieu de Clieu가 왕의 정원에서 자라던 커피나무 몇 그루를 카리브해로 가는 배에 실었다. 그 나무들은 모두 죽고 한 그루만 간신히 살아남았다. 한 승객이 사람이 마시기에도 부족한 물을 나무에 주면서 보살피는 드클리외의 모습을 보고는 그 나무를 죽이려 했다. 하지만 드클리외는 그 나무를 살렸고,[14] 마침내 1720년에 카리브해의 마르티니크섬에 심었다. 드클리외의 식물 후손이 더 멀리, 또 더 중요한 여행을 한 것은 1727년의 일이었다. 포르투갈 외교관인 프란시스쿠 드멜루 팔레타Francisco de Melo Palheta가 그 나무를 은밀히 숨겨 브라질로 건너갔다. 팔레타는 연인이 선물한 꽃다발 속에 그것을 넣어 검문을 피했다고 한다.

두 번째 궤적은 프랑스 상인들에 의한 움직임이었다. 1718년에 그들은 커피나무를 예멘에서 마다가스카르섬 동쪽에 있는 레위니옹섬으로 가져갔다. 이곳에서 커피나무는 먼저 동아프리카의 식민지로 퍼져 케냐와 탄자니아의 대농장을 이루었다. 그다음에는 서쪽으로 가서 브라질에 닿았다. 그래서 세계 커피의 대부분은 두 부류 식물의 후손이다. 하나는 프랑스 식물원을 통해 내려오는 계보이며, 다른 하나는 인도양에 있는 섬을 통해 내려오는 계보다. 두 계보는 성격이 다르다. 드클리외가 기른 식물의 선조는 '티피카typica'라 부르고, 다른 쪽은 더 섬세하고 달콤하며 가벼운 맛의 커피로 '버번bourbon'이라 부른다.[15] 이 좁은 유전적 선택을 미래의 문제로 만든 것은 아라비카의 생물학이다. 그것은 자가수분을 하는 식물이다. 즉, 열매를 맺으려고 자신의 유전자를 다른 식물의 유전자와 섞을 필요가 없다는 것이다. 그 역사와 좁은 유전학적 토대 때문에 오늘날 재배되는 아라비카 식물은 야생에서 발견되는 아라비카나무의 유전적 다양성(대립유전자alleles)의 일부밖에 갖고 있지 않다. 기후변화, 물 부족, 질병의 확대에 직면한 상황에서 아라비카의 유전자 도구 상자가 사태에 빨리 대응할 만큼, 또는 대응 자체가 가능할 만큼 충분히 크지 않다는 것은 우려의 대상이다.

전 세계 작물에서 생물다양성을 늘리려는 시도는 과거에도 있었다. 1세기 전 커피 산업이 라 로야의 초기 파도를 상대하고 있을 때, 사람들의 반응은 식물 교배로 다양성을 창출하자는 것이었다. 다른 작물과 마찬가지로 농부들은 자신의 커피농장에서 변이와 적응 형태를 포착했고, 식물 교배가들이 이런 것을 선택하여 활용했다. 한 가지 예는 '마라고지페' 재배종cultivar● 인데, 이것은 1870년에 브라질에서 발견된 티피카의 한 변이 형태다. 이 종류의 열매는 다른 커피 열매보다 두 배 더 크며, 씨앗도 크다. 그리고 비야 사치가 있는데, 이것은 코스타리카에서 발견된 버번의 변이다. 이 종류가 농부들에게 매력적인 것은 나무의 키가 작아서 수확하기에 쉽기 때문이다. 다른 변이종은 사치모르(비야 사치와 티모르 잡종으로 알려진 식물을 교잡한 커피) 같은 교배종을 만들어내는 데 사용되었다. 긍정적인 쪽을 보자면 새로운 품종은 라 로야에 대한 저항력이 더 크다. 하지만 거의 모두가 파리와 자바를 거쳐 내려온 식물의 후손이라는 점은 부정적인 측면이다. 모두

● 커피에서 재배종이란 자연 발생적인 품종variety과 달리 인위적으로 개량된 품종을 말한다. 부모와 유전 형질이 같지만 유전적 다양성이 적다—옮긴이

동일한 좁은 유전자풀에서 발원한 것이다.

질병의 위협에 대한 또 다른 반응은 새롭고 저항력이 큰 아라비카 식물을 에티오피아의 숲에서 도입하는 것이다. 이 중에서 가장 많은 찬사를 받은 것이 게이샤다.[16] 이것은 원래 남수단 국경 가까이 남동부 에티오피아에 있는 게샤 마을 근처 오지 숲에서 자란다. 케냐의 커피 재배자들이 이것을 심었다가 중앙아메리카로 가져갔지만, 나중에는 코스타리카의 식물원 컬렉션에 들어갔다. 파나마에 있는 한 농장(아시엔다 에스메랄다)이 여기에 관심을 보이고 재배를 시작했지만, 오랫동안 무시되었다가 아들 중 하나가 게이샤 콩을 볶아보고 그 맛에 깜짝 놀랐다. 게이샤의 소문이 퍼져서 2004년에는 경매에서 팔린 가장 고가의 커피가 되었다. 그 가격은 파운드당 130달러였는데, 이는 상품화된 아라비카 커피콩보다 100배 정도 비싼 가격이었다. 기록적인 가격 때문에 중앙아메리카와 남아메리카의 농부들은 놀라운 비율로 게이샤를 심기 시작했고, 지금은 전 세계 커피 벨트 전역으로 퍼지고 있다. 게이샤는 놀라운 맛과 유전자를 위해 야생 커피의 다양성을 보존할 때 어떤 이득을 얻을 수 있는지를 잘 보여준다. 야생 커피의 다양성은 커피나무 육종의 미래에서 핵심이다. 그러나 우리가 에티오피아 고원지대에서 커피 유전학의 가치를 깨닫고 있는 지금도 야생 커피나무는 위기에 처해 있다.

열매와 고품질 커피콩을 생산하려면 아라비카 커피는 특정한 여건이 필요하다. 낮에는 따뜻하고(덥지는 않은) 밤에는 서늘해야 한다. 이 때문에 대개 고지대에서 자란다. 기온과 강우량이 최적의 조건을 너무 크게 벗어나면 열매의 품질이 급격히 나빠지고, 생산성이 하락하며, 나무는 약해지고 질병에 더 취약해질 수 있다. 영국 왕립식물원인 큐가든의 과학자들은 기후변화로 오늘날 에티오피아에서 아라비카가 자라는 지역의 65퍼센트가 금세기가 끝날 무렵에는 이 작물에 적합하지 않을 것이라 예상했다.[17] 또 다른 연구에 따르면 세계의 다른 지역도 이와 비슷한 유형으로 진행하리라 예상된다. 너무 따뜻해지고, 많은 경우에 너무 건조해질 것이다. 커피 농부들이 고를 수 있는 한 가지 선택지는 기온이 더 서늘한 좀 더 높은 지대에 나무를 심는 것이다. 특히 에티오피아에서는 그렇다. 하지만 베일산맥 주변의 하레나 숲에서는 더 높은 곳으로 이동하기가 어렵다. 이미 커피가 자랄 수 있는 최대 고도에 근접했기 때문이다. 큐가든의 과학자들이 보는 최악의 예측은 기후변화만으로도 이번 세기말이 되기 전에 에티오피아 야생 커피나무의 최대 80퍼센트까지 사라지리라는 것이다. 이는 커피로 생계를 유지하는 전 세계 1억 2500만 농장 노동자에게, 또 그것을 마시는 모든 사람에게 등골이 오싹해지는 전망이다. 그 예보가 사실로 판명된다면 우리는 아라비카의 야생 유전자풀의 많은 부분을 잃는다. 문제는 기후변화뿐만이 아니다. 이 야생 커피의 생태계는 삼림파괴로 인한 압박도 받고 있다. 에티오피아의 늘어나는 소 떼를 먹일 새로운 초지를 만들려고 삼림을 파괴하는 곳도 있다. 이 모든 일이 야생 커피가 얼마나 다양한지를 모두 이해하기도 전에 일어나고 있다. 과학자들은 이제 살아남은 커피 다양성이 더 사라지기 전에 그 지도를 기록하기 위해 시간과 싸움을 벌인다.

만약 아라비카의 미래가 위태롭다면 우리는 로부스타를 더 마실 수도 있다. 이 종류는 이미 전 세계 커피 무역의 45퍼센트 정도를 차지한다. 1897년에 벨기에령 콩고(오늘날의 콩고민주공화국)의 삼림 지대를 탐험하던 식물학자들이 확인한 로부스타는 1920년대에 대규모로 재배되기 시작했다. 이는 라 로야 때문이었다. 아라비카는 그 질병에 취약하지만 로부스타는 그렇지 않았고 더 튼튼하다는 이유로 그런 이름이 붙었다(아라비카보다 더 낮은 고도, 더 따뜻하고 습한 기후에서도 자란다). 전 세계 커피 작물 가운데 로부스타가 차지하는 비율은 1970년대와 1980년대에 아시아, 특히 베트남에서 생산이 증가해 상당히 높아졌다. 그러나 로부스타가 아라비카보다 카페인 함량은 더 높지만 맛은 열등하다. 최고의 아라비카 맛이 달콤하고 섬세하고 가볍고 꽃과 과일 맛이 난다면, 로부스타는 커피의 해머 타격이라 할 카페인 충격에만 집중되어 있고 나무 느낌, 담배, 심지어 고무 느낌까지도 풍긴다. 프랑스나 이탈리아의 커피점에서 대리석 상판 카운터에 서서 1유로짜리 에스프레소를 마신다면 아마 로부스타일 것이다. 그것은 흔히 아라비카와 혼합해 바디감과 크레마를 늘린다. 인스턴트커피를 마신다면 그것은 거의 확실히 로부스타일 것이다. 아라비카를 대체할 만한 것은 없다.

볼리비아에서 돈 페르난도 힐라키타는 내게 아라비카를 지켜낼 자신만의 접근법을 보여주었다. 추추카 지역사회는 커피 품종을 바꾸는 게 아니라 농업 시스템을 바꿔서 라 로야에서 회복할 수 있었다. 힐라키타는 예전의 대농장 방식, 조밀하게 나무를 심고 다른 생명은 모두 제거해버리는 단일경작 방식을 거부했다. 그 대신에 그는 마을 주변의 숲을 되살리고, 다른 야생식물의 그늘 속에서 아라비카나무를 심고 기르는 방법을 채택했다. 그의 커피 숲속으로 계속 걸어 들어가자 점점 더 어두워지고 새들도 침묵하기 시작했다. 따뜻하고 햇볕에 찌든 날은 저물고 별이 뜨고 서늘해졌다. 그는 내 손에 열매를 쥐여주면서 이것이 더 야생적인 농사법이라고 말했다. "그래도 라 로야가 침입할 순 있어요. 하지만 적어도 나는 커피를 키우려고 자연과 싸우지는 않습니다. 자연은 아마 친절하겠지요."

스테노필라

곡식 작물과 달리 커피는 스발바르나 다른 세계 종자은행의 저장고 안에 보관할 수 없다. 커피종species은 식물원이나 연구소나 실험실 여건에서 살아 있는 식물로 유지해야 한다. 서식지가 사라지고 나면 위기에 처한 커피를 되살릴 기회는 거의 없다. 2019년에 큐가든의 식물학자이자 커피 다양성 전문가인 에런 데이비스Aaron Davis가 동료들과 함께 논문을 발표했다. 거기에는 커피 124종(아라비카와 로부스타는 그중의 두 종일 뿐)의 보존 상태가 열거되어 있는데, 그 가운데 적어도 60퍼센트가 멸종 위기에 처해 있음을 밝혔다.[1]

시간이 우리에게 적이 된 상황에서 데이비스는 커피 다양성의 미래를 보장하기 위한 근본적인 방법을 취하고 있다. 위기종, 특히 우리가 거의 알지 못하는 종들을 추적해 맛보는 것이다. 그는 변화하는 세계에서 재배를 고려할 가치가 있는 커피 유형을 찾아내기 바란다. 서아프리카 북부에서 오스트레일리아의 북쪽 끝에 이르기까지 여러 종이 발견되었다. 데이비스 본인이 명명한 것만도 30종에 달한다. 그와 동료들은 그중 되도록 많은 종류를 볶아서 마실 만한 커피가 되는지 알아보았다. 그는 "모두 흥미를 끌지만 대부분은 그저 봐줄 만한 수준이고 일부는 형편없었다"라고 말한다. 몇 가지는 카페인이 거의 없었고, 그것으로 만든 커피는 마실 수 없을 정도로 산미가 강했다.

하지만 데이비스는 더 특별한 커피, 이상적으로는 로부스타만큼 강건하고 아라비카만큼 마실 맛이 있는 커피를 앞으로 발견할 수 있으리라고 확신한다. 또는 재발견일 수도 있다. 코페아 스테노필라Coffea stenophylla라 부르는, 위기에 처한 종이 그 후보 가운데 하나다. 과거에는 하일랜드 커피Highland Coffee로 알려졌던 그것은 지금은 그저 '스테노필라'라고만 부른다. 시에라리온, 기니, 코트디부아르의 토산품인 그 호리호리한 나무는 키가 10미터까지 자라며 열매는 흑자색이다. 데이비스는 큐가든의 식물표본집에 실린 건조된 식물표본에서 그 나무의 존재가 시에라리온에서 마지막으로 기록된 것이 1954년이었음을 알았다. 사람들은 환금작물을 심을 땅을 마련하기 위해 방대한 삼림 지역이 벌채되던 이른바 '개발의 10년' 때 그 나무가 쓸려나갔을 것이라고 짐작한다. 큐가든의 문서고와 도서관에서 데이비스는 이 종이 맛을 기준으로 할 때 탁월하다는 평판이 있었음을 알 수 있었다. 시에라리온에서 그 맛을 본 기억이 남아 있는 극소수에게 스테노필라는 로부스타보다 훨씬 더 훌륭한 커피였고, 심지어 아라비카보다도 뛰어날 수 있었다. 하지만 그것은 20세기 초까지도 시에라리온에서 경작되고 수출되었는데도 재배지에서 사라졌다. 21세기가 시작될 무렵 그 품종은 멸종했다고 생각되었다. 2018년에 데이비스와 동료 커피 과학자인 그리니치 대학의 제러미 하가Jeremy Haggar는 시에라리온 정부의 초청으로 그 사라진 종을 찾기 위해 마지막으로 한 번 더 시도했다. 그들은 큐가든의 식물표본실과 도서관에서 자료 사본을 가져갔고, 동료들은 잃어버린 커피의 '현상 수배' 포스터를 내걸었다.

그들의 원정은 스테노필라 나무가 마지막으로 자라던 장소를 찾아가는 것으로 시작되었다. 다음으로 그들은 동심원 같은 궤적을 그리며 돌아다녔다(찰스 마르텔이 사라진 배나무를 찾으러 다녔을 때처럼). 여러 번 잘못된 곳으로 가면서 한참 동안 추적한 뒤 그들은 나무 한 그루를 발견했다. 굉장한 업적이기는 했지만, 이는 마치 홀로 된 판다 한 마리를 발견한 것만큼이나 쓸모가 없었다. 아라비카와 달리 스테노필라는 씨앗을 만들려면 다른 나무로 수분 되어야 하기 때문이다. 그들은 더 멀리 돌아다니면서 라이베리아 국경 가까이에서 울창한 삼림을 헤집고 다닌 끝에 한 언덕 위에서 스테노필라 나무 군락을 발견했다. 상황은 아슬아슬했다. 그 주변의 삼림이 심각하게 파괴되고 있었기 때문이다. 2020년 여름, 데이비스가 데려온 런던의 커피 전문가팀이 스테노필라 커피콩 한 봉지(고작 9그램)를 볶았다. 이것은 거의 한 세기 만에 처음으로 그 맛이 소개되는 순간이었다. 데이비스가 말했다. "그건 향기롭고 과일 맛이 나고 달콤합니다. 진정한 잠재력을 지닌 커피예요." 또한 그것은 아라비카보다 더 높은 기온을 견뎌낼 수 있고, 라 로야에 대한 저항력도 더 크다. 그러나 다른 종들은 제때 발견되거나 지켜지지 못할지도 모른다.

후식

10

"적이 쉬고 있으면 … 적을 괴롭혀라.
적이 식량 보급을 잘 받고 있다면 … 적을 굶겨서 몰아내라."[1]

손자孫子,
《손자병법孫子兵法》

SWEET

좋은 메뉴란 다들 그렇듯이 끝에는 후식이 나온다. 이는 전통적으로 즐거움, 유쾌함, 축하의 순간과 관련된 음식이다. 그렇지만 10부에 나오는 음식 세 가지의 공통점은 그것들이 위기에 처하게 된 이유, 즉 분쟁이다. 이 책에 소개된 다른 재료들은 대부분 농업의 변화, 서식지 상실, 질병, 경제적 위력으로 소멸 위기에 내몰리지만 이 음식들은 분쟁의 피해자다.

기원전 146년 로마의 카르타고 함락에 관련된 사연 하나를 들어보자. 오늘날 튀니지에 자리한 이 번영하던 도시를 파괴한 뒤 로마 장군 스키피오 아이밀리아누스Scipio Aemilianus는 도시 전역을 쟁기로 갈아엎고 토양을 훼손하려고 고랑에 소금을 뿌렸다. 말 그대로 땅을 염분으로 절여 그 비옥한 땅이 사막처럼 황폐하게 되어 카르타고가 영영 폐허로 남아 있게 했다는 것이다. 이것이 19세기의 역사가들이 전한 내용이다. 하지만 그것은 완전히 허구다. 계산에 따르면 카르타고의 토양을 황폐하게 만들 만큼 많은 소금을 실어오려면 로마 함선 1만 척이 필요하다.

그러나 그 허구는 음식(또는 음식의 부족)이 전쟁 무기로 쓰일 수 있는 방법을 간명하게 알려준다. 1864년 9월, 미국의 북군 장군인 셔먼Sherman과 셰리든Sheridan은 남북전쟁을 더 신속하게 종결짓기 위해 남부의 비전투원들이 "전쟁의 가혹한 손길hard hand of war"을 느끼게 하라고 명령했다. 그들은 작물을 훼손하고 식품 저장고를 공격하고 가축을 죽여, 겨울이 다가오는데 먹을 것이 없게 만들었다.

제1차 세계대전 동안 대서양에서 영국의 해군 봉쇄로 독일 시민은 식품 공급이 줄어들어 1916년에서 1917년 사이의 겨울 동안 순무로 연명해야 했다. 그 뒤 30년도 채 지나기 전인 제2차 세계대전 때, 나치 독일의 식품농업부 장관인 헤르베르트 바케Herbert Backe는 '기아 계획der Hungerplan'을 고안했다. 이 계획이 실행되었더라면 동유럽에서는 3000만 명이 굶어 죽고, 그들이 먹어야 할 식량이 독일과 유럽 전선에 나간 독일 군인들에게로 돌려질 수 있었을 것이다. 적군의 저항으로 이 계획이 실행되지 못했지만, 바케의 굶주림 계획은 굶주림이 어떤 분쟁에서건 얼마나 치명적인 무기가 될 수 있는지 보여준다.

21세기에도 식품과 농경은 전쟁의 1차 피해자에 속한다. 그리고 분쟁은 음식이 소멸할 수 있는 가장 빠른 길이기도 하다. 이어지는 사연들은 그 사실에 대한 증언이다. 우리는 수천 년 세월 동안 진화해온 하나의 음식 문화가 어떻게 분쟁으로 순식간에 모조리 지워질 수 있는지를 보게 될 것이다. 또한 음식(그리고 음식에 대한 기억)이 어떻게 고난의 시절에 희망의 연원이 될 수 있는지도 볼 것이다. 음식 재료와 조리법은 세상에서 우리가 있는 장소의 감각을 얻는 데 도움을 준다. 모든 것을 잃은 사람에게 음식의 전통이나 고향에서 느끼던 맛은 새로운 의미를 지닐 수 있다.

시리아,
홈스

Homs,
Syria

할라웻 엘 지븐

Halawet el Jibn

비옥한 초승달 지역의 시리아는 농업이 세계에서 가장 오래전에 실행된 장소이며, 실크로드에 자리 잡은 그 위치는 그곳이 극도로 복잡하고 다양한 요리 가운데 하나를 발명했음을 의미한다. 그러나 최근에 발생한 전쟁으로 땅은 파괴되고 농부들은 쫓겨났으며, 고유한 작물은 말살되고, 전통적인 재료와 음식에 관한 지식은 소멸 위기에 처했다. 잔혹하게 비틀린 운명이지만, 음식은 전쟁의 원인 중 하나이기도 했다. 2007년에서 2010년 사이에 그 나라는 역사상 최악의 가뭄을 겪었다. 정부가 밀 생산량 목표를 과도하게 설정한 바람에 저수지와 호수, 강이 말라붙었다. 이것이 도미노 현상을 일으켜 농촌 사회에 심한 타격을 주었다. 시리아인 100만 명이 땅을 버리고 도시로 흘러 들어갔다가 도시 빈민의 지위로 떨어졌다. 2011년 봄, 긴장이 극에 달해 거리 시위가 일어났고, 바샤르 알아사드Bashar al-Assad 정부의 잔혹한 진압에 직면했다. 내전이 뒤따랐다.

유엔은 그 후 10년 동안 사망자가 70만 명 그리고 튀르키예와 요르단, 레바논, 이집트 등지로 나간 난민이 500만 명가량이라고 추정했다. 시리아에 남아 있던 생존자의 90퍼센트는 식량 수급이 불안정한 자food insecure로 분류된다. 식품 가격이 계속 상승해(2019~2020년 국내 식품 가격은 두 배로 올랐다) 이 곤경을 완화할 길이 없었다.

2015년, 세계는 시리아의(그리고 세계의) 문화유산이 공격당하는 모습을 경악하며 지켜보았다. ISIS 민병대가 시리아사막의 고대 오아시스 도시인 팔미라에 쳐들어갔다. 그들은 2000년 된 벨 신전을 폭파하고, 세계에서 가장 잘 보존된 로마 기념비 중 하나를 파괴했다. 그러나 그 나라의 식품 시스템에 발생한 피해는 그보다 덜 눈에 띄지만 시리아에서 전쟁이 끝난 뒤에도 장기적인 영향을 미칠 것이다. 원래는 농경지이던 지역에서 수많은 전선이 형성되었는데, 이는 곧 농촌 지역사회 주민에게서 사상자가 엄청나게 발생했고 군벌에게 토지가 몰수되었음을 의미한다. 분쟁 이전에는 인구의 50퍼센트가 농업에 종사했다고 평가된다. 시리아는 이 지역에서 대표적인 식량 수출국 가운데 하나로,[1] 곡물과 과일, 채소를 인근 국가와 아라비아만 주위 국가들에 공급했다. 전쟁 초기에 농부들의 밭이 의도적으로 공격 대상이 되었고, 과수원의 나무가 불태워졌으며, 마을과 도시의 시장에 폭격이 가해졌다. 여러 군벌은 지원받은 식량이 한 점령지구에서 다른 점령지구로 이동할 때마다 세금을 매겼고, 공급망이 막혔다. 스스로 식량을 구하지 못해 기아 상태에 직면한 수백만 시리아인이 의지할 길은 오로지 이런 식량 배급뿐이었다.

이 모든 사태가 전개되는 동안 알레포 근처에 거점을 둔 소규모 과학자팀이 막후에서 시리아뿐 아니라 세계의 귀중한 식량 자원을 지키려고 필사적으로 노력하고 있었다. 알레포 서쪽 40킬로미터 지점에 있는 소도시 텔 하디야는 세계에서 가장 중요한 종자 컬렉션 가운데 하나가 있는 곳으로, 전 세계에 전략적으로 배치된 12개 도시로 구성한 네트워크의 일부분이다. 각 도시는 저마다 다른 식량 유형을 담당한다. 텔 하디야에 있는 종자은행은 건조 지역 내 국제농업연구센터ICARDA가 운영했으며, 1만 2000년 농경 역사상 가장 넓은 범위의 밀, 보리, 렌틸콩, 병아리콩의 종자를 보유하고 있었다. 이런 유전자 자원은 기근 저항력과 질병 저항력을 가진 씨앗을 포함하고 있으므로[2] 우리의 모든 식량의 미래에 중요했다. 지금은 그곳이 전쟁 지역에 포함되어 위험에 처해 있다.

2012년에 한 민병대 부대가 연구소를 공격해 차량을 훔쳤고, 나중에 분쟁이 고조되자 직원들을 납치했다. 하지만 다른 근무자들은 컬렉션과 함께 남았고, 어떻게든 디젤유를 구해 발전기를 돌리고 저장고의 온도를 종자 보관에 충분할 만큼 저온으로 유지해냈다. 니콜라이 바빌로프의 동료들이 레닌그라드가 포위된 동안 위험을 무릅쓰고 종자를 수호한 것과 똑같이 ICARDA의 연구팀도 텔 하디야에 저장된 15만 종의 샘플을 안전하게 지키는 임무를 수행했다.

한번은 과학자들이 반군과 강제로 협상을 한 적이 있었다. 반군들은 종자은행을 보호하고 발전기를 계속 돌리게 해주는 대가로 과학자들이 센터의 실험용 텃밭에서 기르는 식량을 달라고 했다. 그 협상은 2016년 봄까지 지속되었다. 그러다가 아사드 정권이 알레포와 인근 마을들을 폭격했고, 텔 하디야도 그중 하나였다. 과학자들은 종자를 안전한 곳으로 옮겨야 할 수밖에 없음을 알았다. 남아 있던 사람들은 트럭 한 대에 되도록 많은 종자 상자를 싣고 남쪽으로 달려서 국경을 넘어 레바논으로 탈출했다.

다행히 몇 년 전에 그들은 컬렉션의 백업용 씨앗 대부분을 스발바르로, 극지방의 얼음 속에 지어진 저장고에 보내둔 바 있었다. ICARDA는 레바논에 새 종자은행을 짓고, 그 백업용 씨앗들로 시리아에서 잃은 것을 대체했다. 그러나 레바논 자체도 경제와 정치 위기로 불안해지자 그 씨앗들은 또다시 불안정한 위치에 놓이게 되었다. 이 사태를 더 비극적으로 만드는 것은 2차 걸프전쟁 때 파괴된 이라크 아부 그라이브의 국립 종자은행에서 보존되던 씨앗들이 시리아의 컬렉션에 합쳐졌다는 사실이다. 당시만 해도 그것들을 저장할 가장 안전한 장소를 시리아 종자은행으로 여겼기 때문이다.

텔 하디야 컬렉션은 식물유전학 이상의 것을 대표한다. 그곳은 시리아인에게 중요한 재래 품종 씨앗을 보유하고 있었다. 수천 년 동안 그 나라는 아시리아, 튀르키예, 알라위, 드루즈, 야지디 등 다양한 이웃과 주민들로부터 사상과 재료를 흡수했다. 그렇게 받아들인 내용은 수천 가지의 전통적 시리아 조리법으로 발현되었다. 이 문화 역사의 일부분이던 씨앗 하나가 후라니Hourani 밀인데, 이는 홈스 인근의 농부들에게서 수집한 듀럼밀durum wheat 종류다. 후라니 밀은 독특한 성질이 있어서 할라웻 엘 지븐halawet el jibn 등 정교한 세몰리나semolina 페이스트리를 만들기에 이상적인 재료다. 제빵사들은 설탕 시럽과 마지돌리majdouli(끈 모양의 짠 치즈로 반죽에

탄력성을 더해준다)를 추가한 반죽으로 이것을 만든다. 길고 얇은 반죽에 코시타qoshta(또는 아시타ashta)라는 크림을 채우고, 굴려서 한입 크기로 자른 다음 장미 시럽을 묻혀 피스타치오 가루를 뿌린다.

할라웻 엘 지븐은 레반트• 전역에서 널리 볼 수 있는 달콤한 간식에 속한다. 그런 간식 중 가장 유명한 것으로 바클라바baklava가 있는데, 역시 세몰리나 밀가루로 만든다. 이런 음식의 기원은 오스만제국 전역에 전파된 비잔틴 요리와 제빵 기술을 거쳐 로마제국까지 거슬러 올라간다. 시리아에서 이와 비슷한 다른 음식들은 사회를 이어주는 접착제 같은 역할을 했다. 달콤한 페이스트리는 가정에서 만들거나 제과점(그들이 만드는 제품으로 찬양되고 사랑받는 명성 높은 곳)에서 구입해 친구와 가족끼리 나눠 먹는다. 전쟁은 이런 전통을 급작스럽게 종식했다.

• 그리스와 이집트 사이에 있는 동지중해 연안 지역을 통틀어 이르는 말-옮긴이

전쟁이 벌어졌는데, 왜 과자의 운명을 걱정하는가? 글쎄, 할라웻 엘 지븐을 분해하여 각각의 재료로 분리해보면 그것이 시리아의 음식 시스템에 어느 정도의 피해를 입혔는지가 보이기 시작한다. 가령 후라니 밀은 동부 튀르키예의 카발자 밀처럼 시리아 토양에 수천 년 동안 적응해왔지만 이제는 사라졌다. 수많은 농부가 나라를 떠났기 때문이다. 또한 씨앗을 보관하던 텔 하디야 컬렉션도 이제 알레포에서 사라졌다. 한편 수십 제곱킬로미터의 피스타치오밭이 파괴되었고, 나무들은 군인들의 사격 과녁으로 쓰였으며, 농장은 포격을 당했고, 지뢰가 설치되고 불에 탔다. 그 모두가 농촌 공동체에 최대한 큰 피해를 주려는 의도에서 저질러진 일이다.

이런 공격은 또 시리아의 정체성의 심장에도 가해진다. 1세기에는 피스타치오가 시리아 농업과 주방의 핵심적인 특징이어서 플리니우스Pliny는 시리아를 그 견과류의 발원지라고 여겼을 정도였다. 피스타치오는 사실 더 동쪽의 이란과 아프가니스탄에서 왔지만, 로마인이 볼 때 요리로서 그 견과류의 용도가 완성된 것은 알레포와 다마스쿠스와 홈스의 주방이었음이 분명했다. 시리아는 중동과 유럽에 공급하는 피스타치오의 최대 산지가 되었다. "피스타치오 나무는 우리 마을이 숨 쉬게 해주는 허파입니다"[3]라고 전쟁으로 땅을 잃은 한 농부가 말했다. "내 과수원이 무사하다면 전 아무래도 좋습니다." 전쟁 전에 홈스 바로 북쪽에 있는 모렉 마을 주위의 밭에서 한 해에 피스타치오 4만 톤이 수확되었는데, 이는 시리아에서 생산되는 피스타치오의 절반가량이었다. 그러나 2011년이 되어 전쟁이 시작된 이후로 농사짓기가 너무 위험해졌다. 절망적 상황에서 수천 그루의 나무가 베어져 장작으로 쓰였다.

모렉에서 북쪽으로 멀리, 튀르키예 국경에 면한 곳이 코바니다. 그곳은 쿠르드족의 영역이며 또 다른 피스타치오 재배 지역이다. ISIS가 도시와 외딴 마을들을 점령한 뒤 코바니는 거의 한 해 동안 그들에게 포위되었다. 주민 수백 명이 살해되고 납치되었으며, 수천 명이 달아나서 국경 너머 튀르키예의 난민캠프로 갔다. 미국이 주도한 연합군이 지상의 쿠르드족 병사들의 지원을 받아 공습을 감행하자 ISIS 전사들은 물러나면서 피스타치오 나무가 자라는 과수원에 차례차례 불을 놓았다. 코바니를 재건하려는 사람들을 돕는 지원 활동가인 레일라 아스멘Leyla Asmen이 말한다. "시커멓게 탄 검댕만 남아 있었어요. ISIS는 물러날 때 폭발물로 고대의 우물과 관개 수로를 폭파했습니다.” 지역 주민은 농토로 돌아간 뒤에도 남아 있던 피스타치오를 수확할 수 없었다. 흙 속에 지뢰가 묻혀 있었기 때문이다.

음식은 그 재료의 출처인 농장 같은 곳이 파괴되면 위기에 처하기 쉽다. 하지만 음식이 준비되고 가공되는 장소, 그리고 그것을 만들 기술을 보유한 사람마저 공격받으면 그 음식은 사라지게 된다. 시리아에서 사람들이 빵과 케이크를 사려고 제과점 밖에서 줄을 서서 기다리는 중에도 공격이 쏟아졌다. 전쟁으로 문을 닫아야 했던 제과점 가운데 알레포의 살루라Salloura가 있었다. 150년 동안 일가가 운영해온 그 상점은 치즈와 피스타치오를 넣은 할라웻 엘 지븐 등 다양한 페이스트리로 유명했다. 분쟁이 2년 동안 계속되고 싸움이 강화되어 설탕과 밀가루, 피스타치오의 공급이 부족해지자 그 가족은 문을 닫고 국경을 넘어 튀르키예 이스탄불로 탈출했다.[4] 50만 명의 시리아 난민이 이미 그곳에 들어가 있었다. 살루라 일가는 지금은 '리틀 시리아'라 부르는 그 도시의 악사라이 구역에서 알레포에 버려두고 떠나온 가게를 다시 열어 할라웻 엘 지븐 등 전통 페이스트리를 만들기 시작했다. 세계 각지로 퍼진 난민들은 와츠앱WhatsApp● 의 '망명 시리아인들'이라 부르는 공간에서 살루라 제과점이 만든 간식 사진을 공유하며 코멘트를 올린다. 이제 북아메리카에 살고 있는 한 시리아인은 이렇게 썼다. “여러분은 내 고향을 되돌려주었어요. 그것은 불꽃처럼 나를 태워, 보고 있으면 마음이 아픕니다.”[5]

● 페이스북에서 운영하는 인스턴트 메신저 앱 -옮긴이

2020년 여름, 시리아의 피스타치오 농부들은 전지가위를 들고 예전 과수원으로 돌아가기 시작했다. 8년 동안 손도 대지 못하고 방치되어 있던 곳이 많았다. 어떤 나무는 말라 죽었고, 가지는 시들었다. 지뢰도 처리해야 했다. 하지만 할라웻 엘 지븐을 유명하게 만든 시리아 문화의 또 다른 면모는 여전히 전 세계에 흩어져 있다. 딱 알맞은 밀의 품종이 보관된 종자은행은 아직도 레바논에 있다. 제과점 살루라 일가는 아직도 이스탄불의 임시 거처에 있다. 또한 그들이 상대했던 고객들, 수백만 시리아인은 해외에서 난민으로 살아간다. 시리아의 음식 문화는 전 세계에 퍼진 시리아인의 심장과 마음속에서 연명하면서 평화가 내려앉고, 사람들이 고향으로 돌아갈 수 있을 때까지 견뎌낼 것이다.

키자 케이크

Qizha Cake

33

"나블루스에는 최고의 제과점, 최고의 케이크가 있고 단연코 최고의 타히니tahini• 가 있습니다." 비비엔 산수르Vivien Sansour가 내게 그렇게 말하면서, 자신이 지켜내려고 노력하는 다양한 팔레스타인 토착 종자와 맛을 주르륵 읊어주었다. 베들레헴 근처의 베이트 잘라에서 자란 그녀는 "손톱 밑에 흙을 묻히면서" 할머니와 함께 먹을 것을 기르고 어머니, 아주머니, 조부모와 함께 요리를 배우면서 자랐다. 1980년대에 서안지구West Bank에서 자란 아이인 산수르가 아는 것이라고는 오로지 분쟁뿐이었다. 그녀는 점령기에 살았고, 불법 정착민이 오는 것을 목격했고, 2차 인티파다(봉기)가 팔레스타인 전역에서 전개되는 것을 보았다. 이런 사건 속에서 땅과 전통 작물이 상실되었다. 과일, 채소, 곡물, 농부들이 여러 세대 동안 길러온 재래 품종들이. 산수르는 자문했다. '이런 압박을 받으면서 사람

• 중동 요리에 널리 쓰이는, 참깨를 갈아 만든 소스-옮긴이

들이 어떻게 농사를 지을 수 있겠는가? 어떻게 음식을 기를 수 있겠는가?'

산수르는 서안지구를 떠나 미국으로 공부하러 가서 인류학을 전공했다. 한 연구 프로젝트에 따라 멕시코로 갔다가 전통 유산인 옥수수와 스쿼시를 기르는 종자 보존 농부들을 만났다. "옥수수가 없으면 평화도 없다"라는 그들의 메시지를 듣자 그녀는 자신의 고국을, 그리고 상실되는 것들을 생각하게 되었다. 그녀는 돌아가기로 했다. 자신에게도 살려내야 할 농업 유산이 있었다. 서안지구로 돌아간 그녀는 팔레스타인 유산 종자 도서관Palestine Heirloom Seed Library을 창시했다. 이것은 분쟁 기간에 사라진 작물 다양성을 추적해 보존하기 위한 단독 임무였다.

그녀는 먼저 어렸을 때 아주 좋아하던 주키니 호박, 토마토, 콩으로 시작했다. 씨앗으로 가득 채운 병의 사진을 페이스북에 올린 그녀에게 홍수처럼 메시지가 쏟아졌다. 사람들은 자신의 조부모가 기르고 어머니가 요리하던 채소를 찾아낼 수 있을지 알고 싶어 했다. "내가 살아 있는 신경을 건드린 거지요. 그들은 뭔가가 사라졌다는 걸 알았고, 도와달라고 거의 애걸하다시피 했어요." 그녀는 서안지구 전역을 돌아다니기 시작했다. 남쪽의 헤브론에서 북쪽의 제닌까지, 거의 1만 2000년 전으로 농경의 역사가 거슬러 올라가는 곳들이었다.

산수르가 찾아간 모든 공동체와 농부는 자신이 나누고 싶은 씨앗의 사연이 있었다. 그들은 오래전에 사라진 농토의 사진을 보여주고, 이제는 없어진 채소로 요리한 음식을 묘사했으며, 추수 때 부르던 전통 노래를 불렀다. 그녀의 기획은 단순히 서안지구의 생물

다양성을 지켜내는 데만 그치지 않았다. 그것은 팔레스타인 문화를 지키는 것이기도 했다고 그녀는 말한다. 그녀의 임무의 이 부분이 제닌에서 명확해졌다. 나이 든 사람들은 좋아하던 과일 하나를 계속 언급했는데, 아마 멸종했을 것으로 생각되는 자두이jadu'i 수박이었다. 과거에 제닌 근방의 밭은 이 커다란 초록색 열매로 가득 채워지곤 했다. 사람들 말에 따르면, 1960년대까지는 수많은 팔레스타인 농부가 베이루트부터 다마스쿠스까지 레반트 전역에서 유명하던 이 수박을 키워 생계를 유지했다. 여성들은 수확 철에는 자두이 밭에서 아이를 낳곤 했다고 말했다. 하지만 산수르가 이 귀중한 수박의 맛을 볼 수 있을지 물어보면 대답은 항상 똑같았다. "그 수박은 멸종했어요. 공룡을 찾는 거나 마찬가지예요." 서안지구 전역을 돌아다니는 길에서 그녀는 농부들에게 혹시 자두이를 본 적이 있는지 계속 물어보았다. 대답은 항상 "아니요"였다. 그러나 어느 날 전직 농부인 상점 주인 아부 가타스Abu Ghattas를 만났을 때는 그렇지 않았다. 가타스는 그녀를 상점 뒤의 한 서랍장 앞으로 데려갔다. "거기에는 스크루와 나사못이 가득 들어 있었어요." 산수르가 말한다. 하지만 그 뒤쪽에 수박 씨앗 한 봉지가 있었다. "자두이입니다." 그가 말했다. 그는 사람들이 그 과일을 이제 좋아하기는커녕 기억도 못 한다고 생각했다. 그래도 혹시나 해서 씨앗을 보관해두었다. "그동안 내내 그걸 차마 버리지 못했던 거예요." 산수르가 말한다. 수박을 기르고 그 씨앗을 지켜냄으로써 그녀는 자두이를 되살려내는 데 이바지했다.

밀에서도 성공을 거두었다. 베들레헴 남동쪽의 샤와우라에서 농부들은 전통 씨앗을 지켜냈는데, 그중에는 아부 삼라Abu Samra(멋쟁이)라는 위기에 처한 에머 밀 품종도 있었다. 그 밀의 강모(수염)는 거의 검은색이며 알곡은 독특한 맛이 나는데, 가장 중요한 점은 관개가 거의 필요 없다는 사실이다. "이 밀은 빗물만으로 만족합니다." 산수르가 말한다. 서안지구의 농부들에게는 이 특징이 어느 때보다도 더 필수적인 것이 되었다. 점령 이후 많은 사람이 씨앗과 땅 그리고 믿을 만한 물의 공급원을 잃었기 때문이다.

아랍과 이스라엘의 분쟁은 땅에 대한 것이지만 그에 못지않게 중요한 요소가 물이다. 물은 1967년에 일어난 6일 전쟁의 방아쇠 가운데 하나였다(이스라엘 음용수의 주공급원인 요르단강 물줄기를 바꾸려는 움직임이 있었다). 그 전쟁에서 승리한 이스라엘은 영토를 세 배 이상 늘렸고, (오렌지, 바나나, 밀, 목화 등을 포함한) 농업 확장 계획에 착수했다. 물 관리는 더 큰 분쟁의 씨앗이 되었다.[1] 그 이후 내내 상황은 변하지 않았다. 이스라엘과 (국제법상으로는 불법인) 이스라엘 정착촌은 서안지구의 대부분 수자원을 장악했다.[2] 팔레스타인 농부들은 이로 인해 자신들의 농업경제가 질식되었다고 말한다. 2014년에 세계은행은 일부 지역에서 팔레스타인 농부들이 합의된 물 할당량만큼도 끌어쓰지 못한다는 점에 심각한 우려를 표명했다.[3]

서안지구에서 쇠퇴한 작물 가운데 재래 품종 참깨가 있다. 농부들은 이 씨앗을 서안지구의 여러 곳에 심었는데, 특히 나블루스 주변의 비옥한 평원에 많이 심었다. 참깨는 팔레스타인 문화에 깊이 뿌리 내린 작물이어서 〈오 자라인 참깨Ya Zarain El Semsem〉 같은 민요에도 등장한다. 결혼식에서 부르는 그 민요에는 신랑이 신부와

처가를 위해 항상 참깨를 기르겠다고 맹세하는 내용이 들어 있다. 어떤 전통 춤에는 들판에서 농부들이 참깨를 수확할 때 하는 손동작이 들어 있기도 하다. 아부 삼라 밀처럼 빗물만으로 자라는 작물로서 건조한 기후에서도 잘 자란다. 검은색을 띤 이 재래 품종 참깨는 과거에 팔레스타인 제과점에서 페이스트리와 케이크의 재료로 쓰였다. 두 종류의 음식 모두 키자qizha라는 이름이 붙으며 칠흑처럼 검은색을 띤다.

도시의 작은 과자 공장에서는 참깨 씨앗을 키자의 주재료인 니젤라nigella• 씨앗과 함께 갈아 걸쭉한 반죽으로 만든다. 당밀 비슷하게 생긴, 잉크처럼 검고 반짝이는 혼합물인 이 반죽은 민트 냄새가 살짝 나는 흙 같은 맛을 낸다(참깨의 기름 성분 때문에 질감은 부드럽다). 제과점은 이 검은색 반죽을 세몰리나 밀가루, 설탕, 견과류와 함께 반죽해 달콤하고 촉촉하며 칠흑같이 검은 키자 케이크를 만든다.[4] 지금도 나블루스에서는 이런 최상급 케이크가 만들어지고 있지만, 팔레스타인 참깨가 아니라 에티오피아와 수단에서 수입한 참깨를 쓴다.

• 미나리아재비 종류의 초본식물 -옮긴이

라말라 서쪽에서 온 젊은 농부인 무하브 알라미Muhab Alami에게 전통 참깨를 서안지구에서 다시 생산해 제과점에 판매하는 것은 오랜 야심이지만, 어려운 과제다. “물이 통제되고 땅도 통제됩니다. 영영 불확실성 속에서 살아야 할 분위기지요. 여기서 농부로 살려면 스트레스가 많습니다. 그 결과 우리의 음식 유산은 눈앞에서 사라지고 있습니다.” 작물을 수확한 뒤에도 그것을 판매하는 데는 또 완전히 다른 장애가 있다. “군대가 제약을 가합니다. 새 정착촌은 방해물이고, 검문소를 통과하지 못할 때가 많아요.”

서안지구의 절반 이상(그리고 농사지을 수 있는 땅 대부분)이 'C 지구'라 부르는 영역에 들어 있다. 1990년대 초 이후 이곳은 이스라엘 군대가 점령한 지역이었고, 팔레스타인 사람이 땅과 시장에 가는 길은 더 통제가 심해졌다고 알라미가 말한다. 참깨 재배는 그 전부터도 힘들었다. 넓은 땅이 필요하고, 씨앗 수확은 노동력이 많이 필요한 작업이기 때문이다. 분쟁으로 압박이 더해지면서 참깨 재배는 갈수록 경제성을 잃었다. 많은 농부가 수입되는 값싼 참깨와 경쟁할 수 없어서 수익성이 더 높은 담배 등의 작물로 종목을 변경했다.

그러나 알라미는 옛날의 위기에 처한 품종을 보존하는 데 도움이 되기를 원한다. 비록 그런 품종을 찾아내고 그 씨앗을 보관하는 일에 그치더라도 말이다. "그것들은 내 정체성의 일부입니다. 이 땅에서 수천 년간 자라온 작물이지요." 그가 설명했다. 나와 만나기 3년 전에 그는 은행의 IT 시스템 업무를 보던 사람이었다. "무슨 공기를 가지고 일하는 느낌이었어요." 그는 존재하지 않는 무언가를 만져보려고 하는 사람처럼 손을 움직이며 말했다. "지금 나는 농부이고, 뭔가 실재하는 것을 생산하고 있어요." 그에게 농부가 되고 잃어버린 팔레스타인 작물을 되살려내려고 일하는 것은 평화적 형태의 저항이다. "돈은 더 적게 벌지만 더 부자라고 느낍니다."

산수르는 알라미 같은 농부들과 전통 팔레스타인 음식을 위한 응원 대장이다. 그녀는 목제 조리대 두 개로 만든 이동식 주방을 실은 차로 서안지구를 돌아다닌다. 조리대는 각각 길이 2미터 정도에 폭 1미터의 크기다. 그 위에서 그녀는 재료를 손질하고 조리법을 준비해 요리한다. 그녀가 말한다. "사람들은 어렸을 때 먹었지만 지금은 찾기 어려워진 음식을 맛보면서 감동해 눈물을 흘리기도 합니다.

그런 음식은 그들에게 삶이 지금처럼 힘들지 않던 시절을 떠올리게 하지요." 또한 그녀는 공동체 텃밭에서 직접 식량을 키우는 사람들도 도와준다. "토양에서도 폭력이 보여요. 새로 텃밭을 일구다 보면 유리 파편과 빈 최루탄 탄피가 자주 나옵니다." 언젠가는 또 다른 상실된 참깨 씨앗을 서안지구에 되살려낼 것이라고 그녀는 말한다. "우리 씨앗이 보존되고 재배될 가치가 없다는 말은 마치 우리가 가치 없고 미래가 없는 민족이라는 말과도 같아요."

작별하기 전에 산수르가 내게 말해준 오래된 팔레스타인 속담이 있다. "자신의 농사 도구를 사용해서 먹지 않는 사람은 그 자신의 마음으로 생각하지 못한다." 수박 하나, 밀알 하나, 작은 깨알 하나가 그처럼 강력한 존재인 것은 이 때문이다. 각각의 씨앗은 작은 자유의 맛일 수 있다.

베네수엘라,
쿠마나코아

Cumanacoa,
Venezuela

크리오요 카카오

Criollo Cacao

34

유럽인이 300년쯤 전에 처음 초콜릿과 사랑에 빠지기 시작했을 때, 최고의 초콜릿을 만드는 재료로 한 종류의 카카오가 유명했다. 중앙아메리카의 토착 카카오인 크리오요criollo였다. 그것은 다른 품종들과 비교하면 섬약하고 희귀한 식물이다. 몇 세기 동안 교차 교배하고 새로운 잡종을 만들기 위해 다들 노력하다 보니 순종 크리오요는 더 희귀해졌다(현재 그것은 세계 카카오 공급량의 5퍼센트에 못 미친다). 하지만 중앙아메리카에는 그 품종이 잘 자라면서 구세계로 수출되는 한 지역이 있다. 베네수엘라가 그곳이다. 이 고급 카카오 거래는 매우 중요해져서 오랫동안 베네수엘라의 주력 수출품 지위를 누렸다. 그런데 20세기에 정치가들이 카카오 재배를 등한시하고 다른 천연자원인 원유로 눈을 돌렸다. 원유 역시 세계 최대 보유량이었다. 한동안 카카오가 쇠퇴하는데도 베네수엘라에서 그 현상이 문제시되지 않는 듯했다. 원유 덕분에 라틴아메리카에서 가장 부유한 나라로 떠올랐기 때문이다. 그러다 원유 가격이 하락하고 부패한 정부가 들어서자 베네수엘라의 경제는 급격히 쇠락했고, 수백만 국민에게 재앙이 닥쳤다. 내가 카카오를 찾으러 베네수엘라에 도착한 것은 이런 상황이 막 전개되던 시기였다.

2017년 봄, 나는 거의 텅 빈 비행기를 타고 수도 카라카스로 갔다(다른 사람들은 대부분 반대 방향으로 나오려고 애쓰고 있었다). 거리에는 시위가 벌어졌고, 슈퍼마켓에는 식품이 거의 없었으며, 도시는 세계 최악의 강력범죄 우범지대로 알려졌다.[1] 몸값을 노린 납치가 새로 번창하는 사업이었다. 경제위기는 그 나라를 거의 무너뜨렸다. 이로 인해 3000만 인구 중 4분의 1이 식량과 생필품 부족 사태에 처했고, 또 500만 명은 국외로 달아나고 있었다. 모두 대통령 니콜라스 마두로Nicolás Maduro 정권에서 벌어지던 일이었다. 마두로는 자신의 당인 사회당에는 영웅이었지만 많은 베네수엘라 국민에게는 독재자에 불과했다. 또한 아메리카와 다른 대륙의 여러 정부에서 적법한 지도자로 인정받지 못했다.

식량 부족이 너무 심해지다 보니 식량이 분쟁의 원인이 되었다. 음식 배급 줄에서 싸움이 일어났다. 그런 상황을 지켜보던 한 베네수엘라인은 사람들이 쌀 한 봉지 때문에 살인이라도 저지를 것 같다고 말했다. 식량 부족은 2014년부터 시작되었는데, 다음에 먹을 것을 어떻게 구할지 국민의 불안은 계속 커지기만 했다. 처음에는 기본 식재료가 슈퍼마켓에 들어오기를 며칠씩 기다렸지만, 다음에는 그것이 몇 주일이 되고 이제는 몇 달로 늘었다. 베네수엘라 사람들이 일상적으로 먹는 빵인 아레파arepa를 만들 옥수수도 살 수 없었다. 암시장의 식품 경제가 번성해 새로운 직업인 바카케로스bachaqueros가 생겼다. 이는 연줄로 식재료를 구해 엄청나게 부풀린 가격으로 재판매하는 사람을 말한다. 베네수엘라인들은 체중이 심하게 줄기 시작해 그 상황을 묘사하는 블랙 유머가 생길 정도였다. 마두로 다이어트라고.

내가 카라카스로 간 것은 베네수엘라인들이 어떻게 하면 위기를 벗어날 수 있을지 대책을 생각하는 한 여성을 만나기 위해서였다. 마리아 페르난다 디히아코베Maria Fernanda Di Giacobbe는 레스토랑의 주인이자 요리사였지만, 경제가 붕괴하면서 활동가로 다시 태어났다. 그녀는 동료 베네수엘라인들에게 위기에는 해답이 있다고, 국가가 자부심을 되찾도록 도와줄 일을 할 기회라고 말했다. 디히아코베의 해답은 초콜릿, 더 구체적으로 말하자면 베네수엘라의 희귀하고 귀중한 카카오인 크리오요에 있었다. 일주일 동안 그녀와 함께 다닌 뒤 나는 그녀가 옳다고 확신했다.

우리는 카라카스의 한 극장에서 만났다. 수백 명의 사람이 디히아코베가 이야기하는 비전을 듣고, 베네수엘라의 초콜릿 역사를 배우고, 왜 그것이 자신들의 미래에 중요한 부분이 될 수 있는지 알아내려고 모였다. 그들은 대부분 여성이었다. 많은 수가 멀리 남쪽 마을에서 버스를 타고 며칠씩 걸려 카라카스에 왔다. 몇몇은 희망을 찾기 위해 왔다고 내게 말했다. 그들이 사는 지역은 현재 폭력이 들끓었다. 집에는 도둑이 들고, 총으로 위협당하기도 했으며, 모두가 식량 부족에 시달렸다. 베네수엘라의 삶에서 마지막 장면을 나는 극장과 가까운 한 슈퍼마켓에서 직접 보았다. 물품이 놓인 매대마다 풍요롭다는 인상을 주려고 가져올 수 있는 똑같은 상품으로 채워놓았다. 케첩과 샴푸 병은 수천 개 있었지만, 판매직원에게 빵이나 밀가루, 설탕이 있는지 물었더니 "없어요, 없습니다"라는 대답이 돌아왔다. 도시에서 먼 곳에선 상황이 더 나빴다. 디프테리아가 발병했다. 노점 상인들이 급조한 판매대에서 아기 이유식을 약병에 조금씩 덜어 팔고 있었다. 베네수엘라의 식량 시스템은 붕괴했고, 사람들은 구할 수 있는 것을 최대한 활용했다.

오십 대에 짧은 은발, 날카로운 눈빛과 조각 같은 얼굴에 환히 빛나는 미소를 띤 디히아코베는 극장의 무대에 올라갔다. 그녀는 청중에게 몇 세기 동안 이어온 초콜릿의 역사를 이야기했다. 그것은 베네수엘라가 주역을 맡았던 이야기였다. 원유(그리고 1914년에 검은 황금이 넘치는 유전의 발견)[2]와 초콜릿은 베네수엘라의 경제에 힘을 부여했다. 그녀는 청중에게 카카오가 이 일을 다시 해낼 수 있다고 말했다.[3] 더 나은 미래를 창출하는 데 이바지할 것이라고. 그들은 세계에서 가장 고난을 겪는 나라에 살고 있을지 몰라도 베네수엘라인으로서 지구상에서 가장 훌륭하고 큰 인기를 누리는 초콜릿을 만들 카카오 씨앗, 즉 크리오요를 갖고 있다고.

원유 붐으로 사람들이 땅을 떠나면서 베네수엘라의 많은 농장이 제대로 관리되지 못하거나 버려졌다. 크리오요나무를 계속 잘 키워온 사람들의 경우, 그 위기로 농업의 사업적 위험도가 높아졌다. 강도들이 농부들의 농장에서 작물을 빼앗고 나무에서 카카오 씨앗 주머니를 털어내려 했다. 몇몇 농부는 경비원을 고용해 이런 사태에 대비했다. 다른 사람들은 도둑의 관심을 피하고 작물을 잃을 위험을 줄이려고 카카오를 때 이르게, 다 익기도 전에 수확했다. "그런 카카오는 품질이 그리 좋지 않아서 제값을 받지 못합니다." 디히아코베가 설명했다.

이런 상황이 주는 스트레스로 더 많은 농부가 땅을 떠났고, 카카오 생산은 십 년도 채 안 되어 절반으로 줄었다. 설상가상으로 농부들이 납치되는 일이 일어났고, 사람들은 트라우마가 생겨 농장으로 돌아가기를 두려워했다. 가족 대대로 여러 세기 동안 카카오를 길러온 사람들도 그랬다. 칠십 대의 한 카카오 재배자이자 초콜릿 제조자는 강도 떼가 자신의 농장을 다섯 번이나 습격한 이야기를 해주었다. "마지막 습격 때 그들이 모든 것을 가져갔어요." 그녀는 말을 잠깐 쉬고, 그 습격을 떠올리면서 울기 시작했다. 그들은 카카오와 가공 도구도 가져갔다. "그래도 우리는 계속해야 합니다. 우리의 문화와 생계는 카카오를 중심으로 돌아갔습니다. 베네수엘라는 곧 카카오이고, 그러니 우리도 카카오예요."

농부들이 카카오를 제대로 수확할 때도 계속되는 위기로 카카오가 제대로 목적지에 도착하리라는 보장이 없었다. "카라카스까지 가는 길에서 트럭 한 대가 30~40번씩 정지당합니다. 운전사는 뇌물을 주도록 강요받지요." 또 다른 농부가 내게 말했다. 때로는 트럭이 검문소에 며칠씩 묶여 있을 때도 있다. 때론 창고까지 끝내 닿지 못할 때도 있다. 정부가 어느 통신사에 한 말에 따르면, 미납된 세금 문제를 처리하기 위해 압수라는 방법을 썼다.[4] 그러나 농부들은 그것을 단순명료한 착취라고 느꼈다.

이제 이 나라의 원유 수출이 불안정해졌으니[5] 디히아코베는 카카오가 자신들의 나라에 얼마나 중요했던가를, 또 앞으로도 중요할 수 있는가를 상기할 때라고 말했다. 그녀는 요리사 집안에서 자랐고 요리사로 훈련받았지만, 경제위기가 터지자 레스토랑 문을 닫지 않을 수 없었다. 그녀가 초콜릿을 만들기 시작한 것이 이때였다. 카카오의 긴 역사가 있으면서도 베네수엘라는 세계 최고의 카카오빈을 수출할 뿐 그것을 초콜릿과 사탕 과자로 만들어 대부분의 경제적 이익을 차지하는 곳은 다른 나라, 주로 유럽이었다. 디히아코베는 장비를 빌리고 자신의 집 냉장고를 써서 DIY 초콜릿 제작을 실험하고 디자인했다. 최고의 카카오를 찾기 위해 그녀는 장도에 올라 수천 킬로미터를 돌아다니면서 최고 품질의 토착 크리오요를 기르는 몇 안 남은 농부를 찾아다녔고, 그들이 최고의 맛을 내기 위해 씨앗을 어떻게 발효하고 말리는지를 배웠다.

그녀는 자신이 만든 초콜릿을 소량 단위로 주로 카라카스에서 팔았지만, 일부를 옷과 함께 슈트케이스에 담아 국외로 반출하는 데 성공했다. 세계는 이런 식으로 그녀의 일과 그녀가 만드는 희귀한 초콜릿에 대해 알기 시작했다. 하지만 디히아코베는 자신의 사업에만 집중하는 대신 다른 베네수엘라인들을 격려해 자신의 과업에 동참하게 했다. 그녀의 작은 공장은 훈련소가 되었고, 전국의 여성들이 초콜릿 제조법을 배우러 왔다. 카카오빈을 볶고, 키질하여 '조각' 내고, 가루가 되도록 갈고, 부드럽게 반죽하고 짜내어 반짝거리는 초콜릿 바를 만드는 것이다. 많은 사람이 관심을 보였다. 일자리를 잃은 사람이 많았고, 그녀들의 남편 역시 그랬다. 새로운 기술을 배워 활기를 찾은 여성들은 지역사회로 퍼져나가서 더 많은 여성에게 자신이 배운 것을 가르쳐주었다.

소문이 퍼지고, 내가 2017년에 디히아코베를 만났을 무렵에는 대개 가정에서 일하는 초콜릿 제조자 8000명이 그 네트워크에 가입되어 있었다. 그해에 그녀는 명망 높은 바스크 세계 요리상Basque Culinary World Prize을 받았다. 이는 음식으로 폭넓은 사회적 영향력을 발휘하는 요리사에게 수여되는 상이다. 심사위원 가운데 한 명인 음식 필자 해럴드 맥기는 이렇게 말했다. "그녀는 베네수엘라에서 카카오와 초콜릿의 모든 측면에 영향을 미치고 있다. 농부들이 나무를 관리하도록 돕고, 카카오빈을 가공하는 방법을 개선함으로써 디히아코베는 지역사회에 초콜릿으로 이익을 얻을 기회를 주었다." 그것은 근본적인 운동이었다. 위기 동안 출범했기 때문만이 아니라 카카오에서 초콜릿으로의 변형이 대개는 대기업의 손에 달려 있기 때문이기도 하다. 그녀의 작업은 최악의 경제위기와 식량 부족 기간 내내 계속되었다. 초콜릿의 기본 재료인 설탕을 구하기가 어려워졌을 때(베네수엘라에 있는 코카콜라 공장도 설탕을 구하기 어려웠다)[6] 디히아코베의 초콜릿 제조자 네트워크는 대안적 공급망을 결성해 가진 것을 나누었다.

카라카스의 극장 안에 앉아서 새로 모집된 사람들은 이런 이야기에 귀를 기울이며 자세한 내용까지 흡수했다. 자신들도 지역사회에 내려가 초콜릿을 만들고, 자신의 사업을 차리고, 크리오요 카카오빈으로 초콜릿 바를 만들어내기 위해서 말이다. 이것은 독립성을 획득하고 베네수엘라의 카카오 농장이 다시 생산을 시작하도록 도울 드문 기회였다. 초콜릿 만들기가 처음에는 인생을 바꾸는 행동으로 보이지 않을지도 모르지만, 디히아코베의 설명을 들으면 그것은 분명히 그런 행동이다. "카카오는 새 경제로 새 나라를 만들고, 존엄성을 회복할 기회를 우리에게 줍니다." 그녀가 말했다.

나는 디히아코베의 비전을 일찍부터 따르면서 초콜릿을 만드는 베네수엘라 여성 수백 명 가운데 한 명과 이야기를 나누었다. 그녀가 말했다. "우리 문제를 잠깐 잊고 초콜릿을 만들 수 있어요. 카카오는 뭔가 실재하는 물건이에요. 만지고 맛보고 냄새 맡을 수 있어요. 이건 원유와는 경우가 다릅니다." 만약 디히아코베가 정말 초콜릿으로 자신의 나라가 더 나은 쪽으로 바뀌도록 돕는 데 성공한다면 이는 역사가 되풀이되는 사례가 될 것이다. 베네수엘라 카카오는 예전에도 혁명적 식품이었다.

스페인이 현재의 베네수엘라 땅에 왔을 때, 그 땅에 살고 있던 토착민은 50만 명 정도였으리라고 추정된다. 일부는 정복자를 피해 오지로 달아났고, 많은 수가 살해되었으며, 대부분은 유럽인이 들여온 질병으로 목숨을 잃었다. 노동력이 부족했으므로 스페인인은 노예가 된 아프리카인 남녀와 아이들 10만 명을 베네수엘라로 들여왔고, 그 첫 노예선이 1520년대에 당도했다. 대부분은 북부 해안 지역으로 보내져 새로 세워진 대농장에서 일했는데, 카카오는 그런 곳에서 상업적 규모로 재배되기 시작했다. 이런 농장은 베네수엘라의 경관을 변모시켰고, 노예 수천 명이 당도해 인구구성도 바뀌었다.

1580년대에 카카오의 일부가 세비야로 수송되어 마시는 초콜릿으로 가공되었고, 1620년대에는 카카오가 베네수엘라의 주력 수출품이 되었다. 카카오 수요가 늘어나면서 노예 아프리카인이 더 투입되어 대농장이 늘어났다. 그 세기 중반경, 베네수엘라는 세계의 대표적 카카오 생산지로서 멕시코를 따라잡았다.

초콜릿의 인기는 이탈리아, 프랑스, 영국 전역으로 퍼졌다. 카리브해와 브라질의 농장에서 수백만 명의 노예 아프리카인이 재배하고 가공한 설탕으로 달콤해졌다. 18세기 초반 베네수엘라는 유럽에 당도하는 카카오의 90퍼센트를 공급했다. "런던의 피프스에서 피렌체의 코시모 3세에 이르기까지 유럽인이 맛보는 초콜릿은 대체로 카라카스의 카카오 숲에서 노예들이 작업한 것이다."[7] 초콜릿 역사가인 소피와 마이클 코Sophie & Michael Coe가 말했다.

교역이 계속 번성하자 베네수엘라의 카카오 재배자들은 점점 더 유럽의 지배에 불만을 품게 되었다. 스페인 왕실은 농부들이 카카오를 독자적으로 판매하려는 모든 시도를 좌절시키고,[8] 콤파냐 기푸스코아나Compañia Guipuzcoana를 통해 식민지의 카카오 교역에 독점권을 행사했다. 이 회사는 불만을 품은 농부들을 잔혹하게 상대하는 것으로 악명이 높았고, 카카오 농부인 후안 프란시스코 데 레온Juan Francisco de León에게 반란을 주도할 계기를 제공했다. 그러나 1823년에 베네수엘라를 스페인과 그 카카오 독점으로부터 해방한 것은 역시 카카오 농장에서 자란 또 다른 혁명 지도자인 시몬 볼리바르Simón Bolívar였다. 독립국가 베네수엘라는 초콜릿 위에 세워졌다.

디히아코베는 베네수엘라의 카카오 교역이 급격히 쇠퇴했지만 여러 역사적 대농장과 작은 농지들에 세계 최고의 카카오가 아직 살아 있음을 깨달았다. 이 귀중한 자원을 베네수엘라가 잃어버렸더라면 모두에게서도 상실되었을 테지만, 복원된다면 수천 가지 사업을 창출할 수 있다.

크리오요는 마야인과 아즈텍인이 귀중하게 여긴 카카오 종류였다. 또 초콜릿이 세계의 관심을 끌게 한 카카오이기도 했다. 카카오의 다른 유형(포라스테로forastero와 트리니타리오trinitario)과는 달리 크리오요는 쓴맛이 거의 없다. 또한 카페인 함량이 높아 자극성도 더 강하다. 베네수엘라 전역에서 여러 다른 지역의 대농장이 카카오를 심었기 때문에, 가끔은 외딴 마을인 추아오Chuao처럼(아마도 베네수엘라의 카카오 중에서도 가장 높은 등급인) 재배지의 이름을 딴 카카오도 있다. 다른 것들은 외형을 따라 이름이 지어진다. 포르셀라나 같은 것이 그런 예다(이 카카오빈의 껍질을 벗기면 반짝거리는 순백색이 된다).

원유 붐 이후 베네수엘라의 카카오 생산이 쇠퇴하자 크리오요의 재배량도 줄어들었고, 초콜릿 영향력의 중심지도 아프리카나 다른 유형의 카카오로 옮겨갔다. 19세기 말에는 스페인 식민지인 적도기니에서도 카카오가 이미 재배되었고, 이곳에서 가나와 코트디부아르로 전파되었다(이 두 나라가 전 세계 카카오 재배량의 4분의 3을 차지한다). 1960년대에 카카오 육종가들은 CCN51이라는 품종 등 새로운 F1 잡종을 개발했다. 그 품종은 크리오요의 섬세한 맛은 없지만 수확량이 더 많고 수익성이 높았으므로, 중앙아메리카 농부들은 토착 품종 대신에 그것을 심었다. 하지만 베네수엘라는 원유에 정신이 팔려 이런 근대화 과정을 충분히 수용하지 못했으므로, 세계에서 가장 심한 위기에 처했던 크리오요가 이곳에서는 살아남을 수 있었다.

디히아코베는 살아남은 크리오요나무를 전부 지켜내고 싶었다. 그녀는 베네수엘라 전역으로 수천 킬로미터 거리를 돌아다니면서 마을과 소도시에 자기 생각을 전파하고 농부들을 지원했다. 나는 카라카스에서 자동차로 12시간 거리에 있는 쿠마나코아라는 마을 근처의 한 카카오 농장으로 가는 여행길에 그녀와 합류했다. 18세기에 한 스페인 정착민이 이 지역의 땅이 얼마나 믿기 어려울 정도로 비옥한지 기록했다.

> [이곳의] 과일은 다른 곳에서는 없는 맛과 향을 갖고 있다.[9]

1790년대에 더 많은 식민지 주민이 당도했는데, 그중에 카탈루냐에서 온 선원 출신으로 농부가 된 사람이 있었다. 그는 노예로 삼은 아프리카인 20명을 데리고 대농장을 일구었다. 그 뒤 2세기 동안 그들이 심은 카카오를 통해 이 작은 베네수엘라 도시는 세계의 초콜릿 제작자들에게 유명해졌다.

그곳으로 가는 길에 우리는 군사 검문소를 계속 지나쳤는데, 그동안 중무장한 군인들의 위압적인 검문에 적응하는 법을 익혔다. 검문소에서 그들은 서늘하고 엄격한 눈길로 차량의 창문 안을 들여다보았다. 다섯 번째 검문소에서 나는 눈을 마주치지 않고 똑바로 앞만 바라보는 것이 제일 좋은 방법임을 깨달았다. 지나치는 타운마다 또 다른 주의 깊은 눈길이 우리에게 쏟아졌다. 이는 세상을 떠났지만 담벽에 그려진 벽화와 간판 등 모든 곳에 존재하는 듯 보이는 지도자 우고 차베스Hugo Chávez의 눈길이었다. 대중은 충성을 바치라고, 국가가 지켜보고 있다고 상기시키는 눈길이었다.

목적지에서 우리는 카카오나무 사이로 걸어갔다. 농장이라기보다는 정글에 들어간 듯했다. 생명으로 터져나갈 듯 아름다운, 새의 노래와 곤충의 붕붕대는 소리로 가득한 야생의 세계. 대기는 따뜻하고 습하며, 발밑에는 썩어가는 암갈색 잎사귀가 두꺼운 카펫처럼 깔려 있었다. 머리 위에는 가죽 같은 넓은 바나나 잎사귀가 지붕을 이루고 있었다. 그 아래에서 어둑어둑한 빛 속에 카카오나무가 서 있는 것을 간신히 알아볼 수 있었다. 그 나무들은 비현실적이고 마법 같아 보였다. 못생겼지만 아름다운 자주, 빨강, 노랑 씨주머니(열매)는 작은 럭비공 모양이었다. 그것들은 가지가 아니라 나무 둥치에서 곧바로 자라고 있었고, 각 씨주머니는 두 손을 웅크려 쥘 수 있을 만큼 작았다. 세로로 홈이 파여 있었다. 이런 씨주머니는 끝부분이 말려 올라간 형태였는데, 그것이 크리오요의 특징이다.

언제가 열매를 수확할 적정기인지 아는 것은 예술에 가까웠다. 어쩌면 음악적 기술일 수도 있다. "소리로 알아낼 수 있어요." 디히아코베가 말하면서 씨주머니를 손가락으로 쳐서 타악기처럼 툭 툭 툭 하는 소리를 냈다. 씨앗과 과육이 껍질에서 떨어져 나갔고, 속이 빈 소리는 그것들이 이제 완숙했다는 신호다. 그녀는 가까이 서 있던 농부 한 명에게 고개를 끄덕였고, 그는 마체테를 잡고 눈에 거의 보이지도 않는 줄기를 베어냈다. 그 안쪽에는 씨앗이 줄지어 들어 있는데, 촉촉한 유백색 과육 속에 엄지 한 마디 정도 크기의 카카오빈 30개가량이 빽빽이 들어 있다. 과육은 마치 리치를 으깨어 감귤류와 꿀을 섞은 것 같은 쏘는 듯이 신선한 맛이 난다. 나는 씨앗 하나를 깨물었다. 그것은 아무 맛도 없었고 쓴맛이 살짝 감돌았다. 초콜릿을 닮은 점이라곤 조금도 없었다.

우리는 수확물을 따라 가까이 있던 농장 건물로 들어갔다. 그곳에서 발효가 진행되어 카카오 속에 들어 있던 맛을 풀어놓는다. 나무 상자 안에 씨앗을 넣으면 그 뒤 여러 날 동안 그 상자는 미생물이 부글거리며 들끓는 솥단지가 된다. 씨앗에 들어 있던 이스트와 유산균, 박테리아가 당분을 먹고 번성하기 시작해 알코올과 아세트산을 만든다. 이 과정에서 워낙 많은 에너지가 발생해 상자 안 온도가 섭씨 50도에 달한다.[10] 산은 씨앗의 단단한 껍질을 뚫고 들어가서 죽이며, 씨앗을 깨뜨리고 초콜릿의 특징인 맛과 향취를 개발하기 시작한다. 가공 과정의 다음 단계인 건조하기와 볶기는 이런 맛을 강화하고 고정하는 역할을 한다. 여러 단계 각각의 시간 맞추기와 관리는 초콜릿이 마지막으로 내게 될 맛에 결정적인 작용을 하며, 디히아코베는 수백 명의 소농에게 작물을 어떻게 가공해 최고의 초콜릿을 만들 수 있는지 가르치고 있었다.

카라카스로 돌아간 나는 디히아코베와 함께 일하는 농부 두어 명을 만났다. 형제인 그들은 자신들의 하시엔다hacienda• 가 정부에 불법적으로 압수된 뒤 되찾으려고 오랫동안 싸웠다. 엔지니어로 일하기도 했지만 위기를 겪으며 일자리를 잃었다. 그들은 내게 말했다. "우리는 다시 농부가 되려고 배우고 있습니다. 베네수엘라는 세계가 원하는 것을 갖고 있고, 우리에게 남은 유일한 기회가 카카오입니다."

• 대규모 농장 -옮긴이

나는 디히아코베가 카라카스에 있는 자신의 '초콜릿 실험실'에서 만든 초콜릿을 하나 맛보았다. 쿠마나코아 근처의 농장에서 재배하도록 도와준 크리오요로 만든 초콜릿이었다. 그것은 잘 익은 과일 맛이 났고, 입에서 녹으면서 밝고 화창한 노래 같은 맛을 남겼다. "초콜릿은 행복과 즐거움을 나타냅니다. 그건 또 희망으로 가득 찬 음식이기도 해요." 또 한 조각을 깨뜨려 먹으면서 그녀가 말했다.

냉전과 코카 식민화

비즈니스 분야에 대한 관심을 기준으로 볼 때 2013년에 중요한 변동이 일어났다. 애플이 코카콜라를 밀어내고 세계 제1의 브랜드 자리로 오른 것이다. 코카콜라 브랜드는 그 목록이 처음 작성된 2000년 이후 항상 1위를 지켜왔다. 2020년에는 5위로 내려갔는데 (아마존, 마이크로소프트, 애플, 구글 다음 순위로), 이는 IT 산업의 거물들이 지구의 공통된 경험을 이끄는 새로운 운전자들임을 확인해준다.

우리는 세계의 음식과 전 세계 식단의 균질화 정도가 코카 식민화Coca-Colonisation(1950년대에 프랑스에서 처음 쓰인 용어) 수준을 훨씬 넘어섰음을 알고 있다. 우리가 먹는 빵의 재료인 밀, 우리가 먹는 닭의 먹이에 들어가는 콩, 전 세계 종자산업을 떠받치는 유전학이 모두 그렇다. 그렇지만 코카콜라가 어디에나 존재한다는 사실은 여전히 전 세계가 어떻게 균질화되었는지를 간단명료하게 알려주는 유용한 수단이다. 우리 식단뿐 아니라 입맛도 균질해졌기 때문이다.

러시아의 크바스kvass를 예로 들어보자. 갈증을 가라앉혀 주는 발효 음료, 발포성이고 신맛이 매우 강한 그 음료는 러시아 전역의 수많은 가정에서 묵은 빵과 물을 섞어, 발효할 때까지 며칠간 내버려 두는 방법으로 만들어지곤 했다. 이렇게 하면 물은 천연 탄산수가 되면서 짜릿해지고 산성화한다(슬라브어로 크바스는 '시다'라는 뜻이다). 경제적 여유가 있으면 꿀, 건포도, 나무 열매 등을 추가해 맛을 더하고 발효 속도도 높인다. 러시아, 폴란드, 리투아니아, 우크라이나 등지에서 온갖 다른 버전의 크바스가 존재하는 것은 이 때문이다. "우리는 크바스가 있고 빵이 있지. 그거면 충분해"라는 러시아 속담이 있다. 신맛 역시 해로운 미생물이 사라졌다는 신호다. 그래서 크바스는 물을 대신할 귀중한 대안이었다. 서유럽에서 맥주와 같은 역할이다. 또 다른 속담이 생겼다. "나쁜 크바스가 좋은 물보다 좋다."

《전쟁과 평화》의 어느 길거리 장면에서 톨스토이는 (생강빵과 양귀비 씨앗 과자와 함께) 크바스를 파는 행상 주위에 모인 군중을 묘사한다. 그는 병영 안에서 러시아인이 크바스를 마시면서 힘을 북돋우고 작전에 대비하는 모습도 묘사했다. 비턴 부인Mrs. Beeton• 의 러시아 버전이라 할 작가 옐레나 몰로코베츠Elena Molokhovets는 크바스의 열성적인 애호가였다. 그녀는 크바스 조리법을 1000개가량 수집했는데,[1] 그중에는 여름에 나무통에서 만들어 겨울 동안 지하실에 저장하는 '사과로 만든 모스크바 크바스'도 있었다. 그

• 가정 관리에 관한 책을 쓴 빅토리아시대의 여성 작가-옮긴이

것은 일 년간 마실 음료였다. 그리고 '라즈베리와 딸기로 만든 크바스'도 있는데, 얼음 속에 묻어둔 작은 술통keg에서 발효된다. 그녀의 조리법은 마치 신맛과 국민적 자부심에 대한 찬사처럼 읽힌다. 그녀는 크바스 마시기가 "러시아인이라는 자신의 정체성을 규정하는 데 도움이 되는 문화적 행동"이라고 썼다.

코카콜라가 러시아에 처음 들어온 것은 냉전시대였지만, 광고가 푸시킨 광장에 걸린 것은 소련이 무너진 뒤였다. 1995년에 코카콜라는 상트페테르부르크에(바빌로프 연구소에서 멀지 않은 곳에) 병입bottling 회사를 세웠다. 하지만 그 음료는 러시아에서 다른 나라에서만큼 쉽게 인기를 누리지 못했다. 적어도 처음에는 그랬다. 공장에서 만들어진 크바스에 대한 애국적 광고 캠페인이 러시아의 텔레비전에서 "콜라 식민화Cola-nisation를 거부하라. 국민의 건강을 위해 크바스를 마시자"라는 문구와 함께 방영되었다. 암갈색을 띤 크바스는 심지어 1리터짜리 콜라와도 비슷해 보인다. 이것을 '나이콜라Ni-Kola'라고 불렀다(러시아어로 하면 'Not cola'와 비슷하게 들린다).[2] 그렇기는 해도 달콤한 서구의 경쟁을 물리치기 위해 공장제 크바스는 갈수록 단맛이 강해졌다. 코카콜라나 다른 서구적 브랜드들이 지점을 내면서 러시아의 미각은 단맛에 압도당했다.

민족의 입맛이 신맛에서 단맛으로 변하자 크바스의 몇몇 유형은 거의 사라졌다. 흰 크바스 또는 키슬리예 시치kislie shchi(대략 '신 수프'로 번역되는), 검은 크바스의 더 우아한 버전인 꿀 빛깔의 크바스도 그런 경우다. 키슬리예 시치는 묵은 빵이 아니라 발효된 맥아 밀과 호밀 알곡으로 만든다. 며칠 이내에 그것은 발포성의 흰색 음료로 변하며, 갈증을 해소하는 용도뿐 아니라 닭 육수에 신맛을 살짝 더해주는 발포성 국물로도 쓰인다. 흰색 크바스에 쓰이는 종균은 가족과 친구들 사이에서 대대로 전해진다. 하지만 사람들은 가정에서 크바스를 더는 만들지 않게 되었고, 특히 흰 크바스는 기억으로만 남았다.

2013년에 러시아의 한 음료 제조자인 스베틀라나 골루베바 Svetlana Golubeva는 크바스 문화를(또는 크바스 종균을. 이 단어의 두 가지 의미 모두를) 복원하기로 작정했다. 골루베바의 생각은 오래된 가족 레시피에 따라 흰 크바스를 만들어 병에 담은 다음 모스크바에서 팔겠다는 것이었다. 그녀가 할 일은 오직 올바른 레시피를 얻는 것뿐이었다. 그래서 2400킬로미터에 걸쳐 탐보프, 랴잔, 보로네시 등 남부 러시아의 먼 오지 마을을 돌아다니면서 되도록 연로한 주민이 사는 집 문을 두드렸다.

골루베바는 단 한 곳에서 흰 크바스를 만드는 것을 발견해 그것을 만들 종균을 얻었다. 이제 그녀는 몇 가지 지시 사항만 배우면 된다. "흰 크바스는 얼마나 오래 발효해야 할까요?" 그녀가 물었다. "준비될 때까지"라는 답이 돌아왔다.[3]

골루베바가 키슬리예 시치의 인기를 다시 회복할 수 있을까? 그럴 것 같지는 않다. 하지만 적어도 달콤한 균질성의 강물이 세계를 적시고 러시아로 흘러들어 오는 동안 골루베바는 감히 그 흐름을 거슬렀다.

에필로그: 하드자족처럼 생각하라

"우리는 좋은 선조인가?"[1]

조너스 소크 Jonas Salk

하드자 땅의 기억이 내게 돌아온다. 계속 되풀이해 떠오르는 이미지와 소리는 고슴도치 사냥이 끝난 뒤의 장면이다. 하드자족 사냥꾼인 시그와지는 그 동물의 날카로운 가시를 뽑아내고, 부속 고기를 불에 구워 나누어 먹었다. 다 먹은 뒤 우리는 빽빽한 덤불을 벗어나 공터로 들어갔는데, 갑자기 시그와지가 걸음을 멈추었다. 한쪽 어깨엔 활을 걸고, 다른 쪽 어깨엔 고슴도치를 매달고 있던 그의 몸이 기울어지고 흔들리기 시작했다. 최면술에 걸린 듯한 느린 춤 동작을 하면서 그는 노래했다. 나는 가사를 알아듣지 못했지만 그것이 승리의 노래가 아닌 줄은 알 수 있었다. 내가 듣기에 그것은 나무를 통해 사냥터로 전달되는 봉헌송과 같았다. 나는 부러움을 느끼던 것을 기억한다. 시그와지의 삶을 살고 싶었다는 게 아니라 그가 주위 환경과 맺고 있던 관계를 부러워한 것이다.

하드자족의 아이는 다섯 살쯤이면 주위 동물들이 내는 소리를 알아듣고 각 종의 생명 주기를 알게 된다. 심지어 짝짓기 습관 같은 것도 알고 있다. 그들은 생물다양성의 전문가이다. 그래야 하기 때문이다. 식량뿐 아니라 인간의 경험 전체가 균질성의 덩어리 하나로 수렴되는 시대에 하드자족은 삶의 방식 그리고 세상 속에 존재하는 방식이 여러 가지가 있음을 일깨워 준다.

나는 이 책에서 음식의 기원과 역사로 돌아갔다. 우리가 어떤 속도로 세계를 변형시키는지 쉽게 알 수 있도록 말이다. 그 급속한 변화의 과정은 우리 시대의 이야기이다. 우리는 모두 다음 이야기가 어디로 향할지 결정하는 문제에 능동적으로 참여해야 한다. 1만 2000년 전의 우리 선조는 창의력을 발휘해 최초의 곡물을 길들였고 과학자, 식물육종가, 20세기에 세계를 먹여 살릴 시스템을 건립한 식품산업가 역시 마찬가지였다. 하지만 이제 우리는 모두에게 맞는 한 가지 방식이란 있을 수 없음을 알게 되었다. 자연과 그토록 극렬하게 갈등하는 방식으로 계속 작물을 기르고 음식을 생산해나갈 여유가 없다. 우리는 지구를 폭력적으로 굴복시키고 통제하고 지배하는 방식을 계속할 수는 없다. 그런 방식이 생태계를 파괴하는 경우가 너무 많다. 그것은 효과가 없다. 굶주리는 사람과 비만한 사람이 너무 많은데, 또 지구가 고통받고 있는데 어떻게 그런 방법을 주장할 수 있겠는가?

하드자족은 환경에 영향을 미친다. 하지만 그들은 넘으면 안 되는, 그것을 넘으면 너무 많이 빼앗게 되는 선을 알고 있다. 그것을 넘어서면 그 선상의 다른 어딘가에서 식량이 부족해진다. 시그와지가 어깨에 죽은 동물을 메고 나무들에 노래를 불러주던 것은 아마 그래서였을 것이다. 세계 속에서 자신이 차지하고 있는 부분에, 자신은 그날 특별한 수확을 했음을 알고 있다고 인정하는 것이다. 귀국하고 나니 하드자족의 땅에서 얻어 내 삶에 적용할 수 있는 것이 거의 없는 듯했다. 내가 사는 곳에는 바오바브나무도, 벌꿀길잡이새도 없다.

이 문제를 도와준 이가 내 친구 마일스 어빙Miles Irving이었다. 그는 자연과 우리가 먹는 음식을 관계 맺게 하는 전도사 같은 존재다. 전문적 채집가로 일하던 그는 하드자족을 포함한 세계 전역의 수렵채집사회를 연구하게 되었다. 또한 어빙에게는 야생 음식을 먹는 것이 삶의 한 방식이었다. 오십 대 초반으로 장발에 호리호리한 체격의 그는 숲과 도로변과 해변을 샅샅이 뒤지며 자작나무 수액, 야생 마늘, 괭이밥, 해초, 버섯을 찾아다닌다. 그는 야생 식재료를 아주 조금씩이라도 우리 삶에, 주방에 가져와야 한다고 믿는다. "정원 풀밭에서 자라는 민들레를 먹어봐요. 그건 혁명적인 행동입니다." 그는 내게 이렇게 말한 적이 있다.

어느 가을날, 우리는 켄트주에 있는 그의 집과 가까운 어느 해변에서 만났다. 썰물 때였고, 활석 층이 해변에 튀어나와 있었다. 흰 바위 주위에는 녹색과 자주색, 암갈색이 혼재되어 있었다. 어빙이 말했다. "해초입니다. 대부분 사람은 모르겠지만, 해초는 모든 부위를 먹을 수 있어요." 우리는 무수한 음식 더미를 보고 있었다. 우리는 더 멀리, 백사장과 물러가는 파도가 드러낸 바위 쪽으로 걸어가면서 카펫처럼 널린 해초를 지나갔다. 암반 속 웅덩이에는 마치 두꺼운 녹색 비닐처럼 보이는 파래가 널려 있었다. "샐러드로 먹으면 아주 좋아요." 그리고 적갈색의 납작한 리본같이 생긴 덜스dulse(그가 제일 좋아하는 것 중 하나)가 있었다. "저걸 한입 씹어봐요…." 씹으니 달콤하고 맛있었다. 그러다가 신선한 게 맛이 우러났다. 우리는 톱니바퀴같이 생긴 부분을 먹었다. 연약한 끝부분을 제외하면 고무 같은 느낌이었다. "그렇지만 볶으면 바삭바삭해집니다." 마지막으로는 아이리시모스Irish moss를 먹었는데, 진두발carrageen이라고도 알려진 그것은 바위에 붙어 있는 부분을 남기고 뜯기기 때문에 남은 부분에서 다시 돋아난다. 손바닥에 올려놓으니 겨울나무의 실루엣처럼 보였다. 아주 작은 자줏빛의 섬세한 가지가 줄기에서 뻗어 나왔다. 입에 오래 남는 은근한 맛은 다이제스티브 비스킷 맛을 연상하게 했다. 어빙은 이런 것들, 또 500가지의 다른 식용 해초가 자연이 줄 수 있는 최고의 음식이라고 말했다. 거기에는 이미 현대 식단에선 거의 사라진 지 오래인 영양소가 가득 들어 있다. 그중에서 아미노산과 요오드는 현대인 대부분이 한 번도 섭취하지 못했을 정도로 풍부하다. 이는 신체와 두뇌를 위한 음식이다. "그건 선물입니다. 마치 해변이 '자, 이걸 먹어, 넌 이게 필요해'라고 말해주는 듯해요." 어빙과 자연의 관계가 바뀐 것은 채집을 통해서였다. "내가 더 많이 적응한 느낌이에요. 세계에 대해 신뢰하고 감사하는 감각을 느끼라고 상기시키지요."

밀물이 밀려들어 오자 그는 바다를 돌아보았다. "나는 우리가 수렵채집 상태로 돌아가야 한다고 말하는 건 아니에요. 하지만 우리는 자연과의 관계를 되찾음으로써 이익을 얻을 수 있어요." 최근에 그는 스스로 하루에 스무 가지 다른 야생식물을 먹는 것을 과제로 삼았다. "열여덟 가지는 먹었어요. 노력하는 중입니다." 그가 부족함을 인정하면서 말했다. "이건 평생의 과업입니다." 뭔가가 그의 눈에 포착되었다. 몸을 굽혀 덜스를 따면서 그는 주머니칼을 갖고 오지 않았음을 깨달았다. 그래서 차돌 한 조각을 바위에 때려 임시 칼날을 급조했다. "야생 식량을 찾으러 나가면 가끔 자신이 하드자족인 것 같은 기분을 느낍니까?" 내가 그에게 물었다. 그가 대답했다. "그들이 가진 뿌리, 수천 년간 단절되지 않고 이어진 그 문화가 없으니 절대로 그럴 순 없지요. 하지만 내가 침입자로서 그 세계에 들어가는 게 아닌 줄은 압니다. 나도 그곳에 속해 있으니까요. 당신도 그렇고… 우리 모두가 그렇습니다."

각자 나름의 방식으로 우리는 생물다양성의 전문가가 되어야 하고, 무엇을 먹을지 결정을 내릴 때 부딪히는 자연의 한계를 더 잘 감지할 필요가 있다. 이보다 더 중요한 것은 없다. 미래 세대의 삶이 거기에 달려 있다. 우리는 존재하는 다양성을 인식하는 법을 배워야 하고, 그것이 존재하는 줄 알게 되면 그것을 지키는 데도 힘을 보태야 한다. 소멸 위기에 처한 음식은 강과 대양에 사는 대서양 연어의 수가 점점 줄어드는 것과도 같다. 지표종● 은 우리 세계에서 뭔가가 잘못되어 간다고 경보를 울린다.

● 특정한 지역의 환경 상태를 측정하는 척도로 이용되는 생물-옮긴이

이 책에 나온 것들 외에도 수많은 위기에 처한 음식을 지키고 싶다면 두 가지 일이 일어나야 한다. 먼저 음식을 우리 생각과 행동의 중심에 두는 것인데, 이는 우리가 통제하는 범위 내이므로 더 쉬워 보인다. 하드자족과 더 비슷한 방식으로 생각함으로써 우리가 먹는 음식과 우리가 존재하는 생태계 사이의 연관성을 이해할 수 있다. 둘째는 전 세계의 식량 시스템에 대해 재고하는 것인데, 이는 거의 불가능해 보일지도 모른다. 그러나 달리 선택지가 없기에 그렇게 하지 않을 수 없다는 사실을 제쳐두더라도, 그것은 가능하다. 예전에도 일어난 적이 있기 때문이다. 노먼 볼로그의 작업과 녹색혁명이 우리에게 알려주는 것이 있다면 그것은 인간의 노력과 창의력으로 식량 시스템을 바꿀 수 있다는 사실이다. 앞에서도 보았듯이, 그 변화는 항상 수명이 짧았다. 그것은 특정한 시간대에 세계를 먹여 살리기 위한 영리한 수법이었다. 볼로그 자신도 그 효과가 기껏해야 25년에서 30년 정도면 끝날 것이라고 믿었다. 하지만 세계는 그 방향으로 고착되어 스스로를 먹여 살렸다. 이제 그 시스템은 너무 구식이 되어버렸다. 화

석연료의 양이 지속 가능한 수준이 아니므로 고통 속에서 버티는 것이다. 우리는 그것을 개조할 수 있고, 그렇게 해야 한다.

우리의 식량 시스템에는 대가가 필요하다. 매일 1분 1초마다 전 세계에서 농업보조금으로 100만 달러가 지불된다.[2] 세라두cerrado에 콩을 더 많이 심게 하고, 북아메리카에 옥수수 단일경작을 더 확대하며, 유럽에 단일품종의 밀밭을 계속 유지하고, 이미 남획되고 있는 서아프리카 수역에 더 많은 어선을 내보내는 비용이다. 이 돈은 원래 공적자금이며 우리 돈이다. 그것은 회복력이 없고 건강하지 않고 지속할 수도 없는 시스템을 지원한다. 매년 7000억 달러에서 1조 달러에 이르는 이런 보조금은 세계가 무엇을 기르고 어떻게 먹는지에 대한 결정을 너무 쉽게 왜곡한다. 이는 이 책에 실린 위기에 처한 음식을 위한 평평한 운동장이 존재하지 못하는 상황을 조성했다. 균형은 심각하게 불리한 방향으로 변했다. 그것들을 생산하는 지역사회도 마찬가지다. 시스템은 (우리가 이를 알고 있든 아니든) 당신과 내가 어떻게 먹는지를 형성한다. 음식에 관련된 행동을 지시하는 것이다. 그것도 인류가 최근에야 습득한 행동을 말이다.

나는 이 책에 실린 위기에 처한 음식과 음료(또 그 밖에도 수천 가지)를 우리 미래의 식단으로 삼자고 제안하는 것은 아니다. 그 대부분은 그것을 생산하거나 수확하는 지역사회만 먹여 살린다(또 그래야 한다). 그러나 나는 우리에게 그리고 지구에 필요한 식량 시스템은 이런 음식을 존재하게 하고, 더는 소멸 위기에 내몰지 않는 시스템이라고 믿는다. 음식 시스템은 모든 종류의 다양성을 포용해야 한다. 생물학적·문화적·경제적 다양성 그리고 식단의 다양성을 말이다.

그렇다. 우리는 최신 테크놀로지를 기초로 삼아야 하지만, 지난 세기뿐 아니라 지난 수천 년간 인간이라는 종을 여기까지 끌고 온 방법 역시 활용해야 한다. 미래의 음식은 여러 농업 시스템에 의존하게 된다. 몇 가지는 고도로 산업화하고 기계화할 것이고, 또 다른 것들은 규모가 작고 작물과 동물의 다양성 면에서는 더 풍부할 것이다. 다양성은 이런 시스템 하나하나가 최대한 성공적이고 회복력을 갖도록 도와줄 수 있다. 앞에서 보았듯이, 이런 일이 일어날 수 있게 하려는 노력이 이미 수행되고 있다. 재래 품종의 밀밭이 다시 등장하거나 야생 유전자를 사용하고 단일경작 모델을 재검토하면서 바나나 육종가들이 진행하는 작업 등 다양성을 지켜내면 우리에게는 선택지가 생긴다.

정부건, 개인이건 저마다 역할이 있다. 국내에서, 도시 내에서 이루어지는 혁신적 발상은 다양성을 진작시키고 위기에 처한 음식을 지켜낼 수 있다. 가령 브라질은 학교 급식에 나오는 음식 재료의 적어도 30퍼센트는 인근 지역 농장에서 나는 것을 써야 한다는 국가 정책을 도입했다.[3] 코펜하겐에서 학교에 사과를 공급하는 기업은 사과의 분량뿐 아니라 공급할 수 있는 사과 품종이 얼마나 다양한지를 기준으로 계약을 체결한다.[4] 그렇게 해서 지역의 과수원이 되살아나게 되었다. 새로운 테크놀로지 덕분에 카발자 밀 같은 곡물의 제분이 덜 힘들어지고, 디지털 네트워크는 쑨웬시앙 같은 사람이 위챗으로 자신이 수확한 홍쥐누오미를 판매할 길을 열어줄 수 있다. 더 많은 사람이 에사이어 레비처럼 씨앗을 심고 사람들에게 나눠줌으로써 차이를 만들 수 있다. 찰스 마르텔(그리고 하드자족)

처럼 우리도 주위 환경을 탐구하고 집 가까이에서 음식을 찾을 필요가 있다. 우리는 우리가 사는 지역에서 위기에 처한 음식의 구원자가 될 수 있다.

내가 가진 낙관의 주된 원천은 이 책에서 우리가 만난 사람 그리고 그들과 비슷한 수많은 사람이다. 그들은 세계 음식 다양성의 수호자이다. 씨앗 구원자, 혁신가, 빅 픽처 과학자, 급진적 요리사 등등. 과거에 피아트 자동차 공장이었지만, 지금은 이탈리아의 산업 지역인 북부 심장부에 있는 넓은 전시장으로 변한 어울리지 않는 무대에서 2년에 한 번씩 테라마드레Terra Madre라는 모임이 열리고 150개국에서 사람들을 불러들인다. 그들은 세계 슬로푸드 네트워크에 속한 사람들로, 이곳에 와서 씨앗과 이야기를 공유하며 자신의 음식을 전시한다. 그 전시장 안에는 온갖 다양한 크기와 모양과 색을 가진 50가지 스쿼시가 불안정하게 쌓여 있고, 또 그 옆에는 각기 상이한 시트론 품종들이 피라미드처럼 쌓여 있기도 하다. 다양한 종류의 콩들도 무지개처럼 여러 색을 뽐내며 전시되어 있다. 먼 산간 마을에서 만들어진 수레바퀴 크기의 치즈도 있다. 만화경처럼 다양한 쌀, 옥수수 자루, 식용 곤충, 건어물, 과일, 채소가 규모는 최대가 아니더라도 다양성은 최대인 이 음식 시장을 만들어낸다.

이곳에 자신의 음식을 가져오는 사람들 가운데는 농부, 어부, 제빵사, 치즈 제조자, 양치기, 양조자, 제분자, 발효자, 훈연자, 요리사 등이 있다. 전통 의상을 입고 오는 사람도 많다. 목까지 높이 올라오고 양모로 만든 전사 의상인 초하Chokha를 입은 조지아의 포도주 제조자, 북인도의 메갈라야에서 이곳까지 붉은색과 금빛의 실크 숄을 두르고 온 카시족 사람. 그들은 전통의 수호자이며, '불의 보존자

the preservers of fire'이다. 여기 테라마드레에서 나는 하레나 숲에서 온 야생 에티오피아 커피와 희귀한 키자 케이크를 처음 맛보았다. 내가 매슈 레이퍼드를 만난 곳도 여기였다. 매슈는 기치 붉은콩을 기르는 미국 남부에서 온 농부였는데, 그의 사연은 내게 이 책을 쓸 최초의 영감 가운데 하나를 주었다.

슬로푸드 운동의 상징은 달팽이로, 느리지만 더 관조적인 접근법을 위한 알기 쉬운 상징물이다. 달팽이는 한 방향으로 나선형을 그리면서 위쪽으로 껍데기를 쌓아 올리기 시작한다. 그러다가 그때까지 쌓아 올린 구조물이 너무 약해 파손될 것 같으면 과정을 뒤집어 반대 방향으로 쌓아 강도와 안정성을 더해준다. 우리는 자신의 집과 행성을 너무 약하고 파손되기 쉽게 만들었다. 달팽이처럼 우리도 회복력을 더 많이 쌓을 필요가 있다. 과거로 물러날 수는 없다. 그러나 과거에 한 일을 낭비할 게 아니라 물려받은 유산을 힘의 원천으로 삼고, 재건할 자원으로 활용할 수 있다. 이 책에 실린 위기에 처한 음식들은 현재 우리의 존재를 만드는 데 이바지했다. 그것들은 우리가 어떤 존재가 될 수 있는지를 우리에게 보여주는 음식일 수 있다.

더 읽을거리

음식 : 아주 짧은 역사

Jennifer Clapp, Food (polity press, 2016)《식량의 제국》(이상북스)

Ruth deFries, The Big Ratchet: How Humanity Thrives in the Face of Natural Crisis (Basic Books, 2014)《문명과 식량》(눌와)

Jared diamond, Guns, Germs and Steel (Vintage, 1998)《총, 균, 쇠》(김영사)

Anya Fernald, Serena Milano and piero Sardo, A World of Presidia (Slow Food Editore, 2004)

Cary Fowler and pat Moony, Shattering (University of arizona press, 1990)

Jack R. harlan, Crops and Man (american Society of agronomy, 1992)

Philip h. howard, Concentration and Power in the Food System (Bloomsbury, 2017)

John Spicer, Biodiversity (oneworld, 2006)

Bee Wilson, The Way We Eat Now (Fourth Estate, 2019)《식사에 대한 생각》(어크로스)

E. O. Wilson, The Diversity of Life (penguin, 2001)《생명의 다양성》(까치)

Richard Wrangham, Catching Fire (profile Books, 2009)《요리 본능》(사이언스북스)

1 야생

Hugh Brody, The Other Side of Eden (Faber & Faber, 2001)

Eva Crane, The World History of Bee Keeping and Honey Hunting (Routledge, 1999)

Jared diamond, The World Until Yesterday (allen Lane, 2012)《어제까지의 세계》(김영사)

Yuval noah harari, Sapiens: A Brief History of Humankind (Vintage, 2015) 《사피엔스》(김영사)

Robert hughes, The Fatal Shore (Vintage, 2003)

E. Barrie Kavasch, Native Harvests (dover publications, 2005)

Frank Marlowe, The Hadza: Hunter-Gatherers of Tanzania (University of California press, 2010)

Bruce pascoe, Dark Emu (Scribe US, 2019)

Michael pollan, In Defence of Food (penguin, 2009)

Jules pretty, The Edge of Extinction (Cornell University press, 2014)

Tiziana Ulian et al., Wild Plants for a Sustainable Future: 110 Multipurpose Species(Kew publishing, 2019)

2 곡물

Liz ashworth, The Book of Bere: Orkney's Ancient Grain (Birlinn Ltd, 2017)

Michael Blake, Maize for the Gods (University of California press, 2015)

Betty Fussell, The Story of Corn (north point, 1992)

Jack R. harlan, The Living Fields (Cambridge University press, 1995)

Noel Kingsbury, Hybrid: The History and Science of Plant Breeding (University of Chicago press, 2011)

Harold McGee, McGee on Food and Cooking: An Encyclopaedia of Kitchen Science(hodder & Stoughton, 2004)

Neil MacGregor, A History of the World in 100 Objects (allen Lane, 2010) 《100대 유물로 보는 세계사》(다산초당)

Charles C. Mann, The Wizard and the Prophet: Science and the Future of our Planet (picador, 2019)

Charles C. Mann, 1491: The Americas Before Columbus (Granta, 2006) 《인디언》(오래된미래)

Francisco Migoya and nathan Myhrvold, Modernist Bread (the Cooking Lab, 2017)

Magnus nilsson, The Nordic Baking Book (phaidon press, 2018)

Michael pollan, The Omnivore's Dilemma (Bloomsbury, 2011) 《잡식동물의 딜레마》(다른세상)

Catherine Zabinsky, Amber Waves (University of Chicago press, 2020)

3
채소

Dan Barber, The Third Plate (penguin press, 2014) 《제3의 식탁》(글항아리)

Christine M. du Bois, The Story of Soy (Reaktion Books, 2018)

John Reader, Propitious Esculent (William heinemann, 2008)

Mark Schapiro, Seeds of Resistance: The Fight to Save Our Food Supply (hot Books, 2018)

David Shields, Southern Provisions: The Creation and Revival of a Cuisine (University of Chicago press, 2016)

Geoff tansey and tamsin Rajotte (eds), The Future Control of Food (Earthscan, 2008)

Michael W. twitty, The Cooking Gene: A Journey Through African American Culinary History in the Old South (amistad press, 2013)

4
육류

Mark Essig, Lesser Beasts: A Snout-to-Tail History of the Humble Pig (Basic Books, 2015)

Dan Flores, American Serengeti: The Last Big Animals of the Great Plains (University press of Kansas, 2017)

Bob Kennard, Much Ado About Mutton (Merlin Unwin Books, 2014)

Andrew Lawler, Why Did the Chicken Cross the World? (atria Books, 2014) 《치킨로드》(책과함께)

Robert Malcolmson and Stephanos Mastoris, The

English Pig: A History(hambledon Continuum, 1998)

Maryn McKenna, Plucked, The Truth About Chicken, (Little Brown, 2018)

Harriet Ritvo, The Animal Estate: The English and Other Creatures in the Victorian Age (harvard University press, 1989)

Upton Sinclair, The Jungle (penguin, 2002) 《정글》(페이퍼로드)

Joshua Specht, Red Meat Republic (princeton University press, 2019)

5 해산물

Rachel Carson, The Sea Around Us (oxford University press, 2018) 《우리를 둘러싼 바다》(에코리브르)

Paul Greenberg, Four Fish: The Future of the Last Wild Food (penguin Group, 2011) 《포 피시》(시공사)

Naomichi Ishige, History of Japanese Food (Routledge, 2011)

Mark Kurlansky, Salmon: A Fish, the Earth, and a History of a Common Fate(oneworld, 2020) 《연어의 시간》(디플롯)

Daniel pauly, Vanishing Fish, Shifting Baselines and the Future of Global Fisheries(Greystone Books, 2019)

Fred pearce, When the Rivers Run Dry (Granta, 2018) 《강의 죽음》(브렌즈)

Callum Roberts, The Unnatural History of the Sea (Gaia, 2007)

Drew Smith, Oyster: A Gastronomic History (with Recipes) (abrams, 2015)

6 과일

Helena attlee, The Land Where the Lemons Grow (penguin, 2015)

Rachel Carson, Silent Spring (penguin Classics, 2000) 《침묵의 봄》(에코리브르)

Barrie Juniper and david Mabberley, The Story of the

Apple (timber press, 2006)
Dan Koeppel, Banana: The Fate of the Fruit That Changed the World (plume Books, 2009) 《바나나》(이마고)
John Mcphee, Oranges (daunt Books, 2016)
Joan Morgan, The New Book of Apples (Ebury press, 2010)
Joan Morgan, The Book of Pears (Ebury press, 2015)
Gary paul nabhan, Where Our Food Comes From (Island press, 2011)
Michael pollan, The Botany of Desire (Bloomsbury, 2002) 《욕망하는 식물》(황소자리)
Christopher Stocks, Forgotten Fruits (Random house, 2009)
Daniel Stone, The Food Explorer (dutton, 2018)
Mary taylor Simeti, Pomp and Sustenance (alfred a. Knopf, 1989)

7 치즈

Peter atkins, Liquid Materialities (Routledge, 2016)
Trevor hickman, Stilton Cheese: A History (amberley publishing, 2012)
Sandor Ellix Katz, The Art of Fermentation (Chelsea Green publishing, 2012) 《음식의 영혼, 발효의 모든 것》(글항아리)
Mateo Kehler (ed.), The Oxford Companion to Cheese (oUp, 2016)
Mark Kurlansky, Milk! A 10,000-Year Food Fracas (Bloomsbury, 2019) 《우유의 역사》(와이즈맵)
Harold McGee, Nose Dive: A Field Guide to the World's Smells (John Murray, 2020)
Bronwen percival and Francis percival, Reinventing the Wheel: Milk, Microbes and the Fight for Real Cheese (Bloomsbury Sigma, 2019)
Michael pollan, Cooked (allen Lane, 2013) 《요리를 욕망하다》(에코리브르)
Patrick Rance, The Great British Cheese Book (pan

Macmillan, 1988)
Michael tunick, The Science of Cheese (oUp, 2014)

8 알코올

Carla Capalbo, Tasting Georgia (pallas athene, 2017)
James Crowden, Ciderland (Birlinn, 2008)
Alice Feiring, For the Love of Wine (potomac Books, 2016)
Lisa Granik, The Wines of Georgia (Infinite Ideas, 2019)
Garrett oliver (ed.), The Oxford Companion to Beer (oUp, 2011)
Jancis Robinson (ed.), The Oxford Companion to Wine (oUp, 2015)
Jancis Robinson, Julia harding and Jose Vouillamoz, Wine Grapes (allen Lane, 2012)
Tim Webb and Stephen Beaumont, World Atlas of Beer (Mitchell Beazley, 2012)
Tim Webb and Joe Strange, CAMRA's Good Beer Guide Belgium (CaMRa Books, 2018)
Simon J. Woolf, Amber Revolution (Interlink Books, 2018) 《앰버 레볼루션》(한즈미디어)

9 차

Will Battle, The World Tea Encyclopaedia (Matador, 2017)
Aaron davis et al., Coffee Atlas of Ethiopia (Kew publishing, 2018)
James hoffman, The World Atlas of Coffee (Mitchell Beazley, 2018) 《커피 아틀라스》(디자인이음)
Jeff Koehler, Where the Wild Coffee Grows (Bloomsbury USa, 2018) 《에티오피아》(커피리브레)
Stuart McCook, Coffee Is Not Forever (ohio University press, 2019)
Jonathan Morris, Coffee: A Global History (Reaktion Books, 2018)

10 후식

Sophie d. Coe and Michael d. Coe, The True History of Chocolate (thames & hudson, 2013) 《초콜릿》(지호)

Chloe doutre-Roussel, The Chocolate Connoisseur (tarcherperigree, 2006)

Louis E. Grivetti and howard-Yana Shapiro (eds), Chocolate: History, Culture and Heritage (Wiley-Interscience, 2009)

Marcos patchett, The Secret Life of Chocolate (aeon Books, 2020)

Simran Sethi, Bread, Wine, Chocolate: The Slow Loss of Foods We Love (harperone, 2016)

에필로그 : 하드자족처럼 생각하라

Miles Irving, The Forager Handbook (Ebury press, 2009)

주

1 레이철 카슨Rachel Carson, 《침묵의 봄Silent Spring》, 레이철 카슨의 저작권 ©1962, 1990년에 로저 크리스티Roger Christie가 갱신, 애브너 스타인Abner Stein의 허가로 재출간됨.

서문

1 Colin K. Khoury et al., "Increasing homogeneity in global food supplies", *Proceedings of the National Academy of Sciences*, III(II), 2014년 3월, 4001-6, DOI:10.1073/pnas.1313490111.

2 Philip H. Howard, *Concentration and Power in the Food System*(Bloomsbury, 2017)을 볼 것. 음식 시스템에서의 권력 집중에 대한 시각적 안내 자료가 필요하면 하워드의 웹사이트 https://philhoward.net/도 볼 것.

3 이 부분은 1960년대에 동아프리카에서 일한 아일랜드 출신의 외과 의사 데니스 버킷Denis Burkitt이 제기한 논지다. 영국으로 귀국한 그는 영국인들의 비만도, 심장질환, 암, 뇌졸중의 수준이 높음을 깨달았는데, 이런 질환은 가공도가 낮은 전통 음식을 더 많이 먹는 아프리카인 환자에게는 모두 없었다. 그는 이런 소위 '서구적 질환'이 식단(그리고 특히 섬유질 부족)과 연관이 있다고 결론지었다. 마이클 폴런Michael Pollan의 *In Defence of Food*(Penguin, 2009)를 보라.

4 BBC Radio 4의 프로그램인 *The Food Programme*. 1979년에 전직 외신기자인 데릭 쿠퍼Derek Cooper가 만든 프로그램으로, 2000년부터는 실라 딜런Sheila Dillon이 소개한다.

5 옥수수를 가리키는 단어로 이 책에서는 corn이 아니라 maize로 쓴다. maize는 토착 품종이지만 corn은 유럽 기원이기 때문이다.

6 거의 모든 아랍 국가가 식량의 50퍼센트 이상을 외국에서 수입한다. 2007년에서 2010년 사이에 밀 등의 곡물 수입이 거의 15퍼센트 늘었다. 이 기간 식량 가격에도 인플레이션이 있었으며, 2007년에서 2008년 사이에 주식 작물의 가격은 두 배로 뛰었다. 이집트에서는 2008년에서 2010년 사이에 식품 가격이

3분의 1 이상 올랐다. *The Economist* 2012년 3월 17일자에 실린 "Food and the Arab spring, Let them eat baklava"를 읽어보라.

7 Food and Agriculture Organisation(FAO), "How to Feed the World in 2050", 2009년 10월, http://www.fao.org/fileadmin/templates/wsfs/docs/expert_paper/How_to_Feed_the_World_in_2005.pdf.

8 생물다양성을 위한 연합인 OP2B의 출범. 유엔총회, 뉴욕, 2019년 9월 23일, https://www.youtube.com/watch?v=HPIzGVAqEZo&t=is.

9 Corinne Grtler & Emily Chasan, "Big Food Rethinks Farming To Fight a Lack of Crop Diversity", Bloomberg, 2019년 9월 23일.

10 품종들(그리고 재배종, 종균)의 정확한 숫자는 지극히 문제가 많다. 아직 기록되지 않은 것이 많고 종자은행에 상이한 두 이름으로 등록된 것들도 있기 때문이다. 내가 사용하는 수치는 대부분 작물다양성재단(스발바르 종자 저장고에 보관된 컬렉션을 관리하는 기관)에서 얻은 것들이다.

11 A. J. Hilton et al., "Relationship between cultivar height and severity of Fusarium ear blight in wheat", *Plant Pathology*, 48(2), 1999, 202-8. 그리고 그 질병이 밀을 어떻게 공격하는지 더 자세한 설명을 보고 싶다면 6장을 보라. 또 Stuart McCook & John Vandermeer, "The Big Rust and the Red Queen: Long-Term Perspectives on Coffee Rust Research", *Phytopathology Review*, 2015년 5월, 인간종이 작물 질병을 어떻게 상대하는지에 관한 내용으로, 《이상한 나라의 앨리스》에 나오는 붉은 여왕처럼 우리는 고작 제자리에 있기 위해 점점 더 빨리 달리고 있다.

12 Albert-László Barabási, *Linked: The New Science of Networks*(Plume Books, 2003). 버러바시가 《링크Linked》에서 제시한 생각은 영국에서 2020년 7월에 출간된 *National Food Strategy*, https://www.nationalfoodstrategy.org/partone/에서 언급되었다. 버러바시는 우리가 먹는 것과 건강 사이에서 발생하는 생물화학적 작용(소위 '영양분의 어둠의 물질'이라는 것)도 탐구해왔다. 여기서 그는 음식에 대해 우리가 얼마나 많은 복잡성을 알아야 하는지를 집중적으로 조명한다. Albert-László Barabási, "The unmapped chemical complexity of our diet," *Nature Food*, I, 33-37, 2019년 12월 9일.

13 과학자 콜린 코리Colin Khoury는 FAO가 제공한 50년간의 자료를 사용해

식단 균질성의 증가를 측정했다. 필자와 한 면담에서 그는 그 과정을 다음과 같이 요약했다. "베트남인의 식단이 유럽인의 식단과, 아프리카인의 식단이 북아메리카인의 식단과 갈수록 비슷해지고 있습니다. 영양분 많은 전통 음식은 나날이, 조금씩 더 주변으로 밀려나고 있어요."

14 Karin Sanders, *Bodies in the Bog and the Archaeological Imagination* (University of Chicago Press, 2009).

15 사례 하나는 게이츠재단이 우간다에서 유전자 수정된 과일을 지원하는 것이다(22장을 볼 것). 미래의 슈퍼 바나나에 추가되고 있는 바람직한 유전자적 특징은 흔히 야생의 친척 작물에서 추출된다. Bill Gates, "Building Better Bananas", GatesNotes, https://www.gatesnotes.com/development/building-better-bananas.

16 그 목록은 1964년에 국제연합이 자연의 보존을 위해 작성하기 시작했으며, 지구상에서 멸종 위기에 놓인 동물, 진균류, 식물종 들에 관한 세계에서 가장 포괄적인 정보 출처로 발전했다. https://www.iucnredlist.org/. 이 목록은 세계 생물다양성의 건강을 알려주는 핵심 지표다.

17 1989년 11월에 발표된 슬로푸드 매니페스토에서 인용.

음식: 아주 짧은 역사

1 자신의 저서, *The Diversity of Life* (Penguin, 2001)에서 이 발췌문을 인용하도록 허락해준 윌슨E. O. Wilson 교수에게 감사한다.

2 Michael Marshall, "Timeline: The Evolution of Life", *New Scientist*, 2009년 7월 14일.

3 토양이 어떻게 형성되었으며, 빅뱅에서 최초의 작물 탄생에 이르기까지 지구가 어떤 과정을 거쳤는지에 대한 훌륭한 요약이 필요하다면 Catherine Zabinsky, *Amber Waves* (University of Chicago Press, 2020)를 볼 것.

4 인류학자 리처드 랭엄Richard Wrangham은 자신의 저서 《요리 본능Catching Fire》에서 초기 인류의 불의 사용이 훨씬 이르게, 170만 년쯤 전에 일어났다고 주장한다. Rachel N. Carmody et al., "Cooking shapes the structure and function of the gut microbiome", *Nature Microbiology*, 4, 2019,

2052-63도 참고할 것.

5 S. Anna Florin et al., "The first Australian plant foods at Madjedbebe, 65,000-54,000 years ago", *Nature Communication*, II, 2020, 924.

6 Helen Briggs, "Prehistoric bake-off: Scientists discover oldest evidence of bred", BBC News, 2018년 7월 17일, https://www.bbc.co.uk/news/science-environment-44846874.

7 Jens Walter et al., "The Human Gut Microbiome: Ecology and Recent Evolutionary Changes", *Annual Review of Microbiology*, 65(1), 2011년 6월, 411-29, DOI:10.1146/annurev-micro-09110-102830.

8 도리언 풀러Dorian Fuller 교수 임명 강연, "Growing Societies: the Archaeobotany of Food Production and Globalization of Agriculture", UCL, 2014, Soundcloud로 들을 수 있다. https://soundcloud.com/ucl-arts-social-science/growing-societies-professor-dorian-fuller.

9 커피의 코페아 아라비카Coffea arabica와 차의 카멜리아 시넨시스Camellia sinensis 등 중요한 예외가 있다. 둘 다(예나 지금이나) 야생 수풀에서 수확되었다. 차 재배는 3000년쯤 전에 시작되었고, 아라비카 커피는 1000년 전이 채 안 된다. Muditha Meegahakumbura et al., "Domestication Origin and Breeding History of the Tea Plant(Camellia sinensis) in China and India", *Frontiers in Plant Science*, 8, 2270, 2018년 1월, DOI:10.3389/fpls.2017.02270.

10 E. O. Wilson, *The Diversity of Life*(Penguin, 2001).

11 Andri Frediansyah, "Microbial Fermentation as Means of Improving Cassava Production in Indonesia", *Cassava*, Viduranga Waisundara(ed.), Intech Open, 2017년 12월 20일, DOI:10.5772/intechopen.71966.

1부: 야생

1 Jack R. Harlan, *Crops and Man*(American Society of Agronomy,

1992)에서 이 발췌문을 인용하도록 허락해준 데 해리 할란Harry Harlan에게 감사한다.

2 농업 이전의 사회가 사악하고 야만적이고 단명했다고 보는 식민주의적(그리고 홉스적) 견해는 20세기에 들어서도 한참 동안 지속되었다. 주류의 사고방식을 바꾸는 데 도움을 준 것은 1960년대 후반에 열린 어떤 중요한 학회와 리처드 리와 어빈 드보어Richard B. Lee & Irven DeVore의 저서, *Symposium on Man the Hunter*(Aldine Pub. Co., 1966)였다. 이 책은 수렵채집사회가 얼마나 이해 가능하고 정교한지, 그리고 각 수렵채집사회가 저마다 다른지를 잘 보여주었다.

3 수렵채집사회와 함께 연구를 진행한 영양학적 인류학자와 인간생태학자들은 일 년 내내 야생에서 사냥이나 채집을 통해 얻은 것만으로 식량을 100퍼센트 충당하는 인간 집단은 남아 있지 않다고 주장한다. 그 이유 하나는 대부분 인간이 어떤 식으로든 세계경제에 편입되어 있기 때문이다. 또 GIS 원격감지 기법으로 아마존의 오지 인간을 추적해보았을 때 얻어진 영상은 흔히 텃밭이 존재함을 보여주었다. 그러므로 이들 집단은 야생 식량을 채집하며 입에 풀칠하는 농부들이다.

4 전통사회에서 야생 식량이 차지하는 상이한 역할에 대한 훌륭한 개괄이 필요하다면 자린 바루차와 줄스 프리티Zareen Bharucha & Jules Pretty의 "The roles and values of wild foods in agricultural systems", *Philosophical Transactions of the Royal Society*, 2010, B3652913-26을 볼 것, DOI:10.1098/rstb.2010.0123.

5 A. Ray et al., "How Many Wild Edible Plants Do We Eat-Their Diversity, Use, and Implications for Sustainable Food System: An Exploratory Analysis in India", *Frontiers in Sustainable Food Systems*, 4(56), 2020, DOI:10.3389/fsufs.2020.00056.

6 아시아에서 야생 육류 거래(합법적·불법적)가 증가하고, 이런 육류가 점점 더 많이 소모되는 현상이 2019년 후반에서 2020년 초반 사이에 발생한 코로나-19 사태와 관련이 있다고 판단되었다. 이 문제에 대해 더 알고 싶다면 4부의 '파급효과'를 보라.

7 서식지 상실과 식량 상실의 원인에 대해서는 FAO Commission on Genetic Resources for Food and Agriculture, "Wild Foods: The State of the

World's Biodiversity for Food and Agriculture", 2019, p. 160, section4·4, "Wild Foods"를 볼 것. http://www.fao.org/3/CA3129EN/CA3129EN.pdf.

8 세계은행에 따르면 전 세계에 있는 토착민의 수는 4억 7600만 명가량이며 90개 이상의 국가에 존재한다. World Bank, "Understanding Poverty: Indigenous Peoples"(2020년 10월 1일에 갱신된 내용), https://www.worldbank.org/en/topic/indigenouspeoples.

9 생물다양성과 인간 발달 부문의 교수인 존 파John Fa는 세계에 남아 있는 원시림의 3분의 1 이상이 토착민이 관리하거나 소유하고 있는 구역 내에 존재한다고 추산한다. John Fa et al., :Importance of Indigenous Peoples' lands for the conservation of Intact Forest Landscapes", *Frontiers in Ecology and the Environment*, 18(3), 2020, 135-40, DOI:10.1002/fee.2148. World Bank, "The Role of Indigenous Peoples in Biodiversity Conservation: The Natural but Often Forgotten Partners", 2008, https://siteresources.worldbank.org/INTBIODIVERSITY/Resources/RoleofIndigenousPeoplesinBiodiversity-Conservation.pdf.

10 Biodiversity Internation:"Making room for wild foods in forest conservation", 2019년 7월 22일자에 실린 몽가베이Mongabay와 크리스 케틀Chris Kettle의 인터뷰, https://news.mongabay.com/2019/07/making-room-for-wild-foods-in-forest-conservation/. D. Rowland et al., "Forest foods and healty diets: Quantifying the contributions", *Environmental Conservation*, 44(2), 2017, 102-14, DOI:10.1017/S0376892916000151.

11 Herman Pontzer et al., "Hunter-gatherers as models in public health", *Obseity Review*, 19:24-35, 2018, DOI:10.1111/obr.12785.

1장

1 숨겨진 벌집을 찾는 과정에서 벌꿀길잡이새의 가치에 대해 알고 싶다면 Brian Wood et al., "Mutualism and manipulation in Hadza-Honeyguide interaction", *Evolution and Human Behaviour*, 35, 2014, DOI:10.1016/j.evolhumbehav.2014.07.007을 보라.

2 하드자족은 평등 사회다. 사냥꾼이 계속 운이 나빠서 몇 주 동안 사냥에 성

공하지 못한다면 다른 사람들이 잡은 고기를 그와 나눠 먹는다. 개인 소비를 위해 고기를 보관하고 저장하려는 시도는 부도덕한 행동으로 여기며, 그 집단의 모든 성원은 일단 잡은 동물이 도축된 뒤에는 그 고기 일부를 갖는 것을 각자의 권리라고 여긴다. Frank Marlow, *Why the Hadza are Still Hunter-Gatherers, Ethnicity, Hunter-Gatherers in Africa*(Smithsonian Institution Press, 2002), pp. 247-75.

3 어느 인류학자팀이 다수의 하드자족을 만나고 그들에게 가장 좋아하는 음식을 열거해보라고 물어보았을 때 수위에 오른 것은 꿀이었다. 꿀은 남녀 모두에게서 육류, 나무 열매, 덩이뿌리보다 훨씬 더 순위가 높았다(남성에게 2위는 육류였고, 여성에게 2위는 나무 열매였다). J. Berbesque & F. W. Marlowe, "Sex Differences in Food Preferences of Hadza Hunter-Gatherers", *Evolutionary Psychology* 7(4), 2009. 601-16, DOI:10.1177/147470490900700409.

4 Alyssa N. Crittenden, "The Importance of Houney Consumption in Human Evolution", *Food and Foodways*, 19(4), 2011, 257-73, DOI: 10.1080/07409710.2011.630618.

5 몇몇 연구자는 하드자족이 꿀을 파묻거나 숨겨 벌꿀길잡이새가 "배가 고파 자신들을 더 열심히 안내하게" 하려는 모습을 묘사했다. 나는 그런 모습을 목격하지 못했다.

6 유엔 보고서, "Nature's Dangerous Decline 'Unprecedented': Species Extinction Rates, 'Accelerating'", 2019년 5월 6일, https://www.org/sustainabledevelopment/blog/2019/05/nature-decline-unprecedented-report/. Global Forest Watch, "We Lost a Football Pitch of Primary Rainforest Every 6 Seconds in 2019", 2020년 6월 2일, https://blot.globalforestwatch.org/data-and-research/global-tree-cover-loss-data-2019/.

7 하드자족 지역에서 프로젝트를 추진하는 삼림 보존 조직인 카르본 탄자니아Carbon Tanzania는 탄자니아의 하드자족이 차지한 지역에서 한 해에 최대 16만 헥타르까지 수풀이 사라진다고 말한다. 필자가 2018년 12월에 마크 베이커Marc Baker와 한 인터뷰에서.

8 Ann Gibbons, "Farmers, tourists, and cattle threaten to wipe out some of the world's last hunter-gatheres", *Science*, 2018년 5월, https://www.sciencemag.org/news/2018/05/farmers-tourists-and-cattle-threaten-wipe-out-some-world-s-last-hunter-gatherers.

9 ELD Initiative & UNEP, "The Economics of Land Degradation in Africa: Benefits of Action Outweigh the Costs", 2015, www.eld-initiative.org.

10 진화생물학자 클레어 스포티스우드Claire Spottiswoode의 연구가 여기서 중요하다. 스포티스우드는 잠비아와 모잠비크에서 벌꿀길잡이새와 교신하는 인간의 소리를 녹음해 2016년 BBC 라디오 다큐멘터리 프로그램인 〈자연의 역사: 벌꿀길잡이새Natural Histories: Honeyguide〉에서 그들 사이의 교류 감소에 대해 보고했다. Claire Spottiswoode et al., "Reciprocal communication in human-honeyguide mutualism", *Science*, 353, 2016, 387-9.

2장

1 브루스 패스코Bruce Pascoe와 저자의 인터뷰, 2018년 10월.

2 Michael Symons, *One Continuous Picnic*(Melbourne University Press, 2007), 서문.

3 여기서 언급된 머농에 관한 역사적 기록은 거의 모두 베스 곳Beth Gott의 획기적인 논문, "Ecology of Root Use by the Aborigines of Southern Australia", *Archaeology in Oceania*, 17, No. 1, 1982, 59-67에서 인용된다. 또 Bruce Pascoe, *Dark Emu*(Scribe US, 2019)도 볼 것. 이 책은 정착민의 일기와 기록을 인용해 애버리진이 농사를 지었다고 주장한다. 오스트레일리아 식물학자 존 모건John Morgan이 운영하는 블로그에서 머농에 관한 포스트, "Where have all the Yamfields gone?", Morgan, Plant Ecology, 2016, 4월, http://morganvegdynamics.blogspot.com/2016/04/where-have-all-yam-fields-gone.html.

4 Robert Hughes, *The Fatal Shore*(Vintage, 2003), 8장.

5 ABC News, "Watershed moments in Indigenous Australia's struggle to be heard", 2018년 7월 3일. 또 브루스 패스코와 저자의 인터뷰, 2018년 10월. 우룬제리Wurundjeri족 원로인 데이브 완딘Dave Wandin과의 인터뷰,

2020년 7월.

6 Kerin O'dea, "Marked improvement in carbonhydrate and lipid metabolism in diabetic Australian aborigines after temporary reversion to traditional lifestyle", *Diabetes*, 33(6), 1984년 6월, DOI:10.2337/diab.33.6.596. 또 Michael Pollan, *In Defence of Food*(Penguin, 2009), Part II도 볼 것.

7 우룬제리족 원로 데이브 완딘과 저자의 인터뷰, 2020년 7월.

3장

1 저자는 2018년 9월에 현지답사를 떠났다.

2 내무부 인디언 담당부the Department of the Interior Bureau of Indian Affairs에 따르면, 2018년 기준 573개 토착민 부족이 연방에서 공식적으로 인정되었다. 미국 내무부, "Indian Entities Recognized and Eligible To Receive Services from the United States Bureau of Indian Affairs", https://www.govinfo.gov/content/pkg/FR-2018-07-23/pdf/2018-15679.pdf.

3 카를로스 바카Karlos Baca는 자신의 할아버지가 집 현관 밖에서 베어 루트를 제대로 길러냈던 것을 기억한다고 말했다.

4 전통 의약품이 세계적 의약품이 되는 과정은 긴 역사다. 가장 유명한 사례 가운데 하나가 살리실산이다. 말린 버드나무와 도금양 잎사귀에서 발견된 그 성분은 고대 이집트인과 아메리카 토착민에게서 사용되었고, 그 뒤에는 19세기 유럽 화학자들이 그것을 종합해 현재 아스피린이라 알려진 약품을 만들었다.

5 Centres for Disease Control and Prevention, "Native Americans with Diabetes", 2017년 1월, https://www.cdc.gov/vitalsigns/aian-diabetes/index.html.

6 엘리자베스 후버Elizabeth Hoover와 저자의 인터뷰, 2018년 7월.

7 위노나 라듀크Winona LaDuke와 저자의 인터뷰, 2018년 1월.

4장

1 Pierre Laszlo, *Citrus: A History*(University of Chicago Press, 2007).

2 앨버트 우Albert Wu와 저자의 인터뷰, 2018년 9월. G.A.Wu et al., "Genomics of the origin and evolution of Citrus", Nature, 554, 2018, 311-16, DOI:10.1038/nature25447.

3 1931년에 니콜라이 바빌로프는 감귤류의 발원지가 "동부 아시아 … 중국의 큰 강인 황하와 양쯔강 상류와 계곡"에 있음을 확인했다. 감귤류의 유전자에 대한 더 최근의 연구에서 그 탄생지가 히말라야 남동부 기슭에 더 가까운 곳인 아삼 동부, 미얀마 북부와 서부 윈난임이 밝혀졌다.

4 칼카메 모민Kalkame Momin과 저자의 인터뷰. 그는 민속식물학자로서 가로 힐스에서 감귤류가 사용되던 전통적 방식을 연구했다. Kalkame Momin et al., "An ethno-botanical study of wild plants in Garo Hills region of Meghalaya and their usage", *International Journal of Minor Fruits, Medicinal and Aromatic Plants*, 2(1), 2016, 47-53. Anamika Upadhaya et al., "Utilization of wild Citrus by Khasi and Garo tribes of Meghalaya", *Indian Journal of Traditional Knowledge*, 15(1), 2016년 1월, 121-7.

5 전통 의학에서 감귤류가 쓰였을 수 있는 용도에 대한 통찰을 전해준 영국 왕립식물원 큐가든의 부원장인 모니크 시먼즈Monique Simmonds 교수에게 감사한다.

6 가장 최근의 연구에서 식물유전학자들은 지금도 그 지역에서 20개가 넘는 상이한 감귤류종과 68가지 품종을 찾아낼 수 있었고, 그 지역이 여전히 '감귤류의 보물창고'임을 확인했다. 생물다양성을 보호하기 위해 감귤류 유전자보호구역Citrus Gene Sanctuary 외에 생물보안구역Biosphere Reserve으로도 지정되었다. 그러나 인도 식물유전자자원국National Bureau of Plant Genetic Resources은 다른 작물을 심을 땅을 마련하기 위한 불법 벌채와 삼림파괴로 종의 수가 줄어들었음을 알아냈다.

7 플로리다 대학 원예학 교수인 프레드 그미터Fred Gmitter와 저자의 인터뷰, 2018년 11월. 또 캘리포니아 리버사이드 대학 감귤류 다양성 컬렉션Citrus Variety Collection의 큐레이터인 트레이시 칸Tracy Kahn과 저자의 인터뷰, 2018년 10월.

야생의 지도 그리기

1 고고학자들이 바빌로프의 기원 중심 개념을 (더 최근의 발굴과 새로운

분석 기법으로 인해) 개정했다는(그리고 계속 개정하고 있음) 점에 주목해야 한다. 그러나 바빌로프의 지도는 여전히 유전적 다양성에 대한 역사적으로 중요한 지침이다. 즉, 20세기 전반에 세계의 다양한 지역에서 무엇이 야생으로 자랐으며 무엇이 재배되었는지를 알려주는 것이다.

2 Gary Paul Nabhan, *Where Our Food Comes From* (Island Press, 2011)은 바빌로프의 연구와 유산에 관한 중요한 탐구서다.

3 케리 파울러Cary Fowler와 저자의 인터뷰, 2021년 1월.

2부: 곡물

1 내 주위에 있는 수천 가지 씨앗(고대와 현대의 것 모두)이 런던 대학에 있는 고고식물학 참고 컬렉션을 이룬다. 수천 년간 존재해온 야생 음식과 길들임과 농경의 기록은 고고식물학의 발달에서 주축 역할을 맡은 고든 힐먼Gordon Hillman의 손으로 구축되었다.

2 "Wild wheat shows its muscles", Physp.org, 2007년 5월 10일, https://phys.org/news/2007-05-wild-wheat-muscles.html.

3 Jacob Bronowski, *The Ascent of Man* (BBC Books, 1973).

4 이 용어는 사람들에 따라 각기 다르게 사용된다. 내가 취하는 방식은 재래 품종 하나를 오랜 세월 동안 특정한 장소에서 번성하는 특정한 능력 때문에 선택된 어느 특정 작물의 그 지역 주민으로 여기는 것이다. 그것들은 하나의 종 전체보다 더 좁은 유전자 기초를 갖지만('선택되었기' 때문에) 그래도 유전학적으로 다양하다. 품종들은 더 공식적으로 육종된다. 생존 능력뿐 아니라 높은 단백질 함량, 색, 맛 등 특정한 성질도 그것이 선택되는 기준이다. 이런 것들 역시 종균이라 칭해지며, 대개 어느 지점에서 새로운 특징을 얻기 위해 다른 품종들과 교차교배된다.

5장

1 더 고대의 기법 한 가지는 왕립식물원 큐가든의 수석 연구원인 마크 네스빗이 설명한 것처럼 잔 이삭(알곡의 껍질)을 축축하게 만든 다음, 절구에 넣고

빻는 것이다. 그는 나처럼 에머 밀을 찾아서 카르스 지역으로 다녀왔다.

2 밀의 진화 과정에서 에머 밀 다음에 출현한 현대의 빵 밀과 비교하면 카발자는 글루텐 함량이 낮아서, 폭신폭신한 식빵보다는 납작 빵을 만드는 데 쓰이는 알곡이다. 하지만 필라프를 만들거나 수프나 스튜에 첨가되는 경우가 가장 많다.

3 옥스퍼드 근처에 있는 존 리츠John Letts의 농장에서 리츠와 저자의 인터뷰. 2018년 8월.

4 비옥한 초승달 지역에서 인간이 곡물을 먹었다는 더 오래된 증거도 북부 이라크 카라카닥산맥 남쪽의 한 동굴에서 나왔는데, 그 동굴은 네안데르탈인의 거처였다고 생각된다. 그의 4만 5000년 된 치아에서 발견된 치석은 식단 중에 익힌 알곡으로 만든 죽이 있었음을 보여주었다. 도자기가 발명되기 전에 어떻게 죽을 끓일 수 있었는지는 아직 알 수 없다. Amanda Henry et al., "Microfossils in calculus demonstrate consumption of plants and cooked foods in Neanderthal diets", *PNAS*, 2011년 1월.

5 Amaia Arranz-Otaegui et al., "Archaeobotanical evidence reveals the origins of bread 14,400 years ago in northern Jordan", *PNAS*, 115(31), 2018년 7월, 7925-30, DOI:10.1073/pnas.1801071115.

6 Jack R. Harlan, *The Living Fields*(Cambridge University Press, 2010).

7 또한 에머 밀은 아인콘보다 두 배의 염색체를 갖고 있는데, 그럼으로써 유전자적 다양성이 훨씬 더 커진다. 즉, 더 넓은 범위의 환경 여건에 적응할 유전자적 '도구 상자'가 더 커지는 것이다.

8 에머는 현재 우리가 듀럼밀(파스타에 쓰이는 밀)이라 부르는 트리티쿰 투르기둠Triticum turgidum으로 진화했고, 야생 염소풀goat grass(Aegilops tauschii)과 교잡된 뒤 스펠트 밀로 진화했다.

9 고고식물학자들은 고대 이집트에 빵 밀이 전파된(그리고 복잡한 알곡 저장시설이 발달한) 지 한참 뒤까지도 에머 밀이 계속 존재했다는 사실을 오랫동안 이해하지 못했다. 그 이유는 이집트인들이 그 알곡을 좋아했으며, 그들의 문화적 성향상 음식(과 맥주)을 만드는 데 그것이 더 좋다는 단순한 것일 수도 있다.

10 빵 밀 역시 그 이상의 염색체를 가진다. 에머 밀이 아인콘에 비해 가진 장점처럼 이 성질은 밀의 적응 능력을 늘렸다.

11 이것들은 식물유전자자원국Plant Genetic Resources에 있는 제네시스 데이터베이스에 의해 기록된 취득의 수the number of accessions recorded by the Genesys database of Plant Genetic Resources다. https://www.genesys-pgr.org/c/wheat를 볼 것.

12 밀은 지구 표면에서 2억 1500만 헥타르의 면적에서 재배된다. 그것은 그린란드만 한 넓이이며, 그 재배지는 스칸디나비아에서 남아메리카 그리고 아시아에 이르기까지 분포되어 있다. CGIAR Research Programme on Wheat, https://wheat.org/를 볼 것.

13 Charles C. Mann, *The Wizard and the Prophet: Science and the Future of our Planet*(Picador, 2019). 이 책은 녹색혁명에 대한 최고의(또 가장 균형 잡힌) 설명도 제공한다.

14 당시에 멕시코는 혁명과 내전의 시절에서 빠져나오던 중이었다. 루스벨트 행정부와 백악관과 관련 있는 부유한 박애주의 단체인 록펠러재단이 도움을 제안했다. 그들은 작물을 개량하려는 연구에 자금을 지원함으로써 시골 농부의 삶을 개선할 수 있기를 기대했다. 녹색혁명이 비료와 관개에 의존하기 때문에 가장 큰 수혜자는 시골 농부가 아니라 대지주라는 주장이 제기되었다.

15 Thomas Lumpkin, “How a Gene from Japan Revolutionized the World of Wheat”, *Advances in Wheat Genetics*, 2015.

16 Charles C. Mann, *The Wizard and the Prophet: Science and the Future of our Planet*(Picador, 2019).

17 Endashaw Girma, “Genetic Erosion of Wheat(Triticum spp.)”, *Journal of Natural Science*, 7(23), 2017.

18 나는 Rothamsted Research의 클레어 칸자Claire Kanja와 FHB에 대해 수많은 논의를 나누며 진균의 은밀한 행동 양식을 더 잘 이해하는 데 도움을 받을 수 있어서 운이 좋았다. 또 추천할 자료는(딱히 그 영리한 제목 때문은 아니지만) K. Kazam et al., “On the trail of a cereal killer: recent advances in Fusarium graminearum pathogenomics and host resistance”, *Molecular Plant Pathology*, 13(4), 2012, 399-413.

19 연구의 방향은 미래에 주로 기후변화 때문에 더 큰 위험에 처할 작물들을 가리킨다. 지구의 기온이 1도 상승할 때마다 밀의 수확량은 6퍼센트 하락하리라

고 예상되는데, 세계 인구는 그만큼 증가한다. "Climate change will cut crop yields:study", Phys.org, 2017년 8월 15일, https://phys.org/news/2017-08-climate-crop-yields.html.

20 아인콘은 FHB에 대한 저항력이 가장 크다고 알려졌지만, 야생 에머 밀의 몇몇 유형 역시 저항력이 있다. Tomasz Goral, "Fusarium head blight resistance and mycotoxin profiles of four Triticum species genotypes", *Phytopathologia Mediterranea*, 56, 1, 2017년, 175-86, DOI:10.14601/Phytopathol_Mediterr-20288.

21 R. J. Gutteridge et al., "Assessment of the A. E. Watkins wheat collection in 2008 for resistance to foliar, stem base and root diseases", Department for Environment, Food and Rural Affairs(DEFRA), 2008, https://repository.rothamsted.ac.uk/download/c01d7f443f9fd-97538d1ca48f79bbda3e6e06122e186c67f1ccc9ee0c3ad387e/3931418/WGINS-takeholderNewsletterOctober2008.pdf.

22 Nusret Zencirci et al., "Mirza(Hacizade) Gökgöl(1897-1981): the great explorer of wheat genetic resources in Turkey", *Genetic Resources and Crop Evolution*, 65, 2018, 693-711, DOI:10.1007/s10722-018-0606-9.

23 United Nations FAO, "Traditional wheat varieties of Tajikistan, Turkey, Uzbekistan are subject of research", Regional Office for Europe and Central Asia, 2016년 1월 28일, http://www.fao.org/europe/news/detail-news/en/c/381431.

24 Peter R. Shewry et al., "Do 'ancient' wheat species differ from modern bread wheat in their contents of bioactive components?", *Journal of Cereal Science*, 65, 2015, 236-43, DOI:10.1016/j.jcs.2015.07.014.

6장

1 그 곡식과 역사, 조리법에 대한 훌륭한 개괄이 필요하다면 Liz Ashworth, *The Book of Bere: Orkney's Ancient Grain* (Birlinn Ltd, 2017)을 보라.

2 야생에서 보리는 곡식 낟알이 쌍을 이루어 이삭 양쪽에 낟알이 하나씩 붙은 형태로, '두 줄 보리'로 자란다. 또 다른 변이를 통해 여섯 줄 보리가 생겼다. 회복력이 더 강한 작물로서 오크니에 당도하고, 이 섬에 베어를 가져다준 것이 이 여섯 줄 보리였다. 양조자들은 작업하기 더 쉽기 때문에 두 줄 보리를 선호하므로, 14세기 이후 맥주 문화가 전 유럽에 확산했을 때 여섯 줄 보리는 인기를 잃었지만 오크니에서는 그렇지 않았다.

3 망누스 닐손Magnus Nilsson과 저자의 인터뷰, 2019년 4월. 또 *The Nordic Baking Book*(Phaidon Press, 2018)도 보라.

4 말려서 볶은 보리 알곡은 에티오피아에서 흔히 먹는 간식이기도 하다. 특히 남쪽 고지대(Gamo-Baroda 지역)에서 술을 마실 때 함께 먹는다.

5 "Bere Barley(*Hordeum vulgare L*)", Scottish Landrace Protection Scheme, https://www.sasa.gov.uk/variety-testing/scottish-landraces/scottish-landrace-protection-scheme-slps/bere-barley.

6 H. E. Theobald et al., "The nutritional properties of flour derived from Orkney grown bere barley", *Nutrition Bulletin*, 31(1), 2006, 8-14, DOI:10.1111/j.1467-3010.2006.00528.x.

7장

1 Liu Xu, "China moves to protect its crop biodiversity", *China Dialogue*, 2019년 6월 18일.

2 길들임 신드롬에서 보이는 두 번째 특징은 종자 잠복성의 상실이다. 처음 비를 맞거나 온난한 기간에 씨앗의 싹을 틔우는 야생식물은 모두 재난을 겪을 위험이 있으므로, 거의 모든 야생식물종은 위험 분산을 위해 씨앗 발아를 지연시킨다. 하지만 더 관리되는 농업 환경에서는 모든 씨앗이 동시에 파종되고 수확되므로, 이 특징 없는 씨앗에 대한 선택이 강하게 나타난다.

3 세계가 소비하는 칼로리의 20퍼센트는 쌀에서 얻어지며, 남아시아 전역에서 쌀은 소비 단백질 전체의 절반 이상을 공급한다. Bienvenido O. Juliano(ed.), *Rice in human nutrition*(International Rice Research Institution and FAO, 1993), 2장을 보라. 전통 식단에서 쌀로부터 얻는 단백질은 남아시아에서는 전체의 70퍼센트이며 동남아시아에서는 51퍼센트에 달한다. 이

런 비율은 세계 어떤 지역에서든 다른 곡물 단백질이 차지하는 비율보다 높다.

4 논 농법의 탄생(현재 얻어진 고고학적 증거에 따라)은 현대의 후난과 저장 부근에서 이루어졌다. 당시 채집인들은 습지를 관리해 벼를 재배하기 시작했다. 윈난에서는 이 일이 주로 양쯔강 본류의 남북 양쪽 모두 강의 지류 주위에서 일어났다. 저장에서는 항저우 남쪽의 더 작은 고지대 계곡에서 발생했다.

5 수전 매쿠치Susan McCouch와 저자의 인터뷰, 2018년 11월. M. Sweeney & S. McCouch, "The complete history of the domestication of rice", *Annals of Botany*, 100(5), 2007, 951-7, DOI:10.1093/aob/mcm128도 볼 것.

6 오늘날 전체 벼농사의 50퍼센트만 논에서 이루어지지만 전 세계 벼 수확량의 70퍼센트를 생산한다.

7 International Rice Research Institute(IRRI), International Rice Genebank, https://www.irri.org/international-rice-genebank.

8 중국 농부들은 다른 어떤 곳의 농부들보다도 단위 면적당 논에 비료를 더 많이 투입한다. 유럽 농부들에 비하면 두 배 많고 1960년대 초반에 중국 농부들이 쓰던 양에 비하면 50배 많다. 이는 전체 지구에서 사용되는 비료의 30퍼센트에 해당하며, 그 활용이 비효율적이기 때문에 그 가운데 엄청난 양이 작물에 투입되지 못하고 빗물과 강물에 씻겨나가 최종적으로 바다에 이른다.

9 IRRI 종자은행의 전임 총재이던 루아라이 색빌 해밀턴Ruaraidh Sackville Hamilton과 저자의 인터뷰, 2018년 12월. 그는 아마 IR 8호의 식감이 나빠서 많은 농부가 작은 땅뙈기에 과거에 쓰던 품종을 계속 기르게 되었으리라고 설명했다. 그런 농부는 지역 시장에서 자신들이 기른 인증된 신품종을 팔아 돈을 벌지만, 집에서 먹는 것으로는 전통 벼를 선호한다. 또 그들은 경험상 뭔가가 잘못되어 현대 작물이 실패하더라도 전통 품종은 안심할 수 있음을 알고 있었다.

10 Gurdev Khush, "Green Revolution: The Way Forward", *Nature Review Genetics*, 2, 815-822(2001), DOI:10.1038/35093585.

11 Jack Harlan, "Genetics of Disaster", *Journal of Environmental Quality*, 1(3), 1972.

12 킹King은 토양이 농경의 생산성에 결정적으로 중요한 살아 있는 유기체라고 확신했다. 이런 생각은 당시 미국 농무부 내의 주류 입장인 토양 내 양분이 재충전될 필요 없이 무한히 존재하리라는 생각과는 맞지 않았다. 지금 그는 유기 운

동으로 발전할 개척자적 사상가들 가운데 한 명으로 여겨진다. John Paull, “The making of an agricultural classic: Farmers of Forty Centuries or Permanent Agricultire in China, Korea and Japan, 1911-2011”, *Agricultural Science*, 2, 2011, 175-80, DOI:10.4236/as.2011.23024.

13 목표로 설정된 날짜는 2020년이었다(농업과 농촌 문제부Ministry of Agriculture and Rural Affairs는 이 목표가 2018년에 달성되었다고 보고했다). OECD Agricultural Policy Monitoring and Evalution, Section 8, China를 보라. https://www.oecd-ilibrary.org/sites/049d4bd3-en/index.html?itemId=/content/component/049d4bd3-en.

8장

1 Allen Van Deynze et al., “Nitrogen fixation in a landrace of maize is supported by a mucilage-associated diazotrophic microbiota”, *PLoS Biology*, 16(8), 2018.

2 Hernán Cortés, *Letters from Mexico*, trans. Anthony Pagden (Yale University Press, 1986), p. 318.

3 Eric Triplett, “Diazotrophic endophytes:progress and prospects for nitrogen fixation in monocots”, *Plant Soil*, 186, 29-38 (1996), DOI:10.1007/BF00035052.

4 스미스소니언 국립자연사박물관 고고식물학과 고고유전학 큐레이터인 로건 키슬러Logan Kistler와 저자의 인터뷰, 2019년 12월. Logan Kistler, “Multiproxy evidence highlights a complex evolutionary legacy of maize in South America”, *Science*, 2018년 12월 14일, 1309-13, https://science.sciencemag.org/content/362/6420/1309.

5 옥수수를 먹는 초기의 수렵채집인이 속했던 집단의 크기가 정확하게 어느 정도인지 알려주는 확실한 증거는 없지만, 이런 사회가 어떤 식으로 돌아갔는지에 대한 이해를 토대로 추산하면 50명가량의 소규모 집단이었을 가능성이 크다.

6 아메리카 대륙에는 옥수수가 주변적 작물이거나 매우 다양한 작물 경작 시스템의 일부였을 지역이 있다. 가령 4000년 전 이래의 아마존 동부 같은 지역이다.

7 콜로라도에 있는 크로캐넌 고고학센터Crow Canyon Archaeological Centre의 폴 에르미지오티Paul Ermigiotti와 저자의 인터뷰.

8 이는 중앙아메리카 전문가인 칼 타우버Karl Taube가 제기한 주장이다. Neil MacGregor, *A History of the World in 100 Objects*(Allen Lane, 2010)를 보라.

9 페루 북부 해안 지역에 있는 기원전 2500년의 고고학적 발굴 현장인 파레도네에서 발견된 내용이다. 이는 도자기가 쓰이기 이전 시대에 속하므로, 옥수수는 점토를 안에 바른 바구니에 담겨 잉걸불에 익혀졌을 것이다.

10 식물학자 플라비안니 말라키아스 코스타Flaviane Malaquias Costa는 멀리 브라질 남부의 산타카타리나 서부에 있는 농촌 마을 70개의 농가 2049곳을 방문한 뒤 이 거대한 다양성을 발견했다. 그녀는 산타카타리나가 옥수수[Zea mays L] 다양성의 작은 중심지라고 결론지었다. F. M. Costa et al., "Maize diversity in southern Brazil: indication of a microcenter of Zea mays L", *Genetic Resources and Crop Evolution*, 64, 2017, 681-700, DOI:10.1007/s10722-016-0391-2를 보라.

11 H. Perales et al., "Mapping the Diversity of Maize Races in Mexico", *PLoS ONE 9*(12), 2014, e114657, DOI:10.1371/journal.pone.0114657.

12 Charles C. Mann, *1491: The America Before Columbus*(Granta, 2006).

13 펠라그라Pellagra는 20세기 초반 미국 남부 빈민층에서 특히 엄청난 문제였다. 농부들은 면화를 재배하라는 압박을 크게 받았기 때문에 더 균형 잡힌 식량 생산은 밀려났으며, 조정되지 않은 옥수수가 그들 식단의 대부분을 차지했다.

14 CIMMYT 소속 Maize Landrace Coordinator인 선임 과학자 마사 윌콕스Martha Willcox와 저자의 인터뷰, 2018년 11월.

15 Joanne A. Labate et al., "Molecular and Historical Aspects of Corn Belt Dent Diversity", *Crop Science 43*, no. 1, 2003, DOI:10.2135/cropsci2003.8000.

16 위스콘신 대학의 옥수수 유전학 전문가인 존 도블리John Doebley 박사와 저자의 인터뷰를 토대로, 2018년 10월.

17 Karen Braun, "How the 19th century boosted America to the top of the world corn market: A history of the US grain trade", *Reuters*, 2020년 6월 12일.

18 Betty Fussell, *The Story of Corn* (Knopf, 1992).

19 Arnold Ullstrup, "The effects of the southern corn leaf blight epidemic of 1970-1971", *Annual Review of Phytopathology*, 1972, 10:37-50, DOI:10.1146/annurev.py.10.090172.000345.

20 "Where does United States export Corn to?", Observatory of Economic Complexity, 2016, https://oec.world/en/visualize/tree_map/hs92/export/usa/show/21005/2016/.

21 알리시아 갈베스Alyshia Galvez와 저자의 인터뷰, 2018년 10월. Alyshia Galvez, *Eating NAFTA: Trade, Food Policies, and the Destruction of Mexico* (University of California, 2018).

22 미국 정부는 2020년에 460억 달러라는 기록적인 액수를 농부들에게 보조금으로 지급했다. Allen Rappeport, "Trump Funnels Record Subsidies to Farmers Ahead of Election Day", *New York Times*, 2020년 10월 12일, https://www.nytimes.com/2020/10/12/us/politics/trump-farmers-subsidies.html. 일차 수혜자는 옥수수, 대두, 밀, 면화, 쌀 등의 대형 생산자들이다.

23 Francis Denisse McLean-Rodríguez et al., "The abandonment of maize landraces over the last 50 years in Morelos, Mexico", *Agriculture and Human Values*, 2019년 3월, DOI:10.1007/s10460-019-09932-3. George A. Dyer et al., "Genetic erosion of maize", *PNAS*, 2014년 9월, DOI:10.1073/pnas/1407033111도 볼 것.

24 엔리케 올베라Enrique Olvera와 저자의 인터뷰, 2019년 12월.

25 UC Davis의 식물학 교수인 앨런 베넷Alan Bennett과 저자의 인터뷰, 2019년 12월. 케빈 폴타Kevin Folta 박사가 주관한 Talking Baiotech podcast(154), 2018년 10월 6일의 *Nitrogen Fixing and Corn*도 들어볼 것, http://www.talkingbiotechpodcast.com/154-nitrogen-fixing-and-corn/. Allen Van Deynze et al., "Nitrogen Fixation in a landrace of maize is supported by a mucilage-associated diazotrophic microbiota", *PLoS Biology*, 16(8), 2018년 8월, DOI:10.1371/journal.pbio.2006352.

26 데이비스 팀은 시에라 믹세 공동체를 연구 프로젝트에 끌어들였다. 이 연구로 얻어지는 모든 이득을 공동체와 나누겠다고 약속한 법적 합의는 멕시코의 환경단체들로부터 윈윈 해결책이라 칭송받았다. Ed Yong, "The Wonder Plant That Could Slash Fertilizer Use", *The Atlantic*, 2018년 8월 9일.

27 멕시코에서는 옥수수의 장래 응용으로 누가 이득을 얻을 것인지에 대한 논란이 있다. 이 문제에 대해 더 알고 싶다면 Martha Pskowski, "Indigenous Maize: Who Owns the Rights to Mexico's 'Wonder' Plant?", *Yale Environment 360*, Yale School of Environment, 2019년 7월 16일자를 볼 것.

다양성 지키기

1 케리 파울러와 저자의 인터뷰, 2021년 1월.

3부: 채소

1 다이애나 케네디Diana Kennedy에게 이 인용문을 쓰도록 허락해준 데 감사한다.

2 옥수수와 펠라그라에서 알게 되었듯이, 곡물은 풍부한 에너지를 주지만 여러 미세 영양소가 부족하며, 우리 신체에 필요하지만 자체 생성하지 못하는 필수아미노산 라이신은 조금밖에 함유할 수 없다. 콩과식물은 라이신을 풍부하게 함유한다. 이 때문에 모든 층위에서 이 두 식물종이 서로를 보완해주는 것이다.

3 Sir Albert Howard, *An Agricultural Testament*(Benediction Classics, 2010).

4 Alys Fowler, "Prepare for Brexit with home-grown seeds", *Guardian*, 2018년 11월 17일.

5 Thomas Tusser, *Five Hundred Points of Good Husbandrie*, W. Payne & Sidney J. Herrtage(eds.)(Leopold Classic Library, 2016).

6 세계 채소 종류의 다양성이 쇠퇴하는 데는 여러 이유가 있다. 농장이 점점

더 기계화되며 그로 인해 균일성이 더 우선시되는 것도 그중 하나다. 이 책에서 나중에(6장) 보게 되겠지만, 냉장 기법과 '냉장 체인'의 등장 또한 다양성의 범위가 작은 쪽을 선호했다. 그러나 이 섹션에서 나는 다른 요인들에 더 집중하려 한다.

7 James M. MacDonald, "Mergers in Seeds and Agricultural Chemicals: What Happened?", United States Department of Agriculture, Economic Research Service, 2019년 2월, https://www.ers.usda.gov/amber-waves/2019/february/mergers-in-seeds-and-agricultural-chemicals-what-happened/. BASF 또한 주요 참여자로서, 2017년에 바이엘의 종자 분과 하나를 70억 달러에 사들였다. Geoff Tansey & Tamsin Rajotte(eds.), *The Future Control of Food*(Earthscan, 2008).

8 Philip H. Howard, https://philhoward.net/2018/12/31/global-seed-industry-changes-since-2013에서 이 과정을 시각적으로 나타낸 것을 보라.

9장

1 종자 전문가이자 전래 작물heirloom crops 거래인인 앤슨 밀스Anson Mills의 글렌 로버츠Glenn Roberts와 저자의 인터뷰를 보라. 2018년 9월.

2 데이비드 실즈David Shields와 저자의 인터뷰를 보라, 2018년 6월. 또 David Shields, *Southern Provisions: The Creation and Revival of a Cuisine*(University of Chicago Press, 2016)도 볼 것.

3 John Ranby, *Observations on the evidence given before the committees of the Privy Council and House of Commons in support of the bill for abolishing the slave trade*(1791)(Gale ECCO, 2010). Thomas Clarkson, *The History of the Rise, Progress and Accomplishment of the Abolition of the African Slave-Trade, by the British Parliament*(1839)(Palala Press, 2016).

4 Michael Twitty, *The Cooking Gene: A Journey Through African American Culinary History in the Old South*(Amistad Press, 2018), p. 239. 역사가 월터 에드거Walter Edgar를 인용하는 부분.

5 제시카 해리스Jessica Harris와 저자의 인터뷰.

6 글렌 로버츠Glenn Roberts와 저자의 인터뷰.

7 남부의 몇몇 지역에서는 [미국 남부 해안과 섬에 사는 흑인들이 쓰는 크리올어인 -옮긴이] 걸러Gullah어도 사용되며 기치걸러어가 사우스캐롤라이나와 조지아의 두어 군데 외딴 장소 외에 다른 해양 섬들에서도 들린다.

8 매슈 레이퍼드Matthew Raiford와 저자의 인터뷰, 2018년 9월.

9 Emily Moon, "African-American farmers make up less than 2 percent of all US Farmers", *Pacific Standard*, 2019년 4월.

10장

1 Harald Floss, "The Oldest Portable Art: the Aurignacian Ivory Figurines from the Swabian Jura(Southewest Germany)", *Palethnologie*, 7, 2015, DOI:10.4000/palethnologie.888.

2 그곳의 밀 가격이 하락해 캐나다인은 가격이 더 높은 대안 작물을 찾고 있었다.

3 알브린제의 상실(그리고 복원)에 대해 설명해준 레겐스부르크 대학 생태학과 보존생물학부Ecology and Conservation Biology 부장인 페테르 포슐로드Peter Poschlod 교수에게 감사를 전한다.

4 D. Natalie et al., "Zooarchaeological Evidence for Early Neolithic Colonization at Franchthi Cave(Peloponnese, Greece)", *Current Anthropology*, 56(4), 2015년 8월, 596-603.

11장

1 칼라와야족은 유네스코에서 위기에 처한 문화로 지정되었다. 지구상에서 가장 생태적 다양성이 큰 장소에 살고 있고 최대 900가지 상이한 생물종의 의학적·영양학적 성질을 상기할 수 있기에 세계적으로 귀중한 자원, 유네스코의 '인류무형문화유산 칼라와야 볼리비아의 안데스 우주관cosmovision'으로 지정되었다. 지정 문서 파일 번호 No. 00048, 2008, https://ich.unesco.org/en/RL/andean-cosmovision-of-the-kallawaya-00048.

2 그 유독성 복합물은 솔라닌solanine과 토마틴tomatine이다.

3 W. McNeill, "How the Potato Changed the World's History", *Social*

Research, 66(1), 1999, 67-83.

4 Clements R. Markham, *The Travels of Pedro de Cieza de Leon*(Hakluyt Society, 1864).

5 모든 환경은 본성상 주행성이지만 안데스의 환경은 특히 그 범위의 양극에 위치한다.

6 이런 여건을 복제해 전 세계로 수출되는 주요 상업 작물인 오카를 생산하는 데 성공한 유일한 나라이다. 다른 곳에서 오카는 아마추어 재배자들의 손과 텃밭에서만 자란다. Alys Fowler, "Ocas", *Guardian*, 2015년 3월 14일자.

7 이브 엠슈윌러Eve Emshwiller와 저자의 인터뷰, 2018년 12월.

8 나는 음식을 이용해 마을 주민의 경제적 기회를 창출할 길을 찾으려는 야생보존협회와 함께 안데스로 갔다.

9 Ben Walker, "Climate Change Is Making This Bolivian Village a Ghost Town", *Inside Climate News*, 2017년 8월.

12장

1 식물학자들이 대두를 최초로 분류한 것은 콩이 얼마나 빨리 익는지(조숙, 중간, 난숙)를 기준으로 했다. 길들임에 대해 알고 싶다면 E. J. Sedivy, F. Wu, & Y. Hanzawa, "Soybean domestication: the origin, genetic architecture and molecular bases", *New Phytologist*, 214(2), 2017년 4월, 539-53, DOI:10.1111/nph.14418을 보라.

2 렌틸과 강낭콩처럼 이 식물은 기어오르는 덩굴로 자란다. 야생에서 이 식물은 아주 작고 검은 씨앗을 담은 콩깍지를 만든다. 선별을 통해 이것들이 점점 더 커지고 수확하기 쉽게 변했다.

3 익히지 않은 대두는 쓴맛이 나기 때문에 콩깍지째로 소금 치고 쪄서 바로 먹으려면 아주 어리고 연할 때 따야 한다.

4 여기에 매운 고추를 섞으면 한국의 고추장이 된다.

5 인도네시아에서는 히비스커스 나무에서 자라는 곰팡이 포자를 대두에 넣어 만드는 다른 두부 제조법이 개발되었다. 그 곰팡이가 자라면 콩을 한데 엮어 단단하고 주름진 템페tempeh라는 덩어리 형태의 먹을 것이 된다.

6 중국에서처럼 오키나와에서는 단단하게 마른 노란 콩을 밤새 물에 불린

다음 갈아서 우유처럼 희고 거품이 이는 액체로 만든다. 차가운 액체를 체 위에 씌운 모슬린 천에 국자로 퍼서 걸러낸 다음 그 두유를 끓인다. 일본식 두부의 경우 체로 거르기 전에 가열한다. 오키나와 방식에 따르면 두부가 더 단단해진다. 두 방식 모두 해수를 더하면 두유가 응고되고, 모슬린 천으로 거른 다음 남은 고형물을 눌러 두부를 만든다.

7 2005년에 〈내셔널 지오그래픽National Geographic〉의 한 기사에서 탐험가이자 필자인 댄 뷔트너Dan Buettner가 '블루존Blue Zone'이라는 용어를 고안했다. 이 용어는 세계에서 100세 노인인구 비율이 다른 곳보다 훨씬 높은 지역 다섯 군데를 가리킨다. 사르데냐의 올리아스트라, 그리스의 이카리아, 일본의 오키나와, 캘리포니아의 로마 린다, 코스타리카의 니코야 반도가 그곳이다. Hiroko Sho, "History and characteristics of Okinawan longevity food", *Asia Pacific Journal of Clinical Nutrition*, 10(2), 2001, 159-164.

8 Christine M. Du Bois, *The Story of Soy* (Reaktion Books, 2018). 이 책은 대두의 역사와 문화, 과학에 관한 필독서다.

9 Sarah Crago, "Born in the U.S.A., eaten in Okinawa", *Japan Times*, 2015년 10월 23일, https://www.japantimes.co.jp/life/2015/10/23/food/born-u-s-eaten-okinawa/.

10 이것은 영국의 역사와 농업 역사에서 가장 악명 높은 사건 가운데 하나에도 기여했다. 가축이 먹을 해산물 재료가 부족해지자 정육 산업체는 도축장의 폐기물을 뒤져 고기와 뼛가루를 단백질 원료로 쓰기 시작했는데, 이 결정으로 영국 소에서 BSE 또는 광우병이 등장하게 되었다. 이 위기가 준 충격이 완화된 뒤 정육 산업체는 더 안전하고 풍부한 단백질원으로 눈을 돌렸다. 그것이 대두 사료다.

11 Christine M. Du Bois, *The Story of Soy*(Reaktion Books, 2018).

12 Oxfam Research Reports, "Cereal Secrets: The world's largest grain traders and global agriculture", 2012년 8월, https://www-cdn.oxfam.org/s3fs-public/file_attachments/rr-cereal-secrets-grain-traders-agriculture-30082012-en_4.pdf.

13 Cargill은 AAM, Bunge, COFCO, Louis Dreyfus Company와 함께 모두 자신들의 전 세계 공급망에서 삼림파괴를 배제해달라고 청원한 Soft Commodities Forum의 회원이다.

14 Gustavo Bonato, "New titans on the block:ABCDs lose top Brazil grains spot to Asian rivals", Reuters, 2016년 3월 23일.

15 Kenneth Rapoza, "In Brazil, Bolsonaro's Deforestation Might As Well Be China's", *Forbes*, 2019년 6월 6일.

16 See Our World in Data, "Meat and Dairy Production", Hannah Ritchie & Max Roser가 2017년 8월에 처음 발표한 논문. 2019년 11월에 최종 개정됨. https://ourworldindata.org/meat-production.

17 Aline C. Soterroni et al., "Expanding the Soy Moratorium to Brazil's Cerrado", Science Advances, Vol. 5, No. 7, 2019년 7월 3일.

종자의 힘

1 에사이어 레비와 가이아 재단을 위한 종자 수집에 관한 영화를 만든 다큐멘터리 제작자 제이슨 테일러Jason Taylor에게 감사를 전한다.

4부: 육류

1 재레드 다이아몬드Jared Diamond는 최근에 사육된 송어를(그리고 아마 연어도) 포함해 길들인 동물은 대부분 야생의 선조에 비해 두뇌가 더 작고 민감한 감각기관이 더 적을 것이라고 밝혔다. 강한 두뇌와 예리한 눈은 야생에서의 생존에는 필수지만 농장이나 헛간에선 적어도 인간의 관점에서는 큰 에너지 낭비가 된다. 스탠퍼드 대학의 유전학자인 제럴드 크래브트리Gerald Crabtree는 인간에게도 같은 현상이 발생한다고 주장했다(즉 현대의 우리는 수렵채집인 선조보다 덜 영리하다). Jared Diamond, "Evolution, consequences and future of plant and animal domestication", *Nature*, 418(6898), 2002년 8월 8일, 700-7.

2 노먼 볼로그가 녹색혁명을 통해 밀을 근본적으로 바꾸기 200년 전, 그리고 다윈이 《종의 기원》을 쓰고 멘델이 콩으로 유전법칙 실험을 하기 100년 전에 로버트 베이크웰이 동물 유전학 실험을 진행했다는 것은 주목할 만하다. David L. Wykes, "Robert Bakewell(1725-1795) of Dishley: Farmer and Livestock Improver", *Agricultural History Review*, 52(1), 2004, 38-55.

3 영국과 프랑스의 여러 지역에서 양을 기르는 주된 이유 가운데 하나는 농경지에 비료를 더하기 위해서였다. 돼지는 남은 음식뿐 아니라 쓰레기(그러지 않으면 해충을 꾈 것)도 먹으며, 중국 같은 지역에서는 인간의 배설물도 먹는다. 그 동물들은 장소를 깨끗이 유지하는 데 도움이 되었다. 간단히 말해서 돼지는 정착민이 선호하는 동물이지만, 반추동물(양과 소)은 훨씬 더 유목 성격이 강한 사람들에게 적합했다.

4 로버트 베이크웰의 혁신적 사고는 영국 농업의 더 큰 변화의 맥락에서 파악할 필요가 있다. 경작지를 초지와 울타리로 전환하는 것은 가축 사육[교배]에서의 개선을 격려했다.

5 H. Cecil Pawson, *Robert Bakewell, Pioneer Livestock Breeder*(London Crosby Lockwood & Son, 1957).

6 로버트 베이크웰이 실행한 선택적 교배와 그것이 보여준 길들이는 과정에서의 변화 사례는 다윈이 《종의 기원》에서 전개한 자연선택 이론을 위한 중요한 영감의 원천이었다(다윈은 선택적 교배를 인위적 선택이라 설명했다). 데이비드 와이크스David L. Wykes를 보라.

7 Hannah Ritchie & Max Roser, "Meat and Diary Production", *OurWolrdInData.org*, https://ourworldindata.org/meat-production.

8 2000년에 UNFAO는 지난 100년 동안 1000가지 동물 품종breeds이 사라졌다고 발표했다. "신규 바이오테크놀로지가 사육을 개선하려고 시도하지만 사라진 다양성을 대신할 순 없다"라고 동물유전자자원Animal Genetic Resources의 단체장이 말했다. "멸종은 영구적인 위력이 있습니다. 바이오테크놀로지는 품종이 사라지고 나면 그것을 재생성하지 못합니다." FAO, "On third of farm animal breeds face extinction", http://www.fao.org/News/2000/001201-e.htm. 그리고 UN News, "World 'off track' to meet most Sustainable Development Goals on hunger, food security and nutrition", 2019년 7월, https://news.un.org/en/story/2019/07/1042781.

13장

1 Peter Ludwig Panum, *Observations Made During The Epidemic* *of Measles On The Faroe Islands In The Year 1846*(Franklin Classics Trade Press, 2018).

2 16세기에 페로제도의 양은 스코틀랜드 섬들에서 온 똑같이 억센 양들과 교차 교배되었다. 그러므로 현재 페로제도에 있는 양 8만 마리는 교잡종이다.

3 코에서 꼬리까지 먹는 것은 "꽥꽥거리는 소리 외에 모든 것을", 즉 고급 부위뿐 아니라 동물 전체를 먹는 관행을 가리키기도 한다.

4 머튼의 역사, 그것이 인기를 얻었다가 잃는 과정(그리고 조리법)에 대해 알고 싶다면 Bob Kennard, *Much Ado About Mutton*(Merlin Unwin Books, 2014)을 보라.

5 Rebecca Mead, "Koks, The World's Most Remote Foodie Destination", *New Yorker*, 2018년 6월.

6 1670년대에 그 섬을 찾아갔던 한 덴마크 신부는 외부인의 시선으로 본 페로제도의 음식을 이야기했다. "세계의 다른 지역들은 막대한 부와 귀금속, 곡식이나 와인의 축복을 받았지만 신과 자연은 페로제도에는 그 모든 것을 주지 않았다."

7 섬 주민은 합법적으로 거두고래를 잡을 수 있다. 북대서양 동쪽에는 그 고래가 38만 마리 정도 있다고 추산되는데, 그중 페로제도 주변에서 매년 600마리 가량이 잡힌다.

14장

1 환경 음식과 농촌문제 담당부Department for Environment Food and Rural Affairs, "Latest poultry and poultry meat statistics: Monthly statistics on the activity of UK hatcheries and UK poultry slaughterhouse"(2019년 11월 수치), https://assets.publishing.service.gov.uk/government/uploads/system/uploads/attachment_data/file/928469/poultry-statsnotice-22oct20.pdf.

2 Carys E. Bennett et al., "The broiler chicken as a signal of a human reconfigured biosphere", *Royal Society Open Science*, 5:180325, DOI:10.1098/rsos.180325.

3 "A Growling Problem, Selective Breeding in the Chicken Industry: The Case for Slower Growth", ASPCA report, 2015년 11월.

4 Ming-Shan Wang et al., "863 genomes reveal the origin and domestication of chicken", *Cell Research*, 2020년 7월 30일, 693-70, DOI:10.1038/s41422-020-0349-y.

5 Neil MacGregor, *A History of the World in 100 Objects*(Allen Lane, 2010).

6 닭 길들임에 관한 전체 사연과 미래의 닭에 관한 이야기가 알고 싶다면 Andrew Lawler, *Why Did the Chicken Cross the World?*(Atria Books, 2014)를 보라.

7 Jang-il Sohn et al., "Whole genome and transcriptome maps of the entirely black native Korean chicken breed Yeonsan Ogye", *Giga-Science*, 7(7), 2018년 7월, giyo86, DOI:10.1093/gigascience/giyo86.

8 연산에 있는 이승숙과 저자의 서신 교환, 번역을 도와준 기자 욜란타 슈 Yolanta Siu에게 감사한다.

9 *American Poultry Journal*(online archive), Vol. 51, 1920, https://babel.hathitrust.org/cgi/pt?id=uc1.c2578787&view=1up&seq=20.

10 H. L. Shrader, "The Chicken of Tomorrow Program: Its Influence on 'Meat-Type', Poultry Production", Poultry Science, Vol 1(1), 1952년 1월.

11 Maryn McKenna, *Plucked, The Truth About Chicken*(Little Brown, 2018).

12 Competition and Markets Authority, "Decision on relevant merger situation", 2018년 2월 13일, https://assets.publishing.service.gov.uk/media/5a9592ec40f0b67aa5087b04/aviagen-hubbard-decision.pdf.

13 Eat, Sit, Suffer, Repeat: The Life of a Typical Meat Chicken, RSPCA report, 2020년 3월. 이것은 도축 무게와 같지 않다. 미국의 닭에 그 기간은 일반적으로 42일이다.

14 RSPCA 보고서 외에 Ann Rayner et al., "Slow-growing broilers are healthier and express more behavioural indicators of positive welfare", *Scientific Report*, 2020년 9월, DOI:10.1038/s41598-020-72198-x를 보라.

15 이 주장은 옥스팜의 2016년 보고서, "No Relief: Denial of Bathroom Breaks in the Poultry Industry", https://s3.amazonaws.com/oxfam-us/www/static/media/files/No_Relief_Embargo.pdf.에 나온다. 이 보고서가 나온 시기에 그 산업은 그런 문제가 존재하지 않는다고 부인했다. Roberto Ferdman, "'I had to wear Pampers':The cruel reality the people who bring you cheap chicken allegedly endure", *Washington Post*, 2016년 5월 11일.

16 Ahmed Ali et al., "Early Egg Production in Genetically Blind Chickens in Comparison with Sighted Controls", *Poultry Science*, 64(5), 1985년 5월, 789-94. Peter Sandøe et al., "The Blind Hens' Challenge: Does It Undermine the View That Only Welfare Matters in Our Dealings with Animals?", *Environmental Values*, 23. 2014. DOI:10.3197/096327114X13947900181950.

15장

1 돼지 역사에 관한 필독 자료, 그리고 돼지 길들임의 주류 노선 두 가지가 어떻게 교차되었는지에 관한 사연이 알고 싶다면, Sam White, "From Globalised Pig Breeds to Capitalist Pigs: A Study in Animal Cultures and Evolutionary History", *Environmental History*, 16(1), 2011년 1월, 94-120. Robert Malcolmson & Stephanos Mastoris, *The English Pig: A History*(Hambledon Continuum, 1998)를 보라.

2 Qiu Gui Su, "What Does the Chinese Character 家 Mean?", *ThoughtCo*, 2017년 12월 4일. 한자 문제를 도와준 Fuchsia Dunlop에게 감사한다.

3 Steven McOrist & Rex Walters, "Native Pig Breeds of China", *Pig Progress*, 25(3), 2009.

4 Mindi Schneider, Brian Lander & Katherine Brunson, "How the pig became a 'pork factory' in China", *China Dialogue*, 2019년 7월 23일.

5 두 인용문 모두 Sam White, *Environmental History*에서 따온 것.

6 The Humane Society of the United States, "Scientista and Experts on Gestation Crates and Sow Welfare", 2012년 10월, https://www.humanesociety.org/sites/default/files/docs/hsus-expert-synopsis-gestation-crates-and-sow-welfare.pdf.

7 Melinda Wenner Moyer, "How Drug-Resistant Bacteria Travel from the Farm to Your Table", *Scientific American*, 2016년 12월 1일.

8 조류독감의 경우처럼 모든 사육 시스템 내의 돼지가 취약하다. 그러나 몇몇 집중 시스템의 규모를 생각하면 돼지열병이 돌 경우 수천 마리가 순식간에 감염될 수 있다.

9 이런 돼지 사망률에 대한 자세한 분석은 없지만 많은 죽음이 응급수단으로 정부가 도입한 도살 정책의 결과일 확률이 높다.

10 Kees van Dooren, "Planes full of breeding pigs head to China", *Pig Progress*, 2020년 5월 6일.

16장

1 *American Serengeti: The Last Big Animals of the Great Plains* (University Press of Kansas, 2017).

2 Hanna Rose Shell, "Last of the Wild Buffalo", *Smithsonian Magazine*, 2000년 2월.

3 한 가지 이론은 바이슨의 숫자가 19세기 초반에 크게 불었다는 것이다. 토착민 사냥꾼의 수가 유럽인을 따라온 천연두 탓에 크게 줄었기 때문이다.

4 Dan Flores, "On the History of Bison in the American West", 2018년 6월 16일 심포지엄 대담 "Albert Bierstadt: Witness to a Changing West".

5 스미스소니언 연구소 문서고, https://siarchives.si.edu/collections/siris_sic_14832에서 인용됨.

6 *The Extermination of the American Bison*은 William Temple Hornaday가 1889년에 쓴 책.

7 Joshua Specht, *Red Meat Republic* (Princeton University Press, 2019).

8 Nicholas St Fleur, "A Start Date for the Bison Invasion of North

America", *New York Times*, 2017년 3월 13일.

9 바이슨 역사가 잭 라일런Jack Rhylan과 저자의 인터뷰, 2020년 10월.

10 A. F. Kantor, "Upton Sinclair and the Pure Food and Drugs Act of 1906에서 인용함, '나는 대중의 심장을 겨냥했는데 어쩌다 보니 그들의 위장을 맞혔다'", *American Journal of Public Health*, 66(12), 1976, 1202-5, DOI:10.2105/ajph.66.12.1202.

11 바이슨을 지키려는 노력은 1905년에 윌리엄 호너데이, 시어도어 루스벨트와 다른 사람들이 야생 바이슨 보호구역을 세우려는 전국적 운동인 미국바이슨협회American Bison Society(ABS)를 결성하자 더 강화되었다.

12 제니퍼 바필드Jennifer Barfield와 저자의 인터뷰, 2020년 10월.

13 Elliot Coues, *The Expeditions of Zebulon Montgomery Pike*(Harper, 1810)(Palala Press, 2018).

14 Theodore Roosevelt, *Ranch Life and the Hunting Trail*(Cosimo Classics, 2008).

파급효과

1 재래시장을 연구한 사람은 런던동물학협회에 있는 인수공통전염병(동물에서 인간으로 건너올 수 있는 질병) 전문가인 앤드루 커닝엄Andrew Cunningham 교수다. 그는 중국의 일부 지역에서 신선한, 소위 '따뜻한 고기'를 좋아하는 문화적 성향을 확인했다. 이런 성향으로 인간이 시장에서 동물의 피나 그 밖의 체액을 접할 수 있게 된다.

2 L. M. Looi, "Lessons from the Nipah virus outbreak in Malaysia", *Malaysian journal of Pathology*, 29(2), 2007년 12월, 63-7, PMID:19108397.

3 David Quammen, "Why Weren't We Ready for the Coronavirus?", *New Yorker*, 2020년 5월 11일.

5부: 해산물

1 Jane Grigson, *The Best of Jane Grigson: The Enjoyment of Food*(-Grub Street, 2015). 이 인용문을 싣게 해준 소피 그릭슨Sophie Grigson에게 감사한다.

2 어떤 어종이든 개체수 하락은 여러 요인이 관련되어 있게 마련이다. 가령 기후 여건과 물의 성질 같은 것(둘 다 물론 인간의 영향을 받는 것)이다. 그러나 태평양 블루핀 참치와 정어리, 지중해 황새치swordfish의 경우는 남획이 주된 요인이다. 여기 제시된 수치는 생물자원분량을 가리키며, 북태평양에서의 다랑어와 다랑어 유사 어종에 관한 국제과학위원회International Scientific Committee for Tuna and Tuna-like Species in the North Pacific Ocean(ISC)가 제공한 자료가 포함되어 있다.

3 Oceana, "The Modern Day Pacific Sardine Collapse: How to Prevent a Future Crisis", https://usa.oceana.org/responsible-fishing/modern-day-pacific-sardine-collapse-how-prevent-future-crisis. 핵심종이란 전체 생태계를 규정하는 데 이바지하는 유기체다. 핵심종이 없다면 생태계는 대폭 달라지거나 아예 존재하지 못할 것이다. 태평양 정어리(인간에게는 오메가-3 지방산을 고농도로 함유한 어종)는 고래, 바다사자, 연어, 갈색펠리컨 등 더 큰 종류를 위한 결정적인 식량 자원이다.

4 David Agnew et al., "Estimating the Worldwide Extent of Illegal Fishing", *PLoS ONE*, 4(2):e4570, 2009년, DOI:10.1371/journal.pone.0004570.

5 United Nations, "UN Report: Nature's Dangerous Decline 'Unprecedented': Species Extinction Rates 'Accelerating'", https://www.un.org/sustainabledevelopment/blog/2019/05/nature-decline-unprecedented-report/.

6 Ian Urbina, "How China's Expanding Fishing Fleet Is Depleting the World's Oceans", *Yale Environment 360,* 2020년 8월 17일, https://e360.yale.edu/features/how-chinas-expanding-fishing-fleet-is-depleting-worlds-oceans. Miren Gutiérrez et al., *China's Distant-Water*

Fishing Fleet, Overseas Development Institute, 2020년 6월, https://www.odi.org/sites/odi/org.uk/files/resource-documents/chinesedistantwaterfishing_web_1.pdf.

7 어군과 소비 성향에 관해 얻을 수 있는 가장 권위 있는 자료가 필요하면 *The State of World Fisheries and Aquaculture 2020*, UNFAO, 2020, DOI:10.4060/ca9229en을 보라.

8 인간 진화에 관한 한 학파는 우리가 이족보행이 된 것은 강 하구의 환경에서 먹을 것을 효율적으로 찾는 데 도움이 되기 때문이라고 믿는다. 또한 이 의견에 따르면 이 사실이 체모가 사라진 것도 설명해준다. 문명이 어디서 시작되었는지를 본다면(강 하구, 강변, 해안 등) 그 이론은 타당해진다. Carsten Niemitz, "The evolution of the upright posture and gait-a review and a new synthesis", *Die Naturwissenschaften*, 97(3), 2010, 241-63, DOI:10.1007/s00114-009-0637-3.

9 Gala Vince, "Intensive fishing was an ancient practice", *New Scientist*, 2004년 11월 24일.

10 Richard C. Hoffmann, "Economic Development and Aquatic Ecosystems in Medieval Europe", *American Historical Review*, 101, No. 3, 1996, 631-69, DOI:10.2307/2169418.

11 해양의 산성화는 특히 굴, 게, 바닷가재 같은 패류에 큰 문제가 된다.

17장

1 이 견해를 훨씬 더 폭넓게 캐보려면 Mark Kurlansky, *Salmon: A Fish, the Earth, and the History of Their Common Fate*(Oneworld Publications, 2020)를 볼 것.

2 Seamus Heaney, *Door into the Dark*(Faber & Faber, 1969).

3 대서양연어재단Atlantic Salmon Trust의 마크 빌스비Mark Bilsby와 저자의 인터뷰, 2018년 11월.

4 이는 샌델산 신석기 유적지인데, 이곳에서 발굴된 뼈로 추정해보면 생선이 주식이었다. 연어(48%), 송어(32%), 장어(7%), 배스와 넙치 등 모두 가까이 있는 반강에서 잡은 것들이다. 물고기는 아마 작살과 그물, 미끼를 단 낚싯줄

로 잡았을 것이다. 물고기 덫과 버들가지 바구니도 사용되었을 수 있다. 발굴 현장에서 고고학자들은 나무로 만든 선반의 증거도 발견했다. 물고기를 선반에 널어 말리거나 훈제해 보관하기 쉽게 했을 것이다. "Mount Sandel, a Mesolithic Campsite", *Irish Archaeology*, 2013년 7월.

5 연어잡이의 배타성은 지금까지도 계속된다. 스코틀랜드의 스페이강에서 공용지가 아닌 개울private beat(beat란 물줄기를 말한다)에서 길리ghillie(전문 낚시안내인)와 함께 고기잡이를 하려면 낚싯대 하나당 하루에 400파운드가량 필요하다(이 액수는 아이슬란드의 몇몇 강에 비하면 싼 가격이다. 그곳에서는 하루에 1500파운드가 필요하다). 이는 연어가 희귀하기 때문만은 아니며, 강 주위 땅이 개인 소유라는 점이 가장 큰 이유다.

6 Augustus Grimble, *Salmon Rivers of Ireland*, Vol. 1, 1903. Anthony Netboy, *The Atlantic Salmon: A Vanishing Species?*(Faber & Faber, 1968)에 인용된 부분.

7 Anthony Netboy, *The Atlantic Salmon: A Vanishing Species?*(-Faber & Faber, 1968).

8 Maria Herlihy, "Salmon make a welcome return to local stream", *Corkman*, 2016년 12월 31일.

9 Mark Kulansky, "Factory-farmed salmon:does it make sense to grow fish in indoor tanks?", *Guardian*, 2020년 12월 7일.

10 Paul Greenberg, *Four Fish: The Future of the Last Wild Food*(Penguin, 2011).

11 양식 물고기는 [야생 연어와는] 다른 종이며 살라모 도메스티쿠스Salmo domesticus라 불러야 한다는 생각은 캐나다의 진화생물학자 마틴 그로스Martin R. Gross에게서 나왔다.

12 John Evans, "74,000 salmon escape Mowi Scotland farm after storm", Intrafish News, 2020년 1월 20일.

13 스코틀랜드의 정부 과학자들은 양식장에서 생긴 기생충이 야생 연어 개체수를 파괴한다는 증거는 포괄적이지 않지만, 노르웨이에서 행해진 연구는 그것들이 해로운 영향을 미친다고 주장한다. Thorstad, E. B & Finstad, B, 2018, "Impacts of salmon lice emanating from salmon farms on wild

Atlantic salmon and sea trout", NINA Report 1449:1-22, https://brage.nina.no/nina-xmlui/bitstream/handle/11250/2475746/1449.pdf?sequence=1&isAllowed=y를 보라.

14 Kevin Glover et al., "Half a century of genetic interaction between farmed and wild Atlantic salmon: Status of knowledge and unanswered questions", *Fish and Fisheries*, 18, 2017, 890-927, DOI:10.1111/faf.12214.

18장

1 Neil Munshi, "The fight for west Africa's fish", *Financial Times*, 2020년 3월 13일. European Parliament, "Fisheries in Mauritania and the European Union", Research for PECH Committee, https://www.europarl.europa.eu/RegData/etudes/STUD/2018/617458/IPOL_STU(2018)617458_EN.pdf.

2 Harry Owen & Griffin Carpenter, "Fish Dependence 2018 Update. The Reliance of the EU on Fish From Elsewhere", New Economics Foundation, 2018.

3 D. Belhabib, U. R. Sumaila et al., "Euros vs. Yuan: Comparing European and Chinese Fishing Access in West Africa", *PLoS ONE*, 10(3), 2015, e0118351, DOI:10.1371/journal.pone.0118351.

4 전 세계 어장에서 중국이 차지하는 역할에 대한 개괄(그리고 역사)을 알고 싶다면 Roland Blomeyer, "The role of China in World Fisheries", European Parliament, 2012, https://www.europarl.europa.eu/meetdocs/2009_2014/documents/pech/dv/chi/china.pdf를 보라.

5 "A Waste of Fish: Food security under threat from the fishmeal and fish oil industry in West Africa", Greenpeace International, 2019년 6월 19일.

6 어유는 양식장 내의 연어 먹이 재료로도 쓰이며, 약품 산업에도 쓰인다.

7 엑스터 대학 생태와보존센터Centre for Ecology and Conservation의 해양보존학Marine Conservation 교수인 캘럼 로버츠Callum Roberts와 저자의 인터뷰.

8 Fred Pearce, "Breaking the Banc", *New Scientist*, 2001년 6월 30일.

9 서아프리카에서 소형 선박의 어로 작업의 강화에 대해 알고 싶다면 Daniel Pauly, "Size Matters: The Impact of Artisanal Fisheries in West Africa", *Sea Around Us*, 2017년 4월 19일, http://www.seaaroundus.org/size-matters-the-impact-of-artisanal-fisheries-in-west-africa/. WWF, 2004년 5월 5일, https://wwf.panda.org/wwf_news/?12984를 보라.

10 2003년에 국립공원 관리부와 임라구엔족 사이에 상어와 가오리를 잡는 문제를 끝맺기 위한 합의가 이루어졌다.

11 Banc d'Arguin National Park, *IUCN World Heritage Outlook*, Conservation Outlook Assessment 2020, https://worldheritageoutlook.iucn.org/explore-sites/wdpaid/20388.

19장

1 19세기 일본 전통 음식 문화의 변형에 관한 탁월한 설명인 Naomichi Ishige, *History of Japanese Food*(Routledge, 2011)에 인용됨.

2 트레버 코슨Trevor Corson과 저자의 인터뷰, 2019년 4월.

3 이 이야기는 Sasha Issenberg, *Globalization and the Making of a Modern Delicacy*(Avery, 2007)에서 언급된다.

20장

1 이 장에서 언급된 굴의 두 가지 주요 품종에 대해 더 자세한 설명이 필요하면 FAO, Fisheries Division의 *Ostrea edulis*(Linnaeus, 1758)와 *Crassostrea gigas*(Thunberg, 1793), www.fao.org를 볼 것.

2 전 세계의 상황도 별로 낫지 않다. 전 세계 굴밭 거주자의 85퍼센트는 지난 세기 동안 파괴되었다. Bernadette Pogoda, "Current Status of European Oyster Decline and Restoration in Germany", *Humanities*, 2019년 1월, https://www.mdpi.com/394114.

3 굴은 부드러운 심지 위에 단단한 껍데기층이 생성되므로 다른 종들이 그 위에서 자라고 또 다른 생명 형태를 끌어들일 수 있다.

4 이 언급은 사키Saki의 단편 〈중매인The Match-Maker〉에 등장한다.

5 이는 R자가 없는 달에 잡힌 굴이 안전하지 않아서가 아니라, 굴이 번식기에 있어서 살이 적은 철을 나타내기 때문이다.

6 고고인류학자인 커티스 마린Curtis Marean은 세계가 빙하시대에 처해 있던 12만 5000년 전에서 19만 5000년 전 사이에 아프리카의 많은 부분이 건조하고 대개 사막이었으며, 식량을 찾기 어려워 인간이 살아남을 수 없었다는 견해를 제기한다. 그 때문에 인간은 해안 쪽으로 이동했다(그리고 굴을 먹고 살았다). Curtis Marean et al., "Early human use of marine resources and pigment in South Africa during the Middle Pleistocene", *Nature*, 449, 2007, 905-8.

7 Drew Smith, *Oyster: A Gastronomic History*(with Recipes)(Abrams, 2015).

8 Henry Mayhew, *Mayhew's London*(Spring Books, 1851).

9 침입종이 천연화되는 시기에 대해(다른 몇 종에 대해서도) 논쟁이 이어지고 있다. 태평양 굴은 흥미 있는 사례다. 그것이 납작 굴(쇠퇴해 멸종을 향해 가는 것으로 보이는)과 동일한 기능을 달성하기 때문이다. 몇몇 해양생물학자는 어떤 종이든 굴이 존재하는 게 전혀 없는 것보다 낫다고 믿는다. 다른 학자들은 보존 목적을 위해 침입종을 문젯거리로 본다.

10 '천적 회피 가설'은 왜 도입된 종이 새로운 환경에서 그처럼 성공적일 수 있는지를 설명해준다. 모든 식물과 동물은 자신들이 태어난 지역에서 병균이나 질병과 공동으로 진화하는데, 그것은 그 개체수를 관리하는 데 도움이 된다. 도입된 종은 평소의 적들에 의해 더는 통제되지 않으므로 소동을 일으킨다.

11 토착 굴의 복원 기획이 유럽 전역에서 벌어지고 있다. 이 생물종[토착 굴]의 개체수를 늘리기 위해 영국 남쪽 해안에 '굴 보호구역'을 설치한 런던동물학협회가 주도하는 것도 있다. 다른 곳에서는 림피오렌에서 굴의 알을 가져다가 그것들이 자리를 잡아 살아남으리라는 희망으로 유럽의 다른 해안에 가져다 둔다.

보호구역

1 캘럼 로버츠와 저자의 인터뷰, 2019년 2월과 2020년 11월.

2 Callum Roberts, *The Unnatural History of the Sea*(Gaia, 2007).

3 캘리포니아 대학 산타바버라 캠퍼스의 레니엘 카브랄Reniel Cabral이

2020년 1월에 발표한 모델은 세계 해양의 5퍼센트를 추가로 MPAs로 지정하면(그러면 현재 보호되는 구역이 세 배로 늘게 된다) 현재 그들이 보는 811종의 장래의 전 세계 어획고가 20퍼센트 이상 늘어날 것이라고 보았다. 이는 한 해에 1000만 톤의 식량이 더 늘어나는 것이다.

4 Daniel Pauly, *Vanishing Fish, Shifting Baselines and the Future of Global Fisheries*(Grestone Books, 2019).

6부: 과일

1 조앤 모건Joan Morgan에게 저서 *The Book of Pears*(Ebury Press, 2015)에서 이 발췌문을 인용하게 해준 데 감사한다.

2 와르카 항아리에 묘사된 식물과 여러 과일에 대해 가장 최근에 이루어진 분석은 펜실베이니아 대학 소속으로 서아시아와 중앙아시아에서 활동하는 고고식물학자인 나오미 밀러Naomi Miller의 연구다. Naomi Miller et al., "Sign and image:representations of plants on the Warka Vase of early Mesopotamia", *Origini*, 39, 2016, 53-73, University of Pennsylvania Scholarly Commons, Philadelphia.

3 수메르인들은 우루크에 과일이 자랄 최적의 환경을 조성했다. 키 큰 대추야자가 그늘을 드리우는 정원에는 포도, 사과, 멜론, 무화과가 자랐다. 나중에는 배와 석류도 자랐다. 대추야자(더 서늘한 아시리아의 기후에서 남쪽으로 내려가면 열매를 맺지 않았다)는 이 시스템의 핵심이었다.

4 Jules Janick, "The Origins of Fruits, Fruit Growing, and Fruit Breeding", *Plant Breeding Review*, 2010, Department of Horticulture and Landscape Architecture, Purdue University.

5 과일나무를 복제하는 방법은 여러 가지가 있다. 무화과, 포도, 석류, 올리브 같은 종은 잘린 부분에서 새 뿌리를 쉽게 낸다. 이런 종들이 가장 먼저 복제되었다. 더 까다로운 종은 사과, 배, 자두인데, 이것들은 잘린 부분에서 뿌리가 쉽게 내리지 않으며, 그 품종들은 내가 설명한 새로운 접목 방식이 발견될 때까지는(기원전 1000년 초반) 복제되고 지켜지지 못했다.

6 이탈리아의 생산자 멜린다는 돌로미테 산지 아래의 동굴 시스템 내부에 수확한 과일을 2만 톤 저장한다. 폐광 네트워크인 이 동굴 시스템은 트렌티노의 발디농 계곡에서 지하 275미터 지점에 있다.

7 1920년에 케임브리지 대학의 과학자들(Franklin Kidd & Cyril West)은 세계 최초로 과일의 '가스 저장법'에 대한 체계적 연구를 시작했다. 두 사람은 '수확 이후 생리학'이라는 신규 과학의 개척자다. "CA storage has become staple of the fruit industry", *Fruit Growers News*, 2011년 7월.

8 돌로미테 동굴에 멜린다가 저장한 사과를 본보기로 사용하여, 대기 관리 방식이 다음과 같이 성립되었다. 각 저장 공간 속으로 산소 필터를 거쳐 공기가 주입되어 질소 99퍼센트에 산소 1퍼센트로 구성된 환경을 만든다. 이는 사과가 숨은 쉴 수 있지만 매우 느리게 쉬는 환경이다. 이 대기 속에서 4일 이내에 과일의 성숙도는 느려져서 거의 일 년 동안 신선하게 저장될 수 있는 지점에 도달한다.

9 1940년에 프레더릭 매킨리 존스Frederick McKinley Jones는 썩기 쉬운 식품을 더 장거리까지 운송하게 해줄 트럭용 냉장 시스템의 특허를 냈다. 존스는 자신의 회사인 서모킹Thermo King을 통해 장기적이고 전 세계적인 영향을 농업에 끼쳤다. 그의 기술은 신선식품의 세계 거래를 가능하게 했으며, '계절 식품'이라는 개념을 영구히 바꾸었다.

10 컨테이너의 크기가 너무 커져서 오늘날 산업 표준은 깊이가 12미터로 정해졌다. 전 세계의 선박은 이런 대형 컨테이너 1700만 개에 맞먹는다.

11 Philip Coggan, *More, The 10,000-Year Rise of the World Economy*(The Economist Books, 2020).

12 Tim Harford, *Fifty Things That Made the Modern Economy*(Abacus, 2017).

13 클럽 품종의 뿌리는 처음 특허 낸 사과인 허니크리스프로 거슬러 올라갈 수 있다. 이 품종은 1960년에 미네소타 대학에서 개발했다. 대학은 그 종균에 특허를 냈는데, 이는 곧 미국 내에서 허니크리스프나무를 한 그루 구입한 재배자는 모두 그루당 1달러의 로열티를 낸다는 뜻이다.

14 과일 육종에 많은 돈이 투입되었지만, 승자 가운데 일부는 우연의 소산이거나 아마추어들의 육종 작품으로 등장했다. 갈라 품종은 일가와 함께 뉴질랜드로 이주한 스코틀랜드인 제임스 해턴 키드James Hatton Kidd가 재배했다. 그는 과

일 육종을 직업으로 삼았다(키드의 오렌지 레드Kidd's Orange Red가 그의 작품이다). 그는 키드의 오렌지 레드를 골든 딜리셔스와 교차 교배해 갈라를 얻었다. 그가 세상을 떠나자 그의 묘목들은 갈라가 선택되었던 뉴질랜드 연구소로 옮겨졌다. 이 점을 내게 알려준 조앤 모건에게 감사한다.

21장

1 Barrie E. Juniper, "The Mysterious Origin of the Sweet Apple: On its way to a grocery counter near you, this delicious fruit traversed continents and mastered coevolution", *American Scientist*, 2007년 1~2월.

2 쇠똥구리도 사과 씨앗을 숲에 퍼뜨리는 데 중요한 역할을 한다고 여겨진다.

3 Michael Pollan, *The Botany of Desire*(Bloomsbury, 2002).

4 더 최근에 남반구의 페루나 칠레 같은 나라에서 대규모 과일 농장이 생겼다.

5 Nikolai Vavilov, *Five Continents*(International Plant Genetics Research Institute, 1996).

6 Gary Paul Nabhan, *Where Our Food Comes From*(Island Press, 2011)에 인용됨.

7 영화 〈The Origins of the Apple〉을 위해 캐서린 페익스Catherine Peix와 진행한 인터뷰. 저서 *The Wild Apple Forests of the Tian Shan*, ed. Giuseppe Barbara(International Carlo Scarpa Prize for Gardens, 2016)에 실림.

8 M. Y. Omasheva et al., "To what extent do wild apples in Kazakhstan retain their genetic integrity?", *Tree Genetics & Genomes*, 13, 2017, DOI:10.1007/s11295-017-1134-z.

9 1883년에 왕립 원예학회는 사과 의회를 열어 영국의 모든 사과 품종을 과일 전문가 50명이 수집하고 확인했다. 이름을 가진 품종의 전체 숫자는 1545개였다. 그 회의는 그때까지의 사과 품종이 한데 모인 최대 컬렉션이었다. Joan Morgan, *The New Book of Apples*(Ebury Press, 2010)를 보라.

10 Edward A. Bunyard의 *The Anatomy of Dessert: With an Few Notes on Wine*(Modern Library Food, paperback 2006)에 과일에 대한 화려한 묘사 가운데 하나가 실려 있다. 번야드(1878~1939)는 묘목업자이자 영국 최고의 과실 재배 학자다.

11 이 이야기는 *Daily News*, New York에 실렸으며 Joan Morgan, *The New Book of Apples*(Ebury Press, 2010)에 인용되었다.

12 한 가지 사과 품종이 세계 다른 나라들에서도 자랄 능력은 사과 다양성의 감소를 설명하는 데서 중요한 특징이다. 좋은 보기가 골든 딜리셔스다. 미국의 웨스트버지니아에서 한 농부가 처음 발견한 이 품종은 미주리주의 스타크브러더스 묘목장(레드 딜리셔스의 고향)에서 자랐고, 프랑스의 루아르 벨리에도 심어져 잘 자랐다. 1962년에 알제리 전쟁이 발발해 그 나라가 독립한 뒤 귀국한 식민지 주민colonist에게 골든 딜리셔스를 기르는 조건으로 무료 토지가 주어졌다(프랑스의 과일 산업을 증진하기 위해). 이 품종은 워낙 잘 자라서 1970년대에는 영국의 슈퍼마켓을 가득 채웠고, 그 때문에 영국의 과수원 수백 곳이 경쟁력을 잃고 몰락하기도 했다.

13 라이선스 합의에는 여러 유형이 있음을 지적해야 한다. 가령 크리프스 핑크는 무료 '오픈소스' 품종으로 로열티를 내지 않고 누구나 기를 수 있다. 클럽 명칭인 핑크레이디를 사용하는 품종을 판매할 때는 반드시 라이선스를 구매해야 한다.

14 M Sharon Baker, "Marketing Campaign for the Cosmic Crisp Heats Up as Debut of Washington's New Apple Nears", *Seattle Business,* 2019년 7월.

22장

1 Our World in Data, "Fruit consumption by fruit type, World, 1961 to 2013", https://ourworldindata.org/grapher/fruit-consumption-by-fruit-type?stackMode=relative. 오렌지와 만다린의 소비 수치는 약간 더 높지만 여기에는 주스로 가공된 분량이 포함되는 반면, 바나나는 전형적으로 통째로 먹는 과일이다.

2 흡근은 바나나의 생장지生長枝인데, 주 식물의 복제다. 이런 번식 형태는 식물성, 복제 또는 무성 번식으로 알려져 있다.

3 TR4는 푸사륨 그라미네아룸Fusarium graminearum(밀 등 곡물을 공격하는 곰팡이)과 같은 속이다. 농업적으로, 또 경제적으로 말하자면 그것은 지구상에서 가장 중요한 곰팡이속이다.

4 이 설명은 *Paxton's Magazine of Batany, and Register of Flowering Plants*, Vol. 3 (W.S. Orr & Co., 1837, 온라인으로 등록됨)에 실려 있다.

5 Douglas Marin et al., "Dissemination of Bananas in Latin America and the Caribbean", *Plant Disease*, 82(9), DOI:10.1094/PDIS.1998.82.9.964.

6 Dan Koeppel, *Banana:The Fate of the Fruit That Changed The World*(Plume Books, 2009).

7 Stephen Schlesinger & Stephen Kinzer, *Bitter Fruit, The Story of the American Coup in Guatemala*(Harvard University, 2005).

8 Douglas Farah, "A Snubbed Revolutionary Looks Back", *Washington Post*, 1995년 11월 13일.

9 우간다의 바나나 다양성: F. B. M. Kilwinger et al., "Culturally embedded practices of managing banana diversity and planting material in central Uganda", *Journal of Crop Improvement*, 33(4), 2019, 456-77, DOI:10.1080/15427528.2019.1610822.

10 아프리카에서의 바나나 길들임: ProMusa 웹사이트: East African Highland Banana(EAHB), https://www.promusa.org/East+African+highland+banana+subgroup.

11 에디 무키비Edie Mukibi와 저자의 인터뷰, 2018년 10월.

12 "New $13.8 million project aims to boost banana production in Uganda and Tanzania", *International Society for Horticultural Science,* 2014년 10월.

13 Bill Gates, "A Bunch of Reasons: Building better bananas", GatesNotes, 2012년 1월 31일, https://www.gatesnotes.com/development/building-better-bananas.

14 제임스 데일James Dale과 저자의 인터뷰, 2020년 12월.

23장

1 John Dickie, *Cosa Nostra*(Hodder, 2007).

2 Leopoldo Franchetti, *Condizioni politiche e amministrative della*

Sicilia, Alexander Stille, *Excellent Cadavers:The Mafia and the Death of the First Italian Republic*(Vintage, 1995)에 인용됨.

3 *Daily Telegraph*, 2008년 2월 15일자에 실린 미켈레 그레코Michele Greco의 부고.

4 그는 저서 *Varieta Di Arancio Coltevate in Sicilia*(University of Catania, 1935)에서 시칠리아의 감귤류 다양성을 묘사했다.

5 그 외교관의 이름은 레오폴도 주니니Leopoldo Zunini였다.

6 이것의 보기는 시칠리아 최대의 신선 감귤류 공급자인 오란프리저Oranfrizer가 세계 최대 신선과일 회사인 우니프루티Unifrutti(이탈리아 본토에 거점을 둔)에 팔린 일이다. 이 매매는 미국 투자회사인 칼라일그룹의 지원을 받았다. "Unifrutti Group acquires Oranfrizer", *Eurofruit*, 2020년 11월 2일, http://www.fruitnet.com/eurofruit/article/183393/unifrutti-group-acquires-oranfrizer.

7 2000년에서 2010년까지의 통계를 보면 농장 노동자 수가 줄어들고 평균 토지 소유 규모가 커진 것이 보인다. "Agricultural census in Italy", Eurostat, 2012, https://ec.europa.eu/eurostat/statistics-explained/pdfscache/20078.pdf.

8 Ryan Hagen, "Why is a tent covering Riverside's parent navel orange tree?", *The Press-Enterprise*, 2018년 4월 26일.

9 감귤그린병citrus greening은 황룽빙huanglongbing 박테리아 때문에 생긴다. 이 박테리아는 아시아 감귤류 곤충Asian citrus psyllid insect이 옮긴다. http://www.epi.ufl.edu/news/mapping-risk-of-citrus-greening-establishment.html.

10 Diane Nelson, "75 percent of Florida's oranges have been lost to disease. Can science save citrus?", University of California, Davis, 2019년 8월 29일, https://www.universityofcalifornia.edu/news/75-percent-floridas-oranges-have-been-lost-disease-can-science-save-citrus.

나무요정 로랙스

1 Eliza Griswold, "How 'Silent Spring' Ignited the Environmental

Movement", *New York Times*, 2012년 9월 21일.

2 게일 볼크Gayle Volk와 저자의 인터뷰, 2018년 10월.

7부: 치즈

1 캐런 캐플런Karen Kaplan과 크레이크 벤터J. Craig Venter의 인터뷰, "Seeing Earth's future in a petri dish", *LA Times*, 2007년 11월 24일.

2 FAO에 따르면 전 세계 우유 생산량은 2019년에 8억 5200만 톤에 달했다. 이는 주로 인도, 파키스탄, 브라질에서 생산량이 증가한 결과다. FAO, "Dairy Market Review- Overview of global dairy market developments in 2019", 2020년 3월, http://www.fao.org/3/ca8341en/CA8341EN.pdf.

3 USDA, Dairy World Markets and Trade가 제공한 수치, https://www.fas.usda.gov/data/dairy-world-markets-and-trade.

4 분량을 기준으로 전 세계 우유의 대부분은 젖소, 양, 염소에서 나오지만 여러 문화에서는 다른 공급원도 중요하다. 가령 에티오피아의 낙타, 안데스산맥의 라마, 러시아의 무스, 베트남의 물소, 사르디니아의 당나귀, 스웨덴의 순록, 티베트의 야크 젖과 몽골의 마유 같은 것들이다. 이 장에 나오는 위기에 처한 음식을 이야기하기 위해 나는 양과 젖소의 젖에 집중한다.

5 포유류가 다들 그렇듯, 우리는 아기 때 젖을 먹는다(포유류mammal라는 단어가 마말리아Mammalia라는 학명에서 나온 것이다. 이는 칼 린네우스가 1758년에 유선의 라틴어 학명에서 착안해 만든 명칭이다). 아기 때가 지나면 우리 신체는 젖을 소화하는 방향으로 진화하지 않는다. 1만 년 전 모든 어른은 어떤 동물의 젖이든 마시지 못했을 것이다. 락타아제 효소는 아이들이 유당을 소화하도록 도와주는데, 젖을 떼고 나면 수위가 매우 낮아진다. 그 효소가 계속 분비되도록 하는 특징(유당 내성)은 인간의 진화 과정에서, 그리고 세계의 여러 다른 지역에서 상호 독자적으로 적어도 네 번 진화했다. 그 변이는 그것을 얻은 사람들에게 자연선택을 통해 커다란 이득을 주었기 때문에 매우 빠르게 번졌다. 그 이득이 무엇인지 우리는 확실히는 모른다. 아마 농경으로의 이행기에 흉작이 발생해 기근이 심하던 시기에 우유를 마시지 못하는 체질이 사람들의 생사를 결정했을 수

도 있다.

6 현재 전 세계 사람의 40퍼센트가량이 유당 내성 특성을 갖고 있다. 그런 사람들은 주로 유럽인, 특히 북서부 유럽과 중동 지역, 사하라 이남의 아프리카, 남아시아(그리고 이런 사람들이 이주한 지역들)에 살고 있다.

7 아시아의 우유 소비량이 증가하는 것은 우유가 소비되는 방식 때문일 수도 있다. 주로 커피와 케이크, 사탕 과자류에 소량으로 쓰이는 방식이다.

8 산성화와 발효 또한 일부 단백질 결합으로 이어진다(취약하기는 하지만). 또 레닛이 추가되기 전에도 응결이 시작될 수 있다. 두 가지 응고 형태는 유장을 배출하며 유당을 씻어낸다. 치즈의 숙성 역시 탈수의 도움을 받아 효소가 우유를 예비적으로 소화하게 한다.

9 Mateo Kehler(ed.), *The Oxford Companion to Cheese* (OUP, 2016).

10 점토 조각에서 선사시대 우유 분자를 찾아내는 매력적인 작업에 대해(그리고 그런 것이 모두 무슨 의미인지) 알고 싶다면 Mélanie Salque et al., "Earliest evidence for cheese making in the sixth millennium BC in northern Europe", *Nature*, 493, 2013년 1월, 522-5를 볼 것. 또 Rosalind E. Gillis et al., "The evolution of dual meat and milk cattle husbandry in Linearbandkeramik societies", *Proceeding of the Royal Society, Biological Sciences*, 2017, DOI:10.1098/rspb.2017.0905를 보라.

11 그 고고학자는 피터 보구키Peter Bogucki였다. John Sullivan, "Clay pot fragments reveal early start to cheese-making, a maker for civilization", Princeton University, 2013, https://www.princeton.edu/news/2013/01/09/clay-pot-fragments-reveal-early-start-cheese-making-marker-civilization.

12 Gillis et al., *Proceedings of the Royal Society, Biological Sciences*.

13 리코타(매우 크림 같은 질감의 치즈)는 산성화 과정에서 일어나는 단순한 결합으로 생산된다. 모차렐라는 훨씬 더 견고한 응결 유형을 거치는 전혀 다른 종류의 치즈다(뿌연 유장 속에 잠겨 있는 경우가 많지만). Salque et al., *Nature*를 보라.

14 Mark Kurlansky, *Milk! A 10,000-Year Food Fracas* (Bloomsbury, 2019).

15 음식 인류학자이자 치즈 전문가인 해리 웨스트Harry West는 파르미지아노

치즈의 기원이 알프스 산지의 수도원으로 추적될 수 있다고 말한다. 알프스 산지의 수도승들은 아마 그 제조 기술을 켈트족 야만인에게서 배웠을 것이다. 웨스트는 로마의 여러 치즈가 야만인들이 만든 것의 복제품이라고 말한다.

16 이것은 저온살균 되지 않은 우유로 만들어진 랭커셔의 커컴스Kirkham's 치즈다.

17 "How Milk Went Global", Global-Rural Research Project, Aberystwyth University, 2018, https://www.global-rural.org/story_map/how-milk-went-global/.

18 비위생적인 도시 내 '헛간'에서 생산된 우유는 특히 문제가 많다.

19 "How Milk Went Global", Global-Rural Research Project를 볼 것.

20 Mike Opperman, "How Consolidation Has Changed the Dairy Industry", *Farm Journal*, 2019년 8월, *Wisconsin State Farmer*, https://edu.wisfarmer.com/story/news/2019/08/28/how-consolidation-has-changed-dairy-industry/2127385001/에 실림.

21 Filippo Miglior et al., "A 100-Year Review: Identification and genetic selection of economically important traits in dairy cattle", *Journal of Dairy Science*, 100(12), 2017년 12월, 10251-10271, DOI:10.3168/jds.2017-12968. 이것은 육종에서 질병에 대한 면역성 감소와 다산성(이것이 없으면 우유가 생산되지 않는다) 감소 등 몇 가지 심각한 문제를 가져왔다. 최근에 육종가들은 이런 문제를 줄이기 위해 홀스타인을 약간 억제해야 했다. L. Ma. T. Sonstegard et al., "Genome changes due to artifical selection in U.S. Holstein cattle", *BMC Genomics,* 20, 128, 2019, DOI:10.1186/s12864-019-5459-x를 보라.

24장

1 Mateo Kehler(ed.), *The Oxford Companion to Cheese*, p. 633.

2 해리 웨스트는 오베르뉴의 살레 치즈 제조자와 함께 사는 동안 그들에게서 치즈의 전통적 제조법을 배웠고, 높은 산지에서 거의 고립된 채 몇 달씩 지내면서 금욕적인 생활에 강하게 몰입했다(똑같이 높은 수준의 규율과 희생도 포함되었다). 이는 오늘날 그 전통을 지속하는 것이 그토록 힘든 이유 가운데 하나다.

젊은이들은 사회적·가정적 삶을 누릴 전망을 포기할 마음이 없기 때문이다.

3 해리 웨스트와 저자의 인터뷰, 2020년 9월.

4 The Cattle Site, "Cattle Breeds-Salers:History", http://www.thecattlesite.com/breeds/beef/15/salers/.

5 Michael Tunick, *The Science of Cheese*(OUP USA, 2014). *The Oxford Companion to Cheese*도 볼 것.

6 이 생각에 대해 더 알고 싶다면, Bronwen Percival & Francis Percival, *Reinventing the Wheel: Milk, Microbes and the Fight for Real Cheese*(Bloomsbury Sigma, 2019)를 보라.

7 그 치즈의 긴 역사에도 불구하고 전통적인 살레 치즈 제조자들은 거의 완전히 소독된 현대적 낙농장에서의 치즈 제조를 위해 설계된 규제에 맞춰야 했다. 해리 웨스트에 따르면 살레 치즈가 저온살균 된 우유 치즈보다 미생물 수치가 약간 더 높았기 때문에 문제가 복잡해졌다. 이런 바람직하지 못한 미생물은 치즈가 숙성하면 죽어 없어진다.

25장

1 스틸턴 치즈 제조법을 완성한 사람은 아마 프랜시스 폴릿Francis Pawlett이라는 여성이었을 것이다. 그녀는 1740년대에 레스터셔에서 그 설명에 맞는 치즈를 제조했다.

2 Mateo Kehler(ed.), *The Oxford Companion to Cheese*(OUP, 2016).

3 Trevor Hickman, *Stilton Cheese: A History*(Amberley Publishing, 2012).

4 Lisa Anderson, "Stilton: The Once and Future King of Cheese", *Chicago Tribune*, 1986년 1월 23일.

5 농가 치즈 제조의 쇠퇴를 이끈 요인은 몇 가지 있었다. 수많은 농가 일꾼이 전쟁에서 살아남지 못해 일손이 부족해졌다. 1930년대의 불황 또한 고급 치즈의 수요가 줄어드는 원인이 되었다. 같은 시기에 정부는 우유판매위원회Milk Marketing Board를 설치해 농가에 우유 가격을 보장해주고, 치즈를 제조함으로써 우유로 부가가치를 얻을 동기를 감소시켰다.

6 Peter Atkins, "The long genealogy of quality in the British drinking-milk sector", *Historia Agraria*, 2017, 35-58.

7 영국의 농가 치즈를 지키려는 랜돌프 호지슨Randolph Hodgson의 임무는 그 이전에 있었던 패트릭 랜스Patrick Rance라는 치즈 상인의 운동을 이은 것이었다. 치즈 제조의 르네상스는 1990년대 후반에 본격적으로 시작되어 2000년대까지 계속되었는데, 그 운동으로 농가 치즈의 종류가 700개까지 늘었다.

8 페니실륨 로퀘포르티Penicillium roqueforti는 그 곰팡이가 천연으로 생성되는 동굴에서 숙성된 프랑스 양젖 치즈에서 이름을 따온 것이다.

26장

1 Edith Durham, *High Albania* (Echo Library edition, 2009). 피에르 파올로 암브로시Pier Paolo Ambrosi의 말에 따르면, '피의 복수'는 알바니아 고지대에서 영위되는 삶의 수많은 측면을 통제하는 규범의 한 가지 특징일 뿐이다. 카눈kanun이라 부르는 이 규범은 구전으로 전승되며, 손님을 환영하고 존중하는 방법, 도둑이 보상하게 하고 살인자를 처벌하는 방법 등을 담고 있다. '피의 복수'를 포함한 정의의 관리는 개인이나 가문의 주도에 내맡기기에는 너무 위험하므로 원로회의에서 관리한다.

2 Marash Rakaj, "Floristic and chorological news from north Albania", *Botanica Serbica*, 2009, 33(2), 177-83.

스노룸

1 크리스티안한센은 음식 보존에 사용되는 화학물질을 대체할 가능성을 포함해 컬렉션에 포함된 박테리아의 새로운 응용법을 탐색하고 있다.

8부: 알코올

---

1 Harold McGee, *McGee on Food and Cooking: An Encyclopaedia of Kitchen Science* (Hodder & Stoughton, 2004). 해럴드 맥기의 허락을 받아 리프린트함.

2 R. Dudley, "Evolutionary origins of human alcoholism in primate frugivory", *Quarterly Review of Biology*, 75(1), 2000년 3월, 3-15, DOI:10.1086/393255.

3 Paul Nugent, "Alcohol in Africa", 2015년 11월 15일, Centre of African Studies, Edinburgh, https://www.ascleiden.nl/content/webdossiers/alcohol-africa.

4 Andrew Curry, "Our 9,000-Year Love Affair With Booze", *National Geographic*, 2017년 2월.

5 "Trouble Brewing", *The Economis*t, 2019년 5월 11일.

6 Philip H. Howard, "Recent Changes in the U.S. Beer Industry", Concentration and Power, State of Concentration in Global Food and Agriculture Industries(2017년 12월), https://philhoward.net/2019/12/30/recent-changes-in-the-u-s-beer-industry/and "concentration in the U.S. Wine Industry", https://philhoward.net/category/wine/. *Wine Business Monthly*, 2019년 2월호도 볼 것.

7 Esther Mobley, "What the wine world's mega-deal between Gallo and Constellation means for supermarket wine", *San Francisco Chronicle*, 2021년 1월 7일.

8 그 수치는 늘어나고 있다. 와인 스타일의 다양성과 다양한 품종을 늘리는 데 대한 최근의 관심은 더 많은 것이 발견되고 있음을 의미했다. Jancis Robinson, *Wine Grapes*(Allen Lane, 2012)를 보라.

27장

1 다른 음식과 음료들의 '기원의 중심'이 그랬듯이, 포도의 길들임과 와인 제조는 여러 장소에서 발생했을 가능성이 있다. 아르메니아와 북동부 튀르키예 그리고 코카서스 남부도 그런 장소에 속한다.

2 Lisa Granik MW, *The Wines of Georgia*(Infinite Ideas, 2020).

3 조지아의 꿩의 눈물 와이너리Pheasant's Tears winery의 존 우더먼John Wurdeman과 저자의 인터뷰, 2018년 10월.

4 줄기는 충분히 익었을 때만 사용된다. 이 기법이 십중팔구는 여름 기온이 더 뜨거운 동부 조지아에서 발견되는 것은 그 때문이다.

5 카를라 카팔보Carla Capalbo와 저자의 인터뷰, 2020년 9월.

6 J. A. Hammerton(ed.), *People's of All Nations: Their life today and the story of their past by our foremost writers of travel, anthropoly & history*(Educational Book Co. Limited, 1922). Alice Feiring, *For the Love of Wine*(Potomac Books, 2016)도 볼 것.

7 자신들의 작은 텃밭에서 계속 심고 가꾸던 한두 가족이 지켜낸 것이 많다. 원래의 515종 가운데 470종이 살아남은 것은 그 때문이다.

8 Granik, *The Wines of Georgia*.

9 Miquel Hudin, "Ancient Georgian winemaking loses one of its modern founders", *Harpers*, 2018년 4월 13일.

10 소련이 무너진 뒤, 조지아의 관행적 와인의 품질은 급속도로 강해졌다. 생산량의 50퍼센트가량이 러시아로 수출된다. 이로 인해 그 음료가 정치적 무기로 사용되는 결과가 발생했다. 예를 들어 2006년에서 2013년 사이에 러시아는 조지아 와인의 수입을 금지했다.

11 Stephen Buranyi, "Has wine gone bad?", *Guardian*, 2018년 8월 14일.

12 Mike Steinberger, "The Tastemaker: Émile Peynaud invented modern winemaking, but don't blame him for what's wrong with modern wine", *Slate*, 2004년 7월 30일.

13 Eric Asimov, "Satan or Savior: Setting the Grape Standard", *New York Times*, 2006년 10월 11일.

14 내추럴 와인의 기준 가운데 산, 설탕, 타닌, 물, 색소 같은 '첨가물'의 금지가 있다. Jancis Robinson, "The Definition of Nature Wine", *Financial Times*, 2020년 4월 10일.

15 John Steinbeck, *A Russian Journal*(Penguin, 1948).

28장

1 Michael Jackson, *The Beer Hunter,* Channel 4, 1990. 벨기에 맥주의 다양성에 대한 가장 유창한 묘사를 볼 수 있다.

2 역시 Michael Jackson, *Michael Jackson's Beer Companion*(Mitchell Beazley, 1997)을 보라.

3 그것은 혼합물의 3분의 1가량 되는 중요한 비중을 차지한다. 람빅이 흔히 '밀맥주wheat beer'의 하부 범주로 여겨지는 것은 이 때문이다.

4 Tim Webb & Joe Strange, *CAMRA's Good Beer Guide Belgium*(-CAMRA Books, 2018).

5 루이 파스퇴르는 1850년대에 단세포 곰팡이가 설탕을 먹어치워 에탄올과 이산화탄소로 변형시키는 것을 관찰하다가 이스트를 처음 발견했다. 1880년대에 코펜하겐에서 에밀 한센은 세계 최초로 순수한 이스트 세포를 추출했다. 그것은 사카로미세스 칼스베르겐시스Saccharomyces carlsbergensis라는 종으로, 추출된 장소인 칼스버그 양조장의 이름을 따서 명명되었다. 이 이스트는 저온에서 느린 속도로 일하며 라거 스타일의 맥주를 만들어낸다. 이와 달리 속도가 빠르고 더 높은 온도에서 작용하는 이스트 균주를 쓰면 맥주의 다른 일가인 에일이 만들어진다. 여러 세기 동안 양조자들은 각자의 고유한 이스트를 보존해왔다. 한 번의 양조에서 사용된 균주는 다음 양조 때도 첨가된다. 하지만 1880년대 이후, 파스퇴르와 한센의 돌파구를 따라 특정한 실험실에서 생산된 이스트 균주를 구입할 수 있었고, 그럼으로써 일 년 내내 양조장에서 한결같은 결과를 달성할 수 있었다. 일관성이 더 커지자 대량 시장의 시대가 당도했다.

6 음료 필자인 피트 브라운Pete Brown과 저자의 인터뷰, 2020년 11월.

7 Garrett Oliver(ed.), *The Oxford Companion to Beer*(OUP, 2011)의 필스너 항목을 보라.

29장

1 Pete Brown & Bill Bradshaw, *World's Best Cider*(Sterling Publishing, 2013).

2 Ralph Austen, *A Treatise of Fruit Trees*(1676), Joan Morgan, *The Book of Pears*(Ebury Press, 2015)에 인용된 부분.

3 한 가지 예외가 베이비섐Babycham[영국의 서머싯에서 만들어진 가벼운 스파클링 페리의 이름 -옮긴이]이다. 결국은 페리 배가 아닌 다른 품종 배로 만들어지게 되지만.

9부: 차

1 William Harrison Ukers, *All About Coffee*(The Tea and Coffee Trade Journal Company, 1922)에 인용됨.

2 Marcel Proust, *In Search of Lost Time*(Vintage, 1996).

3 Ben Richmond, "The Forgotten Drink That Caffeinated North America for Centries", *Atlas Obscura*, 2018년 3월.

4 차에는 비록 용량은 훨씬 적지만 더 위력이 강한 카페인의 화학적 친척인 테오필린theophylline도 함유되어 있다.

5 Bruno Volsi et al., "The dynamics of coffee production in Brazil", *PLoS ONE*, 14(7). 2019. DOI:10.1371/journal.pone.0219742.

30장

1 다른 주요 품종인 Camellia sinensis-sinensis는 더 민감하며, 잎사귀 크기가 더 작다.

2 티백에 들어 있지 않은 차(화이트티, 그린티, 블랙티, 우롱, 푸얼)의 상이한 유형은 카멜리아 시넨시스 식물의 잎을 가공하는 방식(산화의 분량이 얼마나 많은지가 그 맛을 결정하는 핵심 요소)에 따라 결정된다. 화이트티는 어리고 연한 잎사귀다. 그린티는 찻잎을 딴 직후에 가열해 그 색이 유지된 것이다. 찻잎이 시들고 멍이 들어 산화가 일어나면 블랙티가 된다. 우롱은 그린티와 블랙티 중간에 있다. 그런 다음 푸얼차는 훨씬 더 길고 복잡한 과정을 거쳐 만들어진다.

3 생푸얼과 현대식 푸얼인 '익은' 푸얼 사이에는 중요한 차이가 있다. 생푸얼 덩어리는 자연적으로 발효할 수 있었던 것이다. 가끔은 그 기간이 몇십 년에 달하기도 한다(이 장에 실린 푸얼차 사연의 초점). 익은 푸얼은 대형 시장용 차 덩어리를 만들기 위해 발효 속도를 늘리고 숙성 과정의 특징을 복제하기 위해 설계된 처리 과정을 거친다. 1970년대에 개발된 기법에 따르면 잎사귀는 창고의 콘크리트 바닥에 쌓여 물이 뿌려져 축축해진 다음 2~3개월 방치되어 1차 발효를 거친다(그동안 아래위를 뒤집으며 섞는다). 이 방법으로는 훨씬 어두운색의 덩어리가 만들어진다. 이 과정에선 최상급 찻잎(오래된 나무에서 딴 희귀한 잎사귀 등)이 거의 사용되지 않는다. 생푸얼은 햇볕에 말린 그린티(가공의 손길이 거의 들

어가지 않은 것)로 여겨질 수도 있다. 덧붙여 말하자면, 익은 푸얼도 아주 훌륭한 맛을 낼 수 있고 (값비싼) 생푸얼도 실망스러운 맛이 날 수 있다. 그래서 신뢰할 수 있는 공급원에게서 찻잎 덩이를 사야 한다.

4 Jia Qi Zhang et al., "After the rubber boom: good news and bad news for biodiversity in Xishuangbanna, Yunnsn, China", *Regional Environmental Change*, 19, 1713-24, 2019년 5월.

5 A. M. Smilanich, R.M. Fincher, L.A. Dyer, "Does plant apparency matter? Thirty years of data provide limited support but reveal clear patterns of the effects of plant chemistry on herbivores", *New Phytologist*, 210(3), 2016년 5월, 1044-57, DOI:10.1111/nph.13875.

6 A. Henry Savage Landor, *An explorer's adventures in Tibet*(Harper & Brothers, 1910).

7 Victor H. Mair and Erling Hoh, *The True History of Tea*(Thames & Hudson, 2009).

8 수십 년간의 연구에도 불구하고 인공 재료는 나무에서 끌어낸 천연의 산물에는 비교가 안 된다(더 튼튼하고 탄성이 강하다).

31장

1 그것은 습기가 많고 온도가 섭씨 16도에서 28도 사이에 있을 때 잘 자란다. Stuart McCook, *Coffee Is Not Forever*(Ohio University Press, 2019)를 보라.

2 Jacques Avelino et al., "The coffee rust crises in Colombia and Central America(2008-2013)", *Food Security*, 7, 303-321, 2015, DOI:10.1007/s12571-015-0446-9.

3 Maryn McKenna, "Coffee Rust Is Going to Ruin Your Morning", *The Atlantic*, 2020년 9월 16일.

4 Oliver Milman, "The unseen driver behind the migrant caravan: climate change", *Guardian*, 2018년 10월 30일.

5 Aaron Davis et al., *Coffee Atlas of Ethiopia*(Kew Publishing, 2018).

6 Jonathan Morris, *Coffee: A Global History*(Reaktion Books, 2018).

7 Aaron Davis et al., *Coffee Atlas of Ethiopia*(Kew Publishing, 2018).

8 영국 왕립식물원 큐가든의 커피연구부장인 에런 데이비스와 저자의 인터뷰, 2019년 1월.

9 Jeff Koehler, *Where the Wild Coffee Grows*(Bloomsbury USA, 2018).

10 UCL의 고고식물학 교수인 도리언 풀러Dorian Fuller와 저자의 인터뷰, 2018년 9월.

11 몇몇 역사학자들은 커피라는 단어가 qahwa에서 유래한다고 주장한다. 그러나 다른 학자들은 야생 커피가 자라는 지역인 Kaffa에서 나왔다고 생각한다.

12 William Ukers, "All About Coffee", *Trade Journal Company*, 1922.

13 이 생각에 대해 더 알고 싶으면 Steven Johnson, *The Invention of Air*(Riverhead Books, 2009)를 보라.

14 Frederick L. Wellman, *Coffee* (World Crop Series)(Leonard Hill Books Ltd, 1961).

15 James Hoffman, *The World Atlas of Coffee*(Mitchell Beazley, 2018).

16 그 올바른 이름은 마을 이름에서 따온 게샤다. 그것이 경매에서 제일 먼저 비싼 값을 부른 일본인 때문에 게이샤로 바뀌었다. 게이샤가 러스트병에 대한 저항력이 조금 있기는 하지만 성공을 거둔 것은 그 특별한 맛 덕분이었다.

17 Aaron Davis et al., "The Impact of Climate Change on Indigenous Arabica Coffee(Coffea arabica): Predicting Future Trends and Identifying Priorities", *PLoS ONE*, 7(11): DOI.org/10.1371/journal.pone.0047981.

스테노필라

1 "Kew scientists reveal that 60% of wild coffee species are threatened with extinction, causing concern for the future of coffee production", 2019년 1월 16일, https://www.kew.org/about-us/press-media/kew-scientists-reveal-that-60-of-wild-coffee.

10부: 후식

1 Lionel Giles, *Sun Tzu on the Art of War*(Luzac and Co., 1910).

32장

1 Basma Alloush, "The importance of the agricultural sector for Syria's stability", Chantham House, 2018년 8월, https://syria.chanthamhouse.org/research/the-importance-of-the-agricultural-sector-for-syrias-stability.

2 Mark Schapiro, "How Seeds from War-Torn Syria Could Help Save American Wheat", *Yale Environment 360*, Yale School of Environment, 2018년 5월 14일, https://e360.yale.edu/features/how-seeds-from-war-torn-syria-could-help-save-american-wheat.

3 *Bangkok Post*, 2020년 7월 16일자에 인용됨.

4 Shira Rubin, "Syrian refugee chefs recreate the taste of home in Turkey", *Mashable*, 2016년 2월 15일, https://mashable.com/2016/02/15/syrian-refugee-chefs-turkey/?europe=true.

5 Lauren Bohn, "Out of Syria", *Culinary Backstreets*, 2016년 3월 16일, https://culinarybackstreets.com/cities-category/istanbul/2016/salloura-an-epic-of-sweets-chap-1-out-of-syria/. Lila Hasan, "Legacy of Salloura Bakery continues in Istanbul via refugee", *Daily Sabah*, 2015년 8월 5일도 볼 것.

33장

1 Martin Asser, "Obstacles to Arab-Israeli peace: Water", BBC News, 2010년 9월 2일, https://www.bbc.co.uk/news/world-middle-east-11101797.

2 *Amnesty International*, "The Occupation of Water", 2017년 11월 29일, https://www.amnesty.org/en/latest/campaigns/2017/11/the-occupation-of-water/.

3 World Bank, "Area C and the Future of the Palestinian Economy", 2014, http://documents1.worldbank.org/curated/en/257131468140639464/pdf/Area-C-and-the-future-of-Palestinian-economy.pdf.

4 Daniella Peled, "A Taste of Nablus", *Roads & Kingdoms,* 2014년 9월 24일, https://roadsandkingdoms.com/2014/a-taste-of-nablus/.

34장

1 William Finnegan, "Venezuela, a Failling State", *New Yorker*, 2016년 11월 14일.

2 Matthew Smith, "The End of Venezuela's Oil Era", oilprice.com, 2020년 10월 22일, https://oilprice.com/Energy/Energy-General/The-End-Of-Venezuelas-Oil-Era.html.

3 1980년대까지 소급해보면 베네수엘라 정부는 경제를 다각화하고 원유 산업에 대한 의존도(당시 수출 소득의 80퍼센트에 달한)를 낮추라는 조언을 들었다. 1980년대 후반에 원유 가격의 등락이 심해지자 카라카스는 국제통화기금IMF에 도움을 청했다. IMF는 공공지출을 대폭 삭감하라고 권고했다. 이런 개혁이 시행되자 극심한 인플레와 내정 불안이 뒤따랐다. 이로 인해 베네수엘라는 우고 차베스와 니콜라스 마두로의 더 급진적이고 사회주의적인 정부로 이어지는 길을 걷게 되었다.

4 Luc Cohen, "Venezuela cocoa growers fear new pest: the government", *Reuters*, 2018년 12월 27일.

5 2020년 7월경 베네수엘라는 매일 평균 34만 5000배럴의 원유를 퍼내고 있었는데, 이는 1세기 만에 가장 낮은 수준이었다. Smith, oilprice.com을 보라.

6 "Sugar shortage cuts Coco-Cola production in Venezuela", BBC News, 2016년 5월 24일.

7 Sophie D. Coe & Michael D. Coe, *The True History of Chocolate*(Thames & Hudson, 1996).

8 H. Michael Tarver & Julia C. Frederick, *The History of Venezuela*(Greenwood Press, 2005).

9 François Joseph Pons: *A Voyage to the Eastern Part of Terra Firma, Or the Spanish Main, in South-America, During the Years 1801, 1802, 1803 and 1804: Containing a Description of the Territory Under the Jurisdiction of the Captain-General of Caraccas, Composed of the Provinces*(Ulan Press, 2012).

10 Harold McGee, *McGee on Food and Cooking: An Encyclopedia of Kitchen Science*(Hodder & Stoughton, 2004).

냉전과 코카 식민화

1 Elena Molokhovets, *Classic Russian Cooking: Elena Molokhovets' A Gift to Young Housewives*(Indiana University Press, 1998).

2 Natasha Frost, "Russia's Patriotic Alternative to Coca-Cola Is Made Out of Bread", *Atlas Obscura*, 2018년 4월 18일.

3 Grigory Tarasevich, "White kvass: An old drink with a new taste", *Russia Beyond*, 2013년 9월 15일.

에필로그

1 Jonas Salk, "Are We Being Good Ancestors?", *World Affairs*, 1, 16-18, 1992

2 Food and Land Use Coalition, "Growing Better Report 2019", https://www.foodandlandusecoalition.org/global-report/. 또 "Growing Better Report"의 기고자인 경제학자 제러미 오펜하임Jeremy Oppenheim과 저자가 나눈 대화도 볼 것.

3 "Crop swap: Thousands of edible plants could feed us on a hotter planet", Reuters, 2020년 9월.

4 Michael Allen, "Brexit: an opportunity for local food systems?", *Youris*, 2019년 10월 2일, https://www.youris.com/bioeconomy/food/brexit-an-opportunity-for-local-food-systems-kl.

감사의 말

《사라져 가는 음식들》이 세상에 나온 것은 세 사람 덕분이다. 첫 번째는 내 에이전트인 클레어 콘래드다. 그녀는 라디오에서 내가 이야기하는 사연을 듣고, 방송인뿐 아니라 필자로서의 자질이 내게 있다고 확신했다. 두 번째는 내 편집자인 조너선 케이프 출판사의 베아 헤밍이다. 그녀는 참을성 있게 내 구상을 들으면서 큰 그림을 그려보고, 내가 생각하던 것보다 더 야심적인 책을 만들 수 있겠다고 상상했다. 두 사람 모두에게 큰 감사의 인사를 전한다. 세 번째 인물은 이 글의 마지막에 언급하겠다.

이 책에 실을 위기에 처한 음식을 고르는 것은 어렵지 않았다. 그러나 이런 이야기를 전하고 그것들을 엮어 짜는 데는 여러 학계의 인물을 포함한 수많은 친절하고 명석한 사람의 조언과 도움을 받아야 했다. 특히 감사를 전하고 싶은 분들이 있다. 도리언 풀러 교수는 내가 이 책을 처음 쓰기 시작한 2018년에 런던 대학 종자 도서관에 나를 소개해주었을 뿐 아니라 세계에서 가장 오래된 농부들의 경이와 수수께끼도 접하게 해주었다. 채텀하우스의 팀 벤턴 교수가 가진 세계 식품 시스템과 현재 우리가 직면하는 과제의 절박성에 관한 전문가적 식견은 비할 바 없이 귀중했다. 조앤 모건 박사의 피드백과 격려는 영감의 원천이 되어주었다. 존 디키 교수는 내가 첫 번째 초고를 쓰기 시작했을 때 꼭 필요했던 지원과 조언을 해주었다. 해리 웨스트 교수는 위기에 처한 음식의 문화적 차원이 정말 중요함을 내게 일깨워주었으며, 줄스 프리티 교수는 야생 음식과 토착

사회에 대한 비상한 통찰을 나와 나누었다.

이런 이야기와 그것을 말해줄 위치에 있는 사람을 찾아내는 일은 브라질 슬로푸드팀의 도움이 없었더라면 불가능했을 것이다. 파올라 나노, 줄리아 카팔디, 파올로 디크로세, 세레나 밀라노, 미셸레 루미스, 나자레나 란자, 샤를리스 바스토 그리고 물론 카를루 페트리니에게 진심으로 감사를 전한다. 다양한 분야에서 일하는 전 세계의 수많은 전문가가 믿을 수 없이 관대하게 시간과 지식을 나눠주고, 내 생각을 구축하도록 도와주었다. 그래도 오해와 착오가 남아 있다면 그것은 물론 내 책임이다.

'야생' 분야에서: 하드자족 전문가인 얼리사 크리텐던 교수에게 감사를 표한다. 교수 덕분에 나는 수렵채집인을 방문하고 오랜 시간이 지난 뒤에도 그들을 더 깊이 존중할 수 있었다. 오스트레일리아에서는 벤 슈리, 브루스 패스코, 라트로브 대학의 존 모건 교수, 데이브 원딘에게 감사한다. 왕립식물원 큐가든의 모니크 시먼즈 교수는 야생 음식 이야기에 나오는 의학적인 내용에 관한 탁월한 안내자였다. 또 프랑 로이는 메갈라야의 음식과 사람에 대해 가르쳐주었다.

'곡물' 분야에서: 내가 빚진 분들에 대해 말해보자. 클레어 칸자는 로덤스테드 연구소의 박사 연구에서 언제든 잠깐 손을 떼고 교활한 작물 질병의 복잡한 내용을 기꺼이 설명해주었다. 튀르키예의 알프테킨 카라교즈는 미르자 곡골의 이야기를 내게 소개해주었다. 제러미 추어패스는 루이지 과리노와 작물 재단의 동료들과 함께 식물 다양성에 대한 열정에 동참하게 해주었다. 또 아인콘과 에머 밀에 관한 이루 말할 수 없이 귀중한 도움에 대해 존 리츠와 마크 네스빗에게 감사한다. 벼에 관한 조언자로는 루아라이 색빌 해밀턴과 데발 뎁이 있다. 그들은 벼가 얼마나 다양한지 인식하는 데 큰 도움이 되었다. 스미스소니언 연구소의 로건 키슬러는 옥수수에 대해 굉장한 도움을 주었다. 스발바르 종자은행과 바빌로프에 대한 대화를 나눈 케리 파울러와 콜린 쿠리에게 감사한다.

'채소' 분야에서: 미시간 주립대학의 알리스 파울러와 필 하워드에게, 또 콜린 터지와 제프 탠지, 제시카 해리스, 이브 엠슈윌러에게 감사한다. 또 기치 붉은콩의 최신 이야기를 내게 전해준 닉 헤이넨에게 감사한다. 조사이아 멜드럼과 호드메도드의 팀 그리고 스웨덴의 토마스 에를란손에게는 렌틸에 관해 내가 알아야 할 모든 것을 알려준 데 감사한다.

'육류' 분야에서: 동물 길들임에 대해 안내해준 옥스퍼드 대학의 그리거 라슨 교수, 농사와 가축에 관해 함께 토론해준 사이먼 페얼리, 그리고 양의 역사와 양고기에 관한 탁월한 통찰을 전해준 밥 케너드에게 감사한다. 미국에서는 바이슨의 역사에 대해 도움을 준 잭 라이언에게, 또 나를 바이슨에(그리고 옥수수에) 인도해준 콜로라도의 제니퍼 바틀릿에게 감사한다.

'해산물' 분야에서: 운이 좋게도 물고기와 어장에 대한 오랜 연구를 진행해온 캘럼 로버츠와 크리스 윌리엄스에게서 이 책의 이 부분을 집필하는 데 결정적인 도움을 받을 수 있었다. 또 시어라운드어스의 대니얼 폴리, 모위의 이언 로버츠, 대서양연어재단의 마크 빌스비와 켄 웰런 교수에게도 감사한다.

'과일' 분야에서: 과일 산업에 대한 독특한 이해를 가진 동료 기자인 마이크 놀스에게, 그리고 라보뱅크의 신디 리지스윅에게, 감귤류에 대한 지식을 알려준 프레드 그미터, 마르코 카루소, 주세페 레포르지아토에게 감사한다. 바나나의 과학에 대해서는 페르난도 가르시아에게, 톈산 수풀 속 사과의 역사에 대해서는 블라디미르 레빈에게, 옥스퍼드에서 사과를 따던 기억에 남을 만한 하루에 대해서는 배리 주니퍼에게 감사한다.

'치즈' 분야에서: 코트야드데어리의 앤디 스윈스코에게, 닐스야드의 브론윈 퍼시벌에게, 스티첼턴데어리의 조 슈나이더에게, 애버리스트위스 대학의 마이클 우드 교수에게 감사한다.

'알코올' 분야에서: 잰시스 로빈슨, 세라 애벗, 제이미 구드, 팀 웹, 피트 브라운, 카를라 카팔보, 패트릭 보에처, 톰 올리버, 찰스 마르텔에게 감사한다. 그들 모두 맥주, 와인, 페리에 대한 애정과 이해를 나눠주어 도움이 되었다.

'차' 분야에서: 커피와 위기에 처한 품종에 관한 세계 최고의 전문가인 큐가든의 에런 데이비스, 푸얼차의 세계를 내게 열어준 메이리프티 회사의 돈 메이에게 감사한다.

'후식' 분야에서: 초콜릿 전문가 샹탈 코디, 클로에 두트르루셀, 후안 모타메이어에게 감사를 전한다.

'에필로그'에서: 마일스 어빙, 경제학자 제러미 오펜하임 그리고 팀 벤턴에게 생각과 제안을 베풀어준 데 감사한다.

함께 여행을 떠나 먼 오지에 가도록 도와주고 목적지에 가서는 많은 것을 설명해주려고 노력한 많은 사람에게 감사를 전한다. 튀르키예의 파티 타타리, 페로제도의 스테펜 하르, 볼리비아의 로브 왈라스와 야생생물보호협회 그리고 오키나와의 레미 이에 등 많은 사람이 도와주었다.

또한 BBC의 많은 분, 음식 프로그램을 하면서 여러 해 함께 일했던 기자와 프로듀서, 기고자 들에게 감사를 표해야 한다. 오랫동안 내 작업을 지원했으며, BBC를 휴직하고 이 책을 쓸 수 있게 해준 편집자 클레어 맥긴과 디미트리 하우타트, 제작 관리자 그레이엄 엘리스에게 감사한다. 나의 훌륭한 멘토이자 좋은 친구, 영감 넘치는 동료가 되어준 실라 딜런에게 감사한다. 격려해주신 부모님 일레인과 리보리오 살라디노에게도 고마움을 전한다.

아내인 애너벨은 특별한 감사를 받을 만하다. 이 책이 나올 수 있게 해준 세 번째 인물이 바로 그녀다. 이 책을 쓰는 동안 그녀는 나의 가장 가까운 협업자였다. 두 아들 해리와 찰리, 너희가 이 책을 자랑스러워할 수 있으면 좋겠다. 또 내가 너희를 사랑하는 마음의 한 조각만큼이라도 너희가 언젠가는 이 책에 애정을 느끼기를 바란다. 그리고 마지막으로 2018년 가을과 겨울에 라인오버우즈에서 오래오래 함께 산책하며 여러 생각을 구체화할 수 있게 해준 강아지 스카우트, 고마워.

찾아보기

ㅈ

ㅊ

ㅋ

ㅌ

ㅍ

ㅎ